कालिदास के

रघुवंश की

छंद मीमांसा

प्रो. रत्नाकर नराले

Pustak Bharati, Toronto, Canada

Author :
Dr. Ratnakar Narale
Ph.D(IIT), Ph.D(Kalidas Sanskrit Univ.);
Prof. Hindi, Ryerson University, Toronto, Canada
web : www.pustak-bharati-canada.com
email : pustak.bharati.canada@gmail.com

Book Title : कालिदास के रघुवंश की छंद मीमांसा

यह कालिदास के रघुवंश नामक बृहत् महाकाव्य की छंद मीमांसा का विशाल ग्रंथ शोध विद्यार्थियों के लिए शोध विषयों का सुवर्ण भंडार है, रामायण प्रेमी और छंद ज्ञान पिपासुओं के लिए अथाह ज्ञान सागर है, रामायण ज्ञानियों के लिए अपूर्व विवेक कल्पतरू है और रामायण लेखकों के लिए अटूट भांडागार है.

This monumental work is a Goldmine of Research Topics for the Research Scholars, an Infinite Ocean of Knowledge for the Prosody Science Seekers, a unique Wishing Well for the Ramayan Thinkers and an Inexhaustible Storehouse of subjects for the Writers and Commentators.

Published by :
PUSTAK BHARATI (Books India)
Toronto, Ontario, Canada, M2R 3E4
email : pustak.bharati.canada@gmail.com

ISBN 978-1-989416-07-5

Copyright ©**2023**
ISBN 978-1-989416-07-5

9 781989 416075

कालिदास के रघुवंश की छंद तालिका

1. **अनुष्टुभ् श्लोकेतर छंद :** 1.12, 1.16, 1.20, 1.23, 1.29, 1.30, 1.34, 1.39, 1.53, 1.60, 1.61, 1.71, 1.87, 1.91, 1.93, 4.12, 4.25, 4.26, 4.36, 4.38, 4.41, 4.47, 4.66, 10.2, 10.8, 10.9, 10.10, 10.13, 10.14, 10.17, 10.35, 10.40, 10.46, 10.49, 10.51, 10.54, 10.63, 10.69, 12.9, 12.12, 12.19, 12.21, 12.44, 12.53, 12.57, 12.71, 12.73, 12.80, 12.85, 12.100, 15.3, 15.9, 15.10, 15.11, 15.22, 15.29, 15.40, 15.43, 15.47, 15.54, 15.61, 15.63, 15.73, 15.78, 15.98, 17.10, 17.35, 17.38, 17.40, 17.54, 17.72, 17.77, 17.79 = **74 पद्य x 4 = 296 चरण**

2. **अनुष्टुभ् श्लोक छंद :** 1.1-1.11, 1.13-1.15, 1.17-1.19, 1.21-1.22, 1.24-1.28, 1.31-1.33, 1.35-1.38, 1.40-1.52, 1.54-1.59, 1.62-1.70, 1.72-1.86, 1.88-1.90, 1.92, 1.94, 4.1-4.11, 4.13-4.24, 4.27-4.35, 4.37-4.40, 4.42-4.46, 4.48-4.65, 4.67-4.86, 10.1, 10.3-107, 10.11-10.12, 10.15-10.16, 10.18-10.34, 10.36-10.39, 10.41-10.45, 10.47-10.48, 10.50, 10.52-10.53, 10.55-10.62, 10.64-10.68, 10.70-10.85, 12.1-12.8, 12.10-12.11, 12.13-12.18, 12.20, 12.22-12.43, 12.45-12.52, 12.54-12.56, 12.58-12.70, 12.72, 12.74-12.79, 12.81-12.84, 12.86-12.99, 12.101, 15.1-15.2, 15.4-15.8, 15.12-15.21, 15.23-15.28, 15.30-15.39, 15.41-15.42, 15.44-15.46, 15.48-15.53, 15.55-15.60, 15.62, 15.64-15.72, 15.74-15.77, 15.79-15.15.97, 15.99-15102 , 17.1-17.9, 17.11-17.34, 15.36-15.37, 17.39, 17.41-17.53, 17.55-17.71, 17.73-17.76, 17.78, 17.80 = **473 पद्य x 4 = 1892 चरण**

3. **इंद्रवज्रा छंद (त त ज ग ग) :** 2.5, 2.7, 2.26, 2.32, 2.43, 2.65, 2.70, (7); 5.3, 5.5, 5.9, 5.13, 5.22, 5.35, 5.38, 5.40, 5.44, 5.49, 5.60, 6.15, 6.16, 6.22, 6.26, 6.43, 6.45, 6.47, 6.61, 6.65, 6.75, 6.83, 7.2, 7.9, 7.16, 7.36, 7.39, 7.43, 7.51-7.52, 7.54, 7.59, 13.2; 13.16-13.17, 13.27, 13.36, 13.38, 13.47, 13.62, 13.65, 14.6, 14.13, 14.15, 14.23, 14.38, 14.50, 14.56, 14.58, 14.69, 14.72-14.73, 14.85-14.86, 16.2, 16.5, 16.15, 16.19, 16.35-16.36, 16.41, 16.50-16.51, 16.60, 16.64, 16.79, 18.3, 18.8, 18.16, 18.22, 18.24, 18.27, 18.30, 18.32, 18.38-18.40 = **84**

4. **उपजाति छंद :** 2.1, 2.10, 2.11, 2.12, 2.12, 2.13, 2.14, 2.15, 2.16, 2.17, 2.18, 2.19, 2.2, 2.20, 2.21, 2.22, 2.23, 2.24, 2.25, 2.27, 2.28, 2.29, 2.3, 2.30, 2.31, 2.33, 2.35, 2.36, 2.37, 2.38, 2.39, 2.40, 2.41, 2.42, 2.44, 2.45, 2.46, 2.47, 2.48, 2.49, 2.50, 2.51, 2.52, 2.53, 2.54, 2.55, 2.56, 2.57, 2.59, 2.60, 2.61, 2.62, 2.63, 2.64, 2.66, 2.67, 2.68, 2.69, 2.71, 2.72, 2.73, 2.74, 2.8, 2.9, 5.1, 5.10, 5.11, 5.12, 5.14, 5.15, 5.16, 5.17,

रघुवंश अनुक्रम

5.18, 5.19, 5.2, 5.20, 5.21, 5.23, 5.24, 5.25, 5.26, 5.28, 5.29, 5.30, 5.31, 5.32, 5.33, 5.34, 5.36, 5.37, 5.39, 5.4, 5.41, 5.42, 5.43, 5.45, 5.46, 5.47, 5.48, 5.50, 5.51, 5.52, 5.54, 5.55, 5.56, 5.57, 5.58, 5.59, 5.6, 5.61, 5.62, 5.62, 5.7, 5.8, 6.1, 6.10, 6.11, 6.12, 6.13, 6.14, 6.16, 6.18, 6.19, 6.2, 6.2, 6.20, 6.21, 6.23, 6.24, 6.25, 6.27, 6.28, 6.29, 6.3, 6.30, 6.31, 6.32, 6.33, 6.34, 6.35, 6.36, 6.37, 6.38, 6.39, 6.4, 6.40, 6.41, 6.42, 6.44, 6.46, 6.48, 6.49, 6.50, 6.51, 6.52, 6.53, 6.54, 6.55, 6.56, 6.57, 6.58, 6.59, 6.6, 6.60, 6.62, 6.64, 6.66, 6.67, 6.68, 6.69, 6.7, 6.70, 6.71, 6.72, 6.73, 6.74, 6.76, 6.77, 6.78, 6.79, 6.8, 6.80, 6.81, 6.82, 6.9, 7.1, 7.10, 7.11, 7.12, 7.13, 7.14, 7.15, 7.17, 7.18, 7.19, 7.20, 7.21, 7.22, 7.23, 7.24, 7.25, 7.26, 7.27, 7.27, 7.28, 7.29, 7.3, 7.30, 7.31, 7.32, 7.33, 7.34, 7.35, 7.37, 7.38, 7.4, 7.40, 7.41, 7.42, 7.44, 7.45, 7.46, 7.47, 7.48, 7.5, 7.50, 7.53, 7.55, 7.56, 7.57, 7.58, 7.6, 7.60, 7.61, 7.62, 7.63, 7.64, 7.65, 7.66, 7.67, 7.68, 7.69, 7.7, 7.8, 13.1, 13.10, 13.12, 13.12, 13.14, 13.15, 13.18, 13.20, 13.21, 13.22, 13.23, 13.24, 13.25, 13.26, 13.28, 13.29, 13.3, 13.30, 13.31, 13.32, 13.33, 13.34, 13.35, 13.37, 13.39, 13.4, 13.40, 13.41, 13.42, 13.43, 13.44, 13.45, 13.46, 13.48, 13.5, 13.50, 13.51, 13.52, 13.53, 13.54, 13.55, 13.56, 13.57, 13.58, 13.59, 13.6, 13.60, 13.61, 13.63, 13.64, 13.66, 13.67, 13.7, 13.8, 14.1, 14.10, 14.11, 14.11, 14.14, 14.16, 14.17, 14.18, 14.19, 14.2, 14.20, 14.21, 14.22, 14.24, 14.24, 14.25, 14.26, 14.27, 14.28, 14.29, 14.3, 14.30, 14.31, 14.32, 14.33, 14.34, 14.35, 14.36, 14.37, 14.39, 14.39, 14.4, 14.40, 14.41, 14.42, 14.43, 14.44, 14.45, 14.46, 14.47, 14.48, 14.49, 14.5, 14.51, 14.52, 14.53, 14.54, 14.55, 14.57, 14.59, 14.60, 14.61, 14.62, 14.63, 14.64, 14.65, 14.66, 14.67, 14.68, 14.7, 14.70, 14.71, 14.74, 14.76, 14.77, 14.78, 14.79, 14.8, 14.80, 14.81, 14.82, 14.84, 14.85, 14.9, 16.1, 16.10, 16.11, 16.12, 16.13, 16.14, 16.16, 16.17, 16.18, 16.20, 16.21, 16.22, 16.23, 16.24, 16.25, 16.26, 16.27, 16.28, 16.29, 16.3, 16.30, 16.31, 16.32, 16.33, 16.34, 16.37, 16.38, 16.4, 16.40, 16.42, 16.43, 16.44, 16.45, 16.46, 16.47, 16.48, 16.49, 16.52, 16.53, 16.54, 16.55, 16.56, 16.57, 16.58, 16.59, 16.6, 16.61, 16.62, 16.63, 16.65, 16.66, 16.67, 16.68, 16.69, 16.7, 16.70, 16.71, 16.72, 16.73, 16.74, 16.75, 16.76, 16.77, 16.78, 16.8, 16.80, 16.81, 16.82, 16.83, 16.84, 16.85, 16.9, 18.1, 18.10, 18.11, 18.12, 18.13, 18.14, 18.15, 18.17, 18.18, 18.19, 18.2, 18.20, 18.23, 18.24, 18.26, 18.28, 18.29, 18.31, 18.33, 18.34, 18.35, 18.36, 18.37, 18.4, 18.41, 18.42, 18.43, 18.44, 18.45, 18.46, 18.47, 18.48, 18.49, 18.5, 18.50, 18.51, 18.6, 18.7, 18.9 = 478

कालिदास के बृहत् महाकाव्य रघुवंश की छंद मीमांसा

5. उपेन्द्रवज्रा छंद (ज त ज ग ग) : 2.4, 2.34, 5.3, 5.27, 5.53, 6.5, 6.17, 6.84, 7.49, 13.9, 13.19, 13.49, 14.75, 14.83, 18.21 = **15**
6. तोटक छंद (स स स स) : 8.91 = **1**
7. दृतविलंबित छंद (न भ भ र) : 9.1-9.54 = **54**
8. पुष्पिताग्रा छंद (न न र य – न ज ज र ग) : 5.76, 6.86, 9.70, 9.71 = **4**
9. प्रहर्षिणी छंद (म न ज र ग) : 1.95, 4.87, 4.88, 8.92, 9.65, 13.79 = **6**
10. प्रिया (न न र र र र) : 12.104 = **1**
11. मंजुभाषिणी छंद (स ज स ज ग) : 9.69 = **1**
12. मत्तमयूर छंद (म त य स ग) : 9.75 = **1**
13. मंदाक्रांता छंद (म भ न त त ग ग) : 8.95, 15.103, 16.87, 16.88, 17.81, 19.57 = **4**
14. मालभारिणी छंद (स स ज ग ग – स भ र य) : 9.66, 9.72 = **2**
15. मालिनी छंद (न न म य य) : 2.75, 5.74, 5.75, 6.85, 7.70, 7.71, 9.67, 10.86, 11.93, 12.102, 18.52-18.53 = **12**
16. रथोद्धता छंद (र न र ल ग) : 9.68, 11.1-11.91, 19.1-19.55 = **147**
17. वंशस्थ छंद (ज त ज र) : 3.1-3.69 = **69**
18. वसंततिलका छंद (त भ ज ज ग ग) : 5.63-5.73, 8.93-8.94, 9.55-9.63, 9.76-9.82, 11.92, 12.103, 13.68-13.78, 16.86, 19.56 = **45**
19. वियोगिनी छंद (स स ज ग – स भ र ल ग) : 8.1-8.90, 9.74 = **91**
20. शालिनी छंद (म त त ग ग) : 9.64 = **1**
21. स्वागता छंद (र न भ ग ग) : 9.73 = **1**
22. हरिणी छंद (न स म र स ल ग) : 3.70 = **1**

Total = 1569

छंद:शास्त्र परिचय

आरंभ करने से पहले यह पाँच बिंदु जान लिजिए

1. **मात्रा** को **मत्त, मत्ता, कल** अथवा **कला** भी कहा जाता हैं. लघु मात्रा का चिह्न " । "और गुरु मात्रा का चिह्न " ऽ " होता है.

2. दो कल का **द्विकल** (।।, ऽ जैसे: रघु, श्री) होता है, तीन कल का **त्रिकल** (।।।, । ऽ, ऽ। जैसे: भरत, उमा, राम), और चार कल का **चौकल** अथवा **चतुर्मात्रा** (।।।।, ।।ऽ, । ऽ।, ऽ।।, ऽ ऽ जैसे: दशरथ, गिरिजा, गणेश, लक्ष्मण, सीता.

3. स्वर विरहित व्यंजन **अर्ध–अक्षर अथवा शून्य मात्रा** का होता है (जैसे, क्), लघु स्वर वाला व्यंजन **लघु अथवा एक मात्रा** का है (जैसे, क, कि, कु, कृ), दीर्घ स्वर वाला व्यंजन **दीर्घ अथवा दो मात्रा** का है (जैसे, का, की, कू, के, कै, को, कौ, क:), और आघात युक्त संयुक्ताक्षर के पूर्व वाला अक्षर दीर्घ अथवा दो मात्रा का माना जाता है (जैसे, कश्मल का क).

4. विसर्ग (:) वाले वर्ण दीर्घ होते है (जैसे, क:), अनुस्वार वाले अक्षर दीर्घ होते हैं (जैसे, अंबर का अं).

5. तीन वर्ण के समूह को **गण** कहते हैं, बायनरी ऑक्टल के वैज्ञानिक आधार पर **शून्य को प्रथम अंक मान कर** : 0 = 000 = ।।। (सर्वलघु) = **न गण**, 1 = 001 = ।।ऽ (अंतगुरु) = **स गण**; 2 = 002 = । ऽ। (मध्यगुरु) = **ज गण**, 3 = 011 = । ऽ ऽ (आदिलघु) = **य गण**; 4 = 100 = ऽ।। (आदिगुरु) = **भ गण**; 5 = 101 = ऽ। ऽ (मध्यलघु) = **र गण**; 6 = 110 = ऽ ऽ। (अंतलघु) = **त गण**; और 7 = 111 = ऽ ऽ ऽ (सर्वगुरु) = **म गण** आदि आठ गण हैं । लघु मात्रा = । = **ल**, और गुरु मात्रा = ऽ = **ग** आदि दशाक्षर माने हैं.

छन्द:

जिस लक्षण सूत्र से पद्य के अक्षरों या मात्राओं का विशिष्ट **परिमाण** निश्चित् किया जाता है उसे **छन्द** कहते हैं (**अक्षरपरिमाणं छन्द:**), और पद्य की विशिष्ट **शब्द रचना** को **वृत्त** कहा जाता है (**काव्यरचना वृत्तम्**).

वर्ण की गिनती से **वार्णिक वृत्त** होते हैं, और मात्रा की गिनती से **मात्रिक छन्द** होते हैं.

राग रचना में लय-बद्धता जितनी अपरिहार्य होती है उतनी ही सूत्र-बद्धता छन्द रचना में अनिवार्य होती है.

✍ दोहा॰ तीन वर्ण का गण बने, लघु गुरु कल का ठाठ ।
     पिंगलमुनि ने गण कहे, न स ज य भ र त म आठ ॥

यथा सर्व ब्रह्माण्ड है, पंच भूत से व्याप्त ।
छंद शास्त्र भी है तथा, दश अक्षर से व्याप्त ॥

कल गति यति प्रति पाद में, और चरण का अंत ।
नियुक्त हों जिस पद्य में, वह कहलाता "छन्द" ॥
छन्द बद्ध वह "पद्य" है, बिना छंद है "गद्य" ।
गद्य पद्य मिल कर रचा, "चंपू" है वह हृद्य ॥

छन्द रचना की पद्य पंक्ति में जहाँ **वैकल्पिक** विश्राम समय होता है उसे **यति** कहते हैं । यति लेना या नहीं लेना यह पाठक पर अपनी **सुर सुविधा व लय** के अनुसार निर्भर होता है. जहाँ यति निर्देशित नहीं होता है वहाँ विश्राम स्थान चरण के अंत में होता है और गायक अपनी सुर सुविधा व लय के अनुसार यति के व्यतिरिक्त पंक्ति के बीच में भी विराम आयोजित कर सकता है.

सूत्र युक्त कृत पद्य को, कवि कहते हैं "छन्द" ।
अलंकार रस वर्ण का, मन को दे आनंद ॥

सुंदर लघु गुरु वर्ण का, चार चरण न समान ।
मात्रा संख्या सम जहाँ, "मात्रिक छन्द" प्रमाण ।।

लघु गुरु अक्षर क्रम जहाँ, चारों चरण समान ।
संख्या भी सम वर्ण की, "वर्णवृत्त" है नाम ।।

लक्षण, संख्या सम जहाँ, रहे चरण में चार ।
कहा उसे "सम वृत्त" है, करके छंद विचार ।।

प्रथम तीसरा सम जहाँ, दो अरु चार समान ।
उसे "अर्ध सम" है कहा, दोहा छंद प्रमाण ।।

चारों पद जिस पद्य के, लक्षण में असमान ।
"विषम वृत्त" उसको कहें, जिन्हें छंद का ज्ञान ।।

छंद:सूत्र

पिंगलाचार्य के छंद:सूत्र ग्रंथ को छंद:शास्त्र अथवा छंदोविचिती कहा जाता है. छंद:शास्त्र के आर्ष-काव्य के इतिहास में सबसे प्रारंभिक छंद अवतार था वाल्मीकि मुनि प्रणीत अष्टवर्ण का अनुष्टुप् छंद, जिसमें छठा वर्ण गुरु और पाँचवाँ वर्ण लघु होना अनिवार्य होता है. आगे चल कर :

1. अष्टाक्षरावृत्ति के अनुष्टुप् छंद वर्ग में विद्युन्माला छंद (म म ग ग), लक्ष्मी (र र ग ल), प्रमाणिका (ज र ल ग), विपुला छंद (भ र ल ल), गजगती छंद (न भ ल ग), तंग (न न ग ग), आदि का 256-छंद समूह की उत्पत्ति हुई. विद्युन्माला छंद के उदाहरण के लिए हमारे संगीत श्रीकृष्णायन का मोती 91 देखिए :

विद्युन्माला छंद

म म ग ग

ऽ ऽ ऽ ऽ ऽ ऽ ऽ ऽ

कंसारिपूजनम्

कंसध्वंसं दुष्टारिं तं, गोपीनाथं कृष्णं वन्दे ।
ऋत्वा पुष्पं तोयं धूपं, गन्धं क्षौद्रं नारीकेलम् ।। 1 [1]
वन्दे सर्वज्ञं धातारं, देवेशं योगेशं श्रीशम् ।
गोपालं गोविन्दं विष्णुं, राधानन्दं गोपीनाथम् ।। 2
वन्दे सानन्दं श्रीकृष्णं, लक्ष्मीकान्तं भक्ताधीनम् ।
सर्वाधारं सर्वात्मानं, राधाप्राणं सर्वानन्दम् ।। 3
ऊरू जानू पादौ बाहू, कोष्ठं स्कन्धौ ग्रीवां कण्ठम् ।
वक्त्रं कर्णौ नेत्रे शीर्षं, जिह्वां चित्तं मे रक्षेत्सः ।। 4

2. नवाक्षरावृत्ति के बृहती छंद वर्ग में हलमुखी (र न स), महालक्ष्मी (र र र), शुभोदर (भ भ भ) आदि का 512–छंद समूह निर्माण हुआ. हलमुखी छंद के उदाहरण के लिए संगीत श्रीकृष्णायन मोती 328 देखिए :

हलमुखी छंद

र न स

ऽ । ऽ । । । । । ऽ

श्रीराम का गुरुकुल समापन

बैठके गुरुचरण में, ध्याइके सब स्मरण में ।
राम ज्ञान समझ लिया, क्षात्र-धर्म ग्रहण किया ।। 1
आज राम गुरुकुल से, आगये अवध पुर में ।
देख राम, दशरथ जी, मातु तीन मुदित भयी ।। 2

3. दशाक्षरवृत्ति के पंक्ति छंद वर्ग में मत्ता छंद (म भ स ग), मयूरी (र ज र ग), कामदा (र य ज ग), बाला (र र र ग), कीर्ति (स स स ग), चंपकमाला (भ म स ग), सारवती (भ भ भ ग), बिंदु (भ भ म ग), आदि का 1024–छंद समूह निर्माण हुआ. मत्ता छंद के उदाहरण के लिए संगीत श्रीकृष्णायन मोती 32 देखिए :

मत्ता छंद

---

[1] **क्षौद्रं** = मधु, शहद । **नारीकेलम्** = नारियल ।

म भ स ग

ऽ ऽ ऽ ऽ । । । । ऽ ऽ

(लक्ष्मीनारायण स्तवन)

लक्ष्मीनाथा! परम पियारे! ।

दाता धाता जगत नियारे! ।। 1

तारो मोहे भवजल पारे ।

आया हूँ मैं चरण तिहारे ।। 2

4. एकादशाक्षरावृत्ति के त्रिष्टुप् छंद वर्ग में उपेंद्रवज्रा (ज त ज ग ग), शालिनी (म त त ग ग), वातोर्मि (म भ त ग ग), रथोद्धता (र न र ल ग), स्वागता (र न भ ग ग), द्रुता (र ज स ल ग), विध्यंकमाला (त त त ग ग), इंद्रवज्रा (त त ज ग ग), आदि का 2048–छंद समूह निर्माण हुआ. उपेंद्रवज्रा छंद का संस्कृत उदाहरण है पांडवगीता श्लोक 28 है

उपेंद्रवज्रा छंद

ज त ज ग ग

। ऽ । ऽ ऽ । । ऽ । ऽ ऽ

त्वमेव माता च पिता त्वमेव ।

त्वमेव बंधुश्च सखा त्वमेव ।

त्वमेव विद्या द्रविह्मां त्वमेव ।

त्वमेव सर्वं मम देवदेव ।।

सुखस्य दुःखस्य न कोऽपि दाता ।

परो ददातीति कुबुद्धिरेषा ।

अहं करोमीति वृथाभिमानः ।

स्वकर्मसूत्रे गैत्तितो हि लोकः ।।

शालिनी छंद के हिंदी उदाहरण के लिए श्रीकृष्णायन का मोती 77 देखिए

शालिनी छंद

म त त ग ग

ऽ ऽ ऽ ऽ ऽ । ऽ ऽ । ऽ ऽ

पनघट पर राधा गोपी

कैसे लाए नीर ग्वालीन गोरी ।
कान्हा रोड़ी मार कामोर फोरी ।। 1
भीगी राधा की चुनैया गुलाबी ।
राधा गालों पे सजायी गुलाली ।। 2

5. द्वादशाक्षरावृत्ति के जगती छंद वर्ग में भुजंगप्रयात (य य य य), स्त्रग्विणी (र र र र), तोटक (स स स स), सारंग (त त त त), इंद्रवंशा (त त ज र), मणिमाला (त य त य), जलोद्धगति (ज स ज स), तामरस (न ज ज य), कुमुदविचित्रा (न य न य), तरलनयन (न न न न), आदि का 4096–छंद समूह निर्माण हुआ.

भुजंगप्रयात छंद के उदाहरण के लिए श्रीकृष्णायन का मोती 141 देखिए

भुजंगप्रयात छंद

य य य य

। ऽ ऽ । ऽ ऽ । ऽ ऽ । ऽ ऽ

हिंदी

आत्मा

न जन्मा, न आरंभ, तेरा कहीं से ।
सदा साथ होते न, जाना किसी ने ।। 1
न आया कहीं से, न जाता कहीं है ।
निराधार आत्मा, जहाँ था वहीं है ।। 2
कटे ना, जले ना, गले ना, झुरे ना ।
वही आतमा है निराकार जाना ।। 3
सभी के दिलों में बसा एक देही ।
अनेकों घटों का कहा एक गेही ।। 4

संस्कृत

निष्काम

बिना–वासनां यस्य सर्वं हि कार्यम् ।
अनिन्दा च निन्दा च सर्वं समं यम् ।

न बध्नाति तं कर्म कृत्वाऽपि सर्वम् ।
स जानाति त्यागं च निष्कामयोगम् ।।

6. त्रयोदशाक्षरावृत्ति के अतिजगती छंद वर्ग में प्रहर्षिणी (म न ज र ग),
कन्दुक (य य य य ग), कन्द (य य य य ल), तारक (स स स स ग),
आदि का 8192-छंद समूह निर्माण हुआ।

प्रहर्षिणी छंद के उदाहरण के लिए श्रीरामायण का मोती 378 देखिए :

प्रहर्षिणी छंद

म न ज र ग

ऽ ऽ ऽ । । । । । ऽ । ऽ । ऽ ऽ

दशरथ प्रयाण

सीता को रघुपति ने कहा, विदेही! ।
देहों के सम मरता कभी न देही ।। 1
चोला है दशरथ ने तजा पुराना ।
लेने को अपर शरीर में ठिकाना ।।

7. चतुर्दशाक्षरावृत्ति के शर्करी छंद वर्ग में वसंततिलका (त भ ज ज ग
ग), असंबाधा (म त न स ग ग), कुटिल (स भ य ग ग), आदि का 16384-छंद
समूह निर्माण हुआ।

वसंततिलका छंद के सुंदर उदाहरण के लिए संगीत श्रीकृष्णायन का
मोती 129 देखिए :

वसंततिलका छंद

त भ ज ज ग ग

ऽ ऽ । ऽ । । । ऽ । । ऽ । ऽ ऽ

अर्जुन का विषाद

कौन्तेय ने जब लखे, प्रिय बंधु आगे ।
खोये हवास उसके, अरु होश भागे ।।
बोला, विषाद-युत वो, "शर ना धरूँगा ।
चाहे, जनार्दन! यहाँ, रण में मरूँगा" ।।

अनुप्रास उदाहरण

ऽ ऽ । ऽ । । । ऽ । । ऽ । ऽ ऽ

दैवी संपदा

सद्धर्म से सजित जो, शुचि सत्य श्रद्धा ।
सद्भाव सुकृत सही, सहसाधना से ।।
स्वाध्याय के सहित जो, सब सर्वदा ही ।
दैवी कही सकल वो, सत्-संपदा है ।।

संस्कृत उदाहरण

ऽ ऽ । ऽ । । । ऽ । । ऽ । ऽ ऽ

जटायुविलापः

रामं जटायुविहगः स उवाच दुःखी ।
यानेन भोः अपहृता दनुजेन देवी ।।
खड्गेन राम समितौ मम पक्ष्म छित्वा ।
मार्गेण दक्षिणदिशा च पलायितः सः ।।

8. पंचदशाक्षरावृत्ति के अतिशर्करी छंद वर्ग में चामर (र ज र ज र), चंद्रकांता (र र म स य), नलिनी (स स स स स), मालिनी (न न म य य), शशिकला (न न न न स), आदि का 32798-छंद समूह निर्माण हुआ.

चामर छंद के उदाहरण के लिए संगीत श्रीकृष्णायन का मोती 190 देखिए:

चामर छंद

र ज र ज र

ऽ । ऽ । ऽ । ऽ । ऽ । ऽ । ऽ । ऽ

द्वंद्व-भाव

राग क्रोध दुःख मोद, लाभ-हानि द्वंद्व हैं ।
श्वेत कृष्ण शीत उष्ण, द्वंद्व राग रम्य है ।। 1
जन्म-मृत्यु पाप पुण्य, शत्रु मित्र अन्य हैं ।
जो न द्वंद्व-भाव मुग्ध, सो महान धन्य है ।। 2

9. षोडषाक्षरावृत्ति के अष्टि छंद वर्ग में पंचचामर (ज र ज र ज ग), नील (भ भ भ भ भ ग), अचलधृति (न न न न न ल), आदि का 65536-छंद

समूह निर्माण हुआ.

पंचचामर छंद के उदाहरण के लिए श्रीरामायण का मोती 445 देखिए:

पंचचामर छंद

ज र ज र ज ग

। ऽ । ऽ । ऽ । ऽ । ऽ । ऽ । ऽ । ऽ

सेतु बंधन

लिखे चलो, लिखे चलो, पवित्र नाम राम का ।
अटूट यत्न से बने समुद्र सेतु अश्म का ।। 1
बढ़े चलो, बढ़े चलो, बड़ा महान काम है ।
सिया अशोक बाग में जपे अखंड नाम है ।। 2

10. सप्तदशक्षरावृत्ति के अत्यष्टि छंद वर्ग में पृथ्वी (ज स ज स य ल ग), शिखरिणी (य म न स भ), मंदाक्रांता (म भ न त त ग ग), हरिणी (न स म र स ल ग), आदि का 131072–छंद समूह निर्माण हुआ.

पृथ्वी छंद के उदाहरण के लिए संगीत श्रीकृष्णायन का मोती 25 देखिए:

पृथ्वी छंद

ज स ज स य ल ग

। ऽ । । । ऽ । ऽ । । । ऽ । ऽ ऽ । ऽ

व्यासवन्दनम्

महाकविवरो रविर्मतिमयो मुने व्यास त्वम् ।
त्वया विरचितं गुरो सुललितं बृहद्वाङ्मयम् ।। 1
तथा च लिखितं सनातनकृतं महाभारतम् ।
करोमि नमनं प्रभुं परमव्यासद्वैपायनम् ।। 2

हिंदी पद्य

कैकई का हर्ष

चले विपिन में, सिया लखन को, लिये राम जी ।
दुखी जनन हैं, सभी अवध के, हँसे कैकई ।। 1
कहे, भरत को, करूँ नृपति मैं, जभी आयगा ।
बिना हरि–सिया, सुखी अवध ये, मुझे भायगा ।। 2

शिखरिणी छंद

। ऽ ऽ ऽ ऽ ऽ । । । । । ऽ ऽ । । । ऽ

संस्कृत

सीता उपलब्धि

कपिर्ब्रूते रामं नलिनिनयनं मङ्गलवचः ।
प्रभो! श्रीवैदेही दशमुखवने शोकव्यथिता ।। 1
तदा श्रीरामस्तं मधुरवचनैराह प्लवगम् ।
कपे! त्वं मे भ्राता प्रियतरसखा दासपरमः ।। 2

हिंदी

सीता मिल गयी

कहा वज्रांगी ने, अवधपति को वन्दन किये ।
रघो! श्री सीता हैं, असुर-वन में व्यग्र दुखिता ।। 1
सिया-भर्ता बोले, पवन-सुत को आशिष दिये ।
सखा तू है मेरा, प्रिय अनुज भी लक्ष्मण यथा ।। 2

11. अष्टादशक्षरावृत्ति के धृति छंद वर्ग में हरिणीलुप्ता (म स ज ज भ र), चित्रलेखा (म भ न य य य), शार्दूल (म स ज स र म), आदि का 262144-छंद समूह निर्माण हुआ.

हरिणीलुप्ता छंद का छंद प्रभाकर पृ. 185 का उदाहरण देखिए:

हरिणीलुप्ता छंद

म स ज ज भ र

ऽ ऽ ऽ । । ऽ । ऽ । । ऽ । ऽ । । ऽ । ऽ

मैं साजो जु भरो घड़ा, तट में लख्यो हरिण-लुप्ता ।
क्रीड़ावन्त हरो भरो, विलसै तहाँ, हरिणो युता ।।
कस्तूरी त्यहि नाभि जो, तिहि सों सजैं, निज आननै ।
हे आली तिहि क्यों बधैं, हठ धारिकै, नृप काननै ।।

12. ऊनविंशत्यक्षरावृत्ति के अतिधृति छंद वर्ग में शादूलविक्रीड़ित (म स ज स त त ग), मेधविस्फूर्जिता (य म न स र र ग), छाया (य म न स त त ग), मकरंदिका (य म न स ज ज ग), आदि का 524288-छंद समूह

निर्माण हुआ.

शादूलविक्रीड़ित छंद के उदाहरण के लिए संगीत श्रीरामायण का मोती 302 देखिए :

शादूलविक्रीडित छंद

म स ज स त त ग

ऽ ऽ ऽ । । ऽ । ऽ । । । ऽ ऽ ऽ । ऽ ऽ । ऽ

वाल्मीकि रामायण

जो रत्नाकर[2] को, महाकवि किया, वो है कृपा नाम की ।
श्रीवाल्मीक रची अनुष्टुप् कथा, वो है दया राम की ।। 1
श्रीरामायण में सती बड़ कही, वो है सिया, राम की ।
जो सर्वोत्तम है प्रभा, भँवर में, वो है हनूमान की ।। 2

13. विंशत्यक्षरावृत्ति के कृति छंद वर्ग में सुवदना (म र भ न य भ ल ग), गीतिका (स ज ज भ र स ल ग), मत्तेभविक्रीड़ित (स भ र न म य ल ग), आदि का 10448576-छंद समूह निर्माण हुआ.

सुवदना छंद के उदाहरण के लिए संगीत श्रीरामायण का मोती 343 देखिए:

सुवदना छंद

म र भ न य भ ल ग

ऽ ऽ ऽ ऽ । ऽ ऽ । । । । । । ऽ ऽ ऽ । । । ऽ

राम का राजतिलक

बोले मंत्रीसभा में दशरथ, युवराजा आज चुनिये ।
बूढ़ा मैं हो चुका हूँ, अब जनमत में देरी न करिये ।। 1
कौशल्या मातु बोली, सद् गुण सब हैं मेरे तनय में ।
कैकेयी ने कहा, अग्रज हरिहर है, वो ही कुँवर है ।। 2
बोली रानी सुमित्रा, हरि मुनिमन है राजा वह बने ।
मंत्री बोले, हमारा तन-मन प्रिय जो है राम, चुनिये ।। 3
बोला सौमित्र, मेरा हरि सुख बल सोता प्राण तरु है ।

---

[2] रत्नाकर = रत्नाकर डाकू ।

स्वामी आदेश से, चंदन तिलक लगाया राजगुरु ने ।। 4

14. एकविंशत्यक्षरावृत्ति के प्रकृति छंद वर्ग में स्त्रग्धरा (म र भ न य य य), सरसी (न ज भ ज ज ज र), आदि का 2097152–छंद समूह निर्माण होता है..

स्त्रग्धरा छंद के उदाहरण के लिए संगीत श्रीरामायण का मोती 406 और श्रीकृष्णातन का मोती 173 देखिए:

स्त्रग्धरा छंद

म र भ न य य य

ऽ ऽ ऽ ऽ । ऽ ऽ । । । । । । ऽ ऽ । ऽ ऽ । ऽ ऽ

राम विलाप

सीते सीते! पुकारे, उस घन वन में, राम आँसू बहायो ।
वैदेही! तू कहीं है, छुप कर चुप या, दैत्य तोहे भगायो ।। 1
पंछी! पेड़ों! बताओ, गगन पवन भो:! दार मेरी कहाँ है ।
बोला पक्षी जटायू, असुर जित उड़ा, नार तोरी वहाँ है ।। 2

गीता के छह योग

स्त्रग्धरा छंद

म र भ न य य य

ऽ ऽ ऽ ऽ । ऽ ऽ । । । । । । ऽ ऽ । ऽ ऽ । ऽ ऽ

कीन्हा जो कार्य इच्छा तज कर फल की, कर्म का योग जाना ।
कर्ता दूजा नहीं है अतुल गुण सिवा, ज्ञान का योग माना ।। 1
आत्मा का ज्ञान देही अजर अमर का, सांख्य है योग जाना ।
मित्रारी[3] द्वंद्व में जो नित सम मति वो, बुद्धि का योग माना ।। 2
आस्था से कार्य सारा अविचल करना, भक्ति का योग जाना ।
ध्येयोक्ता कार्य माला अविरत करना, योग अभ्यास माना ।। 3

15. द्वाविंशत्यक्षरावृत्ति के आकृति छंद वर्ग में मंदारमाला (त त त त त

---

[3] **मित्रारी** = न० मित्र + पु० अरि = द्वंद्व समास द्वितीया द्विवचन = मित्रारी ।

कालिदास के बृहत् महाकाव्य रघुवंश की छंद मीमांसा

त त ग), महास्त्रग्धरा (स ज त न स र र ग), मदिरा सवैया (भ भ भ भ भ भ भ ऽ), आदि का 4194304–छंद समूह निर्माण हुआ. 22 से 26 वर्ण वाले छंद प्रकार को सवैया कहा जाता है.

मंदारमाला छंद के उदाहरण के लिए संगीत श्रीरामायण का मोती 8 देखिए:

मंदारमाला छंद

त त त त त त त ग

ऽ ऽ । ऽ ऽ । ऽ ऽ । ऽ ऽ । ऽ ऽ । ऽ ऽ । ऽ ऽ । ऽ

मंगलाचरणम्

वन्दे शिवं पार्वतीवल्लभं नीलकण्ठं हरं मङ्गलं शङ्करम् ।। 1
लम्बोदरं पीतपीताम्बरं चण्डिकानन्दनं श्रीगणेशं शुभम् ।। 2

कादम्बरीं ज्ञानदेवीं भजे भारतीं वैखरीं शारदामातरम् ।। 3
राधावरं कृष्णगोवर्धनं माधवं केशवं श्यामलं सुन्दरम् ।। 4

सीतापतिं रामभद्रं हरिं रामचन्द्रं रघुं जानकीवल्लभम् ।। 5
वातात्मजं मारुतिं व्यङ्कटं रुद्ररूपं कपिं रामदूतं वरम् ।। 6

16. त्रयोविंशत्यक्षरावृत्ति के विकृति छंद वर्ग में मत्तगयंद अथवा मालति सवैया (भ भ भ भ भ भ भ ऽ ऽ), चकोर सवैया (भ भ भ भ भ भ भ ऽ ।), सुमुखी सवैया (ज ज ज ज ज ज ज । ऽ), आदि का 8388608–छंद समूह निर्माण होता है. मत्तगयंद के दो लोकप्रिय उदाहण देखिए :

मत्तगयंद सवैया छंद

ऽ । । ऽ । । ऽ । । ऽ । । ऽ । ऽ । । ऽ । । ऽ ऽ

हे शिव शंकर सर्प रहे सिर, अंग हिमालय आलय तेरा।
शीष झुकाकर बंदन चंदन, है चरणों पर मस्तक मेरा।।
चाहत है अब गंग धुले सब, पाप करें मन में खग डेरा।
पावन है शिव धाम सुनें जग, राहत का हल दें वह घेरा।।

भारत में अब सैनिक चाहत, देश सदा पथ निर्मल छाँव।

कंटक काट करें अब रक्षण, चाल चले मत दुर्बल पाँव ।

देव भजे जग जाग रखें हम, पावन गंग सदा जल नाँव ।

सुंदर हो परिवेश जहाँ तट, शान करें हम पा हल दाँव । ।

17. <u>चतुर्विंशत्यक्षरावृत्ति</u> के संस्कृति छंद वर्ग में दुर्मिल सवैया छंद (स स स स स स स स), किरीट सवैया (भ भ भ भ भ भ भ भ), अरसात सवैया (भ भ भ भ भ भ भ ऽ । ऽ), लवंगलता (ज ज ज ज ज ज ज ज ।), आदि का 16777216-छंद समूह निर्माण होता है. दुर्मिल और किरीट सवैया छंद के लोकप्रिय उदाहण देखिए :

दुर्मिल सवैया छंद

। । ऽ । । ऽ । । ऽ । । ऽ । । ऽ । । ऽ । । ऽ । । ऽ

निरखें नभ से सुख से सुर हैं, प्रभु राम चले गृह से वन को ।

पद चिन्ह गहे सुकुमारि चले, अरु भ्रात निहारत पावन को ।

मुसुकाति चले वनवास सिया, परखे मन मोहक सावन को ।

पगलाय रहे वन के बसिया, अब देख <u>व</u>हाँ मन भावन को । ।

किरीट सवैया

ऽ । । ऽ । । ऽ । । ऽ । । ऽ । । ऽ । । ऽ । । ऽ । ।

दो प्रभु दान दया मुझको अब, सेवक मांगत शीष नवाकर ।

चाहत है बस दान दया निधि , पास रहे नित मंगल आकर । ।

है विनती मम एक सुनो अब, दास कहे दर नाथ सुनाकर ।

दो वरदान सदा रह सेवक , सेव करूँ बस माथ झुकाकर । ।

18. <u>पंचविंशत्यक्षरावृत्ति</u> के अतिकृति छंद वर्ग में सुंदरी सवैया (स स स स स स स स ऽ), आदि का 33554432-छंद समूह निर्माण होता है. सुंदरी सवैया छंद का लोकप्रिय उदाहण देखिए :

सुंदरी सवैया

। । ऽ । । ऽ । । ऽ । । ऽ । । ऽ । । ऽ । । ऽ । । ऽ ऽ

पद कोमल स्यामल गौर कलेवर राजन कोटि मनोज लजाए ।

कर वान सरासन सीस जटासरसीरुह लोचन सोन सहाए ।

जिन देखे रखी सतभायहु तै, तुलसी तिन तो मह फेरि न पाए ।

यहि मारग आज किसोर वधू, वैसी समेत सुभाई सिधाए ।।

19. षड्विंशत्यक्षरावृत्ति के उत्कृति छंद वर्ग में कुन्दलता सवैया (स स स स स स स स । ।), महामंजीर सवैया (स स स स स स स स । ऽ), आदि का 67108864-छंद समूह निर्माण होता है. कुन्दलता सवैया छंद का लोकप्रिय उदाहण देखिए :

कुन्दलता सवैया

। । ऽ । । ऽ । । ऽ । । ऽ । । ऽ । । ऽ । । ऽ । । ऽ । ।

जब साजन ने सजनी निरखी, परखी कहता रस सी लगती कुछ ।

नथनी नग भी चमके झलके, झुमकी झलकी हिलती कहती कुछ ।।

पग पायल घायल है करती, सुर ताल सरासर भी मिलती कुछ ।

परखे निरखे मम प्रीतम ही, सजनी तब ही रजनी सजती कुछ ।।

20. षड्विंशत्याधिकाक्षरावृत्ति (26 से अधिक अक्षरों) वाले छंद को **दण्डक** वार्णिक छंद कहा जाता है.

रघुवंश के मुख्य २२ छंद और ६७ उपछंद

1. अनुष्टुभ् श्लोक छंद :

श्लोक छन्द को साधारणतया अनुष्टुप्-छन्द कहा जाता है, मगर **"श्लोक" या "श्लोक-छंद"** अनुष्टुभ्-वर्ग का केवल एक 2, 3 या 4 विविध अनुष्ठुभ् छंद पदों का बना हुआ **"संयुक्त छंद"** प्रकार है. श्लोक 32 अक्षरों का वार्णिक छन्द है. श्लोक में आठ वर्णों के चार चरण होते हैं. इसके दूसरे और चौथे (सम) चरणों के बीच वर्णों का प्रमाण समान होता है और पहले और तीसरे (विषम) चरणों के वर्णों का प्रमाण भी समान होता है, अत: इसको अर्धसम **छन्द** कहा जाता है. श्लोक छंद के आदि रचेता श्री वाल्मीकि महामुनि थे.

यह अवश्य याद रहे कि, सभी अनुष्टुभ् पद्य श्लोक नहीं होते हैं. केवल जिसका लक्षण सूत्र 4 + ।ऽऽ + 1 ; 4 + । + ऽ + । + 1 है वही पद्य **श्लोक** होता है.

श्लोक छन्द की विशेष बातें : श्लोक के

(1) चारों चरण में पाँचवा वर्ण लघु (ह्रस्व) और

(2) छठा वर्ण गुरु (दीर्घ) होता है.

(3) सम चरणों का सातवाँ वर्ण लघु और

(4) विषम चरणों का सातवाँ वर्ण गुरु होता है. शेष (1, 2, 3, 8) वर्णों के लिए लघु गुरु की स्वतंत्रता होती है.

(5) आघात वाले संयुक्ताक्षर के पूर्व का लघु वर्ण दीर्घ माना जाता है.

(6) प्रत्येक चरण (आठ अक्षर) के अन्त में यति (साँस लेने का अवधि) होता है.

(7) प्रत्येक चरण की प्रथम चार मात्राओं की गण-विभिन्नता को गिन कर अनुष्टुप् श्लोक छन्द के 36 प्रकार माने गए है.

श्लोक छंद में लिखी कविताओं के पदों में इन 36 गण–विविधता के कारण इस छन्द की विस्तृततम रचना भी उकतावनी नहीं होती है, अपितु मधुरतम ही होती जाती है.

(8) अत: किसी भी केवल एक ही प्रकार के अनुष्टुप् छन्द में संपूर्ण काव्य नहीं लिखा जाता है. इस छन्द को ब्रह्मा का चौथा मुख माना जाता है.

श्लोक–व्याख्या

संस्कृतश्लोक:

'श्लोके' षष्ठो गुरुर्वर्णो लघुश्च पञ्चम: सदा ।
गुरुर्विषमयोर्ह्रस्व: सप्तम: समपादयो: ।।
चतुष्पादस्य श्रीयुक्तो वाल्मीकिकविना कृत: ।
द्वात्रिंशद्वर्णयुक्तो हि छन्दोऽनुष्टुप्स कथ्यते ।।

श्लोक व्याख्या

हिन्दी श्लोक

श्लोक में पाँचवाँ ह्रस्व छठा दीर्घ सदा रहे ।
द्वितीय चौथ में दीर्घ सातवाँ अन्य में लघु ।।
पवित्र चार पादों का वाल्मीकि ने रचा जिसे ।
बत्तीस वर्ण का छन्द अनुष्टुप् कहा इसे ।।

कालिदास के रघुवंश में अनुष्टुभ् श्लोक छंद 1.1-1.11, 1.13-1.15, 1.17-1.19, 1.21-1.22, 1.24-1.28, 1.31-1.33, 1.35-1.38, 1.40-1.52, 1.54-1.59, 1.62-1.70, 1.72-1.86, 1.88-1.90, 1.92, 1.94, 4.1-4.11, 4.13-4.24, 4.27-4.35, 4.37-4.40, 4.42-4.46, 4.48-4.65, 4.67-4.86, 10.1, 10.3-107, 10.11-10.12, 10.15-10.16, 10.18-10.34, 10.36-10.39, 10.41-10.45, 10.47-10.48, 10.50, 10.52-10.53, 10.55-10.62, 10.64-10.68, 10.70-10.85, 12.1-12.8, 12.10-12.11, 12.13-12.18, 12.20, 12.22-12.43, 12.45-12.52, 12.54-12.56, 12.58-12.70, 12.72, 12.74-12.79, 12.81-12.84, 12.86-12.99, 12.101, 15.1-15.2, 15.4-15.8, 15.12-15.21, 15.23-15.28, 15.30-15.39, 15.41-15.42, 15.44-15.46, 15.48-15.53, 15.55-15.60, 15.62, 15.64-15.72, 15.74-15.77, 15.79-15.15.97, 15.99-15102 , 17.1-17.9, 17.11-17.34, 15.36-15.37, 17.39, 17.41-17.53, 17.55-17.71, 17.73-17.76, 17.78, 17.80 = **473** पद्यों में है.

2. श्लोकेतर अन्य 53 अनुष्टुभ् छंद :

जिस अनुष्टभ् विषम अष्टाक्षर चरण में प्रथम चार अक्षरों के पश्चात् य गण नहीं प्रयुक्त होता है अथवा सम चरण में ज गण विद्यमान नहीं होता है वहाँ श्लोक छंद सिद्ध नहीं होकर निम्नांकित 77 विभिन्न अनुष्टुभ् छंद रघुवंश में पाए जाते हैं.

रघुवंश के 53 विणिन्न अनुष्टुभ् छंद प्रकार

	गण	सूत्र	अनुष्टुभ् छंद नाम	संख्या
1.	ज त ग ग	। ऽ ।, ऽ ऽ ।, ऽ ऽ	वारिशाला अनुष्टुभ् छंद	1
2.	ज त ल ग	। ऽ ।, ऽ ऽ ।, । ऽ	विता अनुष्टुभ् छंद	11
3.	ज त ल ल	। ऽ ।, ऽ ऽ ।, । ।	आकतनु अनुष्टुभ् छंद	1
4.	ज म ग ग	। ऽ ।, ऽ ऽ ऽ, ऽ ऽ	अपरिचित अनुष्टुभ् छंद	19
5.	ज म ग ल	। ऽ ।, ऽ ऽ ऽ, ऽ ।	अपरिचित अनुष्टुभ् छंद	6
6.	ज र ग ल	। ऽ ।, ऽ । ऽ, ऽ ।	सुचंद्रप्रभा अनुष्टुभ् छंद	18
7.	ज र ग ग	। ऽ ।, ऽ । ऽ, ऽ ऽ	यशस्करी अनुष्टुभ् छंद	52
8.	ज र ल ग	। ऽ ।, ऽ । ऽ, । ऽ	प्रमाणिका अनुष्टुभ् छंद	2
9.	ज स ग ग	। ऽ ।, । । ऽ, ऽ ऽ	भांर्गी अनुष्टुभ् छंद	49
10.	ज स ग ल	। ऽ ।, । । ऽ, ऽ ।	भांर्गी अनुष्टुभ् छंद	22
11.	ज स ल ग	। ऽ ।, । । ऽ, । ऽ	अपरिचित अनुष्टुभ् छंद	60
12.	ज स ल ल	। ऽ ।, । । ऽ, । ।	अपरिचित अनुष्टुभ् छंद	3
13.	त त ल ग	ऽ ऽ ।, ऽ ऽ ।, । ऽ	गर्भ अनुष्टुभ् छंद	5
14.	त भ ल ग	ऽ ऽ ।, ऽ । ।, । ऽ	रामा अनुष्टुभ् छंद	1
15.	त म ग ग	ऽ ऽ ।, ऽ ऽ ऽ, ऽ ऽ	मृत्युंजय अनुष्टुभ् छंद	2
16.	त र ग ग	ऽ ऽ ।, ऽ । ऽ, ऽ ऽ	विभा अनुष्टुभ् छंद	48
17.	त र ग ल	ऽ ऽ ।, ऽ । ऽ, ऽ ।	विभा अनुष्टुभ् छंद	24
18.	त र ल ग	ऽ ऽ ।, ऽ । ऽ, । ऽ	नाराचिका अनुष्टुभ् छंद	1
19.	त स ग ग	ऽ ऽ ।, । । ऽ, ऽ ऽ	श्यामा अनुष्टुभ् छंद	63
20.	त स ग ल	ऽ ऽ ।, । । ऽ, ऽ ।	श्यामा अनुष्टुभ् छंद	15
21.	त स ल ग	ऽ ऽ ।, । । ऽ, । ऽ	पथ्यावक्त्र अनुष्टुभ् छंद	122

कालिदास के बृहत् महाकाव्य रघुवंश की छंद मीमांसा

22.	त स ल ल	ऽ ऽ ।, । । ऽ, । ।	पथ्यावक्त्र अनुष्टुभ् छंद	2
23.	भ स ग ग	ऽ । ।, । । ऽ, ऽ ऽ	अपरिचित अनुष्टुभ् छंद	1
24.	म त ल ग	ऽ ऽ ऽ, ऽ ऽ।, । ऽ	पथ्यावक्त्र अनुष्टुभ् छंद	1
25.	म भ ल ग	ऽ ऽ ऽ, ऽ । ।, । ऽ	अतिजनी अनुष्टुभ् छंद	8
26.	म भ ल ल	ऽ ऽ ऽ, ऽ । ।, । ।	अतिजनी अनुष्टुभ् छंद	1
27.	म र ग ग	ऽ ऽ ऽ, ऽ । ऽ, ऽ ऽ	मधुमालती अनुष्टुभ् छंद	69
28.	म र ग ल	ऽ ऽ ऽ, ऽ । ऽ, ऽ ।	मधुमालती अनुष्टुभ् छंद	34
29.	म र ल ग	ऽ ऽ ऽ, ऽ । ऽ, । ऽ	क्षमा अनुष्टुभ् छंद	151
30.	म र ल ल	ऽ ऽ ऽ, ऽ । ऽ, । ।	क्षमा अनुष्टुभ् छंद	2
31.	म स ग ग	ऽ ऽ ऽ, । । ऽ, ऽ ऽ	वक्त्र अनुष्टुभ् छंद	55
32.	म स ग ल	ऽ ऽ ऽ, । । ऽ, ऽ ।	वक्त्र अनुष्टुभ् छंद	24
33.	म स ल ग	ऽ ऽ ऽ, । । ऽ, । ऽ	पथावक्त्र अनुष्टुभ् छंद	118
34.	म स ल ल	ऽ ऽ ऽ, । । ऽ, । ।	पथ्यावक्त्र अनुष्टुभ् छंद	1
35.	य भ ल ग	। ऽ ऽ, ऽ । ।, । ऽ	पथ्यावक्त्र अनुष्टुभ् छंद	7
36.	य म ग ग	। ऽ ऽ, ऽ ऽ ऽ, ऽ ऽ	अनिर्भार अनुष्टुभ् छंद	1
37.	य र ग ग	। ऽ ऽ, ऽ । ऽ, ऽ ऽ	कुलाधारी अनुष्टुभ् छंद	61
38.	य र ग ल	। ऽ ऽ, ऽ । ऽ, ऽ ।	सुचंद्रभा अनुष्टुभ् छंद	28
39.	य र ल ग	। ऽ ऽ, ऽ । ऽ, । ऽ	भाषा अनुष्टुभ् छंद	94
40.	य र ल ल	। ऽ ऽ, ऽ । ऽ, । ।	भाषा अनुष्टुभ् छंद	5
41.	य स ग ग	। ऽ ऽ, । । ऽ, ऽ ऽ	मनोला अनुष्टुभ् छंद	43
42.	य स ग ल	। ऽ ऽ, । । ऽ, ऽ ।	मनोला अनुष्टुभ् छंद	16
43.	य स ल ग	। ऽ ऽ, । । ऽ, । ऽ	अपरिचित अनुष्टुभ् छंद	103
44.	य स ल ल	। ऽ ऽ, । । ऽ, । ।	अपरिचित अनुष्टुभ् छंद	1
45.	र भ ल ग	ऽ । ऽ, ऽ । ।, । ऽ	कुरुचरी अनुष्टुभ् छंद	9
46.	र र ग ग	ऽ । ऽ, ऽ । ऽ, ऽ ऽ	पद्ममाला अनुष्टुभ् छंद	81
47.	र र ग ल	ऽ । ऽ, ऽ । ऽ, ऽ ।	लक्ष्मी अनुष्टुभ् छंद	40
48.	र र ल ग	ऽ । ऽ, ऽ । ऽ, । ऽ	हेमरूप अनुष्टुभ् छंद	150
49.	र र ल ल	ऽ । ऽ, ऽ । ऽ, । ।	हेमरूप अनुष्टुभ् छंद	5
50.	र स ग ग	ऽ । ऽ, । । ऽ, ऽ ऽ	गाथ अनुष्टुभ् छंद	51

51.	र स ग ल	ऽ । ऽ, । । ऽ, ऽ ।	गाथ अनुष्टुभ् छंद	33
52.	र स ल ग	ऽ । ऽ, । । ऽ, । ऽ	पथ्थावक्त्र अनुष्टुभ् छंद	102
53.	र स ल ल	ऽ । ऽ, । । ऽ, । ।	पथावक्त्र अनुष्टुभ् छंदा	2
54.	स त ल ग	। । ऽ, ऽ ऽ ।, । ऽ	सरघा अनुष्टुभ् छंद	1
55.	स भ ल ग	। । ऽ, ऽ । ।, । ऽ	सुतमधु अनुष्टुभ् छंद	6
56.	स र ग ग	। । ऽ, ऽ । ऽ, ऽ ऽ	परिधारा अनुष्टुभ् छंद	69
57.	स र ग ल	। । ऽ, ऽ । ऽ, ऽ ।	वलीकेन्दु अनुष्टुभ् छंद	34
58.	स र ल ग	। । ऽ, ऽ । ऽ, । ऽ	शलुकलुप्त अनुष्टुभ् छंद	109
59.	स र ल ल	। । ऽ, ऽ । ऽ, । ।	शलुकलुप्त अनुष्टुभ् छंद	4
60.	स स ग ग	। । ऽ, । । ऽ, ऽ ऽ	पंचशिखा अनुष्टुभ् छंद	58
61.	स स ग ल	। । ऽ, । । ऽ, ऽ ।	मही अनुष्टुभ् छंद	17
62.	स स ल ग	। । ऽ, । । ऽ, । ऽ	कलिला अनुष्टुभ् छंद	68
63.	स स ल ल	। । ऽ, । । ऽ, । ।	अमना अनुष्टुभ् छंद	1
			Total चरण	2192

पथ्यावक्त्र और वक्त्र अनुष्टुभ् छंद (4+य गण, 4+ज गण)

जिस अष्टाक्षर अनुष्टुप् वर्ण-समवृत्त में प्रथम वर्ण के आगे न गण तथा स गण नहीं हो और चौथे अक्षर के बाद य गण आता हो उसे **वक्त्र** छंद कहते हैं. और अष्टाक्षर अनुष्टुप् वक्त्र छंद के चरण में चौथे वर्ण के बाद ज गण आता हो उसे **पथ्यावक्त्र** छंद कहते हैं.

कालिदास के रघुवंश में श्लोकेतर अनुष्टुभ् छंद 1.12, 1.16, 1.20, 1.23, 1.29, 1.30, 1.34, 1.39, 1.53, 1.60, 1.61, 1.71, 1.87, 1.91, 1.93, 4.12, 4.25, 4.26, 4.36, 4.38, 4.41, 4.47, 4.66, 10.2, 10.8, 10.9, 10.10, 10.13, 10.14, 10.17, 10.35, 10.40, 10.46, 10.49, 10.51, 10.54, 10.63, 10.69, 12.9, 12.12, 12.19, 12.21, 12.44, 12.53, 12.57, 12.71, 12.73, 12.80, 12.85, 12.100, 15.3, 15.9, 15.10, 15.11, 15.22, 15.29, 15.40, 15.43, 15.47, 15.54, 15.61, 15.63, 15.73, 15.78, 15.98, 17.10, 17.35, 17.38, 17.40, 17.54, 17.72, 17.77, 17.79 = 74 पद्यों में पाया जाता है.

3. इन्द्रवज्रा (त त ज ग ग) :

स्यादिन्द्रवज्रा यदि तौ जगौ गः ।

त्रिष्टुप् वर्ग के इस ग्यारह वर्ण, 18 मात्रा वाले छन्द के चरण में त त ज गण और दो गुरु वर्ण आते हैं. इसका लक्षण सूत्र ऽ ऽ।, ऽ ऽ।, ।ऽ।, ऽ ऽ इस प्रकार होता है. इसके पदान्त में विराम होता है.

दोहा

मत्त अठारह से सजा, ग्यारह अक्षर वृंद ।
नाम "इंद्रवज्रा" जिसे, वही त त ज ग ग छंद ।।

कृष्णायन से इंद्रवज्रा छंद का एक हिंदी और एक संस्कृत उदाहरण देखिए

देही

ऽ ऽ।, ऽ ऽ।, ।ऽ।, ऽ ऽ

(हिन्दी)

ज्यों लोग त्यागे कपड़े पुराने ।
डाले नये जो हि क्षयिष्णु जाने ।। 1
त्यों देह देही तजके घिसे जो ।
"देहांत वाले," पहने नये वो ।। 2

(संस्कृत)

जीर्णानि वस्त्राणि विहाय लोकाः ।
अन्यानि गृह्णन्ति यथा सदा ते ।। 1
तथा हि जीर्णान्स विहाय देही ।
अन्याञ्च गृह्णाति नवान्सु गेही ।। 2

इंद्रवज्रा छंद का शास्त्रोक्त उदाहरण है गीता 8.28

वेदेषु यज्ञेषु तपःसु चैव
दानेषु यत्पुण्यफलं प्रदिष्टम् ।
अत्येति तत्सर्वमिदं विदित्वा
योगी परं स्थानमुपैति चाद्यम् ।।

23. कालिदास के रघुवंश में यह छंद 2.5, 2.7, 2.26, 2.32, 2.43, 2.65, 2.70,;5.3, 5.5, 5.9, 5.13, 5.22, 5.35, 5.38, 5.40, 5.44, 5.49, 5.60; 6.15, 6.16, 6.22, 6.26, 6.43, 6.45, 6.47, 6.61, 6.65, 6.75, 6.83, 7.2, 7.9, 7.16, 7.36, 7.39, 7.43, 7.51-7.52, 7.54, 7.59, 13.2; 13.16-13.17, 13.27, 13.36, 13.38, 13.47,

13.62, 13.65, 14.6, 14.13, 14.15, 14.23, 14.38, 14.50, 14.56, 14.58, 14.69, 14.72-14.73, 14.85-14.86, 16.2, 16.5, 16.15, 16.19, 16.35-16.36, 16.41, 16.50-16.51, 16.60, 16.64, 16.79, 18.3, 18.8, 18.16, 18.22, 18.24, 18.27, 18.30, 18.32, 18.38-18.40 = **84** पद्यों में पाया जाता है ।

4. उपेन्द्रवज्रा (ज त ज ग ग) :

उपेन्द्रवज्रा जतजास्ततो गौ ।

त्रिष्टुप् वर्ग के इस छन्द के चरणों में ग्यारह वर्ण, 17 मात्रा होती हैं । इसमें ज त ज गण और दो गुरु वर्ण आते हैं. इसका लक्षण सूत्र । ऽ।, ऽ ऽ।, । ऽ।, ऽ ऽ इस प्रकार होता है. **इन्द्रवज्रा** छन्द का पहला वर्ण लघु करके यह छन्द सिद्ध होता है ।

दोहा

मात्रा सत्रह का बना, आदि ज त ज, ग ग अंत ।

अक्षर ग्यारह से सजा, "उपेन्द्रवज्रा" छंद ।।

हमारे कृष्णायन से उपेंद्रवज्रा छंद का एक उदाहरण देखिए

सर्वभूत समानता

। ऽ।, ऽ ऽ।, । ऽ।, ऽ ऽ

सगा पराया जिसका न कोई ।

घृणा न ईर्ष्या जिसको किसी से ।। 1

रहे बना जो जग से नियारा ।

लगे सदा वो मुझको पियारा ।। 2

उपेंद्रवज्रा छंद का शास्त्रोक्त उदाहरण है गीता **11.28**

यथा नदीनां बहवोऽम्बुवेगाः

समुद्रमेवाभिमुखा द्रवन्ति ।

तथा तवामी नरलोकवीरा

विशन्ति वक्त्राण्यभिविज्वलन्ति ।।

कालिदास के रघुवंश में यह छंद 2.4, 2.34, 5.3, 5.27, 5.53, 6.5, 6.17, 6.84, 7.49, 13.9, 13.19, 13.49, 14.75, 14.83, 18.21 = **15** पद्यों में पाया जाता है ।

5. उपजाति छंद के **116** प्रकार (198 पद्य) :

स्यादिन्द्रवज्रायदितौ जगौग: उपेन्द्रवज्राजजास्ततो गौ ।
अनन्तरोऽरितलक्ष्मभाजौ पादौ यदीयावुपजातयस्ता: ।
इत्थं किलान्यस्वापि मिश्रितासु वदन्ति जातिष्विश्मेव नाम ।।

उपरोक्त इंद्रवज्रा और उपेंद्रवज्रा छंद के समागम को उपजाति छंद कहा जाता है. इन चार चरणों का पहला एक-एक अक्षर, लघु (।) हो या गुरु (ऽ) हो, बायनरी आक्टल के हिसाब से सजा कर जो चार अक्षरों वाला लघु-गुरु क्रम बनता है वह ऊपजाति छंद का सूत्र होता है. चार अक्षरों की लघु-गुरु संभावना से 2^4 = 2X2X2X2 = 16 तरह के क्रम बनते हैं. उसमें से प्रथम क्रम (। । । ।) उपेंद्रवज्रा छंद होता है और 16वाँ (ऽ ऽ ऽ ऽ) क्रम इन्द्रवज्रा छंद होता है. अन्य 14 क्रम के निम्नांकित 14 उपजाति छंद कहे जाते हैं.

(1) 0001 (लघु-लघु-लघु-गुरु)= उपेंद्रवज्रा, उपेंद्रवज्रा, उपेंद्रवज्रा, इंद्रवज्रा का **जाया** छंद
(2) 0010 (लघु-लघु-गुरु-लघु)= उपेंद्रवज्रा, उपेंद्रवज्रा, इंद्रवज्रा, उपेंद्रवज्रा का **प्रेमा** छंद
(3) 0011 (लघु-लघु-गुरु-गुरु) = उपेंद्रवज्रा, उपेंद्रवज्रा, इंद्रवज्रा, इंद्रवज्रा का **माला** छंद
(4) 0100 (लघु-गुरु-लघु-लघु)= उपेंद्रवज्रा, इंद्रवज्रा, उपेंद्रवज्रा, उपेंद्रवज्रा का **ऋद्धि** छंद
(5) 0101 (लघु-गुरु-लघु-गुरु) = उपेंद्रवज्रा, इंद्रवज्रा, उपेंद्रवज्रा, इंद्रवज्रा का **हंसी** छंद
(6) 0110 (लघु-गुरु-गुरु-लघु) = उपेंद्रवज्रा, इंद्रवज्रा, इंद्रवज्रा, उपेंद्रवज्रा का **आर्द्रा** छंद
(7) 0111 (लघु-गुरु-गुरु-गुरु) = उपेंद्रवज्रा, इंद्रवज्रा, इंद्रवज्रा, इंद्रवज्रा का **कीर्ति** छंद
(8) 1000 (गुरु-लघु-लघु-लघु)= इंद्रवज्रा, उपेंद्रवज्रा, उपेंद्रवज्रा, उपेंद्रवज्रा का **सिद्धि** छंद
(9) 1001 (गुरु-लघु-लघु-गुरु) = इंद्रवज्रा, उपेंद्रवज्रा, उपेंद्रवज्रा, इंद्रवज्रा का **माया** छंद
(10) 1010 (गुरु-लघु-गुरु-लघु) = इंद्रवज्रा, उपेंद्रवज्रा, इंद्रवज्रा, उपेंद्रवज्रा का **भद्रा** छंद
(11) 1011 (गुरु-लघु-गुरु-गुरु) = इंद्रवज्रा, उपेंद्रवज्रा, इंद्रवज्रा, इंद्रवज्रा का **वाणी** छंद
(12) 1100 (गुरु-गुरु-लघु-लघु) = इंद्रवज्रा, इंद्रवज्रा, उपेंद्रवज्रा, उपेंद्रवज्रा का **रामा** छंद
(13) 1101 (गुरु-गुरु-लघु-गुरु) = इंद्रवज्रा, इंद्रवज्रा, उपेंद्रवज्रा, इंद्रवज्रा का **शाला** छंद
(14) 1110 (गुरु-गुरु-गुरु-लघु) = इंद्रवज्रा, इंद्रवज्रा, इंद्रवज्रा, उपेंद्रवज्रा का **बाला** छंद

कालिदास के रघुवंश में इंद्रवज्रा (ऽ ऽ ।, ऽ ऽ ।, । ऽ ।, ऽ ऽ) और उपेंद्रवज्रा (। ऽ ।, ऽ ऽ ।, । ऽ ।, ऽ ऽ) छंदों के समागम को ही उपजाति छंद माना गया है. शंकराचार्य के विवेकचूडामणि में इंद्रवज्रा (ऽ ऽ ।, ऽ ऽ ।, । ऽ ।, ऽ ऽ), उपेंद्रवज्रा (। ऽ ।, ऽ ऽ ।, । ऽ ।, ऽ ऽ), इंद्रवंशा (ऽ ऽ ।, ऽ ऽ ।, । ऽ ।, ऽ ।

ऽ) और वंशस्थ (।ऽ।, ऽऽ।, ।ऽ।, ऽ ।ऽ) छंदों के समागम को भी उपजाति छंद माना गया है. इसका कारण यही कि, इंद्रवज्रा (ऽ ऽ।, ऽ ऽ।, । ऽ।, ऽ ऽ) छंद के अंतिम ग ग गण में एक मात्रा मिला कर इंद्रवंशा (ऽ ऽ।, ऽ ऽ।, । ऽ।, ऽ । ऽ) छंद होता है. इंद्रवंशा छंद के प्रथम त गण से एक मात्रा निकाल कर वंशस्थ (। ऽ।, ऽ ऽ।, । ऽ।, ऽ । ऽ) छंद होता है. वंशस्य छंद के अंतिम र गण से एक मात्रा निकाल कर उपेंद्रवज्रा (। ऽ।, ऽ ऽ।, । ऽ।, ऽ ऽ) छंद होता है.

रघुवंश के 2.1, 2.10, 2.11, 2.12, 2.12, 2.13, 2.14, 2.15, 2.16, 2.17, 2.18, 2.19, 2.2, 2.20, 2.21, 2.22, 2.23, 2.24, 2.25, 2.27, 2.28, 2.29, 2.3, 2.30, 2.31, 2.33, 2.35, 2.36, 2.37, 2.38, 2.39, 2.40, 2.41, 2.42, 2.44, 2.45, 2.46, 2.47, 2.48, 2.49, 2.50, 2.51, 2.52, 2.53, 2.54, 2.55, 2.56, 2.57, 2.59, 2.60, 2.61, 2.62, 2.63, 2.64, 2.66, 2.67, 2.68, 2.69, 2.71, 2.72, 2.73, 2.74, 2.8, 2.9, 5.1, 5.10, 5.11, 5.12, 5.14, 5.15, 5.16, 5.17, 5.18, 5.19, 5.2, 5.20, 5.21, 5.23, 5.24, 5.25, 5.26, 5.28, 5.29, 5.30, 5.31, 5.32, 5.33, 5.34, 5.36, 5.37, 5.39, 5.4, 5.41, 5.42, 5.43, 5.45, 5.46, 5.47, 5.48, 5.50, 5.51, 5.52, 5.54, 5.55, 5.56, 5.57, 5.58, 5.59, 5.6, 5.61, 5.62, 5.62, 5.7, 5.8, 6.1, 6.10, 6.11, 6.12, 6.13, 6.14, 6.16, 6.18, 6.19, 6.2, 6.2, 6.20, 6.21, 6.23, 6.24, 6.25, 6.27, 6.28, 6.29, 6.3, 6.30, 6.31, 6.32, 6.33, 6.34, 6.35, 6.36, 6.37, 6.38, 6.39, 6.4, 6.40, 6.41, 6.42, 6.44, 6.46, 6.48, 6.49, 6.50, 6.51, 6.52, 6.53, 6.54, 6.55, 6.56, 6.57, 6.58, 6.59, 6.6, 6.60, 6.62, 6.64, 6.66, 6.67, 6.68, 6.69, 6.7, 6.70, 6.71, 6.72, 6.73, 6.74, 6.76, 6.77, 6.78, 6.79, 6.8, 6.80, 6.81, 6.82, 6.9, 7.1, 7.10, 7.11, 7.12, 7.13, 7.14, 7.15, 7.17, 7.18, 7.19, 7.20, 7.21, 7.22, 7.23, 7.24, 7.25, 7.26, 7.27, 7.27, 7.28, 7.29, 7.3, 7.30, 7.31, 7.32, 7.33, 7.34, 7.35, 7.37, 7.38, 7.4, 7.40, 7.41, 7.42, 7.44, 7.45, 7.46, 7.47, 7.48, 7.5, 7.50, 7.53, 7.55, 7.56, 7.57, 7.58, 7.6, 7.60, 7.61, 7.62, 7.63, 7.64, 7.65, 7.66, 7.67, 7.68, 7.69, 7.7, 7.8, 13.1, 13.10, 13.12, 13.12, 13.14, 13.15, 13.18, 13.20, 13.21, 13.22, 13.23, 13.24, 13.25, 13.26, 13.28, 13.29, 13.3, 13.30, 13.31, 13.32, 13.33, 13.34, 13.35, 13.37, 13.39, 13.4, 13.40, 13.41, 13.42, 13.43, 13.44, 13.45, 13.46, 13.48, 13.5, 13.50, 13.51, 13.52, 13.53, 13.54, 13.55, 13.56, 13.57, 13.58, 13.59, 13.6, 13.60, 13.61, 13.63, 13.64, 13.66, 13.67, 13.7, 13.8, 14.1, 14.10, 14.11, 14.11, 14.14, 14.16, 14.17, 14.18, 14.19, 14.2, 14.20, 14.21, 14.22, 14.24, 14.24, 14.25, 14.26, 14.27, 14.28, 14.29, 14.3, 14.30, 14.31, 14.32, 14.33, 14.34, 14.35, 14.36, 14.37, 14.39, 14.39, 14.4, 14.40, 14.41, 14.42, 14.43, 14.44, 14.45, 14.46, 14.47, 14.48, 14.49, 14.5, 14.51, 14.52, 14.53, 14.54, 14.55, 14.57, 14.59, 14.60, 14.61, 14.62, 14.63, 14.64, 14.65, 14.66, 14.67, 14.68, 14.7, 14.70, 14.71, 14.74, 14.76, 14.77, 14.78, 14.79, 14.8, 14.80, 14.81, 14.82, 14.84, 14.85, 14.9, 16.1, 16.10, 16.11, 16.12, 16.13,

16.14, 16.16, 16.17, 16.18, 16.20, 16.21, 16.22, 16.23, 16.24, 16.25, 16.26, 16.27, 16.28, 16.29, 16.3, 16.30, 16.31, 16.32, 16.33, 16.34, 16.37, 16.38, 16.4, 16.40, 16.42, 16.43, 16.44, 16.45, 16.46, 16.47, 16.48, 16.49, 16.52, 16.53, 16.54, 16.55, 16.56, 16.57, 16.58, 16.59, 16.6, 16.61, 16.62, 16.63, 16.65, 16.66, 16.67, 16.68, 16.69, 16.7, 16.70, 16.71, 16.72, 16.73, 16.74, 16.75, 16.76, 16.77, 16.78, 16.8, 16.80, 16.81, 16.82, 16.83, 16.84, 16.85, 16.9, 18.1, 18.10, 18.11, 18.12, 18.13, 18.14, 18.15, 18.17, 18.18, 18.19, 18.2, 18.20, 18.23, 18.24, 18.26, 18.28, 18.29, 18.31, 18.33, 18.34, 18.35, 18.36, 18.37, 18.4, 18.41, 18.42, 18.43, 18.44, 18.45, 18.46, 18.47, 18.48, 18.49, 18.5, 18.50, 18.51, 18.6, 18.7, 18.9 = 478 पद्यों में उपजाति छंद है।

रघुवंश के १४ प्रकार के उपजाति छंद, कुल संख्या ४७६

1. इंद्रवज्रा	इंद्रवज्रा	इंद्रवज्रा	उपेन्द्रवज्रा
2.22, 2.48, 5.6, 5.8, 5.18, 5.23, 5.34, 5.41, 5.46, 5.55, 5.62, 6.14, 6.33, 6.56, 6.60, 7.22, 7.68, 13.31, 13.37, 13.44, 13.46, 13.63, 14.5, 14.61, 14.65, 14.66, 14.81, 16.8, 16.63, 16.73, 16.78, 18.5, 18.9, 18.23, 18.44, 18.46, 18.51 = 37 कुल पद्य संख्या			
2. इंद्रवज्रा	इंद्रवज्रा	उपेन्द्रवज्रा	इंद्रवज्रा
2.16, 2.24, 2.35, 2.37, 2.42, 2.44, 2.50, 2.67, 5.14, 5.45, 6.3, 6.11, 6.13, 6.25, 6.48, 6.51, 6.62, 6.69, 6.73, 7.4, 7.12, 7.64, 13.6, 13.12, 13.23, 13.24, 13.26, 13.43, 13.51, 13.54, 14.11, 14.27, 14.28, 14.35, 14.59, 14.60, 16.17, 16.20, 16.27, 16.28, 16.31, 16.40, 16.56, 16.62, 16.65, 16.67, 18.2, 18.20 = 48			
3. इंद्रवज्रा	इंद्रवज्रा	उपेन्द्रवज्रा	उपेन्द्रवज्रा
2.15, 2.18, 2.27, 2.45, 2.55, 2.60, 2.62, 2.63, 5.56, 6.64, 6.67, 6.70, 7.11, 7.20, 7.69, 13.12, 13.28, 13.29, 14.4, 14.11, 14.41, 14.77, 16.7, 16.10, 16.48, 18.7, 18.12, 18.19, 18.29, 18.31 = 29			
4. इंद्रवज्रा	उपेन्द्रवज्रा	इंद्रवज्रा	इंद्रवज्रा
2.31, 2.66, 5.21, 5.25, 5.61, 6.19, 6.40, 6.42, 6.46, 6.50, 6.68, 6.71, 6.81, 7.10, 7.28, 7.30, 7.32, 7.33, 7.37, 7.42, 7.45, 7.60, 13.5, 13.15, 13.25, 13.34, 13.48, 14.20, 14.29, 14.39, 14.48, 14.80, 14.82, 16.13, 16.14, 16.26, 16.29, 16.30, 16.58, 16.81 = 40			
5. इंद्रवज्रा	उपेन्द्रवज्रा	इंद्रवज्रा	उपेन्द्रवज्रा
2.2, 2.25, 2.40, 2.47, 5.12, 5.16, 5.47, 5.57, 6.41, 6.49, 6.77, 7.3, 7.6, 7.13, 14.3, 14.32, 14.37, 14.39, 16.71, 18.4, 18.41, 18.43 = 22			
6. इंद्रवज्रा	उपेन्द्रवज्रा	उपेन्द्रवज्रा	इंद्रवज्रा

2.13, 2.51, 2.61, 2.72, 5.4, 5.24, 5.29, 5.48, 6.6, 6.7, 6.12, 6.74, 6.76, 7.21, 7.40, 7.46, 7.47, 13.3, 13.4, 13.7, 13.52, 13.67, 14.1, 14.2, 14.22, 14.70, 16.16, 16.18, 16.33, 16.38, 16.49, 16.72, 18.17, 18.36 = 34			
7. इंद्रवज्रा	उपेन्द्रवज्रा	उपेन्द्रवज्रा	उपेन्द्रवज्रा
2.39, 2.68, 5.36, 5.37, 6.36, 6.37, 6.38, 6.44, 13.35, 13.40, 14.30, 14.43, 14.55, 14.62, 16.70, 18.24 = 16			
8. उपेन्द्रवज्रा	इंद्रवज्रा	इंद्रवज्रा	इंद्रवज्रा
2.12, 2.14, 2.36, 2.38, 2.46, 2.53, 5.1, 5.10, 5.15, 5.26, 5.43, 6.1, 6.8, 6.20, 6.24, 6.28, 6.30, 6.32, 6.39, 6.53, 6.80, 7.31, 7.38, 7.44, 7.57, 7.58, 7.61, 7.62, 7.67, 13.21, 13.33, 13.55, 13.56, 13.57, 13.60, 13.66, 14.7, 14.8, 14.9, 14.25, 14.34, 14.36, 14.40, 14.49, 14.68, 14.71, 14.85, 16.1, 16.9, 16.24, 16.43, 16.46, 16.61, 16.66, 16.69, 16.82, 18.10, 18.28, 18.47 = 59			
9. उपेन्द्रवज्रा	इंद्रवज्रा	इंद्रवज्रा	उपेन्द्रवज्रा
2.59, 2.64, 5.17, 5.19, 5.50, 6.2, 6.4, 5.62, 6.2, 6.16, 6.29, 6.35, 6.57, 6.82, 7.7, 7.19, 7.50, 13.14, 13.18, 13.22, 13.30, 13.42, 13.53, 13.58, 14.16, 14.21, 14.52, 14.53, 14.79, 16.22, 16.23, 16.57, 16.74, 16.75, 16.76, 18.11, 18.42 = 35			
10. उपेन्द्रवज्रा	इंद्रवज्रा	उपेन्द्रवज्रा	इंद्रवज्रा
2.9, 2.17, 2.54, 2.69, 5.2, 5.20, 5.30, 5.51, 5.52, 5.59, 6.52, 6.59, 6.66, 6.72, 7.5, 7.27, 7.34, 7.53, 7.56, 13.10, 13.41, 13.59, 14.10, 14.14, 14.24, 14.33, 14.47, 14.51, 16.3, 16.6, 16.21, 16.25, 16.34, 16.45, 16.54, 16.83, 18.1, 18.13, 18.18, 18.35, 18.37 = 41			
11. उपेन्द्रवज्रा	इंद्रवज्रा	उपेन्द्रवज्रा	उपेन्द्रवज्रा
2.1, 2.3, 2.11, 2.12, 2.19, 2.20, 5.31, 5.33, 6.10, 7.1, 7.8, 7.15, 7.26, 7.29, 7.65, 14.24, 14.54, 14.78, 16.4, 16.11, 16.12, 16.37, 16.55, 16.84, 18.15, 18.45 = 24			
12. उपेन्द्रवज्रा	उपेन्द्रवज्रा	इंद्रवज्रा	इंद्रवज्रा
2.8, 2.23, 2.30, 2.33, 2.41, 2.49, 2.57, 2.71, 5.11, 5.28, 5.39, 5.54, 6.9, 6.23, 6.54, 6.58, 6.78, 7.14, 7.17, 7.18, 7.23, 7.24, 13.1, 13.20, 13.32, 13.64, 14.17, 14.19, 14.31, 14.42, 14.45, 14.46, 14.76, 16.47, 16.52, 16.53, 16.80, 16.85, 18.6, 18.26, 18.34, 18.48, 18.49, 18.50 = 44			
13. उपेन्द्रवज्रा	उपेन्द्रवज्रा	इंद्रवज्रा	उपेन्द्रवज्रा
2.28, 2.52, 2.56, 2.73, 5.58, 6.18, 6.21, 7.55, 7.63, 13.8, 14.18, 14.26, 14.44, 14.57, 14.64, 14.67, 14.84, 16.44, 16.59, 16.68, 16.77, 18.14, 18.33 = 24			

14. उपेन्द्रवज्रा	उपेन्द्रवज्रा	उपेन्द्रवज्रा	इंद्रवज्रा
2.10, 2.21, 2.29, 2.74, 5.7, 5.32, 5.42, 6.27, 6.31, 6.34, 6.55, 6.79, 7.25, 7.27, 7.35, 7.41, 7.48, 7.66, 13.39, 13.45, 13.50, 13.61, 14.63, 14.74, 16.32, 16.42 = 25			

6. तोटक छंद (स स स स) :

अथ तोटकमम्बुधिसैः प्रथितम् । ससिसों सुअलंकृत तोटक है ।

जगती वर्ग के इस बारह वर्ण, 16 मात्रा वाले जगति छंद वर्ग के इस छन्द के चारों चरणों में चार स गण आते हैं. अर्थात् दो लघु और एक गुरु वर्ण की पुनरावृत्ति होती है अर्थात् चार स गण आते हैं. इसका लक्षण सूत्र ।। ऽ, ।। ऽ, ।। ऽ, ।। ऽ इस प्रकार होता ह. इसके पदान्त में विराम होता है. इस छन्द के अन्त में ज गण (लघु-गुरु-लघु) या त गण (गुरु-गुरु-लघु) नहीं आने के कारण यह छन्द चौपाइयाँ सजा कर तीनताल या कहरवा ताल में गाने बजाने के लिए योग्य होता है.

दोहा

चार स, सोलह मत्त में, ना हो ज ना त अंत ।
चौपाई की चाल में, बजता "तोटक" छंद ।।

संगीतश्रीकृष्णरामायण छन्दमाला, मोती 227

तोटक छन्द

।। ऽ, ।। ऽ, ।। ऽ, ।। ऽ

योगेश्वर विराट रूप

स्थायी

प्रभु! रूप विराट अनंत किया, किस कारण से यह धारण है ।
यह रूप लखे सब विश्व डरा, अति विस्मय का यह दर्शन है ।।

सानि़! सा-ग रेसा-नि़ नि़सा-रे मग-, गग रेसासासा रे- गम गरेसानि़ सा- ।
सानि़ सा-ग रेसा- नि़नि़ सा-रे मग-, गग रेसासासा रे- गम गरेसानि़ सा- ।।

अंतरा-1

तुमने गल में मणि कांचन के, पहने शुभ हार सुगंध भरे ।

तुमने वस्त्र पितांबर पहने, कर चक्र गदा असि शंख धरे ।।

पपमरे मम प- पम पनिधप प-, पपमग गसा सागम पगरेसा ऩिसा- ।

साऩिसा- ग-रे साऩि-सासा रेमग-, गग रेसासा सारे- गम गरेसा ऩिसा- ।।

अंतरा-2

तव आग भरा यह देह सखे! जिसमें बहु आनन दंत दिखे ।
कर पाद अनेक विशाल जिसे, हरि! रूप बड़े विकराल दिसे ।।

अंतरा-3

तुमरे मुख में कटते नर हैं, कुछ दंतन में अटके सर हैं ।
सब वीरों को तुम काट रहे, उनका तुम शोणित चाट रहे ।।

अंतरा-4

भगवान! मुझे तव रूप बड़ा, लगता धरती नभ तेज भरा ।
तुमने रतनाकर! आज धरा, महिमा मय विष्वक् रूप खरा ।।

तोटक छंद का संस्कृत उदाहरण देखिए

त्यज तोटकमर्थनियोगकरम् ।
प्रमदाधिकृतं व्यसनोपहतम् ।
उपधाभिरशुद्धमतिं सचिवं ।
नरनायक! भीरुकमायुधिकम् ।।

कालिदास के रघुवंश में तोटक छंद पद्य 8.91 में पाया जाता है.

7. द्रुतविलंबित छंद (न भ भ र) : **9.1-9.54 = 54**

द्रुतविलंबितमाह नभौ भरौ ।

इस छंद का अन्य नाम है सुन्दरी छंद. इसका सूत्र है ।।।, ऽ।।, ऽ।।, ऽ।ऽ.इसका उदाहरण है :

इरारपापफलानि यदृच्छया ।
वितर तानि सहे चतुरानन ।
अरसिकेषु कवित्वनिवेदनम् ।
शिरसि मा लिख मा लिख मा लिख ।।

8. पुष्पिताग्रा छंद (न न र य - न ज ज र ग) :

अयुजि नयुगरेफतो यकारो युजि च नजौ जरगाश्च पुपिताग्रा ।

इस अर्धसम वृत्त के विषम चरणों में न न र य गण के 12 वर्ण और सम चरणों में न ज ज र गण और एक गुरु के 13 वर्ण वर्ण आते हैं. इसका लक्षण सूत्र (विषम) ।।।, ।।।, ऽ। ऽ, । ऽ ऽ और (सम) ।।।, । ऽ।, । ऽ।, ऽ। ऽ, ऽ इस प्रकार होता है. इसमें पदान्त में विराम होता है. इसके 25 वर्ण में 34 मात्रा होती हैं. पुषिताग्रा छंद कामदत्ता (न न र य) और अचला (न ज ज र ग) छंद से बनता है.

दोहा

न न र य पद हों विषम में, सम न ज ज र गुरु वृंद ।
कहा अर्धसम वृत्त वो, "पुष्पिताग्रा" छंद ।।

हमारे कृष्णायन से पुष्पिताग्रा छंद का एक उदाहरण देखिए

श्री राम स्तुति

।।।, ।।।, ऽ। ऽ, । ऽ ऽ
।।।, । ऽ।, । ऽ।, ऽ। ऽ, ऽ

रघुवर! तुम दीन के दयाला ।
जग कहता तुम तीन लोक पाला ।। 1
सियपति! तुम सर्व भोग दाता ।
परम सखा! तुम सर्व दु:ख त्राता ।। 2

रघुवंश में पुष्पिताग्रा छंद 5.76, 6.86, 9.70, 9.71 = **4** पद्यों में है.

9. प्रहर्षिणी छंद (न न म य य) :

यस्य प्रतिचरणे म्नौ ज्रौ गः स्यात् तद् वृत्तं प्रहषिणी.

अतिजगती वर्ग के तेरह वर्णों वाले अतिजगति छंद वर्ग का यह छंद 3, 10 पर यति दे कर रचा जाता है. इस छन्द के चरणों में तेरह वर्ण, 20

मात्रा होती हैं । इसमें म न ज र गण और एक गुरु वर्ण आता है । इसका लक्षण सूत्र ऽ ऽ ऽ, । । ।, । ऽ ।, ऽ । ऽ, ऽ इस प्रकार होता है ।

लक्षण गीत दोहा

बीस मत्त का पद्य जो, गुरु मात्रा से अंत ।
म न ज र गण जब आदि में प्रहर्षिणी है छंद ।।

हमारे संगीत न्श्रीकृष्णायन से एक उदाहरण देखिए:

संगीतश्रीकृष्णरामायण छन्दमाला, मोती 378

प्रहर्षिणी छन्द

ऽ ऽ ऽ, । । ।, । ऽ ।, ऽ । ऽ, ऽ

दशरथ जी का प्रयाण

सीता को रघुपति ने कहा, विदेही! ।
देहों के सम मरता कभी न देही ।। 1
चोला है दशरथ ने तजा पुराना ।
लेने को अपर शरीर में ठिकाना ।। 2

कालिदास के रघुवंश में प्रहर्षिणी छंद 1.95, 4.87, 4.88, 8.92, 9.65, 13.79 = 6 पद्यों में पाया जाता है.

10. प्रिया छंद (न न र र र र) :

धृति छंद वर्ग के अष्टादशक्षरावृत्ति वाले न न र र र र (। । ।, । । ।, ऽ । ऽ, ऽ । ऽ, ऽ । ऽ, ऽ । ऽ) सूत्र के तीन तरह के छंद जाने गए हैं.
1. जिनमें यति 13–5 पर हो, यथा प्रिया अथवा तारका छंद;
2. जिनमें यति 10–8 पर हो यथा नाराच, निशा अथवा वरदा छंद और
3. जिनमें यति 9–9 पर हो जैसे नाराच अथवा महामालिका छंद. कालिदास के रघुवंश के पद्य 12.104 में 13–5 वाला प्रिया छंद प्रयुक्त है. कालिदास के रघुवंश में प्रिया छंद पद्य 12.104 में पाया जाता है.

11. मंजुभाषिणी छंद (स ज स ज ग) :

सजसा जगौ भवति मञ्जुभाषिणी । सजि साज गौरि चढ़ मंजुभाषिणी.
अतिजगती वर्ग के इस छंद को कोमलालापिनी, कनकप्रभा, प्रबोधिनी, सुमंगली, जया अथवा सुनंदिनी छंद भी कहा जाता है. तेरह वर्ण वाले इस का सूत्र । । ।, । ऽ ।, । । ।, । ऽ ।, ऽ (स ज स ज ग) इस प्रकार होता है. यति 5-8 पर होता है. इसका लोकप्रिय उदाहरण देखिए :

मंजुभाषिणी

। । ।, । ऽ ।, । । ।, । ऽ ।, ऽ
सजि साज गौरि सदनै गई लिए ।
कर पुष्प माल सिय मांगती हिये ।
बर देहु राम जन तोप कारिणी ।
सुनि एवमस्तु वद मंजुभाषिणी ।।

कालिदास के रघुवंश में मंजुभाषिणी छंद पद्य 9.69 में पाया जाता है.

12. मत्तमयूर छंद : (म त य स ग) :
वेदै रन्ध्रैर्म्तौ यसगा मत्तमयूरम् ।
अतिजगती वर्ग के इस 13 वर्ण, 22 मात्रा वाले छन्द में म त य स गण और एक गुरु वर्ण आता हैं. इसका लक्षण सूत्र ऽ ऽ ऽ, ऽ ऽ।, । ऽ ऽ, ।। ऽ, ऽ इस प्रकार होता है. इस छंद को माया छंद भी कहते हैं.

दोहा

मत्त बाईस का बना, गुरु कल से हो अंत ।
म त य स गण से जो सजा, "मत्तमयूरा" छंद ।।

हमारे संगीत कृष्णायन से मत्तमयूर छंद का एक उदाहरण देखिए:

सुदामा

ऽ ऽ ऽ, ऽ ऽ।, । ऽ ऽ, ।। ऽ, ऽ
कैसे जाऊँ मैं मिलने कृष्ण सखा से ।
वो राजा मैं रंक, मिलेगा वह कैसे ।। 1
ऊँची कोठी देख सुदामा चकराया ।

कान्हा ने है पास सुदामा को बिठलाया ।। 2

कालिदास के रघुवंश में मत्तमयूर छंद पद्य 9.75 में पाया जाता है.

13. मंदाक्रांता छंद (म भ न त त ग ग) :

मन्दाक्रान्ता जलधिषडगैम्भौ नतौ ताद्गुरू चेत् ।

इस अत्यष्टि वर्ग के छन्द के चरण में 17 वर्ण, 27 मात्रा होती हैं. इसमें म भ न त त गण आते हैं और अन्त में दो गुरु अक्षर. इसका लक्षण सूत्र ऽ ऽ ऽ, ऽ।।, ।।।, ऽ ऽ।, ऽ ऽ।, ऽ ऽ इस प्रकार होता है. इसके 4, 6, 7 वे वर्ण पर यति विकल्प से आता है.

दोहा

जहाँ म भ न त त आदि में, दो गुरु मात्रा अंत ।
सम वार्णिक यह वृत्त है, “मन्दाक्रान्ता” छन्द ।।

हमारे कृष्णायन से मंदाक्रांता छंद का एक उदाहरण देखिए

श्रीकृष्णवन्दनम्

ऽ ऽ ऽ, ऽ।।, ।।।, ऽ ऽ।, ऽ ऽ।, ऽ ऽ

गोपीनाथं कमलनयनं नन्दनन्दं मुकुन्दम् ।
लक्ष्मीकान्तं परमशरणं माधवं चक्रपाणिम् ।। 1
श्रीयोगेशं गरुडवहनं केशवं पद्मनाभम् ।
वन्दे कृष्णं कलुषदहनं विघ्नसंहारकारम् ।। 2

मंदाक्रांता छंद का एक और लोकप्रिय उदाहरण देखिए:

रामायणम्

धन्याऽयोध्या दशरथनृपस्साच माता च धन्या ।
धन्योवंशो रघुकुलभवो यत्र रामावतारः ।
धन्या वाणी कविवरमुखे रामनामप्रपन्ना ।
धन्यो लोके प्रतिदिनमसौ रामनामश्शृणोति ।।

कालिदास के रघुवंश में मंदाक्रांता छंद 8.95, 15.103, 17.81, 19.57 = **4**

पद्यों में पाया जाता है.

14. मालभारिणी छंद (स स ज ग ग - स भ र य) :

विषमे ससजा यदा गुरु चेत् ।

सभरा येन तु मालभारिणीम् ।।

यह अर्धसमवृत्त दो छंदों का बना हुआ एक संयुक्त छंद है. इसके विषम चरण विमला नामक छंद (स स ज ग ग) के होते हैं और सम चरण अर्भपंक्ति नामक छंद (स भ र य) छंद के होते हैं अत: मालभारिणी छंद का सूत्र । । ऽ, । । ऽ, । ऽ ।, ऽ ऽ – । । ऽ, ऽ । ।, ऽ । ऽ, । ऽ ऽ (स स ज ग ग – स भ र य) इस प्रकार से 11–12 वर्णों का होता है. मालभारिणी छंद का शास्त्रोक्त उदाहरण ऋग्वेद में पाया जाता है:

समरव्यसनी प्रमादशून्य: ककुदो वेदविदां तपोधनश्च ।
परवारणबाहुयुद्धलुब्ध: क्षितिपाल: किल शूद्रको बभूव ।।

मालभारिणी छंद का लोकप्रिय उदाहरण अभिज्ञानशाकुन्तल के देवनागरी पाठ के संक्षेपीकरण में पाया जाता है:

अपरिक्षतकोमलस्य यावत्कुसुमस्यैव नवस्य षट्पदेन ।
अधरस्य पिपासता मया ते सदयसुंदरि गृह्यते रसोस्य ।।

कालिदास के रघुवंश में मालभारिणी छंद 9.66, 9.72 = **2** पद्यों में पाया जाता है.

15. मालिनी छंद (न न म य य) :

ननमाायययुतेयं मालिनी भोगिलौकै: ।

इस छन्द के चरण में 15 वर्ण 22 मात्रा होती हैं । इसमें न न म य य गण आते हैं. इसका लक्षण सूत्र । । ।, । । ।, ऽ ऽ ऽ, । ऽ ऽ, । ऽ ऽ इस प्रकार होता है. इसके 8–7 वर्ण पर यति आता है ।

दोहा

मत्त बाईस हों जहाँ, सजा न न म य य वृंद ।

आठ वर्ण पर यति जहाँ, कहा मालिनी छंद ।।

हमारे काव्यरामायण से मालिनी छंद का एक उदाहरण देखिए

गणेशवन्दना

। । ।, । । ।, ऽ ऽ ऽ, । ऽ ऽ, । ऽ ऽ

गणपतिगणनाथं लम्बकर्णं गणेशम् ।
शिवसुतगणराजं वक्रतुण्डं वरेण्यम् ।।
सकलभुवननाथं निर्गुणं विश्वमूर्तिम् ।
गजमुखलघुनेत्रं शम्भुपुत्रं भजेऽहम् ।।

कालिदास के रघुवंश में मालिनी छंद 2.75, 5.74, 5.75, 6.85, 7.70, 7.71, 9.67, 10.86, 11.93, 12.102, 18.52-18.53 = **12** पद्यों में पाया जाता है.

16. रथोद्धता छंद (र न र ल ग) :

रान्नराविह रथोद्धता लगौ।

इस त्रिष्टुभ् वर्ग के इस छन्द के चरणों में ग्यारह वर्ण, 16 मात्रा होती हैं. इसमें र न र गण और अन्त में लघु-गुरु वर्ण आते हैं. इसके पद के अन्त में विराम होता है. इसका लक्षण सूत्र है ऽ। ऽ, ।।।, ऽ। ऽ, । ऽ

दोहा

सोलह कल से जो सजा, आदि र न र, ल ग अंत ।
ग्यारह अक्षर की कला, "रथोद्धता" है छंद ।।

हमारे कृष्णायन से रथोद्धता छंद का एक उदाहरण देखिए

कृष्ण के नाम

ऽ। ऽ, ।।।, ऽ। ऽ, । ऽ

लाभ-हानि सब द्वंद्व जानिये ।
मोद दुःख न चिरायु मानिये ।।
एक काम चिर काल कीजिए ।
नाम कृष्ण हर वक्त लीजिये ।।

कालिदास के रघुवंश में रथोद्धता छंद 9.68, 11.1-11.91, 19.1-19.55 =

147 पद्यों में पाया जाता है.

17. वंशस्थ छंद (ज त ज र) :

जतौतु वंशस्थमुदीरितं जरौ ।

जगती वर्ग के इस छन्द के चरणों में बारह वर्ण की 18 मात्रा होती हैं. इसमें ज त ज र गण आते हैं. इसका लक्षण सूत्र ।ऽ।, ऽऽ।, ।ऽ।, ऽ।ऽ इस प्रकार है. पदान्त में विराम होता है.

दोहा

मत्त अठारह से सजा, ज त ज र गण का वृंद ।

वर्ण बारह का बना, कहा "वंशस्थ" छंद ।।

हमारे कृष्णायन से वंशस्थ छंद का एक उदाहरण देखिए

ज्ञानदीप

।ऽ।, ऽऽ।, ।ऽ।, ऽ।ऽ

भजो महा पावन नाम श्याम का ।

सदा रटो रे! शुभ जाप राम का ।। 1

जभी जले अंदर दीप ज्ञान का ।

तभी खुले फाटक स्वर्ग धाम का ।। 2

कालिदास के रघुवंश में वंशस्थ छंद 3.1-3.69 = **69** पद्यों में है.

18. वसंततिलका छंद (त भ ज ज ग ग) :

उक्ता वसंततिलका तभजा जगौ गः ।

इस शक्वरी वर्ग के इसके चरणों में चौदह वर्ण, 21 मात्रा होती हैं, यति 8 वे वर्ण पर आता है. इसमें त भ ज ज गण और दो गुरु वर्ण आते हैं. इसका लक्षण सूत्र ऽऽ।, ऽ।।, ।ऽ।, ।ऽ।, ऽऽ इस प्रकार होता है. वसंततिलका छंद को सिंहोन्नता, उद्धर्षिणी और मधुमाधवी छंद कहते हैं.

दोहा

त भ ज ज ग ग गण की कला, देती मन आनंद ।

बारह कल पर यति जहाँ, "वसंततिलका" छंद ।।

हमारे कृष्णायन से वसंततिलका छंद का एक उदाहरण देखिए

अर्जुन का विषाद

ऽ ऽ।, ऽ।।, ।ऽ।, ।ऽ।, ऽ ऽ

कौन्तेय ने जब लखे, प्रिय बंधु आगे ।
खोये हवास उसके, अरु होश भागे ।।
बोला, विषाद-युत वो, "शर ना धरूँगा ।
चाहे, जनार्दन! यहाँ, रण में मरूँगा" ।।

कालिदास के रघुवंश में वसंततिलका छंद 5.63-5.73, 8.93-8.94, 9.55-9.63, 9.76-9.82, 11.92, 12.103, 13.68-13.78, 16.86-16.88, 19.56 = **45** पद्यों में पाया जाता है.

19. वियोगिनी छंद (स स ज ग - स भ र ल ग) :

यह अर्धसमवृत्त दो छंदों का बना हुआ एक संयुक्त छंद है. इसके विषम चरण 10 वर्ण के एकरूप नामक छंद (स स ज ग ग) के होते हैं और सम चरण 11 मात्रा वाले अपरांतिका नामक छंद (स भ र ल ग) छंद के होते हैं अतः वियोगिनी छंद का सूत्र । । ऽ, । । ऽ, । ऽ ।, ऽ – । । ऽ, ऽ । ।, ऽ । ऽ, । ऽ (स स ज ग ग – स भ र ल ग) इस प्रकार से 10–11 वर्णों का होता है.

वियोगिनी छंश्द का एक लोकप्रिय हिंदी उदाहरण देखिए:

विधि ना कृपया प्रबोधिता सहसा मानिनि सुख से सदा ।
करती रहती सदैव ही करुण की मदमय साधना ।।

कालिदास के रघुवंश में वियोगिनी छंद 8.1-8.90, 9.74 = **92** पद्यों में है.

20. शालिनी छंद (म त त ग ग) :

शालिन्युक्ता म्तौ तगौ गोऽब्धिलोकैः ।

त्रिष्टुभ् वर्ग के इस छंद के चरणों में 4, 7 के ग्यारह वर्ण की 20 मात्रा

होती हैं. इस में म त त गण और दो गुरु वर्ण आते हैं. इसका लक्षण सूत्र ऽ ऽ ऽ, ऽ ऽ।, ऽ ऽ।, ऽ ऽ इस प्रकार होता है.

दोहा

बनता मात्रा बीस से, दो गुरु मत्ता अंत ।

जहाँ म त त गण हों सजे, वहाँ "शालिनी" छंद ।।

हमारे कृष्णायन से शालिनी छंद का एक उदाहरण देखिए-

मटकी फोड़ कान्हा

ऽ ऽ ऽ, ऽ ऽ।, ऽ ऽ।, ऽ ऽ

कैसे लाए नीर ग्वालीन गोरी ।

कान्हा रोड़ी मार कामोर फोरी ।। 1

भीगी राधा की चुनैया गुलाबी ।

राधा गालों पे सजायी गुलाली ।। 2

कालिदास के रघुवंश में शालिनी छंद 9.64 = 1 पद्य में पाया जाता है.

21. स्वागता छंद (र न भ ग ग) :

स्वागतेति रनभाद्गुरुयुग्मम् ।

इस त्रिष्टुभ् वर्ग के छन्द के चरणों में ग्यारह वर्ण, 16 मात्रा होती हैं. इसमें र न भ गण और दो गुरु वर्ण आते हैं. इसका लक्षण सूत्र ऽ । ऽ, । । ।, ऽ । ।, ऽ ऽ इस प्रकार होता है. पद के अन्त में विराम आता है.

दोहा

सोलह मात्रा से सजा, दो गुरु कल से अंत ।

र न भ सजे हों गण जहाँ, वहाँ स्वागता छंद ।।

स्वागता छंद का हमारा एक रामायणीय उदाहरण देखिए:

संगीतश्रीकृष्णरामायण छन्दमाला, मोती 410

स्वागता छन्द

ऽ । ऽ, । । ।, ऽ । ।, ऽ ऽ

जटायु

राम–ऊरु पर शीश लिटायौ ।

राम–काज कर स्वर्ग मिलायौ ।। 1

धर्म कर्म कर प्राण गँवायौ ।

धन्य–धन्य खग वीर जटायू ।। 2

कालिदास के रघुवंश में स्वागता छंद पद्य 9.73 में पाया जाता है.

22. हरिणी छंद (न स म र स ल ग) :

न्सौ म्रौ स्लौ गो यदा हरिणी तदा ।

रसयुगयैन्सौम्रौ स्लौ गौ यदा हरिणी तदा ।।

इस अत्यष्टि वर्ग के छन्द के चरणों में सत्रह वर्ण 25 मात्रा होती हैं, विराम 10–7 पर आता है । इसमें न स म र स गण और लघु-गुरु वर्ण आते हैं. इस छंद का लक्षण सूत्र ।।।, ।। ऽ, ऽ ऽ ऽ, ऽ । ऽ, ।। ऽ, । ऽ इस प्रकार होता है. यति 4–6–7 पर आता है.

दोहा

मत्त पच्चीस से बना, लघु गुरु मात्रा अंत ।

आदि न स म र स गण रहें, वह "हरिणी" है छंद ।।

हरिणी छंद का हमारा एक गीतोपदेश का उदाहरण देखिए:

संगीतश्रीकृष्णायन छन्दमाला, मोती 259

हरिणी छन्द

।।।, ।। ऽ, ऽ ऽ ऽ, ऽ । ऽ, ।। ऽ, । ऽ

त्रिगुण

सद् गुण सुखों में जोड़े है, रजो गुण कर्म में ।

तमस् गुण निद्रा सुस्ती में, सदा मन जोड़ता ।। 1

त्रयगुणमयी माया काली, ढके मन ज्ञान है ।

अविचलित है माया से जो, उसे वर स्थान है ।। 2

कालिदास के रघुवंश में हरिणी छंद पद्य 3.70 में पाया जाता है.

रघुवंश के
८९ छंदों की मीमांसा

रघुवंश सर्ग - १

* राजा दिलीप *

1.1

वागर्थाविव संपृक्तौ वागर्थप्रतिपत्तये ।
जगतः पितरौ वन्दे पार्वतीपरमेश्वरौ ॥

अनुष्टुभ् श्लोक छंद

वागर्था	विवसं	पृक्तौ	म स ग ग
ऽ ऽ ऽ	।।ऽ	ऽ ऽ	**वक्त्र छंद**
वागर्थ	प्रतिप	त्तये	म स ल ग
ऽ ऽ ऽ	।।ऽ	।ऽ	पथ्यावक्त्र छंद
जगतः	पितरौ	वन्दे	स स ग ग
।।ऽ	।।ऽ	ऽ ऽ	पंचशिखा छंद
पार्वती	परमे	श्वरौ	र स ल ग
ऽ ।ऽ	।।ऽ	।ऽ	पथ्यावक्त्र छंद

1.2

क्व सूर्यप्रभवो वंशः क्व चाल्पविषया मतिः ।
तितीर्षुर्दुस्तरं मोहादुडुपेनास्मि सागरम् ॥

अनुष्टुभ् श्लोक छंद

क्वसूर्य	प्रभवो	वंशः	य स ग ग

कालिदास के बृहत् महाकाव्य रघुवंश की छंद मीमांसा

। ऽ ऽ	। । ऽ	ऽ ऽ	मनोला छंद
क्वचाल्प	विषया	मतिः	ज स ल ग
। ऽ ।	। । ऽ	। ऽ	अपरिचित छंद
तितीर्षु	दुस्तरं	मोहा	य र ग ग
। ऽ ऽ	ऽ । ऽ	ऽ ऽ	कुलाधारी छंद
दुडुपे	नास्मिसा	गरम्	स र ल ग
। । ऽ	ऽ । ऽ	। ऽ	शलुकलुप्त छंद

1.3

मन्दः कवियशः प्रार्थी गमिष्याम्युपहास्यताम् ।
प्रांशुलभ्ये फले लोभादुद्बाहुरिव वामनः ॥

अनुष्टुभ् श्लोक छंद

मन्दःक	वियशः	प्रार्थी	त स ग ग
ऽ ऽ ।	। । ऽ	ऽ ऽ	श्यामा छंद
गमिष्या	म्युपहा	स्यताम्	य स ल ग
। ऽ ऽ	। । ऽ	। ऽ	अपरिचित छंद
प्रांशुल	भ्येफले	लोभा	र र ग ग
ऽ । ऽ	ऽ । ऽ	ऽ ऽ	पद्ममाला छंद
दुद्बाहु	रिववा	मनः	त स ल ग
ऽ ऽ ।	। । ऽ	। ऽ	पथ्यावक्त्र छंद

1.4

अथवा कृतवाग्द्वारे वंशेऽस्मिन्पूर्वसूरिभिः ।
मणौ वज्रसमुत्कीर्णे सूत्रस्येवास्ति मे गतिः ॥

अनुष्टुभ् श्लोक छंद

अथवा	कृतवा	ग्द्वारे	स स ग ग
। । ऽ	। । ऽ	ऽ ऽ	पंचशिखा छंद
वंशेस्मि	न्पूर्वसू	रिभिः	म र ल ग

ऽ ऽ ऽ	ऽ । ऽ	। ऽ	क्षमा छंद
मणौव	ज्रसमु	त्कीर्णे	य स ग ग
। ऽ ऽ	। । ऽ	ऽ ऽ	मनोला छंद
सूत्रस्ये	वास्तिमे	गतिः	म र ल ग
ऽ ऽ ऽ	ऽ । ऽ	। ऽ	क्षमा छंद

1.5

सोऽहमाजन्मशुद्धानामाफलोदयकर्मणाम् ।
आसमुद्रक्षितीशानामानाकरथवर्त्मनाम् ॥

अनुष्टुभ् श्लोक छंद

सोहमा	जन्मशु	द्धाना	र र ग ग
ऽ । ऽ	ऽ । ऽ	ऽ ऽ	पद्ममाला छंद
माफलो	दयक	र्मणाम्	र स ल ग
ऽ । ऽ	। । ऽ	। ऽ	पथ्यावक्त्र छंद
आसमु	द्रक्षिती	शाना	र र ग ग
ऽ । ऽ	ऽ । ऽ	ऽ ऽ	पद्ममाला छंद
मानाक	रथव	र्त्मनाम्	त स ल ग
ऽ ऽ ।	। । ऽ	। ऽ	पथ्यावक्त्र छंद

1.6

यथाविधिहुताग्नीनां यथाकामार्चितार्थिनाम् ।
यथापराधदण्डानां यथाकालप्रबोधिनाम् ॥

अनुष्टुभ् श्लोक छंद

यथावि	धिहुता	ग्नीनां	ज स ग ग
। ऽ ।	। । ऽ	ऽ ऽ	भांर्गी छंद
यथाका	मार्चिता	र्थिनाम्	य र ल ग
। ऽ ऽ	ऽ । ऽ	। ऽ	भाषा छंद
यथाप	राधद	ण्डानां	ज र ग ग

। ऽ ।	ऽ । ऽ	ऽ ऽ	यशस्करी छंद
यथाका	लप्रबो	धिनाम्	य र ल ग
। ऽ ऽ	ऽ । ऽ	। ऽ	भाषा छंद

1.7

त्यागाय संभृतार्थानां सत्याय मितभाषिणाम् ।
यशसे विजिगीषूणां प्रजायै गृहमेधिनाम् ॥

अनुष्टुभ् श्लोक छंद

त्यागाय	संभृता	र्थानां	त र ग ग
ऽ ऽ ।	ऽ । ऽ	ऽ ऽ	**विभा छंद**
सत्याय	मितभा	षिणाम्	त स ल ग
ऽ ऽ ।	। । ऽ	। ऽ	पथ्यावक्त्र छंद
यशसे	विजिगी	षूणां	स स ग ग
। । ऽ	। । ऽ	ऽ ऽ	पंचशिखा छंद
प्रजायै	गृहमे	धिनाम्	य स ल ग
। ऽ ऽ	। । ऽ	। ऽ	अपरिचित छंद

1.8

शैशवेऽभ्यस्तविद्यानां यौवने विषयैषिणाम् ।
वार्द्धके मुनिवृत्तीनां योगेनान्ते तनुत्यजाम् ॥

अनुष्टुभ् श्लोक छंद

शैशवे	भ्यस्तवि	द्यानां	र र ग ग
ऽ । ऽ	ऽ । ऽ	ऽ ऽ	पद्ममाला छंद
यौवने	विषयै	षिणाम्	र स ल ग
ऽ । ऽ	। । ऽ	। ऽ	पथ्यावक्त्र छंद
वार्द्धके	मुनिवृ	त्तीनां	र स ग ग
ऽ । ऽ	। । ऽ	ऽ ऽ	गाथ छंद
योगेना	न्तेतनु	त्यजाम्	म र ल ग

ऽ ऽ ऽ	ऽ । ऽ	। ऽ	क्षमा छंद

1.9

रघूणामन्वयं वक्ष्ये तनुवाग्विभवोऽपि सन् ।
तद्गुणैः कर्णमागत्य चापलाय प्रचोदितः ॥

अनुष्टुभ् श्लोक छंद

रघूणा	मन्वयं	वक्ष्ये	य र ग ग
। ऽ ऽ	ऽ । ऽ	ऽ ऽ	कुलाधारी छंद
तनुवा	ग्विभवो	पिसन्	स स ल ग
। । ऽ	। । ऽ	। ऽ	कलिला छंद
तद्गुणैः	कर्णमा	गत्य	र र ग ल
ऽ । ऽ	ऽ । ऽ	ऽ ।	लक्ष्मी छंद
चापला	यप्रचो	दितः	र र ल ग
ऽ । ऽ	ऽ । ऽ	। ऽ	हेमरूप छंद

1.10

तं सन्तः श्रोतुमर्हन्ति सदसद्व्यक्तिहेतवः ।
हेम्नः संलक्ष्यते ह्यग्नौ विशुद्धिः श्यामिकाऽपि वा ॥

अनुष्टुभ् श्लोक छंद

तंसन्तः	श्रोतुम	र्हन्ति	म र ग ल
ऽ ऽ ऽ	ऽ । ऽ	ऽ ।	मधुमालती छंद
सदस	द्व्यक्तिहे	तवः	स र ल ग
। । ऽ	ऽ । ऽ	। ऽ	शलुकलुप्त छंद
हेम्नःसं	लक्ष्यते	ह्यग्नौ	म र ग ग
ऽ ऽ ऽ	ऽ । ऽ	ऽ ऽ	मधुमालती छंद
विशुद्धिः	श्यामिका	पिवा	य र ल ग
। ऽ ऽ	ऽ । ऽ	। ऽ	भाषा छंद

कालिदास के बृहत् महाकाव्य रघुवंश की छंद मीमांसा

1.11

वैवस्वतो मनुर्नाम माननीयो मनीषिणाम् ।
आसीन्महीक्षितामाद्यः प्रणवश्छन्दसामिव ॥

अनुष्टुभ् श्लोक छंद

वैवस्व	तोमनु	र्नाम	त र ग ल
ऽ ऽ ।	ऽ । ऽ	ऽ ।	विभा छंद
माननी	योमनी	षिणाम्	र र ल ग
ऽ । ऽ	ऽ । ऽ	। ऽ	हेमरूप छंद
आसीन्म	हीक्षिता	माद्यः	त र ग ग
ऽ ऽ ।	ऽ । ऽ	ऽ ऽ	विभा छंद
प्रणव	श्छन्दसा	मिव	स र ल ग
। । ऽ	ऽ । ऽ	। ऽ *	शलुकलुप्त छंद

* वर्णः संयोगपूर्वो यस्तथा पादान्तगोऽपि यः ।
सानुस्वारो मतो दीर्घो गुरुर्विसर्गयुक्तश्च ।।
* चरण की अंतिम लघु मात्रा दीर्घ मानी गई है. यह नियम सर्वत्र माना गया है..

1.12

तदन्वये शुद्धिमति प्रसूतः शुद्धिमत्तरः ।
दिलीप इति राजेन्दुरिन्दुः क्षीरनिधाविव ॥

श्लोकेतर अनुष्टुभ् छंद

तदन्व	येशुद्धि	मति	ज त ल ग
। ऽ ।	ऽ ऽ ।	। ऽ	विता छंद
प्रसूतः	शुद्धिम	त्तरः	य र ल ग
। ऽ ऽ	ऽ । ऽ	। ऽ	भाषा छंद
दिलीप	इतिरा	जेन्दु	ज स ग ल
। ऽ ।	। । ऽ	ऽ ।	भार्गी छंद
रिन्दुःक्षी	रनिधा	विव	म स ल ग

ऽ ऽ ऽ	। । ऽ	। ऽ *	पथ्यावक्त्र छंद

पाद टिप्पणी :

इस अनुष्टुभ् छंद के विषम चरण 1 में पहले चार अक्षरों के बाद य गण (। ऽ ऽ) के स्थान पर भ (ऽ । ।) गण आने के कारण इस चार चरणों के पद्य में श्लोक छंद सिद्ध नहीं हुआ है.

1.13

व्यूढोरस्को वृषस्कन्धः शालप्रांशुर्महाभुजः ।
आत्मकर्मक्षमं देहं क्षात्रो धर्म इवाश्रितः ॥

अनुष्टुभ् श्लोक छंद

व्यूढोर	स्कोवृष	स्कन्धः	म र ग ग
ऽ ऽ ऽ	ऽ । ऽ	ऽ ऽ	मधुमालती छंद
शालप्रां	शुर्महा	भुजः	म र ल ग
ऽ ऽ ऽ	ऽ । ऽ	। ऽ	क्षमा छंद
आत्मक	र्मक्षमं	देहं	र र ग ग
ऽ । ऽ	ऽ । ऽ	ऽ ऽ	पद्ममाला छंद
क्षात्रोध	र्मइवा	श्रितः	म स ल ग
ऽ ऽ ऽ	। । ऽ	। ऽ	पथ्यावक्त्र छंद

1.14

सर्वातिरिक्तसारेण सर्वतेजोऽभिभाविना ।
स्थितः सर्वोन्नतेनोर्वीं क्रान्त्वा मेरुरिवात्मना ॥

अनुष्टुभ् श्लोक छंद

सर्वाति	रिक्तसा	रेण	त र ग ल
ऽ ऽ ।	ऽ । ऽ	ऽ ।	विभा छंद
सर्वते	जोभिभा	विना	र र ल ग
ऽ । ऽ	ऽ । ऽ	। ऽ	हेमरूप छंद
स्थितःस	र्वोन्नते	नोर्वीं	य र ग ग

। ऽ ऽ	ऽ । ऽ	ऽ ऽ	कुलाधारी छंद
क्रान्त्वामे	रुरिवा	त्मना	म स ल ग
ऽ ऽ ऽ	। । ऽ	। ऽ	पथ्यावक्त्र छंद

1.15

आकारसदृशप्रज्ञः प्रज्ञया सदृशागमः ।
आगमैः सदृशारम्भ आरम्भसदृशोदयः ॥

अनुष्टुभ् श्लोक छंद

आकार	सदृश	प्रज्ञः	त स ग ग
ऽ ऽ ।	। । ऽ	ऽ ऽ	श्यामा छंद
प्रज्ञया	सदृशा	गमः	र स ल ग
ऽ । ऽ	। । ऽ	। ऽ	पथ्यावक्त्र छंद
आगमैः	सदृशा	रम्भ	र स ग ल
ऽ । ऽ	। । ऽ	ऽ ।	गाथ छंद
आरम्भ	सदृशो	दयः	त स ल ग
ऽ ऽ ।	। । ऽ	। ऽ	पथ्यावक्त्र छंद

1.16

भीमकान्तैर्नृपगुणैः स बभूवोपजीविनाम् ।
अधृष्यश्चाभिगम्यश्च यादोरत्नैरिवार्णवः ॥

श्लोकेतर अनुष्टुभ् छंद

भीमका	न्तैर्नृप	गुणैः	र भ ल ग
ऽ । ऽ	ऽ । ।	। ऽ	कुरुचरी छंद
सबभू	वोपजी	विनाम्	स र ल ग
। । ऽ	ऽ । ऽ	। ऽ	शलुकलुप्त छंद
अधृष्य	श्चाभिग	म्यश्च	य र ग ल
। ऽ ऽ	ऽ । ऽ	ऽ ।	सुचंद्रभा छंद
यादोर	त्नैरिवा	र्णवः	म र ल ग

ऽ ऽ ऽ	ऽ । ऽ	। ऽ	क्षमा छंद

पाद टिप्पणी :

इस अनुष्टुभ् छंद के विषम चरण 1 में पहले चार अक्षरों के बाद य गण (। ऽ ऽ) के स्थान पर न (। । ।) गण आने के कारण इस चार चरणों के पद्य में श्लोक छंद सिद्ध नहीं हुआ है.

1.17

रेखामात्रमपि क्षुण्णादा मनोर्वर्त्मनः परम् ।
न व्यतीयुः प्रजास्तस्य नियन्तुर्नेमिवृत्तयः ॥

अनुष्टुभ् श्लोक छंद

रेखामा	त्रमपि	क्षुण्णा	म स ग ग
ऽ ऽ ऽ	। । ऽ	ऽ ऽ	वक्त्र छंद
दामनो	र्वर्त्मनः	परम्	र र ल ग
ऽ । ऽ	ऽ । ऽ	। ऽ	हेमरूप छंद
नव्यती	युःप्रजा	स्तस्य	र र ग ल
ऽ । ऽ	ऽ । ऽ	ऽ ।	लक्ष्मी छंद
नियन्तु	र्नेमिवृ	त्तयः	य र ल ग
। ऽ ऽ	ऽ । ऽ	। ऽ	भाषा छंद

1.18

प्रजानामेव भूत्यर्थं स ताभ्यो बलिमग्रहीत् ।
सहस्रगुणमुत्स्रष्टुमादत्ते हि रसं रविः ॥

अनुष्टुभ् श्लोक छंद

प्रजाना	मेवभू	त्यर्थं	य र ग ग
। ऽ ऽ	ऽ । ऽ	ऽ ऽ	कुलाधारी छंद
सताभ्यो	बलिम	ग्रहीत्	य स ल ग
। ऽ ऽ	। । ऽ	। ऽ	अपरिचित छंद
सहस्र	गुणमु	त्स्रष्टु	ज स ग ल

। ऽ ।	। । ऽ	ऽ ।	भांर्गी छंद
मादत्ते	हिरसं	रविः	म स ल ग
ऽ ऽ ऽ	। । ऽ	। ऽ	पथ्यावक्त्र छंद

1.19

सेना परिच्छदस्तस्य द्वयमेवार्थसाधनम् ।
शास्त्रेष्वकुण्ठिता बुद्धिर्मौर्वी धनुषि चातता ॥

अनुष्टुभ् श्लोक छंद

सेनाप	रिच्छद	स्तस्य	त र ग ग
ऽ ऽ ।	ऽ । ऽ	ऽ ऽ	विभा छंद
द्वयमे	वार्थसा	धनम्	स र ल ग
। । ऽ	ऽ । ऽ	। ऽ	शलुकलुप्त छंद
शास्त्रेष्व	कुण्ठिता	बुद्धि	त र ग ग
ऽ ऽ ।	ऽ । ऽ	ऽ ऽ	विभा छंद
मौर्वीध	नुषिचा	तता	त स ल ग
ऽ ऽ ।	। । ऽ	। ऽ	पथ्यावक्त्र छंद

1.20

तस्य संवृतमन्त्रस्य गूढाकारेङ्गितस्य च ।
फलानुमेयाः प्रारम्भाः संस्काराः प्राक्तना इव ॥

श्लोकेतर अनुष्टुभ् छंद

तस्यसं	वृतम	न्त्रस्य	र स ग ल
ऽ । ऽ	। । ऽ	ऽ ।	गाथ छंद
गूढाका	रेङ्गित	स्यच	म र ल ग
ऽ ऽ ऽ	ऽ । ऽ	। ऽ *	क्षमा छंद
फलानु	मेयाःप्रा	रम्भाः	ज म ग ग
। ऽ ।	ऽ ऽ ऽ	ऽ ऽ	अपरिचित छंद
संस्काराः	प्राक्तना	इव	म र ल ग

ऽ ऽ ऽ	ऽ । ऽ	। ऽ *	क्षमा छंद

पाद टिप्पणी :

इस अनुष्टुभ् छंद के विषम चरण 3 में पहले चार अक्षरों के बाद य गण (। ऽ ऽ) के स्थान पर म (ऽ ऽ ऽ) गण आने के कारण इस चार चरणों के पद्य में श्लोक छंद सिद्ध नहीं हुआ है.

1.21

जुगोपात्मानमत्रस्तः भेजे धर्ममनातुरः ।
अगृध्नुराददे सोऽर्थमसक्तः सुखमन्वभूत् ॥

अनुष्टुभ् श्लोक छंद

जुगोपा	त्मानम	त्रस्तः	य र ग ग
। ऽ ऽ	ऽ । ऽ	ऽ ऽ	कुलाधारी छंद
भेजेध	र्ममना	तुरः	म स ल ग
ऽ ऽ ऽ	। । ऽ	। ऽ	पथ्यावक्त्र छंद
अगृध्नु	राददे	सोर्थ	ज र ग ल
। ऽ ।	ऽ । ऽ	ऽ ।	सुचंद्रप्रभा छंद
मसक्तः	सुखम	न्वभूत्	य स ल ग
। ऽ ऽ	। । ऽ	। ऽ	अपरिचित छंद

1.22

ज्ञाने मौनं क्षमा शक्तौ त्यागे श्लाघाविपर्ययः ।
गुणा गुणानुबन्धित्वात्तस्य सप्रसवा इव ॥

अनुष्टुभ् श्लोक छंद

ज्ञानेमौ	नंक्षमा	शक्तौ	म र ग ग
ऽ ऽ ऽ	ऽ । ऽ	ऽ ऽ	मधुमालती छंद
त्यागेश्ला	घाविप	र्ययः	म र ल ग
ऽ ऽ ऽ	ऽ । ऽ	। ऽ	क्षमा छंद
गुणागु	णानुब	न्धित्वा	ज र ग ग

। ऽ ।	ऽ । ऽ	ऽ ऽ	यशस्करी छंद
त्स्यस	प्रसवा	इव	र स ल ग
ऽ । ऽ	। । ऽ	। ऽ *	पथावक्त्र छंद

1.23

अनाकृष्टस्य विषयैर्विद्यानां पारदृश्वनः ।
तस्य धर्मरतेरासीद्वृद्धत्वं जरसा विना ॥

श्लोकेतर अनुष्टुभ् छंद

अनाकृ	ष्टस्यवि	षयै	य भ ल ग
। ऽ ऽ	ऽ । ।	। ऽ	पथ्यावक्त्र छंद
र्विद्यानां	पारदृ	श्वनः	म र ल ग
ऽ ऽ ऽ	ऽ । ऽ	। ऽ	क्षमा छंद
तस्यध	र्मरते	रासी	र स ग ग
ऽ । ऽ	। । ऽ	ऽ ऽ	गाथ छंद
द्वृद्धत्वं	जरसा	विना	म स ल ग
ऽ ऽ ऽ	। । ऽ	। ऽ	पथ्यावक्त्र छंद

पाद टिप्पणी :

इस अनुष्टुभ् छंद के विषम चरण 1 में पहले चार अक्षरों के बाद य गण (। ऽ ऽ) के स्थान पर न (। । ।) गण आने के कारण इस चार चरणों के पद्य में श्लोक छंद सिद्ध नहीं हुआ है.

1.24

प्रजानां विनयाधानाद्रक्षणाद्भरणादपि ।
स पिता पितरस्तासां केवलं जन्महेतवः ॥

अनुष्टुभ् श्लोक छंद

प्रजानां	विनया	धाना	य स ग ग
। ऽ ऽ	। । ऽ	ऽ ऽ	मनोला छंद
द्रक्षणा	द्भरणा	दपि	र स ल ल

54

ऽ । ऽ	। । ऽ	। ऽ *	पथावक्त्र छंद
सपिता	पितर	स्तासां	स स ग ग
। । ऽ	। । ऽ	ऽ ऽ	पंचशिखा छंद
केवलं	जन्महे	तवः	र र ल ग
ऽ । ऽ	ऽ । ऽ	। ऽ	हेमरूप छंद

1.25

स्थित्यै दण्डयतो दण्ड्यान्परिणेतुः प्रसूतये ।
अप्यर्थकामौ तस्यास्तां धर्म एव मनीषिणः ॥

अनुष्टुभ् श्लोक छंद

स्थित्यैद	ण्डयतो	दण्ड्या	म स ग ग
ऽ ऽ ऽ	। । ऽ	ऽ ऽ	वक्त्र छंद
न्परिणे	तुःप्रसू	तये	स र ल ग
। । ऽ	ऽ । ऽ	। ऽ	शलुकलुप्त छंद
अप्यर्थ	कामौत	स्यास्तां	त म ग ग
ऽ ऽ ।	ऽ ऽ ऽ	ऽ ऽ	मृत्युंजय छंद
धर्मए	वमनी	षिणः	र स ल ग
ऽ । ऽ	। । ऽ	। ऽ	पथ्यावक्त्र छंद

1.26

दुदोह गां स यज्ञाय सस्याय मघवा दिवम् ।
सम्पद्विनियमेनोभौ दधतुर्भुवनद्वयम् ॥

अनुष्टुभ् श्लोक छंद

दुदोह	गांसय	ज्ञाय	ज र ग ल
। ऽ ।	ऽ । ऽ	ऽ ।	सुचंद्रप्रभा छंद
सस्याय	मघवा	दिवम्	त स ल ग
ऽ ऽ ।	। । ऽ	। ऽ	पथ्यावक्त्र छंद
सम्पद्वि	नियमे	नोभौ	त स ग ग

कालिदास के बृहत् महाकाव्य रघुवंश की छंद मीमांसा

ऽ ऽ ।	। । ऽ	ऽ ऽ	श्यामा छंद
दधतु	र्भुवन	द्वयम्	स स ल ग
। । ऽ	। । ऽ	। ऽ	कलिला छंद

1.27

न किलानुनयुस्तस्य राजानो रक्षितुर्यशः ।
व्यावृत्ता यत्परस्वेभ्यः श्रुतौ तस्करता स्थिता ॥

अनुष्टुभ् श्लोक छंद

नकिला	नुनयु	स्तस्य	स स ग ल
। । ऽ	। । ऽ	ऽ ।	मही छंद
राजानो	रक्षितु	र्यशः	म र ल ग
ऽ ऽ ऽ	ऽ । ऽ	। ऽ	क्षमा छंद
व्यावृत्ता	यत्पर	स्वेभ्यः	म र ग ग
ऽ ऽ ऽ	ऽ । ऽ	ऽ ऽ	मधुमालती छंद
श्रुतौत	स्करता	स्थिता	य स ल ग
। ऽ ऽ	। । ऽ	। ऽ	अपरिचित छंद

1.28

द्वेष्योऽपि सम्मतः शिष्टस्तस्यार्तस्य यथौषधम् ।
त्याज्यो दुष्टः प्रियोऽप्यासीदङ्गुलीवोरगक्षता ॥

अनुष्टुभ् श्लोक छंद

द्वेष्योपि	सम्मतः	शिष्ट	त र ग ग
ऽ ऽ ।	ऽ । ऽ	ऽ ऽ	विभा छंद
स्तस्यार्त	स्ययथौ	षधम्	म स ल ग
ऽ ऽ ऽ	। । ऽ	। ऽ	पथ्यावक्त्र छंद
त्याज्योदु	ष्टःप्रियो	प्यासी	म र ग ग
ऽ ऽ ऽ	ऽ । ऽ	ऽ ऽ	मधुमालती छंद
दङ्गुली	वोरग	क्षता	र र ल ग

ऽ ।ऽ	ऽ ।ऽ	।ऽ	हेमरूप छंद

1.29

तं वेधा विदधे नूनं महाभूतसमाधिना ।
तथा हि सर्वे तस्यासन्परार्थैकफला गुणाः ॥

श्लोकेतर अनुष्टुभ् छंद

तंवेधा	विदधे	नूनं	म स ग ग
ऽ ऽ ऽ	। । ऽ	ऽ ऽ	वक्त्र छंद
महाभू	तसमा	धिना	य स ल ग
। ऽ ऽ	। । ऽ	। ऽ	अपरिचित छंद
तथाहि	सर्वेत	स्यास	ज म ग ग
। ऽ ।	ऽ ऽ ऽ	ऽ ऽ	अपरिचित छंद
न्परार्थै	कफला	गुणाः	य स ल ग
। ऽ ऽ	। । ऽ	। ऽ	अपरिचित छंद

पाद टिप्पणी :

इस अनुष्टुभ् छंद के विषम चरण 3 में पहले चार अक्षरों के बाद य गण (। ऽ ऽ) के स्थान पर म (ऽ ऽ ऽ) गण आने के कारण इस चार चरणों के पद्य में श्लोक छंद सिद्ध नहीं हुआ है.

1.30

स वेलावप्रवलयां परिखीकृतसागराम् ।
अनन्यशासनामुर्वीं शशासैकपुरीमिव ॥

श्लोकेतर अनुष्टुभ् छंद

सवेला	वप्रव	लयां	य भ ल ग
। ऽ ऽ	ऽ । ।	। ऽ	पथ्यावक्त्र छंद
परिखी	कृतसा	गराम्	स स ल ग
। । ऽ	। । ऽ	। ऽ	कलिला छंद
अनन्य	शासना	मुर्वीं	ज र ग ग

। ऽ ।	ऽ । ऽ	ऽ ऽ	यशस्करी छंद
शशासै	कपुरी	मिव	य स ल ग
। ऽ ऽ	। । ऽ	। ऽ *	अपरिचित छंद

पाद टिप्पणी :

इस अनुष्टुभ् छंद के विषम चरण 1 में पहले चार अक्षरों के बाद य गण (। ऽ ऽ) के स्थान पर न (। । ।) गण आने के कारण इस चार चरणों के पद्य में श्लोक छंद सिद्ध नहीं हुआ है.

1.31

तस्य दाक्षिण्यरूढेन नाम्ना मगधवंशजा ।
पत्नी सुदक्षिणेत्यासीदध्वरस्येव दक्षिणा ॥

अनुष्टुभ् श्लोक छंद

तस्यदा	क्षिण्यरू	ढेन	र र ग ल
ऽ । ऽ	ऽ । ऽ	ऽ ।	लक्ष्मी छंद
नाम्नाम	गधवं	शजा	त स ल ग
ऽ ऽ ।	। । ऽ	। ऽ	पथ्यावक्त्र छंद
पत्नीसु	दक्षिणे	त्यासी	त र ग ग
ऽ ऽ ।	ऽ । ऽ	ऽ ऽ	विभा छंद
दध्वर	स्येवद	क्षिणा	र र ल ग
ऽ । ऽ	ऽ । ऽ	। ऽ	हेमरूप छंद

1.32

कलत्रवन्तमात्मानमवरोधे महत्यपि ।
तया मेने मनस्विन्या लक्ष्म्या च वसुधाधिपः ॥

अनुष्टुभ् श्लोक छंद

कलत्र	वन्तमा	त्मान	ज र ग ल
। ऽ ।	ऽ । ऽ	ऽ ।	सुचंद्रप्रभा छंद

मवरो	धेमह	त्यपि	स र ल ग
। । ऽ	ऽ । ऽ	। ऽ *	शलुकलुप्त छंद
तयामे	नेमन	स्विन्या	य र ग ग
। ऽ ऽ	ऽ । ऽ	ऽ ऽ	कुलाधारी छंद
लक्ष्म्याच	वसुधा	धिपः	त स ल ग
ऽ ऽ ।	। । ऽ	। ऽ	पथ्यावक्त्र छंद

1.33

तस्यामात्मानुरूपायामात्मजन्मसमुत्सुकः ।
विलम्बितफलैः कालं स निनाय मनोरथैः ॥

अनुष्टुभ् श्लोक छंद

तस्यामा	त्मानुरू	पाया	म र ग ग
ऽ ऽ ऽ	ऽ । ऽ	ऽ ऽ	मधुमालती छंद
मात्मज	न्मसमु	त्सुकः	र स ल ग
ऽ । ऽ	। । ऽ	। ऽ	पथ्यावक्त्र छंद
विलम्बि	तफलैः	कालं	ज स ग ग
। ऽ ।	। । ऽ	ऽ ऽ	भांर्गी छंद
सनिना	यमनो	रथैः	स स ल ग
। । ऽ	। । ऽ	। ऽ	कलिला छंद

1.34

सन्तानार्थाय विधये स्वभुजादवतारिता ।
तेन धूर्जगतो गुर्वी सचिवेषु निचिक्षिपे ॥

श्लोकेतर अनुष्टुभ् छंद

सन्ताना	र्थायवि	धये	म भ ल ग
ऽ ऽ ऽ	ऽ । ।	। ऽ	अतिजनी छंद
स्वभुजा	दवता	रिता	स स ल ग
। । ऽ	। । ऽ	। ऽ	कलिला छंद

तेनधू	र्जगतो	गुर्वी	र स ग ग
ऽ । ऽ	। । ऽ	ऽ ऽ	गाथ छंद
सचिवे	षुनिचि	क्षिपे	स स ल ग
। । ऽ	। । ऽ	। ऽ	कलिला छंद

पाद टिप्पणी :

इस अनुष्टुभ् छंद के विषम चरण 1 में पहले चार अक्षरों के बाद य गण (। ऽ ऽ) के स्थान पर न (। । ।) गण आने के कारण इस चार चरणों के पद्य में श्लोक छंद सिद्ध नहीं हुआ है.

1.35

अथाभ्यर्च विधातारं प्रयतौ पुत्रकामया ।
तौ दम्पती वसिष्ठस्य गुरोर्जग्मतुराश्रमम् ॥

अनुष्टुभ् श्लोक छंद

अथाभ्य	र्चविधा	तारं	य स ग ग
। ऽ ऽ	। । ऽ	ऽ ऽ	मनोला छंद
प्रयतौ	पुत्रका	मया	स र ल ग
। । ऽ	ऽ । ऽ	। ऽ	शलुकलुप्त छंद
तौदम्प	तीवसि	ष्ठस्य	त र ग ल
ऽ ऽ ।	ऽ । ऽ	ऽ ।	विभा छंद
गुरोर्ज	ग्मतुरा	श्रमम्	य स ल ग
। ऽ ऽ	। । ऽ	। ऽ	अपरिचित छंद

1.36

स्निग्धगम्भीरनिर्घोषमेकं स्यन्दनमाश्रितौ ।
प्रावृषेण्यं पयोवाहं विद्युदैरावताविव ॥

अनुष्टुभ् श्लोक छंद

स्निग्धग	म्भीरनि	र्घोष	र र ग ल
ऽ । ऽ	ऽ । ऽ	ऽ ।	लक्ष्मी छंद

मेकंस्य	न्दनमा	श्रितौ	म स ल ग
ऽ ऽ ऽ	। । ऽ	। ऽ	पथ्यावक्त्र छंद
प्रावृषे	ण्यंपयो	वाहं	र र ग ग
ऽ । ऽ	ऽ । ऽ	ऽ ऽ	पद्ममाला छंद
विद्युदै	रावता	विव	र र ल ग
ऽ । ऽ	ऽ । ऽ	। ऽ *	हेमरूप छंद

1.37

मा भूदाश्रमपीडेति परिमेयपुरस्सरौ ।
अनुभावविशेषात्तु सेनापरिवृताविव ॥

अनुष्टुभ् श्लोक छंद

माभूदा	श्रमपी	डेति	म स ग ल
ऽ ऽ ऽ	। । ऽ	ऽ ।	वक्त्र छंद
परिमे	यपुर	स्सरौ	स स ल ग
। । ऽ	। । ऽ	। ऽ	कलिला छंद
अनुभा	वविशे	षात्तु	स स ग ल
। । ऽ	। । ऽ	ऽ ।	मही छंद
सेनाप	रिवृता	विव	त स ल ग
ऽ ऽ ।	। । ऽ	। ऽ *	पथ्यावक्त्र छंद

1.38

सेव्यमानौ सुखस्पर्शैः शालनिर्यासगन्धिभिः ।
पुष्परेणूत्किरैर्वातैराधूतवनराजिभिः ॥

अनुष्टुभ् श्लोक छंद

सेव्यमा	नौसुख	स्पर्शैः	र र ग ग
ऽ । ऽ	ऽ । ऽ	ऽ ऽ	पद्ममाला छंद
शालनि	र्यासग	न्धिभिः	र र ल ग
ऽ । ऽ	ऽ । ऽ	। ऽ	हेमरूप छंद

पुष्परे	णूत्किरै	र्वातै	र र ग ग
ऽ । ऽ	ऽ । ऽ	ऽ ऽ	पद्ममाला छंद
राधूत	वनरा	जिभिः	त स ल ग
ऽ ऽ ।	। । ऽ	। ऽ	पथ्यावक्त्र छंद

1.39

मनोभिरामाः शृण्वन्तौ रथनेमिस्वनोन्मुखैः ।
षड्जसंवादिनीः केका द्विधा भिन्नाः शिखण्डिभिः ॥

श्लोकेतर अनुष्टुभ् छंद

मनोभि	रामाःशृ	ण्वन्तौ	ज म ग ग
। ऽ ।	ऽ ऽ ऽ	ऽ ऽ	अपरिचित छंद
रथने	मिस्वनो	न्मुखैः	स र ल ग
। । ऽ	ऽ । ऽ	। ऽ	शलुकलुप्त छंद
षड्जसं	वादिनीः	केका	र र ग ग
ऽ । ऽ	ऽ । ऽ	ऽ ऽ	पद्ममाला छंद
द्विधाभि	न्नाःशिख	ण्डिभिः	य र ल ग
। ऽ ऽ	ऽ । ऽ	। ऽ	भाषा छंद

पाद टिप्पणी :

इस अनुष्टुभ् छंद के विषम चरण 1 में पहले चार अक्षरों के बाद य गण (। ऽ ऽ) के स्थान पर म (ऽ ऽ ऽ) गण आने के कारण इस चार चरणों के पद्य में श्लोक छंद सिद्ध नहीं हुआ है.

1.40

परस्पराक्षिसादृश्यमदूरोज्झितवर्त्मसु ।
मृगद्वन्द्वेषु पश्यन्तौ स्यन्दनाबद्धदृष्टिषु ॥

अनुष्टुभ् श्लोक छंद

परस्प	राक्षिसा	दृश्य	ज र ग ल
। ऽ ।	ऽ । ऽ	ऽ ।	सुचंद्रप्रभा छंद

मदूरो	ज्झितव	र्त्मसु	य स ल ग
। ऽ ऽ	। । ऽ	। ऽ *	अपरिचित छंद
मृगद्व	न्द्वेषुप	श्यन्तौ	य र ग ग
। ऽ ऽ	ऽ । ऽ	ऽ ऽ	कुलाधारी छंद
स्यन्दना	बद्धदृ	ष्टिषु	र र ल ग
ऽ । ऽ	ऽ । ऽ	। ऽ *	हेमरूप छंद

1.41

श्रेणीबन्धाद्वितन्वद्भिरस्तम्भां तोरणस्रजम् ।
सारसैः कलनिर्ह्रादैः क्वचिदुन्नमिताननौ ॥

अनुष्टुभ् श्लोक छंद

श्रेणीब	न्धाद्वित	न्वद्भि	म र ग ल
ऽ ऽ ऽ	ऽ । ऽ	ऽ ।	मधुमालती छंद
रस्तम्भां	तोरण	स्रजम्	म र ल ग
ऽ ऽ ऽ	ऽ । ऽ	। ऽ	क्षमा छंद
सारसैः	कलनि	र्ह्रादैः	र स ग ग
ऽ । ऽ	। । ऽ	ऽ ऽ	गाथ छंद
क्वचिदु	न्नमिता	ननौ	स स ल ग
। । ऽ	। । ऽ	। ऽ	कलिला छंद

1.42

पवनस्यानुकूलत्वात्प्रार्थनासिद्धिशंसिनः ।
रजोभिस्तुरगोत्कीर्णैरस्पृष्टालकवेष्टनौ ॥

अनुष्टुभ् श्लोक छंद

पवन	स्यानुकू	लत्वा	स र ग ग
। । ऽ	ऽ । ऽ	ऽ ऽ	परिधारा छंद
त्प्रार्थना	सिद्धिशं	सिनः	र र ल ग
ऽ । ऽ	ऽ । ऽ	। ऽ	हेमरूप छंद

रजोभि	स्तुरगो	त्कीर्णै	य स ग ग
। ऽ ऽ	। । ऽ	ऽ ऽ	मनोला छंद
रस्पृष्टा	लकवे	ष्टनौ	म स ल ग
ऽ ऽ ऽ	। । ऽ	। ऽ	पथ्यावक्त्र छंद

1.43

सरसीष्वरविन्दानां वीचिविक्षोभशीतलम् ।
आमोदमुपजिघ्रन्तौ स्वनिःश्वासानुकारिणम् ॥

अनुष्टुभ् श्लोक छंद

सरसी	ष्वरवि	न्दानां	स स ग ग
। । ऽ	। । ऽ	ऽ ऽ	पंचशिखा छंद
वीचिवि	क्षोभशी	तलम्	र र ल ग
ऽ । ऽ	ऽ । ऽ	। ऽ	हेमरूप छंद
आमोद	मुपजि	घ्रन्तौ	त स ग ग
ऽ ऽ ।	। । ऽ	ऽ ऽ	श्यामा छंद
स्वनिःश्वा	सानुका	रिणम्	य र ल ग
। ऽ ऽ	ऽ । ऽ	। ऽ	भाषा छंद

1.44

ग्रामेष्वात्मविसृष्टेषु यूपचिह्नेषु यज्वनाम् ।
अमोघाः प्रतिगृह्णन्तावर्घ्यानुपदमाशिषः ॥

अनुष्टुभ् श्लोक छंद

ग्रामेष्वा	त्मविसृ	ष्टेषु	म स ग ल
ऽ ऽ ऽ	। । ऽ	ऽ ।	वक्त्र छंद
यूपचि	ह्नेषुय	ज्वनाम्	र र ल ग
ऽ । ऽ	ऽ । ऽ	। ऽ	हेमरूप छंद
अमोघाः	प्रतिगृ	ह्णन्ता	य स ग ग
। ऽ ऽ	। । ऽ	ऽ ऽ	मनोला छंद

वर्ध्यानु	पदमा	शिषः	त स ल ग
ऽ ऽ ।	। । ऽ	। ऽ	पथ्यावक्त्र छंद

1.45

हैयङ्गवीनमादाय घोषवृद्धानुपस्थितान् ।
नामधेयानि पृच्छन्तौ वन्यानां मार्गशाखिनाम् ॥

अनुष्टुभ् श्लोक छंद

हैयङ्ग	वीनमा	दाय	त र ग ल
ऽ ऽ ।	ऽ । ऽ	ऽ ।	विभा छंद
घोषवृ	द्धानुप	स्थितान्	र र ल ग
ऽ । ऽ	ऽ । ऽ	। ऽ	हेमरूप छंद
नामधे	यानिपृ	च्छन्तौ	र र ग ग
ऽ । ऽ	ऽ । ऽ	ऽ ऽ	पद्ममाला छंद
वन्यानां	मार्गशा	खिनाम्	म र ल ग
ऽ ऽ ऽ	ऽ । ऽ	। ऽ	क्षमा छंद

1.46

काप्यभिख्या तयोरासीद्व्रजतोः शुद्धवेषयोः ।
हिमनिर्मुक्तयोर्योगे चित्राचन्द्रमसोरिव ॥

अनुष्टुभ् श्लोक छंद

काप्यभि	ख्यातयो	रासी	र र ग ग
ऽ । ऽ	ऽ । ऽ	ऽ ऽ	पद्ममाला छंद
द्व्रजतोः	शुद्धवे	षयोः	स र ल ग
। । ऽ	ऽ । ऽ	। ऽ	शलुकलुप्त छंद
हिमनि	र्मुक्तयो	र्योगे	स र ग ग
। । ऽ	ऽ । ऽ	ऽ ऽ	परिधारा छंद
चित्राच	न्द्रमसो	रिव	म स ल ग

| ऽ ऽ ऽ | । । ऽ | । ऽ * | पथ्यावक्त्र छंद |

1.47

तत्तद्भूमिपतिः पत्न्यै दर्शयन्प्रियदर्शनः ।
अपि लङ्घितमध्वानं बुबुधे न बुधोपमः ॥

अनुष्टुभ् श्लोक छंद

तत्तद्भू	मिपतिः	पत्न्यै	म स ग ग
ऽ ऽ ऽ	। । ऽ	ऽ ऽ	वक्त्र छंद
दर्शय	न्प्रियद	र्शनः	र स ल ग
ऽ । ऽ	। । ऽ	। ऽ	पथ्यावक्त्र छंद
अपिल	ङ्घितम	ध्वानं	स स ग ग
। । ऽ	। । ऽ	ऽ ऽ	पंचशिखा छंद
बुबुधे	नबुधो	पमः	स स ल ग
। । ऽ	। । ऽ	। ऽ	कलिला छंद

1.48

स दुष्प्रापयशाः प्रापदाश्रमं श्रान्तवाहनः ।
सायं संयमिनस्तस्य महर्षेर्महिषीसखः ॥

अनुष्टुभ् श्लोक छंद

सदुष्प्रा	पयशाः	प्राप	य स ग ल
। ऽ ऽ	। । ऽ	ऽ ।	मनोला छंद
दाश्रमं	श्रान्तवा	हनः	र र ल ग
ऽ । ऽ	ऽ । ऽ	। ऽ	हेमरूप छंद
सायंसं	यमिन	स्तस्य	म स ग ल
ऽ ऽ ऽ	। । ऽ	ऽ ।	वक्त्र छंद
महर्षे	र्महिषी	सखः	य स ल ग
। ऽ ऽ	। । ऽ	। ऽ	अपरिचित छंद

1.49

वनान्तरादुपावृत्तैः समित्कुशफलाहरैः ।
पूर्यमाणमदृश्याग्निप्रत्युद्यात्यैस्तपस्विभिः ॥

अनुष्टुभ् श्लोक छंद

वनान्त	रादुपा	वृत्तैः	ज र ग ग
। ऽ ।	ऽ । ऽ	ऽ ऽ	यशस्करी छंद
समित्कु	शफला	हरैः	ज स ल ग
। ऽ ।	। । ऽ	। ऽ	अपरिचित छंद
पूर्यमा	णमदृ	श्याग्नि	र स ग ग
ऽ । ऽ	। । ऽ	ऽ ऽ	गाथ छंद
प्रत्युद्या	त्यैस्तप	स्विभिः	म र ल ग
ऽ ऽ ऽ	ऽ । ऽ	। ऽ	क्षमा छंद

1.50

आकीर्णमृषिपत्नीनामुटजद्वाररोधिभिः ।
अपत्यैरिव नीवारभागधेयोचितैर्मृगैः ॥

अनुष्टुभ् श्लोक छंद

आकीर्ण	मृषिप	त्नीना	त स ग ग
ऽ ऽ ।	। । ऽ	ऽ ऽ	श्यामा छंद
मुटज	द्वाररो	धिभिः	स र ल ग
। । ऽ	ऽ । ऽ	। ऽ	शलुकलुप्त छंद
अपत्यै	रिवनी	वार	य स ग ल
। ऽ ऽ	। । ऽ	ऽ ।	मनोला छंद
भागधे	योचितै	र्मृगैः	र र ल ग
ऽ । ऽ	ऽ । ऽ	। ऽ	हेमरूप छंद

1.51

सेकान्ते मुनिकन्याभिस्तत्क्षणोज्झितवृक्षकम् ।

विश्वासाय विहङ्गानामालवालाम्बुपायिनम् ॥

अनुष्टुभ् श्लोक छंद

सेकान्ते	मुनिक	न्याभि	म स ग ग
ऽ ऽ ऽ	। । ऽ	ऽ ऽ	वक्त्र छंद
स्तत्क्षणो	ज्झितवृ	क्षकम्	र स ल ग
ऽ । ऽ	। । ऽ	। ऽ	पथ्यावक्त्र छंद
विश्वासा	यविह	ङ्गाना	म स ग ग
ऽ ऽ ऽ	। । ऽ	ऽ ऽ	वक्त्र छंद
मालवा	लाम्बुपा	यिनम्	र र ल ग
ऽ । ऽ	ऽ । ऽ	। ऽ	हेमरूप छंद

1.52

आतपात्ययसंक्षिप्तनीवारासु निषादिभिः ।
मृगैर्वर्तितरोमन्थमुटजाङ्गनभूमिषु ॥

अनुष्टुभ् श्लोक छंद

आतपा	त्ययसं	क्षिप्त	र स ग ल
ऽ । ऽ	। । ऽ	ऽ ।	गाथ छंद
नीवारा	सुनिषा	दिभिः	म स ल ग
ऽ ऽ ऽ	। । ऽ	। ऽ	पथ्यावक्त्र छंद
मृगैर्व	र्तितरो	मन्थ	य स ग ल
। ऽ ऽ	। । ऽ	ऽ ।	मनोला छंद
मुटजा	ङ्गनभू	मिषु	स स ल ग
। । ऽ	। । ऽ	। ऽ *	अमना छंद

1.53

अभ्युत्थिताग्निपिशुनैरतिथीनाश्रमोन्मुखान् ।
पुनानं पवनोद्धूतैर्धूमैराहुतिगन्धिभिः ॥

श्लोकेतर अनुष्टुभ् छंद

अभ्युत्थि	ताग्निपि	शुनै	त भ ल ग
ऽ ऽ ।	ऽ । ।	। ऽ	रामा छंद
रतिथी	नाश्रमो	न्मुखान्	स र ल ग
। । ऽ	ऽ । ऽ	। ऽ	शलुकलुप्त छंद
पुनानं	पवनो	द्धूतै	य स ग ग
। ऽ ऽ	। । ऽ	ऽ ऽ	मनोला छंद
धूमैरा	हुतिग	न्धिभिः	म स ल ग
ऽ ऽ ऽ	। । ऽ	। ऽ	पथ्यावक्त्र छंद

पाद टिप्पणी :

इस अनुष्टुभ् छंद के विषम चरण 1 में पहले चार अक्षरों के बाद य गण (। ऽ ऽ) के स्थान पर न (। । ।) गण आने के कारण इस चार चरणों के पद्य में श्लोक छंद सिद्ध नहीं हुआ है.

1.54

अथ यन्तारमादिश्य धुर्यान्विश्रामयेति सः ।
तामवारोहयत्पत्नीं रथादवततार च ॥

अनुष्टुभ् श्लोक छंद

अथय	न्तारमा	दिश्य	स र ग ल
। । ऽ	ऽ । ऽ	ऽ ।	वलीकेन्दु छंद
धुर्यान्वि	श्रामये	तिसः	म र ल ग
ऽ ऽ ऽ	ऽ । ऽ	। ऽ	क्षमा छंद
तामवा	रोहय	त्पत्नीं	र र ग ग
ऽ । ऽ	ऽ । ऽ	ऽ ऽ	पद्ममाला छंद
रथाद	वतता	रच	ज स ल ल
। ऽ ।	। । ऽ	। ऽ *	अपरिचित छंद

1.55

तस्मै सभ्याः सभार्याय गोप्त्रे गुप्ततमेन्द्रियाः ।

अर्हणामर्हते चक्रुर्मुनयो नयचक्षुषे ॥

अनुष्टुभ् श्लोक छंद

तस्मैस	भ्याःसभा	र्याय	म र ग ल
ऽ ऽ ऽ	ऽ । ऽ	ऽ ।	मधुमालती
गोप्त्रेगु	प्ततमे	न्द्रियाः	म स ल ग
ऽ ऽ ऽ	। । ऽ	। ऽ	पथ्यावक्त्र छंद
अर्हणा	मर्हते	चक्रु	र र ग ग
ऽ । ऽ	ऽ । ऽ	ऽ ऽ	पद्ममाला छंद
र्मुनयो	नयच	क्षुषे	स स ल ग
। । ऽ	। । ऽ	। ऽ	कलिला छंद

1.56

विधेः सायन्तनस्यान्ते स ददर्श तपोनिधिम् ।
अन्वासितमरुन्धत्या स्वाहयेव हविर्भुजम् ॥

अनुष्टुभ् श्लोक छंद

विधेःसा	यन्तन	स्यान्ते	य र ग ग
। ऽ ऽ	ऽ । ऽ	ऽ ऽ	कुलाधारी छंद
सदद	र्शतपो	निधिम्	स स ल ग
। । ऽ	। । ऽ	। ऽ	कलिला छंद
अन्वासि	तमरु	न्धत्या	त स ग ग
ऽ ऽ ।	। । ऽ	ऽ ऽ	श्यामा छंद
स्वाहये	वहवि	र्भुजम्	र स ल ग
ऽ । ऽ	। । ऽ	। ऽ	पथ्यावक्त्र छंद

1.57

तयोर्जगृहतुः पादान्राजा राज्ञी च मागधी ।
तौ गुरुर्गुरुपत्नी च प्रीत्या प्रतिननन्दतुः ॥

अनुष्टुभ् श्लोक छंद

तयोर्ज	गृहतुः	पादा	ज स ग ग
। ऽ ।	। । ऽ	ऽ ऽ	भांर्गी छंद
न्राजारा	ज्ञीचमा	गधी	म र ल ग
ऽ ऽ ऽ	ऽ । ऽ	। ऽ	क्षमा छंद
तौगुरु	र्गुरुप	त्नीच	र स ग ग
ऽ । ऽ	। । ऽ	ऽ ऽ	गाथ छंद
प्रीत्याप्र	तिनन	न्दतुः	त स ल ग
ऽ ऽ ।	। । ऽ	। ऽ	पथ्यावक्त्र छंद

1.58

तमातिथ्यक्रियाशान्तरथक्षोभपरिश्रमम् ।
पप्रच्छ कुशलं राज्ये राज्याश्रममुनिं मुनिः ॥

अनुष्टुभ् श्लोक छंद

तमाति	थ्यक्रिया	शान्त	य र ग ल
। ऽ ऽ	ऽ । ऽ	ऽ ।	सुचंद्रभा छंद
रथक्षो	भपरि	श्रमम्	य स ल ग
। ऽ ऽ	। । ऽ	। ऽ	अपरिचित छंद
पप्रच्छ	कुशलं	राज्ये	त स ग ग
ऽ ऽ ।	। । ऽ	ऽ ऽ	श्यामा छंद
राज्याश्र	ममुनिं	मुनिः	त स ल ग
ऽ ऽ ।	। । ऽ	। ऽ	पथ्यावक्त्र छंद

1.59

अथाथर्वनिधेस्तस्य विजितारिपुरः पुरः ।
अर्थ्यामर्थपतिर्वाचमाददे वदतां वरः ॥

अनुष्टुभ् श्लोक छंद

अथाथ	र्वनिधे	स्तस्य	य स ग ल
। ऽ ऽ	। । ऽ	ऽ ।	मनोला छंद

विजिता	रिपुरः	पुरः	स स ल ग
। । ऽ	। । ऽ	। ऽ	कलिला छंद
अर्थ्याम	र्थपति	र्वाच	म स ग ल
ऽ ऽ ऽ	। । ऽ	ऽ ।	वक्त्र छंद
माददे	वदतां	वरः	र स ल ग
ऽ । ऽ	। । ऽ	। ऽ	पथ्यावक्त्र छंद

1.60

उपपन्नं ननु शिवं सप्तस्वङ्गेषु यस्य मे ।
दैवीनां मानुषीणां च प्रतिकर्ता त्वमापदाम् ॥

श्लोकेतर अनुष्टुभ् छंद

उपप	न्नंननु	शिवं	स भ ल ग
। । ऽ	ऽ । ।	। ऽ	सुतमधु छंद
सप्तस्व	ङ्गेषुय	स्यमे	म र ल ग
ऽ ऽ ऽ	ऽ । ऽ	। ऽ	क्षमा छंद
दैवीनां	मानुषी	णांच	म र ग ग
ऽ ऽ ऽ	ऽ । ऽ	ऽ ऽ	मधुमालती छंद
प्रतिक	र्तात्वमा	पदाम्	स र ल ग
। । ऽ	ऽ । ऽ	। ऽ	शलुकलुप्त छंद

पाद टिप्पणी :

इस अनुष्टुभ् छंद के विषम चरण 1 में पहले चार अक्षरों के बाद य गण (। ऽ ऽ) के स्थान पर न (। । ।) गण आने के कारण इस चार चरणों के पद्य में श्लोक छंद सिद्ध नहीं हुआ है.

1.61

तव मन्त्रकृतो मन्त्रैर्दूरात्प्रशमितारिभिः ।
प्रत्यादिश्यन्त इव मे दृष्टलक्ष्यभिदः शराः ॥

श्लोकेतर अनुष्टुभ् छंद

तवम	न्त्रकृतो	मन्त्रै	स स ग ग
। । ऽ	। । ऽ	ऽ ऽ	पंचशिखा छंद
दूरात्प्र	शमिता	रिभिः	त स ल ग
ऽ ऽ ।	। । ऽ	। ऽ	पथ्यावक्त्र छंद
प्रत्यादि	श्यन्तइ	वमे	म भ ल ग
ऽ ऽ ऽ	ऽ । ।	। ऽ	अतिजनी छंद
दृष्टल	क्ष्यभिदः	शराः	र स ल ग
ऽ । ऽ	। । ऽ	। ऽ	पथ्यावक्त्र छंद

पाद टिप्पणी :

इस अनुष्टुभ् छंद के विषम चरण 3 में पहले चार अक्षरों के बाद य गण (। ऽ ऽ) के स्थान पर न (। । ।) गण आने के कारण इस चार चरणों के पद्य में श्लोक छंद सिद्ध नहीं हुआ है.

1.62

हविरावर्जितं होतस्त्वया विधिवदग्निषु ।
वृष्टिर्भवति सस्यानामवग्रहविशोषिणाम् ॥

अनुष्टुभ् श्लोक छंद

हविरा	वर्जितं	होत	स र ग ग
। । ऽ	ऽ । ऽ	ऽ ऽ	परिधारा छंद
स्त्वयावि	धिवद	ग्निषु	ज स ल ग
। ऽ ।	। । ऽ	। ऽ *	अपरिचित छंद
वृष्टिर्भ	वतिस	स्याना	त स ग ग
ऽ ऽ ।	। । ऽ	ऽ ऽ	श्यामा छंद
मवग्र	हविशो	षिणाम्	ज स ल ग
। ऽ ।	। । ऽ	। ऽ	अपरिचित छंद

1.63

पुरुषायुष्यजीविन्यो निरातङ्का निरीतयः ।

यन्मदीयाः प्रजास्तस्य हेतुस्त्वद्ब्रह्मवर्चसम् ॥

अनुष्टुभ् श्लोक छंद

पुरुषा	युष्यजी	विन्यो	स र ग ग
। । ऽ	ऽ । ऽ	ऽ ऽ	परिधारा छंद
निरात	ङ्कानिरी	तयः	य र ल ग
। ऽ ऽ	ऽ । ऽ	। ऽ	भाषा छंद
यन्मदी	याःप्रजा	स्तस्य	र र ग ल
ऽ । ऽ	ऽ । ऽ	ऽ ।	लक्ष्मी छंद
हेतुस्त्व	द्ब्रह्मव	र्चसम्	म र ल ग
ऽ ऽ ऽ	ऽ । ऽ	। ऽ	क्षमा छंद

1.64

त्वयैवं चिन्त्यमानस्य गुरुणा ब्रह्मयोनिना ।
सानुबन्धाः कथं न स्युः संपदो मे निरापदः ॥

अनुष्टुभ् श्लोक छंद

त्वयैवं	चिन्त्यमा	नस्य	म र ग ल
ऽ ऽ ऽ	ऽ । ऽ	ऽ ।	मधुमालती छंद
गुरुणा	ब्रह्मयो	निना	स र ल ग
। । ऽ	ऽ । ऽ	। ऽ	शलुकलुप्त छंद
सानुब	न्धाःकथं	नस्युः	र र ग ग
ऽ । ऽ	ऽ । ऽ	ऽ ऽ	पद्ममाला छंद
संपदो	मेनिरा	पदः	र र ल ग
ऽ । ऽ	ऽ । ऽ	। ऽ	हेमरूप छंद

1.65

किन्तु वध्वां तवैतस्यामदृष्टसदृशप्रजम् ।
न मामवति सद्वीपा रत्नसूरपि मेदिनी ॥

अनुष्टुभ् श्लोक छंद

किन्तुव	ध्वांतवै	तस्या	र र ग ग
ऽ । ऽ	ऽ । ऽ	ऽ ऽ	पद्ममाला छंद
मदृष्ट	सदृश	प्रजम्	ज स ल ग
। ऽ ।	। । ऽ	। ऽ	अपरिचित छंद
नमाम	वतिस	द्वीपा	ज स ग ग
। ऽ ।	। । ऽ	ऽ ऽ	भांर्गी छंद
रत्नसू	रपिमे	दिनी	र स ल ग
ऽ । ऽ	। । ऽ	। ऽ	पथ्यावक्त्र छंद

1.66

नूनं मत्तः परं वंश्याः पिण्डविच्छेददर्शिनः ।
न प्रकामभुजः श्राद्धे स्वधासंग्रहतत्पराः ॥

अनुष्टुभ् श्लोक छंद

नूनंम	त्तःपरं	वंश्याः	म र ग ग
ऽ ऽ ऽ	ऽ । ऽ	ऽ ऽ	मधुमालती छंद
पिण्डवि	च्छेदद	र्शिनः	र र ल ग
ऽ । ऽ	ऽ । ऽ	। ऽ	हेमरूप छंद
नप्रका	मभुजः	श्राद्धे	र स ग ग
ऽ । ऽ	। । ऽ	ऽ ऽ	गाथ छंद
स्वधासं	ग्रहत	त्पराः	य स ल ग
। ऽ ऽ	। । ऽ	। ऽ	अपरिचित छंद

1.67

मत्परं दुर्लभं मत्वा नूनमावर्जितं मया ।
पयः पूर्वैः स्वनिःश्वासैः कवोष्णमुपभुज्यते ॥

अनुष्टुभ् श्लोक छंद

मत्परं	दुर्लभं	मत्वा	र र ग ग
ऽ । ऽ	ऽ । ऽ	ऽ ऽ	पद्ममाला छंद

नूनमा	वर्जितं	मया	र र ल ग
ऽ । ऽ	ऽ । ऽ	। ऽ	हेमरूप छंद
पयःपू	वैःस्वनिः	श्वासैः	य र ग ग
। ऽ ऽ	ऽ । ऽ	ऽ ऽ	कुलाधारी छंद
कवोष्ण	मुपभु	ज्यते	ज स ल ग
। ऽ ।	। । ऽ	। ऽ	अपरिचित छंद

1.68

सोऽहमिज्याविशुद्धात्मा प्रजालोपनिमीलितः ।
प्रकाशश्चाप्रकाशश्च लोकालोक इवाचलः ॥

अनुष्टुभ् श्लोक छंद

सोहमि	ज्याविशु	द्धात्मा	र र ग ग
ऽ । ऽ	ऽ । ऽ	ऽ ऽ	पद्ममाला छंद
प्रजालो	पनिमी	लितः	य स ल ग
। ऽ ऽ	। । ऽ	। ऽ	अपरिचित छंद
प्रकाश	श्चाप्रका	शश्च	य र ग ल
। ऽ ऽ	ऽ । ऽ	ऽ ।	सुचंद्रभा छंद
लोकालो	कइवा	चलः	म स ल ग
ऽ ऽ ऽ	। । ऽ	। ऽ	पथ्यावक्त्र छंद

1.69

लोकान्तरसुखं पुण्यं तपोदानसमुद्भवम् ।
संततिः शुद्धवंश्या हि परत्रेह च शर्मणे ॥

अनुष्टुभ् श्लोक छंद

लोकान्त	रसुखं	पुण्यं	त स ग ग
ऽ ऽ ।	। । ऽ	ऽ ऽ	श्यामा छंद
तपोदा	नसमु	द्भवम्	य स ल ग
। ऽ ऽ	। । ऽ	। ऽ	अपरिचित छंद

संततिः	शुद्धवं	श्याहि	र र ग ल
ऽ । ऽ	ऽ । ऽ	ऽ ।	लक्ष्मी छंद
परत्रे	हृचश	र्मणे	य स ल ग
। ऽ ऽ	। । ऽ	। ऽ	अपरिचित छंद

1.70

तया हीनं विधातर्मां कथं पश्यन्न दूयसे ।
सिक्तं स्वयमिव स्नेहाद्वन्ध्यमाश्रमवृक्षकम् ॥

अनुष्टुभ् श्लोक छंद

तयाही	नंविधा	तर्मां	य र ग ग
। ऽ ऽ	ऽ । ऽ	ऽ ऽ	कुलाधारी छंद
कथंप	श्यन्नदू	यसे	य र ल ग
। ऽ ऽ	ऽ । ऽ	। ऽ	भाषा छंद
सिक्तंस्व	यमिव	स्नेहा	त स ग ग
ऽ ऽ ।	। । ऽ	ऽ ऽ	श्यामा छंद
द्वन्ध्यमा	श्रमवृ	क्षकम्	र स ल ग
ऽ । ऽ	। । ऽ	। ऽ	पथ्यावक्त्र छंद

1.71

असह्यपीडं भगवनृणमन्त्यमवेहि मे ।
अरुन्तुदमिवालानमनिर्वाणस्य दन्तिनः ॥

श्लोकेतर अनुष्टुभ् छंद

असह्य	पीडंभ	गव	ज त ल ल
। ऽ ।	ऽ ऽ ।	। ।	आकतनु छंद
नृणम	न्त्यमवे	हिमे	स स ल ग
। । ऽ	। । ऽ	। ऽ	कलिला छंद
अरुन्तु	दमिवा	लान	ज स ग ल
। ऽ ।	। । ऽ	ऽ ।	भांर्गी छंद

मनिर्वा	णस्यद	न्तिनः	य र ल ग
। ऽ ऽ	ऽ । ऽ	। ऽ	भाषा छंद

पाद टिप्पणी :

इस अनुष्टुभ् छंद के विषम चरण 1 में पहले चार अक्षरों के बाद य गण (। ऽ ऽ) के स्थान पर भ (ऽ । ।) गण आने के कारण इस चार चरणों के पद्य में श्लोक छंद सिद्ध नहीं हुआ है.

1.72

तस्मान्मुच्ये यथा तात संविधातुं तथार्हसि ।
इक्ष्वाकूणां दुरापेऽर्थे त्वदधीना हि सिद्धयः ॥

अनुष्टुभ् श्लोक छंद

तस्मान्मु	च्येयथा	तात	म र ग ल
ऽ ऽ ऽ	ऽ । ऽ	ऽ ।	मधुमालती छंद
संविधा	तुंतथा	र्हसि	र र ल ग
ऽ । ऽ	ऽ । ऽ	। ऽ *	हेमरूप छंद
इक्ष्वाकू	णांदुरा	पेर्थे	म र ग ग
ऽ ऽ ऽ	ऽ । ऽ	ऽ ऽ	मधुमालती छंद
त्वदधी	नाहिसि	द्धयः	स र ल ग
। । ऽ	ऽ । ऽ	। ऽ	शलुकलुप्त छंद

1.73

इति विज्ञापितो राज्ञा ध्यानस्तिमितलोचनः ।
क्षणमात्रमृषिस्तस्थौ सुप्तमीन इव ह्रदः ॥

अनुष्टुभ् श्लोक छंद

इतिवि	ज्ञापितो	राज्ञा	स र ग ग
। । ऽ	ऽ । ऽ	ऽ ऽ	परिधारा छंद
ध्यानस्ति	मितलो	चनः	त स ल ग
ऽ ऽ ।	। । ऽ	। ऽ	पथ्यावक्त्र छंद

क्षणमा	त्रमृषि	स्तस्थौ	स स ग ग
। । ऽ	। । ऽ	ऽ ऽ	पंचशिखा छंद
सुप्तमी	नइव	ह्लदः	र स ल ग
ऽ । ऽ	। । ऽ	। ऽ	पथ्यावक्त्रा छंद

1.74

सोऽपश्यत्प्रणिधानेन सन्ततेः स्तम्भकारणम् ।
भावितात्मा भुवो भर्तुरथैनं प्रत्यबोधयत् ॥

अनुष्टुभ् श्लोक छंद

सोपश्य	त्प्रणिधा	नेन	म स ग ल
ऽ ऽ ऽ	। । ऽ	ऽ ।	वक्त्रा छंद
सन्ततेः	स्तम्भका	रणम्	र र ल ग
ऽ । ऽ	ऽ । ऽ	। ऽ	हेमरूप छंद
भाविता	त्माभुवो	भर्तु	र र ग ल
ऽ । ऽ	ऽ । ऽ	ऽ ।	लक्ष्मी छंद
रथैनं	प्रत्यबो	धयत्	य र ल ग
। ऽ ऽ	ऽ । ऽ	। ऽ	भाषा छंद

1.75

पुरा शक्रमुपस्थाय तवोर्वीं प्रति यास्यतः ।
आसीत्कल्पतरुच्छायामाश्रिता सुरभिः पथि ॥

अनुष्टुभ् श्लोक छंद

पुराश	क्रमुप	स्थाय	य र ग ल
। ऽ ऽ	ऽ । ऽ	ऽ ।	सुचंद्रभा छंद
तवोर्वीं	प्रतिया	स्यतः	म स ल ग
ऽ ऽ ऽ	। । ऽ	। ऽ	पथ्यावक्त्रा छंद
आसीत्क	ल्पतरु	च्छाया	म स ग ग
ऽ ऽ ऽ	। । ऽ	ऽ ऽ	वक्त्रा छंद

माश्रिता	सुरभिः	पथि	म स ल ग
ऽ ऽ ऽ	।।ऽ	।ऽ *	पथ्यावक्त्र छंद

1.76

धर्मलोपभयाद्राज्ञीमृतुस्नातामनुस्मरन् ।
प्रदक्षिणक्रियार्हायां तस्यां त्वं साधु नाचरः ॥

अनुष्टुभ् श्लोक छंद

धर्मलो	पभया	द्राज्ञी	र स ग ग
ऽ।ऽ	।।ऽ	ऽ ऽ	गाथ छंद
मृतुस्ना	तामनु	स्मरन्	य र ल ग
।ऽ ऽ	ऽ।ऽ	।ऽ	भाषा छंद
प्रदक्षि	णक्रिया	र्हायां	ज र ग ग
।ऽ ।	ऽ।ऽ	ऽ ऽ	यशस्करी छंद
तस्यांत्वं	साधुना	चरः	म र ल ग
ऽ ऽ ऽ	ऽ।ऽ	।ऽ	क्षमा छंद

1.77

अवजानासि मां यस्मादतस्ते नाभविष्यति ।
मत्प्रसूतिमनाराध्य प्रजेति त्वां शशाप सा ॥

अनुष्टुभ् श्लोक छंद

अवजा	नासिमां	यस्मा	स र ग ग
।।ऽ	ऽ।ऽ	ऽ ऽ	परिधारा छंद
दतस्ते	नाभवि	ष्यति	य र ल ग
।ऽ ऽ	ऽ।ऽ	।ऽ *	भाषा छंद
मत्प्रसू	तिमना	राध्य	र स ग ग
ऽ।ऽ	।।ऽ	ऽ ऽ	गाथ छंद
प्रजेति	त्वांशशा	पसा	य र ल ग
।ऽ ऽ	ऽ।ऽ	।ऽ	भाषा छंद

1.78

स शापो न त्वया राजन्न च सारथिना श्रुतः ।
नदत्याकाशगङ्गायाः स्रोतस्युद्दामदिग्गजे ॥

अनुष्टुभ् श्लोक छंद

सशापो	नत्वया	राज	य र ग ग
। ऽ ऽ	ऽ । ऽ	ऽ ऽ	कुलाधारी छंद
न्नचसा	रथिना	श्रुतः	स स ल ग
। । ऽ	। । ऽ	। ऽ	कलिला छंद
नदत्या	काशग	ङ्गायाः	य र ग ग
। ऽ ऽ	ऽ । ऽ	ऽ ऽ	कुलाधारी छंद
स्रोतस्यु	द्दामदि	ग्गजे	म र ल ग
ऽ ऽ ऽ	ऽ । ऽ	। ऽ	क्षमा छंद

1.79

ईप्सितं तदवज्ञानाद्विद्धि सार्गलमात्मनः ।
प्रतिबध्नाति हि श्रेयः पूज्यपूजाव्यतिक्रमः ॥

अनुष्टुभ् श्लोक छंद

ईप्सितं	तदव	ज्ञाना	र स ग ग
ऽ । ऽ	। । ऽ	ऽ ऽ	गाथ छंद
द्विद्धिसा	र्गलमा	त्मनः	र स ल ग
ऽ । ऽ	। । ऽ	। ऽ	पथ्यावक्त्र छंद
प्रतिब	ध्नातिहि	श्रेयः	स र ग ग
। । ऽ	ऽ । ऽ	ऽ ऽ	परिधारा छंद
पूज्यपू	जाव्यति	क्रमः	र र ल ग
ऽ । ऽ	ऽ । ऽ	। ऽ	हेमरूप छंद

1.80

हविषे दीर्घसत्रस्य सा चेदानीं प्रचेतसः ।
भुजङ्गपिहितद्वारं पातालमधितिष्ठति ॥

अनुष्टुभ् श्लोक छंद

हविषे	दीर्घस	त्रस्य	स र ग ल
। । ऽ	ऽ । ऽ	ऽ ।	वलीकेन्दु छंद
साचेदा	नींप्रचे	तसः	म र ल ग
ऽ ऽ ऽ	ऽ । ऽ	। ऽ	क्षमा छंद
भुजङ्ग	पिहित	द्वारं	ज स ग ग
। ऽ ।	। । ऽ	ऽ ऽ	भांर्गी छंद
पाताल	मधिति	ष्ठति	त स ल ग
ऽ ऽ ।	। । ऽ	। ऽ *	पथ्यावक्त्र छंद

1.81

सुतां तदीयां सुरभेः कृत्वा प्रतिनिधिं शुचिः ।
आराधय सपत्नीकः प्रीता कामदुघा हि सा ॥

अनुष्टुभ् श्लोक छंद

सुतांत	दीयांसु	रभेः	ज त ल ग
। ऽ ।	ऽ ऽ ।	। ऽ	विता छंद
कृत्वाप्र	तिनिधिं	शुचिः	त स ल ग
ऽ ऽ ।	। । ऽ	। ऽ	पथ्यावक्त्र छंद
आराध	यसप	त्नीकः	त स ग ग
ऽ ऽ ।	। । ऽ	ऽ ऽ	श्यामा छंद
प्रीताका	मदुघा	हिसा	म स ल ग
ऽ ऽ ऽ	। । ऽ	। ऽ	पथ्यावक्त्र छंद

1.82

इति वादिन एवास्य होतुराहुतिसाधनम् ।
अनिन्द्या नंदिनी नाम धेनुराववृते वनात् ॥

अनुष्टुभ् श्लोक छंद

इतिवा	दिनए	वास्य	स स ग ल
। । ऽ	। । ऽ	ऽ ।	मही छंद
होतुरा	हुतिसा	धनम्	र स ल ग
ऽ । ऽ	। । ऽ	। ऽ	पथ्यावक्त्र छंद
अनिन्द्या	नंदिनी	नाम	य र ग ल
। ऽ ऽ	ऽ । ऽ	ऽ ।	सुचंद्रभा छंद
धेनुरा	ववृते	वनात्	र स ल ग
ऽ । ऽ	। । ऽ	। ऽ	पथ्यावक्त्र छंद

1.83

ललाटोदयमाभुग्नं पल्लवस्निग्धपाटला ।
बिभ्रती श्वेतरोमाङ्कं सन्ध्येव शशिनं नवम् ॥

अनुष्टुभ् श्लोक छंद

ललाटो	दयमा	भुग्नं	य स ग ग
। ऽ ऽ	। । ऽ	ऽ ऽ	मनोला छंद
पल्लव	स्निग्धपा	टला	र र ल ग
ऽ । ऽ	ऽ । ऽ	। ऽ	हेमरूप छंद
बिभ्रती	श्वेतरो	माङ्कं	र र ग ग
ऽ । ऽ	ऽ । ऽ	ऽ ऽ	पद्ममाला छंद
सन्ध्येव	शशिनं	नवम्	त स ल ग
ऽ ऽ ।	। । ऽ	। ऽ	पथ्यावक्त्र छंद

1.84

भुवं कोष्णेन कुण्डोध्नी मेध्येनावभृथादपि ।
प्रस्त्रवेणाभिवर्षन्ती वत्सालोकप्रवर्तिना ॥

अनुष्टुभ् श्लोक छंद

भुवंको	ष्णेनकु	ण्डोध्नी	य र ग ग

। ऽ ऽ	ऽ । ऽ	ऽ ऽ	कुलाधारी छंद
मेध्येना	वभृथा	दपि	म स ल ग
ऽ ऽ ऽ	। । ऽ	। ऽ	पथ्यावक्त्र छंद
प्रस्रवे	णाभिव	र्षन्ती	र र ग ग
ऽ । ऽ	ऽ । ऽ	ऽ ऽ	पद्ममाला छंद
वत्सालो	कप्रव	र्तिना	म र ल ग
ऽ ऽ ऽ	ऽ । ऽ	। ऽ	क्षमा छंद

1.85

रजःकणैः खुरोद्धूतैः स्पृशद्भिर्गात्रमन्तिकात् ।
तीर्थाभिषेकजां शुद्धिमादधाना महीक्षितः ॥

अनुष्टुभ् श्लोक छंद

रजःक	णैःखुरो	द्धूतैः	ज र ग ग
। ऽ ।	ऽ । ऽ	ऽ ऽ	यशस्करी छंद
स्पृशद्भि	र्गात्रम	न्तिकात्	य र ल ग
। ऽ ऽ	ऽ । ऽ	। ऽ	भाषा छंद
तीर्थाभि	षेकजां	शुद्धि	त र ग ल
ऽ ऽ ।	ऽ । ऽ	ऽ ।	विभा छंद
मादधा	नामही	क्षितः	र र ल ग
ऽ । ऽ	ऽ । ऽ	। ऽ	हेमरूप छंद

1.86

तां पुण्यदर्शनां दृष्ट्वा निमित्तज्ञस्तपोनिधिः ।
याज्यमाशंसितावन्ध्यप्रार्थनं पुनरब्रवीत् ॥

अनुष्टुभ् श्लोक छंद

तांपुण्य	दर्शनां	दृष्ट्वा	त र ग ग
ऽ ऽ ।	ऽ । ऽ	ऽ ऽ	विभा छंद
निमित्त	ज्ञस्तपो	निधिः	य र ल ग

। ऽ ऽ	ऽ । ऽ	। ऽ	भाषा छंद
याज्यमा	शंसिता	वन्ध्य	र र ग ग
ऽ । ऽ	ऽ । ऽ	ऽ ऽ	पद्ममाला छंद
प्रार्थनं	पुनर	ब्रवीत्	र स ल ग
ऽ । ऽ	। । ऽ	। ऽ	पथ्यावक्त्र छंद

1.87

अदूरवर्तिनीं सिद्धिं राजन् विगणयात्मनः ।
उपस्थितेयं कल्याणी नाम्नि कीर्तित एव यत् ॥

श्लोकेतर अनुष्टुभ् छंद

अदूर	वर्तिनीं	सिद्धिं	ज र ग ग
। ऽ ।	ऽ । ऽ	ऽ ऽ	यशस्करी छंद
राजन्वि	गणया	त्मनः	त स ल ग
ऽ ऽ ।	। । ऽ	। ऽ	पथ्यावक्त्र छंद
उपस्थि	तेयंक	ल्याणी	ज म ग ग
। ऽ ।	ऽ ऽ ऽ	ऽ ऽ	अपरिचित छंद
नाम्निकी	र्तितए	वयत्	र स ल ग
ऽ । ऽ	। । ऽ	। ऽ	पथ्यावक्त्र छंद

पाद टिप्पणी :

इस अनुष्टुभ् छंद के विषम चरण 3 में पहले चार अक्षरों के बाद य गण (। ऽ ऽ) के स्थान पर म (ऽ ऽ ऽ) गण आने के कारण इस चार चरणों के पद्य में श्लोक छंद सिद्ध नहीं हुआ है.

1.88

वन्यवृत्तिरिमां शश्वदात्मानुगमनेन गाम् ।
विद्यामभ्यसनेनेव प्रसादयितुमर्हसि ॥

अनुष्टुभ् श्लोक छंद

वन्यवृ	त्तिरिमां	शश्व	र स ग ल

ऽ । ऽ	। । ऽ	ऽ ।	गाथ छंद
दात्मानु	गमने	नगाम्	त स ल ग
ऽ ऽ ।	। । ऽ	। ऽ	पथ्यावक्त्र छंद
विद्याम	भ्यसने	नेव	म स ग ग
ऽ ऽ ऽ	। । ऽ	ऽ ऽ	वक्त्र छंद
प्रसाद	यितुम	र्हसि	ज स ल ग
। ऽ ।	। । ऽ	। ऽ *	अपरिचित छंद

1.89

प्रस्थितायां प्रतिष्ठेथाः स्थितायां स्थितिमाचरेः ।
निषण्णायां निषीदास्यां पीताम्भसि पिबेरपः ॥

अनुष्टुभ् श्लोक छंद

प्रस्थिता	यांप्रति	ष्ठेथाः	र र ग ग
ऽ । ऽ	ऽ । ऽ	ऽ ऽ	पद्ममाला छंद
स्थितायां	स्थितिमा	चरेः	य स ल ग
। ऽ ऽ	। । ऽ	। ऽ	अपरिचित छंद
निषण्णा	यांनिषी	दास्यां	य र ग ग
। ऽ ऽ	ऽ । ऽ	ऽ ऽ	कुलाधारी छंद
पीताम्भ	सिपिबे	रपः	त स ल ग
ऽ ऽ ।	। । ऽ	। ऽ	पथ्यावक्त्र छंद

1.90

वधूर्भक्तिमती चैनामर्चितामा तपोवनात् ।
प्रयता प्रातरन्वेतु सायं प्रत्युद्व्रजेदपि ॥

अनुष्टुभ् श्लोक छंद

वधूर्भ	क्तिमती	चैना	य स ग ग
। ऽ ऽ	। । ऽ	ऽ ऽ	मनोला छंद
मर्चिता	मातपो	वनात्	र र ल ग

ऽ । ऽ	ऽ । ऽ	। ऽ	हेमरूप छंद
प्रयता	प्रातर	न्वेतु	स र ग ल
। । ऽ	ऽ । ऽ	ऽ ।	वलीकेन्दु छंद
सायंप्र	त्युद्व्रजे	दपि	म र ल ग
ऽ ऽ ऽ	ऽ । ऽ	। ऽ *	क्षमा छंद

1.91

इत्याप्रसादादस्यास्त्वं परिचर्यापरो भव ।
अविघ्नमस्तु ते स्थेयाः पितेव धुरि पुत्रिणाम् ॥

श्लोकेतर अनुष्टुभ् छंद

इत्याप्र	सादाद	स्यास्त्वं	त म ग ग
ऽ ऽ ।	ऽ ऽ ऽ	ऽ ऽ	मृत्युंजय छंद
परिच	र्यापरो	भव	स र ल ल
। । ऽ	ऽ । ऽ	। ऽ *	शलुकलुप्त छंद
अविघ्न	मस्तुते	स्थेयाः	ज र ग ग
। ऽ ।	ऽ । ऽ	ऽ ऽ	यशस्करी छंद
पितेव	धुरिपु	त्रिणाम्	ज स ल ग
। ऽ ।	। । ऽ	। ऽ	अपरिचित छंद

पाद टिप्पणी :

इस अनुष्टुभ् छंद के विषम चरण 1 में पहले चार अक्षरों के बाद य गण (। ऽ ऽ) के स्थान पर म (ऽ ऽ ऽ) गण आने के कारण इस चार चरणों के पद्य में श्लोक छंद सिद्ध नहीं हुआ है।

1.92

तथेति प्रतिजग्राह प्रीतिमान्सपरिग्रहः ।
आदेशं देशकालज्ञः शिष्यः शासितुरानतः ॥

अनुष्टुभ् श्लोक छंद

तथेति	प्रतिज	ग्राह	य स ग ग

। ऽ ऽ	। । ऽ	ऽ ऽ	मनोला छंद
प्रीतिमा	न्सपरि	ग्रहः	र स ल ग
ऽ । ऽ	। । ऽ	। ऽ	पथ्यावक्त्र छंद
आदेशं	देशका	लज्ञः	म र ग ग
ऽ ऽ ऽ	ऽ । ऽ	ऽ ऽ	मधुमालती छंद
शिष्यःशा	सितुरा	नतः	म स ल ग
ऽ ऽ ऽ	। । ऽ	। ऽ	पथ्यावक्त्र छंद

1.93

अथ प्रदोषे दोषज्ञः संवेशाय विशांपतिम् ।
सूनुः सूनृतवाक्स्रष्टुर्विससर्जोर्जितश्रियम् ॥

श्लोकेतर अनुष्टुभ् छंद

अथप्र	दोषेदो	षज्ञः	ज म ग ग
। ऽ ।	ऽ ऽ ऽ	ऽ ऽ	अपरिचित छंद
संवेशा	यविशां	पतिम्	म स ल ग
ऽ ऽ ऽ	। । ऽ	। ऽ	पथ्यावक्त्र छंद
सूनुःसू	नृतवा	क्स्रष्टु	म स ग ग
ऽ ऽ ऽ	। । ऽ	ऽ ऽ	वक्त्र छंद
र्विसस	र्जोर्जित	श्रियम्	स र ल ग
। । ऽ	ऽ । ऽ	। ऽ	शलुकलुप्त छंद

पाद टिप्पणी :

इस अनुष्टुभ् छंद के विषम चरण 1 में पहले चार अक्षरों के बाद य गण (। ऽ ऽ) के स्थान पर म (ऽ ऽ ऽ) गण आने के कारण इस चार चरणों के पद्य में श्लोक छंद सिद्ध नहीं हुआ है.

1.94

सत्यामपि तपःसिद्धौ नियमापेक्षया मुनिः ।
कल्पवित्कल्पयामास वन्यामेवास्य संविधाम् ॥

अनुष्टुभ् श्लोक छंद

सत्याम	पितपः	सिद्धौ	त स ग ग
ऽ ऽ ।	। । ऽ	ऽ ऽ	श्यामा छंद
नियमा	पेक्षया	मुनिः	स र ल ग
। । ऽ	ऽ । ऽ	। ऽ	शलुकलुप्त छंद
कल्पवि	त्कल्पया	मास	र र ग ल
ऽ । ऽ	ऽ । ऽ	ऽ ।	लक्ष्मी छंद
वन्यामे	वास्यसं	विधाम्	म र ल ग
ऽ ऽ ऽ	ऽ । ऽ	। ऽ	क्षमा छंद

1.95

प्रहर्षिणी छंद

निर्दिष्टां कुलपतिना स पर्णशालामध्यास्य प्रयतपरिग्रहद्वितीयः ।
तच्छिष्याध्ययननिवेदितावसानां संविष्टः कुशशयने निशां निनाय ॥

प्रहर्षिणी छंद (म न ज र ग)

निर्दिष्टां	कुलप	तिनास	पर्णशा	ला
ऽ ऽ ऽ	। । ।	। ऽ ।	ऽ । ऽ	ऽ
मध्यास्य	प्रयत	परिग्र	हद्विती	यः
ऽ ऽ ऽ	। । ।	। ऽ ।	ऽ । ऽ	ऽ
तच्छिष्या	ध्ययन	निवेदि	तावसा	नां
ऽ ऽ ऽ	। । ।	। ऽ ।	ऽ । ऽ	ऽ
संविष्टः	कुशश	यनेनि	शांनिना	य
ऽ ऽ ऽ	। । ।	। ऽ ।	ऽ । ऽ	ऽ *

॥ इति श्रीमत्कालिदासकृते रघुवंशे महाकाव्ये प्रथमः सर्गः ॥

कालिदास के बृहत् महाकाव्य रघुवंश की छंद मीमांसा

रघुवंश सर्ग - 2

* रानी सुदक्षिणा की पुत्रप्राप्ति*

2.1

अथ प्रजानामधिपः प्रभाते जायाप्रतिग्राहितगन्धमाल्याम् ।
वनाय पीतप्रतिबद्धवत्सां यशोधनो धेनुमृषेर्मुमोच ॥

उपेन्द्रवज्रा, इंद्रवज्रा, उपेन्द्रवज्रा, उपेन्द्रवज्रा उपजाति छंद

अथप्र	जानाम	धिपःप्र	भाते	
। ऽ ।	ऽ ऽ ।	। ऽ ।	ऽ ऽ	उपेन्द्रवज्रा
जायाप्र	तिग्राहि	तगन्ध	माल्याम्	
ऽ ऽ ।	ऽ ऽ ।	। ऽ ।	ऽ ऽ	इंद्रवज्रा
वनाय	पीतप्र	तिबद्ध	वत्सां	
। ऽ ।	ऽ ऽ ।	। ऽ ।	ऽ ऽ	उपेन्द्रवज्रा
यशोध	नोधेनु	मृषेर्मु	मोच	
। ऽ ।	ऽ ऽ ।	। ऽ ।	ऽ ऽ *	उपेन्द्रवज्रा

2.2

तस्याः खुरन्यासपवित्रपांसुमपांसुलानां धुरि कीर्तनीया ।
मार्गं मनुष्येश्वरधर्मपत्नी श्रुतेरिवार्थं स्मृतिरन्वगच्छत् ॥

इंद्रवज्रा, उपेन्द्रवज्रा, इंद्रवज्रा, उपेन्द्रवज्रा उपजाति छंद

तस्याःखु	रन्यास	पवित्र	पांसु	
ऽ ऽ ।	ऽ ऽ ।	। ऽ ।	ऽ ऽ *	इंद्रवज्रा
मपांसु	लानांधु	रिकीर्त	नीया	

। ऽ ।	ऽ ऽ ।	। ऽ ।	ऽ ऽ	उपेन्द्रवज्रा
मार्गंम	नुष्येश्व	रधर्म	पत्नी	
ऽ ऽ ।	ऽ ऽ ।	। ऽ ।	ऽ ऽ	इंद्रवज्रा
श्रुतेरि	वार्थंस्मृ	तिरन्व	गच्छत्	
। ऽ ।	ऽ ऽ ।	। ऽ ।	ऽ ऽ	उपेन्द्रवज्रा

2.3

निवर्त्य राजा दयितां दयालुस्तां सौरभेयीं सुरभिर्यशोभिः ।
पयोधरीभूतचतुःसमुद्रां जुगोप गोरूपधरामिवोर्वीम् ॥

उपेन्द्रवज्रा, इंद्रवज्रा, उपेन्द्रवज्रा, उपेन्द्रवज्रा उपजाति छंद

निवर्त्य	राजाद	यितांद	यालु	
। ऽ ।	ऽ ऽ ।	। ऽ ।	ऽ ऽ	उपेन्द्रवज्रा
स्तांसौर	भेयींसु	रभिर्य	शोभिः	
ऽ ऽ ।	ऽ ऽ ।	। ऽ ।	ऽ ऽ	इंद्रवज्रा
पयोध	रीभूत	चतुःस	मुद्रां	
। ऽ ।	ऽ ऽ ।	। ऽ ।	ऽ ऽ	उपेन्द्रवज्रा
जुगोप	गोरूप	धरामि	वोर्वीम्	
। ऽ ।	ऽ ऽ ।	। ऽ ।	ऽ ऽ	उपेन्द्रवज्रा

2.4

व्रताय तेनानुचरेण धेनोर्न्यषेधि शेषोऽप्यनुयायिवर्गः ।
न चान्यतस्तस्य शरीररक्षा स्ववीर्यगुप्ता हि मनोः प्रसूतिः ॥

उपेन्द्रवज्रा छंद (ज त ज ग ग)

व्रताय	तेनानु	चरेण	धेनो	
। ऽ ।	ऽ ऽ ।	। ऽ ।	ऽ ऽ	उपेन्द्रवज्रा
न्र्यषेधि	शेषोप्य	नुयायि	वर्गः	
। ऽ ।	ऽ ऽ ।	। ऽ ।	ऽ ऽ	उपेन्द्रवज्रा

नचान्य	तस्तस्य	शरीर	रक्षा	
। ऽ ।	ऽ ऽ ।	। ऽ ।	ऽ ऽ	उपेन्द्रवज्रा
स्ववीर्य	गुप्ताहि	मनोःप्र	सूतिः	
। ऽ ।	ऽ ऽ ।	। ऽ ।	ऽ ऽ	उपेन्द्रवज्रा

2.5

आस्वादवद्भिः कवलैस्तृणानां कन्डूयनैर्दंशनिवारणैःश्च ।
अव्याहतैः स्वैरगतैश्च तस्याः सम्राट् समाराधनतत्परोऽभूत् ॥

इंद्रवज्रा छंद (त त ज ग ग)

आस्वाद	वद्भिःक	वलैस्तृ	णानां	
ऽ ऽ ।	ऽ ऽ ।	। ऽ ।	ऽ ऽ	इंद्रवज्रा
कन्डूय	नैर्दंश	निवार	णैःश्च	
ऽ ऽ ।	ऽ ऽ ।	। ऽ ।	ऽ ऽ *	इंद्रवज्रा
अव्याह	तैःस्वैर	गतैश्च	तस्याः	
ऽ ऽ ।	ऽ ऽ ।	। ऽ ।	ऽ ऽ	इंद्रवज्रा
सम्राट्स	माराध	नतत्प	रोभूत्	
ऽ ऽ ।	ऽ ऽ ।	। ऽ ।	ऽ ऽ	इंद्रवज्रा

2.6

स्थितः स्थितामुच्चलितः प्रयातां निषेदुषीमासनबन्धधीरः ।
जलाभिलाषी जलमाददानां छायेव तां भूपतिरन्वगच्छत् ॥

उपेन्द्रवज्रा, उपेन्द्रवज्रा, उपेन्द्रवज्रा , इंद्रवज्रा उपजाति छंद

स्थितःस्थि	तामुच्च	लितःप्र	यातां	
। ऽ ।	ऽ ऽ ।	। ऽ ।	ऽ ऽ	उपेन्द्रवज्रा
निषेदु	षीमास	नबन्ध	धीरः	
। ऽ ।	ऽ ऽ ।	। ऽ ।	ऽ ऽ	उपेन्द्रवज्रा
जलाभि	लाषीज	लमाद	दानां	

। ऽ ।	ऽ ऽ ।	। ऽ ।	ऽ ऽ	उपेन्द्रवज्रा
छायेव	तांभूप	तिरन्व	गच्छत्	
ऽ ऽ ।	ऽ ऽ ।	। ऽ ।	ऽ ऽ	इंद्रवज्रा

2.7

स न्यस्तचिह्नामपि राजलक्ष्मीं तेजोविशेषानुमितां दधान ।
आसीदनाविष्कृतदानराजिरन्तर्मदावस्थ इव द्विपेन्द्रः ॥

इंद्रवज्रा छंद (त त ज ग ग)

सन्यस्त	चिह्नाम	पिराज	लक्ष्मीं	
ऽ ऽ ।	ऽ ऽ ।	। ऽ ।	ऽ ऽ	इंद्रवज्रा
तेजोवि	शेषानु	मितांद	धान	
ऽ ऽ ।	ऽ ऽ ।	। ऽ ।	ऽ ऽ *	इंद्रवज्रा
आसीद	नाविष्कृ	तदान	राजि	
ऽ ऽ ।	ऽ ऽ ।	। ऽ ।	ऽ ऽ *	इंद्रवज्रा
रन्तर्म	दावस्थ	इवद्वि	पेन्द्रः	
ऽ ऽ ।	ऽ ऽ ।	। ऽ ।	ऽ ऽ	इंद्रवज्रा

2.8

लताप्रतानोद्ग्रथितैः स केशैरधिज्यधन्वा विचचार दावम् ।
रक्षापदेशान्मुनिहोमधेनोर्वन्यान्विनेष्यन्निव दुष्टसत्त्वान् ॥

उपेन्द्रवज्रा, उपेन्द्रवज्रा, इंद्रवज्रा, इंद्रवज्रा उपजाति छंद

लताप्र	तानोद्ग्र	थितैःस	केशै	
। ऽ ।	ऽ ऽ ।	। ऽ ।	ऽ ऽ	उपेन्द्रवज्रा
रधिज्य	धन्वावि	चचार	दावम्	
। ऽ ।	ऽ ऽ ।	। ऽ ।	ऽ ऽ	उपेन्द्रवज्रा
रक्षाप	देशान्मु	निहोम	धेनो	
ऽ ऽ ।	ऽ ऽ ।	। ऽ ।	ऽ ऽ	इंद्रवज्रा

र्वन्यान्वि	नेष्यन्नि	वदुष्ट	सत्त्वान्	
ऽ ऽ ।	ऽ ऽ ।	। ऽ ।	ऽ ऽ	इंद्रवज्रा

2.9

विसृष्टपार्श्वानुचरस्य तस्य पार्श्वद्रुमाः पाशभृता समस्य ।
उदीरयामासुरिवोन्मदानामालोकशब्दं वयसां विरावैः ॥

उपेन्द्रवज्रा, इंद्रवज्रा, उपेन्द्रवज्रा, इंद्रवज्रा उपजाति छंद

विसृष्ट	पार्श्वानु	चरस्य	तस्य	
। ऽ ।	ऽ ऽ ।	। ऽ ।	ऽ ऽ *	उपेन्द्रवज्रा
पार्श्वद्रु	माःपाश	भृतास	मस्य	
ऽ ऽ ।	ऽ ऽ ।	। ऽ ।	ऽ ऽ *	इंद्रवज्रा
उदीर	यामासु	रिवोन्म	दाना	
। ऽ ।	ऽ ऽ ।	। ऽ ।	ऽ ऽ	उपेन्द्रवज्रा
मालोक	शब्दंव	यसांवि	रावैः	
ऽ ऽ ।	ऽ ऽ ।	। ऽ ।	ऽ ऽ	इंद्रवज्रा

2.10

मरुत्प्रयुक्ताश्च मरुत्सखाभं तमर्च्यमारादभिवर्तमानम् ।
अवाकिरन्बाललताः प्रसूनैराचारलाजैरिव पौरकन्याः ॥

उपेन्द्रवज्रा, उपेन्द्रवज्रा, उपेन्द्रवज्रा, इंद्रवज्रा उपजाति छंद

मरुत्प्र	युक्ताश्च	मरुत्स	खाभं	
। ऽ ।	ऽ ऽ ।	। ऽ ।	ऽ ऽ	उपेन्द्रवज्रा
तमर्च्य	माराद	भिवर्त	मानम्	
। ऽ ।	ऽ ऽ ।	। ऽ ।	ऽ ऽ	उपेन्द्रवज्रा
अवाकि	रन्बाल	लताःप्र	सूनै	
। ऽ ।	ऽ ऽ ।	। ऽ ।	ऽ ऽ	उपेन्द्रवज्रा
राचार	लाजैरि	वपौर	कन्याः	

ऽ ऽ ।	ऽ ऽ ।	। ऽ ।	ऽ ऽ	इंद्रवज्रा

2.11

धनुर्भृतोऽप्यस्य दयार्द्रभावमाख्यातमन्तःकरणैर्विशङ्कैः ।
विलोकयन्त्यो वपुरापुरक्ष्णां प्रकामविस्तारफलं हरिण्यः ॥

उपेन्द्रवज्रा, इंद्रवज्रा, उपेन्द्रवज्रा, उपेन्द्रवज्रा उपजाति छंद

धनुर्भृ	तोप्यस्य	दयार्द्र	भाव	
। ऽ ।	ऽ ऽ ।	। ऽ ।	ऽ ऽ *	उपेन्द्रवज्रा
माख्यात	मन्तःक	रणैर्वि	शङ्कैः	
ऽ ऽ ।	ऽ ऽ ।	। ऽ ।	ऽ ऽ	इंद्रवज्रा
विलोक	यन्त्योव	पुरापु	रक्ष्णां	
। ऽ ।	ऽ ऽ ।	। ऽ ।	ऽ ऽ	उपेन्द्रवज्रा
प्रकाम	विस्तार	फलंह	रिण्यः	
। ऽ ।	ऽ ऽ ।	। ऽ ।	ऽ ऽ	उपेन्द्रवज्रा

2.12

स कीचकैर्मारुतपूर्णरन्ध्रैः कूजद्भिरापादितवंशकृत्यम् ।
शुश्राव कुञ्जेषु यशः स्वमुच्चैरुद्गीयमानं वनदेवताभिः ॥

उपेन्द्रवज्रा, इंद्रवज्रा, इंद्रवज्रा, इंद्रवज्रा उपजाति छंद

सकीच	कैर्मारु	तपूर्ण	रन्ध्रैः	
। ऽ ।	ऽ ऽ ।	। ऽ ।	ऽ ऽ	उपेन्द्रवज्रा
कूजद्भि	रापादि	तवंश	कृत्यम्	
ऽ ऽ ।	ऽ ऽ ।	। ऽ ।	ऽ ऽ	इंद्रवज्रा
शुश्राव	कुञ्जेषु	यशःस्व	मुच्चै	
ऽ ऽ ।	ऽ ऽ ।	। ऽ ।	ऽ ऽ	इंद्रवज्रा
रुद्गीय	मानंव	नदेव	ताभिः	
ऽ ऽ ।	ऽ ऽ ।	। ऽ ।	ऽ ऽ	इंद्रवज्रा

2.13

पृक्तस्तुषारैर्गिरिनिर्झराणमनोकहाकम्पितपुष्पगन्धी ।
तमातपक्लान्तमनातपत्रमाचारपूतं पवनो निषेवे ॥

इंद्रवज्रा, उपेन्द्रवज्रा, उपेन्द्रवज्रा, इंद्रवज्रा उपजाति छंद

पृक्तस्तु	षारैर्गि	रिनिर्झ	राण	
ऽ ऽ ।	ऽ ऽ ।	। ऽ ।	ऽ ऽ *	इंद्रवज्रा
मनोक	हाकम्पि	तपुष्प	गन्धी	
। ऽ ।	ऽ ऽ ।	। ऽ ।	ऽ ऽ	उपेन्द्रवज्रा
तमात	पक्लान्त	मनात	पत्र	
। ऽ ।	ऽ ऽ ।	। ऽ ।	ऽ ऽ *	उपेन्द्रवज्रा
माचार	पूतंप	वनोनि	षेवे	
ऽ ऽ ।	ऽ ऽ ।	। ऽ ।	ऽ ऽ	इंद्रवज्रा

2.14

शशाम वृष्ट्यापि विना दवाग्निरासीद्विशेषा फलपुष्पवृद्धिः ।
ऊनं न सत्त्वेष्वधिको बबाधे तस्मिन्वनं गोप्तरि गाहमाने ॥

उपेन्द्रवज्रा, इंद्रवज्रा, इंद्रवज्रा, इंद्रवज्रा उपजाति छंद

शशाम	वृष्ट्यापि	विनाद	वाग्नि	
। ऽ ।	ऽ ऽ ।	। ऽ ।	ऽ ऽ *	उपेन्द्रवज्रा
रासीद्वि	शेषाफ	लपुष्प	वृद्धिः	
ऽ ऽ ।	ऽ ऽ ।	। ऽ ।	ऽ ऽ	इंद्रवज्रा
ऊनंन	सत्त्वेष्व	धिकोब	बाधे	
ऽ ऽ ।	ऽ ऽ ।	। ऽ ।	ऽ ऽ	इंद्रवज्रा
तस्मिन्व	नंगोप्त	रिगाह	माने	
ऽ ऽ ।	ऽ ऽ ।	। ऽ ।	ऽ ऽ	इंद्रवज्रा

2.15

संचारपूतानि दिगन्तराणि कृत्वा दिनान्ते निलयाय गन्तुम् ।
प्रचक्रमे पल्लवरागताम्रा प्रभा पतंगस्य मुनेश्च धेनुः ॥

इंद्रवज्रा, इंद्रवज्रा, उपेन्द्रवज्रा, उपेन्द्रवज्रा उपजाति छंद

संचार	पूतानि	दिगन्त	राणि	
ऽ ऽ ।	ऽ ऽ ।	। ऽ ।	ऽ ऽ *	इंद्रवज्रा
कृत्वादि	नान्तेनि	लयाय	गन्तुम्	
ऽ ऽ ।	ऽ ऽ ।	। ऽ ।	ऽ ऽ	इंद्रवज्रा
प्रचक्र	मेपल्ल	वराग	ताम्रा	
। ऽ ।	ऽ ऽ ।	। ऽ ।	ऽ ऽ	उपेन्द्रवज्रा
प्रभाप	तंगस्य	मुनेश्च	धेनुः	
। ऽ ।	ऽ ऽ ।	। ऽ ।	ऽ ऽ	उपेन्द्रवज्रा

2.16

तां देवतापित्रतिथिक्रियार्थामन्वग्ययौ मध्यमलोकपालः ।
बभौ च सा तेन सतां मतेन श्रद्धेव साक्षाद्विधिनोपपन्ना ॥

इंद्रवज्रा, इंद्रवज्रा, उपेन्द्रवज्रा, इंद्रवज्रा उपजाति छंद

2.17

स पल्वलोत्तीर्णवराहयूथान्यावासवृक्षोन्मुखबर्हिणानि ।
ययौ मृगाध्यासितशाद्वलानि श्यामायमानानि वनानि पश्यन् ॥

उपेन्द्रवज्रा, इंद्रवज्रा, उपेन्द्रवज्रा, इंद्रवज्रा उपजाति छंद

सपल्व	लोत्तीर्ण	वराह	यूथा	
। ऽ ।	ऽ ऽ ।	। ऽ ।	ऽ ऽ	उपेन्द्रवज्रा
न्यावास	वृक्षोन्मु	खबर्हि	णानि	
ऽ ऽ ।	ऽ ऽ ।	। ऽ ।	ऽ ऽ *	इंद्रवज्रा
ययौमृ	गाध्यासि	तशाद्व	लानि	
। ऽ ।	ऽ ऽ ।	। ऽ ।	ऽ ऽ	उपेन्द्रवज्रा

कालिदास के बृहत् महाकाव्य रघुवंश की छंद मीमांसा

श्यामाय	मानानि	वनानि	पश्यन्	
ऽ ऽ ।	ऽ ऽ ।	। ऽ ।	ऽ ऽ	इंद्रवज्रा

2.18

आपीनभारोद्वहनप्रयत्नाद्गृष्टिर्गुरुत्वाद्वपुषो नरेन्द्रः ।
उभावलंचक्रतुरञ्चिताभ्यां तपोवनावृत्तिपथं गताभ्याम् ॥

इंद्रवज्रा, इंद्रवज्रा, उपेन्द्रवज्रा, उपेन्द्रवज्रा उपजाति छंद

आपीन	भारोद्व	हनप्र	यत्ना	
ऽ ऽ ।	ऽ ऽ ।	। ऽ ।	ऽ ऽ	इंद्रवज्रा
द्गृष्टिर्गु	रुत्वाद्व	पुषोन	रेन्द्रः	
ऽ ऽ ।	ऽ ऽ ।	। ऽ ।	ऽ ऽ	इंद्रवज्रा
उभाव	लंचक्र	तुरञ्चि	ताभ्यां	
। ऽ ।	ऽ ऽ ।	। ऽ ।	ऽ ऽ	उपेन्द्रवज्रा
तपोव	नावृत्ति	पथंग	ताभ्याम्	
। ऽ ।	ऽ ऽ ।	। ऽ ।	ऽ ऽ	उपेन्द्रवज्रा

2.19

वसिष्ठधेनोरनुयायिनं तमावर्तमानं वनिता वनान्तात् ।
पपौ निमेषालसपक्ष्मपङ्क्तिरुपोषिताभ्यामिव लोचनाभ्याम् ॥

उपेन्द्रवज्रा, इंद्रवज्रा, उपेन्द्रवज्रा, उपेन्द्रवज्रा उपजाति छंद

वसिष्ठ	धेनोर	नुयायि	नंत	
। ऽ ।	ऽ ऽ ।	। ऽ ।	ऽ ऽ *	उपेन्द्रवज्रा
मावर्त	मानंव	निताव	नान्तात्	
ऽ ऽ ।	ऽ ऽ ।	। ऽ ।	ऽ ऽ	इंद्रवज्रा
पपौनि	मेषाल	सपक्ष्म	पङ्क्ति	
। ऽ ।	ऽ ऽ ।	। ऽ ।	ऽ ऽ *	उपेन्द्रवज्रा
रुपोषि	ताभ्यामि	वलोच	नाभ्याम्	

। ऽ ।	ऽ ऽ ।	। ऽ ।	ऽ ऽ	उपेन्द्रवज्रा

2.20

पुरस्कृता वर्त्मनि पार्थिवेन प्रत्युद्गता पार्थिवधर्मपत्न्या ।
तदन्तरे सा विरराज धेनुर्दिनक्षपामध्यगतेव सन्ध्या ॥

उपेन्द्रवज्रा, इंद्रवज्रा, उपेन्द्रवज्रा, उपेन्द्रवज्रा उपजाति छंद

पुरस्कृ	तावर्त्म	निपार्थि	वेन	
। ऽ ।	ऽ ऽ ।	। ऽ ।	ऽ ऽ	उपेन्द्रवज्रा
प्रत्युद्ग	तापार्थि	वधर्म	पत्न्या	
ऽ ऽ ।	ऽ ऽ ।	। ऽ ।	ऽ ऽ	इंद्रवज्रा
तदन्त	रेसावि	रराज	धेनु	
। ऽ ।	ऽ ऽ ।	। ऽ ।	ऽ ऽ	उपेन्द्रवज्रा
र्दिनक्ष	पामध्य	गतेव	सन्ध्या	
। ऽ ।	ऽ ऽ ।	। ऽ ।	ऽ ऽ	उपेन्द्रवज्रा

2.21

प्रदक्षिणीकृत्य पयस्विनीं तां सुदक्षिणा साक्षतपात्रहस्ता ।
प्रणम्य चानर्च विशालमस्याः शृङ्गान्तरं द्वारमिवार्थसिद्धेः ॥

उपेन्द्रवज्रा, उपेन्द्रवज्रा, उपेन्द्रवज्रा, इंद्रवज्रा उपजाति छंद

प्रदक्षि	णीकृत्य	पयस्वि	नींतां	
। ऽ ।	ऽ ऽ ।	। ऽ ।	ऽ ऽ	उपेन्द्रवज्रा
सुदक्षि	णासाक्ष	तपात्र	हस्ता	
। ऽ ।	ऽ ऽ ।	। ऽ ।	ऽ ऽ	उपेन्द्रवज्रा
प्रणम्य	चानर्च	विशाल	मस्याः	
। ऽ ।	ऽ ऽ ।	। ऽ ।	ऽ ऽ	उपेन्द्रवज्रा
शृङ्गान्त	रंद्वार	मिवार्थ	सिद्धेः	
ऽ ऽ ।	ऽ ऽ ।	। ऽ ।	ऽ ऽ	इंद्रवज्रा

2.22

वत्सोत्सुकापि स्तिमिता सपर्यां प्रत्यग्रहीत्सेति ननन्दतुस्तौ ।
भक्त्योपपन्नेषु हि तद्विधानां प्रसादचिह्नानि पुरःफलानि ॥

इंद्रवज्रा, इंद्रवज्रा, इंद्रवज्रा, उपेन्द्रवज्रा उपजाति छंद

वत्सोत्सु	कापिस्ति	मितास	पर्यां	
ऽ ऽ ।	ऽ ऽ ।	। ऽ ।	ऽ ऽ	इंद्रवज्रा
प्रत्यग्र	हीत्सेति	ननन्द	तुस्तौ	
ऽ ऽ ।	ऽ ऽ ।	। ऽ ।	ऽ ऽ	इंद्रवज्रा
भक्त्योप	पन्नेषु	हितद्वि	धानां	
ऽ ऽ ।	ऽ ऽ ।	। ऽ ।	ऽ ऽ	इंद्रवज्रा
प्रसाद	चिह्नानि	पुरःफ	लानि	
। ऽ ।	ऽ ऽ ।	। ऽ ।	ऽ ऽ *	उपेन्द्रवज्रा

2.23

गुरोः सदारस्य निपीड्य पादौ समाप्य सांध्यं च विधिं दिलीपः ।
दोहावसाने पुनरेव दोग्ध्रीं भेजे भुजोच्छिन्नरिपुर्निषण्णाम् ॥

उपेन्द्रवज्रा, उपेन्द्रवज्रा, इंद्रवज्रा, इंद्रवज्रा उपजाति छंद

गुरोःस	दारस्य	निपीड्य	पादौ	
। ऽ ।	ऽ ऽ ।	। ऽ ।	ऽ ऽ	उपेन्द्रवज्रा
समाप्य	सांध्यंच	विधिंदि	लीपः	
। ऽ ।	ऽ ऽ ।	। ऽ ।	ऽ ऽ	उपेन्द्रवज्रा
दोहाव	सानेपु	नरेव	दोग्ध्रीं	
ऽ ऽ ।	ऽ ऽ ।	। ऽ ।	ऽ ऽ	इंद्रवज्रा
भेजेभु	जोच्छिन्न	रिपुर्नि	षण्णाम्	
ऽ ऽ ।	ऽ ऽ ।	। ऽ ।	ऽ ऽ	इंद्रवज्रा

2.24

तामन्तिकन्यस्तबलिप्रदीपामन्वास्यगोप्तागृहिणीसहायः ।
क्रमेणसुप्तामनुसंविवेशसुप्तोत्थितांप्रातरनूदतिष्ठत् ॥

इंद्रवज्रा, इंद्रवज्रा, उपेन्द्रवज्रा, इंद्रवज्रा उपजाति छंद

तामन्ति	कन्यस्त	बलिप्र	दीपा	
ऽ ऽ ।	ऽ ऽ ।	। ऽ ।	ऽ ऽ	इंद्रवज्रा
मन्वास्य	गोप्तागृ	हिणीस	हायः	
ऽ ऽ ।	ऽ ऽ ।	। ऽ ।	ऽ ऽ	इंद्रवज्रा
क्रमेण	सुप्ताम	नुसंवि	वेश	
। ऽ ।	ऽ ऽ ।	। ऽ ।	ऽ ऽ *	उपेन्द्रवज्रा
सुप्तोत्थि	तांप्रात	रनूद	तिष्ठत्	
ऽ ऽ ।	ऽ ऽ ।	। ऽ ।	ऽ ऽ	इंद्रवज्रा

2.25

इत्थंव्रतंधारयतःप्रजार्थंसमंमहिष्यामहनीयकीर्तेः ।
सप्तव्यतीयुस्त्रिगुणानितस्यदिनानिदीनोद्धरणोचितस्य ॥

इंद्रवज्रा, उपेन्द्रवज्रा, इंद्रवज्रा, उपेन्द्रवज्रा उपजाति छंद

इत्थंव्र	तंधार	यतःप्र	जार्थं	
ऽ ऽ ।	ऽ ऽ ।	। ऽ ।	ऽ ऽ	इंद्रवज्रा
समंम	हिष्याम	हनीय	कीर्तेः	
। ऽ ।	ऽ ऽ ।	। ऽ ।	ऽ ऽ	उपेन्द्रवज्रा
सप्तव्य	तीयुस्त्रि	गुणानि	तस्य	
ऽ ऽ ।	ऽ ऽ ।	। ऽ ।	ऽ ऽ *	इंद्रवज्रा
दिनानि	दीनोद्ध	रणोचि	तस्य	
। ऽ ।	ऽ ऽ ।	। ऽ ।	ऽ ऽ *	उपेन्द्रवज्रा

2.26

अन्येद्युरात्मानुचरस्य भावं जिज्ञासमाना मुनिहोमधेनुः ।

गङ्गाप्रपातान्तविरूढशष्पं गौरीगुरोर्गह्वरमाविवेश ॥

इंद्रवज्रा छंद (त त ज ग ग)

अन्येद्यु	रात्मानु	चरस्य	भावं	
ऽ ऽ ।	ऽ ऽ ।	। ऽ ।	ऽ ऽ	इंद्रवज्रा
जिज्ञास	मानामु	निहोम	धेनुः	
ऽ ऽ ।	ऽ ऽ ।	। ऽ ।	ऽ ऽ	इंद्रवज्रा
गङ्गाप्र	पातान्त	विरूढ	शष्पं	
ऽ ऽ ।	ऽ ऽ ।	। ऽ ।	ऽ ऽ	इंद्रवज्रा
गौरीगु	रोर्गह्व	रमावि	वेश	
ऽ ऽ ।	ऽ ऽ ।	। ऽ ।	ऽ ऽ *	इंद्रवज्रा

2.27

सा दुष्प्रधर्षा मनसापि हिंस्रैरित्यद्रिशोभाप्रहितेक्षणेन ।
अलक्षिताभ्युत्पतनो नृपेण प्रसह्य सिंहः किल तां चकर्ष ॥

इंद्रवज्रा, इंद्रवज्रा, उपेन्द्रवज्रा, उपेन्द्रवज्रा उपजाति छंद

सादुष्प्र	धर्षाम	नसापि	हिंस्रै	
ऽ ऽ ।	ऽ ऽ ।	। ऽ ।	ऽ ऽ	इंद्रवज्रा
रित्यद्रि	शोभाप्र	हितेक्ष	णेन	
ऽ ऽ ।	ऽ ऽ ।	। ऽ ।	ऽ ऽ	इंद्रवज्रा
अलक्षि	ताभ्युत्प	तनोनृ	पेण	
। ऽ ।	ऽ ऽ ।	। ऽ ।	ऽ ऽ	उपेन्द्रवज्रा
प्रसह्य	सिंहःकि	लतांच	कर्ष	
। ऽ ।	ऽ ऽ ।	। ऽ ।	ऽ ऽ *	उपेन्द्रवज्रा

2.28

तदीयमाक्रन्दितमार्तसाधोर्गुहानिबद्धप्रतिशब्ददीर्घम् ।
रश्मिष्विवादाय नगेन्द्रसक्तां निवर्तयामास नृपस्य दृष्टिम् ॥

उपेन्द्रवज्रा, उपेन्द्रवज्रा, इंद्रवज्रा, उपेन्द्रवज्रा उपजाति छंद

तदीय	माक्रन्दि	तमार्त	साधो	
। ऽ ।	ऽ ऽ ।	। ऽ ।	ऽ ऽ	उपेन्द्रवज्रा
र्गुहानि	बद्धप्र	तिशब्द	दीर्घम्	
। ऽ ।	ऽ ऽ ।	। ऽ ।	ऽ ऽ	उपेन्द्रवज्रा
रश्मिष्वि	वादाय	नगेन्द्र	सक्तां	
ऽ ऽ ।	ऽ ऽ ।	। ऽ ।	ऽ ऽ	इंद्रवज्रा
निवर्त	यामास	नृपस्य	दृष्टिम्	
। ऽ ।	ऽ ऽ ।	। ऽ ।	ऽ ऽ	उपेन्द्रवज्रा

2.29

स पाटलायां गवि तस्थिवांसं धनुर्धरः केसरिणं ददर्श ।
अधित्यकायामिव धातुमय्यां लोध्रद्रुमं सानुमतः प्रफुल्लम् ॥

उपेन्द्रवज्रा, उपेन्द्रवज्रा, उपेन्द्रवज्रा, इंद्रवज्रा उपजाति छंद

सपाट	लायांग	वितस्थि	वांसं	
। ऽ ।	ऽ ऽ ।	। ऽ ।	ऽ ऽ	उपेन्द्रवज्रा
धनुर्ध	रःकेस	रिणंद	दर्श	
। ऽ ।	ऽ ऽ ।	। ऽ ।	ऽ ऽ *	उपेन्द्रवज्रा
अधित्य	कायामि	वधातु	मय्यां	
। ऽ ।	ऽ ऽ ।	। ऽ ।	ऽ ऽ	उपेन्द्रवज्रा
लोध्रद्रु	मंसानु	मतःप्र	फुल्लम्	
ऽ ऽ ।	ऽ ऽ ।	। ऽ ।	ऽ ऽ	इंद्रवज्रा

2.30

ततो मृगेन्द्रस्य मृगेन्द्रगामी वधाय वध्यस्य शरं शरण्यः ।
जाताभिषङ्गो नृपतिर्निषङ्गादुद्धर्तुमैच्छत्प्रसभोद्धृतारिः ॥

उपेन्द्रवज्रा, उपेन्द्रवज्रा, इंद्रवज्रा, इंद्रवज्रा उपजाति छंद

ततोमृ	गेन्द्रस्य	मृगेन्द्र	गामी	
। ऽ ।	ऽ ऽ ।	। ऽ ।	ऽ ऽ	उपेन्द्रवज्रा
वधाय	वध्यस्य	शरंश	रण्यः	
। ऽ ।	ऽ ऽ ।	। ऽ ।	ऽ ऽ	उपेन्द्रवज्रा
जाताभि	षङ्गोनृ	पतिर्नि	षङ्गा	
ऽ ऽ ।	ऽ ऽ ।	। ऽ ।	ऽ ऽ	इंद्रवज्रा
दुद्धर्तु	मैच्छत्प्र	सभोद्धृ	तारिः	
ऽ ऽ ।	ऽ ऽ ।	। ऽ ।	ऽ ऽ	इंद्रवज्रा

2.31

वामेतरस्तस्य करः प्रहर्तुर्नखप्रभाभूषितकङ्कपत्रे ।
सक्ताङ्गुलिः सायकपुङ्ख एव चित्रार्पितारम्भ इवावतस्थे ॥

इंद्रवज्रा, उपेन्द्रवज्रा, इंद्रवज्रा, इंद्रवज्रा उपजाति छंद

वामेत	रस्तस्य	करःप्र	हर्तु	
ऽ ऽ ।	ऽ ऽ ।	। ऽ ।	ऽ ऽ	इंद्रवज्रा
र्नखप्र	भाभूषि	तकङ्क	पत्रे	
। ऽ ।	ऽ ऽ ।	। ऽ ।	ऽ ऽ	उपेन्द्रवज्रा
सक्ताङ्गु	लिःसाय	कपुङ्ख	एव	
ऽ ऽ ।	ऽ ऽ ।	। ऽ ।	ऽ ऽ *	इंद्रवज्रा
चित्रार्पि	तारम्भ	इवाव	तस्थे	
ऽ ऽ ।	ऽ ऽ ।	। ऽ ।	ऽ ऽ	इंद्रवज्रा

2.32

बाहुप्रतिष्टम्भविवृद्धमन्युरभ्यर्णमागस्कृतमस्पृशद्भिः ।
राजा स्वतेजोभिरदह्यतान्तर्भोगीव मन्त्रौषधिरुद्धवीर्यः ॥

इंद्रवज्रा छंद (त त ज ग ग)

बाहुप्र	तिष्टम्भ	विवृद्ध	मन्यु	

ऽ ऽ ।	ऽ ऽ ।	। ऽ ।	ऽ ऽ *	इंद्रवज्रा
रभ्यर्ण	मागस्कृ	तमस्पृ	शङ्किः	
ऽ ऽ ।	ऽ ऽ ।	। ऽ ।	ऽ ऽ	इंद्रवज्रा
राजास्व	तेजोभि	रदह्य	तान्त	
ऽ ऽ ।	ऽ ऽ ।	। ऽ ।	ऽ ऽ	इंद्रवज्रा
र्भोगीव	मन्त्रौष	धिरुद्ध	वीर्यः	
ऽ ऽ ।	ऽ ऽ ।	। ऽ ।	ऽ ऽ	इंद्रवज्रा

2.33

तमार्यगृह्यं निगृहीतधेनुर्मनुष्यवाचा मनुवंशकेतुम् ।
विस्माययन्विस्मितमात्मवृत्तौ सिंहोरुसत्त्वं निजगाद सिंहः ॥

उपेन्द्रवज्रा, उपेन्द्रवज्रा, इंद्रवज्रा, इंद्रवज्रा उपजाति छंद

तमार्य	गृह्यंनि	गृहीत	धेनु	
। ऽ ।	ऽ ऽ ।	। ऽ ।	ऽ ऽ	उपेन्द्रवज्रा
र्मनुष्य	वाचाम	नुवंश	केतुम्	
। ऽ ।	ऽ ऽ ।	। ऽ ।	ऽ ऽ	उपेन्द्रवज्रा
विस्माय	यन्विस्मि	तमात्म	वृत्तौ	
ऽ ऽ ।	ऽ ऽ ।	। ऽ ।	ऽ ऽ	इंद्रवज्रा
सिंहोरु	सत्त्वंनि	जगाद	सिंहः	
ऽ ऽ ।	ऽ ऽ ।	। ऽ ।	ऽ ऽ	इंद्रवज्रा

2.34

अलं महीपाल तव श्रमेण प्रयुक्तमप्यस्त्रमितो वृथा स्यात् ।
स पादपोन्मूलनशक्ति रंहः शिलोच्चये मूर्च्छति मारुतस्य ॥

उपेन्द्रवज्रा छंद (ज त ज ग ग)

अलंम	हीपाल	तवश्र	मेण	
। ऽ ।	ऽ ऽ ।	। ऽ ।	ऽ ऽ	उपेन्द्रवज्रा

कालिदास के बृहत् महाकाव्य रघुवंश की छंद मीमांसा

प्रयुक्त	मप्यस्त्र	मितोवृ	थास्यात्	
। ऽ ।	ऽ ऽ ।	। ऽ ।	ऽ ऽ	उपेन्द्रवज्रा
सपाद	पोन्मूल	नशक्ति	रंहः	
। ऽ ।	ऽ ऽ ।	। ऽ ।	ऽ ऽ	उपेन्द्रवज्रा
शिलोच्च	येमूर्च्छ	तिमारु	तस्य	
। ऽ ।	ऽ ऽ ।	। ऽ ।	ऽ ऽ *	उपेन्द्रवज्रा

2.35

कैलासगौरं वृषमारुरक्षोः पादार्पणानुग्रहपूतपृष्ठम् ।
अवेहि मां किंकरमष्टमूर्तेः कुम्भोदरं नाम निकुम्भमित्रम् ॥

इंद्रवज्रा, इंद्रवज्रा, उपेन्द्रवज्रा, इंद्रवज्रा उपजाति छंद

कैलास	गौरंवृ	षमारु	रक्षोः	
ऽ ऽ ।	ऽ ऽ ।	। ऽ ।	ऽ ऽ	इंद्रवज्रा
पादार्प	णानुग्र	हपूत	पृष्ठम्	
ऽ ऽ ।	ऽ ऽ ।	। ऽ ।	ऽ ऽ	इंद्रवज्रा
अवेहि	मांकिंक	रमष्ट	मूर्तेः	
। ऽ ।	ऽ ऽ ।	। ऽ ।	ऽ ऽ	उपेन्द्रवज्रा
कुम्भोद	रंनाम	निकुम्भ	मित्रम्	
ऽ ऽ ।	ऽ ऽ ।	। ऽ ।	ऽ ऽ	इंद्रवज्रा

2.36

अमुं पुरः पश्यसि देवदारुं पुत्रीकृतोऽसौ वृषभध्वजेन ।
यो हेमकुम्भस्तननिःसृतानां स्कन्दस्य मातुः पयसां रसज्ञः ॥

उपेन्द्रवज्रा, इंद्रवज्रा, इंद्रवज्रा, इंद्रवज्रा उपजाति छंद

अमुंपु	रःपश्य	सिदेव	दारुं	
। ऽ ।	ऽ ऽ ।	। ऽ ।	ऽ ऽ	उपेन्द्रवज्रा
पुत्रीकृ	तोसौवृ	षभध्व	जेन	

ऽ ऽ ।	ऽ ऽ ।	। ऽ ।	ऽ ऽ *	इंद्रवज्रा
योहेम	कुम्भस्त	ननिःसृ	तानां	
ऽ ऽ ।	ऽ ऽ ।	। ऽ ।	ऽ ऽ	इंद्रवज्रा
स्कन्दस्य	मातुःप	यसांर	सज्ञः	
ऽ ऽ ।	ऽ ऽ ।	। ऽ ।	ऽ ऽ	इंद्रवज्रा

2.37

कण्डूयमानेन कटं कदाचिद्वन्यद्विपेनोन्मथिता त्वगस्य ।
अथैनमद्रेस्तनया शुशोच सेनान्यमालीढमिवासुरास्त्रैः ॥

इंद्रवज्रा, इंद्रवज्रा, उपेन्द्रवज्रा, इंद्रवज्रा उपजाति छंद

कण्डूय	मानेन	कटंक	दाचि	
ऽ ऽ ।	ऽ ऽ ।	। ऽ ।	ऽ ऽ	इंद्रवज्रा
द्वन्यद्वि	पेनोन्म	थितात्व	गस्य	
ऽ ऽ ।	ऽ ऽ ।	। ऽ ।	ऽ ऽ *	इंद्रवज्रा
अथैन	मद्रेस्त	नयाशु	शोच	
। ऽ ।	ऽ ऽ ।	। ऽ ।	ऽ ऽ *	उपेन्द्रवज्रा
सेनान्य	मालीढ	मिवासु	रास्त्रैः	
ऽ ऽ ।	ऽ ऽ ।	। ऽ ।	ऽ ऽ	इंद्रवज्रा

2.38

तदाप्रभृत्येव वनद्विपानां त्रासार्थमस्मिन्नहमद्रिकुक्षौ ।
व्यापारितः शूलभृता विधाय सिंहत्वमङ्कागतसत्त्ववृत्ति ॥

उपेन्द्रवज्रा, इंद्रवज्रा, इंद्रवज्रा, इंद्रवज्रा उपजाति छंद

तदाप्र	भृत्येव	वनद्वि	पानां	
। ऽ ।	ऽ ऽ ।	। ऽ ।	ऽ ऽ	उपेन्द्रवज्रा
त्रासार्थ	मस्मिन्न	हमद्रि	कुक्षौ	
ऽ ऽ ।	ऽ ऽ ।	। ऽ ।	ऽ ऽ	इंद्रवज्रा

कालिदास के बृहत् महाकाव्य रघुवंश की छंद मीमांसा

व्यापारि	तःशूल	भृतावि	धाय	
ऽ ऽ ।	ऽ ऽ ।	। ऽ ।	ऽ ऽ *	इंद्रवज्रा
सिंहत्व	मङ्काग	तसत्त्व	वृत्ति	
ऽ ऽ ।	ऽ ऽ ।	। ऽ ।	ऽ ऽ *	इंद्रवज्रा

2.39

तस्यालमेषा क्षुधितस्य तृप्त्यै प्रदिष्टकाला परमेश्वरेण ।
उपस्थिता शोणितपारणा मे सुरद्विषश्चान्द्रमसी सुधेव ॥

इंद्रवज्रा, उपेन्द्रवज्रा, उपेन्द्रवज्रा, उपेन्द्रवज्रा उपजाति छंद

तस्याल	मेषाक्षु	धितस्य	तृप्त्यै	
ऽ ऽ ।	ऽ ऽ ।	। ऽ ।	ऽ ऽ	इंद्रवज्रा
प्रदिष्ट	कालाप	रमेश्व	रेण	
। ऽ ।	ऽ ऽ ।	। ऽ ।	ऽ ऽ *	उपेन्द्रवज्रा
उपस्थि	ताशोणि	तपार	णामे	
। ऽ ।	ऽ ऽ ।	। ऽ ।	ऽ ऽ	उपेन्द्रवज्रा
सुरद्वि	षश्चान्द्र	मसीसु	धेव	
। ऽ ।	ऽ ऽ ।	। ऽ ।	ऽ ऽ *	उपेन्द्रवज्रा

2.40

स त्वं निवर्तस्व विहाय लज्जां गुरोर्भवान्दर्शितशिष्यभक्तिः ।
शस्त्रेण रक्ष्यं यदशक्यरक्षं न तद्यशः शस्त्रभृतां क्षिणोति ॥

इंद्रवज्रा, उपेन्द्रवज्रा, इंद्रवज्रा, उपेन्द्रवज्रा उपजाति छंद

सत्वंनि	वर्तस्व	विहाय	लज्जां	
ऽ ऽ ।	ऽ ऽ ।	। ऽ ।	ऽ ऽ	इंद्रवज्रा
गुरोर्भ	वान्दर्शि	तशिष्य	भक्तिः	
। ऽ ।	ऽ ऽ ।	। ऽ ।	ऽ ऽ	उपेन्द्रवज्रा
शस्त्रेण	रक्ष्यंय	दशक्य	रक्षं	

ऽ ऽ ।	ऽ ऽ ।	। ऽ ।	ऽ ऽ	इंद्रवज्रा
नतद्य	शःशस्त्र	भृतांक्षि	णोति	
। ऽ ।	ऽ ऽ ।	। ऽ ।	ऽ ऽ *	उपेन्द्रवज्रा

2.41

इति प्रगल्भं पुरुषाधिराजो मृगाधिराजस्य वचो निशम्य ।
प्रत्याहतास्त्रो गिरिशप्रभावादात्मन्यवज्ञां शिथिलीचकार ॥

उपेन्द्रवज्रा, उपेन्द्रवज्रा, इंद्रवज्रा, इंद्रवज्रा उपजाति छंद

इतिप्र	गल्भंपु	रुषाधि	राजो	
। ऽ ।	ऽ ऽ ।	। ऽ ।	ऽ ऽ	उपेन्द्रवज्रा
मृगाधि	राजस्य	वचोनि	शम्य	
। ऽ ।	ऽ ऽ ।	। ऽ ।	ऽ ऽ *	उपेन्द्रवज्रा
प्रत्याह	तास्त्रोगि	रिशप्र	भावा	
ऽ ऽ ।	ऽ ऽ ।	। ऽ ।	ऽ ऽ	इंद्रवज्रा
दात्मन्य	वज्ञांशि	थिलीच	कार	
ऽ ऽ ।	ऽ ऽ ।	। ऽ ।	ऽ ऽ *	इंद्रवज्रा

2.42

प्रत्यब्रवीच्चैनमिषुप्रयोगे तत्पूर्वभङ्गे वितथप्रयत्नः ।
जडीकृतस्त्र्यम्बकवीक्षणेन वज्रं मुमुक्षन्निव वज्रपाणिः ॥

इंद्रवज्रा, इंद्रवज्रा, उपेन्द्रवज्रा, इंद्रवज्रा उपजाति छंद

प्रत्यब्र	वीच्चैन	मिषुप्र	योगे	
ऽ ऽ ।	ऽ ऽ ।	। ऽ ।	ऽ ऽ	इंद्रवज्रा
तत्पूर्व	भङ्गेवि	तथप्र	यत्नः	
ऽ ऽ ।	ऽ ऽ ।	। ऽ ।	ऽ ऽ	इंद्रवज्रा
जडीकृ	तस्त्र्यम्ब	कवीक्ष	णेन	
। ऽ ।	ऽ ऽ ।	। ऽ ।	ऽ ऽ *	उपेन्द्रवज्रा

वज्रंमु	मुक्षन्नि	ववज्र	पाणिः	
ऽ ऽ ।	ऽ ऽ ।	। ऽ ।	ऽ ऽ	इंद्रवज्रा

2.43

संरुद्धचेष्टस्य मृगेद्र कामं हास्यं वचस्तद्यदहं विवक्षुः ।
अन्तर्गतं प्राणभृतां हि वेद सर्वं भवान्भावमतोऽभिधास्ये ॥

इंद्रवज्रा छंद (त त ज ग ग)

संरुद्ध	चेष्टस्य	मृगेद्र	कामं	
ऽ ऽ ।	ऽ ऽ ।	। ऽ ।	ऽ ऽ	इंद्रवज्रा
हास्यंव	चस्तद्य	दहंवि	वक्षुः	
ऽ ऽ ।	ऽ ऽ ।	। ऽ ।	ऽ ऽ	इंद्रवज्रा
अन्तर्ग	तंप्राण	भृतांहि	वेद	
ऽ ऽ ।	ऽ ऽ ।	। ऽ ।	ऽ ऽ *	इंद्रवज्रा
सर्वंभ	वान्भाव	मतोभि	धास्ये	
ऽ ऽ ।	ऽ ऽ ।	। ऽ ।	ऽ ऽ	इंद्रवज्रा

2.44

मान्यः स मे स्थावरजंगमानां सर्गस्थितिप्रत्यवहारहेतुः ।
गुरोरपीदं धनमाहिताग्नेर्नश्यत्पुरस्तादनुपेक्षणीयम् ॥

इंद्रवज्रा, इंद्रवज्रा, उपेन्द्रवज्रा, इंद्रवज्रा उपजाति छंद

मान्यःस	मेस्थाव	रजंग	मानां	
ऽ ऽ ।	ऽ ऽ ।	। ऽ ।	ऽ ऽ	इंद्रवज्रा
सर्गस्थि	तिप्रत्य	वहार	हेतुः	
ऽ ऽ ।	ऽ ऽ ।	। ऽ ।	ऽ ऽ	इंद्रवज्रा
गुरोर	पीदंध	नमाहि	तग्ने	
। ऽ ।	ऽ ऽ ।	। ऽ ।	ऽ ऽ	उपेन्द्रवज्रा
र्नश्यत्पु	रस्ताद	नुपेक्ष	णीयम्	

ऽ ऽ ।	ऽ ऽ ।	। ऽ ।	ऽ ऽ	इंद्रवज्रा

2.45

स त्वं मदीयेन शरीरवृत्तिं देहेन निर्वर्तयितुं प्रसीद ।
दिनावसानोत्सुकबालवत्सा विसृज्य तां धेनुरियं महर्षेः ॥

इंद्रवज्रा, इंद्रवज्रा, उपेन्द्रवज्रा, उपेन्द्रवज्रा उपजाति छंद

सत्वंम	दीयेन	शरीर	वृत्तिं	
ऽ ऽ ।	ऽ ऽ ।	। ऽ ।	ऽ ऽ	इंद्रवज्रा
देहेन	निर्वर्त	यितुंप्र	सीद	
ऽ ऽ ।	ऽ ऽ ।	। ऽ ।	ऽ ऽ *	इंद्रवज्रा
दिनाव	सानोत्सु	कबाल	वत्सा	
। ऽ ।	ऽ ऽ ।	। ऽ ।	ऽ ऽ	उपेन्द्रवज्रा
विसृज्य	तांधेनु	रियंम	हर्षेः	
। ऽ ।	ऽ ऽ ।	। ऽ ।	ऽ ऽ	उपेन्द्रवज्रा

2.46

अथान्धकारं गिरिगह्वराणां दंष्ट्रामयूखैः शकलानि कुर्वन् ।
भूयः स भूतेश्वरपार्श्ववर्ती किंचिद्विहस्यार्थपतिं बभाषे ॥

उपेन्द्रवज्रा, इंद्रवज्रा, इंद्रवज्रा, इंद्रवज्रा उपजाति छंद

अथान्ध	कारंगि	रिगह्व	राणां	
। ऽ ।	ऽ ऽ ।	। ऽ ।	ऽ ऽ	उपेन्द्रवज्रा
दंष्ट्राम	यूखैःश	कलानि	कुर्वन्	
ऽ ऽ ।	ऽ ऽ ।	। ऽ ।	ऽ ऽ	इंद्रवज्रा
भूयःस	भूतेश्व	रपार्श्व	वर्ती	
ऽ ऽ ।	ऽ ऽ ।	। ऽ ।	ऽ ऽ	इंद्रवज्रा
किंचिद्वि	हस्यार्थ	पतिंब	भाषे	
ऽ ऽ ।	ऽ ऽ ।	। ऽ ।	ऽ ऽ	इंद्रवज्रा

2.47

एकातपत्रं जगतः प्रभुत्वं नवं वयः कान्तमिदं वपुश्च ।
अल्पस्य हेतोर्बहु हातुमिच्छन्विचारमूढः प्रतिभासि मे त्वम् ॥

इंद्रवज्रा, उपेन्द्रवज्रा, इंद्रवज्रा, उपेन्द्रवज्रा उपजाति छंद

एकात	पत्रंज	गतःप्र	भुत्वं	
ऽ ऽ ।	ऽ ऽ ।	। ऽ ।	ऽ ऽ	इंद्रवज्रा
नवंव	यःकान्त	मिदंव	पुश्च	
। ऽ ।	ऽ ऽ ।	। ऽ ।	ऽ ऽ *	उपेन्द्रवज्रा
अल्पस्य	हेतोर्ब	हुहातु	मिच्छ	
ऽ ऽ ।	ऽ ऽ ।	। ऽ ।	ऽ ऽ	इंद्रवज्रा
न्विचार	मूढःप्र	तिभासि	मेत्वम्	
। ऽ ।	ऽ ऽ ।	। ऽ ।	ऽ ऽ	उपेन्द्रवज्रा

2.48

भूतानुकम्पा तव चेदियं गौरेका भवेत्स्वस्तिमती त्वदन्ते ।
जीवन्पुनः शश्वदुपप्लवेभ्यः प्रजाः प्रजानाथ पितेव पासि ॥

इंद्रवज्रा, इंद्रवज्रा, इंद्रवज्रा, उपेन्द्रवज्रा उपजाति छंद

भूतानु	कम्पात	वचेदि	यंगौ	
ऽ ऽ ।	ऽ ऽ ।	। ऽ ।	ऽ ऽ	इंद्रवज्रा
रेकाभ	वेत्स्वस्ति	मतीत्व	दन्ते	
ऽ ऽ ।	ऽ ऽ ।	। ऽ ।	ऽ ऽ	इंद्रवज्रा
जीवन्पु	नःशश्व	दुपप्ल	वेभ्यः	
ऽ ऽ ।	ऽ ऽ ।	। ऽ ।	ऽ ऽ	इंद्रवज्रा
प्रजाःप्र	जानाथ	पितेव	पासि	
। ऽ ।	ऽ ऽ ।	। ऽ ।	ऽ ऽ *	उपेन्द्रवज्रा

2.49

अथैकधेनोरपराधचण्डाद्गुरोः कृशानुप्रतिमाद्विभेषि ।
शक्योऽस्य मन्युर्भवता विनेतुं गाः कोटिशः स्पर्शयता घटोध्रीः ॥

उपेन्द्रवज्रा, उपेन्द्रवज्रा, इंद्रवज्रा, इंद्रवज्रा उपजाति छंद

अथैक	धेनोर	पराध	चण्डा	
।ऽ।	ऽऽ।	।ऽ।	ऽऽ	उपेन्द्रवज्रा
द्गुरोःकृ	शानुप्र	तिमाद्वि	भेषि	
।ऽ।	ऽऽ।	।ऽ।	ऽऽ *	उपेन्द्रवज्रा
शक्योस्य	मन्युर्भ	वतावि	नेतुं	
ऽऽ।	ऽऽ।	।ऽ।	ऽऽ	इंद्रवज्रा
गाःकोटि	शःस्पर्श	यताघ	टोध्रीः	
ऽऽ।	ऽऽ।	।ऽ।	ऽऽ	इंद्रवज्रा

2.50

तद्रक्ष कल्याणपरम्पराणां भोक्तारमूर्जस्वलमात्मदेहम् ।
महीतलस्पर्शनमात्रभिन्नमृद्धं हि राज्यं पदमैन्द्रमाहुः ॥

इंद्रवज्रा, इंद्रवज्रा, उपेन्द्रवज्रा, इंद्रवज्रा उपजाति छंद

तद्रक्ष	कल्याण	परम्प	राणां	
ऽऽ।	ऽऽ।	।ऽ।	ऽऽ	इंद्रवज्रा
भोक्तार	मूर्जस्व	लमात्म	देहम्	
ऽऽ।	ऽऽ।	।ऽ।	ऽऽ	इंद्रवज्रा
महीत	लस्पर्श	नमात्र	भिन्न	
।ऽ।	ऽऽ।	।ऽ।	ऽऽ *	उपेन्द्रवज्रा
मृद्धंहि	राज्यंप	दमैन्द्र	माहुः	
ऽऽ।	ऽऽ।	।ऽ।	ऽऽ	इंद्रवज्रा

2.51

एतावदुक्त्वा विरते मृगेन्द्रे प्रतिस्वनेनास्य गुहागतेन ।

शिलोच्चयोऽपि क्षितिपालमुच्चैः प्रीत्या तमेवार्थमभाषतेव ॥

इंद्रवज्रा, उपेन्द्रवज्रा, उपेन्द्रवज्रा, इंद्रवज्रा उपजाति छंद

एताव	दुक्त्वावि	रतेमृ	गेन्द्रे	
ऽ ऽ ।	ऽ ऽ ।	। ऽ ।	ऽ ऽ	इंद्रवज्रा
प्रतिस्व	नेनास्य	गुहाग	तेन	
। ऽ ।	ऽ ऽ ।	। ऽ ।	ऽ ऽ *	उपेन्द्रवज्रा
शिलोच्च	योपिक्षि	तिपाल	मुच्चैः	
। ऽ ।	ऽ ऽ ।	। ऽ ।	ऽ ऽ	उपेन्द्रवज्रा
प्रीत्यात	मेवार्थ	मभाष	तेव	
ऽ ऽ ।	ऽ ऽ ।	। ऽ ।	ऽ ऽ *	इंद्रवज्रा

2.52

निशम्य देवानुचरस्य वाचं मनुष्यदेवः पुनरप्युवाच ।
धेन्वा तदध्यासितकातराक्ष्या निरीक्ष्यमाणः सुतरां दयालुः ॥

उपेन्द्रवज्रा, उपेन्द्रवज्रा, इंद्रवज्रा, उपेन्द्रवज्रा उपजाति छंद

निशम्य	देवानु	चरस्य	वाचं	
। ऽ ।	ऽ ऽ ।	। ऽ ।	ऽ ऽ	उपेन्द्रवज्रा
मनुष्य	देवःपु	नरप्यु	वाच	
। ऽ ।	ऽ ऽ ।	। ऽ ।	ऽ ऽ *	उपेन्द्रवज्रा
धेन्वात	दध्यासि	तकात	राक्ष्या	
ऽ ऽ ।	ऽ ऽ ।	। ऽ ।	ऽ ऽ	इंद्रवज्रा
निरीक्ष्य	माणःसु	तरांद	यालुः	
। ऽ ।	ऽ ऽ ।	। ऽ ।	ऽ ऽ	उपेन्द्रवज्रा

2.53

क्षतात्किल त्रायत इत्युदग्रः क्षत्रस्य शब्दो भुवनेषु रूढः ।
राज्येन किं तद्विपरीतवृत्तेः प्राणैरुपक्रोशमलीमसैर्वा ॥

उपेन्द्रवज्रा, इंद्रवज्रा, इंद्रवज्रा, इंद्रवज्रा उपजाति छंद

क्षतात्कि	लत्राय	तइत्यु	दग्रः	
। ऽ ।	ऽ ऽ ।	। ऽ ।	ऽ ऽ	उपेन्द्रवज्रा
क्षत्रस्य	शब्दोभु	वनेषु	रूढः	
ऽ ऽ ।	ऽ ऽ ।	। ऽ ।	ऽ ऽ	इंद्रवज्रा
राज्येन	किंतद्वि	परीत	वृत्तेः	
ऽ ऽ ।	ऽ ऽ ।	। ऽ ।	ऽ ऽ	इंद्रवज्रा
प्राणैरु	पक्रोश	मलीम	सैर्वा	
ऽ ऽ ।	ऽ ऽ ।	। ऽ ।	ऽ ऽ	इंद्रवज्रा

2.54

कथं नु शक्योऽनुनयो महर्षेर्विश्राणनाच्चान्यपयस्विनीनाम् ।
इमामनूनां सुरभेरवेहि रुद्रौजसा तु प्रहृतं त्वयास्याम् ॥

उपेन्द्रवज्रा, इंद्रवज्रा, उपेन्द्रवज्रा, इंद्रवज्रा उपजाति छंद

कथंनु	शक्योनु	नयोम	हर्षे	
। ऽ ।	ऽ ऽ ।	। ऽ ।	ऽ ऽ	उपेन्द्रवज्रा
विंश्राण	नाच्चान्य	पयस्वि	नीनाम्	
ऽ ऽ ।	ऽ ऽ ।	। ऽ ।	ऽ ऽ	इंद्रवज्रा
इमाम	नूनांसु	रभेर	वेहि	
। ऽ ।	ऽ ऽ ।	। ऽ ।	ऽ ऽ *	उपेन्द्रवज्रा
रुद्रौज	सातुप्र	हृतंत्व	यास्याम्	
ऽ ऽ ।	ऽ ऽ ।	। ऽ ।	ऽ ऽ	इंद्रवज्रा

2.55

सेयं स्वदेहार्पणनिष्क्रयेण न्याय्या मया मोचयितुं भवत्तः ।
न पारणा स्याद्विहता तवैवं भवेदलुप्तश्च मुनेः क्रियार्थः ॥

इंद्रवज्रा, इंद्रवज्रा, उपेन्द्रवज्रा, उपेन्द्रवज्रा उपजाति छंद

सेयंस्व	देहार्प	णनिष्क्र	येण	
ऽ ऽ ।	ऽ ऽ ।	। ऽ ।	ऽ ऽ	इंद्रवज्रा
न्याय्याम	यामोच	यितुंभ	वत्तः	
ऽ ऽ ।	ऽ ऽ ।	। ऽ ।	ऽ ऽ	इंद्रवज्रा
नपार	णास्याद्वि	हतात	वैवं	
। ऽ ।	ऽ ऽ ।	। ऽ ।	ऽ ऽ	उपेन्द्रवज्रा
भवेद	लुप्तश्च	मुनेःक्रि	यार्थः	
। ऽ ।	ऽ ऽ ।	। ऽ ।	ऽ ऽ	उपेन्द्रवज्रा

2.56

भवानपीदं परवानवैति महान्हि यत्नस्तव देवदारौ ।
स्थातुं नियोक्तुर्न हि शक्यमग्रे विनाश्य रक्ष्यं स्वयमक्षतेन ॥

उपेन्द्रवज्रा, उपेन्द्रवज्रा, इंद्रवज्रा, उपेन्द्रवज्रा उपजाति छंद

भवान	पीदंप	रवान	वैति	
। ऽ ।	ऽ ऽ ।	। ऽ ।	ऽ ऽ *	उपेन्द्रवज्रा
महान्हि	यत्नस्त	वदेव	दारौ	
। ऽ ।	ऽ ऽ ।	। ऽ ।	ऽ ऽ	उपेन्द्रवज्रा
स्थातुंनि	योक्तुर्न	हिशक्य	मग्रे	
ऽ ऽ ।	ऽ ऽ ।	। ऽ ।	ऽ ऽ	इंद्रवज्रा
विनाश्य	रक्ष्यंस्व	यमक्ष	तेन	
। ऽ ।	ऽ ऽ ।	। ऽ ।	ऽ ऽ *	उपेन्द्रवज्रा

2.57

किमप्यहिंस्यस्तव चेन्मतोऽहं यशःशरीरे भव मे दयालुः ।
एकान्तविध्वंसिषु मद्विधानां पिण्डेष्वनास्था खलु भौतिकेषु ॥

उपेन्द्रवज्रा, उपेन्द्रवज्रा, इंद्रवज्रा, इंद्रवज्रा उपजाति छंद

किमप्य	हिंस्यस्त	वचेन्म	तोहं	

। ऽ ।	ऽ ऽ ।	। ऽ ।	ऽ ऽ	उपेन्द्रवज्रा
यशःश	रीरेभ	वमेद	यालुः	
। ऽ ।	ऽ ऽ ।	। ऽ ।	ऽ ऽ	उपेन्द्रवज्रा
एकान्त	विध्वंसि	षुमद्वि	धानं	
ऽ ऽ ।	ऽ ऽ ।	। ऽ ।	ऽ ऽ	इंद्रवज्रा
पिण्डेष्व	नास्थाख	लुभौति	केषु	
ऽ ऽ ।	ऽ ऽ ।	। ऽ ।	ऽ ऽ	इंद्रवज्रा

2.58

संबन्धमाभाषणपूर्वमाहुर्वृत्तः स नौ संगतयोर्वनान्ते ।
तद्भूतनाथानुग नार्हसि त्वं संबन्धिनो मे प्रणयं विहन्तुम् ॥

इंद्रवज्रा, इंद्रवज्रा, इंद्रवज्रा, इंद्रवज्रा उपजाति छंद

संबन्ध	माभाष	णपूर्व	माहु	
ऽ ऽ ।	ऽ ऽ ।	। ऽ ।	ऽ ऽ	इंद्रवज्रा
वृत्तःस	नौसंग	तयोर्व	नान्ते	
ऽ ऽ ।	ऽ ऽ ।	। ऽ ।	ऽ ऽ	इंद्रवज्रा
तद्भूत	नाथानु	गनार्ह	सित्वं	
ऽ ऽ ।	ऽ ऽ ।	। ऽ ।	ऽ ऽ	इंद्रवज्रा
संबन्धि	नोमेप्र	णयंवि	हन्तुम्	
ऽ ऽ ।	ऽ ऽ ।	। ऽ ।	ऽ ऽ	इंद्रवज्रा

2.59

तथेति गामुक्तवते दिलीपः सद्यःप्रतिष्टम्भविमुक्तबाहुः ।
सन्न्यस्तशस्त्रो हरये स्वदेहमुपानयत्पिण्डमिवामिषस्य ॥

उपेन्द्रवज्रा, इंद्रवज्रा, इंद्रवज्रा, उपेन्द्रवज्रा उपजाति छंद

तथेति	गामुक्त	वतेदि	लीपः	
। ऽ ।	ऽ ऽ ।	। ऽ ।	ऽ ऽ	उपेन्द्रवज्रा

सद्यःप्र	तिष्टम्भ	विमुक्त	बाहुः	
ऽ ऽ ।	ऽ ऽ ।	। ऽ ।	ऽ ऽ	इंद्रवज्रा
सन्न्यस्त	शस्त्रोह	रयेस्व	देह	
ऽ ऽ ।	ऽ ऽ ।	। ऽ ।	ऽ ऽ *	इंद्रवज्रा
मुपान	यत्पिण्ड	मिवामि	षस्य	
। ऽ ।	ऽ ऽ ।	। ऽ ।	ऽ ऽ *	उपेन्द्रवज्रा

2.60

तस्मिन्क्षणे पालयितुः प्रजानामुत्पश्यतः सिंहनिपातमुग्रम् ।
अवाङ्मुखस्योपरि पुष्पवृष्टिः पपात विद्याधरहस्तमुक्ता ॥

इंद्रवज्रा, इंद्रवज्रा, उपेन्द्रवज्रा, उपेन्द्रवज्रा उपजाति छंद

तस्मिन्क्ष	णेपाल	यितुःप्र	जाना	
ऽ ऽ ।	ऽ ऽ ।	। ऽ ।	ऽ ऽ	इंद्रवज्रा
मुत्पश्य	तःसिंह	निपात	मुग्रम्	
ऽ ऽ ।	ऽ ऽ ।	। ऽ ।	ऽ ऽ	इंद्रवज्रा
अवाङ्मु	खस्योप	रिपुष्प	वृष्टिः	
। ऽ ।	ऽ ऽ ।	। ऽ ।	ऽ ऽ	उपेन्द्रवज्रा
पपात	विद्याध	रहस्त	मुक्ता	
। ऽ ।	ऽ ऽ ।	। ऽ ।	ऽ ऽ	उपेन्द्रवज्रा

2.61

उत्तिष्ठ वत्सेत्यमृतायमानं वचो निशम्योत्थितमुत्थितः सन् ।
ददर्श राजा जननीमिव स्वां गामग्रतः प्रस्रविणीं न सिंहम् ॥

इंद्रवज्रा, उपेन्द्रवज्रा, उपेन्द्रवज्रा, इंद्रवज्रा उपजाति छंद

उत्तिष्ठ	वत्सेत्य	मृताय	मानं	
ऽ ऽ ।	ऽ ऽ ।	। ऽ ।	ऽ ऽ	इंद्रवज्रा
वचोनि	शम्योत्थि	तमुत्थि	तःसन्	

कालिदास के बृहत् महाकाव्य रघुवंश की छंद मीमांसा

। ऽ ।	ऽ ऽ ।	। ऽ ।	ऽ ऽ	उपेन्द्रवज्रा
ददर्श	राजाज	ननीमि	वस्वां	
। ऽ ।	ऽ ऽ ।	। ऽ ।	ऽ ऽ	उपेन्द्रवज्रा
गामग्र	तःप्रस्र	विर्णीन	सिंहम्	
ऽ ऽ ।	ऽ ऽ ।	। ऽ ।	ऽ ऽ	इंद्रवज्रा

2.62

तं विस्मितं धेनुरुवाच साधो मायां मयोद्भाव्य परीक्षितोऽसि ।
ऋषिप्रभावान्मयि नान्तकोऽपि प्रभुः प्रहर्तुं किमुतान्यहिंस्राः ॥

इंद्रवज्रा, इंद्रवज्रा, उपेन्द्रवज्रा, उपेन्द्रवज्रा उपजाति छंद

तंविस्मि	तंधेनु	रुवाच	साधो	
ऽ ऽ ।	ऽ ऽ ।	। ऽ ।	ऽ ऽ	इंद्रवज्रा
मायांम	योद्भाव्य	परीक्षि	तोसि	
ऽ ऽ ।	ऽ ऽ ।	। ऽ ।	ऽ ऽ *	इंद्रवज्रा
ऋषिप्र	भावान्म	यिनान्त	कोपि	
। ऽ ।	ऽ ऽ ।	। ऽ ।	ऽ ऽ	उपेन्द्रवज्रा
प्रभुःप्र	हर्तुंकि	मुतान्य	हिंस्राः	
। ऽ ।	ऽ ऽ ।	। ऽ ।	ऽ ऽ	उपेन्द्रवज्रा

2.63

भक्त्या गुरौ मय्यनुकम्पया च प्रीतास्मि ते पुत्र वरं वृणीष्व ।
न केवलानां पयसां प्रसूतिमवेहि मां कामदुघां प्रसन्नाम् ॥

इंद्रवज्रा, इंद्रवज्रा, उपेन्द्रवज्रा, उपेन्द्रवज्रा उपजाति छंद

भक्त्यागु	रौमय्य	नुकम्प	याच	
ऽ ऽ ।	ऽ ऽ ।	। ऽ ।	ऽ ऽ	इंद्रवज्रा
प्रीतास्मि	तेपुत्र	वरंवृ	णीष्व	
ऽ ऽ ।	ऽ ऽ ।	। ऽ ।	ऽ ऽ *	इंद्रवज्रा

नकेव	लानांप	यसांप्र	सूति	
।ऽ।	ऽऽ।	।ऽ।	ऽऽ*	उपेन्द्रवज्रा
मवेहि	मांकाम	दुघांप्र	सन्नाम्	
।ऽ।	ऽऽ।	।ऽ।	ऽऽ	उपेन्द्रवज्रा

2.64

ततः समानीय स मानितार्थी हस्तौ स्वहस्तार्जितवीरशब्दः ।
वंशस्य कर्तारमनन्तकीर्तिं सुदक्षिणायां तनयं ययाचे ॥

उपेन्द्रवज्रा, इंद्रवज्रा, इंद्रवज्रा, उपेन्द्रवज्रा उपजाति छंद

ततःस	मानीय	समानि	तार्थी	
।ऽ।	ऽऽ।	।ऽ।	ऽऽ	उपेन्द्रवज्रा
हस्तौस्व	हस्तार्जि	तवीर	शब्दः	
ऽऽ।	ऽऽ।	।ऽ।	ऽऽ	इंद्रवज्रा
वंशस्य	कर्तार	मनन्त	कीर्तिं	
ऽऽ।	ऽऽ।	।ऽ।	ऽऽ	इंद्रवज्रा
सुदक्षि	णायांत	नयंय	याचे	
।ऽ।	ऽऽ।	।ऽ।	ऽऽ	उपेन्द्रवज्रा

2.65

संतानकामाय तथेति कामं राज्ञे प्रतिश्रुत्य पयस्विनी सा ।
दुग्ध्वा पयः पत्रपुटे मदीयं पुत्रोपभुङ्क्ष्वेति तमादिदेश ॥

इंद्रवज्रा छंद (त त ज ग ग)

संतान	कामाय	तथेति	कामं	
ऽऽ।	ऽऽ।	।ऽ।	ऽऽ	इंद्रवज्रा
राज्ञेप्र	तिश्रुत्य	पयस्वि	नीसा	
ऽऽ।	ऽऽ।	।ऽ।	ऽऽ	इंद्रवज्रा
दुग्ध्वाप	यःपत्र	पुटेम	दीयं	

ऽ ऽ ।	ऽ ऽ ।	। ऽ ।	ऽ ऽ	इंद्रवज्रा
पुत्रोप	भुङ्क्ष्वेति	तमादि	देश	
ऽ ऽ ।	ऽ ऽ ।	। ऽ ।	ऽ ऽ *	इंद्रवज्रा

2.66

वत्सस्य होमार्थविधेश्च शेषं गुरोरनुज्ञामधिगम्य मातः ।
ऊधस्यमिच्छामि तवोपभोक्तुं षष्ठांशमुर्व्या इव रक्षितायाः ॥

इंद्रवज्रा, उपेन्द्रवज्रा, इंद्रवज्रा, इंद्रवज्रा उपजाति छंद

वत्सस्य	होमार्थ	विधेश्च	शेषं	
ऽ ऽ ।	ऽ ऽ ।	। ऽ ।	ऽ ऽ	इंद्रवज्रा
गुरोर	नुज्ञाम	धिगम्य	मातः	
। ऽ ।	ऽ ऽ ।	। ऽ ।	ऽ ऽ	उपेन्द्रवज्रा
ऊधस्य	मिच्छामि	तवोप	भोक्तुं	
ऽ ऽ ।	ऽ ऽ ।	। ऽ ।	ऽ ऽ	इंद्रवज्रा
षष्ठांश	मुर्व्याइ	वरक्षि	तायाः	
ऽ ऽ ।	ऽ ऽ ।	। ऽ ।	ऽ ऽ	इंद्रवज्रा

2.67

इत्थं क्षितीशेन वसिष्ठधेनुर्विज्ञापिता प्रीततरा बभूव ।
तदन्विता हैमवताच्च कुक्षेः प्रत्याययावाश्रममश्रमेण ॥

इंद्रवज्रा, इंद्रवज्रा, उपेन्द्रवज्रा, इंद्रवज्रा उपजाति छंद

इत्थंक्षि	तीशेन	वसिष्ठ	धेनु	
ऽ ऽ ।	ऽ ऽ ।	। ऽ ।	ऽ ऽ	इंद्रवज्रा
विंज्ञापि	ताप्रीत	तराब	भूव	
ऽ ऽ ।	ऽ ऽ ।	। ऽ ।	ऽ ऽ *	इंद्रवज्रा
तदन्वि	ताहैम	वताच्च	कुक्षेः	
। ऽ ।	ऽ ऽ ।	। ऽ ।	ऽ ऽ	उपेन्द्रवज्रा

प्रत्याय	यावाश्र	ममश्र	मेण	
ऽ ऽ ।	ऽ ऽ ।	। ऽ ।	ऽ ऽ *	इंद्रवज्रा

2.68

तस्याः प्रसन्नेन्दुमुखप्रसादं गुरुर्नृपाणां गुरवे निवेद्य ।
प्रहर्षचिह्नानुमितं प्रियायै शशंस वाचा पुनरुक्तमेव ॥

इंद्रवज्रा, उपेन्द्रवज्रा, उपेन्द्रवज्रा, उपेन्द्रवज्रा उपजाति छंद

तस्याःप्र	सन्नेन्दु	मुखप्र	सादं	
ऽ ऽ ।	ऽ ऽ ।	। ऽ ।	ऽ ऽ	इंद्रवज्रा
गुरुर्नृ	पाणांगु	रवेनि	वेद्य	
। ऽ ।	ऽ ऽ ।	। ऽ ।	ऽ ऽ *	उपेन्द्रवज्रा
प्रहर्ष	चिह्नानु	मितंप्रि	यायै	
। ऽ ।	ऽ ऽ ।	। ऽ ।	ऽ ऽ	उपेन्द्रवज्रा
शशंस	वाचापु	नरुक्त	मेव	
। ऽ ।	ऽ ऽ ।	। ऽ ।	ऽ ऽ *	उपेन्द्रवज्रा

2.69

स नन्दिनीस्तन्यमनिन्दितात्मा सद्वत्सलो वत्सहुतावशेषम् ।
पपौ वसिष्ठेन कृताभ्यनुज्ञः शुभ्रं यशोमूर्तमिवातितृष्णः ॥

उपेन्द्रवज्रा, इंद्रवज्रा, उपेन्द्रवज्रा, इंद्रवज्रा उपजाति छंद

सनन्दि	नीस्तन्य	मनिन्दि	तात्मा	
। ऽ ।	ऽ ऽ ।	। ऽ ।	ऽ ऽ	उपेन्द्रवज्रा
सद्वत्स	लोवत्स	हुताव	शेषम्	
ऽ ऽ ।	ऽ ऽ ।	। ऽ ।	ऽ ऽ	इंद्रवज्रा
पपौव	सिष्ठेन	कृताभ्य	नुज्ञः	
। ऽ ।	ऽ ऽ ।	। ऽ ।	ऽ ऽ	उपेन्द्रवज्रा
शुभ्रंय	शोमूर्त	मिवाति	तृष्णः	

ऽ ऽ ।	ऽ ऽ ।	। ऽ ।	ऽ ऽ	इंद्रवज्रा

2.70

प्रातर्यथोक्तव्रतपारणान्ते प्रास्थानिकं स्वस्त्ययनं प्रयुज्य ।
तौ दंपती स्वां प्रति राजधानीं प्रस्थापयामास वशी वसिष्ठः ॥

इंद्रवज्रा छंद (त त ज ग ग)

प्रातर्य	थोक्तव्र	तपार	णान्ते	
ऽ ऽ ।	ऽ ऽ ।	। ऽ ।	ऽ ऽ	इंद्रवज्रा
प्रास्थानि	कंस्वस्त्य	यनंप्र	युज्य	
ऽ ऽ ।	ऽ ऽ ।	। ऽ ।	ऽ ऽ *	इंद्रवज्रा
तौदंप	तीस्वांप्र	तिराज	धानीं	
ऽ ऽ ।	ऽ ऽ ।	। ऽ ।	ऽ ऽ	इंद्रवज्रा
प्रस्थाप	यामास	वशीव	सिष्ठः	
ऽ ऽ ।	ऽ ऽ ।	। ऽ ।	ऽ ऽ	इंद्रवज्रा

2.71

प्रदक्षिणीकृत्य हुतं हुताशमनन्तरं भर्तुररुन्धतीं च ।
धेनुं सवत्सां च नृपः प्रतस्थे सन्मङ्गलोदग्रतरप्रभावः ॥

उपेन्द्रवज्रा, उपेन्द्रवज्रा, इंद्रवज्रा, इंद्रवज्रा उपजाति छंद

प्रदक्षि	णीकृत्य	हुतंहु	ताश	
। ऽ ।	ऽ ऽ ।	। ऽ ।	ऽ ऽ *	उपेन्द्रवज्रा
मनन्त	रंभर्तु	ररुन्ध	तींच	
। ऽ ।	ऽ ऽ ।	। ऽ ।	ऽ ऽ *	उपेन्द्रवज्रा
धेनुंस	वत्सांच	नृपःप्र	तस्थे	
ऽ ऽ ।	ऽ ऽ ।	। ऽ ।	ऽ ऽ	इंद्रवज्रा
सन्मङ्ग	लोदग्र	तरप्र	भावः	
ऽ ऽ ।	ऽ ऽ ।	। ऽ ।	ऽ ऽ	इंद्रवज्रा

कालिदास के बृहत् महाकाव्य रघुवंश की छंद मीमांसा

2.72

श्रोत्राभिरामध्वनिना रथेन स धर्मपत्नीसहितः सहिष्णुः ।
ययावनुद्घातसुखेन मार्गं स्वेनेव पूर्णेन मनोरथेन ॥

इंद्रवज्रा, उपेन्द्रवज्रा, उपेन्द्रवज्रा, इंद्रवज्रा उपजाति छंद

श्रोत्राभि	रामध्व	निनार	थेन	
ऽ ऽ ।	ऽ ऽ ।	। ऽ ।	ऽ ऽ *	इंद्रवज्रा
सधर्म	पत्नीस	हितःस	हिष्णुः	
। ऽ ।	ऽ ऽ ।	। ऽ ।	ऽ ऽ	उपेन्द्रवज्रा
ययाव	नुद्घात	सुखेन	मार्गं	
। ऽ ।	ऽ ऽ ।	। ऽ ।	ऽ ऽ	उपेन्द्रवज्रा
स्वेनेव	पूर्णेन	मनोर	थेन	
ऽ ऽ ।	ऽ ऽ ।	। ऽ ।	ऽ ऽ *	इंद्रवज्रा

2.73

तमाहितौत्सुक्यमदर्शनेन प्रजाः प्रजार्थव्रतकर्शिताङ्गम् ।
नेत्रैः पपुस्तृप्तिमनाप्नुवद्भिर्नवोदयं नाथमिवौषधीनाम् ॥

उपेन्द्रवज्रा, उपेन्द्रवज्रा, इंद्रवज्रा, उपेन्द्रवज्रा उपजाति छंद

तमाहि	तौत्सुक्य	मदर्श	नेन	
। ऽ ।	ऽ ऽ ।	। ऽ ।	ऽ ऽ	उपेन्द्रवज्रा
प्रजाःप्र	जार्थव्र	तकर्शि	ताङ्गम्	
। ऽ ।	ऽ ऽ ।	। ऽ ।	ऽ ऽ	उपेन्द्रवज्रा
नेत्रैःप	पुस्तृप्ति	मनाप्नु	वद्भि	
ऽ ऽ ।	ऽ ऽ ।	। ऽ ।	ऽ ऽ	इंद्रवज्रा
र्नवोद	यंनाथ	मिवौष	धीनाम्	
। ऽ ।	ऽ ऽ ।	। ऽ ।	ऽ ऽ	उपेन्द्रवज्रा

2.74

पुरंदरश्रीः पुरमुत्पताकं प्रविश्य पौरैरभिनन्द्यमानः ।
भुजे भुजंगेन्द्रसमानसारे भूयः स भूमेर्धुरमाससञ्ज ॥

उपेन्द्रवज्रा, उपेन्द्रवज्रा, उपेन्द्रवज्रा, इंद्रवज्रा उपजाति छंद

पुरंद	रश्रीःपु	रमुत्प	ताकं	
।ऽ।	ऽऽ।	।ऽ।	ऽऽ	उपेन्द्रवज्रा
प्रविश्य	पौरैर	भिनन्द्य	मानः	
।ऽ।	ऽऽ।	।ऽ।	ऽऽ	उपेन्द्रवज्रा
भुजेभु	जंगेन्द्र	समान	सारे	
।ऽ।	ऽऽ।	।ऽ।	ऽऽ	उपेन्द्रवज्रा
भूयःस	भूमेर्धु	रमास	सञ्ज	
ऽऽ।	ऽऽ।	।ऽ।	ऽऽ *	इंद्रवज्रा

2.75

अथ नयनसमुत्थं ज्योतिरत्रेरिव द्यौः
सुरसरिदिव तेजो वह्निनिष्ठ्यूतमैशम् ।
नरपतिकुलभूत्यै गर्भमाधत्त राज्ञी
गुरुभिरभिनिविष्टं लोकपालानुभावैः ॥

मालिनी छंद (न न म य य)

अथन	यनस	मुत्थंज्यो	तिरत्रे	रिव द्यौः
।।।	।।।	ऽऽऽ	।ऽऽ	।ऽऽ
सुरस	रिदिव	तेजोव	ह्निनिष्ठ्यू	तमैशम्
।।।	।।।	ऽऽऽ	।ऽऽ	।ऽऽ
नरप	तिकुल	भूत्यैग	र्भमाध	त्तराज्ञी
।।।	।।।	ऽऽऽ	।ऽऽ	।ऽऽ
गुरुभि	रभिनि	विष्टंलो	कपाला	नुभावैः
।।।	।।।	ऽऽऽ	।ऽऽ	।ऽऽ

इति श्रीरघुवंशे महाकाव्ये कविश्रीकालिदासकृतौ नन्दिनीवरप्रदानो नाम द्वितीयः सर्गः ॥

रघुवंश सर्ग - 3

* महाराजा रघु *

3.1

अथेप्सितं भर्तुरुपस्थितोदयं सखीजनोद्वीक्षणकौमुदीमुखम् ।
निदानमिक्ष्वाकुकुलस्य संततेः सुदक्षिणा दौहृदलक्षणं दधौ ॥

वंशस्थ छंद (ज त ज र)

अथेप्सि	तंभर्तु	रुपस्थि	तोदयं
। ऽ ।	ऽ ऽ ।	। ऽ ।	ऽ । ऽ
सखीज	नोद्वीक्ष	णकौमु	दीमुखम्
। ऽ ।	ऽ ऽ ।	। ऽ ।	ऽ । ऽ
निदान	मिक्ष्वाकु	कुलस्य	संततेः
। ऽ ।	ऽ ऽ ।	। ऽ ।	ऽ । ऽ
सुदक्षि	णादौहृ	दलक्ष	णंदधौ
। ऽ ।	ऽ ऽ ।	। ऽ ।	ऽ । ऽ

3.2

शरीरसादादसमग्रभूषणा मुखेन सालक्ष्यत लोध्रपाण्डुना ।
तनुप्रकाशेन विचेयतारका प्रभातकल्पा शशिनेव शर्वरी ॥

वंशस्थ छंद (ज त ज र)

शरीर	सादाद	समग्र	भूषणा	

। ऽ ।	ऽ ऽ ।	। ऽ ।	ऽ । ऽ	वंशस्थ छंद
मुखेन	सालक्ष्य	तलोध्र	पाण्डुना	
। ऽ ।	ऽ ऽ ।	। ऽ ।	ऽ । ऽ	वंशस्थ छंद
तनुप्र	काशेन	विचेय	तारका	
। ऽ ।	ऽ ऽ ।	। ऽ ।	ऽ । ऽ	वंशस्थ छंद
प्रभात	कल्पाश	शिनेव	शर्वरी	
। ऽ ।	ऽ ऽ ।	। ऽ ।	ऽ । ऽ	वंशस्थ छंद

3.3

तदाननं मृत्सुरभि क्षितीश्वरो रहस्युपाघ्राय न तृप्तिमाययौ ।
करीव सिक्तं पृषतैः पयोमुचां शुचिव्यपाये वनराजिपल्वलम् ॥

वंशस्थ छंद (ज त ज र)

तदान	नंमृत्सु	रभिक्षि	तीश्वरो	
। ऽ ।	ऽ ऽ ।	। ऽ ।	ऽ । ऽ	वंशस्थ छंद
रहस्यु	पाघ्राय	नतृप्ति	माययौ	
। ऽ ।	ऽ ऽ ।	। ऽ ।	ऽ । ऽ	वंशस्थ छंद
करीव	सिक्तंपृ	षतैःप	योमुचां	
। ऽ ।	ऽ ऽ ।	। ऽ ।	ऽ । ऽ	वंशस्थ छंद
शुचिव्य	पायेव	नराजि	पल्वलम्	
। ऽ ।	ऽ ऽ ।	। ऽ ।	ऽ । ऽ	वंशस्थ छंद

3.4

दिवं मरुत्वानिव भोक्ष्यते भुवं दिगन्तविश्रान्तरथो हि तत्सुतः ।
अतोऽभिलाषे प्रथमं तथाविधे मनो बबन्धान्यरसान्विलङ्घ्य सा ॥

वंशस्थ छंद (ज त ज र)

दिवंम	रुत्वानि	वभोक्ष्य	तेभुवं	
। ऽ ।	ऽ ऽ ।	। ऽ ।	ऽ । ऽ	वंशस्थ छंद

दिगन्त	विश्रान्त	रथोहि	तत्सुतः	
। ऽ ।	ऽ ऽ ।	। ऽ ।	ऽ । ऽ	वंशस्थ छंद
अतोभि	लाषेप्र	थमंत	थाविधे	
। ऽ ।	ऽ ऽ ।	। ऽ ।	ऽ । ऽ	वंशस्थ छंद
मनोब	बन्धान्य	रसान्वि	लङ्घ्यसा	
। ऽ ।	ऽ ऽ ।	। ऽ ।	ऽ । ऽ	वंशस्थ छंद

3.5

न मे ह्रिया शंसति किंचिदीप्सितं स्पृहावती वस्तुषु केषु मागधी ।
इति स्म पृच्छत्यनुवेलमादृतः प्रियासखीरुत्तरकोसलेश्वरः ॥

वंशस्थ छंद (ज त ज र)

नमेह्रि	याशंस	तिकिंचि	दीप्सितं	
। ऽ ।	ऽ ऽ ।	। ऽ ।	ऽ । ऽ	वंशस्थ छंद
स्पृहाव	तीवस्तु	षुकेषु	मागधी	
। ऽ ।	ऽ ऽ ।	। ऽ ।	ऽ । ऽ	वंशस्थ छंद
इतिस्म	पृच्छत्य	नुवेल	मादृतः	
। ऽ ।	ऽ ऽ ।	। ऽ ।	ऽ । ऽ	वंशस्थ छंद
प्रियास	खीरुत्त	रकोस	लेश्वरः	
। ऽ ।	ऽ ऽ ।	। ऽ ।	ऽ । ऽ	वंशस्थ छंद

3.6

उपेत्य सा दोहददुःखशीलतां यदेव वव्रे तदपश्यदाहृतम् ।
न हीष्टमस्य त्रिदिवेऽपि भूपतेरभूदनासाद्यमधिज्यधन्वनः ॥

वंशस्थ छंद (ज त ज र)

उपेत्य	सादोह	ददुःख	शीलतां	
। ऽ ।	ऽ ऽ ।	। ऽ ।	ऽ । ऽ	वंशस्थ छंद
यदेव	वव्रेत	दपश्य	दाहृतम्	

। ऽ ।	ऽ ऽ ।	। ऽ ।	ऽ । ऽ	वंशस्थ छंद
नहीष्ट	मस्यत्रि	दिवेपि	भूपते	
। ऽ ।	ऽ ऽ ।	। ऽ ।	ऽ । ऽ	वंशस्थ छंद
रभूद	नासाद्य	मधिज्य	धन्वनः	
। ऽ ।	ऽ ऽ ।	। ऽ ।	ऽ । ऽ	वंशस्थ छंद

3.7

क्रमेण निस्तीर्य च दोहदव्यथां प्रचीयमानावयवा रराज सा ।
पुराणपत्रापगमादनन्तरं लतेव संनद्धमनोज्ञपल्लवा ॥

वंशस्थ छंद (ज त ज र)

क्रमेण	निस्तीर्य	चदोह	दव्यथां	
। ऽ ।	ऽ ऽ ।	। ऽ ।	ऽ । ऽ	वंशस्थ छंद
प्रचीय	मानाव	यवार	राजसा	
। ऽ ।	ऽ ऽ ।	। ऽ ।	ऽ । ऽ	वंशस्थ छंद
पुराण	पत्राप	गमाद	नन्तरं	
। ऽ ।	ऽ ऽ ।	। ऽ ।	ऽ । ऽ	वंशस्थ छंद
लतेव	संनद्ध	मनोज्ञ	पल्लवा	
। ऽ ।	ऽ ऽ ।	। ऽ ।	ऽ । ऽ	वंशस्थ छंद

3.8

दिनेषु गच्छत्सु नितान्तपीवरं तदीयमानीलमुखं स्तनद्वयम् ।
तिरश्चकार भ्रमराभिनीलयोः सुजातयोः पङ्कजकोशयोः श्रियम् ॥

वंशस्थ छंद (ज त ज र)

दिनेषु	गच्छत्सु	नितान्त	पीवरं	
। ऽ ।	ऽ ऽ ।	। ऽ ।	ऽ । ऽ	वंशस्थ छंद
तदीय	मानील	मुखंस्त	नद्वयम्	
। ऽ ।	ऽ ऽ ।	। ऽ ।	ऽ । ऽ	वंशस्थ छंद

कालिदास के बृहत् महाकाव्य रघुवंश की छंद मीमांसा

तिरश्च	कारभ्र	मराभि	नीलयोः	
।ऽ।	ऽऽ।	।ऽ।	ऽ।ऽ	वंशस्थ छंद
सुजात	योःपङ्क	जकोश	योःश्रियम्	
।ऽ।	ऽऽ।	।ऽ।	ऽ।ऽ	वंशस्थ छंद

3.9

निधानगर्भामिव सागराम्बरां शमीमिवाभ्यन्तरलीनपावकाम् ।
नदीमिवान्तःसलिलां सरस्वतीं नृपः ससत्त्वां महिषीममन्यत ॥

वंशस्थ छंद (ज त ज र)

निधान	गर्भामि	वसाग	राम्बरां	
।ऽ।	ऽऽ।	।ऽ।	ऽ।ऽ	वंशस्थ छंद
शमीमि	वाभ्यन्त	रलीन	पावकाम्	
।ऽ।	ऽऽ।	।ऽ।	ऽ।ऽ	वंशस्थ छंद
नदीमि	वान्तःस	लिलांस	रस्वतीं	
।ऽ।	ऽऽ।	।ऽ।	ऽ।ऽ	वंशस्थ छंद
नृपःस	सत्त्वांम	हिषीम	मन्यत	
।ऽ।	ऽऽ।	।ऽ।	ऽ।ऽ *	वंशस्थ छंद

3.10

प्रियानुरागस्य मनः समुन्नतेर्भुजार्जितानां च दिगन्तसंपदाम् ।
यथाक्रमं पुंसवनादिकाः क्रिया धृतेश्च धीरः सदृशीर्व्यधत्त सः ॥

वंशस्थ छंद (ज त ज र)

प्रियानु	रागस्य	मनःस	मुन्नते	
।ऽ।	ऽऽ।	।ऽ।	ऽ।ऽ	वंशस्थ छंद
र्भुजार्जि	तानांच	दिगन्त	संपदाम्	
।ऽ।	ऽऽ।	।ऽ।	ऽ।ऽ	वंशस्थ छंद
यथाक्र	मंपुंस	वनादि	काःक्रिया	

। ऽ ।	ऽ ऽ ।	। ऽ ।	ऽ । ऽ	वंशस्थ छंद
धृतेश्च	धीरःस	दृशीर्व्य	धत्तसः	
। ऽ ।	ऽ ऽ ।	। ऽ ।	ऽ । ऽ	वंशस्थ छंद

3.11

सुरेन्द्रमात्राश्रितगर्भगौरवात्प्रयत्नमुक्तासनया गृहागतः ।
तयोपचाराञ्जलिखिन्नहस्तया ननन्द पारिप्लवनेत्रया नृपः ॥

वंशस्थ छंद (ज त ज र)

सुरेन्द्र	मात्राश्रि	तगर्भ	गौरवा	
। ऽ ।	ऽ ऽ ।	। ऽ ।	ऽ । ऽ	वंशस्थ छंद
त्प्रयत्न	मुक्तास	नयागृ	हागतः	
। ऽ ।	ऽ ऽ ।	। ऽ ।	ऽ । ऽ	वंशस्थ छंद
तयोप	चाराञ्ज	लिखिन्न	हस्तया	
। ऽ ।	ऽ ऽ ।	। ऽ ।	ऽ । ऽ	वंशस्थ छंद
ननन्द	पारिप्ल	वनेत्र	यानृपः	
। ऽ ।	ऽ ऽ ।	। ऽ ।	ऽ । ऽ	वंशस्थ छंद

3.12

कुमारभृत्याकुशलैरनुष्ठिते भिषग्भिराप्तैरथ गर्भभर्मणि ।
पतिः प्रतीतः प्रसवोन्मुखीं प्रियां ददर्श काले दिवमभ्रितामिव ॥

वंशस्थ छंद (ज त ज र)

कुमार	भृत्याकु	शलैर	नुष्ठिते	
। ऽ ।	ऽ ऽ ।	। ऽ ।	ऽ । ऽ	वंशस्थ छंद
भिषग्भि	राप्तैर	थगर्भ	भर्मणि	
। ऽ ।	ऽ ऽ ।	। ऽ ।	ऽ । ऽ *	वंशस्थ छंद
पतिःप्र	तीतःप्र	सवोन्मु	खींप्रियां	
। ऽ ।	ऽ ऽ ।	। ऽ ।	ऽ । ऽ	वंशस्थ छंद

ददर्श	कालेदि	वमभ्रि	तामिव	
। ऽ ।	ऽ ऽ ।	। ऽ ।	ऽ । ऽ *	वंशस्थ छंद

3.13

ग्रहैस्ततः पञ्चभिरुच्चसंस्थितैरसूर्यगैः सूचितभाग्यसंपदम् ।
असूत पुत्रं समये शचीसमा त्रिसाधना शक्तिरिवार्थमक्षयम् ॥

वंशस्थ छंद (ज त ज र)

ग्रहैस्त	तःपञ्च	भिरुच्च	संस्थितै	
। ऽ ।	ऽ ऽ ।	। ऽ ।	ऽ । ऽ	वंशस्थ छंद
रसूर्य	गैःसूचि	तभाग्य	संपदम्	
। ऽ ।	ऽ ऽ ।	। ऽ ।	ऽ । ऽ	वंशस्थ छंद
असूत	पुत्रंस	मयेश	चीसमा	
। ऽ ।	ऽ ऽ ।	। ऽ ।	ऽ । ऽ	वंशस्थ छंद
त्रिसाध	नाशक्ति	रिवार्थ	मक्षयम्	
। ऽ ।	ऽ ऽ ।	। ऽ ।	ऽ । ऽ	वंशस्थ छंद

3.14

दिशः प्रसेदुर्मरुतो ववुः सुखाः प्रदक्षिणार्चिर्हविरग्निराददे ।
बभूव सर्वं शुभशंसि तत्क्षणं भवो हि लोकाभ्युदयाय तादृशाम् ॥

वंशस्थ छंद (ज त ज र)

दिशःप्र	सेदुर्म	रुतोव	वुःसुखाः	
। ऽ ।	ऽ ऽ ।	। ऽ ।	ऽ । ऽ	वंशस्थ छंद
प्रदक्षि	णार्चिर्ह	विरग्नि	राददे	
। ऽ ।	ऽ ऽ ।	। ऽ ।	ऽ । ऽ	वंशस्थ छंद
बभूव	सर्वंशु	भशंसि	तत्क्षणं	
। ऽ ।	ऽ ऽ ।	। ऽ ।	ऽ । ऽ	वंशस्थ छंद
भवोहि	लोकाभ्यु	दयाय	तादृशाम्	

। ऽ ।	ऽ ऽ ।	। ऽ ।	ऽ । ऽ	वंशस्थ छंद

3.15

अरिष्टशय्यां परितो विसारिणा सुजन्मनस्तस्य निजेन तेजसा ।
निशीथदीपाः सहसा हतत्विषो बभूवुरालेख्यसमर्पिता इव ॥

वंशस्थ छंद (ज त ज र)

अरिष्ट	शय्यांप	रितोवि	सारिणा	
। ऽ ।	ऽ ऽ ।	। ऽ ।	ऽ । ऽ	वंशस्थ छंद
सुजन्म	नस्तस्य	निजेन	तेजसा	
। ऽ ।	ऽ ऽ ।	। ऽ ।	ऽ । ऽ	वंशस्थ छंद
निशीथ	दीपाःस	हसाह	तत्विषो	
। ऽ ।	ऽ ऽ ।	। ऽ ।	ऽ । ऽ	वंशस्थ छंद
बभूवु	रालेख्य	समर्पि	ताइव	
। ऽ ।	ऽ ऽ ।	। ऽ ।	ऽ । ऽ *	वंशस्थ छंद

3.16

जनाय शुद्धान्तचराय शंसते कुमारजन्मामृतसंमिताक्षरम् ।
आदेयमासीत्त्रयमेव भूपतेः शशिप्रभं छत्रमुभे च चामरे ॥

वंशस्थ छंद (ज त ज र)

जनाय	शुद्धान्त	चराय	शंसते	
। ऽ ।	ऽ ऽ ।	। ऽ ।	ऽ । ऽ	वंशस्थ छंद
कुमार	जन्मामृ	तसंमि	ताक्षरम्	
। ऽ ।	ऽ ऽ ।	। ऽ ।	ऽ । ऽ	वंशस्थ छंद
आदेय	मासीत्त्र	यमेव	भूपतेः	
। ऽ ।	ऽ ऽ ।	। ऽ ।	ऽ । ऽ	वंशस्थ छंद
शशिप्र	भंछत्र	मुभेच	चामरे	
। ऽ ।	ऽ ऽ ।	। ऽ ।	ऽ । ऽ	वंशस्थ छंद

3.17

निवातपद्मस्तिमितेन चक्षुषा नृपस्य कान्तं पिबतः सुताननम् ।
महोदधेः पूर इवेन्दुदर्शनाद्गुरुः प्रहर्षः प्रबभूव नात्मनि ॥

वंशस्थ छंद (ज त ज र)

निवात	पद्मस्ति	मितेन	चक्षुषा	
। ऽ ।	ऽ ऽ ।	। ऽ ।	ऽ । ऽ	वंशस्थ छंद
नृपस्य	कान्तंपि	बतःसु	ताननम्	
। ऽ ।	ऽ ऽ ।	। ऽ ।	ऽ । ऽ	वंशस्थ छंद
महोद	धेःपूर	इवेन्दु	दर्शना	
। ऽ ।	ऽ ऽ ।	। ऽ ।	ऽ । ऽ	वंशस्थ छंद
द्गुरुःप्र	हर्षःप्र	बभूव	नात्मनि	
। ऽ ।	ऽ ऽ ।	। ऽ ।	ऽ । ऽ *	वंशस्थ छंद

3.18

स जातकर्मण्यखिले तपस्विना तपोवनादेत्य पुरोधसा कृते ।
दिलीपसूनुर्मणिराकरोद्भवः प्रयुक्तसंस्कार इवाधिकं बभौ ॥

वंशस्थ छंद (ज त ज र)

सजात	कर्मण्य	खिलेत	पस्विना	
। ऽ ।	ऽ ऽ ।	। ऽ ।	ऽ । ऽ	वंशस्थ छंद
तपोव	नादेत्य	पुरोध	साकृते	
। ऽ ।	ऽ ऽ ।	। ऽ ।	ऽ । ऽ	वंशस्थ छंद
दिलीप	सूनुर्म	णिराक	रोद्भवः	
। ऽ ।	ऽ ऽ ।	। ऽ ।	ऽ । ऽ	वंशस्थ छंद
प्रयुक्त	संस्कार	इवाधि	कंबभौ	
। ऽ ।	ऽ ऽ ।	। ऽ ।	ऽ । ऽ	वंशस्थ छंद

3.19

कालिदास के बृहत् महाकाव्य रघुवंश की छंद मीमांसा

सुखश्रवा मङ्गलतूर्यनिस्वनाः प्रमोदनृत्यैः सह वारयोषिताम् ।
न केवलं सद्मनि मागधीपतेः पथि व्यजृम्भन्त दिवौकसामपि ॥

वंशस्थ छंद (ज त ज र)

सुखश्र	वामङ्ग	लतूर्य	निस्वनाः	
। ऽ ।	ऽ ऽ ।	। ऽ ।	ऽ । ऽ	वंशस्थ छंद
प्रमोद	नृत्यैःस	हवार	योषिताम्	
। ऽ ।	ऽ ऽ ।	। ऽ ।	ऽ । ऽ	वंशस्थ छंद
नकेव	लंसद्म	निमाग	धीपतेः	
। ऽ ।	ऽ ऽ ।	। ऽ ।	ऽ । ऽ	वंशस्थ छंद
पथिव्य	जृम्भन्त	दिवौक	सामपि	
। ऽ ।	ऽ ऽ ।	। ऽ ।	ऽ । ऽ *	वंशस्थ छंद

3.20

न संयतस्तस्य बभूव रक्षितुर्विसर्जयेद्यं सुतजन्महर्षितः ।
ऋणाभिधानात्स्वयमेव केवलं तदा पितॄणां मुमुचे स बन्धनात् ॥

वंशस्थ छंद (ज त ज र)

नसंय	तस्तस्य	बभूव	रक्षितु	
। ऽ ।	ऽ ऽ ।	। ऽ ।	ऽ । ऽ	वंशस्थ छंद
र्विसर्ज	येद्यंसु	तजन्म	हर्षितः	
। ऽ ।	ऽ ऽ ।	। ऽ ।	ऽ । ऽ	वंशस्थ छंद
ऋणाभि	धानात्स्व	यमेव	केवलं	
। ऽ ।	ऽ ऽ ।	। ऽ ।	ऽ । ऽ	वंशस्थ छंद
तदापि	तॄणांमु	मुचेस	बन्धनात्	
। ऽ ।	ऽ ऽ ।	। ऽ ।	ऽ । ऽ	वंशस्थ छंद

3.21

श्रुतस्य यायादयमन्तमर्भकः तथा परेषां युधि चेति पार्थिवः ।

अवेक्ष्य धातोर्गमनार्थमर्थविच्चकार नाम्ना रघुमात्मसम्भवम् ॥

वंशस्थ छंद (ज त ज र)

श्रुतस्य	यायाद	यमन्त	मर्भकः	
। ऽ ।	ऽ ऽ ।	। ऽ ।	ऽ । ऽ	वंशस्थ छंद
तथाप	रेषांयु	धिचेति	पार्थिवः	
। ऽ ।	ऽ ऽ ।	। ऽ ।	ऽ । ऽ	वंशस्थ छंद
अवेक्ष्य	धातोर्ग	मनार्थ	मर्थवि	
। ऽ ।	ऽ ऽ ।	। ऽ ।	ऽ । ऽ	वंशस्थ छंद
च्चकार	नाम्नार	घुमात्म	सम्भवम्	
। ऽ ।	ऽ ऽ ।	। ऽ ।	ऽ । ऽ	वंशस्थ छंद

3.22

पितुः प्रयत्नात्स समग्रसंपदः शुभैः शरीरावयवैर्दिने दिने ।
पुपोष वृद्धिं हरिदश्वदीधितेरनुप्रवेशादिव बालचन्द्रमाः ॥

वंशस्थ छंद (ज त ज र)

पितुःप्र	यत्नात्स	समग्र	संपदः	
। ऽ ।	ऽ ऽ ।	। ऽ ।	ऽ । ऽ	वंशस्थ छंद
शुभैःश	रीराव	यवैर्दि	नेदिने	
। ऽ ।	ऽ ऽ ।	। ऽ ।	ऽ । ऽ	वंशस्थ छंद
पुपोष	वृद्धिंह	रिदश्व	दीधिते	
। ऽ ।	ऽ ऽ ।	। ऽ ।	ऽ । ऽ	वंशस्थ छंद
रनुप्र	वेशादि	वबाल	चन्द्रमाः	
। ऽ ।	ऽ ऽ ।	। ऽ ।	ऽ । ऽ	वंशस्थ छंद

3.23

उमावृषाङ्कौ शरजन्मना यथा यथा जयन्तेन शचीपुरन्दरौ ।
तथा नृपः सा च सुतेन मागधी ननन्दतुस्तत्सदृशेन तत्समौ ॥

वंशस्थ छंद (ज त ज र)

उमावृ	षाङ्कौश	रजन्म	नायथा	
। ऽ ।	ऽ ऽ ।	। ऽ ।	ऽ । ऽ	वंशस्थ छंद
यथाज	यन्तेन	शचीपु	रन्दरौ	
। ऽ ।	ऽ ऽ ।	। ऽ ।	ऽ । ऽ	वंशस्थ छंद
तथानृ	पःसाच	सुतेन	मागधी	
। ऽ ।	ऽ ऽ ।	। ऽ ।	ऽ । ऽ	वंशस्थ छंद
ननन्द	तुस्तत्स	दृशेन	तत्समौ	
। ऽ ।	ऽ ऽ ।	। ऽ ।	ऽ । ऽ	वंशस्थ छंद

3.24

रथाङ्कनाम्नोरिव भावबन्धनं बभूव यत्प्रेम परस्पराश्रयम् ।
विभक्तमप्येकसुतेन तत्तयोः परस्परस्योपरि पर्यचीयत ॥

वंशस्थ छंद (ज त ज र)

रथाङ्क	नाम्नोरि	वभाव	बन्धनं	
। ऽ ।	ऽ ऽ ।	। ऽ ।	ऽ । ऽ	वंशस्थ छंद
बभूव	यत्प्रेम	परस्प	राश्रयम्	
। ऽ ।	ऽ ऽ ।	। ऽ ।	ऽ । ऽ	वंशस्थ छंद
विभक्त	मप्येक	सुतेन	तत्तयोः	
। ऽ ।	ऽ ऽ ।	। ऽ ।	ऽ । ऽ	वंशस्थ छंद
परस्प	रस्योप	रिपर्य	चीयत	
। ऽ ।	ऽ ऽ ।	। ऽ ।	ऽ । ऽ *	वंशस्थ छंद

3.25

उवाच धात्र्या प्रथमोदितं वचो ययौ तदीयामवलम्ब्य चाङ्गुलिम् ।
अभूच्च नम्रः प्रणिपातशिक्षया पितुर्मुदं तेन ततान सोऽर्भकः ॥

वंशस्थ छंद (ज त ज र)

उवाच	धात्र्याप्र	थमोदि	तंवचो	
। ऽ ।	ऽ ऽ ।	। ऽ ।	ऽ । ऽ	वंशस्थ छंद
ययौत	दीयाम	वलम्ब्य	चाङ्गुलिम्	
। ऽ ।	ऽ ऽ ।	। ऽ ।	ऽ । ऽ	वंशस्थ छंद
अभूच्च	नम्रःप्र	णिपात	शिक्षया	
। ऽ ।	ऽ ऽ ।	। ऽ ।	ऽ । ऽ	वंशस्थ छंद
पितुर्मु	दंतेन	ततान	सोर्भकः	
। ऽ ।	ऽ ऽ ।	। ऽ ।	ऽ । ऽ	वंशस्थ छंद

3.26

तमङ्कमारोप्य शरीरयोगजैः सुखैर्निषिञ्चन्तमिवामृतं त्वचि ।
उपान्तसंमीलितलोचनो नृपश्चिरात्सुतस्पर्शरसज्ञतां ययौ ॥

वंशस्थ छंद (ज त ज र)

तमङ्क	मारोप्य	शरीर	योगजैः	
। ऽ ।	ऽ ऽ ।	। ऽ ।	ऽ । ऽ	वंशस्थ छंद
सुखैर्नि	षिञ्चन्त	मिवामृ	तंत्वचि	
। ऽ ।	ऽ ऽ ।	। ऽ ।	ऽ । ऽ *	वंशस्थ छंद
उपान्त	संमीलि	तलोच	नोनृप	
। ऽ ।	ऽ ऽ ।	। ऽ ।	ऽ । ऽ	वंशस्थ छंद
श्चिरात्सु	तस्पर्श	रसज्ञ	तांययौ	
। ऽ ।	ऽ ऽ ।	। ऽ ।	ऽ । ऽ	वंशस्थ छंद

3.27

अमंस्त चानेन परार्ध्यजन्मना स्थितेरभेत्ता स्थितिमन्तमन्वयम् ।
स्वमूर्तिभेदेन गुणाग्र्यवर्तिना पतिः प्रजानामिव सर्गमात्मनः ॥

वंशस्थ छंद (ज त ज र)

अमंस्त	चानेन	परार्ध्य	जन्मना	

। ऽ ।	ऽ ऽ ।	। ऽ ।	ऽ । ऽ	वंशस्थ छंद
स्थितेर	भेत्तास्थि	तिमन्त	मन्वयम्	
। ऽ ।	ऽ ऽ ।	। ऽ ।	ऽ । ऽ	वंशस्थ छंद
स्वमूर्ति	भेदेन	गुणाग्र्य	वर्तिना	
। ऽ ।	ऽ ऽ ।	। ऽ ।	ऽ । ऽ	वंशस्थ छंद
पतिःप्र	जानामि	वसर्ग	मात्मनः	
। ऽ ।	ऽ ऽ ।	। ऽ ।	ऽ । ऽ	वंशस्थ छंद

3.28

स वृत्तचूलश्चलकाकपक्षकैरमात्यपुत्रैः सवयोभिरन्वितः ।
लिपेर्यथावद्ग्रहणेन वाङ्मयं नदीमुखेनेव समुद्रमाविशत् ॥

वंशस्थ छंद (ज त ज र)

सवृत्त	चूलश्च	लकाक	पक्षकै	
। ऽ ।	ऽ ऽ ।	। ऽ ।	ऽ । ऽ	वंशस्थ छंद
रमात्य	पुत्रैःस	वयोभि	रन्वितः	
। ऽ ।	ऽ ऽ ।	। ऽ ।	ऽ । ऽ	वंशस्थ छंद
लिपेर्य	थावद्ग्र	हणेन	वाङ्मयं	
। ऽ ।	ऽ ऽ ।	। ऽ ।	ऽ । ऽ	वंशस्थ छंद
नदीमु	खेनेव	समुद्र	माविशत्	
। ऽ ।	ऽ ऽ ।	। ऽ ।	ऽ । ऽ	वंशस्थ छंद

3.29

अथोपनीतं विधिवद्विपश्चितो विनिन्युरेनं गुरवो गुरुप्रियम् ।
अवन्ध्ययत्नाश्च बभूवुरत्र ते क्रिया हि वस्तूपहिता प्रसीदति ॥

वंशस्थ छंद (ज त ज र)

अथोप	नीतंवि	धिवद्वि	पश्चितो	
। ऽ ।	ऽ ऽ ।	। ऽ ।	ऽ । ऽ	वंशस्थ छंद

विनिन्यु	रेनंगु	रवोगु	रुप्रियम्	
। ऽ ।	ऽ ऽ ।	। ऽ ।	ऽ । ऽ	वंशस्थ छंद
अवन्ध्य	यत्नाश्च	बभूवु	रत्रते	
। ऽ ।	ऽ ऽ ।	। ऽ ।	ऽ । ऽ	वंशस्थ छंद
क्रियाहि	वस्तूप	हिताप्र	सीदति	
। ऽ ।	ऽ ऽ ।	। ऽ ।	ऽ । ऽ *	वंशस्थ छंद

3.30

धियः समग्रैः स गुणैरुदारधीः क्रमाच्चतस्रश्चतुर्णवोपमाः ।
ततार विद्याः पवनातिपातिभिर्दिशो हरिद्भिर्हरितामिवेश्वरः ॥

वंशस्थ छंद (ज त ज र)

धियःस	मग्रैःस	गुणैरु	दारधीः	
। ऽ ।	ऽ ऽ ।	। ऽ ।	ऽ । ऽ	वंशस्थ छंद
क्रमाच्च	तस्रश्च	तुरर्ण	वोपमाः	
। ऽ ।	ऽ ऽ ।	। ऽ ।	ऽ । ऽ	वंशस्थ छंद
ततार	विद्याःप	वनाति	पातिभि	
। ऽ ।	ऽ ऽ ।	। ऽ ।	ऽ । ऽ	वंशस्थ छंद
र्दिशोह	रिद्भिर्ह	रितामि	वेश्वरः	
। ऽ ।	ऽ ऽ ।	। ऽ ।	ऽ । ऽ	वंशस्थ छंद

3.30

त्वचं च मेध्यां परिधाय रौरवीमशिक्षतास्त्रं पितुरेव मन्त्रवत् ।
न केवलं तद्गुरुरेकपार्थिवः क्षितावभूदेकधनुर्धरोऽपि सः ॥

वंशस्थ छंद (ज त ज र)

त्वचंच	मेध्यांप	रिधाय	रौरवी	
। ऽ ।	ऽ ऽ ।	। ऽ ।	ऽ । ऽ	वंशस्थ छंद
मशिक्ष	तास्त्रंपि	तुरेव	मन्त्रवत्	

। ऽ ।	ऽ ऽ ।	। ऽ ।	ऽ । ऽ	वंशस्थ छंद
नकेव	लंतद्गु	रुरेक	पार्थिवः	
। ऽ ।	ऽ ऽ ।	। ऽ ।	ऽ । ऽ	वंशस्थ छंद
क्षिताव	भूदेक	धनुर्ध	रोपिसः	
। ऽ ।	ऽ ऽ ।	। ऽ ।	ऽ । ऽ	वंशस्थ छंद

3.32

महोक्षतां वत्सतरः स्पृशन्निव द्विपेन्द्रभावं कलभः श्रयन्निव ।
रघुः क्रमाद्यौवनभिन्नशैशवः पुपोष गाम्भीर्यमनोहरं वपुः ॥

वंशस्थ छंद (ज त ज र)

महोक्ष	तांवत्स	तरःस्पृ	शन्निव	
। ऽ ।	ऽ ऽ ।	। ऽ ।	ऽ । ऽ	वंशस्थ छंद
द्विपेन्द्र	भावंक	लभःश्र	यन्निव	
। ऽ ।	ऽ ऽ ।	। ऽ ।	ऽ । ऽ *	वंशस्थ छंद
रघुःक्र	माद्यौव	नभिन्न	शैशवः	
। ऽ ।	ऽ ऽ ।	। ऽ ।	ऽ । ऽ	वंशस्थ छंद
पुपोष	गाम्भीर्य	मनोह	रंवपुः	
। ऽ ।	ऽ ऽ ।	। ऽ ।	ऽ । ऽ	वंशस्थ छंद

3.33

अथास्य गोदानविधेरनन्तरं विवाहदीक्षां निरवर्तयद्गुरुः ।
नरेन्द्रकन्यास्तमवाप्य सत्पतिं तमोनुदं दक्षसुता इवाबभुः ॥

वंशस्थ छंद (ज त ज र)

अथास्य	गोदान	विधेर	नन्तरं	
। ऽ ।	ऽ ऽ ।	। ऽ ।	ऽ । ऽ	वंशस्थ छंद
विवाह	दीक्षांनि	रवर्त	यद्गुरुः	
। ऽ ।	ऽ ऽ ।	। ऽ ।	ऽ । ऽ	वंशस्थ छंद

नरेन्द्र	कन्यास्त	मवाप्य	सत्पतिं	
। ऽ ।	ऽ ऽ ।	। ऽ ।	ऽ । ऽ	वंशस्थ छंद
तमोनु	दंदक्ष	सुताइ	वाबभुः	
। ऽ ।	ऽ ऽ ।	। ऽ ।	ऽ । ऽ	वंशस्थ छंद

3.34

युवा युगव्यायतबाहुरंसलः कवाटवक्षाः परिणद्धकंधरः ।
वपुःप्रकर्षादजयद्गुरुं रघुस्तथापि नीचैर्विनयाददृश्यत ॥

वंशस्थ छंद (ज त ज र)

युवायु	गव्याय	तबाहु	रंसलः	
। ऽ ।	ऽ ऽ ।	। ऽ ।	ऽ । ऽ	वंशस्थ छंद
कवाट	वक्षाःप	रिणद्ध	कंधरः	
। ऽ ।	ऽ ऽ ।	। ऽ ।	ऽ । ऽ	वंशस्थ छंद
वपुःप्र	कर्षाद	जयद्गु	रुंरघु	
। ऽ ।	ऽ ऽ ।	। ऽ ।	ऽ । ऽ	वंशस्थ छंद
स्तथापि	नीचैर्वि	नयाद	दृश्यत	
। ऽ ।	ऽ ऽ ।	। ऽ ।	ऽ । ऽ *	वंशस्थ छंद

3.35

ततः प्रजानां चिरमात्मना धृतां नितान्तगुर्वीं लघयिष्यता धुरम् ।
निसर्गसंस्कारविनीत इत्यसौ नृपेण चक्रे युवराजशब्दभाक् ॥

वंशस्थ छंद (ज त ज र)

ततःप्र	जानांचि	रमात्म	नाधृतां	
। ऽ ।	ऽ ऽ ।	। ऽ ।	ऽ । ऽ	वंशस्थ छंद
नितान्त	गुर्वींल	घयिष्य	ताधुरम्	
। ऽ ।	ऽ ऽ ।	। ऽ ।	ऽ । ऽ	वंशस्थ छंद
निसर्ग	संस्कार	विनीत	इत्यसौ	

। ऽ ।	ऽ ऽ ।	। ऽ ।	ऽ । ऽ	वंशस्थ छंद
नृपेण	चक्रेयु	वराज	शब्दभाक्	
। ऽ ।	ऽ ऽ ।	। ऽ ।	ऽ । ऽ	वंशस्थ छंद

3.36

नरेन्द्रमूलायतनादनन्तरं तदास्पदं श्रीर्युवराजसंज्ञितम् ।
अगच्छदंशेन गुणाभिलाषिणी नवावतारं कमलादिवोत्पलम् ॥

वंशस्थ छंद (ज त ज र)

नरेन्द्र	मूलाय	तनाद	नन्तरं	
। ऽ ।	ऽ ऽ ।	। ऽ ।	ऽ । ऽ	वंशस्थ छंद
तदास्प	दंश्रीर्यु	वराज	संज्ञितम्	
। ऽ ।	ऽ ऽ ।	। ऽ ।	ऽ । ऽ	वंशस्थ छंद
अगच्छ	दंशेन	गुणाभि	लाषिणी	
। ऽ ।	ऽ ऽ ।	। ऽ ।	ऽ । ऽ	वंशस्थ छंद
नवाव	तारंक	मलादि	वोत्पलम्	
। ऽ ।	ऽ ऽ ।	। ऽ ।	ऽ । ऽ	वंशस्थ छंद

3.37

विभावसुः सारथिनेव वायुना घनव्यपायेन गभस्थिमानिव ।
बभूव तेनातितरां सुदुःसहः कटप्रभेदेन करीव पार्थिवः ॥

वंशस्थ छंद (ज त ज र)

विभाव	सुःसार	थिनेव	वायुना	
। ऽ ।	ऽ ऽ ।	। ऽ ।	ऽ । ऽ	वंशस्थ छंद
घनव्य	पायेन	गभस्थि	मानिव	
। ऽ ।	ऽ ऽ ।	। ऽ ।	ऽ । ऽ *	वंशस्थ छंद
बभूव	तेनाति	तरांसु	दुःसहः	
। ऽ ।	ऽ ऽ ।	। ऽ ।	ऽ । ऽ	वंशस्थ छंद

कटप्र	भेदेन	करीव	पार्थिवः	
। ऽ ।	ऽ ऽ ।	। ऽ ।	ऽ । ऽ	वंशस्थ छंद

3.38

नियुज्य तं होमतुरंगरक्षणे धनुर्धरं राजसुतैरनुद्रुतम् ।
अपूर्णमेकेन शतक्रतूपमः शतं क्रतूनामपविघ्नमाप सः ॥

वंशस्थ छंद (ज त ज र)

नियुज्य	तंहोम	तुरंग	रक्षणे	
। ऽ ।	ऽ ऽ ।	। ऽ ।	ऽ । ऽ	वंशस्थ छंद
धनुर्ध	रंराज	सुतैर	नुद्रुतम्	
। ऽ ।	ऽ ऽ ।	। ऽ ।	ऽ । ऽ	वंशस्थ छंद
अपूर्ण	मेकेन	शतक्र	तूपमः	
। ऽ ।	ऽ ऽ ।	। ऽ ।	ऽ । ऽ	वंशस्थ छंद
शतंक्र	तूनाम	पविघ्न	मापसः	
। ऽ ।	ऽ ऽ ।	। ऽ ।	ऽ । ऽ	वंशस्थ छंद

3.39

ततः परं तेन मखाय यज्वना तुरंगमुत्सृष्टमनर्गलं पुनः ।
धनुर्भृतामग्रत एव रक्षिणां जहार शक्रः किल गूढविग्रहः ॥

वंशस्थ छंद (ज त ज र)

ततःप	रंतेन	मखाय	यज्वना	
। ऽ ।	ऽ ऽ ।	। ऽ ।	ऽ । ऽ	वंशस्थ छंद
तुरंग	मुत्सृष्ट	मनर्ग	लंपुनः	
। ऽ ।	ऽ ऽ ।	। ऽ ।	ऽ । ऽ	वंशस्थ छंद
धनुर्भृ	तामग्र	तएव	रक्षिणां	
। ऽ ।	ऽ ऽ ।	। ऽ ।	ऽ । ऽ	वंशस्थ छंद
जहार	शक्रःकि	लगूढ	विग्रहः	

। ऽ ।	ऽ ऽ ।	। ऽ ।	ऽ । ऽ	वंशस्थ छंद

3.40

विषादलुप्तप्रतिपत्ति विस्मितं कुमारसैन्यं सपदि स्थितं च तत् ।
वसिष्ठधेनुश्च यदृच्छयागता श्रुतप्रभावा ददृशेऽथ नन्दिनी ॥

वंशस्थ छंद (ज त ज र)

विषाद	लुप्तप्र	तिपत्ति	विस्मितं	
। ऽ ।	ऽ ऽ ।	। ऽ ।	ऽ । ऽ	वंशस्थ छंद
कुमार	सैन्यंस	पदिस्थि	तंचतत्	
। ऽ ।	ऽ ऽ ।	। ऽ ।	ऽ । ऽ	वंशस्थ छंद
वसिष्ठ	धेनुश्च	यदृच्छ	यागता	
। ऽ ।	ऽ ऽ ।	। ऽ ।	ऽ । ऽ	वंशस्थ छंद
श्रुतप्र	भावाद	दृशेथ	नन्दिनी	
। ऽ ।	ऽ ऽ ।	। ऽ ।	ऽ । ऽ	वंशस्थ छंद

3.41

तदङ्गनिस्यन्दजलेन लोचने प्रमृज्य पुण्येन पुरस्कृतः सताम् ।
अतीन्द्रियेष्वप्युपपन्नदर्शनो बभूव भावेषु दिलीपनन्दनः ॥

वंशस्थ छंद (ज त ज र)

तदङ्ग	निस्यन्द	जलेन	लोचने	
। ऽ ।	ऽ ऽ ।	। ऽ ।	ऽ । ऽ	
प्रमृज्य	पुण्येन	पुरस्कृ	तःसताम्	वंशस्थ छंद
। ऽ ।	ऽ ऽ ।	। ऽ ।	ऽ । ऽ	
अतीन्द्रि	येष्वप्यु	पपन्न	दर्शनो	वंशस्थ छंद
। ऽ ।	ऽ ऽ ।	। ऽ ।	ऽ । ऽ	
बभूव	भावेषु	दिलीप	नन्दनः	वंशस्थ छंद
। ऽ ।	ऽ ऽ ।	। ऽ ।	ऽ । ऽ	

				वंशस्थ छंद

3.42

स पूर्वतः पर्वतपक्षशातनं ददर्श देवं नरदेवसंभवः ।
पुनः पुनः सूतनिषिद्धचापलं हरन्तमश्वं रथरश्मिसंयुतम् ॥

वंशस्थ छंद (ज त ज र)

सपूर्व	तःपर्व	तपक्ष	शातनं	
। ऽ ।	ऽ ऽ ।	। ऽ ।	ऽ । ऽ	वंशस्थ छंद
ददर्श	देवंन	रदेव	संभवः	
। ऽ ।	ऽ ऽ ।	। ऽ ।	ऽ । ऽ	वंशस्थ छंद
पुनःपु	नःसूत	निषिद्ध	चापलं	
। ऽ ।	ऽ ऽ ।	। ऽ ।	ऽ । ऽ	वंशस्थ छंद
हरन्त	मश्वंर	थरश्मि	संयुतम्	
। ऽ ।	ऽ ऽ ।	। ऽ ।	ऽ । ऽ	वंशस्थ छंद

3.43

शतैस्तमक्ष्णामनिमेषवृत्तिभिर्हरिं विदित्वा हरिभिश्च वाजिभिः ।
अवोचदेनं गगनस्पृशा रघुः स्वरेण धीरेण निवर्तयन्निव ॥

वंशस्थ छंद (ज त ज र)

शतैस्त	मक्ष्णाम	निमेष	वृत्तिभि	
। ऽ ।	ऽ ऽ ।	। ऽ ।	ऽ । ऽ	वंशस्थ छंद
र्हरिंवि	दित्वाह	रिभिश्च	वाजिभिः	
। ऽ ।	ऽ ऽ ।	। ऽ ।	ऽ । ऽ	वंशस्थ छंद
अवोच	देनंग	गनस्पृ	शारघुः	
। ऽ ।	ऽ ऽ ।	। ऽ ।	ऽ । ऽ	वंशस्थ छंद
स्वरेण	धीरेण	निवर्त	यन्निव	
। ऽ ।	ऽ ऽ ।	। ऽ ।	ऽ । ऽ *	वंशस्थ छंद

3.44

मखांशभाजां प्रथमो मनीषिभिस्त्वमेव देवेन्द्र सदा निगद्यसे ।
अजस्रदीक्षाप्रयतस्य मद्‌गुरोः क्रियाविघाताय कथं प्रवर्तसे ॥

वंशस्थ छंद (ज त ज र)

मखांश	भाजांप्र	थमोम	नीषिभि	
।ऽ।	ऽऽ।	।ऽ।	ऽ।ऽ	वंशस्थ छंद
स्त्वमेव	देवेन्द्र	सदानि	गद्यसे	
।ऽ।	ऽऽ।	।ऽ।	ऽ।ऽ	वंशस्थ छंद
अजस्र	दीक्षाप्र	यतस्य	मद्‌गुरोः	
।ऽ।	ऽऽ।	।ऽ।	ऽ।ऽ	वंशस्थ छंद
क्रियावि	घाताय	कथंप्र	वर्तसे	
।ऽ।	ऽऽ।	।ऽ।	ऽ।ऽ	वंशस्थ छंद

3.45

त्रिलोकनाथेन सदा मखद्विषस्त्वया नियम्या ननु दिव्यचक्षुषा ।
स चेत्स्वयं कर्मसु धर्मचारिणां त्वमन्तरायो भवसि च्युतो विधिः ॥

वंशस्थ छंद (ज त ज र)

त्रिलोक	नाथेन	सदाम	खद्विष	
।ऽ।	ऽऽ।	।ऽ।	ऽ।ऽ	वंशस्थ छंद
स्त्वयानि	यम्यान	नुदिव्य	चक्षुषा	
।ऽ।	ऽऽ।	।ऽ।	ऽ।ऽ	वंशस्थ छंद
सचेत्स्व	यंकर्म	सुधर्म	चारिणां	
।ऽ।	ऽऽ।	।ऽ।	ऽ।ऽ	वंशस्थ छंद
त्वमन्त	रायोभ	वसिच्यु	तोविधिः	
।ऽ।	ऽऽ।	।ऽ।	ऽ।ऽ	वंशस्थ छंद

3.46

तदङ्कमग्र्यं मघवन्महाक्रतोरमुं तुरंगं प्रतिमोक्तुमर्हसि ।
पथः श्रुतेर्दर्शयितार ईश्वरा मलीमसामददते न पद्धतिम् ॥

वंशस्थ छंद (ज त ज र)

तदङ्क	मग्र्यंम	घवन्म	हाक्रतो	
।ऽ।	ऽऽ।	।ऽ।	ऽ।ऽ	वंशस्थ छंद
रमुंतु	रंगंप्र	तिमोक्तु	मर्हसि	
।ऽ।	ऽऽ।	।ऽ।	ऽ।ऽ *	वंशस्थ छंद
पथःश्रु	तेर्दर्श	यितार	ईश्वरा	
।ऽ।	ऽऽ।	।ऽ।	ऽ।ऽ	वंशस्थ छंद
मलीम	सामद	दतेन	पद्धतिम्	
।ऽ।	ऽऽ।	।ऽ।	ऽ।ऽ	वंशस्थ छंद

3.47

इति प्रगल्भं रघुणा समीरितं वचो निशम्याधिपतिर्दिवौकसाम् ।
निवर्तयामास रथं सविस्मयः प्रचक्रमे च प्रतिवक्तुमुत्तरम् ॥

वंशस्थ छंद (ज त ज र)

इतिप्र	गल्भंर	घुणास	मीरितं	
।ऽ।	ऽऽ।	।ऽ।	ऽ।ऽ	वंशस्थ छंद
वचोनि	शम्याधि	पतिर्दि	वौकसाम्	
।ऽ।	ऽऽ।	।ऽ।	ऽ।ऽ	वंशस्थ छंद
निवर्त	यामास	रथंस	विस्मयः	
।ऽ।	ऽऽ।	।ऽ।	ऽ।ऽ	वंशस्थ छंद
प्रचक्र	मेचप्र	तिवक्तु	मुत्तरम्	
।ऽ।	ऽऽ।	।ऽ।	ऽ।ऽ	वंशस्थ छंद

3.48

यदात्थ राजन्यकुमार तत्तथा यशस्तु रक्ष्यं परतो यशोधनैः ।

जगत्प्रकाशं तदशेषमिज्यया भवद्गुरुर्लङ्घयितुं ममोद्यतः ॥

वंशस्थ छंद (ज त ज र)

यदात्थ	राजन्य	कुमार	तत्तथा	
। ऽ ।	ऽ ऽ ।	। ऽ ।	ऽ । ऽ	वंशस्थ छंद
यशस्तु	रक्ष्यंप	रतोय	शोधनैः	
। ऽ ।	ऽ ऽ ।	। ऽ ।	ऽ । ऽ	वंशस्थ छंद
जगत्प्र	काशंत	दशेष	मिज्यया	
। ऽ ।	ऽ ऽ ।	। ऽ ।	ऽ । ऽ	वंशस्थ छंद
भवद्गु	रुर्लङ्घ	यितुंम	मोद्यतः	
। ऽ ।	ऽ ऽ ।	। ऽ ।	ऽ । ऽ	वंशस्थ छंद

3.49

हरिर्यथैकः पुरुषोत्तमः स्मृतो महेश्वरस्त्र्यम्बक एव नापरः ।
तथा विदुर्मां मुनयः शतक्रतुं द्वितीयगामी न हि शब्द एष नः ॥

वंशस्थ छंद (ज त ज र)

हरिर्य	थैकःपु	रुषोत्त	मःस्मृतो	
। ऽ ।	ऽ ऽ ।	। ऽ ।	ऽ । ऽ	वंशस्थ छंद
महेश्व	रस्त्र्यम्ब	कएव	नापरः	
। ऽ ।	ऽ ऽ ।	। ऽ ।	ऽ । ऽ	वंशस्थ छंद
तथावि	दुर्मांमु	नयःश	तक्रतुं	
। ऽ ।	ऽ ऽ ।	। ऽ ।	ऽ । ऽ	वंशस्थ छंद
द्वितीय	गामीन	हिशब्द	एषनः	
। ऽ ।	ऽ ऽ ।	। ऽ ।	ऽ । ऽ	वंशस्थ छंद

3.50

अतोऽयमश्वः कपिलानुकारिणा पितुस्त्वदीयस्य मयापहारितः ।
अलं प्रयत्नेन तवात्र मा निधाः पदं पदव्यां सगरस्य संततेः ॥

वंशस्थ छंद (ज त ज र)

अतोय	मश्वःक	पिलानु	कारिणा	
। ऽ ।	ऽ ऽ ।	। ऽ ।	ऽ । ऽ	वंशस्थ छंद
पितुस्त्व	दीयस्य	मयाप	हारितः	
। ऽ ।	ऽ ऽ ।	। ऽ ।	ऽ । ऽ	वंशस्थ छंद
अलंप्र	यत्नेन	तवात्र	मानिधाः	
। ऽ ।	ऽ ऽ ।	। ऽ ।	ऽ । ऽ	वंशस्थ छंद
पदंप	दव्यांस	गरस्य	संततेः	
। ऽ ।	ऽ ऽ ।	। ऽ ।	ऽ । ऽ	वंशस्थ छंद

3.51

ततः प्रहास्यापभयः पुरन्दरं पुनर्बभाषे तुरगस्य रक्षिता ।
गृहाण शस्त्रं यदि सर्ग एष ते न खल्वनिर्जित्य रघुं कृती भवान् ॥

वंशस्थ छंद (ज त ज र)

ततःप्र	हास्याप	भयःपु	रन्दरं	
। ऽ ।	ऽ ऽ ।	। ऽ ।	ऽ । ऽ	वंशस्थ छंद
पुनर्ब	भाषेतु	रगस्य	रक्षिता	
। ऽ ।	ऽ ऽ ।	। ऽ ।	ऽ । ऽ	वंशस्थ छंद
गृहाण	शस्त्रंय	दिसर्ग	एषते	
। ऽ ।	ऽ ऽ ।	। ऽ ।	ऽ । ऽ	वंशस्थ छंद
नखल्व	निर्जित्य	रघुंकृ	तीभवान्	
। ऽ ।	ऽ ऽ ।	। ऽ ।	ऽ । ऽ	वंशस्थ छंद

3.52

स एवमुक्त्वा मघवन्तमुन्मुखः करिष्यमाणः सशरं शरासनम् ।
अतिष्ठदालीढविशेषशोभिना वपुःप्रकर्षेण विडम्बितेश्वरः ॥

वंशस्थ छंद (ज त ज र)

सएव	मुक्त्वाम	घवन्त	मुन्मुखः	
। ऽ ।	ऽ ऽ ।	। ऽ ।	ऽ । ऽ	वंशस्थ छंद
करिष्य	माणःस	शरंश	रासनम्	
। ऽ ।	ऽ ऽ ।	। ऽ ।	ऽ । ऽ	वंशस्थ छंद
अतिष्ठ	दालीढ	विशेष	शोभिना	
। ऽ ।	ऽ ऽ ।	। ऽ ।	ऽ । ऽ	वंशस्थ छंद
वपुःप्र	कर्षेण	विडम्बि	तेश्वरः	
। ऽ ।	ऽ ऽ ।	। ऽ ।	ऽ । ऽ	वंशस्थ छंद

3.53

रघोरवष्टम्भमयेन पत्रिणा हृदि क्षतो गोत्रभिदप्यमर्षणः ।
नवाम्बुदानीकमुहूर्तलाञ्छने धनुष्यमोघं समधत्त सायकम् ॥

वंशस्थ छंद (ज त ज र)

रघोर	वष्टम्भ	मयेन	पत्रिणा	
। ऽ ।	ऽ ऽ ।	। ऽ ।	ऽ । ऽ	वंशस्थ छंद
हृदिक्ष	तोगोत्र	भिदप्य	मर्षणः	
। ऽ ।	ऽ ऽ ।	। ऽ ।	ऽ । ऽ	वंशस्थ छंद
नवाम्बु	दानीक	मुहूर्त	लाञ्छने	
। ऽ ।	ऽ ऽ ।	। ऽ ।	ऽ । ऽ	वंशस्थ छंद
धनुष्य	मोघंस	मधत्त	सायकम्	
। ऽ ।	ऽ ऽ ।	। ऽ ।	ऽ । ऽ	वंशस्थ छंद

3.54

दिलीपसूनोः स बृहद्भुजान्तरं प्रविश्य भीमासुरशोणितोचितः ।
पपावनास्वादितपूर्वमाशुगः कुतूहलेनेव मनुष्यशोणितम् ॥

वंशस्थ छंद (ज त ज र)

दिलीप	सूनोःस	बृहद्भु	जान्तरं	

। ऽ ।	ऽ ऽ ।	। ऽ ।	ऽ । ऽ	वंशस्थ छंद
प्रविश्य	भीमासु	रशोणि	तोचितः	
। ऽ ।	ऽ ऽ ।	। ऽ ।	ऽ । ऽ	वंशस्थ छंद
पपाव	नास्वादि	तपूर्व	माशुगः	
। ऽ ।	ऽ ऽ ।	। ऽ ।	ऽ । ऽ	वंशस्थ छंद
कुतूह	लेनेव	मनुष्य	शोणितम्	
। ऽ ।	ऽ ऽ ।	। ऽ ।	ऽ । ऽ	वंशस्थ छंद

3.55

हरेः कुमारोऽपि कुमारविक्रमः सुरद्विपास्फालनकर्कशाङ्गुलौ ।
भुजे शचीपत्रविशेषकाङ्किते स्वनामचिह्नं निचखान सायकम् ॥

वंशस्थ छंद (ज त ज र)

हरेःकु	मारोपि	कुमार	विक्रमः	
। ऽ ।	ऽ ऽ ।	। ऽ ।	ऽ । ऽ	वंशस्थ छंद
सुरद्वि	पास्फाल	नकर्क	शाङ्गुलौ	
। ऽ ।	ऽ ऽ ।	। ऽ ।	ऽ । ऽ	वंशस्थ छंद
भुजेश	चीपत्र	विशेष	काङ्किते	
। ऽ ।	ऽ ऽ ।	। ऽ ।	ऽ । ऽ	वंशस्थ छंद
स्वनाम	चिह्नंनि	चखान	सायकम्	
। ऽ ।	ऽ ऽ ।	। ऽ ।	ऽ । ऽ	वंशस्थ छंद

3.56

जहार चान्येन मयूरपत्रिणा शरेण शक्रस्य महाशनिध्वजम् ।
चुकोप तस्मै स भृशं सुरश्रियः प्रसह्य केशव्यपरोपणादिव ॥

वंशस्थ छंद (ज त ज र)

जहार	चान्येन	मयूर	पत्रिणा	
। ऽ ।	ऽ ऽ ।	। ऽ ।	ऽ । ऽ	वंशस्थ छंद

शरेण	शक्रस्य	महाश	निध्वजम्	
। ऽ ।	ऽ ऽ ।	। ऽ ।	ऽ । ऽ	वंशस्थ छंद
चुकोप	तस्मैस	भृशंसु	रश्रियः	
। ऽ ।	ऽ ऽ ।	। ऽ ।	ऽ । ऽ	वंशस्थ छंद
प्रसह्य	केशव्य	परोप	णादिव	
। ऽ ।	ऽ ऽ ।	। ऽ ।	ऽ । ऽ *	वंशस्थ छंद

3.57

तयोरुपान्तस्थितसिद्धसैनिकं गरुत्मदाशीविषभीमदर्शनैः ।
बभूव युद्धं तुमुलं जयैषिणोरधोमुखैरूर्ध्वमुखैश्च पत्रिभिः ॥

वंशस्थ छंद (ज त ज र)

तयोरु	पान्तस्थि	तसिद्ध	सैनिकं	
। ऽ ।	ऽ ऽ ।	। ऽ ।	ऽ । ऽ	वंशस्थ छंद
गरुत्म	दाशीवि	षभीम	दर्शनैः	
। ऽ ।	ऽ ऽ ।	। ऽ ।	ऽ । ऽ	वंशस्थ छंद
बभूव	युद्धंतु	मुलंज	यैषिणो	
। ऽ ।	ऽ ऽ ।	। ऽ ।	ऽ । ऽ	वंशस्थ छंद
रधोमु	खैरूर्ध्व	मुखैश्च	पत्रिभिः	
। ऽ ।	ऽ ऽ ।	। ऽ ।	ऽ । ऽ	वंशस्थ छंद

3.58

अतिप्रबन्धप्रहितास्त्रवृष्टिभिस्तमाश्रयं दुष्प्रसहस्य तेजसः ।
शशाक निर्वापयितुं न वासवः स्वतश्च्युतं वह्निमिवाद्भिरम्बुदः ॥

वंशस्थ छंद (ज त ज र)

अतिप्र	बन्धप्र	हितास्त्र	वृष्टिभि	
। ऽ ।	ऽ ऽ ।	। ऽ ।	ऽ । ऽ	वंशस्थ छंद
स्तमाश्र	यंदुष्प्र	सहस्य	तेजसः	

। ऽ ।	ऽ ऽ ।	। ऽ ।	ऽ । ऽ	वंशस्थ छंद
शशाक	निर्वाप	यितुंन	वासवः	
। ऽ ।	ऽ ऽ ।	। ऽ ।	ऽ । ऽ	वंशस्थ छंद
स्वतश्च्यु	तंवह्निन	मिवाद्भि	रम्बुदः	
। ऽ ।	ऽ ऽ ।	। ऽ ।	ऽ । ऽ	वंशस्थ छंद

3.59

ततः प्रकोष्ठे हरिचन्दनाङ्किते प्रमथ्यमानार्णवधीरनादिनीम् ।
रघुः शशाङ्कार्धमुखेन पत्रिणा शरासनज्यामलुनाद्बिडौजसः ॥

वंशस्थ छंद (ज त ज र)

ततःप्र	कोष्ठेह	रिचन्द	नाङ्किते	
। ऽ ।	ऽ ऽ ।	। ऽ ।	ऽ । ऽ	वंशस्थ छंद
प्रमथ्य	मानार्ण	वधीर	नादिनीम्	
। ऽ ।	ऽ ऽ ।	। ऽ ।	ऽ । ऽ	वंशस्थ छंद
रघुःश	शाङ्कार्ध	मुखेन	पत्रिणा	
। ऽ ।	ऽ ऽ ।	। ऽ ।	ऽ । ऽ	वंशस्थ छंद
शरास	नज्याम	लुनाद्बि	डौजसः	
। ऽ ।	ऽ ऽ ।	। ऽ ।	ऽ । ऽ	वंशस्थ छंद

3.60

स चापमुत्सृज्य विवृद्धमत्सरः प्रणाशनाय प्रबलस्य विद्विषः ।
महीध्रपक्षव्यपरोपणोचितं स्फुरत्प्रभामण्डलमस्त्रमाददे ॥

वंशस्थ छंद (ज त ज र)

सचाप	मुत्सृज्य	विवृद्ध	मत्सरः	
। ऽ ।	ऽ ऽ ।	। ऽ ।	ऽ । ऽ	वंशस्थ छंद
प्रणाश	नायप्र	बलस्य	विद्विषः	
। ऽ ।	ऽ ऽ ।	। ऽ ।	ऽ । ऽ	वंशस्थ छंद

महीध्र	पक्षव्य	परोप	णोचितं	
।ऽ।	ऽऽ।	।ऽ।	ऽ।ऽ	वंशस्थ छंद
स्फुरत्प्र	भामण्ड	लमस्त्र	माददे	
।ऽ।	ऽऽ।	।ऽ।	ऽ।ऽ	वंशस्थ छंद

3.61

रघुर्भृशं वक्षसि तेन ताडितः पपात भूमौ सह सैनिकाश्रुभिः ।
निमेषमात्रादवधूय च व्यथां सहोत्थितः सैनिकहर्षनिस्वनैः ॥

वंशस्थ छंद (ज त ज र)

रघुर्भृ	शंवक्ष	सितेन	ताडितः	
।ऽ।	ऽऽ।	।ऽ।	ऽ।ऽ	वंशस्थ छंद
पपात	भूमौस	हसैनि	काश्रुभिः	
।ऽ।	ऽऽ।	।ऽ।	ऽ।ऽ	वंशस्थ छंद
निमेष	मात्राद	वधूय	चव्यथां	
।ऽ।	ऽऽ।	।ऽ।	ऽ।ऽ	वंशस्थ छंद
सहोत्थि	तःसैनि	कहर्ष	निस्वनैः	
।ऽ।	ऽऽ।	।ऽ।	ऽ।ऽ	वंशस्थ छंद

3.62

तथापि शस्त्रव्यवहारनिष्ठुरे विपक्षभावे चिरमस्य तस्थुषः ।
तुतोष वीर्यातिशयेन वृत्रहा पदं हि सर्वत्र गुणैर्निधीयते ॥

वंशस्थ छंद (ज त ज र)

तथापि	शस्त्रव्य	वहार	निष्ठुरे	
।ऽ।	ऽऽ।	।ऽ।	ऽ।ऽ	वंशस्थ छंद
विपक्ष	भावेचि	रमस्य	तस्थुषः	
।ऽ।	ऽऽ।	।ऽ।	ऽ।ऽ	वंशस्थ छंद
तुतोष	वीर्याति	शयेन	वृत्रहा	

कालिदास के बृहत् महाकाव्य रघुवंश की छंद मीमांसा

। ऽ ।	ऽ ऽ ।	। ऽ ।	ऽ । ऽ	वंशस्थ छंद
पदंहि	सर्वत्र	गुणैर्नि	धीयते	
। ऽ ।	ऽ ऽ ।	। ऽ ।	ऽ । ऽ	वंशस्थ छंद

3.63

असङ्गमद्रिष्वपि सारवत्तया न मे त्वदन्येन विसोढमायुधम् ।
अवेहि मां प्रीतमृते तुरङ्गमात्किमिच्छसीति स्फुटमाह वासवः ॥

वंशस्थ छंद (ज त ज र)

असङ्ग	मद्रिष्व	पिसार	वत्तया	
। ऽ ।	ऽ ऽ ।	। ऽ ।	ऽ । ऽ	वंशस्थ छंद
नमेत्व	दन्येन	विसोढ	मायुधम्	
। ऽ ।	ऽ ऽ ।	। ऽ ।	ऽ । ऽ	वंशस्थ छंद
अवेहि	मांप्रीत	मृतेतु	रङ्गमा	
। ऽ ।	ऽ ऽ ।	। ऽ ।	ऽ । ऽ	वंशस्थ छंद
त्किमिच्छ	सीतिस्फु	टमाह	वासवः	
। ऽ ।	ऽ ऽ ।	। ऽ ।	ऽ । ऽ	वंशस्थ छंद

3.64

ततो निषङ्गादसमग्रमुधृतं सुवर्णपुङ्खद्युतिरञ्जिताङ्गुलिम् ।
नरेन्द्रसूनुः प्रतिसंहरन्निषुं प्रियंवदः प्रत्यवदत्सुरेश्वरम् ॥

वंशस्थ छंद (ज त ज र)

ततोनि	षङ्गाद	समग्र	मुधृतं	
। ऽ ।	ऽ ऽ ।	। ऽ ।	ऽ । ऽ	वंशस्थ छंद
सुवर्ण	पुङ्खद्यु	तिरञ्जि	ताङ्गुलिम्	
। ऽ ।	ऽ ऽ ।	। ऽ ।	ऽ । ऽ	वंशस्थ छंद
नरेन्द्र	सूनुःप्र	तिसंह	रन्निषुं	
। ऽ ।	ऽ ऽ ।	। ऽ ।	ऽ । ऽ	वंशस्थ छंद

प्रियंव	दःप्रत्य	वदत्सु	रेश्वरम्	
।ऽ।	ऽऽ।	।ऽ।	ऽ।ऽ	वंशस्थ छंद

3.65

अमोच्यमश्वं यदि मन्यसे प्रभो ततः समाप्ते विधिनैव कर्मणि ।
अजस्रदीक्षाप्रयतः स मद्गुरुः क्रतोरशेषेण फलेन युज्यताम् ॥

वंशस्थ छंद (ज त ज र)

अमोच्य	मश्वंय	दिमन्य	सेप्रभो	
।ऽ।	ऽऽ।	।ऽ।	ऽ।ऽ	वंशस्थ छंद
ततःस	माप्तेवि	धिनैव	कर्मणि	
।ऽ।	ऽऽ।	।ऽ।	ऽ।ऽ *	वंशस्थ छंद
अजस्र	दीक्षाप्र	यतःस	मद्गुरुः	
।ऽ।	ऽऽ।	।ऽ।	ऽ।ऽ	वंशस्थ छंद
क्रतोर	शेषेण	फलेन	युज्यताम्	
।ऽ।	ऽऽ।	।ऽ।	ऽ।ऽ	वंशस्थ छंद

3.66

यथा स वृत्तान्तमिमं सदोगतस्त्रिलोचनैकांशतया दुरासदः ।
तवैव संदेशहराद्विशांपतिः शृणोति लोकेश तथा विधीयताम् ॥

वंशस्थ छंद (ज त ज र)

यथास	वृत्तान्त	मिमंस	दोगत	
।ऽ।	ऽऽ।	।ऽ।	ऽ।ऽ	वंशस्थ छंद
स्त्रिलोच	नैकांश	तयादु	रासदः	
।ऽ।	ऽऽ।	।ऽ।	ऽ।ऽ	वंशस्थ छंद
तवैव	संदेश	हराद्वि	शांपतिः	
।ऽ।	ऽऽ।	।ऽ।	ऽ।ऽ	वंशस्थ छंद
शृणोति	लोकेश	तथावि	धीयताम्	

। ऽ ।	ऽ ऽ ।	। ऽ ।	ऽ । ऽ	वंशस्थ छंद

3.67

तथेति कामं प्रतिशुश्रुवान्रघोर्यथागतं मातलिसारथिर्ययौ ।
नृपस्य नातिप्रमनाः सदोगृहं सुदक्षिणासूनुरपि न्यवर्तत ॥

वंशस्थ छंद (ज त ज र)

तथेति	कामंप्र	तिशुश्रु	वान्रघो	
। ऽ ।	ऽ ऽ ।	। ऽ ।	ऽ । ऽ	वंशस्थ छंद
र्यथाग	तंमात	लिसार	थिर्ययौ	
। ऽ ।	ऽ ऽ ।	। ऽ ।	ऽ । ऽ	वंशस्थ छंद
नृपस्य	नातिप्र	मनाःस	दोगृहं	
। ऽ ।	ऽ ऽ ।	। ऽ ।	ऽ । ऽ	वंशस्थ छंद
सुदक्षि	णासूनु	रपिन्य	वर्तत	
। ऽ ।	ऽ ऽ ।	। ऽ ।	ऽ । ऽ *	वंशस्थ छंद

3.68

तमभ्यनन्दत्प्रथमं प्रबोधितः प्रजेश्वरः शासनहारिणा हरेः ।
परामृशन्हर्षजडेन पाणिना तदीयमङ्गं कुलिशव्रणाङ्कितम् ॥

वंशस्थ छंद (ज त ज र)

तमभ्य	नन्दत्प्र	थमंप्र	बोधितः	
। ऽ ।	ऽ ऽ ।	। ऽ ।	ऽ । ऽ	वंशस्थ छंद
प्रजेश्व	रःशास	नहारि	णाहरेः	
। ऽ ।	ऽ ऽ ।	। ऽ ।	ऽ । ऽ	वंशस्थ छंद
परामृ	शन्हर्ष	जडेन	पाणिना	
। ऽ ।	ऽ ऽ ।	। ऽ ।	ऽ । ऽ	वंशस्थ छंद
तदीय	मङ्गंकु	लिशव्र	णाङ्कितम्	
। ऽ ।	ऽ ऽ ।	। ऽ ।	ऽ । ऽ	वंशस्थ छंद

3.69

इति क्षितीशो नवतिं नवाधिकां महाक्रतूनां महनीयशासनः ।
समारुरुक्षुर्दिवमायुषः क्षये ततान सोपानपरम्परामिव ॥

वंशस्थ छंद (ज त ज र)

इतिक्षि	तीशोन	वतिंन	वाधिकां
। ऽ ।	ऽ ऽ ।	। ऽ ।	ऽ । ऽ
महाक्र	तूनांम	हनीय	शासनः
। ऽ ।	ऽ ऽ ।	। ऽ ।	ऽ । ऽ
समारु	रुक्षुर्दि	वमायु	षःक्षये
। ऽ ।	ऽ ऽ ।	। ऽ ।	ऽ । ऽ
ततान	सोपान	परम्प	रामिव
। ऽ ।	ऽ ऽ ।	। ऽ ।	ऽ । ऽ *

3.70

अथ स विषयव्यावृत्तात्मा यथाविधि सूनवे
नृपतिककुदं दत्त्वा यूने सितातपवारणम् ।
मुनिवनतरुच्छायां देव्या तया सह शिश्रिये
गलितवयसामिक्ष्वाकूणामिदं हि कुलव्रतम् ॥

हरिणी छंद (न स म र स ल ग)

अथस	विषय	व्यावृत्ता	त्मायथा	विधिसू	नवे
। । ।	। । ऽ	ऽ ऽ ऽ	ऽ । ऽ	। । ऽ	। ऽ
नृपति	ककुदं	दत्त्वायू	नेसिता	तपवा	रणम्
। । ।	। । ऽ	ऽ ऽ ऽ	ऽ । ऽ	। । ऽ	। ऽ
मुनिव	नतरु	च्छायांदे	व्यातया	सहशि	श्रिये
। । ।	। । ऽ	ऽ ऽ ऽ	ऽ । ऽ	। । ऽ	। ऽ
गलित	वयसा	मिक्ष्वाकू	णामिदं	हिकुल	व्रतम्
। । ।	। । ऽ	ऽ ऽ ऽ	ऽ । ऽ	। । ऽ	। ऽ

॥ इति श्रीकालिदासकृते रघुवंशे महाकाव्ये राज्याभिषेको नाम तृतीयः सर्गः ॥

रघुवंश सर्ग - 4

* विश्वजित् यज्ञ *

4.1

स राज्यं गुरुणा दत्तं प्रतिपद्याधिकं बभौ ।
दिनान्ते निहितं तेजः सवित्रेव हुताशनः ॥

अनुष्टुभ् श्लोक छंद

सराज्यं	गुरुणा	दत्तं	य स ग ग
। ऽ ऽ	। । ऽ	ऽ ऽ	मनोला छंद
प्रतिप	द्याधिकं	बभौ	स र ल ग
। । ऽ	ऽ । ऽ	। ऽ	शलुकलुप्त छंद
दिनान्ते	निहितं	तेजः	य स ग ग
। ऽ ऽ	। । ऽ	ऽ ऽ	मनोला छंद
सवित्रे	वहुता	शनः	य स ल ग
। ऽ ऽ	। । ऽ	। ऽ	अपरिचित छंद

4.2

दिलीपानन्तरं राज्ये तं निशम्य प्रतिष्ठितम् ।
पूर्वं प्रधूमितो राज्ञां हृदयेऽग्निरिवोत्थितः ॥

अनुष्टुभ् श्लोक छंद

दिलीपा	नन्तरं	राज्ये	य र ग ग

।ऽऽ	ऽ।ऽ	ऽऽ	कुलाधारी छंद
तंनिश	म्यप्रति	ष्ठितम्	र र ल ग
ऽ।ऽ	ऽ।ऽ	।ऽ	हेमरूप छंद
पूर्वंप्र	धूमितो	राज्ञां	त र ग ग
ऽऽ।	ऽ।ऽ	ऽऽ	विभा छंद
हृदये	ग्निरिवो	त्थितः	स स ल ग
।।ऽ	।।ऽ	।ऽ	मही छंद

4.3

पुरुहूतध्वजस्येव तस्यून्नयनपङ्क्तयः ।
नवाभ्युत्थानदर्शिन्यो ननन्दुः सप्रजाः प्रजाः ॥

अनुष्टुभ् श्लोक छंद

पुरुहू	तध्वज	स्येव	स र ग ल
।।ऽ	ऽ।ऽ	ऽ।	वलीकेन्दु छंद
तस्यून्न	यनप	ङ्क्तयः	त स ल ग
ऽऽ।	।।ऽ	।ऽ	पथ्यावक्त्रा छंद
नवाभ्यु	त्थानद	र्शिन्यो	य र ग ग
।ऽऽ	ऽ।ऽ	ऽऽ	कुलाधारी छंद
ननन्दुः	सप्रजाः	प्रजाः	स र ल ग
।।ऽ	ऽ।ऽ	।ऽ	शलुकलुप्त छंद

4.4

सममेव समाक्रान्तं द्वयं द्विरदगामिना ।
तेन सिंहासनं पित्र्यमखिलं चारिमण्डलम् ॥

अनुष्टुभ् श्लोक छंद

सममे	वसमा	क्रान्तं	स स ग ग
।।ऽ	।।ऽ	ऽऽ	पंचशिखा छंद
द्वयंद्वि	रदगा	मिना	ज स ल ग

। ऽ ।	। । ऽ	। ऽ	अपरिचित छंद
तेनसिं	हासनं	पित्र्य	र र ग ल
ऽ । ऽ	ऽ । ऽ	ऽ ।	लक्ष्मी छंद
मखिलं	चारिम	ण्डलम्	स र ल ग
। । ऽ	ऽ । ऽ	। ऽ	शलुकलुप्त छंद

4.5

छायामण्डललक्ष्येण तमदृश्या किल स्वयम् ।
पद्मा पद्मातपत्रेण भेजे साम्राज्यदीक्षितम् ॥

अनुष्टुभ् श्लोक छंद

छायाम	ण्डलल	क्ष्येण	म स ग ल
ऽ ऽ ऽ	। । ऽ	ऽ ।	वक्त्र छंद
तमदृ	श्याकिल	स्वयम्	स र ल ग
। । ऽ	ऽ । ऽ	। ऽ	शलुकलुप्त छंद
पद्माप	द्मातप	त्रेण	म र ग ल
ऽ ऽ ऽ	ऽ । ऽ	ऽ ।	मधुमालती छंद
भेजेसा	म्राज्यदी	क्षितम्	म त ल ग
ऽ ऽ ऽ	ऽ ऽ ।	। ऽ	पथ्यावक्त्र छंद

4.6

परिकल्पितसांनिध्या काले काले च बन्दिषु ।
स्तुत्यं स्तुतिभिरर्थ्याभिरुपतस्थे सरस्वती ॥

अनुष्टुभ् श्लोक छंद

परिक	ल्पितसां	निध्या	स स ग ग
। । ऽ	। । ऽ	ऽ ऽ	पंचशिखा छंद
कालेका	लेचब	न्दिषु	म र ल ग
ऽ ऽ ऽ	ऽ । ऽ	। ऽ *	क्षमा छंद
स्तुत्यंस्तु	तिभिर	र्थ्याभि	त स ग ल

ऽ ऽ ।	। । ऽ	ऽ ।	श्यामा छंद
रुपत	स्थेसर	स्वती	स र ल ग
। । ऽ	ऽ । ऽ	। ऽ	शलुकलुप्त छंद

4.7

मनुप्रभृतिभिर्मान्यैर्भुक्ता यद्यपि राजभिः ।
तथाप्यनन्यपूर्वेव तस्मिन्नासीद्वसुंधरा ॥

अनुष्टुभ् श्लोक छंद

मनुप्र	भृतिभि	र्मान्यै	ज स ग ग
। ऽ ।	। । ऽ	ऽ ऽ	भांर्गी छंद
र्भुक्ताय	द्यपिरा	जभिः	म स ल ग
ऽ ऽ ऽ	। । ऽ	। ऽ	पथ्यावक्त्रा छंद
तथाप्य	नन्यपू	र्वेव	ज र ग ल
। ऽ ।	ऽ । ऽ	ऽ ।	सुचंद्रप्रभा छंद
तस्मिन्ना	सीद्वसुं	धरा	म र ल ग
ऽ ऽ ऽ	ऽ । ऽ	। ऽ	क्षमा छंद

4.8

स हि सर्वस्य लोकस्य युक्तदण्डतया मनः ।
आददे नातिशीतोष्णो नभस्वानिव दक्षिणः ॥

अनुष्टुभ् श्लोक छंद

सहिस	र्वस्यलो	कस्य	स र ग ल
। । ऽ	ऽ । ऽ	ऽ ।	वलीकेन्दु छंद
युक्तद	ण्डतया	मनः	र स ल ग
ऽ । ऽ	। । ऽ	। ऽ	पथ्यावक्त्रा छंद
आददे	नातिशी	तोष्णो	र र ग ग
ऽ । ऽ	ऽ । ऽ	ऽ ऽ	पद्ममाला छंद
नभस्वा	निवद	क्षिणः	य स ल ग

। ऽ ऽ	। । ऽ	। ऽ	अपरिचित छंद

4.9

मन्दोत्कण्ठाः कृतास्तेन गुणाधिकतया गुरौ ।
फलेन सहकारस्य पुष्पोद्गम इव प्रजाः ॥

अनुष्टुभ् श्लोक छंद

मन्दोत्क	ण्ठाःकृता	स्तेन	य र ग ल
। ऽ ऽ	ऽ । ऽ	ऽ ।	सुचंद्रभा छंद
गुणाधि	कतया	गुरौ	ज स ल ग
। ऽ ।	। । ऽ	। ऽ	अपरिचित छंद
फलेन	सहका	रस्य	ज स ग ल
। ऽ ।	। । ऽ	ऽ ।	भांर्गी छंद
पुष्पोद्ग	मइव	प्रजाः	त स ल ग
ऽ ऽ ।	। । ऽ	। ऽ	पथ्यावक्त्र छंद

4.10

नयविद्भिर्नवे राज्ञि सदसच्चोपदर्शितम् ।
पूर्व एवाभवत्पक्षस्तस्मिन्नाभवदुत्तरः ॥

अनुष्टुभ् श्लोक छंद

नयवि	द्भिर्नवे	राज्ञि	स र ग ल
। । ऽ	ऽ । ऽ	ऽ ।	वलीकेन्दु छंद
सदस	च्चोपद	र्शितम्	स र ल ग
। । ऽ	ऽ । ऽ	। ऽ	शलुकलुप्त छंद
पूर्वए	वाभव	त्पक्ष	र र ग ग
ऽ । ऽ	ऽ । ऽ	ऽ ऽ	पद्ममाला छंद
स्तस्मिन्ना	भवदु	त्तरः	म स ल ग
ऽ ऽ ऽ	। । ऽ	। ऽ	पथ्यावक्त्र छंद

4.11

पञ्चानामपि भूतानामुत्कर्षं पुपुषुर्गुणाः ।
नवे तस्मिन्महीपाले सर्वं नवमिवाभवत् ॥

अनुष्टुभ् श्लोक छंद

पञ्चाना	मपिभू	ताना	म स ग ग
ऽ ऽ ऽ	। । ऽ	ऽ ऽ	वक्त्र छंद
मुत्कर्षं	पुपुषु	र्गुणाः	म स ल ग
ऽ ऽ ऽ	। । ऽ	। ऽ	पथ्यावक्त्र छंद
नवेत	स्मिन्मही	पाले	य र ग ग
। ऽ ऽ	ऽ । ऽ	ऽ ऽ	कुलाधारी छंद
सर्वंन	वमिवा	भवत्	त स ल ग
ऽ ऽ ।	। । ऽ	। ऽ	पथ्यावक्त्र छंद

4.12

यथा प्रह्लादनाच्चन्द्रः प्रतापात्तपनो यथा ।
तथैव सोऽभूदन्वर्थो राजा प्रकृतिरञ्जनात् ॥

श्लोकेतर अनुष्टुभ् छंद

यथाप्र	ह्लादना	च्चन्द्रः	य र ग ग
। ऽ ऽ	ऽ । ऽ	ऽ ऽ	कुलाधारी छंद
प्रतापा	त्तपनो	यथा	य स ल ग
। ऽ ऽ	। । ऽ	। ऽ	अपरिचित छंद
तथैव	सोभूद	न्वर्थो	ज म ग ग
। ऽ ।	ऽ ऽ ऽ	ऽ ऽ	अपरिचित छंद
राजाप्र	कृतिर	ञ्जनात्	त स ल ग
ऽ ऽ ।	। । ऽ	। ऽ	पथ्यावक्त्र छंद

पाद टिप्पणी :

इस अनुष्टुभ् छंद के विषम चरण 3 में पहले चार अक्षरों के बाद य गण (। ऽ ऽ)

के स्थान पर म (ऽऽऽ) गण आने के कारण इस चार चरणों के पद्य में श्लोक छंद सिद्ध नहीं हुआ है.

4.13

कामं कर्णान्तविश्रान्ते विशाले तस्य लोचने ।
चक्षुष्मत्ता तु शास्त्रेण सूक्ष्मकार्यार्थदर्शिना ॥

अनुष्टुभ् श्लोक छंद

कामंक	र्णान्तवि	श्रान्ते	म र ग ग
ऽ ऽ ऽ	ऽ । ऽ	ऽ ऽ	मधुमालती छंद
विशाले	तस्यलो	चने	य र ल ग
। ऽ ऽ	ऽ । ऽ	। ऽ	भाषा छंद
चक्षुष्म	त्तातुशा	स्त्रेण	म र ग ल
ऽ ऽ ऽ	ऽ । ऽ	ऽ ।	मधुमालती छंद
सूक्ष्मका	र्यार्थद	र्शिना	र र ल ग
ऽ । ऽ	ऽ । ऽ	। ऽ	हेमरूप छंद

4.14

लब्धप्रशमनस्वस्थमथैनं समुपस्थिता ।
पार्थिवश्रीर्द्वितीयेव शरत्पङ्कजलक्षणा ॥

अनुष्टुभ् श्लोक छंद

लब्धप्र	शमन	स्वस्थ	त स ग ल
ऽ ऽ ।	। । ऽ	ऽ ।	श्यामा छंद
मथैनं	समुप	स्थिता	य स ल ग
। ऽ ऽ	। । ऽ	। ऽ	अपरिचित छंद
पार्थिव	श्रीर्द्विती	येव	र र ग ल
ऽ । ऽ	ऽ । ऽ	ऽ ।	लक्ष्मी छंद
शरत्प	ङ्कजल	क्षणा	य स ल ग
। ऽ ऽ	। । ऽ	। ऽ	अपरिचित छंद

कालिदास के बृहत् महाकाव्य रघुवंश की छंद मीमांसा

4.15

निर्वृष्टलघुभिर्मेघैर्मुक्तवर्त्मा सुदुःसहः ।
प्रतापस्तस्य भानोश्च युगपद्व्यानशे दिशः ॥

अनुष्टुभ् श्लोक छंद

निर्वृष्ट	लघुभि	र्मेघै	त स ग ग
ऽ ऽ ।	। । ऽ	ऽ ऽ	श्यामा छंद
र्मुक्तव	र्त्मासुदुः	सहः	र र ल ग
ऽ । ऽ	ऽ । ऽ	। ऽ	हेमरूप छंद
प्रताप	स्तस्यभा	नोश्च	य र ग ल
। ऽ ऽ	ऽ । ऽ	ऽ ।	सुचंद्रभा छंद
युगप	द्व्यानशे	दिशः	स र ग ल
। । ऽ	ऽ । ऽ	ऽ ।	वलीकेन्दु छंद

4.16

वार्षिकं संजहारेन्द्रो धनुर्जैत्रं रघुर्दधौ ।
प्रजार्थसाधने तौ हि पर्यायोद्यतकार्मुकौ ॥

अनुष्टुभ् श्लोक छंद

वार्षिकं	संजहा	रेन्द्रो	र र ग ग
ऽ । ऽ	ऽ । ऽ	ऽ ऽ	पद्ममाला छंद
धनुर्जै	त्रंरघु	र्दधौ	य र ल ग
। ऽ ऽ	ऽ । ऽ	। ऽ	भाषा छंद
प्रजार्थ	साधने	तौहि	ज र ग ल
। ऽ ।	ऽ । ऽ	ऽ ।	सुचंद्रप्रभा छंद
पर्यायो	द्यतका	र्मुकौ	म स ल ग
ऽ ऽ ऽ	। । ऽ	। ऽ	पथ्यावक्त्रा छंद

4.17

पुण्डरीकातपत्रस्तं विकसत्काशचामरः ।
ऋतुर्विडम्बयामास न पुनः प्राप तच्छ्रियम् ॥

अनुष्टुभ् श्लोक छंद

पुण्डरी	कातप	त्रस्तं	र र ग ग
ऽ । ऽ	ऽ । ऽ	ऽ ऽ	पद्ममाला छंद
विकस	त्काशचा	मरः	स र ल ग
। । ऽ	ऽ । ऽ	। ऽ	शलुकलुप्त छंद
ऋतुर्वि	डम्बया	मास	ज र ग ल
। ऽ ।	ऽ । ऽ	ऽ ।	सुचंद्रप्रभा छंद
नपुनः	प्रापत	च्छ्रियम्	स र ल ग
। । ऽ	ऽ । ऽ	। ऽ	शलुकलुप्त छंद

4.18

प्रसादसुमुखे तस्मिंश्चन्द्रे च विशदप्रभे ।
तदा चक्षुष्मतां प्रीतिरासीत्समरसा द्वयोः ॥

अनुष्टुभ् श्लोक छंद

प्रसाद	सुमुखे	तस्मिं	ज स ग ग
। ऽ ।	। । ऽ	ऽ ऽ	भार्गी छंद
श्चन्द्रेच	विशद	प्रभे	त स ल ग
ऽ ऽ ।	। । ऽ	। ऽ	पथ्यावक्त्र छंद
तदाच	क्षुष्मतां	प्रीति	य र ग ल
। ऽ ऽ	ऽ । ऽ	ऽ ।	सुचंद्रभा छंद
रासीत्स	मरसा	द्वयोः	**त स ल ग**
ऽ ऽ ।	। । ऽ	। ऽ	पथ्यावक्त्र छंद

4.19

हंसश्रेणीषु तारासु कुमुद्वत्सु च वारिषु ।
विभूतयस्तदीयानां पर्यस्ता यशसामिव ॥

अनुष्टुभ् श्लोक छंद

हंसश्रे	णीषुता	रासु	म र ग ल
ऽ ऽ ऽ	ऽ । ऽ	ऽ ।	मधुमालती छंद
कुमुद्व	त्सुचवा	रिषु	य स ल ग
। ऽ ऽ	। । ऽ	। ऽ *	अपरिचित छंद
विभूत	यस्तदी	यानां	ज र ग ग
। ऽ ।	ऽ । ऽ	ऽ ऽ	यशस्करी छंद
पर्यस्ता	यशसा	मिव	म स ल ग
ऽ ऽ ऽ	। । ऽ	। ऽ *	पथ्यावक्त्र छंद

4.20

इक्षुच्छायनिषादिन्यस्तस्य गोप्तुर्गुणोदयम् ।
आकुमारकथोद्धातं शालिगोप्यो जगुर्यशः ॥

अनुष्टुभ् श्लोक छंद

इक्षुच्छा	यनिषा	दिन्य	म स ग ग
ऽ ऽ ऽ	। । ऽ	ऽ ऽ	वक्त्र छंद
स्तस्यगो	प्तुर्गुणो	दयम्	र र ल ग
ऽ । ऽ	ऽ । ऽ	। ऽ	हेमरूप छंद
आकुमा	रकथो	द्धातं	र स ग ग
ऽ । ऽ	। । ऽ	ऽ ऽ	गाथ छंद
शालिगो	प्योजगु	र्यशः	र र ल ग
ऽ । ऽ	ऽ । ऽ	। ऽ	हेमरूप छंद

4.21

प्रससादोदयादम्भः कुम्भयोनेर्महौजसः ।
रघोरभिभवाशङ्किक चुक्षुभे द्विषतां मनः ॥

अनुष्टुभ् श्लोक छंद

प्रससा	दोदया	दम्भः	स र ग ग

।।ऽ	ऽ।ऽ	ऽऽ	परिधारा छंद
कुम्भयो	नेर्महौ	जसः	र र ल ग
ऽ।ऽ	ऽ।ऽ	।ऽ	हेमरूप छंद
रघोर	भिभवा	शङ्कि	ज स ग ल
।ऽ।	।।ऽ	ऽ।	भांर्गी छंद
चुक्षुभे	द्विषतां	मनः	र स ल ग
ऽ।ऽ	।।ऽ	।ऽ	पथ्यावक्त्र छंद

4.22

मदोदग्राः ककुद्मन्तः सरितां कूलमुद्रुजाः ।
लीलाखेलमनुप्रापुर्महोक्षास्तस्य विक्रमम् ॥

अनुष्टुभ् श्लोक छंद

मदोद	ग्राःकक	द्मन्तः	य र ग ग
।ऽऽ	ऽ।ऽ	ऽऽ	कुलाधारी छंद
सरितां	कूलमु	द्रुजाः	स र ल ग
।।ऽ	ऽ।ऽ	।ऽ	शलुकलुप्त छंद
लीलाखे	लमनु	प्रापु	म स ग ग
ऽऽऽ	।।ऽ	ऽऽ	वक्त्र छंद
र्महोक्षा	स्तस्यवि	क्रमम्	य र ल ग
।ऽऽ	ऽ।ऽ	।ऽ	भाषा छंद

4.23

प्रसवैः सप्तपर्णानां मदगन्धिभिराहताः ।
असूययेव तन्नागाः सप्तधैव प्रसुस्रुवुः ॥

अनुष्टुभ् श्लोक छंद

प्रसवैः	सप्तप	र्णानां	स र ग ग
।।ऽ	ऽ।ऽ	ऽऽ	परिधारा छंद

मदग	न्धिभिरा	हताः	स र ल ग
। । ऽ	ऽ । ऽ	। ऽ	शलुकलुप्त छंद
असूय	येवत	न्नागाः	ज र ग ग
। ऽ ।	ऽ । ऽ	ऽ ऽ	यशस्करी छंद
सप्तधै	वप्रसु	स्रुवुः	र र ल ग
ऽ । ऽ	ऽ । ऽ	। ऽ	हेमरूप छंद

4.24

सरितः कुर्वती गाधाः पथश्चाश्यानकर्दमान् ।
यात्रायै चोदयामास तं शक्तेः प्रथमं शरत् ॥

अनुष्टुभ् श्लोक छंद

सरितः	कुर्वती	गाधाः	स र ग ग
। । ऽ	ऽ । ऽ	ऽ ऽ	परिधारा छंद
पथश्चा	श्यानक	र्दमान्	य र ल ग
। ऽ ऽ	ऽ । ऽ	। ऽ	भाषा छंद
यात्रायै	चोदया	मास	म र ग ल
ऽ ऽ ऽ	ऽ । ऽ	ऽ ।	मधुमालती छंद
तंशक्तेः	प्रथमं	शरत्	म स ल ग
ऽ ऽ ऽ	। । ऽ	। ऽ	पथ्यावक्त्र छंद

4.25

तस्मै सम्यग्घुतो वह्निर्वाजिनीराजनाविधौ ।
प्रदक्षिणार्चिर्व्याजेन हस्तेनेव जयं ददौ ॥

श्लोकेतर अनुष्टुभ् छंद

तस्मैस	म्यग्घुतो	वह्नि	म र ग ग
ऽ ऽ ऽ	ऽ । ऽ	ऽ ऽ	मधुमालती छंद
र्वाजिनी	राजना	विधौ	र र ल ग
ऽ । ऽ	ऽ । ऽ	। ऽ	हेमरूप छंद

प्रदक्षि	णार्चिर्व्या	जेन	ज म ग ल
। ऽ ।	ऽ ऽ ऽ	ऽ ।	अपरिचित छंद
हस्तेने	वजयं	ददौ	म स ल ग
ऽ ऽ ऽ	। । ऽ	। ऽ	पथ्यावक्त्र छंद

पाद टिप्पणी :

इस अनुष्टुभ् छंद के विषम चरण 3 में पहले चार अक्षरों के बाद य गण (। ऽ ऽ) के स्थान पर म (ऽ ऽ ऽ) गण आने के कारण इस चार चरणों के पद्य में श्लोक छंद सिद्ध नहीं हुआ है.

4.26

स गुप्तमूलप्रत्यन्तः शुद्धपार्ष्णिरयान्वितः ।
षड्विधं बलमादाय प्रतस्थे दिग्जिगीषया ॥

श्लोकेतर अनुष्टुभ् छंद

सगुप्त	मूलप्र	त्यन्तः	ज म ग ग
। ऽ ।	ऽ ऽ ऽ	ऽ ऽ	अपरिचित छंद
शुद्धपा	र्ष्णिरया	न्वितः	र स ल ग
ऽ । ऽ	। । ऽ	। ऽ	पथ्यावक्त्र छंद
षड्विधं	बलमा	दाय	र स ग ग
ऽ । ऽ	। । ऽ	ऽ ऽ	गाथ छंद
प्रतस्थे	दिग्जिगी	षया	य र ल ग
। ऽ ऽ	ऽ । ऽ	। ऽ	भाषा छंद

पाद टिप्पणी :

इस अनुष्टुभ् छंद के विषम चरण 1 में पहले चार अक्षरों के बाद य गण (। ऽ ऽ) के स्थान पर म (ऽ ऽ ऽ) गण आने के कारण इस चार चरणों के पद्य में श्लोक छंद सिद्ध नहीं हुआ है.

4.27

अवाकिरन्वयोवृद्धास्तं लाजैः पौरयोषितः ।

कालिदास के बृहत् महाकाव्य रघुवंश की छंद मीमांसा

पृषतैर्मन्दरोद्धूतैः क्षीरोर्मय इवाच्युतम् ॥

अनुष्टुभ् श्लोक छंद

अवाकि	रन्वयो	वृद्धा	ज र ग ग
।ऽ।	ऽ।ऽ	ऽऽ	यशस्करी छंद
स्तंलाजैः	पौरयो	षितः	म र ल ग
ऽऽऽ	ऽ।ऽ	।ऽ	क्षमा छंद
पृषतै	र्मन्दरो	द्धूतैः	स र ग ग
।।ऽ	ऽ।ऽ	ऽऽ	परिधारा छंद
क्षीरोर्म	यइवा	च्युतम्	त स ल ग
ऽऽ।	।।ऽ	।ऽ	पथ्यावक्त्र छंद

4.28

स ययौ प्रथमं प्राचीं तुल्यः प्राचीनबर्हिषा ।
अहितानिलोद्धूतैस्तर्जयन्निव केतुभिः ॥

अनुष्टुभ् श्लोक छंद

सययौ	प्रथमं	प्राचीं	स स ग ग
।।ऽ	।।ऽ	ऽऽ	पंचशिखा छंद
तुल्यःप्रा	चीनब	र्हिषा	म र ल ग
ऽऽऽ	ऽ।ऽ	।ऽ	क्षमा छंद
अहिता	ननिलो	द्धूतै	स स ग ग
।।ऽ	।।ऽ	ऽऽ	पंचशिखा छंद
स्तर्जय	न्निवके	तुभिः	र स ल ग
ऽ।ऽ	।।ऽ	।ऽ	पथ्यावक्त्र छंद

4.29

रजोभिः स्यन्दनोद्धूतैर्गजैश्च घनसंनिभैः ।
भुवस्तलमिव व्योम कुर्वन्व्योमेव भूतलम् ॥

अनुष्टुभ् श्लोक छंद

रजोभिः	स्यन्दनो	द्धूतै	य र ग ग
। ऽ ऽ	ऽ । ऽ	ऽ ऽ	कुलाधारी छंद
र्गजैश्च	घनसं	निभैः	ज स ल ग
। ऽ ।	। । ऽ	। ऽ	अपरिचित छंद
भुवस्त	लमिव	व्योम	ज स ग ल
। ऽ ।	। । ऽ	ऽ ।	भांर्गी छंद
कुर्वन्व्यो	मेवभू	तलम्	म र ल ग
ऽ ऽ ऽ	ऽ । ऽ	। ऽ	क्षमा छंद

4.30

प्रतापोऽग्रे ततः शब्दः परागस्तदनन्तरम् ।
ययौ पश्चाद्रथादीति चतुःस्कन्धेव सा चमूः ॥

अनुष्टुभ् श्लोक छंद

प्रतापो	ग्रेततः	शब्दः	य र ग ग
। ऽ ऽ	ऽ । ऽ	ऽ ऽ	कुलाधारी छंद
पराग	स्तदन	न्तरम्	य स ल ग
। ऽ ऽ	। । ऽ	। ऽ	अपरिचित छंद
ययौप	श्चाद्रथा	दीति	य र ग ल
। ऽ ऽ	ऽ । ऽ	ऽ ।	सुचंद्रभा छंद
चतुःस्क	न्धेवसा	चमूः	य र ल ग
। ऽ ऽ	ऽ । ऽ	। ऽ	भाषा छंद

4.31

मरुपृष्ठान्युदम्भांसि नाव्याः सुप्रतरा नदीः ।
विपिनानि प्रकाशानि शक्तिमत्त्वाच्चकार सः ॥

अनुष्टुभ् श्लोक छंद

मरुपृ	ष्ठान्युद	म्भांसि	स र ग ल
। । ऽ	ऽ । ऽ	ऽ ।	वलीकेन्दु छंद

नाव्याःसु	प्रतरा	नदीः	म स ल ग
ऽ ऽ ऽ	। । ऽ	। ऽ	पथ्यावक्त्र छंद
विपिना	निप्रका	शानि	स र ग ल
। । ऽ	ऽ । ऽ	ऽ ।	वलीकेन्दु छंद
शक्तिम	त्वाच्चका	रसः	र र ल ग
ऽ । ऽ	ऽ । ऽ	। ऽ	हेमरूप छंद

4.32

स सेनां महतीं कर्षन्पूर्वसागरगामिनीम् ।
बभौ हरजटाभ्रष्टां गङ्गामिव भगीरथः ॥

अनुष्टुभ् श्लोक छंद

ससेनां	महतीं	कर्ष	य स ग ग
। ऽ ऽ	। । ऽ	ऽ ऽ	मनोला छंद
न्पूर्वसा	गरगा	मिनीम्	र स ल ग
ऽ । ऽ	। । ऽ	। ऽ	पथ्यावक्त्र छंद
बभौह	रजटा	भ्रष्टां	ज स ग ग
। ऽ ।	। । ऽ	ऽ ऽ	भांर्गी छंद
गङ्गामि	वभगी	रथः	त स ल ग
ऽ । ऽ	। । ऽ	। ऽ	अपरिचित छंद

4.33

त्याजितैः फलमुत्खातैर्भग्नैश्च बहुधा नृपैः ।
तस्यासीदुल्बणो मार्गः पादपैरिव दन्तिनः ॥

अनुष्टुभ् श्लोक छंद

त्याजितैः	फलमु	त्खातै	र स ग ग
ऽ । ऽ	। । ऽ	ऽ ऽ	गाथ छंद
र्भग्नैश्च	बहुधा	नृपैः	त स ल ग
ऽ ऽ ।	। । ऽ	। ऽ	पथ्यावक्त्र छंद

तस्यासी	दुल्बणो	मार्गः	म र ग ग
ऽ ऽ ऽ	ऽ । ऽ	ऽ ऽ	मधुमालती छंद
पादपै	रिवद	न्तिनः	र स ल ग
ऽ । ऽ	। । ऽ	। ऽ	पथ्यावक्त्र छंद

4.34

पौरस्त्यानेवमाक्रामंस्तांस्ताञ्जनपदाञ्जयी ।
प्राप तालीवनश्याममुपकण्ठं महोदधेः ॥

अनुष्टुभ् श्लोक छंद

पौरस्त्या	नेवमा	क्रामं	म र ग ग
ऽ ऽ ऽ	ऽ । ऽ	ऽ ऽ	मधुमालती छंद
स्तांस्ताञ्ज	नपदा	ञ्जयी	त स ल ग
ऽ ऽ ।	। । ऽ	। ऽ	पथ्यावक्त्र छंद
प्रापता	लीवन	श्याम	र र ग ल
ऽ । ऽ	ऽ । ऽ	ऽ ।	लक्ष्मी छंद
मुपक	ण्ठंमहो	दधेः	स र ल ग
। । ऽ	ऽ । ऽ	। ऽ	शलुकलुप्त छंद

4.35

अनम्राणां समुद्धर्तुस्तस्मात्सिन्धुरयादिव ।
आत्मा संरक्षितः सुह्मैर्वृत्तिमाश्रित्य वैतसीम् ॥

अनुष्टुभ् श्लोक छंद

अनम्रा	णांसमु	द्धर्तु	य र ग ग
। ऽ ऽ	ऽ । ऽ	ऽ ऽ	कुलाधारी छंद
स्तस्मात्सि	न्धुरया	दिव	म स ल ग
ऽ ऽ ऽ	। । ऽ	। ऽ *	पथ्यावक्त्र छंद
आत्मासं	रक्षितः	सुह्मै	म र ग ग
ऽ ऽ ऽ	ऽ । ऽ	ऽ ऽ	मधुमालती छंद

वृंत्तिमा	श्रित्यवै	तसी	र र ल ग
ऽ । ऽ	ऽ । ऽ	। ऽ	हेमरूप छंद

4.36

वङ्गानुत्खाय तरसा नेता नौसाधनोद्यतान् ।
निचखान जयस्तम्भान्गङ्गास्त्रोतोन्तरेषु सः ॥

श्लोकेतर अनुष्टुभ् छंद

वङ्गानु	त्खायत	रसा	म भ ल ग
ऽ ऽ ऽ	ऽ । ।	। ऽ	अतिजनी छंद
नेतानौ	साधनो	द्यतान्	म र ल ग
ऽ ऽ ऽ	ऽ । ऽ	। ऽ	क्षमा छंद
निचखा	नजय	स्तम्भा	स स ग ग
। । ऽ	। । ऽ	ऽ ऽ	पंचशिखा छंद
न्गङ्गास्त्रो	तोन्तरे	षुसः	म र ल ग
ऽ ऽ ऽ	ऽ । ऽ	। ऽ	क्षमा छंद

पाद टिप्पणी :

इस अनुष्टुभ् छंद के विषम चरण 1 में पहले चार अक्षरों के बाद य गण (। ऽ ऽ) के स्थान पर न (। । ।) गण आने के कारण इस चार चरणों के पद्य में श्लोक छंद सिद्ध नहीं हुआ है.

4.37

आपादपद्मप्रणताः कलमा इव ते रघुम् ।
फलैः संवर्धयामासुरुत्खातप्रतिरोपिताः ॥

अनुष्टुभ् श्लोक छंद

आपाद	पद्मप्र	णताः	त त ल ग
ऽ ऽ ।	ऽ ऽ ।	। ऽ	गर्भ छंद
कलमा	इवते	रघुम्	स स ल ग
। । ऽ	। । ऽ	। ऽ	कलिला छंद

फलैःसं	वर्धया	मासु	य र ग ल
। ऽ ऽ	ऽ । ऽ	ऽ ।	सुचंद्रभा छंद
रुत्खात	प्रतिरो	पिताः	म स ल ग
ऽ ऽ ऽ	। । ऽ	। ऽ	पथ्यावक्त्र छंद

4.38

स तीर्त्वा कपिशां सैन्यैर्बद्धद्विरदसेतुभिः ।
उत्कलादर्शितपथः कलिङ्गाभिमुखो ययौ ॥

श्लोकेतर अनुष्टुभ् छंद

सतीर्त्वा	कपिशां	सैन्यै	य स ग ग
। ऽ ऽ	। । ऽ	ऽ ऽ	मनोला छंद
र्बद्धद्वि	रदसे	तुभिः	त स ल ग
ऽ ऽ ।	। । ऽ	। ऽ	पथ्यावक्त्र छंद
उत्कला	दर्शित	पथः	र भ ल ग
ऽ । ऽ	ऽ । ।	। ऽ	कुरुचरी छंद
कलिङ्गा	भिमुखो	ययौ	य स ल ग
। ऽ ऽ	। । ऽ	। ऽ	अपरिचित छंद

पाद टिप्पणी :

इस अनुष्टुभ् छंद के विषम चरण 3 में पहले चार अक्षरों के बाद य गण (। ऽ ऽ) के स्थान पर म (। । ।) गण आने के कारण इस चार चरणों के पद्य में श्लोक छंद सिद्ध नहीं हुआ है.

4.39

स प्रतापं महेन्द्रस्य मूर्ध्नि तीक्ष्णं न्यवेशयत् ।
अङ्कुशं द्विरदस्येव यन्ता गम्भीरवेदिनः ॥

अनुष्टुभ् श्लोक छंद

सप्रता	पंमहे	न्द्रस्य	र र ग ल
ऽ । ऽ	ऽ । ऽ	ऽ ।	लक्ष्मी छंद

मूर्ध्निती	क्ष्णंन्यवे	शयत्	र र ल ग
ऽ । ऽ	ऽ । ऽ	। ऽ	हेमरूप छंद
अङ्कुशं	द्विरद	स्येव	र स ग ल
ऽ । ऽ	। । ऽ	ऽ ।	गाथ छंद
यन्ताग	म्भीरवे	दिनः	म र ल ग
ऽ ऽ ऽ	ऽ । ऽ	। ऽ	क्षमा छंद

4.40

प्रतिजग्राह कालिङ्गस्तमस्त्रैर्गजसाधनः ।
पक्षच्छेदोद्यतं शक्रं शिलावर्षीव पर्वतः ॥

अनुष्टुभ् श्लोक छंद

प्रतिज	ग्राहका	लिङ्ग	स र ग ग
। । ऽ	ऽ । ऽ	ऽ ऽ	परिधारा छंद
स्तमस्त्रै	र्गजसा	धनः	य स ल ग
। ऽ ऽ	। । ऽ	। ऽ	अपरिचित छंद
पक्षच्छे	दोद्यतं	शक्रं	म र ग ग
ऽ ऽ ऽ	ऽ । ऽ	ऽ ऽ	मधुमालती छंद
शिलाव	र्षीवप	र्वतः	य र ल ग
। ऽ ऽ	ऽ । ऽ	। ऽ	भाषा छंद

4.41

द्विषां विषह्य काकुत्स्थस्तत्र नाराचदुर्दिनम् ।
सन्मङ्गलस्नात इव प्रतिपेदे जयश्रियम् ॥

श्लोकेतर अनुष्टुभ् छंद

द्विषांवि	षह्यका	कुत्स्थ	ज र ग ग
। ऽ ।	ऽ । ऽ	ऽ ऽ	यशस्करी छंद
स्तत्रना	राचदु	र्दिनम्	र र ल ग
ऽ । ऽ	ऽ । ऽ	। ऽ	हेमरूप छंद

कालिदास के बृहत् महाकाव्य रघुवंश की छंद मीमांसा

सन्मङ्ग	लस्रात	इव	त त ल ग
ऽ ऽ ।	ऽ ऽ ।	। ऽ	गर्भ छंद
प्रतिपे	देजय	श्रियम्	स र ल ग
। । ऽ	ऽ । ऽ	। ऽ	शलुकलुप्त छंद

पाद टिप्पणी :

इस अनुष्टुभ् छंद के विषम चरण 3 में पहले चार अक्षरों के बाद य गण (। ऽ ऽ) के स्थान पर भ (ऽ । ।) गण आने के कारण इस चार चरणों के पद्य में श्लोक छंद सिद्ध नहीं हुआ है.

4.42

ताम्बूलीनां दलैस्तत्र रचितापानभूमयः ।
नारिकेलासवं योधाः शात्रवं च पपुर्यशः ॥

अनुष्टुभ् श्लोक छंद

ताम्बूली	नांदलै	स्तत्र	म र ग ल
ऽ ऽ ऽ	ऽ । ऽ	ऽ ।	मधुमालती छंद
रचिता	पानभू	मयः	स र ल ग
। । ऽ	ऽ । ऽ	। ऽ	शलुकलुप्त छंद
नारिके	लासवं	योधाः	र र ग ग
ऽ । ऽ	ऽ । ऽ	ऽ ऽ	पद्ममाला छंद
शात्रवं	चपपु	र्यशः	र स ल ग
ऽ । ऽ	। । ऽ	। ऽ	पथ्यावक्त्र छंद

4.43

गृहीतप्रतिमुक्तस्य स धर्मविजयी नृपः ।
श्रियं महेन्द्रनाथस्य जहार न तु मेदिनीम् ॥

अनुष्टुभ् श्लोक छंद

गृहीत	प्रतिमु	क्तस्य	य स ग ल
। ऽ ऽ	। । ऽ	ऽ ।	मनोला छंद

सधर्म	विजयी	नृपः	ज स ल ग
। ऽ ।	। । ऽ	। ऽ	अपरिचित छंद
श्रियंम	हेन्द्रना	थस्य	ज र ग ल
। ऽ ।	ऽ । ऽ	ऽ ।	सुचंदप्रभा छंद
जहार	नतुमे	दिनीम्	ज स ल ग
। ऽ ।	। । ऽ	। ऽ	अपरिचित छंद

4.44

ततो वेलातटेनैव फलवत्पूगमालिना ।
अगस्त्याचरितामाशामनाशास्यजयो ययौ ॥

अनुष्टुभ् श्लोक छंद

ततोवे	लातटे	नैव	य र ग ल
। ऽ ऽ	ऽ । ऽ	ऽ ।	सुचंद्रभा छंद
फलव	त्पूगमा	लिना	स र ल ग
। । ऽ	ऽ । ऽ	। ऽ	शलुकलुप्त छंद
अगस्त्या	चरिता	माशा	य स ग ग
। ऽ ऽ	। । ऽ	ऽ ऽ	मनोला छंद
मनाशा	स्यजयो	ययौ	य स ल ग
। ऽ ऽ	। । ऽ	। ऽ	अपरिचित छंद

4.45

स सैन्यपरिभोगेण गजदानसुगन्धिना ।
कावेरीं सरितां पत्युः शङ्कनीयामिवाकरोत् ॥

अनुष्टुभ् श्लोक छंद

ससैन्य	परिभो	गेण	ज स ग ल
। ऽ ।	। । ऽ	ऽ ।	भांर्गी छंद
गजदा	नसुग	न्धिना	स स ल ग
। । ऽ	। । ऽ	। ऽ	कलिला छंद

कावेरीं	सरितां	पत्युः	म स ग ग
ऽ ऽ ऽ	। । ऽ	ऽ ऽ	वक्त्र छंद
शङ्कनी	यामिवा	करोत्	र र ल ग
ऽ । ऽ	ऽ । ऽ	। ऽ	हेमरूप छंद

4.46

बलैरध्युषितास्तस्य विजिगीषोर्गतध्वनः ।
मारीचोद्भ्रान्तहारीता मलयाद्रेरुपत्यकाः ॥

अनुष्टुभ् श्लोक छंद

बलैर	ध्युषिता	स्तस्य	य स ग ल
। ऽ ऽ	। । ऽ	ऽ ।	मनोला छंद
विजिगी	षोर्गत	ध्वनः	स र ल ग
। । ऽ	ऽ । ऽ	। ऽ	शलुकलुप्त छंद
मारीचो	द्भ्रान्तहा	रीता	म र ग ग
ऽ ऽ ऽ	ऽ । ऽ	ऽ ऽ	मधुमालती छंद
मलया	द्रेरुप	त्यकाः	स र ल ग
। । ऽ	ऽ । ऽ	। ऽ	शलुकलुप्त छंद

4.47

ससञ्जुरश्वक्षुण्णानमेलानामुत्पतिष्णवः ।
तुल्यगन्धिषु मत्तेभकटेषु फलरेणवः ॥

श्लोकेतर अनुष्टुभ् छंद

ससञ्जु	रश्वक्षु	ण्णान	ज म ग ल
। ऽ ।	ऽ ऽ ऽ	ऽ ।	अपरिचित छंद
मेलाना	मुत्पति	ष्णवः	म र ल ग
ऽ ऽ ऽ	ऽ । ऽ	। ऽ	क्षमा छंद
तुल्यग	न्धिषुम	त्तेभ	र स ग ल
ऽ । ऽ	। । ऽ	ऽ ।	गाथ छंद

कटेषु	फलरे	णवः	ज स ल ग
। ऽ ।	। । ऽ	। ऽ	अपरिचित छंद

पाद टिप्पणी :

इस अनुष्टुभ् छंद के विषम चरण 1 में पहले चार अक्षरों के बाद य गण (। ऽ ऽ) के स्थान पर म (ऽ ऽ ऽ) गण आने के कारण इस चार चरणों के पद्य में श्लोक छंद सिद्ध नहीं हुआ है.

4.48

भोगिवेष्टनमार्गेषु चन्दनानां समर्पितम् ।
नास्त्रसत्करिणां ग्रैवं त्रिपदीच्छेदिनामपि ॥

अनुष्टुभ् श्लोक छंद

भोगिवे	ष्टनमा	र्गेषु	र स ग ल
ऽ । ऽ	। । ऽ	ऽ ।	गाथ छंद
चन्दना	नांसम	र्पितम्	र र ल ग
ऽ । ऽ	ऽ । ऽ	। ऽ	हेमरूप छंद
नास्त्रस	त्करिणां	ग्रैवं	र स ग ग
ऽ । ऽ	। । ऽ	ऽ ऽ	गाथ छंद
त्रिपदी	च्छेदिना	मपि	स र ल ग
। । ऽ	ऽ । ऽ	। ऽ *	शलुकलुप्त छंद

4.49

दिशि मन्दायते तेजो दक्षिणस्यां रवेरपि ।
तस्यामेव रघोः पाण्ड्याः प्रतापं न विषेहिरे ॥

अनुष्टुभ् श्लोक छंद

दिशिम	न्दायते	तेजो	स र ग ग
। । ऽ	ऽ । ऽ	ऽ ऽ	परिधारा छंद
दक्षिण	स्यांरवे	रपि	र र ल ग
ऽ । ऽ	ऽ । ऽ	। ऽ *	हेमरूप छंद

तस्यामे	वरघोः	पाण्ड्याः	म स ग ग
ऽ ऽ ऽ	। । ऽ	ऽ ऽ	वक्त्र छंद
प्रतापं	नविषे	हिरे	य स ल ग
। ऽ ऽ	। । ऽ	। ऽ	अपरिचित छंद

4.50

ताम्रपर्णीसमेतस्य मुक्तासारं महोदधेः ।
ते निपत्य ददुस्तस्मै यशः स्वमिव संचितम् ॥

अनुष्टुभ् श्लोक छंद

ताम्रप	र्णीसमे	तस्य	र र ग ल
ऽ । ऽ	ऽ । ऽ	ऽ ।	लक्ष्मी छंद
मुक्तासा	रंमहो	दधेः	म र ल ग
ऽ ऽ ऽ	ऽ । ऽ	। ऽ	क्षमा छंद
तेनिप	त्यददु	स्तस्मै	र स ग ग
ऽ । ऽ	। । ऽ	ऽ ऽ	गाथ छंद
यशःस्व	मिवसं	चितम्	ज स ल ग
। ऽ ।	। । ऽ	। ऽ	अपरिचित छंद

4.51

स निर्विश्य यथाकामं तटेष्वालीनचन्दनौ ।
स्तनाविव दिशस्तस्याः शैलौ मलयदर्दुरौ ॥

अनुष्टुभ् श्लोक छंद

सनिर्वि	श्ययथा	कामं	य स ग ग
। ऽ ऽ	। । ऽ	ऽ ऽ	मनोला छंद
तटेष्वा	लीनच	न्दनौ	य र ल ग
। ऽ ऽ	ऽ । ऽ	। ऽ	भाषा छंद
स्तनावि	वदिश	स्तस्याः	ज स ग ग
। ऽ ।	। । ऽ	ऽ ऽ	भांर्गी छंद

शैलौम	लयद	दुरौ	त स ल ग
ऽ ऽ ।	। । ऽ	। ऽ	पथ्यावक्त्र छंद

4.52

असह्यविक्रमः सह्यं दूरान्मुक्तमुदन्वता ।
नितम्बमिव मेदिन्याः स्रस्तांशुकमलङ्घयत् ॥

अनुष्टुभ् श्लोक छंद

असह्य	विक्रमः	सह्यं	ज र ग ग
। ऽ ।	ऽ । ऽ	ऽ ऽ	यशस्करी छंद
दूरान्मु	क्तमुद	न्वता	म स ल ग
ऽ ऽ ऽ	। । ऽ	। ऽ	पथ्यावक्त्र छंद
नितम्ब	मिवमे	दिन्याः	ज स ग ग
। ऽ ।	। । ऽ	ऽ ऽ	भांर्गी छंद
स्रस्तांशु	कमल	ङ्घयत्	त स ल ग
ऽ ऽ ।	। । ऽ	। ऽ	पथ्यावक्त्र छंद

4.53

तस्यानीकैर्विसर्पद्भिरपरान्तजयोद्यतैः ।
रामास्त्रोत्सारितोऽप्यासीत्सह्यलग्न इवार्णवः ॥

अनुष्टुभ् श्लोक छंद

तस्यानी	कैर्विस	र्पद्भि	म र ग ल
ऽ ऽ ऽ	ऽ । ऽ	ऽ ।	मधुमालती छंद
रपरा	न्तजयो	द्यतैः	स स ल ग
। । ऽ	। । ऽ	। ऽ	कलिला छंद
रामास्त्रो	त्सारितो	प्यासी	म र ग ग
ऽ ऽ ऽ	ऽ । ऽ	ऽ ऽ	मधुमालती छंद
त्सह्यल	ग्नइवा	र्णवः	र स ल ग
ऽ । ऽ	। । ऽ	। ऽ	पथ्यावक्त्र छंद

185
कालिदास के बृहत् महाकाव्य रघुवंश की छंद मीमांसा

4.54

भयोत्सृष्टविभूषाणां तेन केरलयोषिताम् ।
अलकेषु चमूरेणुश्चूर्णप्रतिनिधीकृतः ॥

अनुष्टुभ् श्लोक छंद

भयोत्सृ	ष्टविभू	षाणां	य स ग ग
। ऽ ऽ	। । ऽ	ऽ ऽ	मनोला छंद
तेनके	रलयो	षिताम्	र स ल ग
ऽ । ऽ	। । ऽ	। ऽ	पथ्यावक्त्र छंद
अलके	षुचमू	रेणु	स स ग ग
। । ऽ	। । ऽ	ऽ ऽ	पंचशिखा छंद
श्चूर्णप्र	तिनिधी	कृतः	त स ल ग
ऽ ऽ ।	। । ऽ	। ऽ	पथ्यावक्त्र छंद

4.55

मुरलामारुतोद्धूतमगमत्कैतकं रजः ।
तद्योधवारबाणानामयत्नपटवासताम् ॥

अनुष्टुभ् श्लोक छंद

मुरला	मारुतो	द्धूत	स र ग ल
। । ऽ	ऽ । ऽ	ऽ ।	वलीकेन्दु छंद
मगम	त्कैतकं	रजः	स र ल ग
। । ऽ	ऽ । ऽ	। ऽ	शलुकलुप्त छंद
तद्योध	वारबा	णाना	त र ग ग
ऽ ऽ ।	ऽ । ऽ	ऽ ऽ	विभा छंद
मयत्न	पटवा	सताम्	ज स ल ग
। ऽ ।	। । ऽ	। ऽ	अपरिचित छंद

4.56

अभ्यभूयत वाहानां चरतां गात्रशिञ्जितैः ।
वर्मभिः पवनोद्धूतराजतालीवनध्वनिः ॥

अनुष्टुभ् श्लोक छंद

अभ्यभू	यतवा	हानां	र स ग ग
ऽ । ऽ	। । ऽ	ऽ ऽ	गाथ छंद
चरतां	गात्रशि	ञ्जितैः	स र ल ग
। । ऽ	ऽ । ऽ	। ऽ	शलुकलुप्त छंद
वर्मभिः	पवनो	द्धूत	र स ग ल
ऽ । ऽ	। । ऽ	ऽ ।	गाथ छंद
राजता	लीवन	ध्वनिः	र र ल ग
ऽ । ऽ	ऽ । ऽ	। ऽ	हेमरूप छंद

4.57

खर्जूरीस्कन्धनद्धानां मदोद्गारसुगन्धिषु ।
कटेषु करिणां पेतुः पुंनागेभ्यः शिलीमुखाः ॥

अनुष्टुभ् श्लोक छंद

खर्जूरी	स्कन्धन	द्धानां	म र ग ग
ऽ ऽ ऽ	ऽ । ऽ	ऽ ऽ	मधुमालती छंद
मदोद्गा	रसुग	न्धिषु	य स ल ग
। ऽ ऽ	। । ऽ	। ऽ *	अपरिचित छंद
कटेषु	करिणां	पेतुः	ज स ग ग
। ऽ ।	। । ऽ	ऽ ऽ	भांर्गी छंद
पुंनागे	भ्यःशिली	मुखाः	म र ल ग
ऽ ऽ ऽ	ऽ । ऽ	। ऽ	क्षमा छंद

4.58

अवकाशं किलोदन्वान् रामायाभ्यर्थितो ददौ ।
अपरान्तमहीपालव्याजेन रघवे करम् ॥

अनुष्टुभ् श्लोक छंद

अवका	शंकिलो	दन्वा	स र ग ग
। । ऽ	ऽ । ऽ	ऽ ऽ	परिधारा छंद
न्नामाया	भ्यर्थितो	ददौ	म र ल ग
ऽ ऽ ऽ	ऽ । ऽ	। ऽ	क्षमा छंद
अपरा	न्तमही	पाल	स स ग ग
। । ऽ	। । ऽ	ऽ ऽ	पंचशिखा छंद
व्याजेन	रघवे	करम्	त स ल ग
ऽ ऽ ।	। । ऽ	। ऽ	पथ्यावक्त्र छंद

4.59

मत्तेभरदनोत्कीर्णव्यक्तविक्रमलक्षणम् ।
त्रिकूटमेव तत्रोच्चैर्जयस्तम्भं चकार सः ॥

अनुष्टुभ् श्लोक छंद

मत्तेभ	रदनो	त्कीर्ण	त स ग ग
ऽ ऽ ।	। । ऽ	ऽ ऽ	श्यामा छंद
व्यक्तवि	क्रमल	क्षणम्	र स ल ग
ऽ । ऽ	। । ऽ	। ऽ	पथ्यावक्त्र छंद
त्रिकूट	मेवत	त्रोच्चै	ज र ग ग
। ऽ ।	ऽ । ऽ	ऽ ऽ	यशस्करी छंद
र्जयस्त	म्भंचका	रसः	य र ल ग
। ऽ ऽ	ऽ । ऽ	। ऽ	भाषा छंद

4.60

पारसीकांस्ततो जेतुं प्रतस्थे स्थलवर्त्मना ।
इन्द्रियाख्यानिव रिपूंस्तत्त्वज्ञानेन संयमी ॥

अनुष्टुभ् श्लोक छंद

पारसी	कांस्ततो	जेतुं	र र ग ग

ऽ । ऽ	ऽ । ऽ	ऽ ऽ	पद्ममाला छंद
प्रतस्थे	स्थलव	र्त्मना	र स ल ग
ऽ । ऽ	। । ऽ	। ऽ	पथ्यावक्त्र छंद
इन्द्रिया	ख्यानिव	रिपूं	र भ ल ग
ऽ । ऽ	ऽ । ।	। ऽ	कुरुचरी छंद
स्तत्त्वज्ञा	नेनसं	यमी	म र ल ग
ऽ ऽ ऽ	ऽ । ऽ	। ऽ	क्षमा छंद

4.61

यवनीमुखपद्मानां सेहे मधुमदं न सः ।
बालातपमिवाब्जानामकालजलदोदयः ॥

अनुष्टुभ् श्लोक छंद

यवनी	मुखप	द्मानां	स स ग ग
। । ऽ	। । ऽ	ऽ ऽ	पंचशिखा छंद
सेहेम	धुमदं	नसः	त स ल ग
ऽ ऽ ।	। । ऽ	। ऽ	पथ्यावक्त्र छंद
बालात	पमिवा	ब्जाना	त स ग ग
ऽ ऽ ।	। । ऽ	ऽ ऽ	श्यामा छंद
मकाल	जलदो	दयः	ज स ल ग
। ऽ ।	। । ऽ	। ऽ	अपरिचित छंद

4.62

सङ्ग्रामस्तुमुलस्तस्य पाश्चात्यैरश्वसाधनैः ।
शाङ्र्गकूजितविज्ञेयप्रतियोधे रजस्यभूत् ॥

अनुष्टुभ् श्लोक छंद

सङ्ग्राम	स्तुमुल	स्तस्य	त स ग ल
ऽ ऽ ।	। । ऽ	ऽ ।	श्यामा छंद
पाश्चात्यै	रश्वसा	धनैः	म र ल ग

ऽ ऽ ऽ	ऽ । ऽ	। ऽ	क्षमा छंद
शाङ्‍र्गकू	जितवि	ज्ञेय	र स ग ग
ऽ । ऽ	। । ऽ	ऽ ऽ	गाथ छंद
प्रतियो	धेरज	स्यभूत्	स र ल ग
। । ऽ	ऽ । ऽ	। ऽ	शलुकलुप्त छंद

4.63

भल्लापवर्जितैस्तेषां शिरोभिः श्मश्रुलैर्महीम् ।
तस्तार सरघाव्याप्तैः स क्षौद्रपटलैरिव ॥

अनुष्टुभ् श्लोक छंद

भल्लाप	वर्जितै	स्तेषां	त र ग ग
ऽ ऽ ।	ऽ । ऽ	ऽ ऽ	विभा छंद
शिरोभिः	श्मश्रुलै	र्महीम्	य र ल ग
। ऽ ऽ	ऽ । ऽ	। ऽ	भाषा छंद
तस्तार	सरघा	व्याप्तैः	त स ग ग
ऽ ऽ ।	। । ऽ	ऽ ऽ	श्यामा छंद
सक्षौद्र	पटलै	रिव	त स ल ग
ऽ ऽ ।	। । ऽ	। ऽ *	पथ्यावक्त्र छंद

4.64

अपनीतशिरस्त्राणाः शेषास्तं शरणं ययुः ।
प्रणिपातप्रतीकारः संरम्भो हि महात्मनाम् ॥

अनुष्टुभ् श्लोक छंद

अपनी	तशिर	स्त्राणाः	स स ग ग
। । ऽ	। । ऽ	ऽ ऽ	पंचशिखा छंद
शेषास्तं	शरणं	ययुः	म स ल ग
ऽ ऽ ऽ	। । ऽ	। ऽ	पथ्यावक्त्र छंद
प्रणिपा	तप्रती	कारः	स र ग ग

। । ऽ	ऽ । ऽ	ऽ ऽ	शलुकलुप्त छंद
संरम्भो	हिमहा	त्मनाम्	म स ल ग
ऽ ऽ ऽ	। । ऽ	। ऽ	पथ्यावक्त्र छंद

4.65

विनयन्ते स्म तद्योधा मधुभिर्विजयश्रमम् ।
आस्तीर्णाजिनरत्नासु द्राक्षावलयभूमिषु ॥

अनुष्टुभ् श्लोक छंद

विनय	न्तेस्मत	द्योधा	स र ग ग
। । ऽ	ऽ । ऽ	ऽ ऽ	परिधारा छंद
मधुभि	र्विजय	श्रमम्	स स ल ग
। । ऽ	। । ऽ	। ऽ	कलिला छंद
आस्तीर्णा	जिनर	त्नासु	म स ग ग
ऽ ऽ ऽ	। । ऽ	ऽ ऽ	वक्त्र छंद
द्राक्षाव	लयभू	मिषु	त स ल ग
ऽ ऽ ।	। । ऽ	। ऽ *	पथ्यावक्त्र छंद

4.66

ततः प्रतस्थे कौबेरीं भास्वानिव रघुर्दिशम् ।
शरैरुस्रैरिवोदीच्यानुद्धरिष्यन्रसानिव ॥

श्लोकेतर अनुष्टुभ् छंद

ततःप्र	तस्थेकौ	बेरीं	ज म ग ग
। ऽ ।	ऽ ऽ ऽ	ऽ ऽ	अपरिचित छंद
भास्वानि	वरघु	र्दिशम्	त स ल ग
ऽ ऽ ।	। । ऽ	। ऽ	पथ्यावक्त्र छंद
शरैरु	स्रैरिवो	दीच्या	य र ग ग
। ऽ ऽ	ऽ । ऽ	ऽ ऽ	कुलाधारी छंद
नुद्धरि	ष्यन्रसा	निव	र र ल ग

| ऽ । ऽ | ऽ । ऽ | । ऽ * | हेमरूप छंद |

पाद टिप्पणी :

इस अनुष्टुभ् छंद के विषम चरण 1 में पहले चार अक्षरों के बाद य गण (। ऽ ऽ) के स्थान पर म (ऽ ऽ ऽ) गण आने के कारण इस चार चरणों के पद्य में श्लोक छंद सिद्ध नहीं हुआ है.

4.67

विनीताध्वश्रमास्तस्य सिन्धुतीरविचेष्टनैः ।
दुधुवुर्वाजिनः स्कन्धाँल्लग्नकुङ्कुमकेसरान् ॥

अनुष्टुभ् श्लोक छंद

विनीता	ध्वश्रमा	स्तस्य	य र ग ल
। ऽ ऽ	ऽ । ऽ	ऽ ।	सुचंद्रभा छंद
सिन्धुती	रविचे	ष्टनैः	र स ल ग
ऽ । ऽ	। । ऽ	। ऽ	पथ्यावक्त्र छंद
दुधुवु	र्वाजिनः	स्कन्धाँ	स र ग ग
। । ऽ	ऽ । ऽ	ऽ ऽ	परिधारा छंद
ल्लग्नकु	ङ्कुमके	सरान्	र स ल ग
ऽ । ऽ	। । ऽ	। ऽ	पथ्यावक्त्र छंद

4.68

तत्र हूणावरोधानां भर्तृषु व्यक्तविक्रमम् ।
कपोलपाटलादेशि बभूव रघुचेष्टितम् ॥

अनुष्टुभ् श्लोक छंद

तत्रहू	णावरो	धानां	र र ग ग
ऽ । ऽ	ऽ । ऽ	ऽ ऽ	पद्ममाला छंद
भर्तृषु	व्यक्तवि	क्रमम्	र र ल ग
ऽ । ऽ	ऽ । ऽ	। ऽ	हेमरूप छंद
कपोल	पाटला	देशि	ज र ग ल

192

कालिदास के बृहत् महाकाव्य रघुवंश की छंद मीमांसा

। ऽ ।	ऽ । ऽ	ऽ ।	सुचंद्रप्रभा छंद
बभूव	रघुचे	ष्टितम्	ज स ल ग
। ऽ ।	। । ऽ	। ऽ	अपरिचित छंद

4.69

कामबोजाः समरे सोढुं तस्य वीर्यमनीश्वराः ।
गजालानपरिक्लिष्टैरक्षोटैः सार्धमानताः ॥

अनुष्टुभ् श्लोक छंद

काम्बोजाः	समरे	सोढुं	म स ग ग
ऽ ऽ ऽ	। । ऽ	ऽ ऽ	वक्त्र छंद
तस्यवी	र्यमनी	श्वराः	र स ल ग
ऽ । ऽ	। । ऽ	। ऽ	पथ्यावक्त्र छंद
गजाला	नपरि	क्लिष्टै	य स ग ग
। ऽ ऽ	। । ऽ	ऽ ऽ	मनोला छंद
रक्षोटैः	सार्धमा	नताः	म र ल ग
ऽ ऽ ऽ	ऽ । ऽ	। ऽ	क्षमा छंद

4.70

तेषां सदश्वभूयिष्ठास्तुङ्गा द्रविणराशयः ।
उपदा विविशुः शश्वन्नोत्सेकाः कोसलेश्वरम् ॥

अनुष्टुभ् श्लोक छंद

तेषांस	दश्वभू	यिष्ठा	त र ग ग
ऽ ऽ ।	ऽ । ऽ	ऽ ऽ	विभा छंद
स्तुङ्गाद्र	विणरा	शयः	त स ल ग
ऽ ऽ ।	। । ऽ	। ऽ	अपरिचित छंद
उपदा	विविशुः	शश्व	स स ग ग
। । ऽ	। । ऽ	ऽ ऽ	पंचशिखा छंद
न्नोत्सेकाः	कोसले	श्वरम्	म र ल ग

| ऽ ऽ ऽ | ऽ । ऽ | । ऽ | क्षमा छंद |

4.71

ततो गौरीगुरुं शैलमारुरोहाश्वसाधनः ।
वर्धयन्निव तत्कूटानुद्धूतैर्धातुरेणुभिः ॥

अनुष्टुभ् श्लोक छंद

ततोगौ	रीगुरुं	शैल	य र ग ल
। ऽ ऽ	ऽ । ऽ	ऽ ।	सुचंद्रभा छंद
मारुरो	हाश्वसा	धनः	र र ग ग
ऽ । ऽ	ऽ । ऽ	ऽ ऽ	पद्ममाला छंद
वर्धय	न्निवत	त्कूटा	र स ल ग
ऽ । ऽ	। । ऽ	। ऽ	पथ्यावक्त्र छंद
नुद्धूतै	र्धातुरे	णुभिः	म र ल ग
ऽ ऽ ऽ	ऽ । ऽ	। ऽ	क्षमा छंद

4.72

शशंस तुल्यसत्त्वानां सैन्यघोषेऽप्यसंभ्रमम् ।
गुहाशयानां सिंहानां परिवृत्यावलोकितम् ॥

अनुष्टुभ् श्लोक छंद

शशंस	तुल्यस	त्त्वानां	ज र ग ग
। ऽ ।	ऽ । ऽ	ऽ ऽ	यशस्करी छंद
सैन्यघो	षेप्यसं	भ्रमम्	र र ल ग
ऽ । ऽ	ऽ । ऽ	। ऽ	हेमरूप छंद
गुहाश	यानांसिं	हानां	ज म ग ग
। ऽ ।	ऽ ऽ ऽ	ऽ ऽ	अपरिचित छंद
परिवृ	त्यावलो	कितम्	स र ल ग
। । ऽ	ऽ । ऽ	। ऽ	शलुकलुप्त छंद

4.73

भूर्जेषु मर्मरीभूताः कीचकध्वनिहेतवः ।
गङ्गाशीकरिणो मार्गे मरुतस्तं सिषेविरे ॥

अनुष्टुभ् श्लोक छंद

भूर्जेषु	मर्मरी	भूताः	त र ग ग
ऽ ऽ ।	ऽ । ऽ	ऽ ऽ	विभा छंद
कीचक	ध्वनिहे	तवः	र स ल ग
ऽ । ऽ	। । ऽ	। ऽ	पथ्यावक्त्र छंद
गङ्गाशी	करिणो	मार्गे	म स ग ग
ऽ ऽ ऽ	। । ऽ	ऽ ऽ	वक्त्र छंद
मरुत	स्तंसिषे	विरे	स र ल ग
। । ऽ	ऽ । ऽ	। ऽ	शलुकलुप्त छंद

4.74

विशश्रमुर्नमेरूणां छायास्वध्यास्य सैनिकाः ।
दृषदो वासितोत्सङ्गा निषण्णमृगनाभिभिः ॥

अनुष्टुभ् श्लोक छंद

विशश्र	मुर्नमे	रूणां	ज र ग ग
। ऽ ।	ऽ । ऽ	ऽ ऽ	यशस्करी छंद
छायास्व	ध्यास्यसै	निकाः	म र ल ग
ऽ ऽ ऽ	ऽ । ऽ	। ऽ	क्षमा छंद
दृषदो	वासितो	त्सङ्गा	स र ग ग
। । ऽ	ऽ । ऽ	ऽ ऽ	परिधारा छंद
निषण्ण	मृगना	भिभिः	ज स ल ग
। ऽ ।	। । ऽ	। ऽ	अपरिचित छंद

4.75

सरलासक्तमातङ्गग्रैवेयस्फुरितत्विषः ।

आसन्नोषधयो नेतुर्नक्तमस्नेहदीपिकाः ॥

अनुष्टुभ् श्लोक छंद

सरला	सक्तमा	तङ्ग	स र ग ग
। । ऽ	ऽ । ऽ	ऽ ऽ	परिधारा छंद
ग्रैवेय	स्फुरित	त्विषः	म स ल ग
ऽ ऽ ऽ	। । ऽ	। ऽ	पथ्यावक्त्र छंद
आसन्नो	षधयो	नेतु	म स ग ग
ऽ ऽ ऽ	। । ऽ	ऽ ऽ	वक्त्र छंद
र्नक्तम	स्नेहदी	पिकाः	र र ल ग
ऽ । ऽ	ऽ । ऽ	। ऽ	हेमरूप छंद

4.76

तस्योत्सृष्टनिवासेषु कण्ठरज्जुक्षतत्वचः ।
गजवर्ष्म किरातेभ्यः शशंसुर्देवदारवः ॥

अनुष्टुभ् श्लोक छंद

तस्योत्सृ	ष्टनिवा	सेषु	म स ग ल
ऽ ऽ ऽ	। । ऽ	ऽ ।	वक्त्र छंद
कण्ठर	ज्जुक्षत	त्वचः	र र ल ग
ऽ । ऽ	ऽ । ऽ	। ऽ	हेमरूप छंद
गजव	र्ष्मकिरा	तेभ्यः	स स ग ग
। । ऽ	। । ऽ	ऽ ऽ	पंचशिखा छंद
शशंसु	र्देवदा	रवः	य र ल ग
। ऽ ऽ	ऽ । ऽ	। ऽ	भाषा छंद

4.77

तत्र जन्यं रघोर्घोरं पर्वतीयैर्गणैरभूत् ।
नाराचक्षेपणीयाश्मनिष्पेषोत्पतितानलम् ॥

अनुष्टुभ् श्लोक छंद

तत्रज	न्यंरघो	घोरं	र र ग ग
ऽ । ऽ	ऽ । ऽ	ऽ ऽ	पद्ममाला छंद
पर्वती	यैर्गणै	रभूत्	र र ल ग
ऽ । ऽ	ऽ । ऽ	। ऽ	हेमरूप छंद
नाराच	क्षेपणी	याश्म	म र ग ल
ऽ ऽ ऽ	ऽ । ऽ	ऽ ।	मधुमालती छंद
निष्पेषो	त्पतिता	नलम्	म स ल ग
ऽ ऽ ऽ	। । ऽ	। ऽ	पथ्यावक्त्र छंद

4.78

शरैरुत्सवसंकेतान्स कृत्वा विरतोत्सवान् ।
जयोदाहरणं बाह्वोर्गापयामास किंनरान् ॥

अनुष्टुभ् श्लोक छंद

शरैरु	त्सवसं	केता	य स ग ग
। ऽ ऽ	। । ऽ	ऽ ऽ	मनोला छंद
न्सकृत्वा	विरतो	त्सवान्	य स ल ग
। ऽ ऽ	। । ऽ	। ऽ	अपरिचित छंद
जयोदा	हरणं	बाह्वो	ज स ग ग
। ऽ ।	। । ऽ	ऽ ऽ	भांर्गी छंद
र्गापया	मासकिं	नरान्	र र ल ग
ऽ । ऽ	ऽ । ऽ	। ऽ	हेमरूप छंद

4.79

परस्परेण विज्ञातस्तेषूपायनपाणिषु ।
राज्ञा हिमवतः सारो राज्ञः सारो हिमाद्रिणा ॥

अनुष्टुभ् श्लोक छंद

परस्प	रेणवि	ज्ञात	ज र ग ग
। ऽ ।	ऽ । ऽ	ऽ ऽ	यशस्करी छंद

कालिदास के बृहत् महाकाव्य रघुवंश की छंद मीमांसा

स्तेषूपा	यनपा	णिषु	म स ल ग
ऽ ऽ ऽ	। । ऽ	। ऽ *	पथ्यावक्त्र छंद
राज्ञाहि	मवतः	सारो	त स ग ग
ऽ ऽ ।	। । ऽ	ऽ ऽ	श्यामा छंद
राज्ञःसा	रोहिमा	द्रिणा	म र ल ग
ऽ ऽ ऽ	ऽ । ऽ	। ऽ	क्षमा छंद

4.80

तत्राक्षोभ्यं यशोराशिं निवेश्यावरुरोह सः ।
पौलस्त्यतुलितस्याद्रेरादधान इव ह्रियम् ॥

अनुष्टुभ् श्लोक छंद

तत्राक्षो	भ्यंयशो	राशिं	म र ग ग
ऽ ऽ ऽ	ऽ । ऽ	ऽ ऽ	मधुमालती छंद
निवेश्या	वरुरो	हसः	य स ल ग
। ऽ ऽ	। । ऽ	। ऽ	अपरिचित छंद
पौलस्त्य	तुलित	स्याद्रे	त स ग ग
ऽ ऽ ।	। । ऽ	ऽ ऽ	श्यामा छंद
रादधा	नइव	ह्रियम्	र स ल ग
ऽ । ऽ	। । ऽ	। ऽ	पथ्यावक्त्र छंद

4.81

चकम्पे तीर्णलौहित्ये तस्मिन्प्राग्ज्योतिषेश्वरः ।
तद्गजालानतां प्राप्तैः सह कालागुरुद्रुमैः ॥

अनुष्टुभ् श्लोक छंद

चकम्पे	तीर्णलौ	हित्ये	य र ग ग
। ऽ ऽ	ऽ । ऽ	ऽ ऽ	कुलाधारी छंद
तस्मिन्प्रा	ग्ज्योतिषे	श्वरः	म र ल ग
ऽ ऽ ऽ	ऽ । ऽ	। ऽ	क्षमा छंद

तद्गजा	लानतां	प्राप्तैः	र र ग ग
ऽ । ऽ	ऽ । ऽ	ऽ ऽ	पद्ममाला छंद
सहका	लागुरु	द्रुमैः	स र ल ग
। । ऽ	ऽ । ऽ	। ऽ	शलुकलुप्त छंद

4.82

न प्रसेहे स रुद्धार्कमधारावर्षदुर्दिनम् ।
रथवर्त्मरजोऽप्यस्य कुत एव पताकिनीम् ॥

अनुष्टुभ् श्लोक छंद

नप्रसे	हेसरु	द्धार्क	र र ग ल
ऽ । ऽ	ऽ । ऽ	ऽ ।	लक्ष्मी छंद
मधारा	वर्षदु	र्दिनम्	य र ल ग
। ऽ ऽ	ऽ । ऽ	। ऽ	भाषा छंद
रथव	र्त्मरजो	प्यस्य	स स ग ल
। । ऽ	। । ऽ	ऽ ।	पंचशिखा छंद
कुतए	वपता	किनीम्	स स ल ग
। । ऽ	। । ऽ	। ऽ	मही छंद

4.83

तमीशः कामरूपाणामत्याखण्डलविक्रमम् ।
भेजे भिन्नकटैर्नागैरन्यानुपरुरोध यैः ॥

अनुष्टुभ् श्लोक छंद

तमीशः	कामरू	पाणा	य र ग ग
। ऽ ऽ	ऽ । ऽ	ऽ ऽ	कुलाधारी छंद
मत्याख	ण्डलवि	क्रमम्	म स ल ग
ऽ ऽ ऽ	। । ऽ	। ऽ	पथ्यावक्त्र छंद
भेजेभि	न्नकटै	र्नागै	म स ग ग
ऽ ऽ ऽ	। । ऽ	ऽ ऽ	वक्त्र छंद

रन्यानु	परुरो	धयैः	त स ल ग
ऽ ऽ ।	। । ऽ	। ऽ	पथ्यावक्त्र छंद

4.84

कामरूपेश्वरस्तस्य हेमपीठाधिदेवताम् ।
रत्नपुष्पोपहारेण छायमानर्च पादयोः ॥

अनुष्टुभ् श्लोक छंद

कामरू	पेश्वर	स्तस्य	र र ग ल
ऽ । ऽ	ऽ । ऽ	ऽ ।	लक्ष्मी छंद
हेमपी	ठाधिदे	वताम्	र र ल ग
ऽ । ऽ	ऽ । ऽ	। ऽ	हेमरूप छंद
रत्नपु	ष्पोपहा	रेण	र र ग ल
ऽ । ऽ	ऽ । ऽ	ऽ ।	लक्ष्मी छंद
छायमा	नर्चपा	दयोः	र र ल ग
ऽ । ऽ	ऽ । ऽ	। ऽ	हेमरूप छंद

4.85

इति जित्वा दिशो जिष्णुर्न्यवर्तत रथोद्धतम् ।
रजो विश्रामयन्राज्ञां छत्रशून्येषु मौलिषु ॥

अनुष्टुभ् श्लोक छंद

इतिजि	त्वादिशो	जिष्णु	स र ग ग
। । ऽ	ऽ । ऽ	ऽ ऽ	परिधारा छंद
र्न्यवर्त	तरथो	द्धतम्	ज स ल ग
। ऽ ।	। । ऽ	। ऽ	अपरिचित छंद
रजोवि	श्रामय	न्राज्ञां	य र ग ग
। ऽ ऽ	ऽ । ऽ	ऽ ऽ	कुलाधारी छंद
छत्रशू	न्येषुमौ	लिषु	र र ल ग
ऽ । ऽ	ऽ । ऽ	। ऽ *	हेमरूप छंद

4.86

स विश्वजितमाजह्ने यज्ञं सर्वस्वदक्षिणम् ।
आदानं हि विसर्गाय सतां वारिमुचामिव ॥

अनुष्टुभ् श्लोक छंद

सविश्व	जितमा	जह्ने	ज स ग ग
। ऽ ।	। । ऽ	ऽ ऽ	अपरिचित छंद
यज्ञंस	र्वस्वद	क्षिणम्	म र ल ग
ऽ ऽ ऽ	ऽ । ऽ	। ऽ	क्षमा छंद
आदानं	हिविस	र्गाय	म स ग ल
ऽ ऽ ऽ	। । ऽ	ऽ ।	वक्त्र छंद
सतांवा	रिमुचा	मिव	य स ल ग
। ऽ ऽ	। । ऽ	। ऽ *	अपरिचित छंद

4.87

सत्रान्ते सचिवसखः पुरस्क्रियाभिर्गुर्वीभिः शमितपराजयव्यलीकान् ।
काकुत्स्थश्चिरविरहोत्सुकावरोधान्जन्यान्स्वपुरनिवृत्तयेऽनुमेने ॥

प्रहर्षिणी छंद (म न ज र ग)

सत्रान्ते	सचिव	सखःपु	रस्क्रिया	भि
ऽ ऽ ऽ	। । ।	। ऽ ।	ऽ । ऽ	ऽ
र्गुर्वीभिः	शमित	पराज	यव्यली	कान्
ऽ ऽ ऽ	। । ।	। ऽ ।	ऽ । ऽ	ऽ
काकुत्स्थ	श्चिरवि	रहोत्सु	कावरो	धान्
ऽ ऽ ऽ	। । ।	। ऽ ।	ऽ । ऽ	ऽ
राजन्या	न्स्वपुर	निवृत्त	येनुमे	ने
ऽ ऽ ऽ	। । ।	। ऽ ।	ऽ । ऽ	ऽ

4.88

ते रेखाध्वजकुलिशातपत्रचिह्नं सम्राजश्चरणयुगं प्रसादलभ्यम् ।
प्रस्थानप्रणतिभिरङ्गुलीषु चक्रुर्मौलिस्रक्च्युतमकरन्दरेणुगौरम् ॥

प्रहर्षिणी छंद (म न ज र ग)

तेरेखा	ध्वजकु	लिशात	पत्रचि	ह्नं
ऽ ऽ ऽ	l l l	l ऽ l	ऽ l ऽ	ऽ
सम्राज	श्चरण	युगंप्र	सादल	भ्यम्
ऽ ऽ ऽ	l l l	l ऽ l	ऽ l ऽ	ऽ
प्रस्थान	प्रणति	भिरङ्गु	लीषुच	क्रु
ऽ ऽ ऽ	l l l	l ऽ l	ऽ l ऽ	ऽ
मौलिस्र	क्च्युतम	करन्द	रेणुगौ	रम्
ऽ ऽ ऽ	l l l	l ऽ l	ऽ l ऽ	ऽ

इति श्रीरघुवंशे महाकाव्ये कविश्रीकालिदासकृतौ रघुदिग्विजयो नाम
चतुर्थः सर्गः ॥

रघुवंश सर्ग - 5

∗ राजा अज ∗

5.1

तमध्वरे विश्वजिति क्षितीशं निःशेषविश्राणितकोशजातम् ।
उत्पातविद्यो गुरुदक्षिणार्थी कौत्सः प्रपेदे वरतन्तुशिष्यः ॥

उपेन्द्रवज्रा, इंद्रवज्रा, इंद्रवज्रा, इंद्रवज्रा उपजाति छंद

तमध्व	रेविश्व	जितिक्षि	तीशं	

।ऽ।	ऽऽ।	।ऽ।	ऽऽ	उपेन्द्रवज्रा
निःशेष	विश्राणि	तकोश	जातम्	
ऽऽ।	ऽऽ।	।ऽ।	ऽऽ	इंद्रवज्रा
उत्पात	विद्योगु	रुदक्षि	णार्थी	
ऽऽ।	ऽऽ।	।ऽ।	ऽऽ	इंद्रवज्रा
कौत्सःप्र	पेदेव	रतन्तु	शिष्यः	
ऽऽ।	ऽऽ।	।ऽ।	ऽऽ	इंद्रवज्रा

5.2

स मृण्मये वीतहिरण्मयत्वात्पात्रे निधायार्घ्यमनर्घशीलः ।
श्रुतप्रकाशं यशसा प्रकाशः प्रत्युज्जगामातिथिमातिथेयः ॥

उपेन्द्रवज्रा, इंद्रवज्रा, उपेन्द्रवज्रा, इंद्रवज्रा उपजाति छंद

समृण्म	येवीत	हिरण्म	यत्वा	
।ऽ।	ऽऽ।	।ऽ।	ऽऽ	उपेन्द्रवज्रा
त्पात्रेनि	धायार्घ्य	मनर्घ	शीलः	
ऽऽ।	ऽऽ।	।ऽ।	ऽऽ	इंद्रवज्रा
श्रुतप्र	काशंय	शसाप्र	काशः	
।ऽ।	ऽऽ।	।ऽ।	ऽऽ	उपेन्द्रवज्रा
प्रत्युज्ज	गामाति	थिमाति	थेयः	
ऽऽ।	ऽऽ।	।ऽ।	ऽऽ	इंद्रवज्रा

5.3

तमर्चयित्वा विधिवद्विधिज्ञस्तपोधनं मानधनाग्रयायी ।
विशांपतिर्विष्टरभाजमारात्कृताञ्जलिः कृत्यविदित्युवाच ॥

उपेन्द्रवज्रा छंद (ज त ज ग ग)

तमर्च	यित्वावि	धिवद्वि	धिज्ञ	
।ऽ।	ऽऽ।	।ऽ।	ऽऽ	उपेन्द्रवज्रा

स्तपोध	नंमान	धनाग्र	यायी	
। ऽ ।	ऽ ऽ ।	। ऽ ।	ऽ ऽ	उपेन्द्रवज्रा
विशांप	तिर्विष्ट	रभाज	मारा	
। ऽ ।	ऽ ऽ ।	। ऽ ।	ऽ ऽ	उपेन्द्रवज्रा
त्कृताञ्ज	लिःकृत्य	विदित्यु	वाच	
। ऽ ।	ऽ ऽ ।	। ऽ ।	ऽ ऽ *	उपेन्द्रवज्रा

5.4

अप्यग्रणीर्मन्त्रकृतामृषीणां कुशाग्रबुद्धे कुशली गुरुस्ते ।
यतस्त्वया ज्ञानमशेषमाप्तं लोकेन चैतन्यमिवोष्णरश्मेः ॥

इंद्रवज्रा, उपेन्द्रवज्रा, उपेन्द्रवज्रा, इंद्रवज्रा उपजाति छंद

अप्यग्र	णीर्मन्त्र	कृतामृ	षीणां	
ऽ ऽ ।	ऽ ऽ ।	। ऽ ।	ऽ ऽ	इंद्रवज्रा
कुशाग्र	बुद्धेकु	शलीगु	रुस्ते	
। ऽ ।	ऽ ऽ ।	। ऽ ।	ऽ ऽ	उपेन्द्रवज्रा
यतस्त्व	याज्ञान	मशेष	माप्तं	
। ऽ ।	ऽ ऽ ।	। ऽ ।	ऽ ऽ	उपेन्द्रवज्रा
लोकेन	चैतन्य	मिवोष्ण	रश्मेः	
ऽ ऽ ।	ऽ ऽ ।	। ऽ ।	ऽ ऽ	इंद्रवज्रा

5.5

कायेन वाचा मनसाऽपि शश्वद्यत्सम्भृतं वासवधैर्यलोऽपि ।
आपाद्यते न व्ययमन्तरायैः कच्चिन्महर्षेस्त्रिविधं तपस्तत् ॥

इंद्रवज्रा छंद (त त ज ग ग)

कायेन	वाचाम	नसापि	शश्व	
ऽ ऽ ।	ऽ ऽ ।	। ऽ ।	ऽ ऽ	इंद्रवज्रा
द्यत्सम्भृ	तंवास	वधैर्य	लोपि	

ऽ ऽ ।	ऽ ऽ ।	। ऽ ।	ऽ ऽ	इंद्रवज्रा
आपाद्य	तेनव्य	यमन्त	रायैः	
ऽ ऽ ।	ऽ ऽ ।	। ऽ ।	ऽ ऽ	इंद्रवज्रा
कच्चिन्म	हर्षेस्त्रि	विधंत	पस्तत्	
ऽ ऽ ।	ऽ ऽ ।	। ऽ ।	ऽ ऽ	इंद्रवज्रा

5.6

आधारबन्धप्रमुखैः प्रयत्नैः संवर्धितानां सुतनिर्विशेषम् ।
कच्चिन्न वाय्वादिरुपप्लवो वः श्रमच्छिदामाश्रमपादपानाम् ॥

इंद्रवज्रा, इंद्रवज्रा, इंद्रवज्रा, उपेन्द्रवज्रा उपजाति छंद

आधार	बन्धप्र	मुखैःप्र	यत्नैः	
ऽ ऽ ।	ऽ ऽ ।	। ऽ ।	ऽ ऽ	इंद्रवज्रा
संवर्धि	तानांसु	तनिर्वि	शेषम्	
ऽ ऽ ।	ऽ ऽ ।	। ऽ ।	ऽ ऽ *	इंद्रवज्रा
कच्चिन्न	वाय्वादि	रुपप्ल	वोवः	
ऽ ऽ ।	ऽ ऽ ।	। ऽ ।	ऽ ऽ	इंद्रवज्रा
श्रमच्छि	दामाश्र	मपाद	पानाम्	
। ऽ ।	ऽ ऽ ।	। ऽ ।	ऽ ऽ	उपेन्द्रवज्रा

5.7

क्रियानिमित्तेश्वपि वत्सलत्वादभग्नकामा मुनिभिः कुशेषु ।
तदङ्कशय्याच्युतनाभिनाला कच्चिन्मृगीणामनघा प्रसूतिः ॥

उपेन्द्रवज्रा, उपेन्द्रवज्रा, उपेन्द्रवज्रा, इंद्रवज्रा उपजाति छंद

क्रियानि	मित्तेश्व	पिवत्स	लत्वा	
। ऽ ।	ऽ ऽ ।	। ऽ ।	ऽ ऽ	उपेन्द्रवज्रा
दभग्न	कामामु	निभिःकु	शेषु	
। ऽ ।	ऽ ऽ ।	। ऽ ।	ऽ ऽ *	उपेन्द्रवज्रा

कालिदास के बृहत् महाकाव्य रघुवंश की छंद मीमांसा

तदङ्क	शय्याच्यु	तनाभि	नाला	
। ऽ ।	ऽ ऽ ।	। ऽ ।	ऽ ऽ	उपेन्द्रवज्रा
कच्चिन्मृ	गीणाम	नघाप्र	सूतिः	
ऽ ऽ ।	ऽ ऽ ।	। ऽ ।	ऽ ऽ	इंद्रवज्रा

5.8

निर्वत्यते यैर्नियमाभिषेको येभ्यो निवापाञ्जलयः पितॄणाम् ।
तान्युञ्छषष्ठाङ्किकतसैकतानि शिवानि वस्तीर्थजलानि कच्चित् ॥

इंद्रवज्रा, इंद्रवज्रा, इंद्रवज्रा, उपेन्द्रवज्रा उपजाति छंद

निर्वत्य	तेयैर्नि	यमाभि	षेको	
ऽ ऽ ।	ऽ ऽ ।	। ऽ ।	ऽ ऽ	इंद्रवज्रा
येभ्योनि	वापाञ्ज	लयःपि	तॄणाम्	
ऽ ऽ ।	ऽ ऽ ।	। ऽ ।	ऽ ऽ	इंद्रवज्रा
तान्युञ्छ	षष्ठाङ्कि	तसैक	तानि	
ऽ ऽ ।	ऽ ऽ ।	। ऽ ।	ऽ ऽ *	इंद्रवज्रा
शिवानि	वस्तीर्थ	जलानि	कच्चित्	
। ऽ ।	ऽ ऽ ।	। ऽ ।	ऽ ऽ	उपेन्द्रवज्रा

5.9

नीवारपाकादि कडंगरीयैरामृश्यते जानपदैर्न कच्चित् ।
कालोपपन्नातिथिकल्प्यभागं वन्यं शरीरस्थितिसाधनं वः ॥

इंद्रवज्रा छंद (त त ज ग ग)

नीवार	पाकादि	कडंग	रीयै	
ऽ ऽ ।	ऽ ऽ ।	। ऽ ।	ऽ ऽ	इंद्रवज्रा
रामृश्य	तेजान	पदैर्न	कच्चित्	
ऽ ऽ ।	ऽ ऽ ।	। ऽ ।	ऽ ऽ	इंद्रवज्रा
कालोप	पन्नाति	थिकल्प्य	भागं	

ऽ ऽ ।	ऽ ऽ ।	। ऽ ।	ऽ ऽ	इंद्रवज्रा
वन्यंश	रीरस्थि	तिसाध	नंवः	
ऽ ऽ ।	ऽ ऽ ।	। ऽ ।	ऽ ऽ	इंद्रवज्रा

5.10

अपि प्रसन्नेन महर्षिणा त्वं सम्यग्विनीयानुमतो गृहाय ।
कालो ह्ययं संक्रमितुं द्वितीयं सर्वोपकारक्षममाश्रमं ते ॥

उपेन्द्रवज्रा, इंद्रवज्रा, इंद्रवज्रा, इंद्रवज्रा उपजाति छंद

अपिप्र	सन्नेन	महर्षि	णात्वं	
। ऽ ।	ऽ ऽ ।	। ऽ ।	ऽ ऽ	उपेन्द्रवज्रा
सम्यग्वि	नीयानु	मतोगृ	हाय	
ऽ ऽ ।	ऽ ऽ ।	। ऽ ।	ऽ ऽ *	इंद्रवज्रा
कालोह्य	यंसंक्र	मितुंद्वि	तीयं	
ऽ ऽ ।	ऽ ऽ ।	। ऽ ।	ऽ ऽ	इंद्रवज्रा
सर्वोप	कारक्ष	ममाश्र	मंते	
ऽ ऽ ।	ऽ ऽ ।	। ऽ ।	ऽ ऽ	इंद्रवज्रा

5.11

तवार्हतो नाभिगमेन तृप्तं मनो नियोगक्रिययोत्सुकं मे ।
अप्याज्ञया शासितुरात्मना वा प्राप्तोऽसि संभावयितुं वनान्माम् ॥

उपेन्द्रवज्रा, उपेन्द्रवज्रा, इंद्रवज्रा, इंद्रवज्रा उपजाति छंद

तवार्ह	तोनाभि	गमेन	तृप्तं	
। ऽ ।	ऽ ऽ ।	। ऽ ।	ऽ ऽ	उपेन्द्रवज्रा
मनोनि	योगक्रि	ययोत्सु	कंमे	
। ऽ ।	ऽ ऽ ।	। ऽ ।	ऽ ऽ	उपेन्द्रवज्रा
अप्याज्ञ	याशासि	तुरात्म	नावा	
ऽ ऽ ।	ऽ ऽ ।	। ऽ ।	ऽ ऽ	इंद्रवज्रा

कालिदास के बृहत् महाकाव्य रघुवंश की छंद मीमांसा

प्राप्तोसि	संभाव	यितुंव	नान्माम्	
ऽ ऽ ।	ऽ ऽ ।	। ऽ ।	ऽ ऽ	इंद्रवज्रा

5.12

इत्यर्घ्यपात्रानुमितव्ययस्य रघोरुदारामपि गां निशम्य ।
स्वार्थोपपत्तिं प्रति दुर्बलाशस्तमित्यवोचद्वरतन्तुशिष्यः ॥

इंद्रवज्रा, उपेन्द्रवज्रा, इंद्रवज्रा, उपेन्द्रवज्रा उपजाति छंद

इत्यर्घ्य	पात्रानु	मितव्य	यस्य	
ऽ ऽ ।	ऽ ऽ ।	। ऽ ।	ऽ ऽ *	इंद्रवज्रा
रघोरु	दाराम	पिगांनि	शम्य	
। ऽ ।	ऽ ऽ ।	। ऽ ।	ऽ ऽ *	उपेन्द्रवज्रा
स्वार्थोप	पत्तिंप्र	तिदुर्ब	लाश	
ऽ ऽ ।	ऽ ऽ ।	। ऽ ।	ऽ ऽ	इंद्रवज्रा
स्तमित्य	वोचद्व	रतन्तु	शिष्यः	
। ऽ ।	ऽ ऽ ।	। ऽ ।	ऽ ऽ	उपेन्द्रवज्रा

5.13

सर्वत्र नो वार्तमवेहि राजन्नाथे कुतस्त्वय्यशुभं प्रजानाम् ।
सूर्ये तपत्यावरणाय दृष्टेः कल्पेत लोकस्य कथं तमिस्रा ॥

इंद्रवज्रा छंद (त त ज ग ग)

सर्वत्र	नोवार्त	मवेहि	राज	
ऽ ऽ ।	ऽ ऽ ।	। ऽ ।	ऽ ऽ	इंद्रवज्रा
न्नाथेकु	तस्त्वय्य	शुभंप्र	जानाम्	
ऽ ऽ ।	ऽ ऽ ।	। ऽ ।	ऽ ऽ	इंद्रवज्रा
सूर्येत	पत्याव	रणाय	दृष्टेः	
ऽ ऽ ।	ऽ ऽ ।	। ऽ ।	ऽ ऽ	इंद्रवज्रा
कल्पेत	लोकस्य	कथंत	मिस्रा	

ऽ ऽ ।	ऽ ऽ ।	। ऽ ।	ऽ ऽ	इंद्रवज्रा

5.14

भक्तिः प्रतीक्ष्येषु कुलोचिता ते पूर्वान्महाभाग तयातिशेषे ।
व्यतीतकालस्त्वहमभ्युपेतस्त्वामर्थिभावादिति मे विषादः ॥

इंद्रवज्रा, इंद्रवज्रा, उपेन्द्रवज्रा, इंद्रवज्रा उपजाति छंद

भक्तिःप्र	तीक्ष्येषु	कुलोचि	ताते	
ऽ ऽ ।	ऽ ऽ ।	। ऽ ।	ऽ ऽ	इंद्रवज्रा
पूर्वान्म	हाभाग	तयाति	शेषे	
ऽ ऽ ।	ऽ ऽ ।	। ऽ ।	ऽ ऽ	इंद्रवज्रा
व्यतीत	कालस्त्व	हमभ्यु	पेत	
। ऽ ।	ऽ ऽ ।	। ऽ ।	ऽ ऽ	उपेन्द्रवज्रा
स्त्वामर्थि	भावादि	तिमेवि	षादः	
ऽ ऽ ।	ऽ ऽ ।	। ऽ ।	ऽ ऽ	इंद्रवज्रा

5.15

शरीरमात्रेण नरेन्द्र तिष्ठन्नाभासि तीर्थप्रतिपादितर्द्धिः ।
आरण्यकोपात्तफलप्रसूतिः स्तम्बेन नीवार इवावशिष्टः ॥

उपेन्द्रवज्रा, इंद्रवज्रा, इंद्रवज्रा, इंद्रवज्रा उपजाति छंद

शरीर	मात्रेण	नरेन्द्र	तिष्ठ	
। ऽ ।	ऽ ऽ ।	। ऽ ।	ऽ ऽ	उपेन्द्रवज्रा
न्नाभासि	तीर्थप्र	तिपादि	तर्द्धिः	
ऽ ऽ ।	ऽ ऽ ।	। ऽ ।	ऽ ऽ	इंद्रवज्रा
आरण्य	कोपात्त	फलप्र	सूतिः	
ऽ ऽ ।	ऽ ऽ ।	। ऽ ।	ऽ ऽ	इंद्रवज्रा
स्तम्बेन	नीवार	इवाव	शिष्टः	
ऽ ऽ ।	ऽ ऽ ।	। ऽ ।	ऽ ऽ	इंद्रवज्रा

5.16

स्थाने भवानेकनराधिपः सन्नकिंचनत्वं मखजं व्यनक्ति ।
पर्यायपीतस्य सुरैर्हिमांशोः कलाक्षयः श्लाघ्यतरो हि वृद्धेः ॥

इंद्रवज्रा, उपेन्द्रवज्रा, इंद्रवज्रा, उपेन्द्रवज्रा उपजाति छंद

स्थानेभ	वानेक	नराधि	पःस	
ऽ ऽ ।	ऽ ऽ ।	। ऽ ।	ऽ ऽ	इंद्रवज्रा
न्नकिंच	नत्वंम	खजंव्य	नक्ति	
। ऽ ।	ऽ ऽ ।	। ऽ ।	ऽ ऽ *	उपेन्द्रवज्रा
पर्याय	पीतस्य	सुरैर्हि	मांशोः	
ऽ ऽ ।	ऽ ऽ ।	। ऽ ।	ऽ ऽ	इंद्रवज्रा
कलाक्ष	यःश्लाघ्य	तरोहि	वृद्धेः	
। ऽ ।	ऽ ऽ ।	। ऽ ।	ऽ ऽ	उपेन्द्रवज्रा

5.17

तदन्यतस्तावदनन्यकार्यो गुर्वर्थमाहर्तुमहं यतिष्ये ।
स्वस्त्यस्तु ते निर्गलिताम्बुगर्भं शरद्घनं नार्दति चातकोऽपि ॥

उपेन्द्रवज्रा, इंद्रवज्रा, इंद्रवज्रा, उपेन्द्रवज्रा उपजाति छंद

तदन्य	तस्ताव	दनन्य	कार्यो	
। ऽ ।	ऽ ऽ ।	। ऽ ।	ऽ ऽ	उपेन्द्रवज्रा
गुर्वर्थ	माहर्तु	महंय	तिष्ये	
ऽ ऽ ।	ऽ ऽ ।	। ऽ ।	ऽ ऽ	इंद्रवज्रा
स्वस्त्यस्तु	तेनिर्ग	लिताम्बु	गर्भं	
ऽ ऽ ।	ऽ ऽ ।	। ऽ ।	ऽ ऽ	इंद्रवज्रा
शरद्घ	नंनार्द	तिचात	कोपि	
। ऽ ।	ऽ ऽ ।	। ऽ ।	ऽ ऽ *	उपेन्द्रवज्रा

5.18

एतावदुक्त्वा प्रतियातुकामं शिष्यं महर्षेर्नृपतिर्निषिध्य ।
किं वस्तु विद्वन्गुरवे प्रदेयं त्वया कियद्वेति तमन्वयुङ्क्त ॥

इंद्रवज्रा, इंद्रवज्रा, इंद्रवज्रा, उपेन्द्रवज्रा उपजाति छंद

एताव	दुक्त्वाप्र	तियातु	कामं	
ऽ ऽ ।	ऽ ऽ ।	। ऽ ।	ऽ ऽ	इंद्रवज्रा
शिष्यंम	हर्षेर्नृ	पतिर्नि	षिध्य	
ऽ ऽ ।	ऽ ऽ ।	। ऽ ।	ऽ ऽ *	इंद्रवज्रा
किंवस्तु	विद्वन्गु	रवेप्र	देयं	
ऽ ऽ ।	ऽ ऽ ।	। ऽ ।	ऽ ऽ	इंद्रवज्रा
त्वयाकि	यद्वेति	तमन्व	युङ्क्त	
। ऽ ।	ऽ ऽ ।	। ऽ ।	ऽ ऽ *	उपेन्द्रवज्रा

5.19

ततो यथावद्विहिताध्वराय तस्मै स्मयावेशविवर्जिताय ।
वर्णाश्रमाणां गुरवे स वर्णी विचक्षणः प्रस्तुतमाचचक्षे ॥

उपेन्द्रवज्रा, इंद्रवज्रा, इंद्रवज्रा, उपेन्द्रवज्रा उपजाति छंद

ततोय	थावद्वि	हिताध्व	राय	
। ऽ ।	ऽ ऽ ।	। ऽ ।	ऽ ऽ *	उपेन्द्रवज्रा
तस्मैस्म	यावेश	विवर्जि	ताय	
ऽ ऽ ।	ऽ ऽ ।	। ऽ ।	ऽ ऽ *	इंद्रवज्रा
वर्णाश्र	माणांगु	रवेस	वर्णी	
ऽ ऽ ।	ऽ ऽ ।	। ऽ ।	ऽ ऽ	इंद्रवज्रा
विचक्ष	णःप्रस्तु	तमाच	चक्षे	
। ऽ ।	ऽ ऽ ।	। ऽ ।	ऽ ऽ	उपेन्द्रवज्रा

5.20

समाप्तविद्येन मया महर्षिर्विज्ञापितोऽभूद्गुरुदक्षिणायै ।

स मे चिरायास्खलितोपचारां तां भक्तिमेवागणयत्पुरस्तात् ॥

उपेन्द्रवज्रा, इंद्रवज्रा, उपेन्द्रवज्रा, इंद्रवज्रा उपजाति छंद

समाप्त	विद्येन	मयाम	हर्षि	
। ऽ ।	ऽ ऽ ।	। ऽ ।	ऽ ऽ	उपेन्द्रवज्रा
र्विज्ञापि	तोभूद्गु	रुदक्षि	णायै	
ऽ ऽ ।	ऽ ऽ ।	। ऽ ।	ऽ ऽ	इंद्रवज्रा
समेचि	रायास्ख	लितोप	चारां	
। ऽ ।	ऽ ऽ ।	। ऽ ।	ऽ ऽ	उपेन्द्रवज्रा
तांभक्ति	मेवाग	णयत्पु	रस्तात्	
ऽ ऽ ।	ऽ ऽ ।	। ऽ ।	ऽ ऽ	इंद्रवज्रा

5.21

निर्बन्धसंजातरुषार्थकार्श्यमचिन्तयित्वा गुरुणाहमुक्तः ।
वित्तस्य विद्यापरिसंख्यया मे कोटीश्चतस्रो दश चाहरेति ॥

इंद्रवज्रा, उपेन्द्रवज्रा, इंद्रवज्रा, इंद्रवज्रा उपजाति छंद

निर्बन्ध	संजात	रुषार्थ	कार्श्य	
ऽ ऽ ।	ऽ ऽ ।	। ऽ ।	ऽ ऽ	इंद्रवज्रा
मचिन्त	यित्वागु	रुणाह	मुक्तः	
। ऽ ।	ऽ ऽ ।	। ऽ ।	ऽ ऽ	उपेन्द्रवज्रा
वित्तस्य	विद्याप	रिसंख्य	यामे	
ऽ ऽ ।	ऽ ऽ ।	। ऽ ।	ऽ ऽ	इंद्रवज्रा
कोटीश्च	तस्रोद	शचाह	रेति	
ऽ ऽ ।	ऽ ऽ ।	। ऽ ।	ऽ ऽ *	इंद्रवज्रा

5.22

सोऽहं सपर्याविधिभाजनेन मत्वा भवन्तं प्रभुशब्दशेषम् ।
अभ्युत्सहे संप्रति नोपरोद्धुमल्पेतरत्वाच्छ्रुतनिष्क्रयस्य ॥

इंद्रवज्रा छंद (त त ज ग ग)

सोहंस	पर्यावि	धिभाज	नेन	
ऽ ऽ ।	ऽ ऽ ।	। ऽ ।	ऽ ऽ *	इंद्रवज्रा
मत्वाभ	वन्तंप्र	भुशब्द	शेषम्	
ऽ ऽ ।	ऽ ऽ ।	। ऽ ।	ऽ ऽ	इंद्रवज्रा
अभ्युत्स	हेसंप्र	तिनोप	रोद्धु	
ऽ ऽ ।	ऽ ऽ ।	। ऽ ।	ऽ ऽ *	इंद्रवज्रा
मल्पेत	रत्वाच्छु	तनिष्क्र	यस्य	
ऽ ऽ ।	ऽ ऽ ।	। ऽ ।	ऽ ऽ *	इंद्रवज्रा

5.23

इत्थं द्विजेन द्विजराजकान्तिरावेदितो वेदविदां वरेण ।
एनोनिवृत्तेन्द्रियवृत्तिरेनं जगाद भूयो जगदेकनाथः ॥

इंद्रवज्रा, इंद्रवज्रा, इंद्रवज्रा, उपेन्द्रवज्रा उपजाति छंद

इत्थंद्वि	जेनद्वि	जराज	कान्ति	
ऽ ऽ ।	ऽ ऽ ।	। ऽ ।	ऽ ऽ *	इंद्रवज्रा
रावेदि	तोवेद	विदांव	रेण	
ऽ ऽ ।	ऽ ऽ ।	। ऽ ।	ऽ ऽ *	इंद्रवज्रा
एनोनि	वृत्तेन्द्रि	यवृत्ति	रेनं	
ऽ ऽ ।	ऽ ऽ ।	। ऽ ।	ऽ ऽ	इंद्रवज्रा
जगाद	भूयोज	गदेक	नाथः	
। ऽ ।	ऽ ऽ ।	। ऽ ।	ऽ ऽ	उपेन्द्रवज्रा

5.24

गुर्वर्थमर्थी श्रुतपारदृश्वा रघोः सकाशादनवाप्य कामम् ।
गतो वदान्यान्तरमित्ययं मे मा भूत्परीवादनवावतारः ॥

इंद्रवज्रा, उपेन्द्रवज्रा, उपेन्द्रवज्रा, इंद्रवज्रा उपजाति छंद

कालिदास के बृहत् महाकाव्य रघुवंश की छंद मीमांसा

गुर्वर्थ	मर्थीश्रु	तपार	दृश्वा	
ऽ ऽ।	ऽ ऽ।	। ऽ।	ऽ ऽ	इंद्रवज्रा
रघोःस	काशाद	नवाप्य	कामम्	
। ऽ।	ऽ ऽ।	। ऽ।	ऽ ऽ	उपेन्द्रवज्रा
गतोव	दान्यान्त	रमित्य	यंमे	
। ऽ।	ऽ ऽ।	। ऽ।	ऽ ऽ	उपेन्द्रवज्रा
माभूत्प	रीवाद	नवाव	तारः	
ऽ ऽ।	ऽ ऽ।	। ऽ।	ऽ ऽ	इंद्रवज्रा

5.25

स त्वं प्रशस्ते महिते मदीये वसंश्चतुर्थोऽग्निरिवाग्निगारे ।
द्वित्राण्यहान्यर्हसि सोढुमर्हन्यावद्यते साधयितुं त्वदर्थम् ॥

इंद्रवज्रा, उपेन्द्रवज्रा, इंद्रवज्रा, इंद्रवज्रा उपजाति छंद

सत्वंप्र	शस्तेम	हितेम	दीये	
ऽ ऽ।	ऽ ऽ।	। ऽ।	ऽ ऽ	इंद्रवज्रा
वसंश्च	तुर्थोग्नि	रिवाग्नि	गारे	
। ऽ।	ऽ ऽ।	। ऽ।	ऽ ऽ	उपेन्द्रवज्रा
द्वित्राण्य	हान्यर्ह	सिसोढु	मर्ह	
ऽ ऽ।	ऽ ऽ।	। ऽ।	ऽ ऽ	इंद्रवज्रा
न्यावद्य	तेसाध	यितुंत्व	दर्थम्	
ऽ ऽ।	ऽ ऽ।	। ऽ।	ऽ ऽ	इंद्रवज्रा

5.26

तथेति तस्यावितथं प्रतीतः प्रत्यग्रहीत्संगरमग्रजन्मा ।
गामात्तसारां रघुरप्यवेक्ष्य निष्क्रष्टुमर्थं चकमे कुबेरात् ॥

उपेन्द्रवज्रा, इंद्रवज्रा, इंद्रवज्रा, इंद्रवज्रा उपजाति छंद

तथेति	तस्यावि	तथंप्र	तीतः	

। ऽ ।	ऽ ऽ ।	। ऽ ।	ऽ ऽ	उपेन्द्रवज्रा
प्रत्यग्र	ह्रीत्संग	रमग्र	जन्मा	
ऽ ऽ ।	ऽ ऽ ।	। ऽ ।	ऽ ऽ	इंद्रवज्रा
गामात्त	सारांर	घुरप्य	वेक्ष्य	
ऽ ऽ ।	ऽ ऽ ।	। ऽ ।	ऽ ऽ *	इंद्रवज्रा
निष्क्रष्टु	मर्थंच	कमेकु	बेरात्	
ऽ ऽ ।	ऽ ऽ ।	। ऽ ।	ऽ ऽ	इंद्रवज्रा

5.27

वसिष्ठमन्त्रोक्षणजात्प्रभावादुदन्वदाकाशमहीधरेषु ।
मरुत्सखस्येव बलाहकस्य गतिर्विजघ्ने न हि तद्रथस्य ॥

उपेन्द्रवज्रा छंद (ज त ज ग ग)

वसिष्ठ	मन्त्रोक्ष	णजात्प्र	भावा	
। ऽ ।	ऽ ऽ ।	। ऽ ।	ऽ ऽ	उपेन्द्रवज्रा
दुदन्व	दाकाश	महीध	रेषु	
। ऽ ।	ऽ ऽ ।	। ऽ ।	ऽ ऽ *	उपेन्द्रवज्रा
मरुत्स	खस्येव	बलाह	कस्य	
। ऽ ।	ऽ ऽ ।	। ऽ ।	ऽ ऽ *	उपेन्द्रवज्रा
गतिर्वि	जघ्नेन	हितद्र	थस्य	
। ऽ ।	ऽ ऽ ।	। ऽ ।	ऽ ऽ *	उपेन्द्रवज्रा

5.28

अथाधिशिश्ये प्रयतः प्रदोषे रथं रघुः कल्पितशस्त्रगर्भम् ।
सामन्तसंभावनयैव धीरः कैलासनाथं तरसा जिगीषुः ॥

उपेन्द्रवज्रा, उपेन्द्रवज्रा, इंद्रवज्रा, इंद्रवज्रा उपजाति छंद

अथाधि	शिश्येप्र	यतःप्र	दोषे	
। ऽ ।	ऽ ऽ ।	। ऽ ।	ऽ ऽ	उपेन्द्रवज्रा

रथंर	घुःकल्पि	तशस्त्र	गर्भम्	
। ऽ ।	ऽ ऽ ।	। ऽ ।	ऽ ऽ	उपेन्द्रवज्रा
सामन्त	संभाव	नयैव	धीरः	
ऽ ऽ ।	ऽ ऽ ।	। ऽ ।	ऽ ऽ	इंद्रवज्रा
कैलास	नाथंत	रसाजि	गीषुः	
ऽ ऽ ।	ऽ ऽ ।	। ऽ ।	ऽ ऽ	इंद्रवज्रा

5.29

प्रातः प्रयाणाभिमुखाय तस्मै सविस्मयाः कोषगृहे नियुक्ताः ।
हिरण्मयीं कोषगृहस्य मध्ये वृष्टिं शशंसुः पतितां नभस्तः ॥

इंद्रवज्रा, उपेन्द्रवज्रा, उपेन्द्रवज्रा, इंद्रवज्रा उपजाति छंद

प्रातःप्र	याणाभि	मुखाय	तस्मै	
ऽ ऽ ।	ऽ ऽ ।	। ऽ ।	ऽ ऽ	इंद्रवज्रा
सविस्म	याःकोष	गृहेनि	युक्ताः	
। ऽ ।	ऽ ऽ ।	। ऽ ।	ऽ ऽ	उपेन्द्रवज्रा
हिरण्म	यींकोष	गृहस्य	मध्ये	
। ऽ ।	ऽ ऽ ।	। ऽ ।	ऽ ऽ	उपेन्द्रवज्रा
वृष्टिंश	शंसुःप	तितांन	भस्तः	
ऽ ऽ ।	ऽ ऽ ।	। ऽ ।	ऽ ऽ	इंद्रवज्रा

5.30

स भूपतिर्भासुरहेमराशिं लब्धं कुबेरादभियास्यमानात् ।
दिदेश कौत्साय समस्तमेव पादं सुमेरोरिव वज्रभिन्नम् ॥

उपेन्द्रवज्रा, इंद्रवज्रा, उपेन्द्रवज्रा, इंद्रवज्रा उपजाति छंद

सभूप	तिर्भासु	रहेम	राशिं	
। ऽ ।	ऽ ऽ ।	। ऽ ।	ऽ ऽ	उपेन्द्रवज्रा
लब्धंकु	बेराद	भियास्य	मानात्	

ऽ ऽ ।	ऽ ऽ ।	। ऽ ।	ऽ ऽ	इंद्रवज्रा
दिदेश	कौत्साय	समस्त	मेव	
। ऽ ।	ऽ ऽ ।	। ऽ ।	ऽ ऽ *	उपेन्द्रवज्रा
पादंसु	मेरोरि	ववज्र	भिन्नम्	
ऽ ऽ ।	ऽ ऽ ।	। ऽ ।	ऽ ऽ	इंद्रवज्रा

5.31

जनस्य साकेतनिवासिनस्तौ द्वावप्यभूतानभिनन्द्यसत्त्वौ ।
गुरुप्रदेयाधिकनिःस्पृहोऽर्थी नृपोऽर्थिकामादधिकप्रदश्च ॥

उपेन्द्रवज्रा, इंद्रवज्रा, उपेन्द्रवज्रा, उपेन्द्रवज्रा उपजाति छंद

जनस्य	साकेत	निवासि	नस्तौ	
। ऽ ।	ऽ ऽ ।	। ऽ ।	ऽ ऽ	उपेन्द्रवज्रा
द्वावप्य	भूतान	भिनन्द्य	सत्त्वौ	
ऽ ऽ ।	ऽ ऽ ।	। ऽ ।	ऽ ऽ	इंद्रवज्रा
गुरुप्र	देयाधि	कनिःस्पृ	होर्थी	
। ऽ ।	ऽ ऽ ।	। ऽ ।	ऽ ऽ	उपेन्द्रवज्रा
नृपोर्थि	कामाद	धिकप्र	दश्च	
। ऽ ।	ऽ ऽ ।	। ऽ ।	ऽ ऽ *	उपेन्द्रवज्रा

5.32

अथोष्ट्रवामीशतवाहितार्थं प्रजेश्वरं प्रीतमना महर्षिः ।
स्पृशन्करेणानतपूर्वकायं संप्रस्थितो वाचमुवाच कौत्सः ॥

उपेन्द्रवज्रा, उपेन्द्रवज्रा, उपेन्द्रवज्रा, इंद्रवज्रा उपजाति छंद

अथोष्ट्र	वामीश	तवाहि	तार्थं	
। ऽ ।	ऽ ऽ ।	। ऽ ।	ऽ ऽ	उपेन्द्रवज्रा
प्रजेश्व	रंप्रीत	मनाम	हर्षिः	
। ऽ ।	ऽ ऽ ।	। ऽ ।	ऽ ऽ	उपेन्द्रवज्रा

स्पृशन्क	रेणान	तपूर्व	कायं	
।ऽ।	ऽऽ।	।ऽ।	ऽऽ	उपेन्द्रवज्रा
संप्रस्थि	तोवाच	मुवाच	कौत्सः	
ऽऽ।	ऽऽ।	।ऽ।	ऽऽ	इंद्रवज्रा

5.33

किमत्र चित्रं यदि कामसूर्भूर्वृत्ते स्थितस्याधिपतेः प्रजानाम् ।
अचिन्तनीयस्तु तव प्रभावो मनीषितं द्यौरपि येन दुग्धा ॥

उपेन्द्रवज्रा, इंद्रवज्रा, उपेन्द्रवज्रा, उपेन्द्रवज्रा उपजाति छंद

किमत्र	चित्रंय	दिकाम	सूर्भू	
।ऽ।	ऽऽ।	।ऽ।	ऽऽ	उपेन्द्रवज्रा
वृत्तेस्थि	तस्याधि	पतेःप्र	जानाम्	
ऽऽ।	ऽऽ।	।ऽ।	ऽऽ	इंद्रवज्रा
अचिन्त	नीयस्तु	तवप्र	भावो	
।ऽ।	ऽऽ।	।ऽ।	ऽऽ	उपेन्द्रवज्रा
मनीषि	तंद्यौर	पियेन	दुग्धा	
।ऽ।	ऽऽ।	।ऽ।	ऽऽ	उपेन्द्रवज्रा

5.34

आशास्यमन्यत्पुनरुक्तभूतं श्रेयांसि सर्वाण्यधिजग्मुषस्ते ।
पुत्रं लभस्वात्मगुणानुरूपं भवन्तमीड्यं भवतः पितेव ॥

इंद्रवज्रा, इंद्रवज्रा, इंद्रवज्रा, उपेन्द्रवज्रा उपजाति छंद

आशास्य	मन्यत्पु	नरुक्त	भूतं	
ऽऽ।	ऽऽ।	।ऽ।	ऽऽ	इंद्रवज्रा
श्रेयांसि	सर्वाण्य	धिजग्मु	षस्ते	
ऽऽ।	ऽऽ।	।ऽ।	ऽऽ	इंद्रवज्रा
पुत्रंल	भस्वात्म	गुणानु	रूपं	

ऽ ऽ ।	ऽ ऽ ।	। ऽ ।	ऽ ऽ	इंद्रवज्रा
भवन्त	मीड्यंभ	वतःपि	तेव	
। ऽ ।	ऽ ऽ ।	। ऽ ।	ऽ ऽ *	उपेन्द्रवज्रा

5.35

इत्थं प्रयुज्याशिषमग्रजन्मा राज्ञे प्रतीयाय गुरोः सकाशम् ।
राजापि लेभे सुतमाशु तस्मादालोकमर्कादिव जीवलोकः ॥

इंद्रवज्रा छंद (त त ज ग ग)

इत्थंप्र	युज्याशि	षमग्र	जन्मा	
ऽ ऽ ।	ऽ ऽ ।	। ऽ ।	ऽ ऽ	इंद्रवज्रा
राज्ञेप्र	तीयाय	गुरोःस	काशम्	
ऽ ऽ ।	ऽ ऽ ।	। ऽ ।	ऽ ऽ	इंद्रवज्रा
राजापि	लेभेसु	तमाशु	तस्मा	
ऽ ऽ ।	ऽ ऽ ।	। ऽ ।	ऽ ऽ	इंद्रवज्रा
दालोक	मर्कादि	वजीव	लोकः	
ऽ ऽ ।	ऽ ऽ ।	। ऽ ।	ऽ ऽ	इंद्रवज्रा

5.36

ब्राह्मे मुहूर्ते किल तस्य देवी कुमारकल्पं सुषुवे कुमारम् ।
अतः पिता ब्रह्मण एव नाम्ना तमात्मजन्मानमजं चकार ॥

इंद्रवज्रा, उपेन्द्रवज्रा, उपेन्द्रवज्रा, उपेन्द्रवज्रा उपजाति छंद

ब्राह्मेमु	हूर्तेकि	लतस्य	देवी	
ऽ ऽ ।	ऽ ऽ ।	। ऽ ।	ऽ ऽ	इंद्रवज्रा
कुमार	कल्पंसु	षुवेकु	मारम्	
। ऽ ।	ऽ ऽ ।	। ऽ ।	ऽ ऽ	उपेन्द्रवज्रा
अतःपि	ताब्रह्म	णएव	नाम्ना	
। ऽ ।	ऽ ऽ ।	। ऽ ।	ऽ ऽ	उपेन्द्रवज्रा

तमात्म	जन्मान	मजंच	कार	
। ऽ ।	ऽ ऽ ।	। ऽ ।	ऽ ऽ	उपेन्द्रवज्रा

5.37

रूपं तदोजस्वि तदेव वीर्यं तदेव नैसर्गिकमुन्नतत्वम् ।
न कारणात्स्वाद्विभिदे कुमारः प्रवर्तितो दीप इव प्रदीपात् ॥

इंद्रवज्रा, उपेन्द्रवज्रा, उपेन्द्रवज्रा, उपेन्द्रवज्रा उपजाति छंद

रूपंत	दोजस्वि	तदेव	वीर्यं	
ऽ ऽ ।	ऽ ऽ ।	। ऽ ।	ऽ ऽ	इंद्रवज्रा
तदेव	नैसर्गि	कमुन्न	तत्वम्	
। ऽ ।	ऽ ऽ ।	। ऽ ।	ऽ ऽ	उपेन्द्रवज्रा
नकार	णात्स्वाद्वि	भिदेकु	मारः	
। ऽ ।	ऽ ऽ ।	। ऽ ।	ऽ ऽ	उपेन्द्रवज्रा
प्रवर्ति	तोदीप	इवप्र	दीपात्	
। ऽ ।	ऽ ऽ ।	। ऽ ।	ऽ ऽ	उपेन्द्रवज्रा

5.38

उत्पातविद्यं विधिवद्गुरुभ्यस्तं यौवनोद्भेदविशेषकान्तम् ।
श्रीः साभिलाषापि गुरोरनुज्ञां धीरेव कन्या पितुराचकाङ्क्ष ॥

इंद्रवज्रा छंद (त त ज ग ग)

उत्पात	विद्यंवि	धिवद्गु	रुभ्य	
ऽ ऽ ।	ऽ ऽ ।	। ऽ ।	ऽ ऽ	इंद्रवज्रा
स्तंयौव	नोद्भेद	विशेष	कान्तम्	
ऽ ऽ ।	ऽ ऽ ।	। ऽ ।	ऽ ऽ	इंद्रवज्रा
श्रीःसाभि	लाषापि	गुरोर	नुज्ञां	
ऽ ऽ ।	ऽ ऽ ।	। ऽ ।	ऽ ऽ	इंद्रवज्रा
धीरेव	कन्यापि	तुराच	काङ्क्ष	

ऽ ऽ ।	ऽ ऽ ।	। ऽ ।	ऽ ऽ *	इंद्रवज्रा

5.39

अथेश्वरेण क्रथकैशिकानां स्वयंवरार्थं स्वसुरिन्दुमत्याः ।
आप्तः कुमारानयनोत्सुकेन भोजेन दूतो रघवे विसृष्टः ॥

उपेन्द्रवज्रा, उपेन्द्रवज्रा, इंद्रवज्रा, इंद्रवज्रा उपजाति छंद

अथेश्व	रेणक्र	थकैशि	कानां	
। ऽ ।	ऽ ऽ ।	। ऽ ।	ऽ ऽ	उपेन्द्रवज्रा
स्वयंव	रार्थंस्व	सुरिन्दु	मत्याः	
। ऽ ।	ऽ ऽ ।	। ऽ ।	ऽ ऽ	उपेन्द्रवज्रा
आप्तःकु	मारान	यनोत्सु	केन	
ऽ ऽ ।	ऽ ऽ ।	। ऽ ।	ऽ ऽ *	इंद्रवज्रा
भोजेन	दूतोर	घवेवि	सृष्टः	
ऽ ऽ ।	ऽ ऽ ।	। ऽ ।	ऽ ऽ	इंद्रवज्रा

5.40

तं श्लाघ्यसंबन्धमसौ विचिन्त्य दारक्रियायोग्यदशश्च पुत्रम् ।
प्रस्थापयामास ससैन्यमेनमृद्धां विदर्भाधिपराजधानीम् ॥

इंद्रवज्रा छंद (त त ज ग ग)

तंश्लाघ्य	संबन्ध	मसौवि	चिन्त्य	
ऽ ऽ ।	ऽ ऽ ।	। ऽ ।	ऽ ऽ *	इंद्रवज्रा
दारक्रि	यायोग्य	दशश्च	पुत्रम्	
ऽ ऽ ।	ऽ ऽ ।	। ऽ ।	ऽ ऽ	इंद्रवज्रा
प्रस्थाप	यामास	ससैन्य	मेन	
ऽ ऽ ।	ऽ ऽ ।	। ऽ ।	ऽ ऽ *	इंद्रवज्रा
मृद्धांवि	दर्भाधि	पराज	धानीम्	
ऽ ऽ ।	ऽ ऽ ।	। ऽ ।	ऽ ऽ	इंद्रवज्रा

5.41

तस्योपकार्यारचितोपचारा वन्येतरा जानपदोपदाभिः ।
मार्गे निवासा मनुजेन्द्रसूनोर्बभूवुरुद्यानविहारकल्पाः ॥

इंद्रवज्रा, इंद्रवज्रा, इंद्रवज्रा, उपेन्द्रवज्रा उपजाति छंद

तस्योप	कार्यार	चितोप	चारा	
ऽ ऽ ।	ऽ ऽ ।	। ऽ ।	ऽ ऽ	इंद्रवज्रा
वन्येत	राजान	पदोप	दाभिः	
ऽ ऽ ।	ऽ ऽ ।	। ऽ ।	ऽ ऽ	इंद्रवज्रा
मार्गेनि	वासाम	नुजेन्द्र	सूनो	
ऽ ऽ ।	ऽ ऽ ।	। ऽ ।	ऽ ऽ	इंद्रवज्रा
र्बभूवु	रुद्यान	विहार	कल्पाः	
। ऽ ।	ऽ ऽ ।	। ऽ ।	ऽ ऽ	उपेन्द्रवज्रा

5.42

स नर्मदारोधसि सीकरार्द्रैर्मरुद्भिरानर्तितनक्तमाले ।
निवेशयामास विलङ्घिताध्वा क्लान्तं रजोधूसरकेतु सैन्यम् ॥

उपेन्द्रवज्रा, उपेन्द्रवज्रा, उपेन्द्रवज्रा, इंद्रवज्रा उपजाति छंद

सनर्म	दारोध	सिसीक	रार्द्रै	
। ऽ ।	ऽ ऽ ।	। ऽ ।	ऽ ऽ	उपेन्द्रवज्रा
र्मरुद्भि	रानर्ति	तनक्त	माले	
। ऽ ।	ऽ ऽ ।	। ऽ ।	ऽ ऽ	उपेन्द्रवज्रा
निवेश	यामास	विलङ्घि	ताध्वा	
। ऽ ।	ऽ ऽ ।	। ऽ ।	ऽ ऽ	उपेन्द्रवज्रा
क्लान्तंर	जोधूस	रकेतु	सैन्यम्	
ऽ ऽ ।	ऽ ऽ ।	। ऽ ।	ऽ ऽ	इंद्रवज्रा

5.43

अथोपरिष्टाद्भ्रमरैर्भ्रमद्भिः प्राक्सूचितान्तःसलिलप्रवेशः ।
निर्धौतदानामलगण्डभित्तिर्वन्यः सरित्तो गज उन्ममज्ज ॥

उपेन्द्रवज्रा, इंद्रवज्रा, इंद्रवज्रा, इंद्रवज्रा उपजाति छंद

अथोप	रिष्टाद्भ्र	मरैर्भ्र	मद्भिः	
। ऽ ।	ऽ ऽ ।	। ऽ ।	ऽ ऽ	उपेन्द्रवज्रा
प्राक्सूचि	तान्तःस	लिलप्र	वेशः	
ऽ ऽ ।	ऽ ऽ ।	। ऽ ।	ऽ ऽ	इंद्रवज्रा
निर्धौत	दानाम	लगण्ड	भित्ति	
ऽ ऽ ।	ऽ ऽ ।	। ऽ ।	ऽ ऽ	इंद्रवज्रा
र्वन्यःस	रित्तोग	जउन्म	मज्ज	
ऽ ऽ ।	ऽ ऽ ।	। ऽ ।	ऽ ऽ *	इंद्रवज्रा

5.44

निःशेषविक्षालितधातुनापि वप्रक्रियामृक्षवतस्तटेषु ।
नीलोर्ध्वरेखाशबलेन शंसन्दन्तद्वयेनाश्मविकुण्ठितेन ॥

इंद्रवज्रा छंद (त त ज ग ग)

निःशेष	विक्षालि	तधातु	नापि	
ऽ ऽ ।	ऽ ऽ ।	। ऽ ।	ऽ ऽ *	इंद्रवज्रा
वप्रक्रि	यामृक्ष	वतस्त	टेषु	
ऽ ऽ ।	ऽ ऽ ।	। ऽ ।	ऽ ऽऽ *	इंद्रवज्रा
नीलोर्ध्व	रेखाश	बलेन	शंस	
ऽ ऽ ।	ऽ ऽ ।	। ऽ ।	ऽ ऽ	इंद्रवज्रा
न्दन्तद्व	येनाश्म	विकुण्ठि	तेन	
ऽ ऽ ।	ऽ ऽ ।	। ऽ ।	ऽ ऽ *	इंद्रवज्रा

5.45

संहारविक्षेपलघुक्रियेण हस्तेन तीराभिमुखः सशब्दम् ।

बभौ स भिन्दन्बृहतस्तरंगान्वार्यर्गलाभङ्ग इव प्रवृत्तः ॥

इंद्रवज्रा, इंद्रवज्रा, उपेन्द्रवज्रा, इंद्रवज्रा उपजाति छंद

संहार	विक्षेप	लघुक्रि	येण	
ऽ ऽ ।	ऽ ऽ ।	। ऽ ।	ऽ ऽ	इंद्रवज्रा
हस्तेन	तीराभि	मुखःस	शब्दम्	
ऽ ऽ ।	ऽ ऽ ।	। ऽ ।	ऽ ऽ	इंद्रवज्रा
बभौस	भिन्दन्बृ	हतस्त	रंगा	
। ऽ ।	ऽ ऽ ।	। ऽ ।	ऽ ऽ	उपेन्द्रवज्रा
न्वार्यर्ग	लाभङ्ग	इवप्र	वृत्तः	
ऽ ऽ ।	ऽ ऽ ।	। ऽ ।	ऽ ऽ	इंद्रवज्रा

5.46

शैलोपमः शैवलमञ्जरीणां जालानि कर्षन्नुरसा स पश्चात् ।
पूर्वं तदुत्पीडितवारिराशिः सरित्प्रवाहस्तटमुत्ससर्प ॥

इंद्रवज्रा, इंद्रवज्रा, इंद्रवज्रा, उपेन्द्रवज्रा उपजाति छंद

शैलोप	मःशैव	लमञ्ज	रीणां	
ऽ ऽ ।	ऽ ऽ ।	। ऽ ।	ऽ ऽ	इंद्रवज्रा
जालानि	कर्षन्नु	रसास	पश्चात्	
ऽ ऽ ।	ऽ ऽ ।	। ऽ ।	ऽ ऽ	इंद्रवज्रा
पूर्वंत	दुत्पीडि	तवारि	राशिः	
ऽ ऽ ।	ऽ ऽ ।	। ऽ ।	ऽ ऽ	इंद्रवज्रा
सरित्प्र	वाहस्त	टमुत्स	सर्प	
। ऽ ।	ऽ ऽ ।	। ऽ ।	ऽ ऽ *	उपेन्द्रवज्रा

5.47

तस्यैकनागस्य कपोलभित्त्योर्जलावगाहक्षणमेकशान्ता ।
वन्येतरानेकपदर्शनेन पुनर्दिदीपे मददुर्दिनश्रीः ॥

इंद्रवज्रा, उपेन्द्रवज्रा, इंद्रवज्रा, उपेन्द्रवज्रा उपजाति छंद

तस्यैक	नागस्य	कपोल	भित्त्यो	
ऽ ऽ ।	ऽ ऽ ।	। ऽ ।	ऽ ऽ	इंद्रवज्रा
र्जलाव	गाहक्ष	णमेक	शान्ता	
। ऽ ।	ऽ ऽ ।	। ऽ ।	ऽ ऽ	उपेन्द्रवज्रा
वन्येत	रानेक	पदर्श	नेन	
ऽ ऽ ।	ऽ ऽ ।	। ऽ ।	ऽ ऽ	इंद्रवज्रा
पुनर्दि	दीपेम	ददुर्दि	नश्रीः	
। ऽ ।	ऽ ऽ ।	। ऽ ।	ऽ ऽ	उपेन्द्रवज्रा

5.48

सप्तच्छदक्षीरकटुप्रवाहमसह्यमाघ्राय मदं तदीयम् ।
विलङ्घिताधोरणतीव्रयत्नाः सेनागजेन्द्रा विमुखा बभूवुः ॥

इंद्रवज्रा, उपेन्द्रवज्रा, उपेन्द्रवज्रा, इंद्रवज्रा उपजाति छंद

सप्तच्छ	दक्षीर	कटुप्र	वाह	
ऽ ऽ ।	ऽ ऽ ।	। ऽ ।	ऽ ऽ *	इंद्रवज्रा
मसह्य	माघ्राय	मदंत	दीयम्	
। ऽ ।	ऽ ऽ ।	। ऽ ।	ऽ ऽ	उपेन्द्रवज्रा
विलङ्घि	ताधोर	णतीव्र	यत्नाः	
। ऽ ।	ऽ ऽ ।	। ऽ ।	ऽ ऽ	उपेन्द्रवज्रा
सेनाग	जेन्द्रावि	मुखाब	भूवुः	
ऽ ऽ ।	ऽ ऽ ।	। ऽ ।	ऽ ऽ	इंद्रवज्रा

5.49

स च्छिन्नबन्धद्रुतयुग्यशून्यं भग्नाक्षपर्यस्तरथं क्षणेन ।
रामापरित्राणविहस्तयोधं सेनानिवेशं तुमुलं चकार ॥

इंद्रवज्रा छंद (त त ज ग ग)

सच्छिन्न	बन्धद्रु	तयुग्य	शून्यं	
ऽ ऽ ।	ऽ ऽ ।	। ऽ ।	ऽ ऽ	इंद्रवज्रा
भग्नक्ष	पर्यस्त	रथंक्ष	णेन	
ऽ ऽ ।	ऽ ऽ ।	। ऽ ।	ऽ ऽ *	इंद्रवज्रा
रामाप	रित्राण	विहस्त	योधं	
ऽ ऽ ।	ऽ ऽ ।	। ऽ ।	ऽ ऽ	इंद्रवज्रा
सेनानि	वेशंतु	मुलंच	कार	
ऽ ऽ ।	ऽ ऽ ।	। ऽ ।	ऽ ऽ *	इंद्रवज्रा

5.50

तमापतन्तं नृपतेरवध्यो वन्यः करीति श्रुतवान्कुमारः ।
निर्वर्तयिष्यन्विशिखेन कुम्भे जघान नात्यायतकृष्टशाङ्र्गः ॥

उपेन्द्रवज्रा, इंद्रवज्रा, इंद्रवज्रा, उपेन्द्रवज्रा उपजाति छंद

तमाप	तन्तंनृ	पतेर	वध्यो	
। ऽ ।	ऽ ऽ ।	। ऽ ।	ऽ ऽ	उपेन्द्रवज्रा
वन्यःक	रीतिश्रु	तवान्कु	मारः	
ऽ ऽ ।	ऽ ऽ ।	। ऽ ।	ऽ ऽ	इंद्रवज्रा
निर्वर्त	यिष्यन्वि	शिखेन	कुम्भे	
ऽ ऽ ।	ऽ ऽ ।	। ऽ ।	ऽ ऽ	इंद्रवज्रा
जघान	नात्याय	तकृष्ट	शाङ्र्गः	
। ऽ ।	ऽ ऽ ।	। ऽ ।	ऽ ऽ	उपेन्द्रवज्रा

5.51

स विद्धमात्रः किल नागरूपमुत्सृज्य तद्विस्मितसैन्यदृष्टः ।
स्फुरत्प्रभामण्डलमध्यवर्ति कान्तं वपुर्व्योमचरः प्रपेदे ॥

उपेन्द्रवज्रा, इंद्रवज्रा, उपेन्द्रवज्रा, इंद्रवज्रा उपजाति छंद

सविद्ध	मात्रःकि	लनाग	रूप	

। ऽ ।	ऽ ऽ ।	। ऽ ।	ऽ ऽ *	उपेन्द्रवज्रा
मुत्सृज्य	तद्विस्मि	तसैन्य	दृष्टः	
ऽ ऽ ।	ऽ ऽ ।	। ऽ ।	ऽ ऽ	इंद्रवज्रा
स्फुरत्प्र	भामण्ड	लमध्य	वर्ति	
। ऽ ।	ऽ ऽ ।	। ऽ ।	ऽ ऽ *	उपेन्द्रवज्रा
कान्तंव	पुर्व्योम	चरःप्र	पेदे	
ऽ ऽ ।	ऽ ऽ ।	। ऽ ।	ऽ ऽ	इंद्रवज्रा

5.52

अथ प्रभावोपनतैः कुमारं कल्पद्रुमोत्थैरवकीर्य पुष्पैः ।
उवाच वाग्मी दशनप्रभाभिः संवर्धितोरःस्थलतारहारः ॥

उपेन्द्रवज्रा, इंद्रवज्रा, उपेन्द्रवज्रा, इंद्रवज्रा उपजाति छंद

अथप्र	भावोप	नतैःकु	मारं	
। ऽ ।	ऽ ऽ ।	। ऽ ।	ऽ ऽ	उपेन्द्रवज्रा
कल्पद्रु	मोत्थैर	वकीर्य	पुष्पैः	
ऽ ऽ ।	ऽ ऽ ।	। ऽ ।	ऽ ऽ	इंद्रवज्रा
उवाच	वाग्मीद	शनप्र	भाभिः	
। ऽ ।	ऽ ऽ ।	। ऽ ।	ऽ ऽ	उपेन्द्रवज्रा
संवर्धि	तोरःस्थ	लतार	हारः	
ऽ ऽ ।	ऽ ऽ ।	। ऽ ।	ऽ ऽ	इंद्रवज्रा

5.53

मतङ्गशापादवलेपमूलादवाप्तवानस्मि मतङ्गजत्वम् ।
अवेहि गन्धर्वपतेस्तनूजं प्रियंवदं मां प्रियदर्शनस्य ॥

उपेन्द्रवज्रा छंद (ज त ज ग ग)

मतङ्ग	शापाद	वलेप	मूला	
। ऽ ।	ऽ ऽ ।	। ऽ ।	ऽ ऽ	उपेन्द्रवज्रा

दवाप्त	वानस्मि	मतङ्ग	जत्वम्	
। ऽ ।	ऽ ऽ ।	। ऽ ।	ऽ ऽ	उपेन्द्रवज्रा
अवेहि	गन्धर्व	पतेस्त	नूजं	
। ऽ ।	ऽ ऽ ।	। ऽ ।	ऽ ऽ	उपेन्द्रवज्रा
प्रियंव	दंमांप्रि	यदर्श	नस्य	
। ऽ ।	ऽ ऽ ।	। ऽ ।	ऽ ऽ *	उपेन्द्रवज्रा

5.54

स चानुनीतः प्रणतेन पश्चान्मया महर्षिर्मृदुतामगच्छत् ।
उष्णत्वमग्न्यातपसंप्रयोगाच्छैत्यं हि यत्सा प्रकृतिर्जलस्य ॥

उपेन्द्रवज्रा, उपेन्द्रवज्रा, इंद्रवज्रा, इंद्रवज्रा उपजाति छंद

सचानु	नीतःप्र	णतेन	पश्चा	
। ऽ ।	ऽ ऽ ।	। ऽ ।	ऽ ऽ	उपेन्द्रवज्रा
न्मयाम	हर्षिर्मृ	दुताम	गच्छत्	
। ऽ ।	ऽ ऽ ।	। ऽ ।	ऽ ऽ	उपेन्द्रवज्रा
उष्णत्व	मग्न्यात	पसंप्र	योगा	
ऽ ऽ ।	ऽ ऽ ।	। ऽ ।	ऽ ऽ	इंद्रवज्रा
च्छैत्यंहि	यत्साप्र	कृतिर्ज	लस्य	
ऽ ऽ ।	ऽ ऽ ।	। ऽ ।	ऽ ऽ *	इंद्रवज्रा

5.55

इक्ष्वाकुवंशप्रभवो यदा ते भेत्स्यत्यजः कुम्भमयोमुखेन ।
संयोक्ष्यसे स्वेन वपुर्महिम्ना तदेत्यवोचत्स तपोनिधिर्माम् ॥

इंद्रवज्रा, इंद्रवज्रा, इंद्रवज्रा, उपेन्द्रवज्रा उपजाति छंद

इक्ष्वाकु	वंशप्र	भवोय	दाते	
ऽ ऽ ।	ऽ ऽ ।	। ऽ ।	ऽ ऽ	इंद्रवज्रा
भेत्स्यत्य	जःकुम्भ	मयोमु	खेन	

ऽ ऽ ।	ऽ ऽ ।	। ऽ ।	ऽ ऽ *	इंद्रवज्रा
संयोक्ष्य	सेस्वेन	वपुर्म	हिम्रा	
ऽ ऽ ।	ऽ ऽ ।	। ऽ ।	ऽ ऽ	इंद्रवज्रा
तदेत्य	वोचत्स	तपोनि	धिर्माम्	
। ऽ ।	ऽ ऽ ।	। ऽ ।	ऽ ऽ	उपेन्द्रवज्रा

5.56

संमोचितः सत्त्ववता त्वयाहं शापाच्चिरप्रार्थितदर्शनेन ।
प्रतिप्रियं चेद्भवतो न कुर्यां वृथा हि मे स्यात्स्वपदोपलब्धिः ॥

इंद्रवज्रा, इंद्रवज्रा, उपेन्द्रवज्रा, उपेन्द्रवज्रा उपजाति छंद

संमोचि	तःसत्त्व	वतात्व	याहं	
ऽ ऽ ।	ऽ ऽ ।	। ऽ ।	ऽ ऽ	इंद्रवज्रा
शापाच्चि	रप्रार्थि	तदर्श	नेन	
ऽ ऽ ।	ऽ ऽ ।	। ऽ ।	ऽ ऽ *	इंद्रवज्रा
प्रतिप्रि	यंचेद्भ	वतोन	कुर्यां	
। ऽ ।	ऽ ऽ ।	। ऽ ।	ऽ ऽ	उपेन्द्रवज्रा
वृथाहि	मेस्यात्स्व	पदोप	लब्धिः	
। ऽ ।	ऽ ऽ ।	। ऽ ।	ऽ ऽ	उपेन्द्रवज्रा

5.57

संमोहनं नाम सखे ममास्त्रं प्रयोगसंहारविभक्तमन्त्रम् ।
गान्धर्वमादत्स्व यतः प्रयोक्तुर्न चारिहिंसा विजयश्च हस्ते ॥

इंद्रवज्रा, उपेन्द्रवज्रा, इंद्रवज्रा, उपेन्द्रवज्रा उपजाति छंद

संमोह	नंनाम	सखेम	मास्त्रं	
ऽ ऽ ।	ऽ ऽ ।	। ऽ ।	ऽ ऽ	इंद्रवज्रा
प्रयोग	संहार	विभक्त	मन्त्रम्	
। ऽ ।	ऽ ऽ ।	। ऽ ।	ऽ ऽ	उपेन्द्रवज्रा

गान्धर्व	मादत्स्व	यतःप्र	योक्तु	
ऽ ऽ ।	ऽ ऽ ।	। ऽ ।	ऽ ऽ	इंद्रवज्रा
र्नचारि	हिंसावि	जयश्च	हस्ते	
। ऽ ।	ऽ ऽ ।	। ऽ ।	ऽ ऽ	उपेन्द्रवज्रा

5.58

अलं ह्रिया मां प्रति यन्मुहूर्तं दयापरोऽभूः प्रहरन्नपि त्वम् ।
तस्मादुपच्छन्दयति प्रयोज्यं मयि त्वया न प्रतिषेधरौक्ष्यम् ॥

उपेन्द्रवज्रा, उपेन्द्रवज्रा, इंद्रवज्रा, उपेन्द्रवज्रा उपजाति छंद

अलंह्रि	यामांप्र	तियन्मु	हूर्तं	
। ऽ ।	ऽ ऽ ।	। ऽ ।	ऽ ऽ	उपेन्द्रवज्रा
दयाप	रोभूःप्र	हरन्न	पित्वम्	
। ऽ ।	ऽ ऽ ।	। ऽ ।	ऽ ऽ	उपेन्द्रवज्रा
तस्मादु	पच्छन्द	यतिप्र	योज्यं	
ऽ ऽ ।	ऽ ऽ ।	। ऽ ।	ऽ ऽ	इंद्रवज्रा
मयित्व	यानप्र	तिषेध	रौक्ष्यम्	
। ऽ ।	ऽ ऽ ।	। ऽ ।	ऽ ऽ	उपेन्द्रवज्रा

5.59

तथेत्युपस्पृश्य पयः पवित्रं सोमोद्भवायाः सरितो नृसोमः ।
उदङ्मुखः सोऽस्त्रविदस्त्रमन्त्रं जग्राह तस्मान्निगृहीतशापात् ॥

उपेन्द्रवज्रा, इंद्रवज्रा, उपेन्द्रवज्रा, इंद्रवज्रा उपजाति छंद

तथेत्यु	पस्पृश्य	पयःप	वित्रं	
। ऽ ।	ऽ ऽ ।	। ऽ ।	ऽ ऽ	उपेन्द्रवज्रा
सोमोद्भ	वायाःस	रितोनृ	सोमः	
ऽ ऽ ।	ऽ ऽ ।	। ऽ ।	ऽ ऽ	इंद्रवज्रा
उदङ्मु	खःसोस्त्र	विदस्त्र	मन्त्रं	

।ऽ।	ऽऽ।	।ऽ।	ऽऽ	उपेन्द्रवज्रा
जग्राह	तस्मान्नि	गृहीत	शापात्	
ऽऽ।	ऽऽ।	।ऽ।	ऽऽ	इंद्रवज्रा

5.60

एवं तयोरध्वनि दैव योगादा सेदुषोः सख्यमचिन्त्यहेतु ।
एको ययौ चैत्ररथप्रदेशान्सौराज्यरम्यानपरो विदर्भान् ॥

इंद्रवज्रा छंद (त त ज ग ग)

एवंत	योरध्व	निदैव	योगा	
ऽऽ।	ऽऽ।	।ऽ।	ऽऽ	इंद्रवज्रा
दासेदु	षोःसख्य	मचिन्त्य	हेतु	
ऽऽ।	ऽऽ।	।ऽ।	ऽऽ *	इंद्रवज्रा
एकोय	यौचैत्र	रथप्र	देशा	
ऽऽ।	ऽऽ।	।ऽ।	ऽऽ	इंद्रवज्रा
न्सौराज्य	रम्यान	परोवि	दर्भान्	
ऽऽ।	ऽऽ।	।ऽ।	ऽऽ	इंद्रवज्रा

5.61

तं तस्थिवांसं नगरोपकण्ठे तदागमारूढगुरुप्रहर्षः ।
प्रत्युज्जगाम क्रथकैशिकेन्द्रश्चन्द्रं प्रवृद्धोर्मिरिवोर्मिमाली ॥

इंद्रवज्रा, उपेन्द्रवज्रा, इंद्रवज्रा, इंद्रवज्रा उपजाति छंद

तंतस्थि	वांसन	गरोप	कण्ठे	
ऽऽ।	ऽऽ।	।ऽ।	ऽऽ	इंद्रवज्रा
तदाग	मारूढ	गुरुप्र	हर्षः	
।ऽ।	ऽऽ।	।ऽ।	ऽऽ	उपेन्द्रवज्रा
प्रत्युज्ज	गाम	क्रथकै	शिके	
ऽऽ।	ऽऽ।	।ऽ।	ऽऽ	इंद्रवज्रा

न्द्रश्चन्द्रं	प्रवृ	द्धोर्मिरि	वोर्मिमाली	
ऽ ऽ ।	ऽ ऽ ।	। ऽ ।	ऽ ऽ	इंद्रवज्रा

5.62

प्रवेश्य चैनं पुनरग्रयायी नीचैस्तथोपाचरदर्पितश्रीः ।
मेने यथा तत्र जनः समेतो वैदर्भमागन्तुमजं गृहेशम् ॥

इंद्रवज्रा, इंद्रवज्रा, इंद्रवज्रा, उपेन्द्रवज्रा उपजाति छंद

प्रवेश्य	चैनंपु	नरग्र	यायी	
। ऽ ।	ऽ ऽ ।	। ऽ ।	ऽ ऽ	उपेन्द्रवज्रा
नीचैस्त	थोपाच	रदर्पि	तश्रीः	
ऽ ऽ ।	ऽ ऽ ।	। ऽ ।	ऽ ऽ	इंद्रवज्रा
मेनेय	थातत्र	जनःस	मेतो	
ऽ ऽ ।	ऽ ऽ ।	। ऽ ।	ऽ ऽ	इंद्रवज्रा
वैदर्भ	मागन्तु	मजंगृ	हेशम्	
ऽ ऽ ।	ऽ ऽ ।	। ऽ ।	ऽ ऽ	इंद्रवज्रा

5.63

तस्याधिकारपुरुषैः प्रणतैः प्रदिष्टां प्राग्द्वारवेदिविनिवेशितपूर्णकुम्भाम् ।
रम्यां रघुप्रतिनिधिः स नवोपकार्यां बाल्यात्परामिव दशां मदनोऽध्युवास ॥

वसंततिलका छंद (त भ ज ज ग ग)

तस्याधि	कारपु	रुषैःप्र	णतैःप्र	दिष्टां
ऽ ऽ ।	ऽ । ।	। ऽ ।	। ऽ ।	ऽ ऽ
प्राग्द्वार	वेदिवि	निवेशि	तपूर्ण	कुम्भाम्
ऽ ऽ ।	ऽ । ।	। ऽ ।	। ऽ ।	ऽ ऽ
रम्यांर	घुप्रति	निधिःस	नवोप	कार्यां
ऽ ऽ ।	ऽ । ।	। ऽ ।	। ऽ ।	ऽ ऽ
बाल्यात्प	रामिव	दशांम	दनोध्यु	वास

ऽ ऽ ।	ऽ । ।	। ऽ ।	। ऽ ।	ऽ ऽ *

5.64

तत्र स्वयंवरसमाहृतराजलोकं कन्याललाम कमनीयमजस्य लिप्सोः ।
भावावबोधकलुषा दयितेव रात्रौ निद्रा चिरेण नयनाभिमुखी बभूव ॥

वसंततिलका छंद (त भ ज ज ग ग)

तत्रस्व	यंवर	समाहृ	तराज	लोकं
ऽ ऽ ।	ऽ । ।	। ऽ ।	। ऽ ।	ऽ ऽ
कन्याल	लामक	मनीय	मजस्य	लिप्सोः
ऽ ऽ ।	ऽ । ।	। ऽ ।	। ऽ ।	ऽ ऽ
भावाव	बोधक	लुषाद	यितेव	रात्रौ
ऽ ऽ ।	ऽ । ।	। ऽ ।	। ऽ ।	ऽ ऽ
निद्राचि	रेणन	यनाभि	मुखीब	भूव
ऽ ऽ ।	ऽ । ।	। ऽ ।	। ऽ ।	ऽ ऽ *

5.65

तं कर्णभूषणनिपीडितपीवरांसं शय्योत्तरच्छदविमर्दकृशाङ्गरागम् ।
सूतात्मजाः सवयसः प्रथितप्रबोधं प्राबोधयन्नुषसि वाग्भिरुदारवाचः ॥

वसंततिलका छंद (त भ ज ज ग ग)

तंकर्ण	भूषण	निपीडि	तपीव	रांसं
ऽ ऽ ।	ऽ । ।	। ऽ ।	। ऽ ।	ऽ ऽ
शय्योत्त	रच्छद	विमर्द	कृशाङ्ग	रागम्
ऽ ऽ ।	ऽ । ।	। ऽ ।	। ऽ ।	ऽ ऽ
सूतात्म	जाःसव	यसःप्र	थितप्र	बोधं
ऽ ऽ ।	ऽ । ।	। ऽ ।	। ऽ ।	ऽ ऽ
प्राबोध	यन्नुष	सिवाग्भि	रुदार	वाचः
ऽ ऽ ।	ऽ । ।	। ऽ ।	। ऽ ।	ऽ ऽ

5.66

रात्रिर्गता मतिमतां वर मुञ्च शय्यां धात्रा द्विधैव ननु धूर्जगतो विभक्ता ।
तामेकतस्तव बिभर्ति गुरुर्विनिद्रस्तस्या भवानपरधुर्यपदावलम्बी ॥

वसंततिलका छंद (त भ ज ज ग ग)

रात्रिर्ग	तामति	मतांव	रमुञ्च	शय्यां
ऽ ऽ ।	ऽ । ।	। ऽ ।	। ऽ ।	ऽ ऽ
धात्राद्वि	धैवन	नुधूर्ज	गतोवि	भक्ता
ऽ ऽ ।	ऽ । ।	। ऽ ।	। ऽ ।	ऽ ऽ
तामेक	तस्तव	बिभर्ति	गुरुर्वि	निद्र
ऽ ऽ ।	ऽ । ।	। ऽ ।	। ऽ ।	ऽ ऽ
स्तस्याभ	वानप	रधुर्य	पदाव	लम्बी
ऽ ऽ ।	ऽ । ।	। ऽ ।	। ऽ ।	ऽ ऽ

5.67

निद्रावशेन भवताप्यनवेक्षमाणा पर्युत्सुकत्वमबला निशि खण्डितेव
लक्ष्मीर्विनोदयति येन दिगन्तलम्बी सोऽपि त्वदाननरुचिं विजहाति चन्द्रः

वसंततिलका छंद (त भ ज ज ग ग)

निद्राव	शेनभ	वताप्य	नवेक्ष	माणा
ऽ ऽ ।	ऽ । ।	। ऽ ।	। ऽ ।	ऽ ऽ
पर्युत्सु	कत्वम	बलानि	शिखण्डि	तेव
ऽ ऽ ।	ऽ । ।	। ऽ ।	। ऽ ।	ऽ ऽ *
लक्ष्मीर्वि	नोदय	तियेन	दिगन्त	लम्बी
ऽ ऽ ।	ऽ । ।	। ऽ ।	। ऽ ।	ऽ ऽ
सोपित्व	दानन	रुचिंवि	जहाति	चन्द्रः
ऽ ऽ ।	ऽ । ।	। ऽ ।	। ऽ ।	ऽ ऽ

5.68

तद्वल्गुना युगपदुन्मिषितेन तावत्सद्यः परस्परतुलामधिरोहतां द्वे ।
प्रस्पन्दमानपरुषेतरतारमन्तश्चक्षुस्तव प्रचलितभ्रमरं च पद्मम् ॥

वसंततिलका छंद (त भ ज ज ग ग)

तद्वल्गु	नायुग	पदुन्मि	षितेन	तावत्
ऽ ऽ ।	ऽ । ।	। ऽ ।	। ऽ ।	ऽ ऽ
सद्यःप	रस्पर	तुलाम	धिरोह	तांद्वे
ऽ ऽ ।	ऽ । ।	। ऽ ।	। ऽ ।	ऽ ऽ
प्रस्पन्द	मानप	रुषेत	रतार	मन्त
ऽ ऽ ।	ऽ । ।	। ऽ ।	। ऽ ।	ऽ ऽ
श्चक्षुस्त	वप्रच	लितभ्र	मरंच	पद्मम्
ऽ ऽ ।	ऽ । ।	। ऽ ।	। ऽ ।	ऽ ऽ

5.69

वृन्ताच्छलथं हरति पुष्पमनोकहानां संसृज्यते सरसिजैररुणांशुभिन्नैः ।
स्वाभाविकं परगुणेन विभातवायुः सौरभ्यमीप्सुरिव ते मुखमारुतस्य ॥

वसंततिलका छंद (त भ ज ज ग ग)

वृन्ताच्छल	थंहर	तिपुष्प	मनोक	हानां
ऽ ऽ ।	ऽ । ।	। ऽ ।	। ऽ ।	ऽ ऽ
संसृज्य	तेसर	सिजैर	रुणांशु	भिन्नैः
ऽ ऽ ।	ऽ । ।	। ऽ ।	। ऽ ।	ऽ ऽ
स्वाभावि	कंपर	गुणेन	विभात	वायुः
ऽ ऽ ।	ऽ । ।	। ऽ ।	। ऽ ।	ऽ ऽ
सौरभ्य	मीप्सुरि	वतेमु	खमारु	तस्य
ऽ ऽ ।	ऽ । ।	। ऽ ।	। ऽ ।	ऽ ऽ *

5.70

ताम्रोदरेषु पतितं तरुपल्लवेषु निर्धौतहारगुलिकाविशदं हिमाम्भः
आभाति लब्धपरभागतयाधरोष्ठे लीलास्मितं सदशनार्चिरिव त्वदीयम्

वसंततिलका छंद (त भ ज ज ग ग)

ताम्रोद	रेषुप	तितंत	रुपल्ल	वेषु
ऽ ऽ ।	ऽ । ।	। ऽ ।	। ऽ ।	ऽ ऽ *
निर्धौत	हारगु	लिकावि	शदंहि	माम्भः
ऽ ऽ ।	ऽ । ।	। ऽ ।	। ऽ ।	ऽ ऽ
आभाति	लब्धप	रभाग	तयाध	रोष्ठे
ऽ ऽ ।	ऽ । ।	। ऽ ।	। ऽ ।	ऽ ऽ
लीलास्मि	तंसद	शनार्चि	रिवत्व	दीयम्
ऽ ऽ ।	ऽ । ।	। ऽ ।	। ऽ ।	ऽ ऽ

5.71

यावत्प्रतापनिधिराक्रमते न भानुरह्नाय तावदरुणेन तमो निरस्तम् ।
आयोधनाग्रसरतां त्वयि वीर याते किं वा रिपूंस्तव गुरुः स्वयमुच्छिनत्ति ॥

वसंततिलका छंद (त भ ज ज ग ग)

यावत्प्र	तापनि	धिराक्र	मतेन	भानु
ऽ ऽ ।	ऽ । ।	। ऽ ।	। ऽ ।	ऽ ऽ *
रह्नाय	तावद	रुणेन	तमोनि	रस्तम्
ऽ ऽ ।	ऽ । ।	। ऽ ।	। ऽ ।	ऽ ऽ
आयोध	नाग्रस	रतांत्व	यिवीर	याते
ऽ ऽ ।	ऽ । ।	। ऽ ।	। ऽ ।	ऽ ऽ
किंवारि	पूंस्तव	गुरुःस्व	यमुच्छि	नत्ति
ऽ ऽ ।	ऽ । ।	। ऽ ।	। ऽ ।	ऽ ऽऽ *

5.72

शय्यां जहत्युभयपक्षविनीतनिद्राः स्तम्बेरमा मुखरशृङ्खलकर्षिणस्ते ।
येषां विभाति तरुणारुणरागयोगाद्भिन्नाद्रिगैरिकतटा इव दन्तकोशाः ॥

वसंततिलका छंद (त भ ज ज ग ग)

शय्यांज	हत्युभ	यपक्ष	विनीत	निद्राः
ऽ ऽ ।	ऽ । ।	। ऽ ।	। ऽ ।	ऽ ऽ
स्तम्बेर	मामुख	रशृङ्ख	लकर्षि	णस्ते
ऽ ऽ ।	ऽ । ।	। ऽ ।	। ऽ ।	ऽ ऽ
येषांवि	भातित	रुणारु	णराग	योगा
ऽ ऽ ।	ऽ । ।	। ऽ ।	। ऽ ।	ऽ ऽ
द्भिन्नाद्रि	गैरिक	तटाइ	वदन्त	कोशाः
ऽ ऽ ।	ऽ । ।	। ऽ ।	। ऽ ।	ऽ ऽ

5.73

दीर्घेष्वमी नियमिताः पटमण्डपेषु निद्रां विहाय वनजाक्ष वनायुदेश्याः ।
वक्त्रोष्मणा मलिनयन्ति पुरोगतानि लेह्यानि सैन्धवशिलाशकलानि वाहाः ॥

वसंततिलका छंद (त भ ज ज ग ग)

दीर्घेष्व	मीनिय	मिताःप	टमण्ड	पेषु
ऽ ऽ ।	ऽ । ।	। ऽ ।	। ऽ ।	ऽ ऽ *
निद्रांवि	हायव	नजाक्ष	वनायु	देश्याः
ऽ ऽ ।	ऽ । ।	। ऽ ।	। ऽ ।	ऽ ऽ
वक्त्रोष्म	णामलि	नयन्ति	पुरोग	तानि
ऽ ऽ ।	ऽ । ।	। ऽ ।	। ऽ ।	ऽ ऽ *
लेह्यानि	सैन्धव	शिलाश	कलानि	वाहाः
ऽ ऽ ।	ऽ । ।	। ऽ ।	। ऽ ।	ऽ ऽ

5.74

भवति विरलभक्तिर्म्लानपुष्पोपहारः स्वकिरणपरिवेषोद्भेदशून्याः प्रदीपाः ।
अयमपि च गिरं नस्त्वत्प्रबोधप्रयुक्तामनुवदति शुकस्ते मञ्जुवाक्पञ्जरस्थः ॥

मालिनी छंद (न न म य य)

भवति	विरल	भक्तिर्म्ला	नपुष्पो	पहारः

‌। । ।	। । ।	ऽ ऽ ऽ	। ऽ ऽ	। ऽ ऽ
स्वकिर	णपरि	वेषोद्धे	दशून्याः	प्रदीपाः
। । ।	। । ।	ऽ ऽ ऽ	। ऽ ऽ	। ऽ ऽ
अयम	पिचगि	रंनस्त्व	त्प्रबोध	प्रयुक्ता
। । ।	। । ।	ऽ ऽ ऽ	। ऽ ऽ	। ऽ ऽ
मनुव	दतिशु	कस्तेम	ञ्जुवाक्प	ञरस्थः
। । ।	। । ।	ऽ ऽ ऽ	। ऽ ऽ	। ऽ ऽ

5.75

इति विरचितवाग्भिर्बन्दिपुत्रैः कुमारः सपदि विगतनिद्रस्तल्पमुज्झांचकार ।
मदपटुनिनदद्भिर्बोधितो राजहंसैः सुरगज इव गाङ्गं सैकतं सुप्रतीकः ॥

मालिनी छंद (न न म य य)

इतिवि	रचित	वाग्भिर्ब	न्दिपुत्रैः	कुमारः
। । ।	। । ।	ऽ ऽ ऽ	। ऽ ऽ	। ऽ ऽ
सपदि	विगत	निद्रस्त	ल्पमुज्झां	चकार
। । ।	। । ।	ऽ ऽ ऽ	। ऽ ऽ	। ऽ ऽ *
मदप	टुनिन	दद्भिर्बो	धितोरा	जहंसैः
। । ।	। । ।	ऽ ऽ ऽ	। ऽ ऽ	। ऽ ऽ
सुरग	जइव	गाङ्गंसै	कतंसु	प्रतीकः
। । ।	। । ।	ऽ ऽ ऽ	। ऽ ऽ	। ऽ ऽ

5.76

अथ विधिमवसाय्य शास्त्रदृष्टं दिवसमुखोचितमञ्चिताक्षिपक्ष्मा ।
कुशलविरचितानुकूलवेशः क्षितिपसमाजमगात्स्वयंवरस्थम् ॥

पुष्पिताग्रा छंद (न न र य – न ज ज र ग)

अथवि	धिमव	साय्यशा	स्त्रदृष्टं		
। । ।	। । ।	ऽ । ऽ	। ऽ ऽ		
दिवस	मुखोचि	तमञ्चि	ताक्षिप	क्ष्मा	

कालिदास के बृहत् महाकाव्य रघुवंश की छंद मीमांसा

।।।	।।।	।ऽ।	ऽ।ऽ	ऽ	
कुशल	विरचि	तानुकू	लवेशः		
।।।	।।।	ऽ।ऽ	।ऽऽ		
क्षितिप	समाज	मगात्स्व	यंवर	स्थम्	
।।।	।।।	।ऽ।	ऽ।ऽ	ऽ	

इति श्रीकालिदासकृते रघुवंशे महाकाव्ये पञ्चमः सर्गः ॥ सर्गः ६

रघुवंश सर्ग - 6

* रानी इंदुमती *

6.1

स तत्र मञ्चेषु मनोज्ञवेषान्सिंहासनस्थानुपचारवत्सु ।
वैमानिकानां मरुतामपश्यदाकृष्टलीलान्नरलोकपालान् ॥

उपेन्द्रवज्रा, इंद्रवज्रा, इंद्रवज्रा, इंद्रवज्रा उपजाति छंद

सतत्र	मञ्चेषु	मनोज्ञ	वेषा	
।ऽ।	ऽऽ।	।ऽ।	ऽऽ	उपेन्द्रवज्रा
न्सिंहास	नस्थानु	पचार	वत्सु	
ऽऽ।	ऽऽ।	।ऽ।	ऽऽ *	इंद्रवज्रा
वैमानि	कानांम	रुताम	पश्य	
ऽऽ।	ऽऽ।	।ऽ।	ऽऽ *	उपेन्द्रवज्रा
दाकृष्ट	लीलान्न	रलोक	पालान्	
ऽऽ।	ऽऽ।	।ऽ।	ऽऽ	इंद्रवज्रा

6.2

रतेर्गृहीतानुनयेन कामं प्रत्यर्पितस्वाङ्गमिवेश्वरेण।
काकुत्स्थमालोकयतां नृपाणां मनो बभूवेन्दुमतीनिराशम् ॥

उपेन्द्रवज्रा, इंद्रवज्रा, इंद्रवज्रा, उपेन्द्रवज्रा उपजाति छंद

रतेर्गृ	हीतानु	नयेन	कामं	
। ऽ ।	ऽ ऽ ।	। ऽ ।	ऽ ऽ	उपेन्द्रवज्रा
प्रत्यर्पि	तस्वाङ्ग	मिवेश्व	रेण	
ऽ ऽ ।	ऽ ऽ ।	। ऽ ।	ऽ ऽ *	इंद्रवज्रा
काकुत्स्थ	मालोक	यतांनृ	पाणां	
ऽ ऽ ।	ऽ ऽ ।	। ऽ ।	ऽ ऽ	इंद्रवज्रा
मनोब	भूवेन्दु	मतीनि	राशम्	
। ऽ ।	ऽ ऽ ।	। ऽ ।	ऽ ऽ	उपेन्द्रवज्रा

6.3

वैदर्भनिर्दिष्टमसौ कुमारः क्लृप्तेन सोपानपथेन मञ्चम्।
शिलाविभङ्गैर्मृगराजशावस्तुङ्गं नगोत्सङ्गमिवारुरोह ॥

इंद्रवज्रा, इंद्रवज्रा, उपेन्द्रवज्रा, इंद्रवज्रा उपजाति छंद

वैदर्भ	निर्दिष्ट	मसौकु	मारः	
ऽ ऽ ।	ऽ ऽ ।	। ऽ ।	ऽ ऽ	इंद्रवज्रा
क्लृप्तेन	सोपान	पथेन	मञ्चम्	
ऽ ऽ ।	ऽ ऽ ।	। ऽ ।	ऽ ऽ	इंद्रवज्रा
शिलावि	भङ्गैर्मृ	गराज	शाव	
। ऽ ।	ऽ ऽ ।	। ऽ ।	ऽ ऽ	उपेन्द्रवज्रा
स्तुङ्गंन	गोत्सङ्ग	मिवारु	रोह	
ऽ ऽ ।	ऽ ऽ ।	। ऽ ।	ऽ ऽ *	इंद्रवज्रा

6.4

पराध्र्यवर्णास्तरणोपपन्नमासेदिवान्रत्नवदासनं सः ।
भूयिष्ठमासीदुपमेयकान्तिर्मयूरपृष्ठाश्रयिणा गुहेन ॥

उपेन्द्रवज्रा, इंद्रवज्रा, इंद्रवज्रा, उपेन्द्रवज्रा उपजाति छंद

पराध्र्य	वर्णास्त	रणोप	पन्न	
। ऽ ।	ऽ ऽ ।	। ऽ ।	ऽ ऽ *	उपेन्द्रवज्रा
मासेदि	वान्रत्न	वदास	नंसः	
ऽ ऽ ।	ऽ ऽ ।	। ऽ ।	ऽ ऽ	इंद्रवज्रा
भूयिष्ठ	मासीदु	पमेय	कान्ति	
ऽ ऽ ।	ऽ ऽ ।	। ऽ ।	ऽ ऽ	इंद्रवज्रा
र्मयूर	पृष्ठाश्र	यिणागु	हेन	
! ऽ ।	ऽ ऽ ।	। ऽ ।	ऽ ऽ *	उपेन्द्रवज्रा

6.5

तासु श्रिया राजपरंपरासु प्रभाविशेषोदयदुर्निरीक्ष्यः ।
सहस्रधात्मा व्यरुचद्विभक्तः पयोमुचां पङ्क्तिषु विद्युतेव ॥

उपेन्द्रवज्रा छंद (ज त ज ग ग)

तासुश्रि	याराज	परंप	रासु	
। ऽ ।	ऽ ऽ ।	। ऽ ।	ऽ ऽ	उपेन्द्रवज्रा
प्रभावि	शेषोद	यदुर्नि	रीक्ष्यः	
। ऽ ।	ऽ ऽ ।	। ऽ ।	ऽ ऽ	उपेन्द्रवज्रा
सहस्र	धात्माव्य	रुचद्वि	भक्तः	
। ऽ ।	ऽ ऽ ।	। ऽ ।	ऽ ऽ	उपेन्द्रवज्रा
पयोमु	चांपङ्क्ति	षुविद्यु	तेव	
। ऽ ।	ऽ ऽ ।	। ऽ ।	ऽ ऽ *	उपेन्द्रवज्रा

6.6

तेषां महार्हासनसंस्थितानामुदारनेपथ्यभृतां स मध्ये ।

रराज धाम्ना रघुसूनुरेव कल्पद्रुमाणामिव पारिजातः ॥

इंद्रवज्रा, उपेन्द्रवज्रा, उपेन्द्रवज्रा, इंद्रवज्रा उपजाति छंद

तेषांम	हार्हास	नसंस्थि	ताना	
ऽ ऽ ।	ऽ ऽ ।	। ऽ ।	ऽ ऽ	इंद्रवज्रा
मुदार	नेपथ्य	भृतांस	मध्ये	
। ऽ ।	ऽ ऽ ।	। ऽ ।	ऽ ऽ	उपेन्द्रवज्रा
रराज	धाम्नार	घुसूनु	रेव	
। ऽ ।	ऽ ऽ ।	। ऽ ।	ऽ ऽ *	उपेन्द्रवज्रा
कल्पद्रु	माणामि	वपारि	जातः	
ऽ ऽ ।	ऽ ऽ ।	। ऽ ।	ऽ ऽ	इंद्रवज्रा

6.7

नेत्रव्रजाः पौरजनस्य तस्मिन्विहाय सर्वान्नृपतीन्निपेतुः ।
मदोत्कटे रेचितपुष्पवृक्षा गन्धद्विपे वन्य इव द्विरेफाः ॥

इंद्रवज्रा, उपेन्द्रवज्रा, उपेन्द्रवज्रा, इंद्रवज्रा उपजाति छंद

नेत्रव्र	जाःपौर	जनस्य	तस्मि	
ऽ ऽ ।	ऽ ऽ ।	। ऽ ।	ऽ ऽ	इंद्रवज्रा
न्विहाय	सर्वान्नृ	पतीन्नि	पेतुः	
। ऽ ।	ऽ ऽ ।	। ऽ ।	ऽ ऽ	उपेन्द्रवज्रा
मदोत्क	टेरेचि	तपुष्प	वृक्षा	
। ऽ ।	ऽ ऽ ।	। ऽ ।	ऽ ऽ	उपेन्द्रवज्रा
गन्धद्वि	पेवन्य	इवद्वि	रेफाः	
ऽ ऽ ।	ऽ ऽ ।	। ऽ ।	ऽ ऽ	इंद्रवज्रा

6.8

अथ स्तुते बन्दिभिरन्वयज्ञैः सोमार्कवंश्ये नरदेवलोके ।
संचारिते चागुरुसारयोनौ धूपे समुत्सर्पति वैजयन्तीः ॥

उपेन्द्रवज्रा, इंद्रवज्रा, इंद्रवज्रा, इंद्रवज्रा उपजाति छंद

अथस्तु	तेबन्दि	भिरन्व	यज्ञैः	
। ऽ ।	ऽ ऽ ।	। ऽ ।	ऽ ऽ	उपेन्द्रवज्रा
सोमार्क	वंश्येन	रदेव	लोके	
ऽ ऽ ।	ऽ ऽ ।	। ऽ ।	ऽ ऽ	इंद्रवज्रा
संचारि	तेचागु	रुसार	योनौ	
ऽ ऽ ।	ऽ ऽ ।	। ऽ ।	ऽ ऽ	इंद्रवज्रा
धूपेस	मुत्सर्प	तिवैज	यन्तीः	
ऽ ऽ ।	ऽ ऽ ।	। ऽ ।	ऽ ऽ	इंद्रवज्रा

6.9

पुरोपकण्टोपवनाश्रयाणां कलापिनामुद्धतनृत्तहेतौ ।
प्रध्मातशङ्खे परितो दिगन्तांस्तूर्यस्वने मूर्च्छति मङ्गलार्थे ॥

उपेन्द्रवज्रा, उपेन्द्रवज्रा, इंद्रवज्रा, इंद्रवज्रा उपजाति छंद

पुरोप	कण्टोप	वनाश्र	याणां	
। ऽ ।	ऽ ऽ ।	। ऽ ।	ऽ ऽ	उपेन्द्रवज्रा
कलापि	नामुद्ध	तनृत्त	हेतौ	
। ऽ ।	ऽ ऽ ।	। ऽ ।	ऽ ऽ	उपेन्द्रवज्रा
प्रध्मात	शङ्खेप	रितोदि	गन्तां	
ऽ ऽ ।	ऽ ऽ ।	। ऽ ।	ऽ ऽ	इंद्रवज्रा
स्तूर्यस्व	नेमूर्च्छ	तिमङ्ग	लार्थे	
ऽ ऽ ।	ऽ ऽ ।	। ऽ ।	ऽ ऽ	इंद्रवज्रा

6.10

मनुष्यवाह्यं चतुरन्तयानमध्यास्य कन्या परिवारशोभि ।
विवेश मञ्चान्तरराजमार्गं पतिंवरा क्लृप्तविवाहवेषा ॥

उपेन्द्रवज्रा, इंद्रवज्रा, उपेन्द्रवज्रा, उपेन्द्रवज्रा उपजाति छंद

कालिदास के बृहत् महाकाव्य रघुवंश की छंद मीमांसा

मनुष्य	वाह्यंच	तुरन्त	यान	
। ऽ ।	ऽ ऽ ।	। ऽ ।	ऽ ऽ *	उपेन्द्रवज्रा
मध्यास्य	कन्याप	रिवार	शोभि	
ऽ ऽ ।	ऽ ऽ ।	। ऽ ।	ऽ ऽऽ *	इंद्रवज्रा
विवेश	मञ्चान्त	रराज	मार्गं	
। ऽ ।	ऽ ऽ ।	। ऽ ।	ऽ ऽ	उपेन्द्रवज्रा
पतिंव	राक्लृप्त	विवाह	वेषा	
। ऽ ।	ऽ ऽ ।	। ऽ ।	ऽ ऽ	उपेन्द्रवज्रा

6.11

तस्मिन्विधानातिशये विधातुः कन्यामये नेत्रशतैकलक्ष्ये ।
निपेतुरन्तःकरणैर्नरेन्द्रा देहैः स्थिताः केवलमासनेषु ॥

इंद्रवज्रा, इंद्रवज्रा, उपेन्द्रवज्रा, इंद्रवज्रा उपजाति छंद

तस्मिन्वि	धानाति	शयेवि	धातुः	
ऽ ऽ ।	ऽ ऽ ।	। ऽ ।	ऽ ऽ	इंद्रवज्रा
कन्याम	येनेत्र	शतैक	लक्ष्ये	
ऽ ऽ ।	ऽ ऽ ।	। ऽ ।	ऽ ऽ	इंद्रवज्रा
निपेतु	रन्तःक	रणैर्न	रेन्द्रा	
। ऽ ।	ऽ ऽ ।	। ऽ ।	ऽ ऽ	उपेन्द्रवज्रा
देहैःस्थि	ताःकेव	लमास	नेषु	
ऽ ऽ ।	ऽ ऽ ।	। ऽ ।	ऽ ऽ *	इंद्रवज्रा

6.12

तां प्रत्यभिव्यक्तमनोरथानां महीपतीनां प्रणयाग्रदूत्यः ।
प्रवालशोभा इव पादपानां शृङ्गारचेष्टा विविधा बभूवुः ॥

इंद्रवज्रा, उपेन्द्रवज्रा, उपेन्द्रवज्रा, इंद्रवज्रा उपजाति छंद

तांप्रत्य	भिव्यक्त	मनोर	थानां	

ऽ ऽ ।	ऽ ऽ ।	। ऽ ।	ऽ ऽ	इंद्रवज्रा
महीप	तीनांप्र	णयाग्र	दूत्यः	
। ऽ ।	ऽ ऽ ।	। ऽ ।	ऽ ऽ	उपेन्द्रवज्रा
प्रवाल	शोभाइ	वपाद	पानां	
। ऽ ।	ऽ ऽ ।	। ऽ ।	ऽ ऽ	उपेन्द्रवज्रा
शृङ्गार	चेष्टावि	विधाब	भूवुः	
ऽ ऽ ।	ऽ ऽ ।	। ऽ ।	ऽ ऽ	इंद्रवज्रा

6.13

कश्चित्कराभ्यामुपगूढनालमालोलपत्राभिहतद्विरेफम् ।
रजोभिरन्तः परिवेषबन्धि लीलारविन्दं भ्रमयांचकार ॥

इंद्रवज्रा, इंद्रवज्रा, उपेन्द्रवज्रा, इंद्रवज्रा उपजाति छंद

कश्चित्क	राभ्यामु	पगूढ	नाल	
ऽ ऽ ।	ऽ ऽ ।	। ऽ ।	ऽ ऽ *	इंद्रवज्रा
मालोल	पत्राभि	हतद्वि	रेफम्	
ऽ ऽ ।	ऽ ऽ ।	। ऽ ।	ऽ ऽ	इंद्रवज्रा
रजोभि	रन्तःप	रिवेष	बन्धि	
। ऽ ।	ऽ ऽ ।	। ऽ ।	ऽ ऽ *	उपेन्द्रवज्रा
लीलार	विन्दंभ्र	मयांच	कार	
ऽ ऽ ।	ऽ ऽ ।	। ऽ ।	ऽ ऽ *	इंद्रवज्रा

6.14

विस्रस्तमंसादपरो विलासी रत्नानुविद्धाङ्गदकोटिलग्नम् ।
प्रालम्बमुत्कृष्य यथावकाशं निनाय साचीकृतचारुवक्त्रः ॥

इंद्रवज्रा, इंद्रवज्रा, इंद्रवज्रा, उपेन्द्रवज्रा उपजाति छंद

विस्रस्त	मंसाद	परोवि	लासी	
ऽ ऽ ।	ऽ ऽ ।	। ऽ ।	ऽ ऽ	इंद्रवज्रा

रत्नानु	विद्धाङ्ग	दकोटि	लग्नम्	
ऽ ऽ ।	ऽ ऽ ।	। ऽ ।	ऽ ऽ	इंद्रवज्रा
प्रालम्ब	मुत्कृष्य	यथाव	काशं	
ऽ ऽ ।	ऽ ऽ ।	। ऽ ।	ऽ ऽ	इंद्रवज्रा
निनाय	साचीकृ	तचारु	वक्त्रः	
। ऽ ।	ऽ ऽ ।	। ऽ ।	ऽ ऽ	उपेन्द्रवज्रा

6.15

आकुञ्चिताग्राङ्गुलिना ततोऽन्यः किञ्चित्समावर्जितनेत्रशोभः ।
तिर्यग्विसंसर्पिनखप्रभेण पादेन हैमं विलिलेख पीठम् ॥

इंद्रवज्रा छंद (त त ज ग ग)

आकुञ्चि	ताग्राङ्गु	लिनात	तोन्यः	
ऽ ऽ ।	ऽ ऽ ।	। ऽ ।	ऽ ऽ	इंद्रवज्रा
किञ्चित्स	मावर्जि	तनेत्र	शोभः	
ऽ ऽ ।	ऽ ऽ ।	। ऽ ।	ऽ ऽ	इंद्रवज्रा
तिर्यग्वि	संसर्पि	नखप्र	भेण	
ऽ ऽ ।	ऽ ऽ ।	। ऽ ।	ऽ ऽ *	इंद्रवज्रा
पादेन	हैमंवि	लिलेख	पीठम्	
ऽ ऽ ।	ऽ ऽ ।	। ऽ ।	ऽ ऽ	इंद्रवज्रा

6.16

निवेश्य वामं भुजमासनार्धे तत्संनिवेशादधिकोन्नतांसः ।
कश्चिद्विवृत्तत्रिकभिन्नहारः सुहृत्समाभाषणतत्परोऽभूत् ॥

उपेन्द्रवज्रा, इंद्रवज्रा, इंद्रवज्रा, उपेन्द्रवज्रा इंद्रवज्रा छंद (त त ज ग ग)

निवेश्य	वामंभु	जमास	नार्धे	
। ऽ ।	ऽ ऽ ।	। ऽ ।	ऽ ऽ	उपेन्द्रवज्रा
तत्संनि	वेशाद	धिकोन्न	तांसः	

ऽ ऽ ।	ऽ ऽ ।	। ऽ ।	ऽ ऽ	इंद्रवज्रा
कश्चिद्वि	वृत्तत्रि	कभिन्न	हारः	
ऽ ऽ ।	ऽ ऽ ।	। ऽ ।	ऽ ऽ	इंद्रवज्रा
सुहृत्स	माभाष	णतत्प	रोभूत्	
। ऽ ।	ऽ ऽ ।	। ऽ ।	ऽ ऽ	उपेन्द्रवज्रा

6.17

विलासिनीविभ्रमदन्तपत्रमपाण्डुरं केतकबर्हमन्यः ।
प्रियानितम्बोचितसंनिवेशैर्विपाटयामास युवा नखाग्रैः ॥

उपेन्द्रवज्रा छंद (ज त ज ग ग)

विलासि	नीविभ्र	मदन्त	पत्र	
। ऽ ।	ऽ ऽ ।	। ऽ ।	ऽ ऽ *	उपेन्द्रवज्रा
मपाण्डु	रंकेत	कबर्ह	मन्यः	
। ऽ ।	ऽ ऽ ।	। ऽ ।	ऽ ऽ	उपेन्द्रवज्रा
प्रियानि	तम्बोचि	तसंनि	वेशै	
। ऽ ।	ऽ ऽ ।	। ऽ ।	ऽ ऽ	उपेन्द्रवज्रा
र्विपाट	यामास	युवान	खाग्रैः	
। ऽ ।	ऽ ऽ ।	। ऽ ।	ऽ ऽ	उपेन्द्रवज्रा

6.18

कुशेशयाताम्रतलेन कश्चित्करेण रेखाध्वजलाञ्छनेन ।
रत्नाङ्गुलीयप्रभयानुविद्धानुदीरयामास सलीलमक्षान् ॥

उपेन्द्रवज्रा, उपेन्द्रवज्रा, इंद्रवज्रा, उपेन्द्रवज्रा उपजाति छंद

कुशेश	याताम्र	तलेन	कश्चि	
। ऽ ।	ऽ ऽ ।	। ऽ ।	ऽ ऽ	उपेन्द्रवज्रा
त्करेण	रेखाध्व	जलाञ्छ	नेन	
। ऽ ।	ऽ ऽ ।	। ऽ ।	ऽ ऽ *	उपेन्द्रवज्रा

रत्नाङ्गु	लीयप्र	भयानु	विद्धा	
ऽ ऽ ।	ऽ ऽ ।	। ऽ ।	ऽ ऽ	इंद्रवज्रा
नुदीर	यामास	सलील	मक्षान्	
। ऽ ।	ऽ ऽ ।	। ऽ ।	ऽ ऽ	उपेन्द्रवज्रा

6.19

कश्चिद्यथाभागमवस्थितेऽपि स्वसंनिवेशाद्यतिलङ्घिनीव ।
वज्रांशुगर्भाङ्गुलिरन्ध्रमेकं व्यापारयामास करं किरीटे ॥

इंद्रवज्रा, उपेन्द्रवज्रा, इंद्रवज्रा, इंद्रवज्रा उपजाति छंद

कश्चिद्य	थाभाग	मवस्थि	तेपि	
ऽ ऽ ।	ऽ ऽ ।	। ऽ ।	ऽ ऽ	इंद्रवज्रा
स्वसंनि	वेशाद्य	तिलङ्घि	नीव	
। ऽ ।	ऽ ऽ ।	। ऽ ।	ऽ ऽऽ *	उपेन्द्रवज्रा
वज्रांशु	गर्भाङ्गु	लिरन्ध्र	मेकं	
ऽ ऽ ।	ऽ ऽ ।	। ऽ ।	ऽ ऽ	इंद्रवज्रा
व्यापार	यामास	करंकि	रीटे	
ऽ ऽ ।	ऽ ऽ ।	। ऽ ।	ऽ ऽ	इंद्रवज्रा

6.20

ततो नृपाणां श्रुतवृत्तवंशा पुंवत्प्रगल्भा प्रतिहाररक्षी ।
प्राक्संनिकर्षं मगधेश्वरस्य नीत्वा कुमारीमवदत्सुनन्दा ॥

उपेन्द्रवज्रा, इंद्रवज्रा, इंद्रवज्रा, इंद्रवज्रा उपजाति छंद

ततोनृ	पाणांश्रु	तवृत्त	वंशा	
। ऽ ।	ऽ ऽ ।	। ऽ ।	ऽ ऽ	उपेन्द्रवज्रा
पुंवत्प्र	गल्भाप्र	तिहार	रक्षी	
ऽ ऽ ।	ऽ ऽ ।	। ऽ ।	ऽ ऽ	इंद्रवज्रा
प्राक्संनि	कर्षंम	गधेश्व	रस्य	

ऽ ऽ ।	ऽ ऽ ।	। ऽ ।	ऽ ऽ *	इंद्रवज्रा
नीत्वाकु	मारीम	वदत्सु	नन्दा	
ऽ ऽ ।	ऽ ऽ ।	। ऽ ।	ऽ ऽ	इंद्रवज्रा

6.21

असौ शरण्यः शरणोन्मुखानामगाधसत्त्वो मगधप्रतिष्ठः ।
राजा प्रजारञ्जनलब्धवर्णः परंतपो नाम यथार्थनामा ॥

उपेन्द्रवज्रा, उपेन्द्रवज्रा, इंद्रवज्रा, उपेन्द्रवज्रा उपजाति छंद

असौश	रण्यःश	रणोन्मु	खाना	
। ऽ ।	ऽ ऽ ।	। ऽ ।	ऽ ऽ	उपेन्द्रवज्रा
मगाध	सत्त्वोम	गधप्र	तिष्ठः	
। ऽ ।	ऽ ऽ ।	। ऽ ।	ऽ ऽ	उपेन्द्रवज्रा
राजाप्र	जारञ्ज	नलब्ध	वर्णः	
ऽ ऽ ।	ऽ ऽ ।	। ऽ ।	ऽ ऽ	इंद्रवज्रा
परंत	पोनाम	यथार्थ	नामा	
। ऽ ।	ऽ ऽ ।	। ऽ ।	ऽ ऽ	उपेन्द्रवज्रा

6.22

कामं नृपाः सन्तु सहस्रशोऽन्ये राजन्वतीमाहुरनेन भूमिम् ।
नक्षत्रताराग्रहसंकुलापि ज्योतिष्मती चन्द्रमसैव रात्रिः ॥

इंद्रवज्रा छंद (त त ज ग ग)

कामंनृ	पाःसन्तु	सहस्र	शोन्ये	
ऽ ऽ ।	ऽ ऽ ।	। ऽ ।	ऽ ऽ	इंद्रवज्रा
राजन्व	तीमाहु	रनेन	भूमिम्	
ऽ ऽ ।	ऽ ऽ ।	। ऽ ।	ऽ ऽ	इंद्रवज्रा
नक्षत्र	ताराग्र	हसंकु	लापि	
ऽ ऽ ।	ऽ ऽ ।	। ऽ ।	ऽ ऽ	इंद्रवज्रा

ज्योतिष्म	तीचन्द्र	मसैव	रात्रिः	
ऽ ऽ ।	ऽ ऽ ।	। ऽ ।	ऽ ऽ	इंद्रवज्रा

6.23

क्रियाप्रबन्धादयमध्वराणामजस्रमाहूतसहस्रनेत्रः ।
शच्याश्चिरं पाण्डुकपोललम्बान्मन्दारशून्यानलकांश्चकार ॥

उपेन्द्रवज्रा, उपेन्द्रवज्रा, इंद्रवज्रा, इंद्रवज्रा उपजाति छंद

क्रियाप्र	बन्धाद	यमध्व	राणा	
। ऽ ।	ऽ ऽ ।	। ऽ ।	ऽ ऽ	उपेन्द्रवज्रा
मजस्र	माहूत	सहस्र	नेत्रः	
। ऽ ।	ऽ ऽ ।	। ऽ ।	ऽ ऽ	उपेन्द्रवज्रा
शच्याश्चि	रंपाण्डु	कपोल	लम्बा	
ऽ ऽ ।	ऽ ऽ ।	। ऽ ।	ऽ ऽ	इंद्रवज्रा
न्मन्दार	शून्यान	लकांश्च	कार	
ऽ ऽ ।	ऽ ऽ ।	। ऽ ।	ऽ ऽ *	इंद्रवज्रा

6.24

अनेन चेदिच्छसि गृह्यमाणं पाणिं वरेण्येन कुरु प्रवेशे ।
प्रासादवातायनसंस्थितानां नेत्रोत्सवं पुष्पपुराङ्गनानाम् ॥

उपेन्द्रवज्रा, इंद्रवज्रा, इंद्रवज्रा, इंद्रवज्रा उपजाति छंद

अनेन	चेदिच्छ	सिगृह्य	माणं	
। ऽ ।	ऽ ऽ ।	। ऽ ।	ऽ ऽ	उपेन्द्रवज्रा
पाणिंव	रेण्येन	कुरुप्र	वेशे	
ऽ ऽ ।	ऽ ऽ ।	। ऽ ।	ऽ ऽ	इंद्रवज्रा
प्रासाद	वाताय	नसंस्थि	तानां	
ऽ ऽ ।	ऽ ऽ ।	। ऽ ।	ऽ ऽ	इंद्रवज्रा
नेत्रोत्स	वंपुष्प	पुराङ्ग	नानाम्	

ऽ ऽ ।	ऽ ऽ ।	। ऽ ।	ऽ ऽ	इंद्रवज्रा

6.25

एवं तयोक्ते तमवेक्ष्य किंचिद्विस्रंसिदूर्वाङ्कमधूकमाला ।
ऋजुप्रणामक्रिययैव तन्वी प्रत्यादिदेशैनमभाषमाणा ॥

इंद्रवज्रा, इंद्रवज्रा, उपेन्द्रवज्रा, इंद्रवज्रा उपजाति छंद

एवंत	योक्तेत	मवेक्ष्य	किंचि	
ऽ ऽ ।	ऽ ऽ ।	। ऽ ।	ऽ ऽ	इंद्रवज्रा
द्विस्रंसि	दूर्वाङ्क	मधूक	माला	
ऽ ऽ ।	ऽ ऽ ।	। ऽ ।	ऽ ऽ	इंद्रवज्रा
ऋजुप्र	णामक्रि	ययैव	तन्वी	
। ऽ ।	ऽ ऽ ।	। ऽ ।	ऽ ऽ	उपेन्द्रवज्रा
प्रत्यादि	देशैन	मभाष	माणा	
ऽ ऽ ।	ऽ ऽ ।	। ऽ ।	ऽ ऽ	इंद्रवज्रा

6.26

तां सैव वेत्रग्रहणे नियुक्ता राजान्तरं राजसुतां निनाय ।
समीरणोत्थेव तरंगरेखा पद्मान्तरं मानसराजहंसीम् ॥

इंद्रवज्रा छंद (त त ज ग ग)

तांसैव	वेत्रग्र	हणेनि	युक्ता	
ऽ ऽ ।	ऽ ऽ ।	। ऽ ।	ऽ ऽ	इंद्रवज्रा
राजान्त	रंराज	सुतांनि	नाय	
ऽ ऽ ।	ऽ ऽ ।	। ऽ ।	ऽ ऽ *	इंद्रवज्रा
समीर	णोत्थेव	तरंग	रेखा	
ऽ ऽ ।	ऽ ऽ ।	। ऽ ।	ऽ ऽ	इंद्रवज्रा
पद्मान्त	रंमान	सराज	हंसीम्	
ऽ ऽ ।	ऽ ऽ ।	। ऽ ।	ऽ ऽ	इंद्रवज्रा

6.27

जगाद चैनामयमङ्गनाथः सुराङ्गनाप्रार्थितयौवनश्रीः ।
विनीतनागः किल सूत्रकारैरैन्द्रं पदं भूमिगतोऽपि भुङ्क्ते ॥

उपेन्द्रवज्रा, उपेन्द्रवज्रा, उपेन्द्रवज्रा, इंद्रवज्रा उपजाति छंद

जगाद	चैनाम	यमङ्ग	नाथः	
।ऽ।	ऽऽ।	।ऽ।	ऽऽ	उपेन्द्रवज्रा
सुराङ्ग	नाप्रार्थि	तयौव	नश्रीः	
।ऽ।	ऽऽ।	।ऽ।	ऽऽ	उपेन्द्रवज्रा
विनीत	नागःकि	लसूत्र	कारै	
।ऽ।	ऽऽ।	।ऽ।	ऽऽ	उपेन्द्रवज्रा
रैन्द्रंप	दंभूमि	गतोपि	भुङ्क्ते	
ऽऽ।	ऽऽ।	।ऽ।	ऽऽ	इंद्रवज्रा

6.28

अनेन पर्यासयताश्रुबिन्दून्मुक्ताफलस्थूलतमान्स्तनेषु ।
प्रत्यर्पिताः शत्रुविलासिनीनामुन्मुच्य सूत्रेण विनैव हाराः ॥

उपेन्द्रवज्रा, इंद्रवज्रा, इंद्रवज्रा, इंद्रवज्रा उपजाति छंद

अनेन	पर्यास	यताश्रु	बिन्दू	
।ऽ।	ऽऽ।	।ऽ।	ऽऽ	उपेन्द्रवज्रा
न्मुक्ताफ	लस्थूल	तमान्स्त	नेषु	
ऽऽ।	ऽऽ।	।ऽ।	ऽऽ *	इंद्रवज्रा
प्रत्यर्पि	ताःशत्रु	विलासि	नीना	
ऽऽ।	ऽऽ।	।ऽ।	ऽऽ	इंद्रवज्रा
मुन्मुच्य	सूत्रेण	विनैव	हाराः	
ऽऽ।	ऽऽ।	।ऽ।	ऽऽ	इंद्रवज्रा

6.29

कालिदास के बृहत् महाकाव्य रघुवंश की छंद मीमांसा

निसर्गभिन्नास्पदमेकसंस्थमस्मिन्द्वयं श्रीश्च सरस्वती च ।
कान्त्या गिरा सूनृतया च योग्या त्वमेव कल्याणि तयोस्तृतीया ॥

उपेन्द्रवज्रा, इंद्रवज्रा, इंद्रवज्रा, उपेन्द्रवज्रा उपजाति छंद

निसर्ग	भिन्नास्प	दमेक	संस्थ	
। ऽ ।	ऽ ऽ ।	। ऽ ।	ऽ ऽ *	उपेन्द्रवज्रा
मस्मिन्द्व	यंश्रीश्च	सरस्व	तीच	
ऽ ऽ ।	ऽ ऽ ।	। ऽ ।	ऽ ऽ *	इंद्रवज्रा
कान्त्यागि	रासूनृ	तयाच	योग्या	
ऽ ऽ ।	ऽ ऽ ।	। ऽ ।	ऽ ऽ	इंद्रवज्रा
त्वमेव	कल्याणि	तयोस्तृ	तीया	
। ऽ ।	ऽ ऽ ।	। ऽ ।	ऽ ऽ	उपेन्द्रवज्रा

6.30

अथाङ्गराजादवतार्य चक्षुर्याहीति जन्यामवदत्कुमारी ।
नासौ न काम्यो न च वेद सम्यग्द्रष्टुं न सा भिन्नरुचिर्हि लोकः ॥

उपेन्द्रवज्रा, इंद्रवज्रा, इंद्रवज्रा, इंद्रवज्रा उपजाति छंद

अथाङ्ग	राजाद	वतार्य	चक्षु	
। ऽ ।	ऽ ऽ ।	। ऽ ।	ऽ ऽ	उपेन्द्रवज्रा
र्याहीति	जन्याम	वदत्कु	मारी	
ऽ ऽ ।	ऽ ऽ ।	। ऽ ।	ऽ ऽ	इंद्रवज्रा
नासौन	काम्योन	चवेद	सम्य	
ऽ ऽ ।	ऽ ऽ ।	। ऽ ।	ऽ ऽ	इंद्रवज्रा
ग्द्रष्टुंन	साभिन्न	रुचिर्हि	लोकः	
ऽ ऽ ।	ऽ ऽ ।	। ऽ ।	ऽ ऽ	इंद्रवज्रा

6.31

ततः परं दुःप्रसहं द्विषद्भिर्नृपं नियुक्ता प्रतिहारभूमौ ।

निदर्शयामास विशेषदृश्यमिन्दुं नवोत्थानमिवेन्दुमत्यै ॥

उपेन्द्रवज्रा, उपेन्द्रवज्रा, उपेन्द्रवज्रा, इंद्रवज्रा उपजाति छंद

ततःप	रंदुःप्र	सहंद्वि	षद्भि	
। ऽ ।	ऽ ऽ ।	। ऽ ।	ऽ ऽ	उपेन्द्रवज्रा
नृपंनि	युक्ताप्र	तिहार	भूमौ	
। ऽ ।	ऽ ऽ ।	। ऽ ।	ऽ ऽ	उपेन्द्रवज्रा
निदर्श	यामास	विशेष	दृश्य	
। ऽ ।	ऽ ऽ ।	। ऽ ।	ऽ ऽ *	उपेन्द्रवज्रा
मिन्दुंन	वोत्थान	मिवेन्दु	मत्यै	
ऽ ऽ ।	ऽ ऽ ।	। ऽ ।	ऽ ऽ	इंद्रवज्रा

6.32

अवन्तिनाथोऽयमुग्रबाहुर्विशालवक्षास्तनुवृत्तमध्यः ।
आरोप्य चक्रभ्रममुष्णतेजास्त्वष्ट्रेव यत्नोल्लिखितो विभाति ॥

उपेन्द्रवज्रा, इंद्रवज्रा, इंद्रवज्रा, इंद्रवज्रा उपजाति छंद

अवन्ति	नाथोय	मुग्रबा	हुर्वि	
। ऽ ।	ऽ ऽ ।	। ऽ ।	ऽ ऽ *	उपेन्द्रवज्रा
शालव	क्षास्तनु	वृत्तम	ध्यः	
ऽ । ऽ	ऽ ऽ ।	। ऽ ।	ऽ ऽ	इंद्रवज्रा
आरोप्य	चक्रभ्र	ममुष्ण	तेजा	
ऽ ऽ ।	ऽ ऽ ।	। ऽ ।	ऽ ऽ	इंद्रवज्रा
स्त्वष्ट्रेव	यत्नोल्लि	खितोवि	भाति	
ऽ ऽ ।	ऽ ऽ ।	। ऽ ।	ऽ ऽ *	इंद्रवज्रा

6.33

अस्य प्रयाणेषु समग्रशक्तेरग्रेसरैर्वाजिभिरुत्थितानि ।
कुर्वन्ति सामन्तशिखामणीनां प्रभाप्ररोहास्तमयं रजांसि ॥

इंद्रवज्रा, इंद्रवज्रा, इंद्रवज्रा, उपेन्द्रवज्रा उपजाति छंद

अस्यप्र	याणेषु	समग्र	शक्ते	
ऽ ऽ ।	ऽ ऽ ।	। ऽ ।	ऽ ऽ	इंद्रवज्रा
रग्रेस	रैर्वाजि	भिरुत्थि	तानि	
ऽ ऽ ।	ऽ ऽ ।	। ऽ ।	ऽ ऽ *	इंद्रवज्रा
कुर्वन्ति	सामन्त	शिखाम	णीनां	
ऽ ऽ ।	ऽ ऽ ।	। ऽ ।	ऽ ऽ	इंद्रवज्रा
प्रभाप्र	रोहास्त	मयंर	जांसि	
। ऽ ।	ऽ ऽ ।	। ऽ ।	ऽ ऽ *	उपेन्द्रवज्रा

6.34

असौ महाकालनिकेतनस्य वसन्नदूरे किल चन्द्रमौलेः ।
तमिस्रपक्षेऽपि सहप्रियाभिर्ज्योत्स्नावतो निर्विशति प्रदोषान् ॥

उपेन्द्रवज्रा, उपेन्द्रवज्रा, उपेन्द्रवज्रा, इंद्रवज्रा उपजाति छंद

असौम	हाकाल	निकेत	नस्य	
। ऽ ।	ऽ ऽ ।	। ऽ ।	ऽ ऽ *	उपेन्द्रवज्रा
वसन्न	दूरेकि	लचन्द्र	मौलेः	
। ऽ ।	ऽ ऽ ।	। ऽ ।	ऽ ऽ	उपेन्द्रवज्रा
तमिस्र	पक्षेपि	सहप्रि	याभि	
। ऽ ।	ऽ ऽ ।	। ऽ ।	ऽ ऽ	उपेन्द्रवज्रा
ज्योंत्स्नाव	तोनिर्वि	शतिप्र	दोषान्	
ऽ ऽ ।	ऽ ऽ ।	। ऽ ।	ऽ ऽ	इंद्रवज्रा

6.35

अनेन यूना सह पार्थिवेन रम्भोरु कच्चिन्मनसो रुचिस्ते ।
सिप्रातरंगानिलकम्पितासु विहर्तुमुद्यानपरंपरासु ॥

उपेन्द्रवज्रा, इंद्रवज्रा, इंद्रवज्रा, उपेन्द्रवज्रा उपजाति छंद

कालिदास के बृहत् महाकाव्य रघुवंश की छंद मीमांसा

अनेन	यूनास	हपार्थि	वेन	
। ऽ ।	ऽ ऽ ।	। ऽ ।	ऽ ऽ *	उपेन्द्रवज्रा
रम्भोरु	कच्चिन्म	नसोरु	चिस्ते	
ऽ ऽ ।	ऽ ऽ ।	। ऽ ।	ऽ ऽ	इंद्रवज्रा
सिप्रात	रंगानि	लकम्पि	तासु	
ऽ ऽ ।	ऽ ऽ ।	। ऽ ।	ऽ ऽ *	इंद्रवज्रा
विहर्तु	मुद्यान	परंप	रासु	
। ऽ ।	ऽ ऽ ।	। ऽ ।	ऽ ऽ *	उपेन्द्रवज्रा

6.36

तस्मिन्नभिद्योतितबन्धुपद्मे प्रतापसंशोषितशत्रुपङ्के ।
बबन्ध सा नोत्तमसौकुमार्या कुमुद्वती भानुमतीव भावम् ॥

इंद्रवज्रा, उपेन्द्रवज्रा, उपेन्द्रवज्रा, उपेन्द्रवज्रा उपजाति छंद

तस्मिन्न	भिद्योति	तबन्धु	पद्मे	
ऽ ऽ ।	ऽ ऽ ।	। ऽ ।	ऽ ऽ	इंद्रवज्रा
प्रताप	संशोषि	तशत्रु	पङ्के	
। ऽ ।	ऽ ऽ ।	। ऽ ।	ऽ ऽ	उपेन्द्रवज्रा
बबन्ध	सानोत्त	मसौकु	मार्या	
। ऽ ।	ऽ ऽ ।	। ऽ ।	ऽ ऽ	उपेन्द्रवज्रा
कुमुद्व	तीभानु	मतीव	भावम्	
। ऽ ।	ऽ ऽ ।	। ऽ ।	ऽ ऽ	उपेन्द्रवज्रा

6.37

तामग्रतस्तामरसान्तराभामनूपराजस्य गुणैरनूनाम् ।
विधाय सृष्टिं ललितां विधातुर्जगाद भूयः सुदतीं सुनन्दा ॥

इंद्रवज्रा, उपेन्द्रवज्रा, उपेन्द्रवज्रा, उपेन्द्रवज्रा उपजाति छंद

तामग्र	तस्ताम	रसान्त	राभा	

ऽ ऽ ।	ऽ ऽ ।	। ऽ ।	ऽ ऽ	इंद्रवज्रा
मनूप	राजस्य	गुणैर	नूनाम्	
। ऽ ।	ऽ ऽ ।	। ऽ ।	ऽ ऽ	उपेन्द्रवज्रा
विधाय	सृष्टिंल	लितांवि	धातु	
। ऽ ।	ऽ ऽ ।	। ऽ ।	ऽ ऽ	उपेन्द्रवज्रा
र्जगाद	भूयःसु	दर्तीसु	नन्दा	
। ऽ ।	ऽ ऽ ।	। ऽ ।	ऽ ऽ	उपेन्द्रवज्रा

6.38

सङ्ग्रामनिर्विष्टसहस्रबाहुरष्टादशद्वीपनिखातयूपः ।
अनन्यसाधारणराजशब्दो बभूव योगी किल कार्तवीर्यः ॥

इंद्रवज्रा, उपेन्द्रवज्रा, उपेन्द्रवज्रा, उपेन्द्रवज्रा उपजाति छंद

सङ्ग्राम	निर्विष्ट	सहस्र	बाहु	
ऽ ऽ ।	ऽ ऽ ।	। ऽ ।	ऽ ऽ *	इंद्रवज्रा
रष्टाद	शद्वीप	निखात	यूपः	
। ऽ ।	ऽ ऽ ।	। ऽ ।	ऽ ऽ	उपेन्द्रवज्रा
अनन्य	साधार	णराज	शब्दो	
। ऽ ।	ऽ ऽ ।	। ऽ ।	ऽ ऽ	उपेन्द्रवज्रा
बभूव	योगीकि	लकार्त	वीर्यः	
। ऽ ।	ऽ ऽ ।	। ऽ ।	ऽ ऽ	उपेन्द्रवज्रा

6.39

अकार्यचिन्ता समकालमेव प्रादुर्भवंश्चापधरः पुरस्तात् ।
अन्तःशरीरेष्वपि यः प्रजानां प्रत्यादिदेशाविनयं विनेता ॥

उपेन्द्रवज्रा, इंद्रवज्रा, इंद्रवज्रा, इंद्रवज्रा उपजाति छंद

अकार्य	चिन्तास	मकाल	मेव	
। ऽ ।	ऽ ऽ ।	। ऽ ।	ऽ ऽ *	उपेन्द्रवज्रा

प्रादुर्भ	वंश्चाप	धरःपु	रस्तात्	
ऽ ऽ ।	ऽ ऽ ।	। ऽ ।	ऽ ऽ *	इंद्रवज्रा
अन्तःश	रीरेष्व	पियःप्र	जानां	
ऽ ऽ ।	ऽ ऽ ।	। ऽ ।	ऽ ऽ *	इंद्रवज्रा
प्रत्यादि	देशावि	नयंवि	नेता	
ऽ ऽ ।	ऽ ऽ ।	। ऽ ।	ऽ ऽ	इंद्रवज्रा

6.40

ज्याबन्धनिष्पन्दभुजेन यस्य विनिःश्वसद्वक्त्रपरंपरेण ।
कारागृहे निर्जितवासवेन लङ्केश्वरेणोषितमा प्रसादात् ॥

इंद्रवज्रा, उपेन्द्रवज्रा, इंद्रवज्रा, इंद्रवज्रा उपजाति छंद

ज्याबन्ध	निष्पन्द	भुजेन	यस्य	
ऽ ऽ ।	ऽ ऽ ।	। ऽ ।	ऽ ऽ	इंद्रवज्रा
विनिःश्व	सद्वक्त्र	परंप	रेण	
। ऽ ।	ऽ ऽ ।	। ऽ ।	ऽ ऽ	उपेन्द्रवज्रा
कारागृ	हेनिर्जि	तवास	वेन	
ऽ ऽ ।	ऽ ऽ ।	। ऽ ।	ऽ ऽ	इंद्रवज्रा
लङ्केश्व	रेणोषि	तमाप्र	सादात्	
ऽ ऽ ।	ऽ ऽ ।	। ऽ ।	ऽ ऽ	इंद्रवज्रा

6.41

तस्यान्वये भूपतिरेष जातः प्रतीप इत्यागमवृद्धसेवी ।
येनः श्रियः संश्रयदोषरूढं स्वभावलोलेत्ययशं प्रमृष्टम् ॥

इंद्रवज्रा, उपेन्द्रवज्रा, इंद्रवज्रा, उपेन्द्रवज्रा उपजाति छंद

तस्यान्व	येभूप	तिरेष	जातः	
ऽ ऽ ।	ऽ ऽ ।	। ऽ ।	ऽ ऽ	इंद्रवज्रा
प्रतीप	इत्याग	मवृद्ध	सेवी	

। ऽ ।	ऽ ऽ ।	। ऽ ।	ऽ ऽ	उपेन्द्रवज्रा
येनःश्रि	यःसंश्र	यदोष	रूढं	
ऽ ऽ ।	ऽ ऽ ।	। ऽ ।	ऽ ऽ	इंद्रवज्रा
स्वभाव	लोलेत्य	यशंप्र	मृष्टम्	
। ऽ ।	ऽ ऽ ।	। ऽ ।	ऽ ऽ	उपेन्द्रवज्रा

6.42

आयोधने कृष्णगतिं सहायमवाप्य यः क्षत्रियकालरात्रिम् ।
धारां शितां रामपरश्वधस्य संभावयत्युत्पलपत्रसाराम् ॥

इंद्रवज्रा, उपेन्द्रवज्रा, इंद्रवज्रा, इंद्रवज्रा उपजाति छंद

आयोध	नेकृष्ण	गतिंस	हाय	
ऽ ऽ ।	ऽ ऽ ।	। ऽ ।	ऽ ऽ *	इंद्रवज्रा
मवाप्य	यःक्षत्रि	यकाल	रात्रिम्	
। ऽ ।	ऽ ऽ ।	। ऽ ।	ऽ ऽ	उपेन्द्रवज्रा
धारांशि	तांराम	परश्व	धस्य	
ऽ ऽ ।	ऽ ऽ ।	। ऽ ।	ऽ ऽ *	इंद्रवज्रा
संभाव	यत्युत्प	लपत्र	साराम्	
ऽ ऽ ।	ऽ ऽ ।	। ऽ ।	ऽ ऽ	इंद्रवज्रा

6.43

अस्याङ्कलक्ष्मीर्भव दीर्घबाहोर्माहिष्मतीवप्रनितम्बकाञ्चीम् ।
प्रासादजालैर्जलवेणिरम्यां रेवां यदि प्रेक्षितुमस्ति कामः ॥

इंद्रवज्रा छंद (त त ज ग ग)

अस्याङ्क	लक्ष्मीर्भ	वदीर्घ	बाहो	
ऽ ऽ ।	ऽ ऽ ।	। ऽ ।	ऽ ऽ	इंद्रवज्रा
र्माहिष्म	तीवप्र	नितम्ब	काञ्चीम्	
ऽ ऽ ।	ऽ ऽ ।	। ऽ ।	ऽ ऽ	इंद्रवज्रा

प्रासाद	जालैर्ज	लवेणि	रम्यां	
ऽ ऽ ।	ऽ ऽ ।	। ऽ ।	ऽ ऽ	इंद्रवज्रा
रेवांय	दिप्रेक्षि	तुमस्ति	कामः	
ऽ ऽ ।	ऽ ऽ ।	। ऽ ।	ऽ ऽ	इंद्रवज्रा

6.44

तस्याः प्रकामं प्रियदर्शनोऽपि न स क्षितीशो रुचये बभूव ।
शरत्प्रमृष्टाम्बुधरोपरोधः शशीव पर्याप्तकलो नलिन्याः ॥

इंद्रवज्रा, उपेन्द्रवज्रा, उपेन्द्रवज्रा, उपेन्द्रवज्रा उपजाति छंद

तस्याःप्र	कामंप्रि	यदर्श	नोपि	
ऽ ऽ ।	ऽ ऽ ।	। ऽ ।	ऽ ऽ *	इंद्रवज्रा
नसक्षि	तीशोरु	चयेब	भूव	
। ऽ ।	ऽ ऽ ।	। ऽ ।	ऽ ऽ *	उपेन्द्रवज्रा
शरत्प्र	मृष्टाम्बु	धरोप	रोधः	
। ऽ ।	ऽ ऽ ।	। ऽ ।	ऽ ऽ	उपेन्द्रवज्रा
शशीव	पर्याप्त	कलोन	लिन्याः	
। ऽ ।	ऽ ऽ ।	। ऽ ।	ऽ ऽ	उपेन्द्रवज्रा

6.45

सा शूरसेनाधिपतिं सुषेणमुद्दिश्य लोकान्तरगीतकीर्तिम् ।
आचारशुद्धोभयवंशदीपं शुद्धान्तरक्ष्या जगदे कुमारी ॥

इंद्रवज्रा छंद (त त ज ग ग)

साशूर	सेनाधि	पतिंसु	षेण	
ऽ ऽ ।	ऽ ऽ ।	। ऽ ।	ऽ ऽ *	इंद्रवज्रा
मुद्दिश्य	लोकान्त	रगीत	कीर्तिम्	
ऽ ऽ ।	ऽ ऽ ।	। ऽ ।	ऽ ऽ	इंद्रवज्रा
आचार	शुद्धोभ	यवंश	दीपं	

ऽ ऽ ।	ऽ ऽ ।	। ऽ ।	ऽ ऽ	इंद्रवज्रा
शुद्धान्त	रक्ष्याज	गदेकु	मारी	
ऽ ऽ ।	ऽ ऽ ।	। ऽ ।	ऽ ऽ	इंद्रवज्रा

6.46

नीपान्वयः पार्थिव एष यज्वा गुणैर्यमाश्रित्य परस्परेण ।
सिद्धाश्रमं शान्तमिवेत्य सत्त्वैर्नैसर्गिकोऽप्युत्ससृजे विरोधः ॥

इंद्रवज्रा, उपेन्द्रवज्रा, इंद्रवज्रा, इंद्रवज्रा उपजाति छंद

नीपान्व	यःपार्थि	वएष	यज्वा	
ऽ ऽ ।	ऽ ऽ ।	। ऽ ।	ऽ ऽ	इंद्रवज्रा
गुणैर्य	माश्रित्य	परस्प	रेण	
। ऽ ।	ऽ ऽ ।	। ऽ ।	ऽ ऽ *	उपेन्द्रवज्रा
सिद्धाश्र	मंशान्त	मिवेत्य	सत्त्वै	
ऽ ऽ ।	ऽ ऽ ।	। ऽ ।	ऽ ऽ	इंद्रवज्रा
र्नैसर्गि	कोप्युत्स	सृजेवि	रोधः	
ऽ ऽ ।	ऽ ऽ ।	। ऽ ।	ऽ ऽ	इंद्रवज्रा

6.47

यस्यात्मगेहे नयनाभिरामा कान्तिर्हिमांशोरिव संनिविष्टा ।
हर्म्याग्रसंरूढतृणाङ्कुरेषु तेजोऽविषह्यं रिपुमन्दिरेषु ॥

इंद्रवज्रा छंद (त त ज ग ग)

यस्यात्म	गेहेन	यनाभि	रामा	
ऽ ऽ ।	ऽ ऽ ।	। ऽ ।	ऽ ऽ	इंद्रवज्रा
कान्तिर्हि	मांशोरि	वसंनि	विष्टा	
ऽ ऽ ।	ऽ ऽ ।	। ऽ ।	ऽ ऽ	इंद्रवज्रा
हर्म्याग्र	संरूढ	तृणाङ्कु	रेषु	
ऽ ऽ ।	ऽ ऽ ।	। ऽ ।	ऽ ऽ *	इंद्रवज्रा

तेजोवि	षह्यंरि	पुमन्दि	रेषु	
ऽ ऽ ।	ऽ ऽ ।	। ऽ ।	ऽ ऽ *	इंद्रवज्रा

6.48

यस्यावरोधस्तनचन्दनानां प्रक्षालनाद्वारिविहारकाले ।
कलिन्दकन्या मथुरां गतापि गङ्गोर्मिसंसक्तजलेव भाति ॥

इंद्रवज्रा, इंद्रवज्रा, उपेन्द्रवज्रा, इंद्रवज्रा उपजाति छंद

यस्याव	रोधस्त	नचन्द	नानां	
ऽ ऽ ।	ऽ ऽ ।	। ऽ ।	ऽ ऽ	इंद्रवज्रा
प्रक्षाल	नाद्वारि	विहार	काले	
ऽ ऽ ।	ऽ ऽ ।	। ऽ ।	ऽ ऽ	इंद्रवज्रा
कलिन्द	कन्याम	थुरांग	तापि	
। ऽ ।	ऽ ऽ ।	। ऽ ।	ऽ ऽ *	उपेन्द्रवज्रा
गङ्गोर्मि	संसक्त	जलेव	भाति	
ऽ ऽ ।	ऽ ऽ ।	। ऽ ।	ऽ ऽ *	इंद्रवज्रा

6.49

त्रस्तेन ताक्ष्यात्किल कालियेन मणिं विसृष्टं यमुनौकसा यः ।
वक्षःस्थलव्यापिरुचं दधानः सकौस्तुभं ह्लेपयतीव कृष्णम् ॥

इंद्रवज्रा, उपेन्द्रवज्रा, इंद्रवज्रा, उपेन्द्रवज्रा उपजाति छंद

त्रस्तेन	ताक्ष्यात्कि	लकालि	येन	
ऽ ऽ ।	ऽ ऽ ।	। ऽ ।	ऽ ऽ *	इंद्रवज्रा
मणिंवि	सृष्टंय	मुनौक	सायः	
। ऽ ।	ऽ ऽ ।	। ऽ ।	ऽ ऽ	उपेन्द्रवज्रा
वक्षःस्थ	लव्यापि	रुचंद	धानः	
ऽ ऽ ।	ऽ ऽ ।	। ऽ ।	ऽ ऽ	इंद्रवज्रा
सकौस्तु	भंह्लेप	यतीव	कृष्णम्	

| ।ऽ। | ऽऽ। | ।ऽ। | ऽऽ | उपेन्द्रवज्रा |

6.50

संभाव्य भर्तारममुं युवानं मृदुप्रवालोत्तरपुष्पशय्ये ।
वृन्दावने चैत्ररथादनूने निर्विश्यतां सुन्दरि यौवनश्रीः ॥

इंद्रवज्रा, उपेन्द्रवज्रा, इंद्रवज्रा, इंद्रवज्रा उपजाति छंद

संभाव्य	भर्तार	ममुंयु	वानं	
ऽऽ।	ऽऽ।	।ऽ।	ऽऽ	इंद्रवज्रा
मृदुप्र	वालोत्त	रपुष्प	शय्ये	
।ऽ।	ऽऽ।	।ऽ।	ऽऽ	उपेन्द्रवज्रा
वृन्दाव	नेचैत्र	रथाद	नूने	
ऽऽ।	ऽऽ।	।ऽ।	ऽऽ	इंद्रवज्रा
निर्विश्य	तांसुन्द	रियौव	नश्रीः	
ऽऽ।	ऽऽ।	।ऽ।	ऽऽ	इंद्रवज्रा

6.51

अध्यास्य चाम्भःपृषतोक्षितानि शैलेयगन्धीनि शिलातलानि ।
कलापिनां प्रावृषि पश्य नृत्यं कान्तासु गोवर्धनकन्दरासु ॥

इंद्रवज्रा, इंद्रवज्रा, उपेन्द्रवज्रा, इंद्रवज्रा उपजाति छंद

अध्यास्य	चाम्भःपृ	षतोक्षि	तानि	
ऽऽ।	ऽऽ।	।ऽ।	ऽऽऽ *	इंद्रवज्रा
शैलेय	गन्धीनि	शिलात	लानि	
ऽऽ।	ऽऽ।	।ऽ।	ऽऽ *	इंद्रवज्रा
कलापि	नांप्रावृ	षिपश्य	नृत्यं	
।ऽ।	ऽऽ।	।ऽ।	ऽऽ	उपेन्द्रवज्रा
कान्तासु	गोवर्ध	नकन्द	रासु	
ऽऽ।	ऽऽ।	।ऽ।	ऽऽ *	इंद्रवज्रा

6.52

नृपं तमावर्तमनोज्ञनाभिः सा व्यत्यगादन्यवधूर्भवित्री ।
महीधरं मार्गवशादुपेतं स्रोतोवहा सागरगामिनीव ॥

उपेन्द्रवज्रा, इंद्रवज्रा, उपेन्द्रवज्रा, इंद्रवज्रा उपजाति छंद

नृपंत	मावर्त	मनोज्ञ	नाभिः	
। ऽ ।	ऽ ऽ ।	। ऽ ।	ऽ ऽ	उपेन्द्रवज्रा
साव्यत्य	गादन्य	वधूर्भ	वित्री	
ऽ ऽ ।	ऽ ऽ ।	। ऽ ।	ऽ ऽ	इंद्रवज्रा
महीध	रंमार्ग	वशादु	पेतं	
। ऽ ।	ऽ ऽ ।	। ऽ ।	ऽ ऽ	उपेन्द्रवज्रा
स्रोतोव	हासाग	रगामि	नीव	
ऽ ऽ ।	ऽ ऽ ।	। ऽ ।	ऽ ऽ *	इंद्रवज्रा

6.53

अथाङ्गदालिष्टभुजं भुजिष्या हेमाङ्गदं नाम कलिङ्गनाथम् ।
आसेदुषीं सादितशत्रुपक्षं बालामबालेन्दुमुखीं बभाषे ॥

उपेन्द्रवज्रा, इंद्रवज्रा, इंद्रवज्रा, इंद्रवज्रा उपजाति छंद

अथाङ्ग	दालिष्ट	भुजंभु	जिष्या	
। ऽ ।	ऽ ऽ ।	। ऽ ।	ऽ ऽ	उपेन्द्रवज्रा
हेमाङ्ग	दंनाम	कलिङ्ग	नाथम्	
ऽ ऽ ।	ऽ ऽ ।	। ऽ ।	ऽ ऽ	इंद्रवज्रा
आसेदु	षींसादि	तशत्रु	पक्षं	
ऽ ऽ ।	ऽ ऽ ।	। ऽ ।	ऽ ऽ	इंद्रवज्रा
बालाम	बालेन्दु	मुखींब	भाषे	
ऽ ऽ ।	ऽ ऽ ।	। ऽ ।	ऽ ऽ	इंद्रवज्रा

6.54

असौ महेन्द्रादिसमानसारः पतिर्महेन्द्रस्य महोदधेश्च ।
यस्य क्षरत्सैन्यगजच्छलेन यात्रासु यातीव पुरो महेन्द्रः ॥

उपेन्द्रवज्रा, उपेन्द्रवज्रा, इंद्रवज्रा, इंद्रवज्रा उपजाति छंद

असौम	हेन्द्रादि	समान	सारः	
।ऽ।	ऽऽ।	।ऽ।	ऽऽ	उपेन्द्रवज्रा
पतिर्म	हेन्द्रस्य	महोद	धेश्च	
।ऽ।	ऽऽ।	।ऽ।	ऽऽ *	उपेन्द्रवज्रा
यस्यक्ष	रत्सैन्य	गजच्छ	लेन	
ऽऽ।	ऽऽ।	।ऽ।	ऽऽ *	इंद्रवज्रा
यात्रासु	यातीव	पुरोम	हेन्द्रः	
ऽऽ।	ऽऽ।	।ऽ।	ऽऽ	इंद्रवज्रा

6.55

ज्याघातरेखे सुभुजो भुजाभ्यां बिभर्ति यश्चापभृतां पुरोगः ।
रिपुश्रियां साञ्जनबाष्पसेके बन्दीकृतानामिव पद्धती द्वे ॥

उपेन्द्रवज्रा, उपेन्द्रवज्रा, उपेन्द्रवज्रा, इंद्रवज्रा उपजाति छंद

ज्याघात	रेखेसु	भुजोभु	जाभ्यां	
।ऽ।	ऽऽ।	।ऽ।	ऽऽ	उपेन्द्रवज्रा
बिभर्ति	यश्चाप	भृतांपु	रोगः	
।ऽ।	ऽऽ।	।ऽ।	ऽऽ	उपेन्द्रवज्रा
रिपुश्रि	यांसाञ्ज	नबाष्प	सेके	
।ऽ।	ऽऽ।	।ऽ।	ऽऽ	उपेन्द्रवज्रा
बन्दीकृ	तानामि	वपद्ध	तीद्वे	
ऽऽ।	ऽऽ।	।ऽ।	ऽऽ	इंद्रवज्रा

6.56

यमात्मनः सद्मनि संनिकृष्टो मन्द्रध्वनित्याजितयामतूर्यः ।

कालिदास के बृहत् महाकाव्य रघुवंश की छंद मीमांसा

प्रासादवातायनदृश्यवीचिः प्रबोधयत्यर्णव एव सुप्तम् ॥

इंद्रवज्रा, इंद्रवज्रा, इंद्रवज्रा, उपेन्द्रवज्रा उपजाति छंद

यमात्म	नःसद्म	निसंनि	कृष्टो	
ऽ ऽ ।	ऽ ऽ ।	। ऽ ।	ऽ ऽ	इंद्रवज्रा
मन्द्रध्व	नित्याजि	तयाम	तूर्यः	
ऽ ऽ ।	ऽ ऽ ।	। ऽ ।	ऽ ऽ	इंद्रवज्रा
प्रासाद	वाताय	नदृश्य	वीचिः	
ऽ ऽ ।	ऽ ऽ ।	। ऽ ।	ऽ ऽ	इंद्रवज्रा
प्रबोध	यत्यर्ण	वएव	सुप्तम्	
। ऽ ।	ऽ ऽ ।	। ऽ ।	ऽ ऽ	उपेन्द्रवज्रा

6.57

अनेन सार्धं विहराम्बुराशेस्तीरेषु तालीवनमर्मरेषु ।
द्वीपान्तरानीतलवङ्गपुष्पैरपाकृतस्वेदलवामरुद्भिः ॥

उपेन्द्रवज्रा, इंद्रवज्रा, इंद्रवज्रा, उपेन्द्रवज्रा उपजाति छंद

अनेन	सार्धंवि	हराम्बु	राशे	
। ऽ ।	ऽ ऽ ।	। ऽ ।	ऽ ऽ	उपेन्द्रवज्रा
स्तीरेषु	तालीव	नमर्म	रेषु	
ऽ ऽ ।	ऽ ऽ ।	। ऽ ।	ऽ ऽ *	इंद्रवज्रा
द्वीपान्त	रानीत	लवङ्ग	पुष्पै	
ऽ ऽ ।	ऽ ऽ ।	। ऽ ।	ऽ ऽ	इंद्रवज्रा
रपाकृ	तस्वेद	लवाम	रुद्भिः	
। ऽ ।	ऽ ऽ ।	। ऽ ।	ऽ ऽ	उपेन्द्रवज्रा

6.58

प्रलोभिताप्याकृतिलोभनीया विदर्भराजावरजा तयैवम् ।
तस्मादपावर्तत दूरकृष्टा नीत्येव लक्ष्मीः प्रतिकूलदैवात् ॥

उपेन्द्रवज्रा, उपेन्द्रवज्रा, इंद्रवज्रा, इंद्रवज्रा उपजाति छंद

प्रलोभि	ताप्याकृ	तिलोभ	नीया	
। ऽ ।	ऽ ऽ ।	। ऽ ।	ऽ ऽ	उपेन्द्रवज्रा
विदर्भ	राजाव	रजात	यैवम्	
। ऽ ।	ऽ ऽ ।	। ऽ ।	ऽ ऽ	उपेन्द्रवज्रा
तस्माद	पावर्त	तदूर	कृष्टा	
ऽ ऽ ।	ऽ ऽ ।	। ऽ ।	ऽ ऽ	इंद्रवज्रा
नीत्येव	लक्ष्मीःप्र	तिकूल	दैवात्	
ऽ ऽ ।	ऽ ऽ ।	। ऽ ।	ऽ ऽ	इंद्रवज्रा

6.59

अथोरगाख्यस्य पुरस्य नाथं दौवारिकी देवसरूपमेत्य ।
इतश्चकोराक्षि विलोकयेति पूर्वानुशिष्टां निजगाद भोज्याम् ॥

उपेन्द्रवज्रा, इंद्रवज्रा, उपेन्द्रवज्रा, इंद्रवज्रा उपजाति छंद

अथोर	गाख्यस्य	पुरस्य	नाथं	
। ऽ ।	ऽ ऽ ।	। ऽ ।	ऽ ऽ	उपेन्द्रवज्रा
दौवारि	कीदेव	सरूप	मेत्य	
ऽ ऽ ।	ऽ ऽ ।	। ऽ ।	ऽ ऽ *	इंद्रवज्रा
इतश्च	कोराक्षि	विलोक	येति	
। ऽ ।	ऽ ऽ ।	। ऽ ।	ऽ ऽ *	उपेन्द्रवज्रा
पूर्वानु	शिष्टांनि	जगाद	भोज्याम्	
ऽ ऽ ।	ऽ ऽ ।	। ऽ ।	ऽ ऽ	इंद्रवज्रा

6.60

पाण्ड्योऽयमंसार्पितलम्बहारः क्लृप्ताङ्गरागो हरिचन्दनेन ।
आभाति बालातपरक्तसानुः सनिर्झरोद्गार इवाद्रिराजः ॥

इंद्रवज्रा, इंद्रवज्रा, इंद्रवज्रा, उपेन्द्रवज्रा उपजाति छंद

पाण्ड्योय	मंसार्पि	तलम्ब	हारः	
ऽ ऽ ।	ऽ ऽ ।	। ऽ ।	ऽ ऽ	इंद्रवज्रा
कॢप्ताङ्ग	रागोह	रिचन्द	नेन	
ऽ ऽ ।	ऽ ऽ ।	। ऽ ।	ऽ ऽ *	इंद्रवज्रा
आभाति	बालात	परक्त	सानुः	
ऽ ऽ ।	ऽ ऽ ।	। ऽ ।	ऽ ऽ	इंद्रवज्रा
सनिर्झ	रोद्गार	इवाद्रि	राजः	
। ऽ ।	ऽ ऽ ।	। ऽ ।	ऽ ऽ	उपेन्द्रवज्रा

6.61

विन्ध्यस्य संस्तम्भयिता महाद्रेर्निःशेषपीतोज्झितसिन्धुराजः ।
प्रीत्याश्वमेधावभृथार्द्रमूर्तेः सौस्नातिको यस्य भवत्यगस्त्यः ॥

इंद्रवज्रा छंद (त त ज ग ग)

विन्ध्यस्य	संस्तम्भ	यिताम	हाद्रे	
ऽ ऽ ।	ऽ ऽ ।	। ऽ ।	ऽ ऽ	इंद्रवज्रा
र्निःशेष	पीतोज्झि	तसिन्धु	राजः	
ऽ ऽ ।	ऽ ऽ ।	। ऽ ।	ऽ ऽ	इंद्रवज्रा
प्रीत्याश्व	मेधाव	भृथार्द्र	मूर्तेः	
ऽ ऽ ।	ऽ ऽ ।	। ऽ ।	ऽ ऽ	इंद्रवज्रा
सौस्नाति	कोयस्य	भवत्य	गस्त्यः	
ऽ ऽ ।	ऽ ऽ ।	। ऽ ।	ऽ ऽ	इंद्रवज्रा

6.62

अस्त्रं हरादाप्तवता दुरापं येनेन्द्रलोकावजयाय दृप्तः ।
पुरा जनस्थानविमर्दशङ्की संधाय लङ्काधिपतिः प्रतस्थे ॥

इंद्रवज्रा, इंद्रवज्रा, उपेन्द्रवज्रा, इंद्रवज्रा उपजाति छंद

अस्त्रंह	रादाप्त	वतादु	रापं	

ऽ ऽ ।	ऽ ऽ ।	। ऽ ।	ऽ ऽ	इंद्रवज्रा
येनेन्द्र	लोकाव	जयाय	दृप्तः	
ऽ ऽ ।	ऽ ऽ ।	। ऽ ।	ऽ ऽ	इंद्रवज्रा
पुराज	नस्थान	विमर्द	शङ्की	
। ऽ ।	ऽ ऽ ।	। ऽ ।	ऽ ऽ	उपेन्द्रवज्रा
संधाय	लङ्काधि	पतिःप्र	तस्थे	
ऽ ऽ ।	ऽ ऽ ।	। ऽ ।	ऽ ऽ	इंद्रवज्रा

6.63

अनेन पाणौ विधिवद्गृहीते महाकुलीनेन महीव गुर्वी ।
रत्नानुविद्धार्णवमेखलाया दिशः सपत्नी भव दक्षिणस्याः ॥

उपेन्द्रवज्रा, उपेन्द्रवज्रा, इंद्रवज्रा, उपेन्द्रवज्रा उपजाति छंद

अनेन	पाणौवि	धिवद्गृ	हीते	
। ऽ ।	ऽ ऽ ।	। ऽ ।	ऽ ऽ	उपेन्द्रवज्रा
महाकु	लीनेन	महीव	गुर्वी	
। ऽ ।	ऽ ऽ ।	। ऽ ।	ऽ ऽ	उपेन्द्रवज्रा
रत्नानु	विद्धार्ण	वमेख	लाया	
ऽ ऽ ।	ऽ ऽ ।	। ऽ ।	ऽ ऽ	इंद्रवज्रा
दिशःस	पत्नीभ	वदक्षि	णस्याः	
। ऽ ।	ऽ ऽ ।	। ऽ ।	ऽ ऽ	उपेन्द्रवज्रा

6.64

ताम्बूलवल्लीपरिणद्धपूगास्वेलालतालिङ्गितचन्दनासु ।
तमालपत्रास्तरणासु रन्तुं प्रसीद शश्वन्मलयस्थलीषु ॥

इंद्रवज्रा, इंद्रवज्रा, उपेन्द्रवज्रा, उपेन्द्रवज्रा उपजाति छंद

ताम्बूल	वल्लीप	रिणद्ध	पूगा	
ऽ ऽ ।	ऽ ऽ ।	। ऽ ।	ऽ ऽ	इंद्रवज्रा

स्वेलाल	तालिङ्गि	तचन्द	नासु	
ऽ ऽ ।	ऽ ऽ ।	। ऽ ।	ऽ ऽ *	इंद्रवज्रा
तमाल	पत्रास्त	रणासु	रन्तुं	
। ऽ ।	ऽ ऽ ।	। ऽ ।	ऽ ऽ	उपेन्द्रवज्रा
प्रसीद	शश्वन्म	लयस्थ	लीषु	
। ऽ ।	ऽ ऽ ।	। ऽ ।	ऽ ऽ *	उपेन्द्रवज्रा

6.65

इन्दीवरश्यामतनुर्नृपोऽसौ त्वं रोचनागौरशरीरयष्टिः ।
अन्योन्यशोभापरिवृद्धये वां योगस्तडित्तोयदयोरिवास्तु ॥

इंद्रवज्रा छंद (त त ज ग ग)

इन्दीव	रश्याम	तनुर्नृ	पोसौ	
ऽ ऽ ।	ऽ ऽ ।	। ऽ ।	ऽ ऽ	इंद्रवज्रा
त्वंरोच	नागौर	शरीर	यष्टिः	
ऽ ऽ ।	ऽ ऽ ।	। ऽ ।	ऽ ऽ	इंद्रवज्रा
अन्योन्य	शोभाप	रिवृद्ध	येवां	
ऽ ऽ ।	ऽ ऽ ।	। ऽ ।	ऽ ऽ	इंद्रवज्रा
योगस्त	डित्तोय	दयोरि	वास्तु	
ऽ ऽ ।	ऽ ऽ ।	। ऽ ।	ऽ ऽ *	इंद्रवज्रा

6.66

स्वसुर्विदर्भाधिपतेस्तदीयो लेभेऽन्तरं चेतसि नोपदेशः ।
दिवाकरादर्शनबद्धकोशे नक्षत्रनाथांशुरिवारविन्दे ॥

उपेन्द्रवज्रा, इंद्रवज्रा, उपेन्द्रवज्रा, इंद्रवज्रा उपजाति छंद

स्वसुर्वि	दर्भाधि	पतेस्त	दीयो	
। ऽ ।	ऽ ऽ ।	। ऽ ।	ऽ ऽ	उपेन्द्रवज्रा
लेभेन्त	रंचेत	सिनोप	देशः	

ऽ ऽ ।	ऽ ऽ ।	। ऽ ।	ऽ ऽ	इंद्रवज्रा
दिवाक	रादर्श	नबद्ध	कोशे	
। ऽ ।	ऽ ऽ ।	। ऽ ।	ऽ ऽ	उपेन्द्रवज्रा
नक्षत्र	नाथांशु	रिवार	विन्दे	
ऽ ऽ ।	ऽ ऽ ।	। ऽ ।	ऽ ऽ	इंद्रवज्रा

6.67

संचारिणी दीपशिखेव रात्रौ यं यं व्यतीयाय पतिंवरा सा ।
नरेन्द्रमार्गाट्ट इव प्रपेदे विवर्णभावं स स भूमिपालः ॥

इंद्रवज्रा, इंद्रवज्रा, उपेन्द्रवज्रा, उपेन्द्रवज्रा उपजाति छंद

संचारि	णीदीप	शिखेव	रात्रौ	
ऽ ऽ ।	ऽ ऽ ।	। ऽ ।	ऽ ऽ	इंद्रवज्रा
यंयंव्य	तीयाय	पतिंव	रासा	
ऽ ऽ ।	ऽ ऽ ।	। ऽ ।	ऽ ऽ	इंद्रवज्रा
नरेन्द्र	मार्गाट्ट	इवप्र	पेदे	
। ऽ ।	ऽ ऽ ।	। ऽ ।	ऽ ऽ	उपेन्द्रवज्रा
विवर्ण	भावंस	सभूमि	पालः	
। ऽ ।	ऽ ऽ ।	। ऽ ।	ऽ ऽ	उपेन्द्रवज्रा

6.68

तस्यां रघोः सूनुरुपस्थितायां वृणीत मां नेति समाकुलोऽभूत् ।
वामेतरः संशयमस्य बाहुः केयूरबन्धोच्छ्वसितैर्नुनोद ॥

इंद्रवज्रा, उपेन्द्रवज्रा, इंद्रवज्रा, इंद्रवज्रा उपजाति छंद

तस्यांर	घोःसूनु	रुपस्थि	तायां	
ऽ ऽ ।	ऽ ऽ ।	। ऽ ।	ऽ ऽ	इंद्रवज्रा
वृणीत	मांनेति	समाकु	लोभूत्	
। ऽ ।	ऽ ऽ ।	। ऽ ।	ऽ ऽ	उपेन्द्रवज्रा

वामेत	र:संश	यमस्य	बाहुः	
ऽ ऽ ।	ऽ ऽ ।	। ऽ ।	ऽ ऽ	इंद्रवज्रा
केयूर	बन्धोच्छ्व	सितैर्नु	नोद	
ऽ ऽ ।	ऽ ऽ ।	। ऽ ।	ऽ ऽ *	इंद्रवज्रा

6.69

तं प्राप्य सर्वावयवानवद्यं व्यावर्ततान्योपगमात्कुमारी ।
न हि प्रफुल्लं सहकारमेत्य वृक्षान्तरं काङ्क्षति षट्पदाली ॥

इंद्रवज्रा, इंद्रवज्रा, उपेन्द्रवज्रा, इंद्रवज्रा उपजाति छंद

तंप्राप्य	सर्वाव	यवान	वद्यं	
ऽ ऽ ।	ऽ ऽ ।	। ऽ ।	ऽ ऽ	इंद्रवज्रा
व्यावर्त	तान्योप	गमात्कु	मारी	
ऽ ऽ ।	ऽ ऽ ।	। ऽ ।	ऽ ऽ	इंद्रवज्रा
नहिप्र	फुल्लंस	हकार	मेत्य	
। ऽ ।	ऽ ऽ ।	। ऽ ।	ऽ ऽ *	उपेन्द्रवज्रा
वृक्षान्त	रंकाङ्क्ष	तिषट्प	दाली	
ऽ ऽ ।	ऽ ऽ ।	। ऽ ।	ऽ ऽ	इंद्रवज्रा

6.70

तस्मिन्समावेशितचित्तवृत्तिमिन्दुप्रभामिन्दुमतीमवेक्ष्य ।
प्रचक्रमे वक्तुमनुक्रमज्ञा सविस्तरं वाक्यमिदं सुनन्दा ॥

इंद्रवज्रा, इंद्रवज्रा, उपेन्द्रवज्रा, उपेन्द्रवज्रा उपजाति छंद

तस्मिन्स	मावेशि	तचित्त	वृत्ति	
ऽ ऽ ।	ऽ ऽ ।	। ऽ ।	ऽ ऽ *	इंद्रवज्रा
मिन्दुप्र	भामिन्दु	मतीम	वेक्ष्य	
ऽ ऽ ।	ऽ ऽ ।	। ऽ ।	ऽ ऽ *	इंद्रवज्रा
प्रचक्र	मेवक्तु	मनुक्र	मज्ञा	

कालिदास के बृहत् महाकाव्य रघुवंश की छंद मीमांसा

। ऽ ।	ऽ ऽ ।	। ऽ ।	ऽ ऽ	उपेन्द्रवज्रा
सविस्त	रंवाक्य	मिदंसु	नन्दा	
। ऽ ।	ऽ ऽ ।	। ऽ ।	ऽ ऽ	उपेन्द्रवज्रा

6.71

इक्ष्वाकुवंश्यः ककुदं नृपाणां ककुत्स्थ इत्याहितलक्षणोऽभूत् ।
काकुत्स्थशब्दं यत उन्नतेच्छाः श्लाघ्यं दधत्युत्तरकोसलेन्द्राः ॥

इंद्रवज्रा, उपेन्द्रवज्रा, इंद्रवज्रा, इंद्रवज्रा उपजाति छंद

इक्ष्वाकु	वंश्यःक	कुदंनृ	पाणां	
ऽ ऽ ।	ऽ ऽ ।	। ऽ ।	ऽ ऽ	इंद्रवज्रा
ककुत्स्थ	इत्याहि	तलक्ष	णोभूत्	
। ऽ ।	ऽ ऽ ।	। ऽ ।	ऽ ऽ	उपेन्द्रवज्रा
काकुत्स्थ	शब्दंय	तउन्न	तेच्छाः	
ऽ ऽ ।	ऽ ऽ ।	। ऽ ।	ऽ ऽ	इंद्रवज्रा
श्लाघ्यंद	धत्युत्त	रकोस	लेन्द्राः	
ऽ ऽ ।	ऽ ऽ ।	। ऽ ।	ऽ ऽ	इंद्रवज्रा

6.72

महेन्द्रमास्थाय महोक्षरूपं यः संयति प्राप्तपिनाकिलीलः ।
चकार बाणैरसुराङ्गनानां गण्डस्थलीः प्रोषितपत्रलेखाः ॥

उपेन्द्रवज्रा, इंद्रवज्रा, उपेन्द्रवज्रा, इंद्रवज्रा उपजाति छंद

महेन्द्र	मास्थाय	महोक्ष	रूपं	
। ऽ ।	ऽ ऽ ।	। ऽ ।	ऽ ऽ	उपेन्द्रवज्रा
यःसंय	तिप्राप्त	पिनाकि	लीलः	
ऽ ऽ ।	ऽ ऽ ।	। ऽ ।	ऽ ऽ	इंद्रवज्रा
चकार	बाणैर	सुराङ्ग	नानां	
। ऽ ।	ऽ ऽ ।	। ऽ ।	ऽ ऽ	उपेन्द्रवज्रा

गण्डस्थ	लीःप्रोषि	तपत्र	लेखाः	
ऽ ऽ ।	ऽ ऽ ।	। ऽ ।	ऽ ऽ	इंद्रवज्रा

6.73

ऐरावतस्फालनविश्लथं यः संघट्टयन्नङ्गदमङ्गदेन ।
उपेयुषः स्वामपि मूर्तिमग्र्यामर्धासनं गोत्रभिदोऽधितष्ठौ ॥

इंद्रवज्रा, इंद्रवज्रा, उपेन्द्रवज्रा, इंद्रवज्रा उपजाति छंद

ऐराव	तस्फाल	नविश्ल	थंयः	
ऽ ऽ ।	ऽ ऽ ।	। ऽ ।	ऽ ऽ	इंद्रवज्रा
संघट्ट	यन्नङ्ग	दमङ्ग	देन	
ऽ ऽ ।	ऽ ऽ ।	। ऽ ।	ऽ ऽ *	इंद्रवज्रा
उपेयु	षःस्वाम	पिमूर्ति	मग्र्या	
। ऽ ।	ऽ ऽ ।	। ऽ ।	ऽ ऽ	उपेन्द्रवज्रा
मर्धास	नंगोत्र	भिदोधि	तष्ठौ	
ऽ ऽ ।	ऽ ऽ ।	। ऽ ।	ऽ ऽ	इंद्रवज्रा

6.74

जातः कुले तस्य किलोरुकीर्तिः कुलप्रदीपो नृपतिर्दिलीपः ।
अतिष्ठदेकोनशतक्रतुत्वे शक्राभ्यसूयाविनिवृत्तये यः ॥

इंद्रवज्रा, उपेन्द्रवज्रा, उपेन्द्रवज्रा, इंद्रवज्रा उपजाति छंद

जातःकु	लेतस्य	किलोरु	कीर्तिः	
ऽ ऽ ।	ऽ ऽ ।	। ऽ ।	ऽ ऽ	इंद्रवज्रा
कुलप्र	दीपोनृ	पतिर्दि	लीपः	
। ऽ ।	ऽ ऽ ।	। ऽ ।	ऽ ऽ	उपेन्द्रवज्रा
अतिष्ठ	देकोन	शतक्र	तुत्वे	
। ऽ ।	ऽ ऽ ।	। ऽ ।	ऽ ऽ	उपेन्द्रवज्रा
शक्राभ्य	सूयावि	निवृत्त	येयः	

कालिदास के बृहत् महाकाव्य रघुवंश की छंद मीमांसा

ऽ ऽ ।	ऽ ऽ ।	। ऽ ।	ऽ ऽ	इंद्रवज्रा

6.75

यस्मिन्महीं शासति वाणिनीनां निद्रां विहारार्धपथे गतानाम् ।
वातोऽपि नास्त्रंसयदंशुकानि को लम्बयेदाहरणाय हस्तम् ॥

इंद्रवज्रा छंद (त त ज ग ग)

यस्मिन्म	हींशास	तिवाणि	नीनां	
ऽ ऽ ।	ऽ ऽ ।	। ऽ ।	ऽ ऽ	इंद्रवज्रा
निद्रांवि	हारार्ध	पथेग	तानाम्	
ऽ ऽ ।	ऽ ऽ ।	। ऽ ।	ऽ ऽ	इंद्रवज्रा
वातोपि	नास्त्रंस	यदंशु	कानि	
ऽ ऽ ।	ऽ ऽ ।	। ऽ ।	ऽ ऽ *	इंद्रवज्रा
कोलम्ब	येदाह	रणाय	हस्तम्	
ऽ ऽ ।	ऽ ऽ ।	। ऽ ।	ऽ ऽ	इंद्रवज्रा

6.76

पुत्रो रघुस्तस्य पदं प्रशास्ति महाक्रतोर्विश्वजितः प्रयोक्ता ।
चतुर्दिगावर्जितसंभृतां यो मृत्पात्रशेषामकरोद्विभूतिम् ॥

इंद्रवज्रा, उपेन्द्रवज्रा, उपेन्द्रवज्रा, इंद्रवज्रा उपजाति छंद

पुत्रोर	घुस्तस्य	पदंप्र	शास्ति	
ऽ ऽ ।	ऽ ऽ ।	। ऽ ।	ऽ ऽ *	इंद्रवज्रा
महाक्र	तोर्विश्व	जितःप्र	योक्ता	
। ऽ ।	ऽ ऽ ।	। ऽ ।	ऽ ऽ	उपेन्द्रवज्रा
चतुर्दि	गावर्जि	तसंभृ	तांयो	
। ऽ ।	ऽ ऽ ।	। ऽ ।	ऽ ऽ	उपेन्द्रवज्रा
मृत्पात्र	शेषाम	करोद्वि	भूतिम्	
ऽ ऽ ।	ऽ ऽ ।	। ऽ ।	ऽ ऽ	इंद्रवज्रा

6.77

आरूढमद्रीनुदधीन्वितीर्णं भुजंगमानां वसतिं प्रविष्टम् ।
ऊर्ध्वं गतं यस्य न चानुबन्धि यशः परिच्छेत्तुमियत्तयालम् ॥

इंद्रवज्रा, उपेन्द्रवज्रा, इंद्रवज्रा, उपेन्द्रवज्रा उपजाति छंद

आरूढ	मद्रीनु	दधीन्वि	तीर्णं	
ऽ ऽ ।	ऽ ऽ ।	। ऽ ।	ऽ ऽ	इंद्रवज्रा
भुजंग	मानांव	सतिंप्र	विष्टम्	
। ऽ ।	ऽ ऽ ।	। ऽ ।	ऽ ऽ	उपेन्द्रवज्रा
ऊर्ध्वंग	तंयस्य	नचानु	बन्धि	
ऽ ऽ ।	ऽ ऽ ।	। ऽ ।	ऽ ऽ	इंद्रवज्रा
यशःप	रिच्छेत्तु	मियत्त	यालम्	
। ऽ ।	ऽ ऽ ।	। ऽ ।	ऽ ऽ	उपेन्द्रवज्रा

6.78

असौ कुमारस्तमजोऽनुजातस्त्रिविष्टपस्येव पतिं जयन्तः ।
गुर्वीं धुरं यो जगतस्य पित्रा धुर्येण दम्यः सदृशं बिभर्ति ॥

उपेन्द्रवज्रा, उपेन्द्रवज्रा, इंद्रवज्रा, इंद्रवज्रा उपजाति छंद

असौकु	मारस्त	मजोनु	जात	
। ऽ ।	ऽ ऽ ।	। ऽ ।	ऽ ऽ	उपेन्द्रवज्रा
स्त्रिविष्ट	पस्येव	पतिंज	यन्तः	
। ऽ ।	ऽ ऽ ।	। ऽ ।	ऽ ऽ	उपेन्द्रवज्रा
गुर्वींधु	रंयोज	गतस्य	पित्रा	
ऽ ऽ ।	ऽ ऽ ।	। ऽ ।	ऽ ऽ	इंद्रवज्रा
धुर्येण	दम्यःस	दृशंबि	भर्ति	
ऽ ऽ ।	ऽ ऽ ।	। ऽ ।	ऽ ऽ *	इंद्रवज्रा

6.79

कुलेन कान्त्या वयसा नवेन गुणैश्च तैस्तैर्विनयप्रधानैः ।
त्वमात्मनस्तुल्यममुं वृणीष्व रत्नं समागच्छतु काञ्चनेन ॥

उपेन्द्रवज्रा, उपेन्द्रवज्रा, उपेन्द्रवज्रा, इंद्रवज्रा उपजाति छंद

कुलेन	कान्त्याव	यसान	वेन	
I S I	S S I	I S I	S S *	उपेन्द्रवज्रा
गुणैश्च	तैस्तैर्वि	नयप्र	धानैः	
I S I	S S I	I S I	S S	उपेन्द्रवज्रा
त्वमात्म	नस्तुल्य	ममुंवृ	णीष्व	
I S I	S S I	I S I	S S *	उपेन्द्रवज्रा
रत्नंस	मागच्छ	तुकाञ्च	नेन	
S S I	S S I	I S I	S S *	इंद्रवज्रा

6.80

ततः सुनन्दावचनावसाने लज्जां तनूकृत्य नरेन्द्रकन्या ।
दृष्ट्या प्रसादामलया कुमारं प्रत्यग्रहीत्संवरणस्रजेव ॥

उपेन्द्रवज्रा, इंद्रवज्रा, इंद्रवज्रा, इंद्रवज्रा उपजाति छंद

ततःसु	नन्दाव	चनाव	साने	
I S I	S S I	I S I	S S	उपेन्द्रवज्रा
लज्जांत	नूकृत्य	नरेन्द्र	कन्या	
S S I	S S I	I S I	S S	इंद्रवज्रा
दृष्ट्याप्र	सादाम	लयाकु	मारं	
S S I	S S I	I S I	S S	इंद्रवज्रा
प्रत्यग्र	हीत्संव	रणस्र	जेव	
S S I	S S I	I S I	S S	इंद्रवज्रा

6.81

सा यूनि तस्मिन्नभिलाषबन्धं शशाक शालीनतया न वक्तुम् ।

रोमाञ्चलक्ष्येण स गात्रयष्टिं भित्त्वा निराक्रामदरालकेश्याः ॥

इंद्रवज्रा, उपेन्द्रवज्रा, इंद्रवज्रा, इंद्रवज्रा उपजाति छंद

सायूनि	तस्मिन्न	भिलाष	बन्धं	
ऽ ऽ ।	ऽ ऽ ।	। ऽ ।	ऽ ऽ	इंद्रवज्रा
शशाक	शालीन	तयान	वक्तुम्	
। ऽ ।	ऽ ऽ ।	। ऽ ।	ऽ ऽ	उपेन्द्रवज्रा
रोमाञ्च	लक्ष्येण	सगात्र	यष्टिं	
ऽ ऽ ।	ऽ ऽ ।	। ऽ ।	ऽ ऽ	इंद्रवज्रा
भित्त्वानि	राक्राम	दराल	केश्याः	
ऽ ऽ ।	ऽ ऽ ।	। ऽ ।	ऽ ऽ	इंद्रवज्रा

6.82

तथागतायां परिहासपूर्वं सख्यां सखी वेत्रभृदाबभाषे ।
आर्ये व्रजामोऽन्यत इत्यथैनां वधूरसूयाकुटिलं ददर्श ॥

उपेन्द्रवज्रा, इंद्रवज्रा, इंद्रवज्रा, उपेन्द्रवज्रा उपजाति छंद

तथाग	तायांप	रिहास	पूर्वं	
। ऽ ।	ऽ ऽ ।	। ऽ ।	ऽ ऽ	उपेन्द्रवज्रा
सख्यांस	खीवेत्र	भृदाब	भाषे	
ऽ ऽ ।	ऽ ऽ ।	। ऽ ।	ऽ ऽ	इंद्रवज्रा
आर्येव्र	जामोन्य	तइत्य	थैनां	
ऽ ऽ ।	ऽ ऽ ।	। ऽ ।	ऽ ऽ	इंद्रवज्रा
वधूर	सूयाकु	टिलंद	दर्श	
। ऽ ।	ऽ ऽ ।	। ऽ ।	ऽ ऽ *	उपेन्द्रवज्रा

6.83

सा चूर्णगौरं रघुनन्दनस्य धात्रीकराभ्यां करभोपमोरूः ।
आसञ्जयामास यथाप्रदेशं कण्ठे गुणं मूर्तमिवानुरागम् ॥

इंद्रवज्रा छंद (त त ज ग ग)

साचूर्ण	गौरंर	घुनन्द	नस्य	
ऽ ऽ ।	ऽ ऽ ।	। ऽ ।	ऽ ऽ *	इंद्रवज्रा
धात्रीक	राभ्यांक	रभोप	मोरू:	
ऽ ऽ ।	ऽ ऽ ।	। ऽ ।	ऽ ऽ	इंद्रवज्रा
आसञ्ज	यामास	यथाप्र	देशं	
ऽ ऽ ।	ऽ ऽ ।	। ऽ ।	ऽ ऽ	इंद्रवज्रा
कण्ठेगु	णंमूर्त	मिवानु	रागम्	
ऽ ऽ ।	ऽ ऽ ।	। ऽ ।	ऽ ऽ	इंद्रवज्रा

6.84

तया स्रजा मङ्गलपुष्पमय्या विशालवक्ष:स्थललम्बया सः ।
अमंस्त कण्ठार्पितबाहुपाशां विदर्भराजावरजां वरेण्यः ॥

उपेन्द्रवज्रा छंद (ज त ज ग ग)

तयास्र	जामङ्ग	लपुष्प	मय्या	
। ऽ ।	ऽ ऽ ।	। ऽ ।	ऽ ऽ	उपेन्द्रवज्रा
विशाल	वक्ष:स्थ	ललम्ब	यास:	
। ऽ ।	ऽ ऽ ।	। ऽ ।	ऽ ऽ	उपेन्द्रवज्रा
अमंस्त	कण्ठार्पि	तबाहु	पाशां	
। ऽ ।	ऽ ऽ ।	। ऽ ।	ऽ ऽ	उपेन्द्रवज्रा
विदर्भ	राजाव	रजांव	रेण्यः	
। ऽ ।	ऽ ऽ ।	। ऽ ।	ऽ ऽ	उपेन्द्रवज्रा

6.85

शशिनमुपगतेयं कौमुदी मेघमुक्तं जलनिधिमनुरूपं जह्नुकन्यावतीर्णा ।
इति समगुणयोगप्रीतयस्तत्र पौराः श्रवणकटु नृपाणामेकवाक्यं विवव्रुः ॥

मालिनी छंद (न न म य य)

कालिदास के बृहत् महाकाव्य रघुवंश की छंद मीमांसा

शशिन	मुपग	तेयंकौ	मुदीमे	घमुक्तं
। । ।	। । ।	ऽ ऽ ऽ	। ऽ ऽ	। ऽ ऽ
जलनि	धिमनु	रूपंज	ह्नुकन्या	वतीर्णा
। । ।	। । ।	ऽ ऽ ऽ	। ऽ ऽ	। ऽ ऽ
इतिस	मगुण	योगप्री	तयस्त	त्रपौराः
। । ।	। । ।	ऽ ऽ ऽ	। ऽ ऽ	। ऽ ऽ
श्रवण	कटुनृ	पाणामे	कवाक्यं	विवव्रुः
। । ।	। । ।	ऽ ऽ ऽ	। ऽ ऽ	। ऽ ऽ

6.86

प्रमुदितवरपक्षमेकतस्तत्क्षितिपतिमण्डलमन्यतो वितानम् ।
उषसि सर इव प्रफुल्लपद्मं कुमुदवनप्रतिपन्ननिद्रमासीत् ॥

पुष्पिताग्रा छंद (न न र य – न ज ज र ग)

प्रमुदि	तवर	पक्षमे	कतस्त	
। ऽ ।	। । ।	ऽ । ऽ	। ऽ ऽ	
त्क्षितिप	तिमण्ड	लमन्य	तोविता	नम्
। । ।	। । ।	। ऽ ।	ऽ । ऽ	ऽ
उषसि	सरइ	वप्रफु	ल्लपद्मं	
। ऽ ।	। । ।	ऽ । ऽ	। ऽ ऽ	
कुमुद	वनप्र	तिपन्न	निद्रमा	सीत्
। । ।	। । ।	। ऽ ।	ऽ । ऽ	ऽ

इति श्रीरघुवंशे महाकाव्ये कविश्रीकालिदासकृतौ स्वयंवरवर्णनो नाम षष्ठः सर्गः ॥

रघुवंश सर्ग - 7

* सम्मोहन अस्त्र *

7.1

अथोपयन्त्रा सदृशेण युक्तां स्कन्देन साक्षादिव देवसेनाम् ।
स्वसारमादाय विदर्भनाथः पुरप्रवेशाभिमुखो बभूव ॥

उपेन्द्रवज्रा, इंद्रवज्रा, उपेन्द्रवज्रा, उपेन्द्रवज्रा उपजाति छंद

अथोप	यन्त्रास	दृशेण	युक्तां	
। ऽ ।	ऽ ऽ ।	। ऽ ।	ऽ ऽ	उपेन्द्रवज्रा
स्कन्देन	साक्षादि	वदेव	सेनाम्	
ऽ ऽ ।	ऽ ऽ ।	। ऽ ।	ऽ ऽ	इंद्रवज्रा
स्वसार	मादाय	विदर्भ	नाथः	
। ऽ ।	ऽ ऽ ।	। ऽ ।	ऽ ऽ	उपेन्द्रवज्रा
पुरप्र	वेशाभि	मुखोब	भूव	
। ऽ ।	ऽ ऽ ।	। ऽ ।	ऽ ऽ *	उपेन्द्रवज्रा

7.2

सेनानिवेशान्पृथिवीक्षितोऽपि जग्मुर्विभातग्रहमन्दभासः ।
भोज्यां प्रति व्यर्थमनोरथत्वाद्रूपेषु वेशेषु च साभ्यसूया ॥

इंद्रवज्रा छंद (त त ज ग ग)

सेनानि	वेशान्पृ	थिवीक्षि	तोपि	
ऽ ऽ ।	ऽ ऽ ।	। ऽ ।	ऽ ऽ *	इंद्रवज्रा
जग्मुर्वि	भातग्र	हमन्द	भासः	

कालिदास के बृहत् महाकाव्य रघुवंश की छंद मीमांसा

ऽ ऽ ।	ऽ ऽ ।	। ऽ ।	ऽ ऽ	इंद्रवज्रा
भोज्यांप्र	तिव्यर्थ	मनोर	थत्वा	
ऽ ऽ ।	ऽ ऽ ।	। ऽ ।	ऽ ऽ	इंद्रवज्रा
द्रूपेषु	वेशेषु	चसाभ्य	सूया	
ऽ ऽ ।	ऽ ऽ ।	। ऽ ।	ऽ ऽ	इंद्रवज्रा

7.3

सांनिध्ययोगात्किल तत्र शच्याः स्वयंवरक्षोभकृतामभावः ।
काकुत्स्थमुद्दिश्य समत्सरोऽपि शशाम तेन क्षितिपाललोकः ॥

इंद्रवज्रा, उपेन्द्रवज्रा, इंद्रवज्रा, उपेन्द्रवज्रा उपजाति छंद

सांनिध्य	योगात्कि	लतत्र	शच्याः	
ऽ ऽ ।	ऽ ऽ ।	। ऽ ।	ऽ ऽ	इंद्रवज्रा
स्वयंव	रक्षोभ	कृताम	भावः	
। ऽ ।	ऽ ऽ ।	। ऽ ।	ऽ ऽ	उपेन्द्रवज्रा
काकुत्स्थ	मुद्दिश्य	समत्स	रोपि	
ऽ ऽ ।	ऽ ऽ ।	। ऽ ।	ऽ ऽ *	इंद्रवज्रा
शशाम	तेनक्षि	तिपाल	लोकः	
। ऽ ।	ऽ ऽ ।	। ऽ ।	ऽ ऽ	उपेन्द्रवज्रा

7.4

तावत्प्रकीर्णाभिनवोपचारमिन्द्रायुधद्योतिततोरणाङ्कम् ।
वरः सवध्वा सह राजमार्गं प्राप ध्वजच्छायनिवारितोष्णम् ॥

इंद्रवज्रा, इंद्रवज्रा, उपेन्द्रवज्रा, इंद्रवज्रा उपजाति छंद

तावत्प्र	कीर्णाभि	नवोप	चार	
ऽ ऽ ।	ऽ ऽ ।	। ऽ ।	ऽ ऽ *	इंद्रवज्रा
मिन्द्रायु	धद्योति	ततोर	णाङ्कम्	
ऽ ऽ ।	ऽ ऽ ।	। ऽ ।	ऽ ऽ	इंद्रवज्रा

वर:स	वध्वास	हराज	मार्गं	
। ऽ ।	ऽ ऽ ।	। ऽ ।	ऽ ऽ	उपेन्द्रवज्रा
प्रापध्व	जच्छाय	निवारि	तोषणम्	
ऽ ऽ ।	ऽ ऽ ।	। ऽ ।	ऽ ऽ	इंद्रवज्रा

7.5

ततस्तदालोकनतत्पराणां सौधेषु चामीकरजालवत्सु ।
बभूवुरित्थं पुरसुन्दरीणां त्यक्तान्यकार्याणि विचेष्टितानि ॥

उपेन्द्रवज्रा, इंद्रवज्रा, उपेन्द्रवज्रा, इंद्रवज्रा उपजाति छंद

ततस्त	दालोक	नतत्प	राणां	
। ऽ ।	ऽ ऽ ।	। ऽ ।	ऽ ऽ	उपेन्द्रवज्रा
सौधेषु	चामीक	रजाल	वत्सु	
ऽ ऽ ।	ऽ ऽ ।	। ऽ ।	ऽ ऽ *	इंद्रवज्रा
बभूवु	रित्थंपु	रसुन्द	रीणां	
। ऽ ।	ऽ ऽ ।	। ऽ ।	ऽ ऽ	उपेन्द्रवज्रा
त्यक्तान्य	कार्याणि	विचेष्टि	तानि	
ऽ ऽ ।	ऽ ऽ ।	। ऽ ।	ऽ ऽ *	इंद्रवज्रा

7.6

आलोकमार्गं सहसा व्रजन्त्या कयाचिदुद्वेष्टनवान्तमाल्यः ।
बद्धुं न संभावित एव तावत्करेण रुद्धोऽपि च केशपाशः ॥

इंद्रवज्रा, उपेन्द्रवज्रा, इंद्रवज्रा, उपेन्द्रवज्रा उपजाति छंद

आलोक	मार्गंस	हसाव्र	जन्त्या	
ऽ ऽ ।	ऽ ऽ ।	। ऽ ।	ऽ ऽ	इंद्रवज्रा
कयाचि	दुद्वेष्ट	नवान्त	माल्यः	
। ऽ ।	ऽ ऽ ।	। ऽ ।	ऽ ऽ	उपेन्द्रवज्रा
बद्धुंन	संभावि	तएव	ताव	

ऽ ऽ ।	ऽ ऽ ।	। ऽ ।	ऽ ऽ	इंद्रवज्रा
त्करेण	रुद्धोपि	चकेश	पाशः	
। ऽ ।	ऽ ऽ ।	। ऽ ।	ऽ ऽ	उपेन्द्रवज्रा

7.7

प्रसाधिकालम्बितमग्रपादमाक्षिप्य काचिद्द्रवरागमेव ।
उत्सृष्टलीलागतिरागवाक्षादलक्तकाङ्कां पदवीं ततान ॥

उपेन्द्रवज्रा, इंद्रवज्रा, इंद्रवज्रा, उपेन्द्रवज्रा उपजाति छंद

प्रसाधि	कालम्बि	तमग्र	पाद	
। ऽ ।	ऽ ऽ ।	। ऽ ।	ऽ ऽ *	उपेन्द्रवज्रा
माक्षिप्य	काचिद्द्र	वराग	मेव	
ऽ ऽ ।	ऽ ऽ ।	। ऽ ।	ऽ ऽ	इंद्रवज्रा
उत्सृष्ट	लीलाग	तिराग	वाक्षा	
ऽ ऽ ।	ऽ ऽ ।	। ऽ ।	ऽ ऽ	इंद्रवज्रा
दलक्त	काङ्कां	पदवीं	ततान	
। ऽ ।	ऽ ऽ ।	। ऽ ।	ऽ ऽ *	उपेन्द्रवज्रा

7.8

विलोचनं दक्षिणमञ्जनेन संभाव्य तद्वञ्चितवामनेत्रा ।
तथैव वातायनसंनिकर्षं ययौ शलाकामपरा वहन्ती ॥

उपेन्द्रवज्रा, इंद्रवज्रा, उपेन्द्रवज्रा, उपेन्द्रवज्रा उपजाति छंद

विलोच	नंदक्षि	णमञ्ज	नेन	
। ऽ ।	ऽ ऽ ।	। ऽ ।	ऽ ऽ *	उपेन्द्रवज्रा
संभाव्य	तद्वञ्चि	तवाम	नेत्रा	
ऽ ऽ ।	ऽ ऽ ।	। ऽ ।	ऽ ऽ	इंद्रवज्रा
तथैव	वाताय	नसंनि	कर्षं	
। ऽ ।	ऽ ऽ ।	। ऽ ।	ऽ ऽ	उपेन्द्रवज्रा

ययौश	लाकाम	पराव	हन्ती	
। ऽ ।	ऽ ऽ ।	। ऽ ।	ऽ ऽ	उपेन्द्रवज्रा

7.9

जालान्तरप्रेषितदृष्टिरन्या प्रस्थानभिन्नां न बबन्ध नीवीम् ।
नाभिप्रविष्टाभरणप्रभेन हस्तेन तस्थाववलम्ब्य वासः ॥

इंद्रवज्रा छंद (त त ज ग ग)

जालान्त	रप्रेषि	तदृष्टि	रन्या	
ऽ ऽ ।	ऽ ऽ ।	। ऽ ।	ऽ ऽ	इंद्रवज्रा
प्रस्थान	भिन्नांन	बबन्ध	नीवीम्	
ऽ ऽ ।	ऽ ऽ ।	। ऽ ।	ऽ ऽ	इंद्रवज्रा
नाभिप्र	विष्टाभ	रणप्र	भेन	
ऽ ऽ ।	ऽ ऽ ।	। ऽ ।	ऽ ऽ *	इंद्रवज्रा
हस्तेन	तस्थाव	वलम्ब्य	वासः	
ऽ ऽ ।	ऽ ऽ ।	। ऽ ।	ऽ ऽ	इंद्रवज्रा

7.10

अर्धाञ्चिता सत्वरमुत्थितायाः पदे पदे दुर्निमिते गलन्ती ।
कस्याश्चिदासीद्रशना तदानीमङ्गुष्ठमूलार्पितसूत्रशेषा ॥

इंद्रवज्रा, उपेन्द्रवज्रा, इंद्रवज्रा, इंद्रवज्रा उपजाति छंद

अर्धाञ्चि	तासत्व	रमुत्थि	तायाः	
ऽ ऽ ।	ऽ ऽ ।	। ऽ ।	ऽ ऽ	इंद्रवज्रा
पदेप	देदुर्नि	मितेग	लन्ती	
। ऽ ।	ऽ ऽ ।	। ऽ ।	ऽ ऽ	उपेन्द्रवज्रा
कस्याश्चि	दासीद्र	शनात	दानी	
ऽ ऽ ।	ऽ ऽ ।	। ऽ ।	ऽ ऽ	इंद्रवज्रा
मङ्गुष्ठ	मूलार्पि	तसूत्र	शेषा	

| ꯱ ꯱ ꯱ | ꯱ ꯱ ꯱ | ꯱ ꯱ ꯱ | ꯱ ꯱ | इंद्रवज्रा |

| S S ꯱ | S S ꯱ | ꯱ S ꯱ | S S | इंद्रवज्रा |

7.11

तासां मुखैरासवगन्धगर्भैर्व्यासान्तराः सान्द्रकुतूहलानाम् ।
विलोलनेत्रभ्रमरैर्गवाक्षाः सहस्रपत्राभरणा इवासन् ॥

इंद्रवज्रा, इंद्रवज्रा, उपेन्द्रवज्रा, उपेन्द्रवज्रा उपजाति छंद

तासांमु	खैरास	वगन्ध	गर्भै	
S S ꯱	S S ꯱	꯱ S ꯱	S S	इंद्रवज्रा
व्यासान्त	राःसान्द्र	कुतूह	लानाम्	
S S ꯱	S S ꯱	꯱ S ꯱	S S	इंद्रवज्रा
विलोल	नेत्रभ्र	मरैर्ग	वाक्षाः	
꯱ S ꯱	S S ꯱	꯱ S ꯱	S S	उपेन्द्रवज्रा
सहस्र	पत्राभ	रणाइ	वासन्	
꯱ S ꯱	S S ꯱	꯱ S ꯱	S S	उपेन्द्रवज्रा

7.12

ता राघवं दृष्टिभिरापिबन्त्यो नार्यो न जग्मुर्विषयान्तराणि ।
तथा हि शेषेन्द्रियवृत्तिरासां सर्वात्मना चक्षुरिव प्रविष्टा ॥

इंद्रवज्रा, इंद्रवज्रा, उपेन्द्रवज्रा, इंद्रवज्रा उपजाति छंद

ताराघ	वंदृष्टि	भिरापि	बन्त्यो	
S S ꯱	S S ꯱	꯱ S ꯱	S S	इंद्रवज्रा
नार्योन	जग्मुर्वि	षयान्त	राणि	
S S ꯱	S S ꯱	꯱ S ꯱	S S *	इंद्रवज्रा
तथाहि	शेषेन्द्रि	यवृत्ति	रासां	
꯱ S ꯱	S S ꯱	꯱ S ꯱	S S	उपेन्द्रवज्रा
सर्वात्म	नाचक्षु	रिवप्र	विष्टा	
S S ꯱	S S ꯱	꯱ S ꯱	S S	इंद्रवज्रा

कालिदास के बृहत् महाकाव्य रघुवंश की छंद मीमांसा

7.13

स्थाने वृता भूपतिभिः परोक्षैः स्वयंवरं साधुममंस्त भोज्या ।
पद्मेव नारायणमन्यथासौ लभेत कान्तं कथमात्मतुल्यम् ॥

इंद्रवज्रा, उपेन्द्रवज्रा, इंद्रवज्रा, उपेन्द्रवज्रा उपजाति छंद

स्थानेवृ	ताभूप	तिभिःप	रोक्षैः	
ऽ ऽ ।	ऽ ऽ ।	। ऽ ।	ऽ ऽ	इंद्रवज्रा
स्वयंव	रंसाधु	ममंस्त	भोज्या	
। ऽ ।	ऽ ऽ ।	। ऽ ।	ऽ ऽ	उपेन्द्रवज्रा
पद्मेव	नाराय	णमन्य	थासौ	
ऽ ऽ ।	ऽ ऽ ।	। ऽ ।	ऽ ऽ	इंद्रवज्रा
लभेत	कान्तंक	थमात्म	तुल्यम्	
। ऽ ।	ऽ ऽ ।	। ऽ ।	ऽ ऽ	उपेन्द्रवज्रा

7.14

परस्परेण स्पृहणीयशोभं न चेदिदं द्वन्द्वमयोजयिष्यत् ।
अस्मिन्द्वये रूपविधानयत्नः पत्युः प्रजानां वितथोऽभविष्यत् ॥

उपेन्द्रवज्रा, उपेन्द्रवज्रा, इंद्रवज्रा, इंद्रवज्रा उपजाति छंद

परस्प	रेणस्पृ	हणीय	शोभं	
। ऽ ।	ऽ ऽ ।	। ऽ ।	ऽ ऽ	उपेन्द्रवज्रा
नचेदि	दंद्वन्द्व	मयोज	यिष्यत्	
। ऽ ।	ऽ ऽ ।	। ऽ ।	ऽ ऽ	उपेन्द्रवज्रा
अस्मिन्द्व	येरूप	विधान	यत्नः	
ऽ ऽ ।	ऽ ऽ ।	। ऽ ।	ऽ ऽ	इंद्रवज्रा
पत्युःप्र	जानांवि	तथोभ	विष्यत्	
ऽ ऽ ।	ऽ ऽ ।	। ऽ ।	ऽ ऽ	इंद्रवज्रा

7.15

कालिदास के बृहत् महाकाव्य रघुवंश की छंद मीमांसा

रतिस्मरौ नूनमिमावभूतां राज्ञां सहस्रेषु तथा हि बाला ।
गतेयमात्मप्रतिरूपमेव मनो हि जन्मान्तरसंगतिज्ञम् ॥

उपेन्द्रवज्रा, इंद्रवज्रा, उपेन्द्रवज्रा, उपेन्द्रवज्रा उपजाति छंद

रतिस्म	रौनून	मिमाव	भूतां	
। ऽ ।	ऽ ऽ ।	। ऽ ।	ऽ ऽ	उपेन्द्रवज्रा
राज्ञांस	हस्रेषु	तथाहि	बाला	
ऽ ऽ ।	ऽ ऽ ।	। ऽ ।	ऽ ऽ	इंद्रवज्रा
गतेय	मात्मप्र	तिरूप	मेव	
। ऽ ।	ऽ ऽ ।	। ऽ ।	ऽ ऽ *	उपेन्द्रवज्रा
मनोहि	जन्मान्त	रसंग	तिज्ञम्	
। ऽ ।	ऽ ऽ ।	। ऽ ।	ऽ ऽ	उपेन्द्रवज्रा

7.16

इत्युद्गताः पौरवधूमुखेभ्यः शृण्वन्कथाः श्रोत्रसुखाः कुमारः ।
उद्भासितं मङ्गलसंविधाभिः संबन्धिनः सद्म समाससाद ॥

इंद्रवज्रा छंद (त त ज ग ग)

इत्युद्ग	ताःपौर	वधूमु	खेभ्यः	
ऽ ऽ ।	ऽ ऽ ।	। ऽ ।	ऽ ऽ	इंद्रवज्रा
शृण्वन्क	थाःश्रोत्र	सुखाःकु	मारः	
ऽ ऽ ।	ऽ ऽ ।	। ऽ ।	ऽ ऽ	इंद्रवज्रा
उद्भासि	तंमङ्ग	लसंवि	धाभिः	
ऽ ऽ ।	ऽ ऽ ।	। ऽ ।	ऽ ऽ	इंद्रवज्रा
संबन्धि	नःसद्म	समास	साद	
ऽ ऽ ।	ऽ ऽ ।	। ऽ ।	ऽ ऽ *	इंद्रवज्रा

7.17

ततोऽवतीर्याशु करेणुकायाः स कामरूपेश्वरदत्तहस्तः ।

वैदर्भनिर्दिष्टमथो विवेश नारीमनांसीव चतुष्कमन्तः ॥

उपेन्द्रवज्रा, उपेन्द्रवज्रा, इंद्रवज्रा, इंद्रवज्रा उपजाति छंद

ततोव	तीर्याशु	करेणु	कायाः	
। ऽ ।	ऽ ऽ ।	। ऽ ।	ऽ ऽ	उपेन्द्रवज्रा
सकाम	रूपेश्व	रदत्त	हस्तः	
। ऽ ।	ऽ ऽ ।	। ऽ ।	ऽ ऽ	उपेन्द्रवज्रा
वैदर्भ	निर्दिष्ट	मथोवि	वेश	
ऽ ऽ ।	ऽ ऽ ।	। ऽ ।	ऽ ऽ *	इंद्रवज्रा
नारीम	नांसीव	चतुष्क	मन्तः	
ऽ ऽ ।	ऽ ऽ ।	। ऽ ।	ऽ ऽ	इंद्रवज्रा

7.18

महार्हसिंहासनसंस्थितोऽसौ सरत्नमर्घ्यं मधुपर्कमिश्रम् ।
भोजोपनीतं च दुकूलयुग्मं जग्राह सार्धं वनिताकटाक्षैः ॥

उपेन्द्रवज्रा, उपेन्द्रवज्रा, इंद्रवज्रा, इंद्रवज्रा उपजाति छंद

महार्ह	सिंहास	नसंस्थि	तोसौ	
। ऽ ।	ऽ ऽ ।	। ऽ ।	ऽ ऽ	उपेन्द्रवज्रा
सरत्न	मर्घ्यंम	धुपर्क	मिश्रम्	
। ऽ ।	ऽ ऽ ।	। ऽ ।	ऽ ऽ	उपेन्द्रवज्रा
भोजोप	नीतंच	दुकूल	युग्मं	
ऽ ऽ ।	ऽ ऽ ।	। ऽ ।	ऽ ऽ	इंद्रवज्रा
जग्राह	सार्धंव	निताक	टाक्षैः	
ऽ ऽ ।	ऽ ऽ ।	। ऽ ।	ऽ ऽ	इंद्रवज्रा

7.19

दुकूलवासाः स वधूसमीपं निन्ये विनीतैरवरोधरक्षैः ।
वेलासकाशं स्फुटफेनराशिर्नवैरुदन्वानिव चन्द्रपादैः ॥

उपेन्द्रवज्रा, इंद्रवज्रा, इंद्रवज्रा, उपेन्द्रवज्रा उपजाति छंद

दुकूल	वासाःस	वधूस	मीपं	
। ऽ ।	ऽ ऽ ।	। ऽ ।	ऽ ऽ	उपेन्द्रवज्रा
निन्येवि	नीतैर	वरोध	रक्षैः	
ऽ ऽ ।	ऽ ऽ ।	। ऽ ।	ऽ ऽ	इंद्रवज्रा
वेलास	काशंस्फु	टफेन	राशि	
ऽ ऽ ।	ऽ ऽ ।	। ऽ ।	ऽ ऽ	इंद्रवज्रा
र्नवैरु	दन्वानि	वचन्द्र	पादैः	
। ऽ ।	ऽ ऽ ।	। ऽ ।	ऽ ऽ	उपेन्द्रवज्रा

7.20

तत्रार्चितो भोजपतेः पुरोधा हुत्वाग्निमाज्यादिभिरग्निकल्पः ।
तमेव चाधाय विवाहसाक्ष्ये वधूवरौ संगमयांचकार ॥

इंद्रवज्रा, इंद्रवज्रा, उपेन्द्रवज्रा, उपेन्द्रवज्रा उपजाति छंद

तत्रार्चि	तोभोज	पतेःपु	रोधा	
ऽ ऽ ।	ऽ ऽ ।	। ऽ ।	ऽ ऽ	इंद्रवज्रा
हुत्वाग्नि	माज्यादि	भिरग्नि	कल्पः	
ऽ ऽ ।	ऽ ऽ ।	। ऽ ।	ऽ ऽ	इंद्रवज्रा
तमेव	चाधाय	विवाह	साक्ष्ये	
। ऽ ।	ऽ ऽ ।	। ऽ ।	ऽ ऽ	उपेन्द्रवज्रा
वधूव	रौसंग	मयांच	कार	
। ऽ ।	ऽ ऽ ।	। ऽ ।	ऽ ऽ *	उपेन्द्रवज्रा

7.21

हस्तेन हस्तं परिगृह्य वध्वाः स राजसूनुः सुतरां चकासे ।
अनन्तराशोकलताप्रवालं प्राप्येव चूतः प्रतिपल्लवेन ॥

इंद्रवज्रा, उपेन्द्रवज्रा, उपेन्द्रवज्रा, इंद्रवज्रा उपजाति छंद

हस्तेन	हस्तंप	रिगृह्य	वध्वाः	
ऽ ऽ ।	ऽ ऽ ।	। ऽ ।	ऽ ऽ	इंद्रवज्रा
सराज	सूनुःसु	तरांच	कासे	
। ऽ ।	ऽ ऽ ।	। ऽ ।	ऽ ऽ	उपेन्द्रवज्रा
अनन्त	राशोक	लताप्र	वालं	
। ऽ ।	ऽ ऽ ।	। ऽ ।	ऽ ऽ	उपेन्द्रवज्रा
प्राप्येव	चूतःप्र	तिपल्ल	वेन	
ऽ ऽ ।	ऽ ऽ ।	। ऽ ।	ऽ ऽ *	इंद्रवज्रा

7.22

आसीद्वरः कण्टकितप्रकोष्ठः स्विन्नाङ्गुलिः संववृते कुमारी ।
तस्मिन्द्वये तत्क्षणमात्मवृत्तिः समं विभक्तेव मनोभवेन ॥

इंद्रवज्रा, इंद्रवज्रा, इंद्रवज्रा, उपेन्द्रवज्रा उपजाति छंद

आसीद्व	रःकण्ट	कितप्र	कोष्ठः	
ऽ ऽ ।	ऽ ऽ ।	। ऽ ।	ऽ ऽ	इंद्रवज्रा
स्विन्नाङ्गु	लिःसंव	वृतेकु	मारी	
ऽ ऽ ।	ऽ ऽ ।	। ऽ ।	ऽ ऽ	इंद्रवज्रा
तस्मिन्द्व	येतत्क्ष	णमात्म	वृत्तिः	
ऽ ऽ ।	ऽ ऽ ।	। ऽ ।	ऽ ऽ	इंद्रवज्रा
समंवि	भक्तेव	मनोभ	वेन	
। ऽ ।	ऽ ऽ ।	। ऽ ।	ऽ ऽ *	उपेन्द्रवज्रा

7.23

तयोरपाङ्गप्रतिसारितानि क्रियासमापत्तिनिवर्तितानि ।
ह्रीयन्त्रणामानशिरे मनोज्ञामन्योन्यलोलानि विलोचनानि ॥

उपेन्द्रवज्रा, उपेन्द्रवज्रा, इंद्रवज्रा, इंद्रवज्रा उपजाति छंद

तयोर	पाङ्गप्र	तिसारि	तानि	

। ऽ ।	ऽ ऽ ।	। ऽ ।	ऽ ऽ *	उपेन्द्रवज्रा
क्रियास	मापत्ति	निवर्ति	तानि	
। ऽ ।	ऽ ऽ ।	। ऽ ।	ऽ ऽ	उपेन्द्रवज्रा
ह्लीयन्त्र	णामान	शिरेम	नोज्ञा	
ऽ ऽ ।	ऽ ऽ ।	। ऽ ।	ऽ ऽ	इंद्रवज्रा
मन्योन्य	लोलानि	विलोच	नानि	
ऽ ऽ ।	ऽ ऽ ।	। ऽ ।	ऽ ऽ *	इंद्रवज्रा

7.24

प्रदक्षिणप्रक्रमणात्कृशानोरुदर्चिषस्तन्मिथुनं चकासे ।
मेरोरुपान्तेष्विव वर्तमानमन्योन्यसंसक्तमहस्त्रियामम् ॥

उपेन्द्रवज्रा, उपेन्द्रवज्रा, इंद्रवज्रा, इंद्रवज्रा उपजाति छंद

प्रदक्षि	णप्रक्र	मणात्कृ	शानो	
। ऽ ।	ऽ ऽ ।	। ऽ ।	ऽ ऽ	उपेन्द्रवज्रा
रुदर्चि	षस्तन्मि	थुनंच	कासे	
। ऽ ।	ऽ ऽ ।	। ऽ ।	ऽ ऽ	उपेन्द्रवज्रा
मेरोरु	पान्तेष्वि	ववर्त	मान	
ऽ ऽ ।	ऽ ऽ ।	। ऽ ।	ऽ ऽ *	इंद्रवज्रा
मन्योन्य	संसक्त	महस्त्रि	यामम्	
ऽ ऽ ।	ऽ ऽ ।	। ऽ ।	ऽ ऽ	इंद्रवज्रा

7.25

नितम्बगुर्वी गुरुणा प्रयुक्ता वधूर्विधातृप्रतिमेन तेन ।
चकार सा मत्तचकोरनेत्रा लज्जावती लाजविसर्गमग्नौ ॥

उपेन्द्रवज्रा, उपेन्द्रवज्रा, उपेन्द्रवज्रा, इंद्रवज्रा उपजाति छंद

नितम्ब	गुर्वीगु	रुणाप्र	युक्ता	
। ऽ ।	ऽ ऽ ।	। ऽ ।	ऽ ऽ	उपेन्द्रवज्रा

वधूर्वि	धातृप्र	तिमेन	तेन	
। ऽ ।	ऽ ऽ ।	। ऽ ।	ऽ ऽ *	उपेन्द्रवज्रा
चकार	सामत्त	चकोर	नेत्रा	
। ऽ ।	ऽ ऽ ।	। ऽ ।	ऽ ऽ	उपेन्द्रवज्रा
लज्जाव	तीलाज	विसर्ग	मग्नौ	
ऽ ऽ ।	ऽ ऽ ।	। ऽ ।	ऽ ऽ	इंद्रवज्रा

7.26

हविःशमीपल्लवलाजगन्धी पुण्यः कृशानोरुदियाय धूमः ।
कपोलसंसर्पिशिखः स तस्या मुहूर्तकर्णोत्पलतां प्रपेदे ॥

उपेन्द्रवज्रा, इंद्रवज्रा, उपेन्द्रवज्रा, उपेन्द्रवज्रा उपजाति छंद

हविःश	मीपल्ल	वलाज	गन्धी	
। ऽ ।	ऽ ऽ ।	। ऽ ।	ऽ ऽ	उपेन्द्रवज्रा
पुण्यःकृ	शानोरु	दियाय	धूमः	
ऽ ऽ ।	ऽ ऽ ।	। ऽ ।	ऽ ऽ	इंद्रवज्रा
कपोल	संसर्पि	शिखःस	तस्या	
। ऽ ।	ऽ ऽ ।	। ऽ ।	ऽ ऽ	उपेन्द्रवज्रा
मुहूर्त	कर्णोत्प	लतांप्र	पेदे	
। ऽ ।	ऽ ऽ ।	। ऽ ।	ऽ ऽ	उपेन्द्रवज्रा

7.27

तदञ्जनक्लेदसमाकुलाक्षं प्रम्लानबीजाङ्कुरकर्णपूरम् ।
वधूमुखं पाटलगन्धलेखमाचारधूमग्रहणाद्बभूव ॥

उपेन्द्रवज्रा, इंद्रवज्रा, उपेन्द्रवज्रा, इंद्रवज्रा उपजाति छंद

तदञ्ज	नक्लेद	समाकु	लाक्षं	
। ऽ ।	ऽ ऽ ।	। ऽ ।	ऽ ऽ	उपेन्द्रवज्रा
प्रम्लान	बीजाङ्कु	रकर्ण	पूरम्	

ऽ ऽ ।	ऽ ऽ ।	। ऽ ।	ऽ ऽ	इंद्रवज्रा
वधूमु	खंपाट	लगन्ध	लेख	
। ऽ ।	ऽ ऽ ।	। ऽ ।	ऽ ऽ *	उपेन्द्रवज्रा
माचार	धूमग्र	हणाद्ब	भूव	
ऽ ऽ ।	ऽ ऽ ।	। ऽ ।	ऽ ऽ *	इंद्रवज्रा

7.28

तौ स्नातकैर्बन्धुमता च राज्ञा पुरंध्रिभिश्च क्रमशः प्रयुक्तम् ।
कन्याकुमारौ कनकासनस्थावार्द्राक्षतारोपणमन्वभूताम् ॥

इंद्रवज्रा, उपेन्द्रवज्रा, इंद्रवज्रा, इंद्रवज्रा उपजाति छंद

तौस्नात	कैर्बन्धु	मताच	राज्ञा	
ऽ ऽ ।	ऽ ऽ ।	। ऽ ।	ऽ ऽ	इंद्रवज्रा
पुरंध्रि	भिश्चक्र	मशःप्र	युक्तम्	
। ऽ ।	ऽ ऽ ।	। ऽ ।	ऽ ऽ	उपेन्द्रवज्रा
कन्याकु	मारौक	नकास	नस्था	
ऽ ऽ ।	ऽ ऽ ।	। ऽ ।	ऽ ऽ	इंद्रवज्रा
वार्द्राक्ष	तारोप	णमन्व	भूताम्	
ऽ ऽ ।	ऽ ऽ ।	। ऽ ।	ऽ ऽ	इंद्रवज्रा

7.29

इति स्वसुर्भोजकुलप्रदीपः संपाद्य पाणिग्रहणं स राजा ।
महीपतीनां पृथगर्हणार्थं समादिदेशाधिकृतानधिश्रीः ॥

उपेन्द्रवज्रा, इंद्रवज्रा, उपेन्द्रवज्रा, उपेन्द्रवज्रा उपजाति छंद

इतिस्व	सुर्भोज	कुलप्र	दीपः	
। ऽ ।	ऽ ऽ ।	। ऽ ।	ऽ ऽ	उपेन्द्रवज्रा
संपाद्य	पाणिग्र	हणंस	राजा	
ऽ ऽ ।	ऽ ऽ ।	। ऽ ।	ऽ ऽ	इंद्रवज्रा

महीप	तीनांपृ	थगर्ह	णार्थं	
। ऽ ।	ऽ ऽ ।	। ऽ ।	ऽ ऽ	उपेन्द्रवज्रा
समादि	देशाधि	कृतान	धिश्रीः	
। ऽ ।	ऽ ऽ ।	। ऽ ।	ऽ ऽ	उपेन्द्रवज्रा

7.30

लिङ्गैर्मुदः संवृतविक्रियास्ते ह्रदाः प्रसन्ना इव गूढनक्राः ।
वैदर्भमामन्त्र्य ययुस्तदीयां प्रत्यर्प्य पूजामुपदाछलेन ॥

इंद्रवज्रा, उपेन्द्रवज्रा, इंद्रवज्रा, इंद्रवज्रा उपजाति छंद

लिङ्गैर्मु	दःसंवृ	तविक्रि	यास्ते	
ऽ ऽ ।	ऽ ऽ ।	। ऽ ।	ऽ ऽ	इंद्रवज्रा
ह्रदाःप्र	सन्नाइ	वगूढ	नक्राः	
। ऽ ।	ऽ ऽ ।	। ऽ ।	ऽ ऽ	उपेन्द्रवज्रा
वैदर्भ	मामन्त्र्य	ययुस्त	दीयां	
ऽ ऽ ।	ऽ ऽ ।	। ऽ ।	ऽ ऽ	इंद्रवज्रा
प्रत्यर्प्य	पूजामु	पदाछ	लेन	
ऽ ऽ ।	ऽ ऽ ।	। ऽ ।	ऽ ऽ *	इंद्रवज्रा

7.31

स राजलोकः कृतपूर्वसंविदारम्भसिद्धौ समयोपलभ्यम् ।
आदास्यमानः प्रमदामिषं तदावृत्य पन्थानमजस्य तस्थौ ॥

उपेन्द्रवज्रा, इंद्रवज्रा, इंद्रवज्रा, इंद्रवज्रा उपजाति छंद

सराज	लोकःकृ	तपूर्व	संवि	
। ऽ ।	ऽ ऽ ।	। ऽ ।	ऽ ऽ *	उपेन्द्रवज्रा
दारम्भ	सिद्धौस	मयोप	लभ्यम्	
ऽ ऽ ।	ऽ ऽ ।	। ऽ ।	ऽ ऽ	इंद्रवज्रा
आदास्य	मानःप्र	मदामि	षंत	

ऽ ऽ ।	ऽ ऽ ।	। ऽ ।	ऽ ऽ *	इंद्रवज्रा
दावृत्य	पन्थान	मजस्य	तस्थौ	
ऽ ऽ ।	ऽ ऽ ।	। ऽ ।	ऽ ऽ	इंद्रवज्रा

7.32

भर्तापि तावत्क्रथकैशिकानामनुष्ठितानन्तरजाविवाहः ।
सत्त्वानुरूपाहरणीकृतश्रीः प्रास्थापयद्राघवमन्वगाच्च ॥

इंद्रवज्रा, उपेन्द्रवज्रा, इंद्रवज्रा, इंद्रवज्रा उपजाति छंद

भर्तापि	तावत्क्र	थकैशि	काना	
ऽ ऽ ।	ऽ ऽ ।	। ऽ ।	ऽ ऽ	इंद्रवज्रा
मनुष्ठि	तानन्त	रजावि	वाहः	
। ऽ ।	ऽ ऽ ।	। ऽ ।	ऽ ऽ	उपेन्द्रवज्रा
सत्त्वानु	रूपाह	रणीकृ	तश्रीः	
ऽ ऽ ।	ऽ ऽ ।	। ऽ ।	ऽ ऽ	इंद्रवज्रा
प्रास्थाप	यद्राघ	वमन्व	गाच्च	
ऽ ऽ ।	ऽ ऽ ।	। ऽ ।	ऽ ऽ *	इंद्रवज्रा

7.33

तिस्रस्त्रिलोकप्रथितेन सार्धमजेन मार्गे वसतीरुषित्वा ।
तस्मादपावर्तत कुण्डिनेशः पर्वात्यये सोम इवोष्णरश्मेः ॥

इंद्रवज्रा, उपेन्द्रवज्रा, इंद्रवज्रा, इंद्रवज्रा उपजाति छंद

तिस्रस्त्रि	लोकप्र	थितेन	सार्ध	
ऽ ऽ ।	ऽ ऽ ।	। ऽ ।	ऽ ऽ	इंद्रवज्रा
मजेन	मार्गेव	सतीरु	षित्वा	
। ऽ ।	ऽ ऽ ।	। ऽ ।	ऽ ऽ	उपेन्द्रवज्रा
तस्माद	पावर्त	तकुण्डि	नेशः	
ऽ ऽ ।	ऽ ऽ ।	। ऽ ।	ऽ ऽ	इंद्रवज्रा

पर्वात्य	येसोम	इवोष्ण	रश्मेः	
ऽ ऽ ।	ऽ ऽ ।	। ऽ ।	ऽ ऽ	इंद्रवज्रा

7.34

प्रमन्यवः प्रागपि कोसलेन्द्रे प्रत्येकमात्तस्वतया बभूवुः ।
अतो नृपश्चक्षमिरे समेताः स्त्रीरत्नलाभं न तदात्मजस्य ॥

उपेन्द्रवज्रा, इंद्रवज्रा, उपेन्द्रवज्रा, इंद्रवज्रा उपजाति छंद

प्रमन्य	वःप्राग	पिकोस	लेन्द्रे	
। ऽ ।	ऽ ऽ ।	। ऽ ।	ऽ ऽ	उपेन्द्रवज्रा
प्रत्येक	मात्तस्व	तयाब	भूवुः	
ऽ ऽ ।	ऽ ऽ ।	। ऽ ।	ऽ ऽ	इंद्रवज्रा
अतोनृ	पश्चक्ष	मिरेस	मेताः	
। ऽ ।	ऽ ऽ ।	। ऽ ।	ऽ ऽ	उपेन्द्रवज्रा
स्त्रीरत्न	लाभंन	तदाज	त्मस्य	
ऽ ऽ ।	ऽ ऽ ।	। ऽ ।	ऽ ऽ *	इंद्रवज्रा

7.35

तमुद्वहन्तं पथि भोजकन्यां रुरोध राजन्यगणः स दृप्तः ।
बलिप्रदिष्टां श्रियमाददानं त्रैविक्रमं पादमिवेन्द्रशत्रुः ॥

उपेन्द्रवज्रा, उपेन्द्रवज्रा, उपेन्द्रवज्रा, इंद्रवज्रा उपजाति छंद

तमुद्व	हन्तंप	थिभोज	कन्यां	
। ऽ ।	ऽ ऽ ।	। ऽ ।	ऽ ऽ	उपेन्द्रवज्रा
रुरोध	राजन्य	गणःस	दृप्तः	
। ऽ ।	ऽ ऽ ।	। ऽ ।	ऽ ऽ	उपेन्द्रवज्रा
बलिप्र	दिष्टांश्रि	यमाद	दानं	
। ऽ ।	ऽ ऽ ।	। ऽ ।	ऽ ऽ	उपेन्द्रवज्रा
त्रैविक्र	मंपाद	मिवेन्द्र	शत्रुः	

ऽ ऽ ।	ऽ ऽ ।	। ऽ ।	ऽ ऽ	इंद्रवज्रा

7.36

तस्याः स रक्षार्थमनल्पयोधमादिश्य पित्र्यं सचिवं कुमारः ।
प्रत्यग्रहीत्पार्थिववाहिनीं तां भागीरथीं शोण इवोत्तरङ्गः ॥

इंद्रवज्रा छंद (त त ज ग ग)

तस्याःस	रक्षार्थ	मनल्प	योध	
ऽ ऽ ।	ऽ ऽ ।	। ऽ ।	ऽ ऽ	इंद्रवज्रा
मादिश्य	पित्र्यंस	चिवंकु	मारः	
ऽ ऽ ।	ऽ ऽ ।	। ऽ ।	ऽ ऽ	इंद्रवज्रा
प्रत्यग्र	हीत्पार्थि	ववाहि	नींतां	
ऽ ऽ ।	ऽ ऽ ।	। ऽ ।	ऽ ऽ	इंद्रवज्रा
भागीर	थींशोण	इवोत्त	रङ्गः	
ऽ ऽ ।	ऽ ऽ ।	। ऽ ।	ऽ ऽ	इंद्रवज्रा

7.37

पत्तिः पदातिं रथिनं रथेशस्तुरंगसादी तुरगाधिरूढम् ।
यन्ता गजस्याभ्यपतद्गजस्थं तुल्यप्रतिद्वन्द्वि बभूव युद्धम् ॥

इंद्रवज्रा, उपेन्द्रवज्रा, इंद्रवज्रा, इंद्रवज्रा उपजाति छंद

पत्तिःप	दातिंर	थिनंर	थेश	
ऽ ऽ ।	ऽ ऽ ।	। ऽ ।	ऽ ऽ	इंद्रवज्रा
स्तुरंग	सादीतु	रगाधि	रूढम्	
। ऽ ।	ऽ ऽ ।	। ऽ ।	ऽ ऽ	उपेन्द्रवज्रा
यन्ताग	जस्याभ्य	पतद्ग	जस्थं	
ऽ ऽ ।	ऽ ऽ ।	। ऽ ।	ऽ ऽ	इंद्रवज्रा
तुल्यप्र	तिद्वन्द्वि	बभूव	युद्धम्	
ऽ ऽ ।	ऽ ऽ ।	। ऽ ।	ऽ ऽ	इंद्रवज्रा

7.38

नदत्सु तूर्येष्वविभाव्यवाचो नोदीरयन्ति स्म कुलोपदेशान् ।
बाणाक्षरैरेव परस्परस्य नामोर्जितं चापभृतः शशंसुः ॥

उपेन्द्रवज्रा, इंद्रवज्रा, इंद्रवज्रा, इंद्रवज्रा उपजाति छंद

नदत्सु	तूर्येष्व	विभाव्य	वाचो	
। ऽ ।	ऽ ऽ ।	। ऽ ।	ऽ ऽ	उपेन्द्रवज्रा
नोदीर	यन्तिस्म	कुलोप	देशान्	
ऽ ऽ ।	ऽ ऽ ।	। ऽ ।	ऽ ऽ	इंद्रवज्रा
बाणाक्ष	रैरेव	परस्प	रस्य	
ऽ ऽ ।	ऽ ऽ ।	। ऽ ।	ऽ ऽ *	इंद्रवज्रा
नामोर्जि	तंचाप	भृतःश	शंसुः	
ऽ ऽ ।	ऽ ऽ ।	। ऽ ।	ऽ ऽ	इंद्रवज्रा

7.39

उत्थापितः संयति रेणुरश्वैः सान्द्रीकृतः स्यन्दनवंशचक्रैः ।
विस्तारितः कुञ्जरकर्णतालैर्नेत्रक्रमेणोपरुरोध सूर्यम् ॥

इंद्रवज्रा छंद (त त ज ग ग)

उत्थापि	तःसंय	तिरेणु	रश्वैः	
ऽ ऽ ।	ऽ ऽ ।	। ऽ ।	ऽ ऽ	इंद्रवज्रा
सान्द्रीकृ	तःस्यन्द	नवंश	चक्रैः	
ऽ ऽ ।	ऽ ऽ ।	। ऽ ।	ऽ ऽ	इंद्रवज्रा
विस्तारि	तःकुञ्ज	रकर्ण	तालै	
ऽ ऽ ।	ऽ ऽ ।	। ऽ ।	ऽ ऽ	इंद्रवज्रा
र्नेत्रक्र	मेणोप	रुरोध	सूर्यम्	
ऽ ऽ ।	ऽ ऽ ।	। ऽ ।	ऽ ऽ	इंद्रवज्रा

7.40

कालिदास के बृहत् महाकाव्य रघुवंश की छंद मीमांसा

मत्स्यध्वजा वायुवशाद्विदीर्णैर्मुखैः प्रवृद्धध्वजिनीरजांसि ।
बभुः पिबन्तः परमार्थमत्स्याः पर्याविलानीव नवोदकानि ॥

इंद्रवज्रा, उपेन्द्रवज्रा, उपेन्द्रवज्रा, इंद्रवज्रा उपजाति छंद

मत्स्यध्व	जावायु	वशाद्वि	दीर्णै	
ऽ ऽ ।	ऽ ऽ ।	। ऽ ।	ऽ ऽ	इंद्रवज्रा
र्मुखैःप्र	वृद्धध्व	जिनीर	जांसि	
। ऽ ।	ऽ ऽ ।	। ऽ ।	ऽ ऽ *	उपेन्द्रवज्रा
बभुःपि	बन्तःप	रमार्थ	मत्स्याः	
। ऽ ।	ऽ ऽ ।	। ऽ ।	ऽ ऽ	उपेन्द्रवज्रा
पर्यावि	लानीव	नवोद	कानि	
ऽ ऽ ।	ऽ ऽ ।	। ऽ ।	ऽ ऽ *	इंद्रवज्रा

7.41

रथो रथाङ्गध्वनिना विजज्ञे विलोलघण्टाक्वणितेन नागः ।
स्वभर्तुनामग्रहणाद्बभूव सान्द्रे रजस्यात्मपरावबोधः ॥

उपेन्द्रवज्रा, उपेन्द्रवज्रा, उपेन्द्रवज्रा, इंद्रवज्रा उपजाति छंद

रथोर	थाङ्गध्व	निनावि	जज्ञे	
। ऽ ।	ऽ ऽ ।	। ऽ ।	ऽ ऽ	उपेन्द्रवज्रा
विलोल	घण्टाक्व	णितेन	नागः	
। ऽ ।	ऽ ऽ ।	। ऽ ।	ऽ ऽ	उपेन्द्रवज्रा
स्वभर्तु	नामग्र	हणाद्ब	भूव	
। ऽ ।	ऽ ऽ ।	। ऽ ।	ऽ ऽ *	उपेन्द्रवज्रा
सान्द्रेर	जस्यात्म	पराव	बोधः	
ऽ ऽ ।	ऽ ऽ ।	। ऽ ।	ऽ ऽ	इंद्रवज्रा

7.42

आवृण्वतो लोचनमार्गमाजौ रजोन्धकारस्य विजृम्भितस्य ।

शस्त्रक्षताश्वद्विपवीरजन्मा बालारुणोऽभूद्रुधिरप्रवाहः ॥

इंद्रवज्रा, उपेन्द्रवज्रा, इंद्रवज्रा, इंद्रवज्रा उपजाति छंद

आवृण्व	तोलोच	नमार्ग	माजौ	
ऽ ऽ ।	ऽ ऽ ।	। ऽ ।	ऽ ऽ	इंद्रवज्रा
रजोन्ध	कारस्य	विजृम्भि	तस्य	
। ऽ ।	ऽ ऽ ।	। ऽ ।	ऽ ऽ *	उपेन्द्रवज्रा
शस्त्रक्ष	ताश्वद्वि	पवीर	जन्मा	
ऽ ऽ ।	ऽ ऽ ।	। ऽ ।	ऽ ऽ	इंद्रवज्रा
बालारु	णोभूद्रु	धिरप्र	वाहः	
ऽ ऽ ।	ऽ ऽ ।	। ऽ ।	ऽ ऽ	इंद्रवज्रा

7.43

स च्छिन्नमूलः क्षतजेन रेणुस्तस्योपरिष्टात्पवनापधूतः ।
अङ्गारशेषस्य हुताशनस्य पूर्वोत्थितो धूम इवाबभासे ॥

इंद्रवज्रा छंद (त त ज ग ग)

सच्छिन्न	मूलःक्ष	तजेन	रेणु	
ऽ ऽ ।	ऽ ऽ ।	। ऽ ।	ऽ ऽ	इंद्रवज्रा
स्तस्योप	रिष्टात्प	वनाप	धूतः	
ऽ ऽ ।	ऽ ऽ ।	। ऽ ।	ऽ ऽ	इंद्रवज्रा
अङ्गार	शेषस्य	हुताश	नस्य	
ऽ ऽ ।	ऽ ऽ ।	। ऽ ।	ऽ ऽ *	इंद्रवज्रा
पूर्वोत्थि	तोधूम	इवाब	भासे	
ऽ ऽ ।	ऽ ऽ ।	। ऽ ।	ऽ ऽ	इंद्रवज्रा

7.44

प्रहारमूर्च्छापगमे रथस्था यन्तॄनुपालभ्य निवर्तिताश्वान् ।
यैः सादिता लक्षितपूर्वकेतूंस्तानेव सामर्षतया निजघ्नुः ॥

उपेन्द्रवज्रा, इंद्रवज्रा, इंद्रवज्रा, इंद्रवज्रा उपजाति छंद

प्रहार	मूर्च्छाप	गमेर	थस्था	
। ऽ ।	ऽ ऽ ।	। ऽ ।	ऽ ऽ	उपेन्द्रवज्रा
यन्तॄनु	पालभ्य	निवर्ति	ताश्वान्	
ऽ ऽ ।	ऽ ऽ ।	। ऽ ।	ऽ ऽ	इंद्रवज्रा
यैःसादि	तालक्षि	तपूर्व	केतूं	
ऽ ऽ ।	ऽ ऽ ।	। ऽ ।	ऽ ऽ	इंद्रवज्रा
स्तानेव	सामर्ष	तयानि	जघ्नुः	
ऽ ऽ ।	ऽ ऽ ।	। ऽ ।	ऽ ऽ	इंद्रवज्रा

7.45

अप्यर्धमार्गे परबाणलूना धनुर्भृतां हस्तवतां पृषत्काः ।
संप्रापुरेवात्मजवानुवृत्त्या पूर्वार्धभागैः फलिभिः शरव्यम् ॥

इंद्रवज्रा, उपेन्द्रवज्रा, इंद्रवज्रा, इंद्रवज्रा उपजाति छंद

अप्यर्ध	मार्गेप	रबाण	लूना	
ऽ ऽ ।	ऽ ऽ ।	। ऽ ।	ऽ ऽ	इंद्रवज्रा
धनुर्भृ	तांहस्त	वतांपृ	षत्काः	
। ऽ ।	ऽ ऽ ।	। ऽ ।	ऽ ऽ	उपेन्द्रवज्रा
संप्रापु	रेवात्म	जवानु	वृत्त्या	
ऽ ऽ ।	ऽ ऽ ।	। ऽ ।	ऽ ऽ	इंद्रवज्रा
पूर्वार्ध	भागैःफ	लिभिःश	रव्यम्	
ऽ ऽ ।	ऽ ऽ ।	। ऽ ।	ऽ ऽ	इंद्रवज्रा

7.46

आधोरणानां गजसंनिपाते शिरांसि चक्रैर्निशितैः क्षुराग्रैः ।
हतान्यपि श्येननखाग्रकोटिव्यासक्तकेशानि चिरेण पेतुः ॥

इंद्रवज्रा, उपेन्द्रवज्रा, उपेन्द्रवज्रा, इंद्रवज्रा उपजाति छंद

आधोर	णानांग	जसंनि	पाते	
ऽ ऽ ।	ऽ ऽ ।	। ऽ ।	ऽ ऽ	इंद्रवज्रा
शिरांसि	चक्रैर्नि	शितैःक्षु	राग्रैः	
। ऽ ।	ऽ ऽ ।	। ऽ ।	ऽ ऽ	उपेन्द्रवज्रा
हतान्य	पिश्येन	नखाग्र	कोटि	
। ऽ ।	ऽ ऽ ।	। ऽ ।	ऽ ऽ	उपेन्द्रवज्रा
व्यासक्त	केशानि	चिरेण	पेतुः	
ऽ ऽ ।	ऽ ऽ ।	। ऽ ।	ऽ ऽ	इंद्रवज्रा

7.47

पूर्वं प्रहर्ता न जघान भूयः प्रतिप्रहाराक्षममश्वसादी ।
तुरंगमस्कन्धनिषण्णदेहं प्रत्याश्वसन्तं रिपुमाचकाङ्क्ष ॥

इंद्रवज्रा, उपेन्द्रवज्रा, उपेन्द्रवज्रा, इंद्रवज्रा उपजाति छंद

पूर्वंप्र	हर्तान	जघान	भूयः	
ऽ ऽ ।	ऽ ऽ ।	। ऽ ।	ऽ ऽ	इंद्रवज्रा
प्रतिप्र	हाराक्ष	ममश्व	सादी	
। ऽ ।	ऽ ऽ ।	। ऽ ।	ऽ ऽ	उपेन्द्रवज्रा
तुरंग	मस्कन्ध	निषण्ण	देहं	
। ऽ ।	ऽ ऽ ।	। ऽ ।	ऽ ऽ	उपेन्द्रवज्रा
प्रत्याश्व	सन्तंरि	पुमाच	काङ्क्ष	
ऽ ऽ ।	ऽ ऽ ।	। ऽ ।	ऽ ऽ	इंद्रवज्रा

7.48

तनुत्यजां वर्मभृतां विकोशैर्बृहत्सु दन्तेष्वसिभिः पतद्भिः ।
उद्यन्तमग्निं शमयांबभूवुर्गजा विविग्नाः करशीकरेण ॥

उपेन्द्रवज्रा, उपेन्द्रवज्रा, उपेन्द्रवज्रा, इंद्रवज्रा उपजाति छंद

तनुत्य	जांवर्म	भृतांवि	कोशै	

। ऽ ।	ऽ ऽ ।	। ऽ ।	ऽ ऽ	उपेन्द्रवज्रा
बृहत्सु	दन्तेष्व	सिभिःप	तद्भिः	
। ऽ ।	ऽ ऽ ।	। ऽ ।	ऽ ऽ	उपेन्द्रवज्रा
उद्यन्त	मग्निंश	मयांब	भूवु	
ऽ ऽ ।	ऽ ऽ ।	। ऽ ।	ऽ ऽ	इंद्रवज्रा
र्गजावि	विग्नाःक	रशीक	रेण	
ऽ ऽ ।	ऽ ऽ ।	। ऽ ।	ऽ ऽ *	उपेन्द्रवज्रा

7.49

शिलीमुखोत्कृत्तशिरःफलाढ्या च्युतैः शिरस्त्रैश्चषकोत्तरेव ।
रणक्षितिः शोणितमद्यकुल्या रराज मृत्योरिव पानभूमिः ॥

उपेन्द्रवज्रा छंद (ज त ज ग ग)

शिलीमु	खोत्कृत्त	शिरःफ	लाढ्या	
। ऽ ।	ऽ ऽ ।	। ऽ ।	ऽ ऽ	उपेन्द्रवज्रा
च्युतैःशि	रस्त्रैश्च	षकोत्त	रेव	
। ऽ ।	ऽ ऽ ।	। ऽ ।	ऽ ऽ *	उपेन्द्रवज्रा
रणक्षि	तिःशोणि	तमद्य	कुल्या	
। ऽ ।	ऽ ऽ ।	। ऽ ।	ऽ ऽ	उपेन्द्रवज्रा
रराज	मृत्योरि	वपान	भूमिः	
। ऽ ।	ऽ ऽ ।	। ऽ ।	ऽ ऽ	उपेन्द्रवज्रा

7.50

उपान्तयोर्निष्कुषितं विहंगैराक्षिप्य तेभ्यः पिशितप्रियापि ।
केयूरकोटिक्षततालुदेशा शिवा भुजच्छेदमपाचकार ॥

उपेन्द्रवज्रा, इंद्रवज्रा, इंद्रवज्रा, उपेन्द्रवज्रा उपजाति छंद

उपान्त	योर्निष्कु	षितंवि	हंगै	
। ऽ ।	ऽ ऽ ।	। ऽ ।	ऽ ऽ	उपेन्द्रवज्रा

राक्षिप्य	तेभ्यःपि	शितप्रि	यापि	
ऽ ऽ ।	ऽ ऽ ।	। ऽ ।	ऽ ऽ *	इंद्रवज्रा
केयूर	कोटिक्ष	ततालु	देशा	
ऽ ऽ ।	ऽ ऽ ।	। ऽ ।	ऽ ऽ	इंद्रवज्रा
शिवाभु	जच्छेद	मपाच	कार	
। ऽ ।	ऽ ऽ ।	। ऽ ।	ऽ ऽ *	उपेन्द्रवज्रा

7.51

कश्चिद्द्विषत्खड्गहृतोत्तमाङ्गः सद्यो विमानप्रभुतामुपेत्य ।
वामाङ्गसंसक्तसुराङ्गनः स्वं नृत्यत्कबन्धं समरे ददर्श ॥

इंद्रवज्रा छंद (त त ज ग ग)

कश्चिद्द्वि	षत्खड्ग	हृतोत्त	माङ्गः	
ऽ ऽ ।	ऽ ऽ ।	। ऽ ।	ऽ ऽ	इंद्रवज्रा
सद्योवि	मानप्र	भुतामु	पेत्य	
ऽ ऽ ।	ऽ ऽ ।	। ऽ ।	ऽ ऽ *	इंद्रवज्रा
वामाङ्ग	संसक्त	सुराङ्ग	नःस्वं	
ऽ ऽ ।	ऽ ऽ ।	। ऽ ।	ऽ ऽ	इंद्रवज्रा
नृत्यत्क	बन्धंस	मरेद	दर्श	
ऽ ऽ ।	ऽ ऽ ।	। ऽ ।	ऽ ऽ *	इंद्रवज्रा

7.52

अन्योन्यसूतोन्मथनादभूतां तावेव सूतौ रथिनौ च कौचित् ।
व्यश्वौ गदाव्यायतसंप्रहारौ भग्नायुधौ बाहुविमर्दनिष्ठौ ॥

इंद्रवज्रा छंद (त त ज ग ग)

अन्योन्य	सूतोन्म	थनाद	भूतां	
ऽ ऽ ।	ऽ ऽ ।	। ऽ ।	ऽ ऽ	इंद्रवज्रा
तावेव	सूतौर	थिनौच	कौचित्	
ऽ ऽ ।	ऽ ऽ ।	। ऽ ।	ऽ ऽ	इंद्रवज्रा

कालिदास के बृहत् महाकाव्य रघुवंश की छंद मीमांसा

व्यश्चौग	दाव्याय	तसंप्र	हारौ	
ऽ ऽ ।	ऽ ऽ ।	। ऽ ।	ऽ ऽ	इंद्रवज्रा
भग्नायु	धौबाहु	विमर्द	निष्ठौ	
ऽ ऽ ।	ऽ ऽ ।	। ऽ ।	ऽ ऽ	इंद्रवज्रा

7.53

परस्परेण क्षतयोः प्रहर्त्रोरुत्क्रान्तवाय्वोः समकालमेव ।
अमर्त्यभावेऽपि कयोश्चिदासीदेकाप्सरःप्रार्थितयोर्विवादः ॥

उपेन्द्रवज्रा, इंद्रवज्रा, उपेन्द्रवज्रा, इंद्रवज्रा उपजाति छंद

परस्प	रेणक्ष	तयोःप्र	हर्त्रो	
। ऽ ।	ऽ ऽ ।	। ऽ ।	ऽ ऽ	उपेन्द्रवज्रा
रुत्क्रान्त	वाय्वोःस	मकाल	मेव	
ऽ ऽ ।	ऽ ऽ ।	। ऽ ।	ऽ ऽ *	इंद्रवज्रा
अमर्त्य	भावेपि	कयोश्चि	दासी	
। ऽ ।	ऽ ऽ ।	। ऽ ।	ऽ ऽ	उपेन्द्रवज्रा
देकाप्स	रःप्रार्थि	तयोर्वि	वादः	
ऽ ऽ ।	ऽ ऽ ।	। ऽ ।	ऽ ऽ	इंद्रवज्रा

7.54

व्यूहावुभौ तावितरेतरस्माद्भङ्गं जयं चापतुरव्यवस्थम् ।
पश्चात्पुरोमारुतयोः प्रवृद्धौ पर्यायवृत्येव महार्णवोर्मी ॥

इंद्रवज्रा छंद (त त ज ग ग)

व्यूहावु	भौतावि	तरेत	रस्मा	
ऽ ऽ ।	ऽ ऽ ।	। ऽ ।	ऽ ऽ	इंद्रवज्रा
द्भङ्गंज	यंचाप	तुरव्य	वस्थम्	
ऽ ऽ ।	ऽ ऽ ।	। ऽ ।	ऽ ऽ	इंद्रवज्रा
पश्चात्पु	रोमारु	तयोःप्र	वृद्धौ	

ऽ ऽ ।	ऽ ऽ ।	। ऽ ।	ऽ ऽ	इंद्रवज्रा
पर्याय	वृत्येव	महार्ण	वोर्मी	
ऽ ऽ ।	ऽ ऽ ।	। ऽ ।	ऽ ऽ	इंद्रवज्रा

7.55

परेण भग्नेऽपि बले महौजा ययावजः प्रत्यरिसैन्यमेव ।
धूमो निवर्त्येत समीरणेन यतस्तु कक्षस्तत एव वह्निः ॥

उपेन्द्रवज्रा, उपेन्द्रवज्रा, इंद्रवज्रा, उपेन्द्रवज्रा उपजाति छंद

परेण	भग्नेपि	बलेम	हौजा	
। ऽ ।	ऽ ऽ ।	। ऽ ।	ऽ ऽ	उपेन्द्रवज्रा
ययाव	जःप्रत्य	रिसैन्य	मेव	
। ऽ ।	ऽ ऽ ।	। ऽ ।	ऽ ऽ *	उपेन्द्रवज्रा
धूमोनि	वर्त्येत	समीर	णेन	
ऽ ऽ ।	ऽ ऽ ।	। ऽ ।	ऽ ऽ *	इंद्रवज्रा
यतस्तु	कक्षस्त	तएव	वह्निः	
। ऽ ।	ऽ ऽ ।	। ऽ ।	ऽ ऽ	उपेन्द्रवज्रा

7.56

रथी निषङ्गी कवची धनुष्मान्दृप्तः स राजन्यकमेकवीरः ।
निवारयामास महावराहः कल्पक्षयोद्वृत्तमिवार्णवाम्भः ॥

उपेन्द्रवज्रा, इंद्रवज्रा, उपेन्द्रवज्रा, इंद्रवज्रा उपजाति छंद

रथीनि	षड्गीक	वचीध	नुष्मा	
। ऽ ।	ऽ ऽ ।	। ऽ ।	ऽ ऽ	उपेन्द्रवज्रा
न्दृप्तःस	राजन्य	कमेक	वीरः	
ऽ ऽ ।	ऽ ऽ ।	। ऽ ।	ऽ ऽ	इंद्रवज्रा
निवार	यामास	महाव	राहः	
। ऽ ।	ऽ ऽ ।	। ऽ ।	ऽ ऽ	उपेन्द्रवज्रा

कल्पक्ष	योद्वृत्त	मिवार्ण	वाम्भः	
ऽ ऽ ।	ऽ ऽ ।	। ऽ ।	ऽ ऽ	इंद्रवज्रा

7.57

स दक्षिणं तूणमुखेन वामं व्यापारयन्हस्तमलक्ष्यताजौ ।
आकर्णकृष्टा सकृदस्य योद्धुमौर्वीव बाणान्सुषुवे रिपुघ्नान् ॥

उपेन्द्रवज्रा, इंद्रवज्रा, इंद्रवज्रा, इंद्रवज्रा उपजाति छंद

सदक्षि	णंतूण	मुखेन	वामं	
। ऽ ।	ऽ ऽ ।	। ऽ ।	ऽ ऽ	उपेन्द्रवज्रा
व्यापार	यन्हस्त	मलक्ष्य	ताजौ	
ऽ ऽ ।	ऽ ऽ ।	। ऽ ।	ऽ ऽ	इंद्रवज्रा
आकर्ण	कृष्टास	कृदस्य	योद्धु	
ऽ ऽ ।	ऽ ऽ ।	। ऽ ।	ऽ ऽ	इंद्रवज्रा
मौर्वीव	बाणान्सु	षुवेरि	पुघ्नान्	
ऽ ऽ ।	ऽ ऽ ।	। ऽ ।	ऽ ऽ	इंद्रवज्रा

7.58

स रोषदष्टाधिकलोहितोष्ठैर्व्यक्तोर्ध्वरेखा भृकुटीर्वहद्भिः ।
तस्तार गां भल्लनिकृत्तकण्ठैर्हूंकारगर्भैर्द्विषतां शिरोभिः ॥

उपेन्द्रवज्रा, इंद्रवज्रा, इंद्रवज्रा, इंद्रवज्रा उपजाति छंद

सरोष	दष्टाधि	कलोहि	तोष्ठै	
। ऽ ।	ऽ ऽ ।	। ऽ ।	ऽ ऽ	उपेन्द्रवज्रा
र्व्यक्तोर्ध्व	रेखाभृ	कुटीर्व	हद्भिः	
ऽ ऽ ।	ऽ ऽ ।	। ऽ ।	ऽ ऽ	इंद्रवज्रा
तस्तार	गांभल्ल	निकृत्त	कण्ठै	
ऽ ऽ ।	ऽ ऽ ।	। ऽ ।	ऽ ऽ	इंद्रवज्रा
र्हूंकार	गर्भैर्द्वि	षतांशि	रोभिः	

ऽ ऽ।	ऽ ऽ।	। ऽ।	ऽ ऽ	इंद्रवज्रा

7.59

सर्वैर्बलाङ्गैर्द्विरदप्रधानैः सर्वायुधैः कङ्कटभेदिभिश्च।
सर्वप्रयत्नेन च भूमिपालास्तस्मिन्प्रजह्रुर्युधि सर्व एव॥

इंद्रवज्रा छंद (त त ज ग ग)

सर्वैर्ब	लाङ्गैर्द्वि	रदप्र	धानैः	
ऽ ऽ।	ऽ ऽ।	। ऽ।	ऽ ऽ	इंद्रवज्रा
सर्वायु	धैःकङ्क	टभेदि	भिश्च	
ऽ ऽ।	ऽ ऽ।	। ऽ।	ऽ ऽ *	इंद्रवज्रा
सर्वप्र	यत्नेन	चभूमि	पाला	
ऽ ऽ।	ऽ ऽ।	। ऽ।	ऽ ऽ	इंद्रवज्रा
स्तस्मिन्प्र	जह्रुर्यु	धिसर्व	एव	
ऽ ऽ।	ऽ ऽ।	। ऽ।	ऽ ऽ *	इंद्रवज्रा

7.60

सोऽस्त्रव्रजैश्छन्नरथः परेषां ध्वजाग्रमात्रेण बभूव लक्ष्यः।
नीहारमग्नो दिनपूर्वभागः किंचित्प्रकाशेन विवस्वतेव॥

इंद्रवज्रा, उपेन्द्रवज्रा, इंद्रवज्रा, इंद्रवज्रा उपजाति छंद

सोस्त्रव्र	जैश्छन्न	रथःप	रेषां	
ऽ ऽ।	ऽ ऽ।	। ऽ।	ऽ ऽ	इंद्रवज्रा
ध्वजाग्र	मात्रेण	बभूव	लक्ष्यः	
। ऽ।	ऽ ऽ।	। ऽ।	ऽ ऽ	उपेन्द्रवज्रा
नीहार	मग्नोदि	नपूर्व	भागः	
ऽ ऽ।	ऽ ऽ।	। ऽ।	ऽ ऽ	इंद्रवज्रा
किंचित्प्र	काशेन	विवस्व	तेव	
ऽ ऽ।	ऽ ऽ।	। ऽ।	ऽ ऽ *	इंद्रवज्रा

7.61

प्रियंवदात्प्राप्तमसौ कुमारः प्रायुङ्क्त राजस्वधिराजसूनुः ।
गान्धर्वमस्त्रं कुसुमास्त्रकान्तः प्रस्वापनं स्वप्ननिवृत्तलौल्यः ॥

उपेन्द्रवज्रा, इंद्रवज्रा, इंद्रवज्रा, इंद्रवज्रा उपजाति छंद

प्रियंव	दात्प्राप्त	मसौकु	मारः	
। ऽ ।	ऽ ऽ ।	। ऽ ।	ऽ ऽ	उपेन्द्रवज्रा
प्रायुङ्क्त	राजस्व	धिराज	सूनुः	
ऽ ऽ ।	ऽ ऽ ।	। ऽ ।	ऽ ऽ	इंद्रवज्रा
गान्धर्व	मस्त्रंकु	सुमास्त्र	कान्तः	
ऽ ऽ ।	ऽ ऽ ।	। ऽ ।	ऽ ऽ	इंद्रवज्रा
प्रस्वाप	नंस्वप्न	निवृत्त	लौल्यः	
ऽ ऽ ।	ऽ ऽ ।	। ऽ ।	ऽ ऽ	इंद्रवज्रा

7.62

ततो धनुष्कर्षणमूढहस्तमेकांसपर्यस्तशिरस्त्रजालम् ।
तस्थौ ध्वजस्तम्भनिषण्णदेहं निद्राविधेयं नरदेवसैन्यम्

उपेन्द्रवज्रा, इंद्रवज्रा, इंद्रवज्रा, इंद्रवज्रा उपजाति छंद

ततोध	नुष्कर्ष	णमूढ	हस्त	
। ऽ ।	ऽ ऽ ।	। ऽ ।	ऽ ऽ *	उपेन्द्रवज्रा
मेकांस	पर्यस्त	शिरस्त्र	जालम्	
ऽ ऽ ।	ऽ ऽ ।	। ऽ ।	ऽ ऽ	इंद्रवज्रा
तस्थौध्व	जस्तम्भ	निषण्ण	देहं	
ऽ ऽ ।	ऽ ऽ ।	। ऽ ।	ऽ ऽ	इंद्रवज्रा
निद्रावि	धेयंन	रदेव	सैन्यम्	
ऽ ऽ ।	ऽ ऽ ।	। ऽ ।	ऽ ऽ	इंद्रवज्रा

7.63

ततः प्रियोपात्तरसेऽधरोष्ठे निवेश्य दध्मौ जलजं कुमारः ।
तेन स्वहस्तार्जितमेकवीरः पिबन्यशो मूर्तमिवाबभासे ॥

उपेन्द्रवज्रा, उपेन्द्रवज्रा, इंद्रवज्रा, उपेन्द्रवज्रा उपजाति छंद

ततःप्रि	योपात्त	रसेध	रोष्ठे	
। ऽ ।	ऽ ऽ ।	। ऽ ।	ऽ ऽ	उपेन्द्रवज्रा
निवेश्य	दध्मौज	लजंकु	मारः	
। ऽ ।	ऽ ऽ ।	। ऽ ।	ऽ ऽ	उपेन्द्रवज्रा
तेनस्व	हस्तार्जि	तमेक	वीरः	
ऽ ऽ ।	ऽ ऽ ।	। ऽ ।	ऽ ऽ	इंद्रवज्रा
पिबन्य	शोमूर्त	मिवाब	भासे	
। ऽ ।	ऽ ऽ ।	। ऽ ।	ऽ ऽ	उपेन्द्रवज्रा

7.64

शङ्खस्वनाभिज्ञतया निवृत्तास्तं सन्नशत्रुं ददृशुः स्वयोधाः ।
निमीलितानामिव पङ्कजानां मध्ये स्फुरन्तं प्रतिमाशशाङ्कम् ॥

इंद्रवज्रा, इंद्रवज्रा, उपेन्द्रवज्रा, इंद्रवज्रा उपजाति छंद

शङ्खस्व	नाभिज्ञ	तयानि	वृत्ता	
ऽ ऽ ।	ऽ ऽ ।	। ऽ ।	ऽ ऽ	इंद्रवज्रा
स्तंसन्न	शत्रुंद	दृशुःस्व	योधाः	
ऽ ऽ ।	ऽ ऽ ।	। ऽ ।	ऽ ऽ	इंद्रवज्रा
निमीलि	तानामि	वपङ्क	जानां	
। ऽ ।	ऽ ऽ ।	। ऽ ।	ऽ ऽ	उपेन्द्रवज्रा
मध्येस्फु	रन्तंप्र	तिमाश	शाङ्कम्	
ऽ ऽ ।	ऽ ऽ ।	। ऽ ।	ऽ ऽ	इंद्रवज्रा

7.65

सशोणितैस्तेन शिलीमुखाग्रैर्निक्षेपिताः केतुषु पार्थिवानाम् ।

यशो हृतं संप्रति राघवेण न जीवितं वः कृपयेति वर्णाः ॥

उपेन्द्रवज्रा, इंद्रवज्रा, उपेन्द्रवज्रा, उपेन्द्रवज्रा उपजाति छंद

सशोणि	तैस्तेन	शिलीमु	खाग्रै	
। ऽ ।	ऽ ऽ ।	। ऽ ।	ऽ ऽ	उपेन्द्रवज्रा
र्निक्षेपि	ताःकेतु	षुपार्थि	वानाम्	
ऽ ऽ ।	ऽ ऽ ।	। ऽ ।	ऽ ऽ	इंद्रवज्रा
यशोहृ	तंसंप्र	तिराघ	वेण	
। ऽ ।	ऽ ऽ ।	। ऽ ।	ऽ ऽ *	उपेन्द्रवज्रा
नजीवि	तंवःकृ	पयेति	वर्णाः	
। ऽ ।	ऽ ऽ ।	। ऽ ।	ऽ ऽ	उपेन्द्रवज्रा

7.66

स चापकोटीनिहितैकबाहुः शिरस्त्रनिष्कर्षणभिन्नमौलिः ।
ललाटबद्धश्रमवारिबिन्दुर्भीतां प्रियामेत्य वचो बभाषे ॥

उपेन्द्रवज्रा, उपेन्द्रवज्रा, उपेन्द्रवज्रा, इंद्रवज्रा उपजाति छंद

सचाप	कोटीनि	हितैक	बाहुः	
। ऽ ।	ऽ ऽ ।	। ऽ ।	ऽ ऽ	उपेन्द्रवज्रा
शिरस्त्र	निष्कर्ष	णभिन्न	मौलिः	
। ऽ ।	ऽ ऽ ।	। ऽ ।	ऽ ऽ	उपेन्द्रवज्रा
ललाट	बद्धश्र	मवारि	बिन्दु	
। ऽ ।	ऽ ऽ ।	। ऽ ।	ऽ ऽ *	उपेन्द्रवज्रा
र्भीतांप्रि	यामेत्य	वचोब	भाषे	
ऽ ऽ ।	ऽ ऽ ।	। ऽ ।	ऽ ऽ	इंद्रवज्रा

7.67

इतः परानर्भकहार्यशस्त्रान्वैदर्भि पश्यानुमता मयासि ।
एवंविधेनाहवचेष्टितेन त्वं प्रार्थ्यसे हस्तगता ममैभिः ॥

उपेन्द्रवज्रा, इंद्रवज्रा, इंद्रवज्रा, इंद्रवज्रा उपजाति छंद

इतःप	रानर्भ	कहार्य	शस्त्रा	
। ऽ ।	ऽ ऽ ।	। ऽ ।	ऽ ऽ	उपेन्द्रवज्रा
न्वैदर्भि	पश्यानु	मताम	यासि	
ऽ ऽ ।	ऽ ऽ ।	। ऽ ।	ऽ ऽ *	इंद्रवज्रा
एवंवि	धेनाह	वचेष्टि	तेन	
ऽ ऽ ।	ऽ ऽ ।	। ऽ ।	ऽ ऽ	इंद्रवज्रा
त्वंप्रार्थ्य	सेहस्त	गताम	मैभिः	
ऽ ऽ ।	ऽ ऽ ।	। ऽ ।	ऽ ऽ	इंद्रवज्रा

7.68

तस्याः प्रतिद्वन्द्विभवाद्विषादात्सद्यो विमुक्तं मुखमाबभासे ।
निःश्वासबाष्पापगमात्प्रपन्नः प्रसादमात्मीयमिवात्मदर्शः ॥

इंद्रवज्रा, इंद्रवज्रा, इंद्रवज्रा, उपेन्द्रवज्रा उपजाति छंद

तस्याःप्र	तिद्वन्द्वि	भवाद्वि	षादा	
ऽ ऽ ।	ऽ ऽ ।	। ऽ ।	ऽ ऽ	इंद्रवज्रा
त्सद्योवि	मुक्तंमु	खमाब	भासे	
ऽ ऽ ।	ऽ ऽ ।	। ऽ ।	ऽ ऽ	इंद्रवज्रा
निःश्वास	बाष्पाप	गमात्प्र	पन्नः	
ऽ ऽ ।	ऽ ऽ ।	। ऽ ।	ऽ ऽ	इंद्रवज्रा
प्रसाद	मात्मीय	मिवात्म	दर्शः	
। ऽ ।	ऽ ऽ ।	। ऽ ।	ऽ ऽ	उपेन्द्रवज्रा

7.69

हृष्टापि सा ह्रीविजिता न साक्षाद्वाग्भिः सखीनां प्रियमभ्यनन्दत् ।
स्थली नवाम्भःपृषताभिवृष्टा मयूरकेकाभिरिवाभ्रवृन्दम् ॥

इंद्रवज्रा, इंद्रवज्रा, उपेन्द्रवज्रा, उपेन्द्रवज्रा उपजाति छंद

हृष्टापि	साह्लीवि	जितान	साक्षा	
ऽ ऽ ।	ऽ ऽ ।	। ऽ ।	ऽ ऽ	इंद्रवज्रा
द्वाग्भिःस	खीनांप्रि	यमभ्य	नन्दत्	
ऽ ऽ ।	ऽ ऽ ।	। ऽ ।	ऽ ऽ	इंद्रवज्रा
स्थलीन	वाम्भःपृ	षताभि	वृष्टा	
। ऽ ।	ऽ ऽ ।	। ऽ ।	ऽ ऽ	उपेन्द्रवज्रा
मयूर	केकाभि	रिवाभ्र	वृन्दम्	
। ऽ ।	ऽ ऽ ।	। ऽ ।	ऽ ऽ	उपेन्द्रवज्रा

7.70

इति शिरसि स वामं पादमाधाय राज्ञामुदवहदनवद्यां तामवद्यादपेतः ।
रथतुरगरजोभिस्तस्य रूक्षालकाग्रासमरविजयलक्ष्मीः सैव मूर्ता बभूव ॥

मालिनी छंद (न न म य य)

इतिशि	रसिस	वामंपा	दमाधा	यराज्ञा-
। । ।	। । ।	ऽ ऽ ऽ	। ऽ ऽ	। ऽ ऽ
मुदव	हदन	वद्यांता	मवद्या	दपेतः
। । ।	। । ।	ऽ ऽ ऽ	। ऽ ऽ	। ऽ ऽ
रथतु	रगर	जोभिस्त	स्यरूक्षा	लकाग्रा
। । ।	। । ।	ऽ ऽ ऽ	। ऽ ऽ	। ऽ ऽ
समर	विजय	लक्ष्मीःसै	वमूर्ता	बभूव
। । ।	। । ।	ऽ ऽ ऽ	। ऽ ऽ	। ऽ ऽ *

7.71

प्रथमपरिगतार्थस्तं रघुः संनिवृत्तं विजयिनमभिनन्द्य श्लाघ्यजायासमेतम् ।
तदुपहितकुटुम्बः शान्तिमार्गोत्सुकोऽभून्न हि सति कुलधुर्ये सूर्यवंश्या गृहाय ॥

मालिनी छंद (न न म य य)

प्रथम	परिग	तार्थस्तं	रघुःसं	निवृत्तं
। । ।	। । ।	ऽ ऽ ऽ	। ऽ ऽ	। ऽ ऽ

कालिदास के बृहत् महाकाव्य रघुवंश की छंद मीमांसा

विजयि	नमभि	नन्द्यक्ष्णा	घ्यजाया	समेतम्
। । ।	। । ।	ऽ ऽ ऽ	। ऽ ऽ	। ऽ ऽ
तदुप	हितकु	टुम्बःशा	न्तिमार्गो	त्सुकोभू-
। । ।	। । ।	ऽ ऽ ऽ	। ऽ ऽ	। ऽ ऽ
न्नहिस	तिकुल	धुर्येसू	र्यवंश्या	गृहाय
। । ।	। । ।	ऽ ऽ ऽ	। ऽ ऽ	। ऽ ऽ *

इति श्रीरघुवंशे महाकाव्ये कविश्रीकालिदासकृतावजस्वयंवराभिगमनो नाम सप्तमः सर्गः ॥

रघुवंश सर्ग - 8

* राजा दशरथ *

8.1

अथ तस्य विवाहकौतुकं ललितं बिभ्रत एव पार्थिवः ।
वसुधामपि हस्तगामिनीमकरोदिन्दुमतीमिवापराम् ॥

वियोगिनी छंद (स स ज ग – स भ र ल ग)

अथत	स्यविवा	हकौतु	कं	
। । ऽ	। । ऽ	। ऽ ।	ऽ	एकरूप छंद
ललितं	बिभ्रत	एवपा	र्थिवः	
। । ऽ	ऽ । ।	ऽ । ऽ	। ऽ	अपरांतिका छंद
वसुधा	मपिह	स्तगामि	नी	
। । ऽ	। । ऽ	। ऽ ।	ऽ	एकरूप छंद
मकरो	दिन्दुम	तीमिवा	पराम्	

। । ऽ	ऽ । ।	ऽ । ऽ	। ऽ	अपरांतिका छंद

8.2

दुरितैरपि कर्तुमात्मसात्प्रयतन्ते नृपसूनवो हि यत् ।
तदुपस्थितमग्रहीदजः पितुराज्ञेति न भोगतृष्णया ॥

वियोगिनी छंद (स स ज ग – स भ र ल ग)

दुरितै	रपिक	र्तुमात्म	सा	
। । ऽ	। । ऽ	। ऽ ।	ऽ	एकरूप छंद
त्प्रयत	न्तेनृप	सूनवो	हियत्	
। । ऽ	ऽ । ।	ऽ । ऽ	। ऽ	अपरांतिका छंद
तदुप	स्थितम	ग्रहीद	जः	
। । ऽ	। । ऽ	। ऽ ।	ऽ	एकरूप छंद
पितुरा	ज्ञेतिन	भोगतृ	ष्णया	
। । ऽ	ऽ । ।	ऽ । ऽ	। ऽ	अपरांतिका छंद

8.3

अनुभूय वसिष्ठसंभृतैः सलिलैस्तेन सहाभिषेचनम् ।
विशदोच्छ्वसितेन मेदिनी कथयामास कृतार्थतामिव ॥

वियोगिनी छंद (स स ज ग – स भ र ल ग)

अनुभू	यवसि	ष्ठसंभृ	तैः	
। । ऽ	। । ऽ	। ऽ ।	ऽ	एकरूप छंद
सलिलै	स्तेनस	हाभिषे	चनम्	
। । ऽ	ऽ । ।	ऽ । ऽ	। ऽ	अपरांतिका छंद
विशदो	च्छ्वसिते	नमेदि	नी	
। । ऽ	। । ऽ	। ऽ ।	ऽ	एकरूप छंद
कथया	मासकृ	तार्थता	मिव	
। । ऽ	ऽ । ।	ऽ । ऽ	। ऽ *	अपरांतिका छंद

8.4

स बभूव दुरासदः परैर्गुरुणाऽथर्वविदा कृतक्रियः ।
पवनाग्निसमागमो ह्ययं सहितं ब्रह्म यदस्त्रतेजसा ॥

वियोगिनी छंद (स स ज ग – स भ र ल ग)

सबभू	वदुरा	सदःप	रै	
। । ऽ	। । ऽ	। ऽ ।	ऽ	एकरूप छंद
र्गुरुणा	थर्ववि	दाकृत	क्रियः	
। । ऽ	ऽ । ।	ऽ । ऽ	। ऽ	अपरांतिका छंद
पवना	ग्निसमा	गमोह्य	यं	
। । ऽ	। । ऽ	। ऽ ।	ऽ	एकरूप छंद
सहितं	ब्रह्मय	दस्त्रते	जसा	
। । ऽ	ऽ । ।	ऽ । ऽ	। ऽ	अपरांतिका छंद

8.5

रघुमेव निवृत्तयौवनं तममन्यन्त नवेश्वरं प्रजाः ।
स हि तस्य न केवलां श्रियं प्रतिपेदे सकलान्गुणानपि ॥

वियोगिनी छंद (स स ज ग – स भ र ल ग)

रघुमे	वनिवृ	त्तयौव	नं	
। । ऽ	। । ऽ	। ऽ ।	ऽ	एकरूप छंद
तमम	न्यन्तन	वेश्वरं	प्रजाः	
। । ऽ	ऽ । ।	ऽ । ऽ	। ऽ	अपरांतिका छंद
सहित	स्यनके	वलांश्रि	यं	
। । ऽ	। । ऽ	। ऽ ।	ऽ	एकरूप छंद
प्रतिपे	देसक	लान्गुणा	नपि	
। । ऽ	ऽ । ।	ऽ । ऽ	। ऽ *	अपरांतिका छंद

8.6

अधिकं शुशुभे शुभंयुना द्वितयेन द्वयमेव संगतम् ।
पदमृद्धमजेन पैतृकं विनयेनास्य नवं च यौवनम् ॥

वियोगिनी छंद (स स ज ग – स भ र ल ग)

अधिकं	शुशुभे	शुभंयु	ना	
। । ऽ	। । ऽ	। ऽ ।	ऽ	एकरूप छंद
द्वितये	नद्वय	मेवसं	गतम्	
। । ऽ	ऽ । ।	ऽ । ऽ	। ऽ	अपरांतिका छंद
पदमृ	द्धमजे	नपैतृ	कं	
। । ऽ	। । ऽ	। ऽ ।	ऽ	एकरूप छंद
विनये	नास्यन	वंचयौ	वनम्	
। । ऽ	ऽ । ।	ऽ । ऽ	। ऽ	अपरांतिका छंद

8.7

सदयं बुभुजे महाभुजः सहसोद्वेगमियं व्रजेदिति ।
अचिरोपनतां स मेदिनीं नवपाणिग्रहणां वधूमिव ॥

वियोगिनी छंद (स स ज ग – स भ र ल ग)

सदयं	बुभुजे	महाभु	जः	
। । ऽ	। । ऽ	। ऽ ।	ऽ	एकरूप छंद
सहसो	द्वेगमि	यंव्रजे	दिति	
। । ऽ	ऽ । ।	ऽ । ऽ	। ऽ *	अपरांतिका छंद
अचिरो	पनतां	समेदि	नीं	
। । ऽ	। । ऽ	। ऽ ।	ऽ	एकरूप छंद
नवपा	णिग्रह	णांवधू	मिव	
। । ऽ	ऽ । ।	ऽ । ऽ	। ऽ *	अपरांतिका छंद

8.8

अहमेव मतो महीपतेरिति सर्वः प्रकृतिष्वचिन्तयत् ।
उदधेरिव निम्नगाशतेष्वभवन्नास्य विमानना क्वचित् ॥

वियोगिनी छंद (स स ज ग – स भ र ल ग)

अहमे	वमतो	महीप	ते	

। । ऽ	। । ऽ	। ऽ ।	ऽ	एकरूप छंद
रितिस	र्वःप्रकृ	तिष्वचि	न्तयत्	
। । ऽ	ऽ । ।	ऽ । ऽ	। ऽ	अपरांतिका छंद
उदधे	रिवनि	म्नगाश	ते	
। । ऽ	। । ऽ	। ऽ ।	ऽ	एकरूप छंद
ष्वभव	न्नास्यवि	मानना	क्वचित्	
। । ऽ	ऽ । ।	ऽ । ऽ	। ऽ	अपरांतिका छंद

8.9

न खरो न च भूयसा मृदुः पवमानः पृथिवीरुहानिव ।
स पुरस्कृतमध्यमक्रमो नमयामास नृपाननुद्धरन् ॥

वियोगिनी छंद (स स ज ग – स भ र ल ग)

नखरो	नचभू	यसामृ	दुः	
। । ऽ	। । ऽ	। ऽ ।	ऽ	एकरूप छंद
पवमा	नःपृथि	वीरुहा	निव	
। । ऽ	ऽ । ।	ऽ । ऽ	। ऽ *	अपरांतिका छंद
सपुर	स्कृतम	ध्यमक्र	मो	
। । ऽ	। । ऽ	। ऽ ।	ऽ	एकरूप छंद
नमया	मासनृ	पानन‌ु	द्धरन्	
। । ऽ	ऽ । ।	ऽ । ऽ	। ऽ	अपरांतिका छंद

8.10

अथ वीक्ष्य रघुः प्रतिष्ठितं प्रकृतिष्वात्मजमात्मवत्तया ।
विषयेषु विनाशधर्मसु त्रिदिवस्थेष्वपि निःस्पृहोऽभवत् ॥

वियोगिनी छंद (स स ज ग – स भ र ल ग)

अथवी	क्ष्यरघुः	प्रतिष्ठि	तं	
। । ऽ	। । ऽ	। ऽ ।	ऽ	एकरूप छंद
प्रकृति	ष्वात्मज	मात्मव	त्तया	

। । ऽ	ऽ । ।	ऽ । ऽ	। ऽ	अपरांतिका छंद
विषये	षुविना	शधर्म	सु	
। । ऽ	। । ऽ	। ऽ ।	ऽ	एकरूप छंद
त्रिदिव	स्थेष्वपि	निःस्पृहो	भवत्	
। । ऽ	ऽ । ।	ऽ । ऽ	। ऽ	अपरांतिका छंद

8.11

गुणवत्सुतरोपितश्रियः परिणामे हि दिलीपवंशजाः ।
पदवीं तरुवल्कवाससां प्रयताः संयमिनां प्रपेदिरे ॥

वियोगिनी छंद (स स ज ग – स भ र ल ग)

गुणव	त्सुतरो	पितश्रि	यः	
। । ऽ	। । ऽ	। ऽ ।	ऽ	एकरूप छंद
परिणा	मेहिदि	लीपवं	शजाः	
। । ऽ	ऽ । ।	ऽ । ऽ	। ऽ	अपरांतिका छंद
पदवीं	तरुव	ल्कवास	सां	
। । ऽ	। । ऽ	। ऽ ।	ऽ	एकरूप छंद
प्रयताः	संयमि	नांप्रपे	दिरे	
। । ऽ	ऽ । ।	ऽ । ऽ	। ऽ	अपरांतिका छंद

8.12

तमरण्यसमाश्रयोन्मुखं शिरसा वेष्टनशोभिना सुतः ।
पितरं प्रणिपत्य पादयोरपरित्यागमयाचतात्मनः ॥

वियोगिनी छंद (स स ज ग – स भ र ल ग)

तमर	ण्यसमा	श्रयोन्मु	खं	
। । ऽ	। । ऽ	। ऽ ।	ऽ	एकरूप छंद
शिरसा	वेष्टन	शोभिना	सुतः	
। । ऽ	ऽ । ।	ऽ । ऽ	। ऽ	अपरांतिका छंद
पितरं	प्रणिप	त्यपाद	यो	

। । S	। । S	। S ।	S	एकरूप छंद
रपरि	त्यागम	याचता	त्मनः	
। । S	S । ।	S । S	। S	अपरांतिका छंद

8.13

रघुरश्रुमुखस्य तस्य तत्कृतवानीप्सितमात्मजप्रियः ।
न तु सर्प इव त्वचं पुनः प्रतिपेदे व्यपवर्जितां श्रियम् ॥

वियोगिनी छंद (स स ज ग – स भ र ल ग)

रघुर	श्रुमुख	स्यतस्य	त	
। । S	। । S	। S ।	S	एकरूप छंद
त्कृतवा	नीप्सित	मात्मज	प्रियः	
। । S	S । ।	S । S	। S	अपरांतिका छंद
नतुस	र्पइव	त्वचंपु	नः	
। । S	। । S	। S ।	S	एकरूप छंद
प्रतिपे	देव्यप	वर्जितां	श्रियम्	
। । S	S । ।	S । S	। S	अपरांतिका छंद

8.14

स किलाश्रममन्त्यमाश्रितो निवसन्नावसथे पुराद्बहिः ।
समुपास्यत पुत्रभोग्यया स्नुषयेवाविकृतेन्द्रियः श्रिया ॥

वियोगिनी छंद (स स ज ग – स भ र ल ग)

सकिला	श्रमम	न्त्यमाश्रि	तो	
। । S	। । S	। S ।	S	एकरूप छंद
निवस	न्नावस	थेपुरा	द्बहिः	
। । S	S । ।	S । S	। S	अपरांतिका छंद
समुपा	स्यतपु	त्रभोग्य	या	
। । S	। । S	। S ।	S	एकरूप छंद
स्नुषये	वाविकृ	तेन्द्रियः	श्रिया	

कालिदास के बृहत् महाकाव्य रघुवंश की छंद मीमांसा

। । ऽ	ऽ । ।	ऽ । ऽ	। ऽ	अपरांतिका छंद

8.15

प्रशमस्थितपूर्वपार्थिवं कुलमभ्युद्यतनूतनेश्वरम् ।
नभसा निभृतेन्दुना तुलामुदितार्केण समारुरोह तत् ॥

वियोगिनी छंद (स स ज ग – स भ र ल ग)

प्रशम	स्थितपू	र्वपार्थि	वं	
। । ऽ	। । ऽ	। ऽ ।	ऽ	एकरूप छंद
कुलम	भ्युद्यत	नूतने	श्वरम्	
। । ऽ	ऽ । ।	ऽ । ऽ	। ऽ	अपरांतिका छंद
नभसा	निभृते	न्दुनातु	ला	
। । ऽ	। । ऽ	। ऽ ।	ऽ	एकरूप छंद
मुदिता	र्केणस	मारुरो	हतत्	
। । ऽ	ऽ । ।	ऽ । ऽ	। ऽ	अपरांतिका छंद

8.16

यतिपार्थिवलिङ्गधारिणौ ददृशाते रघुराघवौ जनैः ।
अपवर्गमहोदयार्थयोर्भुवमंशाविव धर्मयोर्गतौ ॥

वियोगिनी छंद (स स ज ग – स भ र ल ग)

यतिपा	र्थिवलि	ङ्गधारि	णौ	
। । ऽ	। । ऽ	। ऽ ।	ऽ	एकरूप छंद
ददृशा	तेरघु	राघवौ	जनैः	
। । ऽ	ऽ । ।	ऽ । ऽ	। ऽ	अपरांतिका छंद
अपव	र्गमहो	दयार्थ	यो	
। । ऽ	। । ऽ	। ऽ ।	ऽ	एकरूप छंद
र्भुवमं	शाविव	धर्मयो	र्गतौ	
। । ऽ	ऽ । ।	ऽ । ऽ	। ऽ	अपरांतिका छंद

8.17

अजिताधिगमाय मन्त्रिभिर्युयुजे नीतिविशारदैरजः ।
अनुपायिपदोपप्राप्तये रघुराप्तैः समियाय योगिभिः ॥

वियोगिनी छंद (स स ज ग – स भ र ल ग)

अजिता	धिगमा	यमन्त्रि	भि	
। । ऽ	। । ऽ	। ऽ ।	ऽ	एकरूप छंद
र्युयुजे	नीतिवि	शारदै	रजः	
। । ऽ	ऽ । ।	ऽ । ऽ	। ऽ	अपरांतिका छंद
अनुपा	यिपदो	पप्राप्त	ये	
। । ऽ	। । ऽ	। ऽ ।	ऽ	एकरूप छंद
रघुरा	प्तैःसमि	याययो	गिभिः	
। । ऽ	ऽ । ।	ऽ । ऽ	। ऽ	अपरांतिका छंद

8.18

नृपतिः प्रकृतीरवेक्षितुं व्यवहारासनमाददे युवा ।
परिचेतुमुपांशु धारणां कुशपूतं प्रवयास्तु विष्टरम् ॥

वियोगिनी छंद (स स ज ग – स भ र ल ग)

नृपतिः	प्रकृती	रवेक्षि	तुं	
। । ऽ	। । ऽ	। ऽ ।	ऽ	एकरूप छंद
व्यवहा	रासन	माददे	युवा	
। । ऽ	ऽ । ।	ऽ । ऽ	। ऽ	अपरांतिका छंद
परिचे	तुमुपां	शुधार	णां	
। । ऽ	। । ऽ	। ऽ ।	ऽ	एकरूप छंद
कुशपू	तंप्रव	यास्तुवि	ष्टरम्	
। । ऽ	ऽ । ।	ऽ । ऽ	। ऽ	अपरांतिका छंद

8.19

अनयत्प्रभुशक्तिसंपदा वशमेको नृपतीननन्तरान् ।
अपरः प्रणिधानयोग्यया मरुतः पञ्च शरीरगोचरान् ॥

वियोगिनी छंद (स स ज ग – स भ र ल ग)

अनय	त्प्रभुश	क्तिसंप	दा	
।।ऽ	।।ऽ	।ऽ।	ऽ	एकरूप छंद
वशमे	कोनृप	तीनन	न्तरान्	
।।ऽ	ऽ।।	ऽ।ऽ	।ऽ	अपरांतिका छंद
अपरः	प्रणिधा	नयोग्य	या	
।।ऽ	।।ऽ	।ऽ।	ऽ	एकरूप छंद
मरुतः	पञ्चश	रीरगो	चरान्	
।।ऽ	ऽ।।	ऽ।ऽ	।ऽ	अपरांतिका छंद

8.20

अकरोदचिरेश्वरः क्षितौ द्विषदारम्भफलानि भस्मसात् ।
इतरो दहने स्वकर्मणां ववृते ज्ञानमयेन वह्निना ॥

वियोगिनी छंद (स स ज ग – स भ र ल ग)

अकरो	दचिरे	श्वरःक्षि	तौ	
।।ऽ	।।ऽ	।ऽ।	ऽ	एकरूप छंद
द्विषदा	रम्भफ	लानिभ	स्मसात्	
।।ऽ	ऽ।।	ऽ।ऽ	।ऽ	अपरांतिका छंद
इतरो	दहने	स्वकर्म	णां	
।।ऽ	।।ऽ	।ऽ।	ऽ	एकरूप छंद
ववृते	ज्ञानम	येनव	ह्निना	
।।ऽ	ऽ।।	ऽ।ऽ	।ऽ	अपरांतिका छंद

8.21

पणबन्धमुखान्गुणानजः षडुपायुङ्क्त समीक्ष्य तत्फलम् ।
रघुरप्यजयत्गुणत्रयं प्रकृतिस्थं समलोष्टकाञ्चनः ॥

वियोगिनी छंद (स स ज ग – स भ र ल ग)

पणब	न्धमुखा	न्गुणान	जः	

। । ऽ	। । ऽ	। ऽ ।	ऽ	एकरूप छंद
षडुपा	युङ्क्तस	मीक्ष्यत	त्फलम्	
। । ऽ	ऽ । ।	ऽ । ऽ	। ऽ	अपरांतिका छंद
रघुर	प्यजय	त्गुणत्र	यं	
। । ऽ	। । ऽ	। ऽ ।	ऽ	एकरूप छंद
प्रकृति	स्थंसम	लोष्टका	श्चनः	
। । ऽ	ऽ । ।	ऽ । ऽ	। ऽ	अपरांतिका छंद

8.22

न नवः प्रभुरा फलोदयात्स्थिरकर्मा विरराम कर्मणः ।
न च योगविधेर्नवेतरः स्थिरधीरा परमात्मदर्शनात् ॥

वियोगिनी छंद (स स ज ग – स भ र ल ग)

ननवः	प्रभुरा	फलोद	या	
। । ऽ	। । ऽ	। ऽ ।	ऽ	एकरूप छंद
त्स्थिरक	र्माविर	रामक	र्मणः	
। । ऽ	ऽ । ।	ऽ । ऽ	। ऽ	अपरांतिका छंद
नचयो	गविधे	र्नवेत	रः	
। । ऽ	। । ऽ	। ऽ ।	ऽ	एकरूप छंद
स्थिरधी	रापर	मात्मद	र्शनात्	
। । ऽ	ऽ । ।	ऽ । ऽ	। ऽ	अपरांतिका छंद

8.23

इति शत्रुषु चेन्द्रियेषु च प्रतिषिद्धप्रसरेषु जाग्रतौ ।
प्रसितावुदयापवर्गयोरुभयीं सिद्धिमुभाववापतुः ॥

वियोगिनी छंद (स स ज ग – स भ र ल ग)

इतिश	त्रुषुचे	न्द्रियेषु	च	
। । ऽ	। । ऽ	। ऽ ।	ऽ	
प्रतिषि	द्धप्रस	रेषुजा	ग्रतौ	

। । ऽ	ऽ । ।	ऽ । ऽ	। ऽ	
प्रसिता	वुदया	पवर्ग	यो	
। । ऽ	। । ऽ	। ऽ ।	ऽ	
रुभयीं	सिद्धिमु	भाववा	पतुः	
। । ऽ	ऽ । ।	ऽ । ऽ	। ऽ	

8.24

अथ काश्चिदजव्यपेक्षया गमयित्वा समदर्शनः समाः ।
तमसः परमापदव्ययं पुरुषं योगसमाधिना रघुः ॥

वियोगिनी छंद (स स ज ग – स भ र ल ग)

अथका	श्चिदज	व्यपेक्ष	या	
। । ऽ	। । ऽ	। ऽ ।	ऽ	एकरूप छंद
गमयि	त्वासम	दर्शनः	समाः	
। । ऽ	ऽ । ।	ऽ । ऽ	। ऽ	अपरांतिका छंद
तमसः	परमा	पदव्य	यं	
। । ऽ	। । ऽ	। ऽ ।	ऽ	एकरूप छंद
पुरुषं	योगस	माधिना	रघुः	
। । ऽ	ऽ । ।	ऽ । ऽ	। ऽ	अपरांतिका छंद

8.25

श्रुतदेहविसर्जनः पितुश्चिरमश्रूणि विमुच्य राघवः ।
विदधे विधिमस्य नैष्ठिकं यतिभिः सार्धमनग्निरग्निचित् ॥

वियोगिनी छंद (स स ज ग – स भ र ल ग)

श्रुतदे	हविस	र्जनःपि	तु	
। । ऽ	। । ऽ	। ऽ ।	ऽ	एकरूप छंद
श्चिरम	श्रूणिवि	मुच्यरा	घवः	
। । ऽ	ऽ । ।	ऽ । ऽ	। ऽ	अपरांतिका छंद
विदधे	विधिम	स्यनैष्ठि	कं	

। । ऽ	। । ऽ	। ऽ ।	ऽ	एकरूप छंद
यतिभिः	सार्धम	नग्निर	ग्निचित्	
। । ऽ	ऽ । ।	ऽ । ऽ	। ऽ	अपरांतिका छंद

8.26

अकरो त्स तदौ र्ध्वदैहि कं पि तृभक्त्या पितृकार्यकल्पवित् ।
न हि तेन पथा तनुत्यजस्तनयावर्जितपिण्डकाङ्क्षिणः ॥

वियोगिनी छंद (स स ज ग – स भ र ल ग)

अकरो	त्सतदौ	र्ध्वदैहि	कं	
। । ऽ	। । ऽ	। ऽ ।	ऽ	एकरूप छंद
पितृभ	क्त्यापितृ	कार्यक	ल्पवित्	
। । ऽ	ऽ । ।	ऽ । ऽ	। ऽ	अपरांतिका छंद
नहिते	नपथा	तनुत्य	ज	
। । ऽ	। । ऽ	। ऽ ।	ऽ	एकरूप छंद
स्तनया	वर्जित	पिण्डका	ङ्क्षिणः	
। । ऽ	ऽ । ।	ऽ । ऽ	। ऽ	अपरांतिका छंद

8.27

स पराध्यर्गतेरशोच्यतां पितुरुद्दिश्य सदर्थवेदिभिः ।
शमिताधिरधिज्यकार्मुकः कृतवानप्रतिशासनं जगत् ॥

वियोगिनी छंद (स स ज ग – स भ र ल ग)

सपरा	र्ध्यगते	रशोच्य	तां	
। । ऽ	। । ऽ	। ऽ ।	ऽ	एकरूप छंद
पितुरु	द्दिश्यस	दर्थवे	दिभिः	
। । ऽ	ऽ । ।	ऽ । ऽ	। ऽ	अपरांतिका छंद
शमिता	धिरधि	ज्यकार्मु	कः	
। । ऽ	। । ऽ	। ऽ ।	ऽ	एकरूप छंद
कृतवा	नप्रति	शासनं	जगत्	

। । S	S । ।	S । S	। S	अपरांतिका छंद

8.28

क्षितिरिन्दुमती च भामिनी पतिमासाद्य तमग्र्यपौरुषम् ।
प्रथमा बहुरत्नसूरभूदपरा वीरमजीजनत्सुतम् ॥

वियोगिनी छंद (स स ज ग – स भ र ल ग)

क्षितिरि	न्दुमती	चभामि	नी	
। । S	। । S	। S ।	S	एकरूप छंद
पतिमा	साद्यत	मग्र्यपौ	रुषम्	
। । S	S । ।	S । S	। S	अपरांतिका छंद
प्रथमा	बहुर	त्नसूर	भू	
। । S	। । S	। S ।	S	एकरूप छंद
दपरा	वीरम	जीजन	त्सुतम्	
। । S	S । ।	S । S	। S	अपरांतिका छंद

8.29

दशरश्मिशतोपमद्युतिं यशसा दिक्षु दशस्वपि श्रुतम् ।
दशपूर्वरथं यमाख्यया दशकण्ठारिगुरुं विदुर्बुधाः ॥

वियोगिनी छंद (स स ज ग – स भ र ल ग)

दशर	श्मिशतो	पमद्यु	तिं	
। । S	। । S	। S ।	S	एकरूप छंद
यशसा	दिक्षुद	शस्वपि	श्रुतम्	
। । S	S । ।	S । S	। S	अपरांतिका छंद
दशपू	र्वरथं	यमाख्य	या	
। । S	। । S	। S ।	S	एकरूप छंद
दशक	ण्ठारिगु	रुंविदु	र्बुधाः	
। । S	S । ।	S । S	। S	अपरांतिका छंद

8.30

ऋषिदेवगणस्वधाभुजां श्रुतयागप्रसवैः स पार्थिवः ।
अनृणत्वमुपेयिवान्बभौ परिधेर्मुक्त इवोष्णदीधितिः ॥

वियोगिनी छंद (स स ज ग – स भ र ल ग)

ऋषिदे	वगण	स्वधाभु	जां	
। । ऽ	। । ऽ	। ऽ ।	ऽ	एकरूप छंद
श्रुतया	गप्रस	वैःसपा	र्थिवः	
। । ऽ	ऽ । ।	ऽ । ऽ	। ऽ	अपरांतिका छंद
अनृण	त्वमुपे	यिवान्ब	भौ	
। । ऽ	। । ऽ	। ऽ ।	ऽ	एकरूप छंद
परिधे	र्मुक्तइ	वोष्णदी	धितिः	
। । ऽ	ऽ । ।	ऽ । ऽ	। ऽ	अपरांतिका छंद

8.31

बलमार्तभयोपशान्तये विदुषां सत्कृतये बहु श्रुतम् ।
वसु तस्य विभोर्न केवलं गुणवत्तापि परप्रयोजना ॥

वियोगिनी छंद (स स ज ग – स भ र ल ग)

बलमा	र्तभयो	पशान्त	ये	
। । ऽ	। । ऽ	। ऽ ।	ऽ	एकरूप छंद
विदुषां	सत्कृत	येबहु	श्रुतम्	
। । ऽ	ऽ । ।	ऽ । ऽ	। ऽ	अपरांतिका छंद
वसुत	स्यविभो	र्नकेव	लं	
। । ऽ	। । ऽ	। ऽ ।	ऽ	एकरूप छंद
गुणव	त्तापिप	रप्रयो	जना	
। । ऽ	ऽ । ।	ऽ । ऽ	। ऽ	अपरांतिका छंद

8.32

स कदाचिदवेक्षितप्रजः सह देव्या विजहार सुप्रजाः ।

नगरोपवने शचीसखो मरुतां पालयितेव नन्दने ॥

वियोगिनी छंद (स स ज ग – स भ र ल ग)

सकदा	चिदवे	क्षितप्र	जः	
। । ऽ	। । ऽ	। ऽ ।	ऽ	एकरूप छंद
सहृदे	व्याविज	हारसु	प्रजाः	
। । ऽ	ऽ । ।	ऽ । ऽ	। ऽ	अपरांतिका छंद
नगरो	पवने	शचीस	खो	
। । ऽ	। । ऽ	। ऽ ।	ऽ	एकरूप छंद
मरुतां	पालयि	तेवन	न्दने	
। । ऽ	ऽ । ।	ऽ । ऽ	। ऽ	अपरांतिका छंद

8.33

अथ रोधसि दक्षिणादधेः श्रितगोकर्णनिकेतमीश्वरम् ।
उपवीणयितुं ययौ रवेरुदयावृत्तिपथेन नारदः ॥

वियोगिनी छंद (स स ज ग – स भ र ल ग)

अथरो	धसिद	क्षिणाद	धेः	
। । ऽ	। । ऽ	। ऽ ।	ऽ	एकरूप छंद
श्रितगो	कर्णनि	केतमी	श्वरम्	
। । ऽ	ऽ । ।	ऽ । ऽ	। ऽ	अपरांतिका छंद
उपवी	णयितुं	ययौर	वे	
। । ऽ	। । ऽ	। ऽ ।	ऽ	एकरूप छंद
रुदया	वृत्तिप	थेनना	रदः	
। । ऽ	ऽ । ।	ऽ । ऽ	। ऽ	अपरांतिका छंद

8.34

कुसुमैर्ग्रथितामपार्थिवैः स्रजमातोद्यशिरोनिवेशिताम् ।
अहरत्किल तस्य वेगवानधिवासस्पृहयेव मारुतः ॥

वियोगिनी छंद (स स ज ग – स भ र ल ग)

कालिदास के बृहत् महाकाव्य रघुवंश की छंद मीमांसा

कुसुमै	र्ग्रथिता	मपार्थि	वैः	
। । ऽ	। । ऽ	। ऽ ।	ऽ	एकरूप छंद
स्त्रजमा	तोद्यशि	रोनिवे	शिताम्	
। । ऽ	ऽ । ।	ऽ । ऽ	। ऽ	अपरांतिका छंद
अहर	त्किलत	स्यवेग	वा	
। । ऽ	। । ऽ	। ऽ ।	ऽ	एकरूप छंद
नधिवा	सस्पृह	येवमा	रुतः	
। । ऽ	ऽ । ।	ऽ । ऽ	। ऽ	अपरांतिका छंद

8.35

भ्रमरैः कुसुमानुसारिभिः परिकीर्णा परिवादिनी मुनेः ।
ददृशे पवनापलेपजं सृजती बाष्पमिवाञ्जनाविलम् ॥

वियोगिनी छंद (स स ज ग – स भ र ल ग)

भ्रमरैः	कुसुमा	नुसारि	भिः	
। । ऽ	। । ऽ	। ऽ ।	ऽ	एकरूप छंद
परिकी	र्णापरि	वादिनी	मुनेः	
। । ऽ	ऽ । ।	ऽ । ऽ	। ऽ	अपरांतिका छंद
ददृशे	पवना	पलेप	जं	
। । ऽ	। । ऽ	। ऽ ।	ऽ	एकरूप छंद
सृजती	बाष्पमि	वाञ्जना	विलम्	
। । ऽ	ऽ । ।	ऽ । ऽ	। ऽ	अपरांतिका छंद

8.36

अभिभूय विभूतिमार्तवीं मधुगन्धातिशयेन वीरुधाम् ।
नृपतेरमरस्त्रगाप सा दयितोरुस्तनकोटिसुस्थितीम् ॥

वियोगिनी छंद (स स ज ग – स भ र ल ग)

अभिभू	यविभू	तिमार्त	वीं	
। । ऽ	। । ऽ	। ऽ ।	ऽ	एकरूप छंद

मधुग	न्धातिश	येनवी	रुधाम्	
।।ऽ	ऽ।।	ऽ।ऽ	।ऽ	अपरांतिका छंद
नृपते	रमर	स्रगाप	सा	
।।ऽ	।।ऽ	।ऽ।	ऽ	एकरूप छंद
दयितो	रुस्तन	कोटिसु	स्थितीम्	
।।ऽ	ऽ।।	ऽ।ऽ	।ऽ	अपरांतिका छंद

8.37

क्षणमात्रसखीं सुजातयोः स्तनयोस्तामवलोक्य विह्वला ।
निमिमील नरोत्तमप्रिया हृतचन्द्रा तमसेव कौमुदी ॥

वियोगिनी छंद (स स ज ग – स भ र ल ग)

क्षणमा	त्रसखीं	सुजात	योः	
।।ऽ	।।ऽ	।ऽ।	ऽ	एकरूप छंद
स्तनयो	स्तामव	लोक्यवि	ह्वला	
।।ऽ	ऽ।।	ऽ।ऽ	।ऽ	अपरांतिका छंद
निमिमी	लनरो	त्तमप्रि	या	
।।ऽ	।।ऽ	।ऽ।	ऽ	एकरूप छंद
हृतच	न्द्रातम	सेवकौ	मुदी	
।।ऽ	ऽ।।	ऽ।ऽ	।ऽ	अपरांतिका छंद

8.38

वपुषा करणोज्झितेन सा निपतन्ती पतिमप्यपातयत् ।
ननु तैलनिषेकबिन्दुना सह दीपार्चिरुपैति मेदिनीम् ॥

वियोगिनी छंद (स स ज ग – स भ र ल ग)

वपुषा	करणो	ज्झितेन	सा	
।।ऽ	।।ऽ	।ऽ।	ऽ	एकरूप छंद
निपत	न्तीपति	मप्यपा	तयत्	
।।ऽ	ऽ।।	ऽ।ऽ	।ऽ	अपरांतिका छंद

ननुतै	लनिषे	कबिन्दु	ना	
। । ऽ	। । ऽ	। ऽ ।	ऽ	एकरूप छंद
सहदी	पार्चिरु	पैतिमे	दिनीम्	
। । ऽ	ऽ । ।	ऽ । ऽ	। ऽ	अपरांतिका छंद

8.39

उभयोरपि पार्श्ववर्तिनां तुमुलेनार्तरवेण वेजिताः ।
विहगाः कमलाकरालयाः समदुःखा इव तत्र चुक्रुशुः ॥

वियोगिनी छंद (स स ज ग – स भ र ल ग)

उभयो	रपिपा	र्श्ववर्ति	नां	
। । ऽ	। । ऽ	। ऽ ।	ऽ	एकरूप छंद
तुमुले	नार्तर	वेणवे	जिताः	
। । ऽ	ऽ । ।	ऽ । ऽ	। ऽ	अपरांतिका छंद
विहगाः	कमला	कराल	याः	
। । ऽ	। । ऽ	। ऽ ।	ऽ	एकरूप छंद
समदुः	खाइव	तत्रचु	क्रुशुः	
। । ऽ	ऽ । ।	ऽ । ऽ	। ऽ	अपरांतिका छंद

8.40

नृपतेर्व्यजनादिभिस्तमो नुनुदे सा तु तथैव संस्थिता ।
प्रतिकारविधानमायुषः सति शेषे हि फलाय कल्पते ॥

वियोगिनी छंद (स स ज ग – स भ र ल ग)

नृपते	र्व्यजना	दिभिस्त	मो	
। । ऽ	। । ऽ	। ऽ ।	ऽ	एकरूप छंद
नुनुदे	सातुत	थैवसं	स्थिता	
। । ऽ	ऽ । ।	ऽ । ऽ	। ऽ	अपरांतिका छंद
प्रतिका	रविधा	नमायु	षः	
। । ऽ	। । ऽ	। ऽ ।	ऽ	एकरूप छंद

सतिशे	षेहिफ	लायक	ल्पते	
। । ऽ	ऽ । ।	ऽ । ऽ	। ऽ	अपरांतिका छंद

8.41

प्रतियोजयितव्यवल्लकीसमवस्थामथ सत्त्वविप्लवात् ।
स निनाय नितान्तवत्सलः परिगृह्योचितमङ्कमङ्गनाम् ॥

वियोगिनी छंद (स स ज ग – स भ र ल ग)

प्रतियो	जयित	व्यवल्ल	की	
। । ऽ	। । ऽ	। ऽ ।	ऽ	एकरूप छंद
समव	स्थामथ	सत्त्ववि	प्लवात्	
। । ऽ	ऽ । ।	ऽ । ऽ	। ऽ	अपरांतिका छंद
सनिना	यनिता	न्तवत्स	लः	
। । ऽ	। । ऽ	। ऽ ।	ऽ	एकरूप छंद
परिगृ	ह्योचित	मङ्कम	ङ्गनाम्	
। । ऽ	ऽ । ।	ऽ । ऽ	। ऽ	अपरांतिका छंद

8.42

पतिरङ्कनिषण्णया तया करणापायविभिन्नवर्णया ।
समलक्ष्यत बिभ्रदाविलां मृगलेखामुषसीव चन्द्रमाः ॥

वियोगिनी छंद (स स ज ग – स भ र ल ग)

पतिर	ङ्कनिष	ण्णयात	या	
। । ऽ	। । ऽ	। ऽ ।	ऽ	एकरूप छंद
करणा	पायवि	भिन्नव	र्णया	
। । ऽ	ऽ । ।	ऽ । ऽ	। ऽ	अपरांतिका छंद
समल	क्ष्यतबि	भ्रदावि	लां	
। । ऽ	। । ऽ	। ऽ ।	ऽ	एकरूप छंद
मृगले	खामुष	सीवच	न्द्रमाः	
। । ऽ	ऽ । ।	ऽ । ऽ	। ऽ	अपरांतिका छंद

8.43

विललाप स बाष्पगद्गदं सहजामप्यपहाय धीरताम् ।
अभितप्तमयोऽपि मार्दवं भजते कैव कथा शरीरिषु ॥

वियोगिनी छंद (स स ज ग – स भ र ल ग)

विलला	पसबा	ष्पगद्ग	दं	
। । ऽ	। । ऽ	। ऽ ।	ऽ	एकरूप छंद
सहजा	मप्यप	हायधी	रताम्	
। । ऽ	ऽ । ।	ऽ । ऽ	। ऽ	अपरांतिका छंद
अभित	प्तमयो	पिमार्द	वं	
। । ऽ	। । ऽ	। ऽ ।	ऽ	एकरूप छंद
भजते	कैवक	थाशरी	रिषु	
। । ऽ	ऽ । ।	ऽ । ऽ	। ऽ *	अपरांतिका छंद

8.44

कुसुमान्यपि गात्रसंगमात्प्रभवन्त्यायुरपोहितुं यदि ।
न भविष्यति हन्त साधनं किमिवान्यत्प्रहरिष्यतो विधेः ॥

वियोगिनी छंद (स स ज ग – स भ र ल ग)

कुसुमा	न्यपिगा	त्रसंग	मा	
। । ऽ	। । ऽ	। ऽ ।	ऽ	एकरूप छंद
त्प्रभव	न्त्यायुर	पोहितुं	यदि	
। । ऽ	ऽ । ।	ऽ । ऽ	। ऽ *	अपरांतिका छंद
नभवि	ष्यतिह	न्तसाध	नं	
। । ऽ	। । ऽ	। ऽ ।	ऽ	एकरूप छंद
किमिवा	न्यत्प्रह	रिष्यतो	विधेः	
। । ऽ	ऽ । ।	ऽ । ऽ	। ऽ	अपरांतिका छंद

8.45

अथवा मृदु वस्तु हिंसितुं मृदुनैवारभते प्रजान्तकः ।

हिमसेकविपत्तिरत्र मे नलिनी पूर्वनिदर्शनं मता ॥

वियोगिनी छंद (स स ज ग – स भ र ल ग)

अथवा	मृदुव	स्तुहिंसि	तुं	
। । ऽ	। । ऽ	। ऽ ।	ऽ	एकरूप छंद
मृदुनै	वारभ	तेप्रजा	न्तकः	
। । ऽ	ऽ । ।	ऽ । ऽ	। ऽ	अपरांतिका छंद
हिमसे	कविप	त्तिरत्र	मे	
। । ऽ	। । ऽ	। ऽ ।	ऽ	एकरूप छंद
नलिनी	पूर्वनि	दर्शनं	मता	
। । ऽ	ऽ । ।	ऽ । ऽ	। ऽ	अपरांतिका छंद

8.46

स्त्रगियं यदि जीवितापहा हृदये किं निहिता न हन्ति माम् ।
विषमप्यमृतं क्वचिद्भवेदमृतं वा विषमीश्वरेच्छया ॥

वियोगिनी छंद (स स ज ग – स भ र ल ग)

स्त्रगियं	यदिजी	विताप	हा	
। । ऽ	। । ऽ	। ऽ ।	ऽ	एकरूप छंद
हृदये	किंनिहि	तानह	न्तिमाम्	
। । ऽ	ऽ । ।	ऽ । ऽ	। ऽ	अपरांतिका छंद
विषम	प्यमृतं	क्वचिद्भ	वे	
। । ऽ	। । ऽ	। ऽ ।	ऽ	एकरूप छंद
दमृतं	वाविष	मीश्वरे	च्छया	
। । ऽ	ऽ । ।	ऽ । ऽ	। ऽ	अपरांतिका छंद

8.47

अथवा मम भाग्यविप्लवादशनिः कल्पित एव वेधसा ।
यदनेन तरुर्न पातितः क्षपिता तद्विटपाश्रिता लता ॥

वियोगिनी छंद (स स ज ग – स भ र ल ग)

अथवा	ममभा	ग्यविप्ल	वा	
। । ऽ	। । ऽ	। ऽ ।	ऽ	एकरूप छंद
दशनिः	कल्पित	एववे	धसा	
। । ऽ	ऽ । ।	ऽ । ऽ	। ऽ	अपरांतिका छंद
यदने	नतरु	र्नपाति	तः	
। । ऽ	। । ऽ	। ऽ ।	ऽ	एकरूप छंद
क्षपिता	तद्विट	पाश्रिता	लता	
। । ऽ	ऽ । ।	ऽ । ऽ	। ऽ	अपरांतिका छंद

8.48

कृतवत्यसि नावधीरणामपराद्धेऽपि यदा चिरं मयि ।
कथमेकपदे निरागसं जनमाभाष्यमिमं न मन्यसे ॥

वियोगिनी छंद (स स ज ग – स भ र ल ग)

कृतव	त्यसिना	वधीर	णा	
। । ऽ	। । ऽ	। ऽ ।	ऽ	एकरूप छंद
मपरा	द्धेपिय	दाचिरं	मयि	
। । ऽ	ऽ । ।	ऽ । ऽ	। ऽ *	अपरांतिका छंद
कथमे	कपदे	निराग	सं	
। । ऽ	। । ऽ	। ऽ ।	ऽ	एकरूप छंद
जनमा	भाष्यमि	मंनम	न्यसे	
। । ऽ	ऽ । ।	ऽ । ऽ	। ऽ	अपरांतिका छंद

8.49

ध्रुवमस्मि शठः शुचिस्मिते विदितः कैतववत्सलस्तव ।
परलोकमसंनिवृत्तये यदनापृच्छ्य गतासि मामितः ॥

वियोगिनी छंद (स स ज ग – स भ र ल ग)

ध्रुवम	स्मिशठः	शुचिस्मि	ते	
। । ऽ	। । ऽ	। ऽ ।	ऽ	एकरूप छंद

विदितः	कैतव	वत्सल	स्तव	
। । ऽ	ऽ । ।	ऽ । ऽ	। ऽ *	अपरांतिका छंद
परलो	कमसं	निवृत्त	ये	
। । ऽ	। । ऽ	। ऽ ।	ऽ	एकरूप छंद
यदना	पृच्छ्च्यग	तासिमा	मितः	
। । ऽ	ऽ । ।	ऽ । ऽ	। ऽ	अपरांतिका छंद

8.50

दयितां यदि तावदन्वगाद्विनिवृत्तं किमिदं तया विना ।
सहतां हतजीवितं मम प्रबलामात्मकृतेन वेदनाम् ॥

वियोगिनी छंद (स स ज ग – स भ र ल ग)

दयितां	यदिता	वदन्व	गा	
। । ऽ	। । ऽ	। ऽ ।	ऽ	एकरूप छंद
द्विनिवृ	त्तंकिमि	दंतया	विना	
। । ऽ	ऽ । ।	ऽ । ऽ	। ऽ	अपरांतिका छंद
सहतां	हतजी	वितंम	म	
। । ऽ	। । ऽ	। ऽ ।	ऽ	एकरूप छंद
प्रबला	मात्मकृ	तेनवे	दनाम्	
। । ऽ	ऽ । ।	ऽ । ऽ	। ऽ	अपरांतिका छंद

8.51

सुरतश्रमसंभृतो मुखे ध्रियते स्वेदलवोद्गमोऽपि ते ।
अथ चास्तमिता त्वमात्मना धिगिमां देहभृतामसारताम् ॥

वियोगिनी छंद (स स ज ग – स भ र ल ग)

सुरत	श्रमसं	भृतोमु	खे	
। । ऽ	। । ऽ	। ऽ ।	ऽ	एकरूप छंद
ध्रियते	स्वेदल	वोद्गमो	पिते	
। । ऽ	ऽ । ।	ऽ । ऽ	। ऽ	अपरांतिका छंद

अथचा	स्तमिता	त्वमात्म	ना	
।।ऽ	।।ऽ	।ऽ।	ऽ	एकरूप छंद
धिगिमां	देहभृ	तामसा	रताम्	
।।ऽ	ऽ।।	ऽ।ऽ	।ऽ	अपरांतिका छंद

8.52

मनसापि न विप्रियं मया कृतपूर्वं तव किं जहासि माम् ।
ननु शब्दपतिः क्षितेरहं त्वयि मे भावनिबन्धना रतिः ॥

वियोगिनी छंद (स स ज ग – स भ र ल ग)

मनसा	पिनवि	प्रियंम	या	
।।ऽ	।।ऽ	।ऽ।	ऽ	एकरूप छंद
कृतपू	र्वंतव	किंजहा	सिमाम्	
।।ऽ	ऽ।।	ऽ।ऽ	।ऽ	अपरांतिका छंद
ननुश	ब्दपतिः	क्षितेर	हं	
।।ऽ	।।ऽ	।ऽ।	ऽ	एकरूप छंद
त्वयिमे	भावनि	बन्धना	रतिः	
।।ऽ	ऽ।।	ऽ।ऽ	।ऽ	अपरांतिका छंद

8.53

कुसुमोत्खचितान्वलीभृतश्चलयन्भृङ्गरुचस्तवालकान् ।
करभोरु करोति मारुतस्त्वदुपावर्तनशङ्कि मे मनः ॥

वियोगिनी छंद (स स ज ग – स भ र ल ग)

कुसुमो	त्खचिता	न्वलीभृ	त	
।।ऽ	।।ऽ	।ऽ।	ऽ	एकरूप छंद
श्चलय	न्भृङ्गरु	चस्तवा	लकान्	
।।ऽ	ऽ।।	ऽ।ऽ	।ऽ	अपरांतिका छंद
करभो	रुकरो	तिमारु	त	
।।ऽ	।।ऽ	।ऽ।	ऽ	एकरूप छंद

स्त्वदुपा	वर्तन	शङ्किमे	मनः	
। । ऽ	ऽ । ।	ऽ । ऽ	। ऽ	अपरांतिका छंद

8.54

तदपोहितुमर्हसि प्रिये प्रतिबोधेन विषादमाशु मे ।
ज्वलितेन गुहागतं तमस्तुहिनाद्रेरिव नक्तमोषधिः ॥

वियोगिनी छंद (स स ज ग – स भ र ल ग)

तदपो	हितुम	र्हसिप्रि	ये	
। । ऽ	। । ऽ	। ऽ ।	ऽ	एकरूप छंद
प्रतिबो	धेनवि	षादमा	शुमे	
। । ऽ	ऽ । ।	ऽ । ऽ	। ऽ	अपरांतिका छंद
ज्वलिते	नगुहा	गतंत	म	
। । ऽ	। । ऽ	। ऽ ।	ऽ	एकरूप छंद
स्तुहिना	द्रेरिव	नक्तमो	षधिः	
। । ऽ	ऽ । ।	ऽ । ऽ	। ऽ	अपरांतिका छंद

8.55

इदमुच्छ्वसितालकं मुखं तव विश्रान्तकथं दुनोति माम् ।
निशि सुप्तमिवैकपङ्कजं विरताभ्यन्तरषट्पदस्वनम् ॥

वियोगिनी छंद (स स ज ग – स भ र ल ग)

इदमु	च्छ्वसिता	लकंमु	खं	
। । ऽ	। । ऽ	। ऽ ।	ऽ	एकरूप छंद
तववि	श्रान्तक	थंदुनो	तिमाम्	
। । ऽ	ऽ । ।	ऽ । ऽ	। ऽ	अपरांतिका छंद
निशिसु	प्तमिवै	कपङ्क	जं	
। । ऽ	। । ऽ	। ऽ ।	ऽ	एकरूप छंद
विरता	भ्यन्तर	षट्पद	स्वनम्	
। । ऽ	ऽ । ।	ऽ । ऽ	। ऽ	अपरांतिका छंद

8.56

शशिनं पुनरेति शर्वरी दयिता द्वन्द्वचरं पतत्रिणम् ।
इति तौ विरहान्तरक्षमौ कथमत्यन्तगता न मां दहेः ॥

वियोगिनी छंद (स स ज ग – स भ र ल ग)

शशिनं	पुनरे	तिशर्व	री	
।।ऽ	।।ऽ	।ऽ।	ऽ	एकरूप छंद
दयिता	द्वन्द्वच	रंपत	त्रिणम्	
।।ऽ	ऽ।।	ऽ।ऽ	।ऽ	अपरांतिका छंद
इतितौ	विरहा	न्तरक्ष	मौ	
।।ऽ	।।ऽ	।ऽ।	ऽ	एकरूप छंद
कथम	त्यन्तग	तानमां	दहेः	
।।ऽ	ऽ।।	ऽ।ऽ	।ऽ	अपरांतिका छंद

8.57

नवपल्लवसंस्तरेऽपि ते मृदु दूयेत यदङ्गमर्पितम् ।
तदिदं विषहिष्यते कथं वद वामोरु चिताधिरोहणम् ॥

वियोगिनी छंद (स स ज ग – स भ र ल ग)

नवप	ल्लवसं	स्तरेपि	ते	
।।ऽ	।।ऽ	।ऽ।	ऽ	एकरूप छंद
मृदुदू	येतय	दङ्गम	र्पितम्	
।।ऽ	ऽ।।	ऽ।ऽ	।ऽ	अपरांतिका छंद
तदिदं	विषहि	ष्यतेक	थं	
।।ऽ	।।ऽ	।ऽ।	ऽ	एकरूप छंद
वदवा	मोरुचि	ताधिरो	हणम्	
।।ऽ	ऽ।।	ऽ।ऽ	।ऽ	अपरांतिका छंद

8.58

इयमप्रतिबोधशायिनीं रशना त्वां प्रथमा रहःसखी ।

कालिदास के बृहत् महाकाव्य रघुवंश की छंद मीमांसा

गतिविभ्रमसादनीरवा न शुचा नानु मृतेव लक्ष्यते ॥

वियोगिनी छंद (स स ज ग – स भ र ल ग)

इयम	प्रतिबो	धशायि	नीं	
। । ऽ	। । ऽ	। ऽ ।	ऽ	एकरूप छंद
रशना	त्वांप्रथ	मारहः	सखी	
। । ऽ	ऽ । ।	ऽ । ऽ	। ऽ	अपरांतिका छंद
गतिवि	भ्रमसा	दनीर	वा	
। । ऽ	। । ऽ	। ऽ ।	ऽ	एकरूप छंद
नशुचा	नानुमृ	तेवल	क्ष्यते	
। । ऽ	ऽ । ।	ऽ । ऽ	। ऽ	अपरांतिका छंद

8.59

कलमन्यभृतासु भासितं कलहंसीषु मदालसं गतम् ।
पृषतीषु विलोलमीक्षितं पवनाधूतलतासु विभ्रमाः ॥

वियोगिनी छंद (स स ज ग – स भ र ल ग)

कलम	न्यभृता	सुभासि	तं	
। । ऽ	। । ऽ	। ऽ ।	ऽ	एकरूप छंद
कलहं	सीषुम	दालसं	तम्	
। । ऽ	ऽ । ।	ऽ । ऽ	। ऽ	अपरांतिका छंद
पृषती	षुविलो	लमीक्षि	तं	
। । ऽ	। । ऽ	। ऽ ।	ऽ	एकरूप छंद
पवना	धूतल	तासुवि	भ्रमाः	
। । ऽ	ऽ । ।	ऽ । ऽ	। ऽ	अपरांतिका छंद

8.60

त्रिदिवोत्सुकयाप्यवेक्ष्य मां निहिताः सत्यममी गुणास्त्वया ।
विरहे तव मे गुरुव्यथं हृदयं न त्ववलम्बितुं क्षमाः ॥

वियोगिनी छंद (स स ज ग – स भ र ल ग)

त्रिदिवो	त्सुकया	प्यवेक्ष्य	मां	
। । ऽ	। । ऽ	। ऽ ।	ऽ	एकरूप छंद
निहिताः	सत्यम	मीगुणा	स्त्वया	
। । ऽ	ऽ । ।	ऽ । ऽ	। ऽ	अपरांतिका छंद
विरहे	तवमे	गुरुव्य	थं	
। । ऽ	। । ऽ	। ऽ ।	ऽ	एकरूप छंद
हृदयं	नत्वव	लम्बितुं	क्षमाः	
। । ऽ	ऽ । ।	ऽ । ऽ	। ऽ	अपरांतिका छंद

8.61

मिथुनं परिकल्पितं त्वया सहकारः फलिनी च नन्विमौ ।
अविधाय विवाहसत्क्रियामनयोर्गम्यत इत्यसांप्रतम् ॥

वियोगिनी छंद (स स ज ग – स भ र ल ग)

मिथुनं	परिक	ल्पितंत्व	या	
। । ऽ	। । ऽ	। ऽ ।	ऽ	एकरूप छंद
सहका	रःफलि	नीचन	न्विमौ	
। । ऽ	ऽ । ।	ऽ । ऽ	। ऽ	अपरांतिका छंद
अविधा	यविवा	हसत्क्रि	या	
। । ऽ	। । ऽ	। ऽ ।	ऽ	एकरूप छंद
मनयो	र्गम्यत	इत्यसां	प्रतम्	
। । ऽ	ऽ । ।	ऽ । ऽ	। ऽ	अपरांतिका छंद

8.62

कुसुमं कृतदोहदस्त्वया यदशोकोऽयमुदीरयिष्यति ।
अलकाभरणं कथं नु तत्तव नेष्यामि निवापमाल्यताम् ॥

वियोगिनी छंद (स स ज ग – स भ र ल ग)

कुसुमं	कृतदो	हदस्त्व	या	
। । ऽ	। । ऽ	। ऽ ।	ऽ	एकरूप छंद

यदशो	कोयमु	दीरयि	ष्यति	
। । ऽ	ऽ । ।	ऽ । ऽ	। ऽ *	अपरांतिका छंद
अलका	भरणं	कथंनु	त	
। । ऽ	। । ऽ	। ऽ ।	ऽ	एकरूप छंद
त्वने	ष्यामिनि	वापमा	ल्यताम्	
। । ऽ	ऽ । ।	ऽ । ऽ	। ऽ	अपरांतिका छंद

8.63

स्मरतेव सशब्दनूपुरं चरणानुग्रहमन्यदुर्लभम् ।
अमुना कुसुमाश्रुवर्षिणा त्वमशोकेन सुगात्रि शोच्यसे ॥

वियोगिनी छंद (स स ज ग – स भ र ल ग)

स्मरते	वसश	ब्दनूपु	रं	
। । ऽ	। । ऽ	। ऽ ।	ऽ	एकरूप छंद
चरणा	नुग्रह	मन्यदु	र्लभम्	
। । ऽ	ऽ । ।	ऽ । ऽ	। ऽ	अपरांतिका छंद
अमुना	कुसुमा	श्रुवर्षि	णा	
। । ऽ	। । ऽ	। ऽ ।	ऽ	एकरूप छंद
त्वमशो	केनसु	गात्रिशो	च्यसे	
। । ऽ	ऽ । ।	ऽ । ऽ	। ऽ	अपरांतिका छंद

8.64

तव निःश्वसितानुकारिभिर्बकुलैरर्धचितां समं मया ।
असमाप्य विलासमेखलां किमिदं किन्नरकण्ठि सुप्यते ॥

वियोगिनी छंद (स स ज ग – स भ र ल ग)

तवनिः	श्वसिता	नुकारि	भि	
। । ऽ	। । ऽ	। ऽ ।	ऽ	एकरूप छंद
र्बकुलै	रर्धचि	तांसमं	मया	
। । ऽ	ऽ । ।	ऽ । ऽ	। ऽ	अपरांतिका छंद

असमा	प्यविला	समेख	लां	
। । ऽ	। । ऽ	। ऽ ।	ऽ	एकरूप छंद
किमिदं	किन्नर	कण्ठिसु	प्यते	
। । ऽ	ऽ । ।	ऽ । ऽ	। ऽ	अपरांतिका छंद

8.65

समदुःखसुखः सखीजनः प्रतिपच्चन्द्रनिभोऽयमात्मजः ।
अहमेकरसस्तथापि ते व्यवसायः प्रतिपत्तिनिष्ठुरः ॥

वियोगिनी छंद (स स ज ग – स भ र ल ग)

समदुः	खसुखः	सखीज	नः	
। । ऽ	। । ऽ	। ऽ ।	ऽ	एकरूप छंद
प्रतिप	च्चन्द्रनि	भोयमा	त्मजः	
। । ऽ	ऽ । ।	ऽ । ऽ	। ऽ	अपरांतिका छंद
अहमे	करस	स्तथापि	ते	
। । ऽ	। । ऽ	। ऽ ।	ऽ	एकरूप छंद
व्यवसा	यःप्रति	पत्तिनि	ष्ठुरः	
। । ऽ	ऽ । ।	ऽ । ऽ	। ऽ	अपरांतिका छंद

8.66

धृतिरस्तमिता रतिश्च्युता विरतं गेयमृतुर्निरुत्सवः ।
गतमाभरणप्रयोजनं परिशून्यं शयनीयमद्य मे ॥

वियोगिनी छंद (स स ज ग – स भ र ल ग)

धृतिर	स्तमिता	रतिश्च्यु	ता	
। । ऽ	। । ऽ	। ऽ ।	ऽ	एकरूप छंद
विरतं	गेयमृ	तुर्निरु	त्सवः	
। । ऽ	ऽ । ।	ऽ । ऽ	। ऽ	अपरांतिका छंद
गतमा	भरण	प्रयोज	नं	
। । ऽ	। । ऽ	। ऽ ।	ऽ	एकरूप छंद

परिशू	न्यंशय	नीयम	द्यमे	
।।ऽ	ऽ।।	ऽ।ऽ	।ऽ	अपरांतिका छंद

8.67

गृहिणी सचिवः सखी मिथः प्रियशिष्या ललिते कलाविधौ ।
करुणाविमुखेन मृत्युना हरता त्वां वद किं न मे हृतम् ॥

वियोगिनी छंद (स स ज ग – स भ र ल ग)

गृहिणी	सचिवः	सखीमि	थः	
।।ऽ	।।ऽ	।ऽ।	ऽ	एकरूप छंद
प्रियशि	ष्याललि	तेकला	विधौ	
।।ऽ	ऽ।।	ऽ।ऽ	।ऽ	अपरांतिका छंद
करुणा	विमुखे	नमृत्यु	ना	
।।ऽ	।।ऽ	।ऽ।	ऽ	एकरूप छंद
हरता	त्वांवद	किंनमे	हृतम्	
।।ऽ	ऽ।।	ऽ।ऽ	।ऽ	अपरांतिका छंद

8.68

मदिराक्षि मदाननार्पितं मधु पीत्वा रसवत्कथं नु मे ।
अनुपास्यसि बाष्पदूषितं परलोकोपनतं जलाञ्जलिम् ॥

वियोगिनी छंद (स स ज ग – स भ र ल ग)

मदिरा	क्षिमदा	ननार्पि	तं	
।।ऽ	।।ऽ	।ऽ।	ऽ	एकरूप छंद
मधुपी	त्वारस	वत्कथं	नुमे	
।।ऽ	ऽ।।	ऽ।ऽ	।ऽ	अपरांतिका छंद
अनुपा	स्यसिबा	ष्पदूषि	तं	
।।ऽ	।।ऽ	।ऽ।	ऽ	एकरूप छंद
परलो	कोपन	तंजला	ञ्जलिम्	

। । ऽ	ऽ । ।	ऽ । ऽ	। ऽ	अपरांतिका छंद

8.69

विभवेऽपि सति त्वया विना सुखमेतावदजस्य गण्यताम् ।
अहृतस्य विलोभनान्तरैर्मम सर्वे विषयास्त्वदाश्रयाः ॥

वियोगिनी छंद (स स ज ग – स भ र ल ग)

विभवे	पिसति	त्वयावि	ना	
। । ऽ	। । ऽ	। ऽ ।	ऽ	एकरूप छंद
सुखमे	तावद	जस्यग	ण्यताम्	
। । ऽ	ऽ । ।	ऽ । ऽ	। ऽ	अपरांतिका छंद
अहृत	स्यविलो	भनान्त	रै	
। । ऽ	। । ऽ	। ऽ ।	ऽ	एकरूप छंद
र्ममस	र्वेविष	यास्त्वदा	श्रयाः	
। । ऽ	ऽ । ।	ऽ । ऽ	। ऽ	अपरांतिका छंद

8.70

विलपन्निति कोसलाधिपः करुणार्थग्रथितं प्रियां प्रति ।
अकरोत्पृथिवीरुहानपि स्रुतशाखारसबाष्पदूषितान् ॥

वियोगिनी छंद (स स ज ग – स भ र ल ग)

विलप	न्नितिको	सलाधि	पः	
। । ऽ	। । ऽ	। ऽ ।	ऽ	एकरूप छंद
करुणा	र्थग्रथि	तंप्रियां	प्रति	
। । ऽ	ऽ । ।	ऽ । ऽ	। ऽ	अपरांतिका छंद
अकरो	त्पृथिवी	रुहान	पि	
। । ऽ	। । ऽ	। ऽ ।	ऽ	एकरूप छंद
स्रुतशा	खारस	बाष्पदू	षितान्	
। । ऽ	ऽ । ।	ऽ । ऽ	। ऽ	अपरांतिका छंद

8.71

अथ तस्य कथंचिदङ्कतः स्वजनस्तामपनीय सुन्दरीम् ।
विससर्ज तदन्त्यमण्डनामनलायागुरुचन्दनैधसे ॥

वियोगिनी छंद (स स ज ग – स भ र ल ग)

अथत	स्यकथं	चिदङ्क	तः	
। । ऽ	। । ऽ	। ऽ ।	ऽ	एकरूप छंद
स्वजन	स्तामप	नीयसु	न्दरीम्	
। । ऽ	ऽ । ।	ऽ । ऽ	। ऽ	अपरांतिका छंद
विसस	र्जतद	न्त्यमण्ड	ना	
। । ऽ	। । ऽ	। ऽ ।	ऽ	एकरूप छंद
मनला	यागुरु	चन्दनै	धसे	
। । ऽ	ऽ । ।	ऽ । ऽ	। ऽ	अपरांतिका छंद

8.72

प्रमदामनु संस्थितः शुचा नृपतिः सन्निति वाच्यदर्शनात् ।
न चकार शरीरमग्निसात्सह देव्या न तु जीविताशया ॥

वियोगिनी छंद (स स ज ग – स भ र ल ग)

प्रमदा	मनुसं	स्थितःशु	चा	
। । ऽ	। । ऽ	। ऽ ।	ऽ	एकरूप छंद
नृपतिः	सन्निति	वाच्यद	र्शनात्	
। । ऽ	ऽ । ।	ऽ । ऽ	। ऽ	अपरांतिका छंद
नचका	रशरी	रमग्नि	सा	
। । ऽ	। । ऽ	। ऽ ।	ऽ	एकरूप छंद
त्सहदे	व्यानतु	जीविता	शया	
। । ऽ	ऽ । ।	ऽ । ऽ	। ऽ	अपरांतिका छंद

8.73

अथ तेन दशाहतः परे गुणशेषामपदिश्य भामिनीम् ।
विदुषा विधयो महर्द्धयः पुर एवोपवने समापिताः ॥

वियोगिनी छंद (स स ज ग – स भ र ल ग)

अथते	नदशा	हतःप	रे	
।।S	।।S	।S।	S	एकरूप छंद
गुणशे	षामप	दिश्यभा	मिनीम्	
।।S	S।।	S।S	।S	अपरांतिका छंद
विदुषा	विधयो	महर्द्ध	यः	
।।S	।।S	।S।	S	एकरूप छंद
पुरए	वोपव	नेसमा	पिताः	
।।S	S।।	S।S	।S	अपरांतिका छंद

8.74

स विवेश पुरीं तया विना क्षणदापायशशाङ्कदर्शनः ।
परिवाहमिवावलोकयन्स्वशुचः पौरवधूमुखाश्रुषु ॥

वियोगिनी छंद (स स ज ग – स भ र ल ग)

सविवे	शपुरीं	तयावि	ना	
।।S	।।S	।S।	S	एकरूप छंद
क्षणदा	पायश	शाङ्कद	र्शनः	
।।S	S।।	S।S	।S	अपरांतिका छंद
परिवा	हमिवा	वलोक	य	
।।S	।।S	।S।	S	एकरूप छंद
न्स्वशुचः	पौरव	धूमुखा	श्रुषु	
।।S	S।।	S।S	।S *	अपरांतिका छंद

8.75

अथ तं सवनाय दीक्षितः प्रणिधानाद्गुरुराश्रमस्थितः ।
अभिषङ्गजडं विजज्ञिवानिति शिष्येण किलान्वबोधयत् ॥

वियोगिनी छंद (स स ज ग – स भ र ल ग)

अथतं	सवना	यदीक्षि	तः	
। । ऽ	। । ऽ	। ऽ ।	ऽ	एकरूप छंद
प्रणिधा	नाद्गुरु	राश्रम	स्थितः	
। । ऽ	ऽ । ।	ऽ । ऽ	। ऽ	अपरांतिका छंद
अभिष	ङ्गजडं	विजज्ञि	वा	
। । ऽ	। । ऽ	। ऽ ।	ऽ	एकरूप छंद
नितिशि	ष्येणकि	लान्वबो	धयत्	
। । ऽ	ऽ । ।	ऽ । ऽ	। ऽ	अपरांतिका छंद

8.76

असमाप्तविधिर्यतो मुनिस्तव विद्वानपि तापकारणम् ।
न भवन्तमुपस्थितः स्वयं प्रकृतौ स्थापयितुं पथश्च्युतम् ॥

वियोगिनी छंद (स स ज ग – स भ र ल ग)

असमा	प्तविधि	र्यतोमु	नि	
। । ऽ	। । ऽ	। ऽ ।	ऽ	एकरूप छंद
स्तववि	द्वानपि	तापका	रणम्	
। । ऽ	ऽ । ।	ऽ । ऽ	। ऽ	अपरांतिका छंद
नभव	न्तमुप	स्थितःस्व	यं	
। । ऽ	। । ऽ	। ऽ ।	ऽ	एकरूप छंद
प्रकृतौ	स्थापयि	तुंपथ	श्च्युतम्	
। । ऽ	ऽ । ।	ऽ । ऽ	। ऽ	अपरांतिका छंद

8.77

मयि तस्य सुवृत्त वर्तते लघुसंदेशपदा सरस्वती ।
श्रृणु विश्रुतसत्त्वसार तां हृदि चैनामपधातुमर्हसि ॥

वियोगिनी छंद (स स ज ग – स भ र ल ग)

मयित	स्यसुवृ	त्तवर्त	ते	
। । ऽ	। । ऽ	। ऽ ।	ऽ	एकरूप छंद
लघुसं	देशप	दासर	स्वती	
। । ऽ	ऽ । ।	ऽ । ऽ	। ऽ	अपरांतिका छंद
श्रुणुवि	श्रुतस	त्वसार	तां	
। । ऽ	। । ऽ	। ऽ ।	ऽ	एकरूप छंद
हृदिचै	नामप	धातुम	र्हसि	
। । ऽ	ऽ । ।	ऽ । ऽ	। ऽ	अपरांतिका छंद

8.78

पुरुषस्य पदेष्वजन्मनः समतीतं च भवच्च भाविच ।
स हि निष्प्रतिघेन चक्षुषा त्रितयं ज्ञानमयेन पश्यति ॥

वियोगिनी छंद (स स ज ग – स भ र ल ग)

पुरुष	स्यपदे	ष्वजन्म	नः	
। । ऽ	। । ऽ	। ऽ ।	ऽ	एकरूप छंद
समती	तंचभ	वच्चभा	विच	
। । ऽ	ऽ । ।	ऽ । ऽ	। ऽ *	अपरांतिका छंद
सहिनि	ष्प्रतिघे	नचक्षु	षा	
। । ऽ	। । ऽ	। ऽ ।	ऽ	एकरूप छंद
त्रितयं	ज्ञानम	येनप	श्यति	
। । ऽ	ऽ । ।	ऽ । ऽ	। ऽ *	अपरांतिका छंद

8.79

चरतः किल दुश्चरं तपस्तृणबिन्दोः परिशङ्कितः पुरा ।
प्रजिघाय समाधिभेदिनीं हरिरस्मै हरिणीं सुराङ्गनाम् ॥

वियोगिनी छंद (स स ज ग – स भ र ल ग)

चरतः	किलदु	श्चरंत	प	
। । ऽ	। । ऽ	। ऽ ।	ऽ	एकरूप छंद

स्तृणबि	न्दोःपरि	शङ्कितः	पुरा	
। । ऽ	ऽ । ।	ऽ । ऽ	। ऽ	अपरांतिका छंद
प्रजिघा	यसमा	धिभेदि	नीं	
। । ऽ	। । ऽ	। ऽ ।	ऽ	एकरूप छंद
हरिर	स्मैहरि	णींसुरा	ङ्गनाम्	
। । ऽ	ऽ । ।	ऽ । ऽ	। ऽ	अपरांतिका छंद

8.80

स तपःप्रतिबन्धमन्युना प्रमुखाविष्कृतचारुविभ्रमम् ।
अशपद्भव मानुषीति तां शमवेलाप्रलयोर्मिणा भुवि ॥

वियोगिनी छंद (स स ज ग – स भ र ल ग)

सतपः	प्रतिब	न्धमन्यु	ना	
। । ऽ	। । ऽ	। ऽ ।	ऽ	एकरूप छंद
प्रमुखा	विष्कृत	चारुवि	भ्रमम्	
। । ऽ	ऽ । ।	ऽ । ऽ	। ऽ	अपरांतिका छंद
अशप	द्भवमा	नुषीति	तां	
। । ऽ	। । ऽ	। ऽ ।	ऽ	एकरूप छंद
शमवे	लाप्रल	योर्मिणा	भुवि	
। । ऽ	ऽ । ।	ऽ । ऽ	। ऽ *	अपरांतिका छंद

8.81

भगवन्परवानयं जनः प्रतिकूलाचरितं क्षमस्व मे ।
इति चोपनतां क्षितिस्पृशं कृतवाना सुरपुष्पदर्शनात् ॥

वियोगिनी छंद (स स ज ग – स भ र ल ग)

भगव	न्परवा	नयंज	नः	
। । ऽ	। । ऽ	। ऽ ।	ऽ	एकरूप छंद
प्रतिकू	लाचरि	तंक्षम	स्वमे	
। । ऽ	ऽ । ।	ऽ । ऽ	। ऽ	अपरांतिका छंद

कालिदास के बृहत् महाकाव्य रघुवंश की छंद मीमांसा

इतिचो	पनतां	क्षितिस्पृ	शं	
। । ऽ	। । ऽ	। ऽ ।	ऽ	एकरूप छंद
कृतवा	नासुर	पुष्पद	र्शनात्	
। । ऽ	ऽ । ।	ऽ । ऽ	। ऽ	अपरांतिका छंद

8.82

क्रथकैशिकवंशसंभवा तव भूत्वा महिषी चिराय सा ।
उपलब्धवती दिवश्च्युतं विवशा शापनिवृत्तिकारणम् ॥

वियोगिनी छंद (स स ज ग – स भ र ल ग)

क्रथकै	शिकवं	शसंभ	वा	
। । ऽ	। । ऽ	। ऽ ।	ऽ	एकरूप छंद
तवभू	त्वामहि	षीचिरा	यसा	
। । ऽ	ऽ । ।	ऽ । ऽ	। ऽ	अपरांतिका छंद
उपल	ब्धवती	दिवश्च्यु	तं	
। । ऽ	। । ऽ	। ऽ ।	ऽ	एकरूप छंद
विवशा	शापनि	वृत्तिका	रणम्	
। । ऽ	ऽ । ।	ऽ । ऽ	। ऽ	अपरांतिका छंद

8.83

तदलं तदपायचिन्तया विपदुत्पत्तिमतामुपस्थिता ।
वसुधेयमवेक्ष्यतां त्वया वसुमत्या हि नृपाः कलत्रिणः ॥

वियोगिनी छंद (स स ज ग – स भ र ल ग)

तदलं	तदपा	यचिन्त	या	
। । ऽ	। । ऽ	। ऽ ।	ऽ	एकरूप छंद
विपदु	त्पत्तिम	तामुप	स्थिता	
। । ऽ	ऽ । ।	ऽ । ऽ	। ऽ	अपरांतिका छंद
वसुधे	यमवे	क्ष्यतांत्व	या	
। । ऽ	। । ऽ	। ऽ ।	ऽ	एकरूप छंद

वसुम	त्याहिनृ	पाःकल	त्रिणः	
। । ऽ	ऽ । ।	ऽ । ऽ	। ऽ	अपरांतिका छंद

8.84

उदये मदवाच्यमुज्झता श्रुतमाविष्कृतमात्मवत्त्वया।
मनसस्तदुपस्थिते ज्वरे पुनरक्लीबतया प्रकाश्यताम् ॥

वियोगिनी छंद (स स ज ग – स भ र ल ग)

उदये	मदवा	च्यमुज्झ	ता	
। । ऽ	। । ऽ	। ऽ ।	ऽ	एकरूप छंद
श्रुतमा	विष्कृत	मात्मव	त्त्वया	
। । ऽ	ऽ । ।	ऽ । ऽ	। ऽ	अपरांतिका छंद
मनस	स्तदुप	स्थितेज्व	रे	
। । ऽ	। । ऽ	। ऽ ।	ऽ	]करूप छंद
पुनर	क्लीबत	याप्रका	श्यताम्	
। । ऽ	ऽ । ।	ऽ । ऽ	। ऽ	अपरांतिका छंद

8.85

रुदता कुत एव सा पुनर्भवता नानुमृतापि लभ्यते।
परलोकजुषां स्वकर्मभिर्गतयो भिन्नपथा हि देहिनाम् ॥

वियोगिनी छंद (स स ज ग – स भ र ल ग)

रुदता	कुतए	वसापु	न	
। । ऽ	। । ऽ	। ऽ ।	ऽ	एकरूप छंद
र्भवता	नानुमृ	तापिल	भ्यते	
। । ऽ	ऽ । ।	ऽ । ऽ	। ऽ	अपरांतिका छंद
परलो	कजुषां	स्वकर्म	भि	
। । ऽ	। । ऽ	। ऽ ।	ऽ	एकरूप छंद
र्गतयो	भिन्नप	थाहिदे	हिनाम्	
। । ऽ	ऽ । ।	ऽ । ऽ	। ऽ	अपरांतिका छंद

8.86

अपशोकमनाः कुटुम्बिनीमनुगृह्णीष्व निवापदत्तिभिः ।
स्वजनाश्रु किलातिसंततं दहति प्रेतमिति प्रचक्षते ॥

वियोगिनी छंद (स स ज ग – स भ र ल ग)

अपशो	कमनाः	कुटुम्बि	नी	
। । ऽ	। । ऽ	। ऽ ।	ऽ	एकरूप छंद
मनुगृ	ह्णीष्वनि	वापद	त्तिभिः	
। । ऽ	ऽ । ।	ऽ । ऽ	। ऽ	अपरांतिका छंद
स्वजना	श्रुकिला	तिसंत	तं	
। । ऽ	। । ऽ	। ऽ ।	ऽ	एकरूप छंद
दहति	प्रेतमि	तिप्रच	क्षते	
। । ऽ	ऽ । ।	ऽ । ऽ	। ऽ	अपरांतिका छंद

8.87

मरणं प्रकृतिः शरीरिणां विकृतिर्जीवितमुच्यते बुधैः ।
क्षणमप्यवतिष्ठते श्वसन्यदि जन्तुर्ननु लाभवानसौ ॥

वियोगिनी छंद (स स ज ग – स भ र ल ग)

मरणं	प्रकृतिः	शरीरि	णां	
। । ऽ	। । ऽ	। ऽ ।	ऽ	एकरूप छंद
विकृति	र्जीवित	मुच्यते	बुधैः	
। । ऽ	ऽ । ।	ऽ । ऽ	। ऽ	अपरांतिका छंद
क्षणम	प्यवति	ष्ठतेश्व	स	
। । ऽ	। । ऽ	। ऽ ।	ऽ	एकरूप छंद
न्यदिज	न्तुर्ननु	लाभवा	नसौ	
। । ऽ	ऽ । ।	ऽ । ऽ	। ऽ	अपरांतिका छंद

8.88

अवगच्छति मूढचेतनः प्रियनाशं हृदि शल्यमर्पितम् ।

स्थिरधीस्तु तदेव मन्यते कुशलद्वारतया समुद्धृतम् ॥

वियोगिनी छंद (स स ज ग – स भ र ल ग)

अवग	च्छतिमू	ढचेत	नः	
।।ऽ	।।ऽ	।ऽ।	ऽ	एकरूप छंद
प्रियना	शंहृदि	शल्यम	र्पितम्	
।।ऽ	ऽ।।	ऽ।ऽ	।ऽ	अपरांतिका छंद
स्थिरधी	स्तुतदे	वमन्य	ते	
।।ऽ	।।ऽ	।ऽ।	ऽ	एकरूप छंद
कुशल	द्वारत	यासमु	द्धृतम्	
।।ऽ	ऽ।।	ऽ।ऽ	।ऽ	अपरांतिका छंद

8.89

स्वशरीरशरीरिणावपि श्रुतसंयोगविपर्ययौ यदा ।
विरहः किमिवानुतापयेद्वद बाह्यैर्विषयैर्विपश्चितम् ॥

वियोगिनी छंद (स स ज ग – स भ र ल ग)

स्वशरी	रशरी	रिणाव	पि	
।।ऽ	।।ऽ	।ऽ।	ऽ	एकरूप छंद
श्रुतसं	योगवि	पर्ययौ	यदा	
।।ऽ	ऽ।।	ऽ।ऽ	।ऽ	अपरांतिका छंद
विरहः	किमिवा	नुताप	ये	
।।ऽ	।।ऽ	।ऽ।	ऽ	एकरूप छंद
द्वदबा	ह्यैर्वि़ष	यैर्विप	श्चितम्	
।।ऽ	ऽ।।	ऽ।ऽ	।ऽ	अपरांतिका छंद

8.90

न पृथग्जनवच्छुचो वशं वशिनामुत्तम गन्तुमर्हसि ।
द्रुमसानुमतां किमन्तरं यदि वायौ द्वितयेऽपि ते चलाः ॥

वियोगिनी छंद (स स ज ग – स भ र ल ग)

नपृथ	ग्जनव	च्छुचोव	शं	
। । ऽ	। । ऽ	। ऽ ।	ऽ	एकरूप छंद
वशिना	मुत्तम	गन्तुम	हँसि	
। । ऽ	ऽ । ।	ऽ । ऽ	। ऽ *	अपरांतिका छंद
द्रुमसा	नुमतां	किमन्त	रं	
। । ऽ	। । ऽ	। ऽ ।	ऽ	एकरूप छंद
यदिवा	यौद्वित	येपिते	चलाः	
। । ऽ	ऽ । ।	ऽ । ऽ	। ऽ	अपरांतिका छंद

8.91

स तथेति विनेतुरुदारमतेः प्रतिगृह्य वचो विससर्ज मुनिम् ।
तदलब्धपदं हृदि शोकघने प्रतियातमिवान्तिकमस्य गुरोः ॥

तोटक छंद (स स स स)

सतथे	तिविने	तुरुदा	रमतेः
। । ऽ	। । ऽ	। । ऽ	। । ऽ
प्रतिगृ	ह्यवचो	विसस	र्जमुनिम्
। । ऽ	। । ऽ	। । ऽ	। । ऽ
तदल	ब्धपदं	हृदिशो	कघने
। । ऽ	। । ऽ	। । ऽ	। । ऽ
प्रतिया	तमिवा	न्तिकम	स्यगुरोः
। । ऽ	। । ऽ	। । ऽ	। । ऽ

8.92

तेनाष्टौ परिगमिताः समाः कथंचिद्बालत्वादवितथसूनृतेन सूनोः ।
सादृश्यप्रतिकृतिदर्शनैः प्रियायाः स्वप्नेषु क्षणिकसमागमोत्सवैश्च ॥

प्रहर्षिणी छंद (म न ज र ग)

तेनाष्टौ	परिग	मिताःस	माःकथं	चि

कालिदास के बृहत् महाकाव्य रघुवंश की छंद मीमांसा

ऽ ऽ ऽ	। । ।	। ऽ ।	ऽ । ऽ	ऽ
द्वालत्वा	दवित	थसूनृ	तेनसू	नोः
ऽ ऽ ऽ	। । ।	। ऽ ।	ऽ । ऽ	ऽ
सादृश्य	प्रतिकृ	तिदर्श	नैःप्रिया	याः
ऽ ऽ ऽ	। । ।	। ऽ ।	ऽ । ऽ	ऽ
स्वप्नेषु	क्षणिक	समाग	मोत्सवै	श्च
ऽ ऽ ऽ	। । ।	। ऽ ।	ऽ । ऽ	ऽ *

8.93

तस्य प्रसह्य हृदयं किल शोकशङ्कुः प्लक्षप्ररोह इव सौधतलं बिभेद ।
प्राणान्तहेतुमपि तं भिषजामसाध्यं लाभं प्रियानुगमने त्वरया स मेने ॥

वसंततिलका छंद (त भ ज ज ग ग)

तस्यप्र	सह्यहृ	दयंकि	लशोक	शङ्क
ऽ ऽ ।	ऽ । ।	। ऽ ।	। ऽ ।	ऽ ऽ
प्लक्षप्र	रोहइ	वसौध	तलंबि	भेद
ऽ ऽ ।	ऽ । ।	। ऽ ।	। ऽ ।	ऽ ऽ *
प्राणान्त	हेतुम	पितंभि	षजाम	साध्
ऽ ऽ ।	ऽ । ।	। ऽ ।	। ऽ ।	ऽ ऽ
लाभंप्रि	यानुग	मनेत्व	रयास	मेने
ऽ ऽ ।	ऽ । ।	। ऽ ।	। ऽ ।	ऽ ऽ

8.94

सम्यग्विनीतमथ वर्महरं कुमारमादिश्य रक्षणविधौ विधिवत्प्रजानाम् ।
रोगोपसृष्टतनुदुर्वसतिं मुमुक्षुः प्रायोपवेशनमतिर्नृपतिर्बभूव ॥

वसंततिलका छंद (त भ ज ज ग ग)

सम्यग्वि	नीतम	थवर्म	हरंकु	मार
ऽ ऽ ।	ऽ । ।	। ऽ ।	। ऽ ।	ऽ ऽ *

मादिश्य	रक्षण	विधौवि	धिवत्प्र	जानाम्
ऽ ऽ ।	ऽ । ।	। ऽ ।	। ऽ ।	ऽ ऽ
रोगोप	सृष्टत	नुदुर्व	सतिंमु	मुक्षुः
ऽ ऽ ।	ऽ । ।	। ऽ ।	। ऽ ।	ऽ ऽ
प्रायोप	वेशन	मतिर्नृ	पतिर्ब	भूव
ऽ ऽ ।	ऽ । ।	। ऽ ।	। ऽ ।	ऽ ऽ *

8.95

तीर्थे तोयव्यतिकरभवे जह्नुकन्यासरय्वो
र्देहत्यागादमरगणनालेख्यमासाद्य सद्यः ।
पूर्वाकाराधिकतररुचा संगतः कान्तयासौ
लीलागारेष्वरमत पुनर्नन्दनाभ्यन्तरेषु ॥

मंदाक्रांता छंद (म भ न त त ग ग)

तीर्थेतो	यव्यति	करभ	वेजह्नु	कन्यास	रय्वो
ऽ ऽ ।	ऽ । ।	। । ।	ऽ ऽ ।	ऽ ऽ ।	ऽ ऽ
र्देहत्या	गादम	रगण	नालेख्य	मासाद्य	सद्यः
ऽ ऽ ।	ऽ । ।	। । ।	ऽ ऽ ।	ऽ ऽ ।	ऽ ऽ
पूर्वाका	राधिक	तररु	चासंग	तःकान्त	यासौ
ऽ ऽ ।	ऽ । ।	। । ।	ऽ ऽ ।	ऽ ऽ ।	ऽ ऽ
लीलागा	रेष्वर	मतपु	नर्नन्द	नाभ्यन्त	रेषु
ऽ ऽ ।	ऽ । ।	। । ।	ऽ ऽ ।	ऽ ऽ ।	ऽ ऽ *

इति श्रीरघुवंशे महाकाव्ये कविश्रीकालिदास-कृतावजविलापो नामाष्टमः सर्गः ॥

रघुवंश सर्ग - 9

* श्रवणकुमार प्रकरण *

9.1

पितुरनन्तरमुत्तरकोसलान्समधिगम्य समाधिजितेन्द्रियः ।
दशरथः प्रशशास महारथो यमवतामवतां च धुरि स्थितः ॥

दृतविलंबित छंद (न भ भ र)

पितुर	नन्तर	मुत्तर	कोसला
। । ।	ऽ । ।	ऽ । ।	ऽ । ऽ
न्समधि	गम्यस	माधिजि	तेन्द्रियः
। । ।	ऽ । ।	ऽ । ।	ऽ । ऽ
दशर	थःप्रश	शासम	हारथो
। । ।	ऽ । ।	ऽ । ।	ऽ । ऽ
यमव	तामव	तांचधु	रिस्थितः
। । ।	ऽ । ।	ऽ । ।	ऽ । ऽ

9.2

अधिगतं विधिवद्यदपालयत्प्रकृतिमण्डलमात्मकुलोचितम् ।
अभवदस्य ततो गुणवत्तरं सनगरं नगरन्ध्रकरौजसः ॥

दृतविलंबित छंद (न भ भ र)

अधिग	तंविधि	वद्यद	पालय
। । ।	ऽ । ।	ऽ । ।	ऽ । ऽ
त्प्रकृति	मण्डल	मात्मकु	लोचितम्

। । ।	ऽ । ।	ऽ । ।	ऽ । ऽ
अभव	दस्यत	तोगुण	वत्तरं
। । ।	ऽ । ।	ऽ । ।	ऽ । ऽ
सनग	रं नग	रन्ध्रक	रौजसः
। । ।	ऽ । ।	ऽ । ।	ऽ । ऽ

9.3

उभयमेव वदन्ति मनीषिणः समयवर्षितया कृतकर्मणाम् ।
बलनिषूदनमर्थपतिं च तं श्रमनुदं मनुदण्डधरान्वयम् ॥

दृतविलंबित छंद (न भ भ र)

उभय	मेवव	दन्तिम	नीषिणः
। । ।	ऽ । ।	ऽ । ।	ऽ । ऽ
समय	वर्षित	या कृत	कर्मणाम्
। । ।	ऽ । ।	ऽ । ।	ऽ । ऽ
बलनि	षूदन	मर्थप	तिंचतं
। । ।	ऽ । ।	ऽ । ।	ऽ । ऽ
श्रमनु	दंमनु	दण्डध	रान्वयम्
। । ।	ऽ । ।	ऽ । ।	ऽ । ऽ

9.4

जनपदे न गदः पदमादधावभिभवः कुत एव सपत्नजः ।
क्षितिरभूत्फलवत्यजनन्दने शमरतेऽमरतेजसि पार्थिवे ॥

दृतविलंबित छंद (न भ भ र)

जनप	देनग	दःपद	मादधा
। । ।	ऽ । ।	ऽ । ।	ऽ । ऽ
वभिभ	वःकुत	एवस	पत्नजः
। । ।	ऽ । ।	ऽ । ।	ऽ । ऽ
क्षितिर	भूत्फल	वत्यज	नन्दने

। । ।	ऽ । ।	ऽ । ।	ऽ । ऽ
शमर	तेमर	तेजसि	पार्थिवे
। । ।	ऽ । ।	ऽ । ।	ऽ । ऽ

9.5

दशदिगन्तजिता रघुणा यथा श्रियमपुष्यदजेन ततः परम् ।
तमधिगम्य तथैव पुनर्बभौ न न महीनमहीनपराक्रमम् ॥

द्रुतविलंबित छंद (न भ भ र)

दशदि	गन्तजि	तारघु	णायथा
। । ।	ऽ । ।	ऽ । ।	ऽ । ऽ
श्रियम	पुष्यद	जेनत	तःपरम्
। । ।	ऽ । ।	ऽ । ।	ऽ । ऽ
तमधि	गम्यत	थैवपु	नर्बभौ
। । ।	ऽ । ।	ऽ । ।	ऽ । ऽ
ननम	हीनम	हीनप	राक्रमम्
। । ।	ऽ । ।	ऽ । ।	ऽ । ऽ

9.6

समतया वसुवृष्टिविसर्जनैर्नियमनादसतां च नराधिपः ।
अनुययौ यमपुण्यजनेश्वरौ सवरुणावरुणाग्रसरं रुचा ॥

द्रुतविलंबित छंद (न भ भ र)

समत	यावसु	वृष्टिवि	सर्जनै
। । ।	ऽ । ।	ऽ । ।	ऽ । ऽ
नियम	नादस	तांचन	राधिपः
। । ।	ऽ । ।	ऽ । ।	ऽ । ऽ
अनुय	यौयम	पुण्यज	नेश्वरौ
। । ।	ऽ । ।	ऽ । ।	ऽ । ऽ
सवरु	णावरु	णाग्रस	रंरुचा

कालिदास के बृहत् महाकाव्य रघुवंश की छंद मीमांसा

।।।	ऽ।।	ऽ।।	ऽ।ऽ

9.7

न मृगयाभिरतिर्न दुरोदरं न च शशिप्रतिमाभरणं मधु ।
तमुदयाय न वा नवयौवना प्रियतमा यतमानमपाहरत् ॥

द्रुतविलंबित छंद (न भ भ र)

नमृग	याभिर	तिर्नदु	रोदरं	
।।।	ऽ।।	ऽ।।	ऽ।ऽ	द्रुतविलंबित
नचश	शिप्रति	माभर	णंमधु	
।।।	ऽ।।	ऽ।।	ऽ।ऽ *	द्रुतविलंबित
तमुद	यायन	वानव	यौवना	
।।।	ऽ।।	ऽ।।	ऽ।ऽ	द्रुतविलंबित
प्रियत	मायत	मानम	पाहरत्	
।।।	ऽ।।	ऽ।।	ऽ।ऽ	द्रुतविलंबित

9.8

न कृपणा प्रभवत्यपि वासवे न वितथा परिहासकथास्वपि ।
न च सपत्नजनेष्वपि तेन वागपरुषा परुषाक्षरमीरिता ॥

द्रुतविलंबित छंद (न भ भ र)

नकृप	णाप्रभ	वत्यपि	वासवे	
।।।	ऽ।।	ऽ।।	ऽ।ऽ	द्रुतविलंबित
नवित	थापरि	हासक	थास्वपि	
।।।	ऽ।।	ऽ।।	ऽ।ऽ *	द्रुतविलंबित
नचस	पत्नज	नेष्वपि	तेनवा	
।।।	ऽ।।	ऽ।।	ऽ।ऽ	द्रुतविलंबित
गपरु	षापरु	षाक्षर	मीरिता	
।।।	ऽ।।	ऽ।।	ऽ।ऽ	द्रुतविलंबित

9.9

उदयमस्तमयं च रघूद्वहादुभयमानशिरे वसुधाधिपाः ।
स हि निदेशमलङ्घयतामभूत्सुहृदयोहृदयः प्रतिगर्जताम् ॥

दृतविलंबित छंद (न भ भ र)

उदय	मस्तम	यंचर	घूद्वहा	
। । ।	ऽ । ।	ऽ । ।	ऽ । ऽ	दृतविलंबित
दुभय	मानशि	रेवसु	धाधिपाः	
। । ।	ऽ । ।	ऽ । ।	ऽ । ऽ	दृतविलंबित
सहिनि	देशम	लङ्घय	तामभू	
। । ।	ऽ । ।	ऽ । ।	ऽ । ऽ	दृतविलंबित
त्सुहृद	योहृद	यःप्रति	गर्जताम्	
। । ।	ऽ । ।	ऽ । ।	ऽ । ऽ	दृतविलंबित

9.10

अजयदेकरथेन स मेदिनीमुदधिनेमिमधिज्यशरासनः ।
जयमघोषयदस्य तु केवलं गजवती जवतीव्रहया चमूः ॥

दृतविलंबित छंद (न भ भ र)

अजय	देकर	थेनस	मेदिनी	
। । ।	ऽ । ।	ऽ । ।	ऽ । ऽ	दृतविलंबित
मुदधि	नेमिम	धिज्यश	रासनः	
। । ।	ऽ । ।	ऽ । ।	ऽ । ऽ	दृतविलंबित
जयम	घोषय	दस्यतु	केवलं	
। । ।	ऽ । ।	ऽ । ।	ऽ । ऽ	दृतविलंबित
गजव	तीजव	तीव्रह	याचमूः	
। । ।	ऽ । ।	ऽ । ।	ऽ । ऽ	दृतविलंबित

9.11

अवनिमेकरथेन वरूथिना जितवतः किल तस्य धनुर्भृतः ।
विजयदुन्दुभितां ययुरर्णवा घनरवा नरवाहनसंपदः ॥

दृतविलंबित छंद (न भ भ र)

अवनि	मेकर	थेनव	रूथिना	
। । ।	ऽ । ।	ऽ । ।	ऽ । ऽ	दृतविलंबित
जितव	तःकिल	तस्यध	नुर्भृतः	
। । ।	ऽ । ।	ऽ । ।	ऽ । ऽ	दृतविलंबित
विजय	दुन्दुभि	तांययु	रर्णवा	
। । ।	ऽ । ।	ऽ । ।	ऽ । ऽ	दृतविलंबित
घनर	वानर	वाहन	संपदः	
। । ।	ऽ । ।	ऽ । ।	ऽ । ऽ	दृतविलंबित

9.12

शमितपक्षबलः शतकोटिना शिखरिणां कुलिशेन पुरंदरः ।
स शरवृष्टिमुचा धनुषा द्विषां स्वनवता नवतामरसाननः ॥

दृतविलंबित छंद (न भ भ र)

शमित	पक्षब	लःशत	कोटिना	
। । ।	ऽ । ।	ऽ । ।	ऽ । ऽ	दृतविलंबित
शिखरि	णांकुलि	शेनपु	रंदरः	
। । ।	ऽ । ।	ऽ । ।	ऽ । ऽ	दृतविलंबित
सशर	वृष्टिमु	चाधनु	षाद्विषां	
। । ।	ऽ । ।	ऽ । ।	ऽ । ऽ	दृतविलंबित
स्वनव	तानव	तामर	साननः	
। । ।	ऽ । ।	ऽ । ।	ऽ । ऽ	दृतविलंबित

9.13

चरणयोर्नखरागसमृद्धिभिर्मुकुटरत्नमरीचिभिरस्पृशन् ।
नृपतयः शतशो मरुतो यथा शतमखं तमखण्डितपौरुषम् ॥

दृतविलंबित छंद (न भ भ र)

चरण	योर्नख	रागस	मृद्धिभि	
। । ।	ऽ । ।	ऽ । ।	ऽ । ऽ *	दृतविलंबित
र्मुकुट	रत्नम	रीचिभि	रस्पृशन्	
। । ।	ऽ । ।	ऽ । ।	ऽ । ऽ	दृतविलंबित
नृपत	यःशत	शोमरु	तोयथा	
। । ।	ऽ । ।	ऽ । ।	ऽ । ऽ	दृतविलंबित
शतम	खंतम	खण्डित	पौरुषम्	
। । ।	ऽ । ।	ऽ । ।	ऽ । ऽ	दृतविलंबित

9.14

निववृते स महार्णवरोधसः सचिवकारितबालसुताञ्जलीन् ।
समनुकम्प्य सपत्नपरिग्रहाननलकानलकानवमां पुरीम् ॥

दृतविलंबित छंद (न भ भ र)

निववृ	तेसम	हार्णव	रोधसः	
। । ।	ऽ । ।	ऽ । ।	ऽ । ऽ	दृतविलंबित
सचिव	कारित	बालसु	ताञ्जलीन्	
। । ।	ऽ । ।	ऽ । ।	ऽ । ऽ	दृतविलंबित
समनु	कम्प्यस	पत्नप	रिग्रहा	
। । ।	ऽ । ।	ऽ । ।	ऽ । ऽ	दृतविलंबित
ननल	कानल	कानव	मांपुरीम्	
। । ।	ऽ । ।	ऽ । ।	ऽ । ऽ	दृतविलंबित

9.15

उपगतोऽपि च मण्डलनाभितामनुदितान्यसितातपवारणः ।
श्रियमवेक्ष्य स रन्ध्रचलामभूदनलसोऽनलसोमसमद्युतिः ॥

दृतविलंबित छंद (न भ भ र)

उपग	तोपिच	मण्डल	नाभिता	
। । ।	ऽ । ।	ऽ । ।	ऽ । ऽ	
मनुदि	तान्यसि	तातप	वारणः	
। । ।	ऽ । ।	ऽ । ।	ऽ । ऽ	
श्रियम	वेक्ष्यस	रन्ध्रच	लामभू	
। । ।	ऽ । ।	ऽ । ।	ऽ । ऽ	
दनल	सोनल	सोमस	मद्युतिः	
। । ।	ऽ । ।	ऽ । ।	ऽ । ऽ	

9.16

तमपहाय ककुत्स्थकुलोद्भवं पुरुषमात्मभवं च पतिव्रता ।
नृपतिमन्यमसेवत देवता सकमला कमलाघवमर्थिषु ॥

दृतविलंबित छंद (न भ भ र)

तमप	हायक	कुत्स्थकु	लोद्भवं	
। । ।	ऽ । ।	ऽ । ।	ऽ । ऽ	दृतविलंबित
पुरुष	मात्मभ	वंचप	तिव्रता	
। । ।	ऽ । ।	ऽ । ।	ऽ । ऽ	दृतविलंबित
नृपति	मन्यम	सेवत	देवता	
। । ।	ऽ । ।	ऽ । ।	ऽ । ऽ	दृतविलंबित
सकम	लाकम	लाघव	मर्थिषु	
। । ।	ऽ । ।	ऽ । ।	ऽ । ऽ *	दृतविलंबित

9.17

तमलभन्त पतिं पतिदेवताः शिखरिणामिव सागरमापगाः ।
मगधकोसलकेकयशासिनां दुहितरोऽहितरोपितमार्गणम् ॥

दृतविलंबित छंद (न भ भ र)

तमल	भन्तप	तिंपति	देवताः	
। । ।	ऽ । ।	ऽ । ।	ऽ । ऽ	दृतविलंबित

शिखरि	णामिव	सागर	मापगाः	
।।।	ऽ।।	ऽ।।	ऽ।ऽ	दृतविलंबित
मगध	कोसल	केकय	शासिनां	
।।।	ऽ।।	ऽ।।	ऽ।ऽ	दृतविलंबित
दुहित	रोहित	रोपित	मार्गणम्	
।।।	ऽ।।	ऽ।।	ऽ।ऽ	दृतविलंबित

9.18

प्रियतमाभिरसौ तिसृभिर्बभौ तिसृभिरेव भुवं सह शक्तिभिः ।
उपगतो विनिनीषुरिव प्रजा हरिहयोऽरिहयोगविचक्षणः ॥

दृतविलंबित छंद (न भ भ र)

प्रियत	माभिर	सौतिसृ	भिर्बभौ	
।।।	ऽ।।	ऽ।।	ऽ।ऽ	दृतविलंबित
तिसृभि	रेवभु	वंसह	शक्तिभिः	
।।।	ऽ।।	ऽ।।	ऽ।ऽ	दृतविलंबित
उपग	तोविनि	नीषुरि	वप्रजा	
।।।	ऽ।।	ऽ।।	ऽ।ऽ	दृतविलंबित
हरिह	योरिह	योगवि	चक्षणः	
।।।	ऽ।।	ऽ।।	ऽ।ऽ	दृतविलंबित

9.19

स किल संयुगमूर्ध्नि सहायतां मघवतः प्रतिपद्य महारथः ।
स्वभुजवीर्यमगापयदुच्छ्रितं सुरवधूरवधूतभयाः शरैः ॥

दृतविलंबित छंद (न भ भ र)

सकिल	संयुग	मूर्ध्निस	हायतां	
।।।	ऽ।।	ऽ।।	ऽ।ऽ	दृतविलंबित
मघव	तःप्रति	पद्यम	हारथः	
।।।	ऽ।।	ऽ।।	ऽ।ऽ	दृतविलंबित

स्वभुज	वीर्यम	गापय	दुच्छ्रितं	
। । ।	ऽ । ।	ऽ । ।	ऽ । ऽ	दृतविलंबित
सुरव	धूरव	धूतभ	याःशरैः	
। । ।	ऽ । ।	ऽ । ।	ऽ । ऽ	दृतविलंबित

9.20

क्रतुषु तेन विसर्जितमौलिना भुजसमाहृतदिग्वसुना कृताः ।
कनकयूपसमुच्छ्रयशोभिनो वितमसा तमसासरयूतटाः ॥

दृतविलंबित छंद (न भ भ र)

क्रतुषु	तेनवि	सर्जित	मौलिना	
। । ।	ऽ । ।	ऽ । ।	ऽ । ऽ	दृतविलंबित
भुजस	माहृत	दिग्वसु	नाकृताः	
। । ।	ऽ । ।	ऽ । ।	ऽ । ऽ	दृतविलंबित
कनक	यूपस	मुच्छ्रय	शोभिनो	
। । ।	ऽ । ।	ऽ । ।	ऽ । ऽ	दृतविलंबित
वितम	सातम	सासर	यूतटाः	
। । ।	ऽ । ।	ऽ । ।	ऽ । ऽ	दृतविलंबित

9.21

अजिनदण्डभृतं कुशमेखलां यतगिरं मृगशृङ्गपरिग्रहाम् ।
अधिवसंस्तनुमध्वरदीक्षितामसमभासमभासयदीश्वरः ॥

दृतविलंबित छंद (न भ भ र)

अजिन	दण्डभृ	तंकुश	मेखलां	
। । ।	ऽ । ।	ऽ । ।	ऽ । ऽ	दृतविलंबित
यतगि	रंमृग	शृङ्गप	रिग्रहाम्	
। । ।	ऽ । ।	ऽ । ।	ऽ । ऽ	दृतविलंबित
अधिव	संस्तनु	मध्वर	दीक्षिता	
। । ।	ऽ । ।	ऽ । ।	ऽ । ऽ	दृतविलंबित

मसम	भासम	भासय	दीश्वरः	
। । ।	ऽ । ।	ऽ । ।	ऽ । ऽ	दृतविलंबित

9.22

अवभृथप्रयतो नियतेन्द्रियः सुरसमाजसमाक्रमणोचितः ।
नमयति स्म स केवलमुन्नतं वनमुचे नमुचेररये शिरः ॥

दृतविलंबित छंद (न भ भ र)

अवभृ	थप्रय	तोनिय	तेन्द्रियः	
। । ।	ऽ । ।	ऽ । ।	ऽ । ऽ	दृतविलंबित
सुरस	माजस	माक्रम	णोचितः	
। । ।	ऽ । ।	ऽ । ।	ऽ । ऽ	दृतविलंबित
नमय	तिस्मस	केवल	मुन्नतं	
। । ।	ऽ । ।	ऽ । ।	ऽ । ऽ	दृतविलंबित
वनमु	चेनमु	चेरर	येशिरः	
। । ।	ऽ । ।	ऽ । ।	ऽ । ऽ	दृतविलंबित

9.23

असकृदेकरथेन तरस्विना हरिहयाग्रसरेण धनुर्भृता ।
दिनकराभिमुखा रणरेणवो रुरुधिरे रुधिरेण सुरद्विषाम् ॥

दृतविलंबित छंद (न भ भ र)

असकृ	देकर	थेनत	रस्विना	
। । ।	ऽ । ।	ऽ । ।	ऽ । ऽ	दृतविलंबित
हरिह	याग्रस	रेणध	नुर्भृता	
। । ।	ऽ । ।	ऽ । ।	ऽ । ऽ	दृतविलंबित
दिनक	राभिमु	खारण	रेणवो	
। । ।	ऽ । ।	ऽ । ।	ऽ । ऽ	दृतविलंबित
रुरुधि	रेरुधि	रेणसु	रद्विषाम्	
। । ।	ऽ । ।	ऽ । ।	ऽ । ऽ	दृतविलंबित

9.24

अथ समाववृते कुसुमैर्नवैस्तमिव सेवितुमेकनराधिपम् ।
यमकुबेरजलेश्वरवज्रिणां समधुरं मधुरञ्चितविक्रमम् ॥

द्रुतविलंबित छंद (न भ भ र)

अथस	मावव्रृ	तेकुसु	मैर्नवै	
। । ।	ऽ । ।	ऽ । ।	ऽ । ऽ	दृतविलंबित
स्तमिव	सेवितु	मेकन	राधिपम्	
। । ।	ऽ । ।	ऽ । ।	ऽ । ऽ	दृतविलंबित
यमकु	बेरज	लेश्वर	वज्रिणां	
। । ।	ऽ । ।	ऽ । ।	ऽ । ऽ	दृतविलंबित
समधु	रंमधु	रञ्चित	विक्रमम्	
। । ।	ऽ । ।	ऽ । ।	ऽ । ऽ	दृतविलंबित

9.25

जिगमिषुर्धनदाध्युषितां दिशं रथयुजा परिवर्तितवाहनः ।
दिनमुखानि रविर्हिमनिग्रहैर्विमलयन्मलयं नगमत्यजत् ॥

द्रुतविलंबित छंद (न भ भ र)

जिगमि	षुर्धन	दाध्युषि	तांदिशं	
। । ।	ऽ । ।	ऽ । ।	ऽ । ऽ	दृतविलंबित
रथयु	जापरि	वर्तित	वाहनः	
। । ।	ऽ । ।	ऽ । ।	ऽ । ऽ	दृतविलंबित
दिनमु	खानिर	विर्हिम	निग्रहै	
। । ।	ऽ । ।	ऽ । ।	ऽ । ऽ	दृतविलंबित
र्विमल	यन्मल	यंनग	मत्यजत्	
। । ।	ऽ । ।	ऽ । ।	ऽ । ऽ	दृतविलंबित

9.26

कुसुमजन्म ततो नवपल्लवास्तदनु षट्पदकोकिलकूजितम् ।
इति यथाक्रममाविरभून्मधुर्द्रुमवतीमवतीर्य वनस्थलीम् ॥

द्रुतविलंबित छंद (न भ भ र)

कुसुम	जन्मत	तोनव	पल्लवा	
। । ।	ऽ । ।	ऽ । ।	ऽ । ऽ	द्रुतविलंबित
स्तदनु	षट्पद	कोकिल	कूजितम्	
। । ।	ऽ । ।	ऽ । ।	ऽ । ऽ	द्रुतविलंबित
इतिय	थाक्रम	माविर	भून्मधु	
। । ।	ऽ । ।	ऽ । ।	ऽ । ऽ	द्रुतविलंबित
र्द्रुमव	तीमव	तीर्यव	नस्थलीम्	
। । ।	ऽ । ।	ऽ । ।	ऽ । ऽ	द्रुतविलंबित

9.27

नयगुणोपचितामिव भूपतेः सदुपकारफलां श्रियमर्थिनः ।
अभिययुः सरसो मधुसंभृतां कमलिनीमलिनीरपतत्रिणः ॥

द्रुतविलंबित छंद (न भ भ र)

नयगु	णोपचि	तामिव	भूपतेः	
। । ।	ऽ । ।	ऽ । ।	ऽ । ऽ	द्रुतविलंबित
सदुप	कारफ	लांश्रिय	मर्थिनः	
। । ।	ऽ । ।	ऽ । ।	ऽ । ऽ	द्रुतविलंबित
अभिय	युःसर	सोमधु	संभृतां	
। । ।	ऽ । ।	ऽ । ।	ऽ । ऽ	द्रुतविलंबित
कमलि	नीमलि	नीरप	तत्रिणः	
। । ।	ऽ । ।	ऽ । ।	ऽ । ऽ	द्रुतविलंबित

9.28

कुसुममेव न केवलमार्तवं नवमशोकतरोः स्मरदीपनम् ।
किसलयप्रसवोऽपि विलासिनां मदयिता दयिताश्रवणार्पितः ॥

दृतविलंबित छंद (न भ भ र)

कुसुम	मेवन	केवल	मार्तवं	
। । ।	ऽ । ।	ऽ । ।	ऽ । ऽ	दृतविलंबित
नवम	शोकत	रोःस्मर	दीपनम्	
। । ।	ऽ । ।	ऽ । ।	ऽ । ऽ	दृतविलंबित
किसल	यप्रस	वोपिवि	लासिनां	
। । ।	ऽ । ।	ऽ । ।	ऽ । ऽ	दृतविलंबित
मदयि	तादयि	ताश्रव	णार्पितः	
। । ।	ऽ । ।	ऽ । ।	ऽ । ऽ	दृतविलंबित

9.29

विरचिता मधुनोपवनश्रियामभिनवा इव पत्रविशेषकाः ।
मधुलिहां मधुदानविशारदाः कुरबका रवकारणतां ययुः ॥

दृतविलंबित छंद (न भ भ र)

विरचि	तामधु	नोपव	नश्रिया	
। । ।	ऽ । ।	ऽ । ।	ऽ । ऽ	दृतविलंबित
मभिन	वाइव	पत्रवि	शेषकाः	
। । ।	ऽ । ।	ऽ । ।	ऽ । ऽ	दृतविलंबित
मधुलि	हांमधु	दानवि	शारदाः	
। । ।	ऽ । ।	ऽ । ।	ऽ । ऽ	दृतविलंबित
कुरब	कारव	कारण	तांययुः	
। । ।	ऽ । ।	ऽ । ।	ऽ । ऽ	दृतविलंबित

9.30

सुवदनावदनासवसंभृतस्तदनुवादिगुणः कुसुमोद्गमः ।
मधुकरैरकरोन्मधुलोलुपैर्बकुलमाकुलमायतपङ्क्तिभिः ॥

दृतविलंबित छंद (न भ भ र)

सुवद	नावद	नासव	संभृत	
। । ।	ऽ । ।	ऽ । ।	ऽ । ऽ	
स्तदनु	वादिगु	णःकुसु	मोद्गमः	
। । ।	ऽ । ।	ऽ । ।	ऽ । ऽ	
मधुक	रैरक	रोन्मधु	लोलुपै	
। । ।	ऽ । ।	ऽ । ।	ऽ । ऽ	
र्बकुल	माकुल	मायत	पङ्क्तिभिः	
। । ।	ऽ । ।	ऽ । ।	ऽ । ऽ	

9.31

उपहितं शिशिरापगमश्रिया मुकुलजालमशोभत किंशुके ।
प्रणयिनीव नखक्षतमण्डनं प्रमदया मदयापितलज्जया ॥

द्रुतविलंबित छंद (न भ भ र)

उपहि	तंशिशि	रापग	मश्रिया	
। । ।	ऽ । ।	ऽ । ।	ऽ । ऽ	द्रुतविलंबित
मुकुल	जालम	शोभत	किंशुके	
। । ।	ऽ । ।	ऽ । ।	ऽ । ऽ	द्रुतविलंबित
प्रणयि	नीवन	खक्षत	मण्डनं	
। । ।	ऽ । ।	ऽ । ।	ऽ । ऽ	द्रुतविलंबित
प्रमद	यामद	यापित	लज्जया	
। । ।	ऽ । ।	ऽ । ।	ऽ । ऽ	द्रुतविलंबित

9.32

व्रणगुरुप्रमदाधरदुःसहं जघननिर्विषयीकृतमेखलम् ।
न खलु तावदशेषमपोहितुं रविरलं विरलं कृतवान्हिमम् ॥

द्रुतविलंबित छंद (न भ भ र)

व्रणगु	रुप्रम	दाधर	दुःसहं	
। । ।	ऽ । ।	ऽ । ।	ऽ । ऽ	द्रुतविलंबित

जघन	निर्विष	यीकृत	मेखलम्	
। । ।	ऽ । ।	ऽ । ।	ऽ । ऽ	दृतविलंबित
नखलु	तावद	शेषम	पोहितुं	
। । ।	ऽ । ।	ऽ । ।	ऽ । ऽ	दृतविलंबित
रविर	लंविर	लंकृत	वान्हिमम्	
। । ।	ऽ । ।	ऽ । ।	ऽ । ऽ	दृतविलंबित

9.33

अभिनयान्परिचेतुमिवोद्यता मलयमारुतकम्पितपल्लवा ।
अमदयत्सहकारलता मनः सकलिका कलिकामजितामपि ॥

दृतविलंबित छंद (न भ भ र)

अभिन	यान्परि	चेतुमि	वोद्यता	
। । ।	ऽ । ।	ऽ । ।	ऽ । ऽ	दृतविलंबित
मलय	मारुत	कम्पित	पल्लवा	
। । ।	ऽ । ।	ऽ । ।	ऽ । ऽ	दृतविलंबित
अमद	यत्सह	कारल	तामनः	
। । ।	ऽ । ।	ऽ । ।	ऽ । ऽ	दृतविलंबित
सकलि	काकलि	कामजि	तामपि	
। । ।	ऽ । ।	ऽ । ।	ऽ । ऽ *	दृतविलंबित

9.34

प्रथममन्यभृताभिरुदीरिताः प्रविरला इव मुग्धवधूकथाः ।
सुरभिगन्धिषु शुश्रुविरे गिरः कुसुमितासु मिता वनराजिषु ॥

दृतविलंबित छंद (न भ भ र)

प्रथम	मन्यभृ	ताभिरु	दीरिताः	
। । ।	ऽ । ।	ऽ । ।	ऽ । ऽ	दृतविलंबित
प्रविर	लाइव	मुग्धव	धूकथाः	
। । ।	ऽ । ।	ऽ । ।	ऽ । ऽ	दृतविलंबित

सुरभि	गन्धिषु	शुश्रुवि	रेगिरः	
।।।	ऽ।।	ऽ।।	ऽ।ऽ	दृतविलंबित
कुसुमि	तासुमि	तावन	राजिषु	
।।।	ऽ।।	ऽ।।	ऽ।ऽ *	दृतविलंबित

9.35

श्रुतिसुखभ्रमरस्वनगीतयः कुसुमकोमलदन्तरुचो बभुः ।
उपवनान्तलताः पवनाहतैः किसलयैः सलयैरिव पाणिभिः ॥

दृतविलंबित छंद (न भ भ र)

श्रुतिसु	खभ्रम	रस्वन	गीतयः	
।।।	ऽ।।	ऽ।।	ऽ।ऽ	दृतविलंबित
कुसुम	कोमल	दन्तरु	चोबभुः	
।।।	ऽ।।	ऽ।।	ऽ।ऽ	दृतविलंबित
उपव	नान्तल	ताःपव	नाहतैः	
।।।	ऽ।।	ऽ।।	ऽ।ऽ	दृतविलंबित
किसल	यैःसल	यैरिव	पाणिभिः	
।।।	ऽ।।	ऽ।।	ऽ।ऽ	दृतविलंबित

9.36

ललितविभ्रमबन्धविचेक्षणं सुरभिगन्धपराजितकेसरम् ।
पतिषु निर्विविशुर्मधुमङ्गनाः स्मरसखं रसखण्डनवर्जितम् ॥

दृतविलंबित छंद (न भ भ र)

ललित	विभ्रम	बन्धवि	चेक्षणं	
।।।	ऽ।।	ऽ।।	ऽ।ऽ	दृतविलंबित
सुरभि	गन्धप	राजित	केसरम्	
।।।	ऽ।।	ऽ।।	ऽ।ऽ	दृतविलंबित
पतिषु	निर्विवि	शुर्मधु	मङ्गनाः	
।।।	ऽ।।	ऽ।।	ऽ।ऽ	दृतविलंबित

स्मरस	खंरस	खण्डन	वर्जितम्	
। । ।	ऽ । ।	ऽ । ।	ऽ । ऽ	दृतविलंबित

9.37

शुशुभिरे स्मितचारुतराननाः स्त्रिय इव श्लथशिञ्जितमेखलाः ।
विकचतामरसा गृहदीर्घिका मदकलोदकलोलविहंगमाः ॥

दृतविलंबित छंद (न भ भ र)

शुशुभि	रेस्मित	चारुत	राननाः	
। । ।	ऽ । ।	ऽ । ।	ऽ । ऽ	दृतविलंबित
स्त्रियइ	वश्लथ	शिञ्जित	मेखलाः	
। । ।	ऽ । ।	ऽ । ।	ऽ । ऽ	दृतविलंबित
विकच	तामर	सागृह	दीर्घिका	
। । ।	ऽ । ।	ऽ । ।	ऽ । ऽ	दृतविलंबित
मदक	लोदक	लोलवि	हंगमाः	
। । ।	ऽ । ।	ऽ । ।	ऽ । ऽ	दृतविलंबित

9.38

उपययौ तनुतां मधुखण्डिता हिमकरोदयपाण्डुमुखच्छविः ।
सदृशमिष्टसमागमनिर्वृतिं वनितयानितया रजनीवधूः ॥

दृतविलंबित छंद (न भ भ र)

उपय	यौतनु	तांमधु	खण्डिता	
। । ।	ऽ । ।	ऽ । ।	ऽ । ऽ	दृतविलंबित
हिमक	रोदय	पाण्डुमु	खच्छविः	
। । ।	ऽ । ।	ऽ । ।	ऽ । ऽ	दृतविलंबित
सदृश	मिष्टस	मागम	निर्वृतिं	
। । ।	ऽ । ।	ऽ । ।	ऽ । ऽ	दृतविलंबित
वनित	यानित	यारज	नीवधू	
। । ।	ऽ । ।	ऽ । ।	ऽ । ऽ	दृतविलंबित

9.39

अपतुषारतया विशदप्रभैः सुरतसङ्गपरिश्रमनोदिभिः ।
कुसुमचापमतेजयदंशुभिर्हिमकरो मकरोर्जितकेतनम् ॥

दृतविलंबित छंद (न भ भ र)

अपतु	षारत	याविश	दप्रभैः	
।।।	ऽ।।	ऽ।।	ऽ।ऽ	दृतविलंबित
सुरत	सङ्गप	रिश्रम	नोदिभिः	
।।।	ऽ।।	ऽ।।	ऽ।ऽ	दृतविलंबित
कुसुम	चापम	तेजय	दंशुभि	
।।।	ऽ।।	ऽ।।	ऽ।ऽ	दृतविलंबित
र्हिमक	रोमक	रोर्जित	केतनम्	
।।।	ऽ।।	ऽ।।	ऽ।ऽ	दृतविलंबित

9.40

हुतहुताशनदीप्ति वनश्रियः प्रतिनिधिः कनकाभरणस्य यत् ।
युवतयः कुसुमं दधुराहितं तदलके दलकेसरपेशलम् ॥

दृतविलंबित छंद (न भ भ र)

हुतहु	ताशन	दीप्तिव	नश्रियः	
।।।	ऽ।।	ऽ।।	ऽ।ऽ	दृतविलंबित
प्रतिनि	धिःकन	काभर	णस्ययत्	
।।।	ऽ।।	ऽ।।	ऽ।ऽ	दृतविलंबित
युवत	यःकुसु	मंदधु	राहितं	
।।।	ऽ।।	ऽ।।	ऽ।ऽ	दृतविलंबित
तदल	केदल	केसर	पेशलम्	
।।।	ऽ।।	ऽ।।	ऽ।ऽ	दृतविलंबित

9.41

अलिभिरञ्जनबिन्दुमनोहरैः कुसुमपङ्क्तिनिपातिभिरङ्कितः ।
न खलु शोभयति स्म वनस्थलीं न तिलकस्तिलकः प्रमदामिव ॥

दृतविलंबित छंद (न भ भ र)

अलिभि	रञ्जन	बिन्दुम	नोहरैः	
। । ।	ऽ । ।	ऽ । ।	ऽ । ऽ	दृतविलंबित
कुसुम	पङ्क्तिनि	पातिभि	रङ्कितः	
। । ।	ऽ । ।	ऽ । ।	ऽ । ऽ	दृतविलंबित
नखलु	शोभय	तिस्मव	नस्थलीं	
। । ।	ऽ । ।	ऽ । ।	ऽ । ऽ	दृतविलंबित
नतिल	कस्तिल	कःप्रम	दामिव	
। । ।	ऽ । ।	ऽ । ।	ऽ । ऽ *	दृतविलंबित

9.42

अमदयन्मधुगन्धसनाथया किसलयाधरसंगतया मनः ।
कुसुमसंभृतया नवमल्लिका स्मितरुचा तरुचारुविलासिनी ॥

दृतविलंबित छंद (न भ भ र)

अमद	यन्मधु	गन्धस	नाथया	
। । ।	ऽ । ।	ऽ । ।	ऽ । ऽ	दृतविलंबित
किसल	याधर	संगत	यामन	
। । ।	ऽ । ।	ऽ । ।	ऽ । ऽ	दृतविलंबित
कुसुम	संभृत	यानव	मल्लिका	
। । ।	ऽ । ।	ऽ । ।	ऽ । ऽ	दृतविलंबित
स्मितरु	चातरु	चारुवि	लासिनी	
। । ।	ऽ । ।	ऽ । ।	ऽ । ऽ	दृतविलंबित

9.43

अरुणरागनिषेधिभिरंशुकैः श्रवणलब्धपदैश्च यवाङ्कुरैः ।
परभृताविरुतैश्च विलासिनः स्मरबलैरबलैकरसाः कृताः ॥

दृतविलंबित छंद (न भ भ र)

अरुण	रागनि	षेधिभि	रंशुकैः	
। । ।	ऽ । ।	ऽ । ।	ऽ । ऽ	दृतविलंबित
श्रवण	लब्धप	दैश्वय	वाङ्कुरै	
। । ।	ऽ । ।	ऽ । ।	ऽ । ऽ	दृतविलंबित
परभृ	ताविरु	तैश्चवि	लासिनः	
। । ।	ऽ । ।	ऽ । ।	ऽ । ऽ	दृतविलंबित
स्मरब	लैरब	लैकर	साःकृता	
। । ।	ऽ । ।	ऽ । ।	ऽ । ऽ	दृतविलंबित

9.44

उपचितावयवा शुचिभिः कणैरलिकदम्बकयोगमुपेयुषी ।
सदृशकान्तिरलक्ष्यत मञ्जरी तिलकजालकजालकमौक्तिकैः ॥

दृतविलंबित छंद (न भ भ र)

उपचि	तावय	वाशुचि	भिःकणै	
। । ।	ऽ । ।	ऽ । ।	ऽ । ऽ	दृतविलंबित
रलिक	दम्बक	योगमु	पेयुषी	
। । ।	ऽ । ।	ऽ । ।	ऽ । ऽ	दृतविलंबित
सदृश	कान्तिर	लक्ष्यत	मञ्जरी	
। । ।	ऽ । ।	ऽ । ।	ऽ । ऽ	दृतविलंबित
तिलक	जालक	जालक	मौक्तिकैः	
। । ।	ऽ । ।	ऽ । ।	ऽ । ऽ	दृतविलंबित

9.45

ध्वजपटं मदनस्य धनुर्भृतश्छविकरं मुखचूर्णमृतुश्रियः ।
कुसुमकेसररेणुमलिव्रजाः सपवनोपवनोत्थितमन्वयुः ॥

दृतविलंबित छंद (न भ भ र)

ध्वजप	टंमद	नस्यध	नुर्भृत	
। । ।	ऽ । ।	ऽ । ।	ऽ । ऽ *	दृतविलंबित
श्छविक	रंमुख	चूर्णमृ	तुश्रियः	
। । ।	ऽ । ।	ऽ । ।	ऽ । ऽ	दृतविलंबित
कुसुम	केसर	रेणुम	लिव्रजाः	
। । ।	ऽ । ।	ऽ । ।	ऽ । ऽ	दृतविलंबित
सपव	नोपव	नोत्थित	मन्वयुः	
। । ।	ऽ । ।	ऽ । ।	ऽ । ऽ	दृतविलंबित

9.46

अनुभवन्नवदोलमृतूत्सवं पटुरपि प्रियकण्ठजिघृक्षया ।
अनयदासनरज्जुपरिग्रहे भुजलतां जलतामबलाजनः ॥

दृतविलंबित छंद (न भ भ र)

अनुभ	वन्नव	दोलमृ	तूत्सवं	
। । ।	ऽ । ।	ऽ । ।	ऽ । ऽ	दृतविलंबित
पटुर	पिप्रिय	कण्ठजि	घृक्षयः	
। । ।	ऽ । ।	ऽ । ।	ऽ । ऽ	दृतविलंबित
अनय	दासन	रज्जुप	रिग्रहे	
। । ।	ऽ । ।	ऽ । ।	ऽ । ऽ	दृतविलंबित
भुजल	तांजल	तामब	लाजनः	
। । ।	ऽ । ।	ऽ । ।	ऽ । ऽ	दृतविलंबित

9.47

त्यजत मानमलं बत विग्रहैर्न पुनरेति गतं चतुरं वयः ।
परभृताभिरितीव निवेदिते स्मरमते रमते स्म वधूजनः ॥

दृतविलंबित छंद (न भ भ र)

त्यजत	मानम	लंबत	विग्रहै	
। । ।	ऽ । ।	ऽ । ।	ऽ । ऽ	दृतविलंबित

नेपुन	रेतिग	तंचतु	रंवयः	
।।।	ऽ।।	ऽ।।	ऽ।ऽ	दृतविलंबित
परभृ	ताभिरि	तीवनि	वेदिते	
।।।	ऽ।।	ऽ।।	ऽ।ऽ	दृतविलंबित
स्मरम	तेरम	तेस्मव	धूजनः	
।।।	ऽ।।	ऽ।।	ऽ।ऽ	दृतविलंबित

9.48

अथ यथासुखमार्तवमुत्सवं समनुभूय विलासवतीसखः ।
नरपतिश्चकमे मृगयारतिं स मधुमन्मधुमन्मथसंनिभः ॥

दृतविलंबित छंद (न भ भ र)

अथय	थासुख	मार्तव	मुत्सवं	
।।।	ऽ।।	ऽ।।	ऽ।ऽ	दृतविलंबित
समनु	भूयवि	लासव	तीसखः	
।।।	ऽ।।	ऽ।।	ऽ।ऽ	दृतविलंबित
नरप	तिश्चक	मेमृग	यारतिं	
।।।	ऽ।।	ऽ।।	ऽ।ऽ	दृतविलंबित
समधु	मन्मधु	मन्मथ	संनिभः	
।।।	ऽ।।	ऽ।।	ऽ।ऽ	दृतविलंबित

9.49

परिचयं चललक्ष्यनिपातने भयरुचोश्च तदिङ्गितबोधनम् ।
श्रमजयात्रगुणां च करोत्यसौ तनुमतोऽनुमतः सचिवैर्ययौ ॥

दृतविलंबित छंद (न भ भ र)

परिच	यंचल	लक्ष्यनि	पातने	
।।।	ऽ।।	ऽ।।	ऽ।ऽ	दृतविलंबित
भयरु	चोश्चत	दिङ्गित	बोधनम्	
।।।	ऽ।।	ऽ।।	ऽ।ऽ	दृतविलंबित

कालिदास के बृहत् महाकाव्य रघुवंश की छंद मीमांसा

श्रमज	यात्प्रगु	णांचक	रोत्यसौ	
। । ।	ऽ । ।	ऽ । ।	ऽ । ऽ	दृतविलंबित
तनुम	तोनुम	तःसचि	वैर्ययौ	
। । ।	ऽ । ।	ऽ । ।	ऽ । ऽ	दृतविलंबित

9.50

मृगवनोपगमक्षमवेषभृद्विपुलकण्ठनिषक्तशरासनः ।
गगनमश्वखुरोद्धतरेणुभिर्नृसविता स वितानमिवाकरोत् ॥

दृतविलंबित छंद (न भ भ र)

मृगव	नोपग	मक्षम	वेषभृ	
। । ।	ऽ । ।	ऽ । ।	ऽ । ऽ *	दृतविलंबित
द्विपुल	कण्ठनि	षक्तश	रासनः	
। । ।	ऽ । ।	ऽ । ।	ऽ । ऽ	दृतविलंबित
गगन	मश्वखु	रोद्धत	रेणुभि	
। । ।	ऽ । ।	ऽ । ।	ऽ । ऽ	दृतविलंबित
र्नृसवि	तासवि	तानमि	वाकरोत्	
। । ।	ऽ । ।	ऽ । ।	ऽ । ऽ	दृतविलंबित

9.51

ग्रथितमौलिरसौ वनमालया तरुपलाशसवर्णतनुच्छदः ।
तुरगवल्गनचञ्चलकुण्डलो विरुरुचे रुरुचेष्टितभूमिषु ॥

दृतविलंबित छंद (न भ भ र)

ग्रथित	मौलिर	सौवन	मालया	
। । ।	ऽ । ।	ऽ । ।	ऽ । ऽ	दृतविलंबित
तरुप	लाशस	वर्णत	नुच्छदः	
। । ।	ऽ । ।	ऽ । ।	ऽ । ऽ	दृतविलंबित
तुरग	वल्गन	चञ्चल	कुण्डलो	
। । ।	ऽ । ।	ऽ । ।	ऽ । ऽ	दृतविलंबित

विरुरु	चेरुरु	चेष्टित	भूमिषु	
‌। । ।	ऽ । ।	ऽ । ।	ऽ । ऽ *	दृतविलंबित

9.52

तनुलताविनिवेशितविग्रहा भ्रमरसंक्रमितेक्षणवृत्तयः ।
ददृशुरध्वनि तं वनदेवताः सुनयनं नयनन्दितकोसलम् ॥

दृतविलंबित छंद (न भ भ र)

तनुल	ताविनि	वेशित	विग्रहा	
। । ।	ऽ । ।	ऽ । ।	ऽ । ऽ	दृतविलंबित
भ्रमर	संक्रमि	तेक्षण	वृत्तयः	
। । ।	ऽ । ।	ऽ । ।	ऽ । ऽ	दृतविलंबित
ददृशु	रध्वनि	तंवन	देवताः	
। । ।	ऽ । ।	ऽ । ।	ऽ । ऽ	दृतविलंबित
सुनय	नंनय	नन्दित	कोसलम्	
। । ।	ऽ । ।	ऽ । ।	ऽ । ऽ	दृतविलंबित

9.53

श्वगणिवागुरिकैः प्रथमास्थितं व्यपगतानलदस्यु विवेश सः ।
स्थिरतुरंगमभूमि निपानवन्मृगवयोगवयोपचितं वनम् ॥

दृतविलंबित छंद (न भ भ र)

श्वगणि	वागुरि	कैःप्रथ	मास्थितं	
। । ।	ऽ । ।	ऽ । ।	ऽ । ऽ	दृतविलंबित
व्यपग	तानल	दस्युवि	वेशसः	
। । ।	ऽ । ।	ऽ । ।	ऽ । ऽ	दृतविलंबित
स्थिरतु	रंगम	भूमिनि	पानव	
। । ।	ऽ । ।	ऽ । ।	ऽ । ऽ	दृतविलंबित
न्मृगव	योगव	योपचि	तंवनम्	
। । ।	ऽ । ।	ऽ । ।	ऽ । ऽ	दृतविलंबित

कालिदास के बृहत् महाकाव्य रघुवंश की छंद मीमांसा

9.54

अथ नभस्य इव त्रिदशायुधं कनकपिङ्गतडिद्गुणसंयुतम् ।
धनुरधिज्यमनाधिरुपाददे नरवरो रवरोषितकेसरी ॥

दृतविलंबित छंद (न भ भ र)

अथन	भस्यइ	वत्रिद	शायुधं	
। । ।	ऽ । ।	ऽ । ।	ऽ । ऽ	दृतविलंबित
कनक	पिङ्गत	डिद्गुण	संयुतम्	
। । ।	ऽ । ।	ऽ । ।	ऽ । ऽ	दृतविलंबित
धनुर	धिज्यम	नाधिरु	पाददे	
। । ।	ऽ । ।	ऽ । ।	ऽ । ऽ	दृतविलंबित
नरव	रोरव	रोषित	केसरी	
। । ।	ऽ । ।	ऽ । ।	ऽ । ऽ	दृतविलंबित

9.55

तस्य स्तनप्रणयिभिर्मुहुरेणशावैर्व्याहन्यमानहरिणीगमनं पुरस्तात् ।
आविर्बभूव कुशगर्भमुखं मृगाणां यूथं तदग्रसरगर्वितकृष्णसारम् ॥

वसंततिलका छंद (त भ ज ज ग ग)

तस्यस्त	नप्रण	यिभिर्मु	हुरेण	शावै
ऽ ऽ ।	ऽ । ।	। ऽ ।	। ऽ ।	ऽ ऽ
व्याहन्य	मानह	रिणीग	मनंपु	रस्तात्
ऽ ऽ ।	ऽ । ।	। ऽ ।	। ऽ ।	ऽ ऽ
आविर्ब	भूवकु	शगर्भ	मुखंमृ	गाणां
ऽ ऽ ।	ऽ । ।	। ऽ ।	। ऽ ।	ऽ ऽ
यूथंत	दग्रस	रगर्वि	तकृष्ण	सारम्
ऽ ऽ ।	ऽ । ।	। ऽ ।	। ऽ ।	ऽ ऽ

9.56

तत्प्रार्थितं जवनवाजिगतेन राज्ञा तूणीमुखोद्धृतशरेण विशीर्णपङ्क्ति।
श्यामीचकार वनमाकुलदृष्टिपातैर्वातेरितोत्पलदलप्रकरैरिवार्द्रैः ॥

वसंततिलका छंद (त भ ज ज ग ग)

तत्प्रार्थि	तंजव	नवाजि	गतेन	राज्ञा
ऽ ऽ ।	ऽ । ।	। ऽ ।	। ऽ ।	ऽ ऽ
तूणीमु	खोद्धृत	शरेण	विशीर्ण	पङ्क्ति
ऽ ऽ ।	ऽ । ।	। ऽ ।	। ऽ ।	ऽ ऽ *
श्यामीच	कारव	नमाकु	लदृष्टि	पातै
ऽ ऽ ।	ऽ । ।	। ऽ ।	। ऽ ।	ऽ ऽ
र्वातेरि	तोत्पल	दलप्र	करैरि	वार्द्रैः
ऽ ऽ ।	ऽ । ।	। ऽ ।	। ऽ ।	ऽ ऽ

9.57

लक्ष्यीकृतस्य हरिणस्य हरिप्रभावः प्रेक्ष्य स्थितां सहचरीं व्यवधाय देहम्।
आकर्णकृष्टमपि कामितया स धन्वी बाणं कृपामृदुमनाः प्रतिसंजहार ॥

वसंततिलका छंद (त भ ज ज ग ग)

लक्ष्यीकृ	तस्यह	रिणस्य	हरिप्र	भावः
ऽ ऽ ।	ऽ । ।	। ऽ ।	। ऽ ।	ऽ ऽ
प्रेक्ष्यस्थि	तांसह	चरींव्य	वधाय	देहम्
ऽ ऽ ।	ऽ । ।	। ऽ ।	। ऽ ।	ऽ ऽ
आकर्ण	कृष्टम	पिकामि	तयास	धन्वी
ऽ ऽ ।	ऽ । ।	। ऽ ।	। ऽ ।	ऽ ऽ
बाणंकृ	पामृदु	मनाःप्र	तिसंज	हार
ऽ ऽ ।	ऽ । ।	। ऽ ।	। ऽ ।	ऽ ऽ *

9.58

तस्यापरेष्वपि मृगेषु शरान्मुमुक्षोः कर्णान्तमेत्य बिभिदे निबिडोऽपि मुष्टिः।

त्रासातिमात्रचटुलैः स्मरतः सुनेत्रैः प्रौढप्रियानयनविभ्रमचेष्टितानि ॥

वसंततिलका छंद (त भ ज ज ग ग)

तस्याप	रेष्वपि	मृगेषु	शरान्मु	मुक्षोः
ऽ ऽ ।	ऽ । ।	। ऽ ।	। ऽ ।	ऽ ऽ
कर्णान्त	मेत्यबि	भिदेनि	बिडोपि	मुष्टिः
ऽ ऽ ।	ऽ । ।	। ऽ ।	। ऽ ।	ऽ ऽ
त्रासाति	मात्रच	टुलैःस्म	रतःसु	नेत्रैः
ऽ ऽ ।	ऽ । ।	। ऽ ।	। ऽ ।	ऽ ऽ
प्रौढप्रि	यानय	नविभ्र	मचेष्टि	तानि
ऽ ऽ ।	ऽ । ।	। ऽ ।	। ऽ ।	ऽ ऽ *

9.59

उत्तस्थुषः सपदि पल्वलपङ्कमध्मुस्ताप्ररोहकवलावयवानुकीर्णम् ।
जग्राह स द्रुतवराहकुलस्य मार्गं सुव्यक्तमार्द्रपदपङ्क्तिभिरायताभिः ॥

वसंततिलका छंद (त भ ज ज ग ग)

उत्तस्थु	षःसप	दिपल्व	लपङ्क	मध्या
ऽ ऽ ।	ऽ । ।	। ऽ ।	। ऽ ।	ऽ ऽ
न्मुस्ताप्र	रोहक	वलाव	यवानु	कीर्णम्
ऽ ऽ ।	ऽ । ।	। ऽ ।	। ऽ ।	ऽ ऽ
जग्राह	सद्रुत	वराह	कुलस्य	मार्गं
ऽ ऽ ।	ऽ । ।	। ऽ ।	। ऽ ।	ऽ ऽ
सुव्यक्त	मार्द्रप	दपङ्क्ति	भिराय	ताभिः
ऽ ऽ ।	ऽ । ।	। ऽ ।	। ऽ ।	ऽ ऽ

9.60

तं वाहनादवनतोत्तरकायमीषद्विध्यन्तमुद्धृतसटाः प्रतिहन्तुमीषुः ।
नात्मानमस्य विविदुः सहसा वराहा वृक्षेषु विद्धमिषुभिर्जघनाश्रयेषु ॥

वसंततिलका छंद (त भ ज ज ग ग)

तंवाह	नादव	नतोत्त	रकाय	मीष
ऽ ऽ ।	ऽ । ।	। ऽ ।	। ऽ ।	ऽ ऽ
द्विध्यन्त	मुद्धृत	सटाःप्र	तिहन्तु	मीषुः
ऽ ऽ ।	ऽ । ।	। ऽ ।	। ऽ ।	ऽ ऽ
नात्मान	मस्यवि	विदुःस	हसाव	राहा
ऽ ऽ ।	ऽ । ।	। ऽ ।	। ऽ ।	ऽ ऽ
वृक्षेषु	विद्धमि	षुभिर्ज	घनाश्र	येषुः
ऽ ऽ ।	ऽ । ।	। ऽ ।	। ऽ ।	ऽ ऽ

9.61

तेनाभिघातरभसस्य विकृष्य पत्री वन्यस्य नेत्रविवरे महिषस्य मुक्तः ।
निर्भिद्य विग्रहमशोणितलिप्तपुङ्खस्तं पातयां प्रथममास पपात पश्चात् ॥

वसंततिलका छंद (त भ ज ज ग ग)

तेनाभि	घातर	भसस्य	विकृष्य	पत्री
ऽ ऽ ।	ऽ । ।	। ऽ ।	। ऽ ।	ऽ ऽ
वन्यस्य	नेत्रवि	वरेम	हिषस्य	मुक्तः
ऽ ऽ ।	ऽ । ।	। ऽ ।	। ऽ ।	ऽ ऽ
निर्भिद्य	विग्रह	मशोणि	तलिप्त	पुङ्ख
ऽ ऽ ।	ऽ । ।	। ऽ ।	। ऽ ।	ऽ ऽ
स्तंपात	यांप्रथ	ममास	पपात	पश्चात्
ऽ ऽ ।	ऽ । ।	। ऽ ।	। ऽ ।	ऽ ऽ

9.62

प्रायो विषाणपरिमोक्षलघूत्तमाङ्गान्खड्गांश्चकार नृपतिर्निशितैः क्षुरप्रैः ।
शृङ्गं स दृप्तविनयाधिकृतः परेषामत्युच्छ्रितं न ममृषे न तु दीर्घमायुः ॥

वसंततिलका छंद (त भ ज ज ग ग)

प्रायोवि	षाणप	रिमोक्ष	लघूत्त	माङ्गा
ऽ ऽ ।	ऽ । ।	। ऽ ।	। ऽ ।	ऽ ऽ
न्खड्गांश्च	कारनृ	पतिर्नि	शितैःक्षु	रप्रैः
ऽ ऽ ।	ऽ । ।	। ऽ ।	। ऽ ।	ऽ ऽ
शृङ्गंस	दृप्तवि	नयाधि	कृतःप	रेषा
ऽ ऽ ।	ऽ । ।	। ऽ ।	। ऽ ।	ऽ ऽ
मत्युच्छ्रि	तंनम	मृषेन	तुदीर्घ	मायुः
ऽ ऽ ।	ऽ । ।	। ऽ ।	। ऽ ।	ऽ ऽ

9.63

व्याघ्रानभीरभिमुखोत्पतितान्गुहाभ्यः
फुल्लासनाग्रविटपानिव वायुरुग्णान् ।
शिक्षाविशेषलघुहस्ततया निमेषा-
त्तूणीचकार शरपूरितवक्त्ररन्ध्रान् ॥

वसंततिलका छंद (त भ ज ज ग ग)

व्याघ्रान	भीरभि	मुखोत्प	तितान्गु	हाभ्यः
ऽ ऽ ।	ऽ । ।	। ऽ ।	। ऽ ।	ऽ ऽ
फुल्लास	नाग्रवि	टपानि	ववायु	रुग्णान्
ऽ ऽ ।	ऽ । ।	। ऽ ।	। ऽ ।	ऽ ऽ
शिक्षावि	शेषल	घुहस्त	तयानि	मेषा
ऽ ऽ ।	ऽ । ।	। ऽ ।	। ऽ ।	ऽ ऽ
त्तूणीच	कारश	रपूरि	तवक्त्र	रन्ध्रान्
ऽ ऽ ।	ऽ । ।	। ऽ ।	। ऽ ।	ऽ ऽ

9.64

निर्घातोग्रैः कुञ्जलीनाञ्जिघांसुर्ज्यानिर्घोषैः क्षोभयामास सिंहान् ।
नूनं तेषामभ्यसूयापरोभूद्वीर्योदग्रे राजशब्दो मृगेषु ॥

शालिनी छंद (म त त ग ग)

निर्घातो	ग्रै:कुञ्ज	लीनाञ्जि	घांसु
ऽ ऽ ऽ	ऽ ऽ ।	ऽ ऽ ।	ऽ ऽ
ज्यानिर्घो	षैःक्षोभ	यामास	सिंहान्
ऽ ऽ ऽ	ऽ ऽ ।	ऽ ऽ ।	ऽ ऽ
नूनंते	षामभ्य	सूयाप	रोभू
ऽ ऽ ऽ	ऽ ऽ ।	ऽ ऽ ।	ऽ ऽ
द्वीर्योद	ग्रेराज	शब्दोमृ	गेषु
ऽ ऽ ऽ	ऽ ऽ ।	ऽ ऽ ।	ऽ ऽ *

9.65

तान्हत्वा गजकुलबद्धतीव्रवैरान्काकुत्स्थः कुटिलनखाग्रलग्नमुक्तान् ।
आत्मानं रणकृतकर्मणां गजानामानृण्यं गतमिव मार्गणैरमंस्त ॥

प्रहर्षिणी छंद (म न ज र ग)

तान्हत्वा	गजकु	लबद्ध	तीव्रवै	रा
ऽ ऽ ऽ	। । ।	। ऽ ।	ऽ । ऽ	ऽ
न्काकुत्स्थः	कुटिल	नखाग्र	लग्नमु	क्तान्
ऽ ऽ ऽ	। । ।	। ऽ ।	ऽ । ऽ	ऽ
आत्मानं	रणकृ	तकर्म	णांगजा	ना
ऽ ऽ ऽ	। । ।	। ऽ ।	ऽ । ऽ	ऽ
मानृण्यं	गतमि	वमार्ग	णैरमं	स्त
ऽ ऽ ऽ	। । ।	। ऽ ।	ऽ । ऽ	ऽ *

9.66

चमरान्परितःप्रवर्तिताश्वःक्वचिदाकर्णविकृष्टभल्लवर्षी ।
नृपतीनिवतान्वियोज्यसद्यःसितबालव्यजनैर्जगामशान्तिम् ॥

मालभारिणी छंद (स स ज ग ग – स भ र य)

चमरा	न्परितः	प्रवर्ति	ताश्वः

। । ऽ	। । ऽ	। ऽ ।	ऽ ऽ
क्वचिदा	कर्णवि	कृष्टभ	ल्लवर्षी
। । ऽ	ऽ । ।	ऽ । ऽ	। ऽ ऽ
नृपती	निवता	न्वियोज्य	सद्यः
। । ऽ	। । ऽ	। ऽ ।	ऽ ऽ
सितबा	लव्यज	नैर्जगा	मशान्तिम्
। । ऽ	ऽ । ।	ऽ । ऽ	। ऽ ऽ

9.67

अपि तुरगसमीपादुत्पतन्तं मयूरं न स रुचिरकलापं बाणलक्ष्यीचकार ।
सपदि गतमनस्कश्चित्रमाल्यानुकीर्णे रतिविगलितबन्धे केशपाशे प्रियायाः ॥

मालिनी छंद (न न म य य)

अपितु	रगस	मीपादु	त्पतन्तं	मयूरं
। । ।	। । ।	ऽ ऽ ऽ	। ऽ ऽ	। ऽ ऽ
नसरु	चिरक	लापंबा	णलक्ष्यी	चकार
। । ।	। । ।	ऽ ऽ ऽ	। ऽ ऽ	। ऽ ऽ *
सपदि	गतम	नस्कश्चि	त्रमाल्या	नुकीर्णे
। । ।	। । ।	ऽ ऽ ऽ	। ऽ ऽ	। ऽ ऽ
रतिवि	गलित	बन्धेके	शपाशे	प्रियायाः
। । ।	। । ।	ऽ ऽ ऽ	। ऽ ऽ	। ऽ ऽ

9.68

तस्य कर्कशविहारसंभवं स्वेदमाननविलग्नजालकम् ।
आचचाम सतुषारशीकरो भिन्नपल्लवपुटो वनानिलः ॥

रथोद्धता छंद (र न र ल ग)

तस्यक	र्कशवि	हारसं	भवं
ऽ । ऽ	। । ।	ऽ । ऽ	। ऽ
स्वेदमा	ननवि	लग्नजा	लकम्

ऽ । ऽ	। । ।	ऽ । ऽ	। ऽ
आचचा	मसतु	षारशी	करो
ऽ । ऽ	। । ।	ऽ । ऽ	। ऽ
भिन्नप	ल्लवपु	टोवना	निलः
ऽ । ऽ	। । ।	ऽ । ऽ	। ऽ

9.69

इति विस्मृतान्यकरणीयमात्मनः सचिवावलम्बितधुरं धराधिपम् ।
परिवृद्धरागमनुबन्धसेवया मृगया जहार चतुरेव कामिनी ॥

मंजुभाषिणी छंद (स ज स ज ग)

इतिवि	स्मृतान्य	करणी	यमात्म	नः
। । ऽ	। ऽ ।	। । ऽ	। ऽ ।	ऽ
सचिवा	वलम्बि	तधुरं	धराधि	पम्
। । ऽ	। ऽ ।	। । ऽ	। ऽ ।	ऽ
परिवृ	द्धराग	मनुब	न्धसेव	या
। । ऽ	। ऽ ।	। । ऽ	। ऽ ।	ऽ
मृगया	जहार	चतुरे	वकामि	नी
। । ऽ	। ऽ ।	। । ऽ	। ऽ ।	ऽ

9.70

स ललितकुसुमप्रवालशय्यां ज्वलितमहौषधिदीपिकासनाथाम् ।
नरपतिरतिवाहयांबभूव क्वचिदसमेतपरिच्छदस्त्रियामाम् ॥

पुष्पिताग्रा छंद (न न र य – न ज ज र ग)

सललि	तकुसु	मप्रवा	लशय्यां	
। । ।	। । ।	ऽ । ऽ	। ऽ ऽ	
ज्वलित	महौष	धिदीपि	कासना	थाम्
। । ।	। । ।	। ऽ ।	ऽ । ऽ	ऽ
नरप	तिरति	वाहयां	बभूव	

। । ।	। । ।	ऽ । ऽ	। ऽ ऽ	
क्वचिद	समेत	परिच्छ	दस्त्रिया	माम्
। । ।	। । ।	। ऽ ।	ऽ । ऽ	ऽ

9.71

उषसि स गजयूथकर्णतालैः पटुपटहध्वनिभिर्विनीतनिद्रः ।
अरमत मधुराणि तत्र शृण्वन्विहगविकूचितबन्दिमङ्गलानि ॥

पुष्पिताग्रा छंद (न न र य – न ज ज र ग)

उषसि	सगज	यूथक	र्णतालैः	
। । ।	। । ।	ऽ । ऽ	। ऽ ऽ	
पटुप	टहध्व	निभिर्वि	नीतनि	द्रः
। । ।	। । ।	। ऽ ।	ऽ । ऽ	ऽ
अरम	तमधु	राणित	त्रशृण्व	
। । ।	। । ।	ऽ । ऽ	। ऽ ऽ	
न्विहग	विकूचि	तबन्दि	मङ्गला	नि
। । ।	। । ।	। ऽ ।	ऽ । ऽ	ऽ *

9.72

अथ जातु रुरोर्गृहीतवर्त्मा विपिने पार्श्वचरैरलक्ष्यमाणः ।
श्रमफेनमुचा तपस्विगाढां तमसां प्राप नदीं तुरंगमेण ॥

मालभारिणी छंद (स स ज ग – स भ र य)

अथजा	तुरुरो	र्गृहीत	वर्त्मा
। । ऽ	। । ऽ	। ऽ ।	ऽ ऽ
विपिने	पार्श्वच	रैरल	क्ष्यमाणः
। । ऽ	ऽ । ।	ऽ । ऽ	। ऽ ऽ
श्रमफे	नमुचा	तपस्वि	गाढां
। । ऽ	। । ऽ	। ऽ ।	ऽ ऽ

तमसां	प्रापन	दींतुरं	गमेण
।।ऽ	ऽ।।	ऽ।ऽ	।ऽऽ *

9.73

कुम्भपूरणभवः पटुरुच्चैरुच्चचार निनदोऽम्भसि तस्याः ।
तत्र स द्विरदबृंहितशङ्की शब्दपातिनमिषुं विससर्ज ॥

स्वागता छंद (र न भ ग ग)

कुम्भपू	रणभ	वःपटु	रुच्चै
ऽ।ऽ	।।।	ऽ।।	ऽऽ
रुच्चचा	रनिन	दोम्भसि	तस्याः
ऽ।ऽ	।।।	ऽ।।	ऽऽ
तत्रस	द्विरद	बृंहित	शङ्की
ऽ।ऽ	।।।	ऽ।।	ऽऽ
शब्दपा	तिनमि	षुंविस	सर्ज
ऽ।ऽ	।।।	ऽ।।	ऽऽ *

9.74

नृपतेः प्रतिषिद्धमेव तत्कृतवान्पङ्क्तिरथो विलङ्घ्य यत् ।
अपथे पदमर्पयन्ति हि श्रुतवन्तोऽपि रजोनिमीलिताः ॥

वियोगिनी छंद (स स ज ग – स भ र ल ग)

नृपतेः	प्रतिषि	द्धमेव	त	
।।ऽ	।।ऽ	।ऽ।	ऽ	एकरूप छंद
त्कृतवा	न्पङ्क्तिर	थोविल	ङ्घ्ययत्	
।।ऽ	ऽ।।	ऽ।ऽ	।ऽ	अपरांतिका छंद
अपथे	पदम	र्पयन्ति	हि	
।।ऽ	।।ऽ	।ऽ।	ऽ	एकरूप छंद
श्रुतव	न्तोपिर	जोनिमी	लिताः	
।।ऽ	ऽ।।	ऽ।ऽ	।ऽ	अपरांतिका छंद

9.75

हा तातेति क्रन्दितमाकर्ण्य विषण्स्तस्यान्विष्यन्वेतसगूढं प्रभवं सः ।
शल्यप्रोतं प्रेक्ष्य सकुम्भं मुनिपुत्रं तापादन्तःशल्य इवासीत्क्षितिपोऽपि ॥

मत्तमयूर छंद (म त य स ग)

हाताते	तिक्रन्दि	तमाक	र्ण्यविष	ण्ण
ऽ ऽ ऽ	ऽ ऽ ।	। ऽ ऽ	। । ऽ	ऽ
स्तस्यान्वि	ष्यन्वेत	सगूढं	प्रभवं	सः
ऽ ऽ ऽ	ऽ ऽ ।	। ऽ ऽ	। । ऽ	ऽ
शल्यप्रो	तंप्रेक्ष्य	सकुम्भं	मुनिपु	त्रं
ऽ ऽ ऽ	ऽ ऽ ।	। ऽ ऽ	। । ऽ	ऽ
तापाद	न्तःशल्य	इवासी	त्क्षितिपो	पि
ऽ ऽ ऽ	ऽ ऽ ।	। ऽ ऽ	। । ऽ	ऽ *

9.76

तेनावतीर्य तुरगात्प्रथितान्वयेन पृष्टान्वयः स जलकुम्भनिषण्णदेहः ।
तस्मै द्विजेतरतपस्विसुतं स्खलद्भिरात्मानमक्षरपदैः कथयांबभूव ॥

वसंततिलका छंद (त भ ज ज ग ग)

तेनाव	तीर्यतु	रगात्प्र	थितान्व	येन
ऽ ऽ ।	ऽ । ।	। ऽ ।	। ऽ ।	ऽ ऽ *
पृष्टान्व	यःसज	लकुम्भ	निषण्ण	देहः
ऽ ऽ ।	ऽ । ।	। ऽ ।	। ऽ ।	ऽ ऽ
तस्मैद्वि	जेतर	तपस्वि	सुतंस्ख	लद्भिः
ऽ ऽ ।	ऽ । ।	। ऽ ।	। ऽ ।	ऽ ऽ
रात्मान	मक्षर	पदैःक	थयांब	भूव
ऽ ऽ ।	ऽ । ।	। ऽ ।	। ऽ ।	ऽ ऽ

9.77

तच्चोदितः स तमनुद्धृतशल्यमेव पित्रोः सकाशमवसन्नदृशोर्निनाय।
ताभ्यां तथागतमुपेत्य तमेकपुत्रमज्ञानतः स्वचरितं नृपतिः शशंस ॥

वसंततिलका छंद (त भ ज ज ग ग)

तच्चोदि	तःसत	मनुद्धृ	तशल्य	मेव
ऽ ऽ ।	ऽ । ।	। ऽ ।	। ऽ ।	ऽ ऽ *
पित्रोःस	काशम	वसन्न	दृशोर्नि	नाय
ऽ ऽ ।	ऽ । ।	। ऽ ।	। ऽ ।	ऽ ऽ *
ताभ्यांत	थागत	मुपेत्य	तमेक	पुत्र
ऽ ऽ ।	ऽ । ।	। ऽ ।	। ऽ ।	ऽ ऽ *
मज्ञान	तःस्वच	रितंनृ	पतिःश	शंस
ऽ ऽ ।	ऽ । ।	। ऽ ।	। ऽ ।	ऽ ऽ *

9.78

तौ दंपती बहु विलप्य शिशोः प्रहर्त्रा शल्यं निखातमुदहारयतामुरस्तः।
सोऽभूत्परासुरथ भूमिपतिं शशाप हस्तार्पितैर्नयनवारिभिरेव वृद्धः ॥

वसंततिलका छंद (त भ ज ज ग ग)

तौदंप	तीबहु	विलप्य	शिशोःप्र	हर्त्रा
ऽ ऽ ।	ऽ । ।	। ऽ ।	। ऽ ।	ऽ ऽ
शल्यंनि	खातमु	दहार	यतामु	रस्तः
ऽ ऽ ।	ऽ । ।	। ऽ ।	। ऽ ।	ऽ ऽ
सोभूत्प	रासुर	थभूमि	पतिंश	शाप
ऽ ऽ ।	ऽ । ।	। ऽ ।	। ऽ ।	ऽ ऽ *
हस्तार्पि	तैर्नय	नवारि	भिरेव	वृद्धः
ऽ ऽ ।	ऽ । ।	। ऽ ।	। ऽ ।	ऽ ऽ

9.79

दिष्टान्तमाप्स्यति भवानपि पुत्रशोकादन्त्ये वयस्यहमिवेति तमुक्तवन्तम्।

आक्रान्तपूर्वमिव मुक्तविषं भुजंगं प्रोवाच कोसलपतिः प्रथमापराद्धः ॥

वसंततिलका छंद (त भ ज ज ग ग)

दिष्टान्त	माप्स्यति	भवान	पिपुत्र	शोका
ऽ ऽ ।	ऽ । ।	। ऽ ।	। ऽ ।	ऽ ऽ
दन्त्येव	यस्यह	मिवेति	तमुक्त	वन्तम्
ऽ ऽ ।	ऽ । ।	। ऽ ।	। ऽ ।	ऽ ऽ
आक्रान्त	पूर्वमि	वमुक्त	विषंभु	जंगं
ऽ ऽ ।	ऽ । ।	। ऽ ।	। ऽ ।	ऽ ऽ
प्रोवाच	कोसल	पतिःप्र	थमाप	राद्धः
ऽ ऽ ।	ऽ । ।	। ऽ ।	। ऽ ।	ऽ ऽ

9.80

शापोऽप्यदृष्टतनयाननपद्मशोभे सानुग्रहो भगवता मयि पातितोऽयम् ।
कृष्यां दहन्नपि खलु क्षितिमिन्धनेद्धो बीजप्ररोहजननीं ज्वलनः करोति ॥

वसंततिलका छंद (त भ ज ज ग ग)

शापोप्य	दृष्टत	नयान	नपद्म	शोभे
ऽ ऽ ।	ऽ । ।	। ऽ ।	। ऽ ।	ऽ ऽ
सानुग्र	होभग	वताम	यिपाति	तोयम्
ऽ ऽ ।	ऽ । ।	। ऽ ।	। ऽ ।	ऽ ऽ
कृष्यांद	हन्नपि	खलुक्षि	तिमिन्ध	नेद्धो
ऽ ऽ ।	ऽ । ।	। ऽ ।	। ऽ ।	ऽ ऽ
बीजप्र	रोहज	ननींज्व	लनःक	रोति
ऽ ऽ ।	ऽ । ।	। ऽ ।	। ऽ ।	ऽ ऽ *

9.81

इत्थं गते गतघृणः किमयं विधत्तां वध्यस्तवेत्यभिहितो वसुधाधिपेन ।
एधान्हुताशनवतः स मुनिर्ययाचे पुत्रं परासुमनुगन्तुमनाः सदारः ॥

वसंततिलका छंद (त भ ज ज ग ग)

इत्थंग	तेगत	घृणःकि	मयंवि	धत्तां
ऽ ऽ ।	ऽ । ।	। ऽ ।	। ऽ ।	ऽ ऽ
वध्यस्त	वेत्यभि	हितोव	सुधाधि	पेन
ऽ ऽ ।	ऽ । ।	। ऽ ।	। ऽ ।	ऽ ऽ *
एधान्हु	ताशन	वतःस	मुनिर्य	याचे
ऽ ऽ ।	ऽ । ।	। ऽ ।	। ऽ ।	ऽ ऽ
पुत्रंप	रासुम	नुगन्तु	मनाःस	दार
ऽ ऽ ।	ऽ । ।	। ऽ ।	। ऽ ।	ऽ ऽ *

9.82

प्राप्तानुगः सपदि शासनमस्य राजा संपाद्य पातकविलुप्तधृतिर्निवृत्तः ।
अन्तर्निविष्टपदमात्मविनाशहेतुं शापं दधज्ज्वलनमौर्वमिवाम्बुराशिः ॥

वसंततिलका छंद (त भ ज ज ग ग)

प्राप्तानु	गःसप	दिशास	नमस्य	राजा
ऽ ऽ ।	ऽ । ।	। ऽ ।	। ऽ ।	ऽ ऽ
संपाद्य	पातक	विलुप्त	धृतिर्नि	वृत्तः
ऽ ऽ ।	ऽ । ।	। ऽ ।	। ऽ ।	ऽ ऽ
अन्तर्नि	विष्टप	दमात्म	विनाश	हेतुं
ऽ ऽ ।	ऽ । ।	। ऽ ।	। ऽ ।	ऽ ऽ
शापं	दधज्ज्व	लनमौ	र्वमिवा	म्बुराशिः
ऽ ऽ ।	ऽ । ।	। ऽ ।	। ऽ ।	ऽ ऽ

इति श्रीरघुवंशे महाकाव्ये कविश्रीकालिदासकृतौ मृगयावर्णनो नाम नवमः सर्गः ॥

रघुवंश सर्ग - 10

* श्रीराम जन्म *

10.1

पृथिवीं शासतस्तस्य पाकशासनतेजसः ।
किंचिदूनमनूनर्द्धेः शरदामयुतं ययौ ॥

अनुष्टुभ् श्लोक छंद

पृथिवीं	शासत	स्तस्य	स र ल ल
। । ऽ	ऽ । ऽ	। ।	शलुकलुप्त छंद
पाकशा	सनते	जसः	म स ल ग
ऽ ऽ ऽ	। । ऽ	। ऽ	पथ्यावक्त्र छंद
किंचिदू	नमनू	नर्द्धेः	र स ग ग
ऽ । ऽ	। । ऽ	ऽ ऽ	गाथ छंद
शरदा	मयुतं	ययौ	स स ल ग
। । ऽ	। । ऽ	। ऽ	कलिला छंद

10.2

न चोपलेभे पूर्वेषामृणनिर्मोक्षसाधनम् ।
सुताभिधानं स ज्यो सद्यः शोकतमोपहम् ॥

श्लोकेतर अनुष्टुभ् छंद

नचोप	लेभेपू	र्वेषा	ज म ग ग
। ऽ ।	ऽ ऽ ऽ	ऽ ऽ	अपरिचित छंद
मृणनि	र्मोक्षसा	धनम्	स र ल ग

। । ऽ	ऽ । ऽ	। ऽ	शलुकलुप्त छंद
सुताभि	धानंस	ज्योतिः	ज त ग ग
। ऽ ।	ऽ ऽ ।	ऽ ऽ	वारिशाला छंद
सद्यःशो	कतमो	पहम्	म स ल ग
ऽ ऽ ऽ	। । ऽ	। ऽ	पथ्यावक्त्र छंद

पाद टिप्पणी :

इस अनुष्टुभ् छंद के विषम चरण 1 में पहले चार अक्षरों के बाद य गण (। ऽ ऽ) के स्थान पर म (ऽ ऽ ऽ) गण आने के कारण इस चार चरणों के पद्य में श्लोक छंद सिद्ध नहीं हुआ है.

10.3

अतिष्ठत्प्रत्ययापेक्षसंततिः स चिरं नृपः ।
प्राङ्मन्थादनभिव्यक्तरत्नोत्पत्तिरिवार्णवः ॥

अनुष्टुभ् श्लोक छंद

अतिष्ठ	त्प्रत्यया	पेक्ष	य र ल ल
। ऽ ऽ	ऽ । ऽ	। ।	भाषा छंद
संततिः	सचिरं	नृपः	र स ल ग
ऽ । ऽ	। । ऽ	। ऽ	पथ्यावक्त्र छंद
प्राङ्मन्था	दनभि	व्यक्त	म र ग ल
ऽ ऽ ऽ	ऽ । ऽ	ऽ ।	मधुमालती छंद
रत्नोत्प	त्तिरिवा	र्णवः	म स ल ग
ऽ ऽ ऽ	। । ऽ	। ऽ	पथ्यावक्त्र छंद

10.4

ऋष्यशृङ्गादयस्तस्य सन्तः सन्तानकाङ्क्षिणः ।
आरेभिरे जितात्मानः पुत्रीयामिष्टिमृत्विजः ॥

अनुष्टुभ् श्लोक छंद

ऋष्यशृ	ङ्गादय	स्तस्य	र र ल ल

ऽ । ऽ	ऽ । ऽ	। ।	हेमरूप छंद
सन्तःस	न्तानका	ङ्क्षिणः	म र ल ग
ऽ ऽ ऽ	ऽ । ऽ	। ऽ	क्षमा छंद
आरेभि	रेजिता	त्मानः	त र ग ग
ऽ ऽ ।	ऽ । ऽ	ऽ ऽ	विभा छंद
पुत्रीया	मिष्टिमृ	त्विजः	म र ल ग
ऽ ऽ ऽ	ऽ । ऽ	। ऽ	क्षमा छंद

10.5

तस्मिन्नवसरे देवाः पौलस्त्योपप्लुता हरिम् ।
अभिजग्मुर्निदाघार्ताश्छायावृक्षमिवाध्वगाः ॥

अनुष्टुभ् श्लोक छंद

तस्मिन्न	वसरे	देवाः	त स ग ग
ऽ ऽ ।	। । ऽ	ऽ ऽ	श्यामा छंद
पौलस्त्यो	पप्लुता	हरिम्	म र ल ग
ऽ ऽ ऽ	ऽ । ऽ	। ऽ	क्षमा छंद
अभिज	ग्मुर्निदा	घार्ता	स र ग ग
। । ऽ	ऽ । ऽ	ऽ ऽ	परिधारा छंद
श्छायावृ	क्षमिवा	ध्वगाः	म स ल ग
ऽ ऽ ऽ	। । ऽ	। ऽ	पथ्यावक्त्र छंद

10.6

ते च प्रापुरुदन्वन्तं बुबुधे चादिपूरुषः ।
अव्याक्षेपो भविष्यन्त्याः कार्यसिद्धेर्हि लक्षणम् ॥

अनुष्टुभ् श्लोक छंद

तेचप्रा	पुरुद	न्वन्तं	र स ग ग
ऽ । ऽ	। । ऽ	ऽ ऽ	गाथ छंद
बुबुधे	चादिपू	रुषः	स र ल ग

। । ऽ	ऽ । ऽ	। ऽ	शलुकलुप्त छंद
अव्याक्षे	पोभवि	ष्यन्त्याः	म र ग ग
ऽ ऽ ऽ	ऽ । ऽ	ऽ ऽ	मधुमालती छंद
कार्यसि	द्धेर्हिल	क्षणम्	र र ल ग
ऽ । ऽ	ऽ । ऽ	। ऽ	हेमरूप छंद

10.7

भोगिभोगासनासीनं ददृशुस्तं दिवौकसः ।
तत्फणामण्डलोदर्चिर्मणिद्योतितविग्रहम् ॥

अनुष्टुभ् श्लोक छंद

भोगिभो	गासना	सीनं	र र ग ग
ऽ । ऽ	ऽ । ऽ	ऽ ऽ	पद्ममाला छंद
ददृशु	स्तंदिवौ	कसः	स र ल ग
। । ऽ	ऽ । ऽ	। ऽ	शलुकलुप्त छंद
तत्फणा	मण्डलो	दर्चि	र र ग ग
ऽ । ऽ	ऽ । ऽ	ऽ ऽ	पद्ममाला छंद
र्मणिद्यो	titavi	ग्रहम्	य स ल ग
। ऽ ऽ	। । ऽ	। ऽ	अपरिचित छंद

10.8

श्रियः पद्मनिषण्णायाः क्षौमान्तरितमेखले ।
अङ्के निक्षिप्तचरणमास्तीर्णकरपल्लवे ॥

श्लोकेतर अनुष्टुभ् छंद

श्रियःप	द्मनिष	ण्णायाः	य स ग ग
। ऽ ऽ	। । ऽ	ऽ ऽ	मनोला छंद
क्षौमान्त	रितमे	खले	त स ल ग
ऽ ऽ ।	। । ऽ	। ऽ	पथ्यावक्त्र छंद
अङ्केनि	क्षिप्तच	रण	म भ ल ल

ऽ ऽ ऽ	ऽ । ।	। ।	अतिजनी छंद
मास्तीर्ण	करप	ल्लवे	त स ल ग
ऽ ऽ ।	। । ऽ	। ऽ	पथ्यावक्त्रा छंद

पाद टिप्पणी :

इस अनुष्टुभ् छंद के विषम चरण 3 में पहले चार अक्षरों के बाद य गण (। ऽ ऽ) के स्थान पर न (। । ।) गण आने के कारण इस चार चरणों के पद्य में श्लोक छंद सिद्ध नहीं हुआ है.

10.9

प्रबुद्धपुण्डरीकाक्षं बालातपनिभांशुकम् ।
दिवसं शारदमिव प्रारम्भसुखदर्शनम् ॥

श्लोकेतर अनुष्टुभ् छंद

प्रबुद्ध	पुण्डरी	काक्षं	ज र ग ग
। ऽ ।	ऽ । ऽ	ऽ ऽ	यशस्करी छंद
बालात	पनिभां	शुकम्	त स ल ग
ऽ ऽ ।	। । ऽ	। ऽ	पथ्यावक्त्रा छंद
दिवसं	शारद	मिव	स भ ल ग
। । ऽ	ऽ । ।	। ऽ	सुतमधु छंद
प्रारम्भ	सुखद	र्शनम्	त स ल ग
ऽ ऽ ।	। । ऽ	। ऽ	पथ्यावक्त्रा छंद

पाद टिप्पणी :

इस अनुष्टुभ् छंद के विषम चरण 3 में पहले चार अक्षरों के बाद य गण (। ऽ ऽ) के स्थान पर न (। । ।) गण आने के कारण इस चार चरणों के पद्य में श्लोक छंद सिद्ध नहीं हुआ है.

10.10

प्रभानुलिप्तश्रीवत्सं लक्ष्मीविभ्रमदर्पणम् ।
कौस्तुभाख्यमपां सारं बिभ्राणं बृहतोरसा ॥

श्लोकेतर अनुष्टुभ् छंद

कालिदास के बृहत् महाकाव्य रघुवंश की छंद मीमांसा

प्रभानु	लिप्तश्री	वत्सं	ज म ग ग
। ऽ ।	ऽ ऽ ऽ	ऽ ऽ	अपरिचित छंद
लक्ष्मीवि	भ्रमद	र्पणम्	म स ल ग
ऽ ऽ ऽ	। । ऽ	। ऽ	पथ्यावक्त्र छंद
कौस्तुभा	ख्यमपां	सारं	र स ग ग
ऽ । ऽ	। । ऽ	ऽ ऽ	गाथ छंद
बिभ्राणं	बृहतो	रसा	म स ल ग
ऽ ऽ ऽ	। । ऽ	। ऽ	पथ्यावक्त्र छंद

पाद टिप्पणी :

इस अनुष्टुभ् छंद के विषम चरण 1 में पहले चार अक्षरों के बाद य गण (। ऽ ऽ) के स्थान पर म (ऽ ऽ ऽ) गण आने के कारण इस चार चरणों के पद्य में श्लोक छंद सिद्ध नहीं हुआ है.

10.11

बहुभिर्विटपाकारैर्दिव्याभरणभूषितैः ।
आविर्भूतमपां मध्ये पारिजातमिवापरम् ॥

अनुष्टुभ् श्लोक छंद

बहुभि	र्विटपा	कारै	स स ग ग
। । ऽ	। । ऽ	ऽ ऽ	पंचशिखा छंद
र्दिव्याभ	रणभू	षितैः	त स ल ग
ऽ ऽ ।	। । ऽ	। ऽ	पथ्यावक्त्र छंद
आविर्भू	तमपां	मध्ये	म स ग ग
ऽ ऽ ऽ	। । ऽ	ऽ ऽ	वक्त्र छंद
पारिजा	तमिवा	परम्	र स ल ग
ऽ । ऽ	। । ऽ	। ऽ	पथ्यावक्त्र छंद

10.12

दैत्यस्त्रीगण्डलेखानां मदरागविलोपिभिः ।

हेतिभिश्चेतनावद्भिरुदीरितजयस्वनम् ॥

अनुष्टुभ् श्लोक छंद

दैत्यस्त्री	गण्डले	खानां	म र ग ग
ऽ ऽ ऽ	ऽ । ऽ	ऽ ऽ	मधुमालती छंद
मदरा	गविलो	पिभिः	स स ल ग
। । ऽ	। । ऽ	। ऽ	कलिला छंद
हेतिभि	श्चेतना	वद्भि	र र ग ल
ऽ । ऽ	ऽ । ऽ	ऽ ।	लक्ष्मी छंद
रुदीरि	तजय	स्वनम्	ज स ल ग
। ऽ ।	। । ऽ	। ऽ	अपरिचित छंद

10.13

मुक्तशेषविरोधेन कुलिशव्रणलक्ष्मणा ।
उपस्थितं प्राञ्जलिना विनीतेन गरुत्मता ॥

श्लोकेतर अनुष्टुभ् छंद

मुक्तशे	षविरो	धेन	र स ग ल
ऽ । ऽ	। । ऽ	ऽ ।	पथ्यावक्त्र छंद
कुलिश	व्रणल	क्ष्मणा	स स ल ग
। । ऽ	। । ऽ	। ऽ	कलिला छंद
उपस्थि	तंप्राञ्ज	लिना	ज त ल ग
। ऽ ।	ऽ ऽ ।	। ऽ	विता छंद
विनीते	नगरु	त्मता	र स ल ग
। ऽ ऽ	। । ऽ	। ऽ	पथ्यावक्त्र छंद

पाद टिप्पणी :

इस अनुष्टुभ् छंद के विषम चरण 3 में पहले चार अक्षरों के बाद य गण (। ऽ ऽ) के स्थान पर भ (ऽ । ।) गण आने के कारण इस चार चरणों के पद्य में श्लोक छंद सिद्ध नहीं हुआ है.

10.14

योगनिद्रान्तविशदैः पावनैरवलोकनैः ।
भृग्वादीननुगृह्णन्तं सौखशायनिकानृषीन् ॥

श्लोकेतर अनुष्टुभ् छंद

योगनि	द्रान्तवि	शदैः	र भ ल ग
ऽ । ऽ	ऽ । ।	। ऽ	कुरुचरी छंद
पावनै	रवलो	कनैः	र स ल ग
ऽ । ऽ	। । ऽ	। ऽ	पथ्यावक्त्र छंद
भृग्वादी	ननुगृ	ह्णन्तं	म स ग ग
ऽ ऽ ऽ	। । ऽ	ऽ ऽ	वक्त्र छंद
सौखशा	यनिका	नृषीन्	र स ल ग
ऽ । ऽ	। । ऽ	। ऽ	पथ्यावक्त्र छंद

पाद टिप्पणी :

इस अनुष्टुभ् छंद के विषम चरण 1 में पहले चार अक्षरों के बाद य गण (। ऽ ऽ) के स्थान पर न (।। ।) गण आने के कारण इस चार चरणों के पद्य में श्लोक छंद सिद्ध नहीं हुआ है.

10.15

प्रणिपत्य सुरास्तस्मै शमयित्रे सुरद्विषां ।
अथैनं तुष्टुवुः स्तुत्यमवाङ्मनसगोचरम् ॥

अनुष्टुभ् श्लोक छंद

प्रणिप	त्यसुरा	स्तस्मै	स स ग ग
। । ऽ	। । ऽ	ऽ ऽ	पंचशिखा छंद
शमयि	त्रेसुर	द्विषां	स र ल ग
। । ऽ	ऽ । ऽ	। ऽ	शलुकलुप्त छंद
अथैनं	तुष्टुवुः	स्तुत्य	य र ग ल
। ऽ ऽ	ऽ । ऽ	ऽ ।	सुचंद्रभा छंद

मवाङ्म	नसगो	चरम्	ज स ल ग
। ऽ ।	। । ऽ	। ऽ	अपरिचित छंद

10.16

नमो विश्वसृजे पूर्वं विश्वं तदनु बिभ्रते ।
अथ विश्वस्य संहर्त्रे तुभ्यं त्रेधास्थितात्मने ॥

अनुष्टुभ् श्लोक छंद

नमोवि	श्वसृजे	पूर्वं	य स ल ग
। ऽ ऽ	। । ऽ	। ऽ	अपरिचित छंद
विश्वंत	दनुबि	भ्रते	त स ल ग
ऽ ऽ ।	। । ऽ	। ऽ	पथ्यावक्त्र छंद
अथवि	श्वस्यसं	हर्त्रे	स र ग ग
। । ऽ	ऽ । ऽ	ऽ ऽ	परिधारा छंद
तुभ्यंत्रे	धास्थिता	त्मने	म र ल ग
ऽ ऽ ऽ	ऽ । ऽ	। ऽ	क्षमा छंद

10.17

रसान्तराण्येकरसं यथा दिव्यं पयोऽश्नुते ।
देशे देशे गुणेष्वेवमवस्थास्त्वमविक्रियः ॥

श्लोकेतर अनुष्टुभ् छंद

रसान्त	राण्येक	रसं	ज त ल ग
। ऽ ।	ऽ ऽ ।	। ऽ	विता छंद
यथादि	व्यंपयो	श्नुते	य र ल ग
। ऽ ऽ	ऽ । ऽ	। ऽ	भाषा छंद
देशेदे	शेगुणे	ष्वेव	म र ग ल
ऽ ऽ ऽ	ऽ । ऽ	ऽ ।	मधुमालती छंद
मवस्था	स्त्वमवि	क्रियः	य स ल ग
। ऽ ऽ	। । ऽ	। ऽ	अपरिचित छंद

पाद टिप्पणी :

इस अनुष्टुभ् छंद के विषम चरण 1 में पहले चार अक्षरों के बाद य गण (। ऽ ऽ) के स्थान पर भ (ऽ । ।) गण आने के कारण इस चार चरणों के पद्य में श्लोक छंद सिद्ध नहीं हुआ है.

10.18

अमेयो मितलोकस्त्वमनर्थी प्रार्थनावहः ।
अजितो जिष्णुरत्यन्तमव्यक्तो व्यक्तकारणम् ॥

अनुष्टुभ् श्लोक छंद

अमेयो	मितलो	कस्त्व	य स ग ल
। ऽ ऽ	। । ऽ	ऽ ।	मनोला छंद
मनर्थी	प्रार्थना	वहः	य र ल ग
। ऽ ऽ	ऽ । ऽ	। ऽ	भाषा छंद
अजितो	जिष्णुर	त्यन्त	स र ग ल
। । ऽ	ऽ । ऽ	ऽ ।	वलीकेन्दु छंद
मव्यक्तो	व्यक्तका	रणम्	म र ल ग
ऽ ऽ ऽ	ऽ । ऽ	। ऽ	क्षमा छंद

10.19

हृदयस्थमनासन्नमकामं त्वां तपस्विनम् ।
दयालुमनघस्पृष्टं पुराणमजरं विदुः ॥

अनुष्टुभ् श्लोक छंद

हृदय	स्थमना	सन्न	स स ग ल
। । ऽ	। । ऽ	ऽ ।	मही छंद
मकामं	त्वांतप	स्विनम्	य र ल ग
। ऽ ऽ	ऽ । ऽ	। ऽ	भाषा छंद
दयालु	मनघ	स्पृष्टं	ज स ग ग
। ऽ ।	। । ऽ	ऽ ऽ	भांर्गी छंद

कालिदास के बृहत् महाकाव्य रघुवंश की छंद मीमांसा

पुराण	मजरं	विदुः	ज स ल ग
।ऽ।	।।ऽ	।ऽ	अपरिचित छंद

10.20

सर्वज्ञस्त्वमविज्ञातः सर्वयोनिस्त्वमात्मभूः ।
सर्वप्रभुरनीशस्त्वमेकस्त्वं सर्वरूपभाक् ॥

अनुष्टुभ् श्लोक छंद

सर्वज्ञ	स्त्वमवि	ज्ञातः	म स ग ग
ऽऽऽ	।।ऽ	ऽऽ	वक्त्र छंद
सर्वयो	निस्त्वमा	त्मभूः	र र ल ग
ऽ।ऽ	ऽ।ऽ	।ऽ	हेमरूप छंद
सर्वप्र	भुरनी	शस्त्व	त स ग ल
ऽऽ।	।।ऽ	ऽ।	श्यामा छंद
मेकस्त्वं	सर्वरू	पभाक्	म र ल ग
ऽऽऽ	ऽ।ऽ	।ऽ	क्षमा छंद

10.21

सप्तसामोपगीतं त्वां सप्तार्णवजलेशयम् ।
सप्तार्चिमुखमाचख्युः सप्तलोकैकसंश्रयम् ॥

अनुष्टुभ् श्लोक छंद

सप्तसा	मोपगी	तंत्वां	र र ग ग
ऽ।ऽ	ऽ।ऽ	ऽऽ	पद्ममाला छंद
सप्तार्ण	वजले	शयम्	त स ल ग
ऽऽ।	।।ऽ	।ऽ	पथ्यावक्त्र छंद
सप्तार्चि	मुखमा	चख्युः	त स ग ग
ऽऽ।	।।ऽ	ऽऽ	श्यामा छंद
सप्तलो	कैकसं	श्रयम्	र र ल ग
ऽ।ऽ	ऽ।ऽ	।ऽ	हेमरूप छंद

10.22

चतुर्वर्गफलं ज्ञानं कालावस्थाश्चतुर्युगाः ।
चतुर्वर्णमयो लोकस्त्वत्तः सर्वं चतुर्मुखात् ॥

अनुष्टुभ् श्लोक छंद

चतुर्व	र्गफलं	ज्ञानं	य र ग ग
। ऽ ऽ	ऽ । ऽ	ऽ ऽ	कुलाधारी छंद
कालाव	स्थाश्चतु	र्युगाः	म र ल ग
ऽ ऽ ऽ	ऽ । ऽ	। ऽ	क्षमा छंद
चतुर्व	र्णमयो	लोक	य स ग ग
। ऽ ऽ	। । ऽ	ऽ ऽ	मनोला छंद
स्त्वत्तःस	र्वंचतु	र्मुखात्	म र ल ग
ऽ ऽ ऽ	ऽ । ऽ	। ऽ	क्षमा छंद

10.23

अभ्यासनिगृहीतेन मनसा हृदयाश्रयम् ।
ज्योतिर्मयं विचिन्वन्ति योगिनस्त्वां विमुक्तये ॥

अनुष्टुभ् श्लोक छंद

अभ्यास	निगृही	तेन	त स ग ल
ऽ ऽ ।	। । ऽ	ऽ ।	श्यामा छंद
मनसा	हृदया	श्रयम्	स स ल ग
। । ऽ	। । ऽ	। ऽ	कलिला छंद
ज्योतिर्म	यंविचि	न्वन्ति	त र ग ल
ऽ ऽ ।	ऽ । ऽ	ऽ ।	विभा छंद
योगिन	स्त्वांविमु	क्तये	र र ल ग
ऽ । ऽ	ऽ । ऽ	। ऽ	हेमरूप छंद

10.24

अजस्य गृह्णतो जन्म निरीहस्य हतद्विषः ।
स्वपतो जागरूकस्य याथार्थ्यं वेद कस्तव ॥

अनुष्टुभ् श्लोक छंद

अजस्य	गृह्णतो	जन्म	ज र ग ल
।ऽ।	ऽ।ऽ	ऽ।	सुचंद्रप्रभा छंद
निरीह	स्यहत	द्विषः	य स ल ग
।ऽऽ	।।ऽ	।ऽ	अपरिचित छंद
स्वपतो	जागरू	कस्य	स र ग ल
।।ऽ	ऽ।ऽ	ऽ।	सुविलासा छंद
याथार्थ्यं	वेदक	स्तव	म र ल ग
ऽऽऽ	ऽ।ऽ	।ऽ *	क्षमा छंद

10.25

शब्दादीन्विषयान्भोक्तुं चरितुं दुश्चरं तपः ।
पर्याप्तोऽसि प्रजाः पातुमौदासीन्येन वर्तितुम् ॥

अनुष्टुभ् श्लोक छंद

शब्दादी	न्विषया	न्भोक्तुं	म स ग ग
ऽऽऽ	।।ऽ	ऽऽ	वक्त्र छंद
चरितुं	दुश्चरं	तपः	स र ल ग
।।ऽ	ऽ।ऽ	।ऽ	शलुकलुप्त छंद
पर्याप्तो	सिप्रजाः	पातु	म र ग ल
ऽऽऽ	ऽ।ऽ	ऽ।	मधुमालती छंद
मौदासी	न्येनव	र्तितुम्	म र ल ग
ऽऽऽ	ऽ।ऽ	।ऽ	क्षमा छंद

10.26

बहुधाप्यागमैर्भिन्नाः पन्थानः सिद्धिहेतवः ।
त्वय्येव निपतन्त्योघा जाह्नवीया इवार्णवे ॥

अनुष्टुभ् श्लोक छंद

बहुधा	प्यागमै	र्भिन्नाः	स र ग ग
।।ऽ	ऽ।ऽ	ऽऽ	परिधारा छंद
पन्थानः	सिद्धिहे	तवः	म र ल ग
ऽऽऽ	ऽ।ऽ	।ऽ	क्षमा छंद
त्वय्येव	निपत	न्त्योघा	त स ग ग
ऽऽ।	।।ऽ	ऽऽ	श्यामा छंद
जाह्नवी	याइवा	र्णवे	र र ल ग
ऽ।ऽ	ऽ।ऽ	।ऽ	हेमरूप छंद

10.27

त्वय्यावेशितचित्तानां त्वत्समर्पितकर्मणाम् ।
गतिस्त्वं वीतरागाणामभूयःसंनिवृत्तये ॥

अनुष्टुभ् श्लोक छंद

त्वय्यावे	शितचि	त्तानां	म स ग ग
ऽऽऽ	।।ऽ	ऽऽ	वक्त्र छंद
त्वत्सम	र्पितक	र्मणाम्	र स ल ग
ऽ।ऽ	।।ऽ	।ऽ	पथ्यावक्त्र छंद
गतिस्त्वं	वीतरा	गाणा	य र ग ग
।ऽऽ	ऽ।ऽ	ऽऽ	कुलाधारी छंद
मभूयः	संनिवृ	त्तये	य र ल ग
।ऽऽ	ऽ।ऽ	।ऽ	भाषा छंद

10.28

प्रत्यक्षोऽप्यपरिच्छेद्यो मह्यादिर्महिमा तव ।
आप्तवागनुमानाभ्यां साध्यं त्वां प्रति का कथा ॥

अनुष्टुभ् श्लोक छंद

प्रत्यक्षो	प्यपरि	च्छेद्यो	म स ग ग

ऽ ऽ ऽ	। । ऽ	ऽ ऽ	वक्त्र छंद
मह्यादि	र्महिमा	तव	म स ल ग
ऽ ऽ ऽ	। । ऽ	। ऽ *	पथ्यावक्त्र छंद
आप्तवा	गनुमा	नाभ्यां	र स ग ग
ऽ । ऽ	। । ऽ	ऽ ऽ	गाथ छंद
साध्यंत्वां	प्रतिका	कथा	म स ल ग
ऽ ऽ ऽ	। । ऽ	। ऽ	पथ्यावक्त्र छंद

10.29

केवलं स्मरणेनैव पुनांसि पुरुषं यतः ।
अनेन वृत्तयः शेषा निवेदितफलास्त्वयि ॥

अनुष्टुभ् श्लोक छंद

केवलं	स्मरणे	नैव	र स ग ल
ऽ । ऽ	। । ऽ	ऽ ।	गाथ छंद
पुनांसि	पुरुषं	यतः	ज स ल ग
। ऽ ।	। । ऽ	। ऽ	अपरिचित छंद
अनेन	वृत्तयः	शेषा	ज र ग ग
। ऽ ।	ऽ । ऽ	ऽ ऽ	यशस्करी छंद
निवेदि	तफला	स्त्वयि	ज स ल ग
। ऽ ।	। । ऽ	। ऽ *	अपरिचित छंद

10.30

उदधेरिव रत्नानि तेजांसीव विवस्वतः ।
स्तुतिभ्यो व्यतिरिच्यन्ते दूराणि चरितानि ते ॥

अनुष्टुभ् श्लोक छंद

उदधे	रिवर	त्नानि	स स ग ल
। । ऽ	। । ऽ	ऽ ।	मही छंद
तेजांसी	वविव	स्वतः	म स ल ग

ऽ ऽ ऽ	। । ऽ	। ऽ	पथ्यावक्त्र छंद
स्तुतिभ्यो	व्यतिरि	च्यन्ते	य स ग ग
। ऽ ऽ	। । ऽ	ऽ ऽ	मनोला छंद
दूराणि	चरिता	निते	त स ल ग
ऽ ऽ ।	। । ऽ	। ऽ	पथ्यावक्त्र छंद

10.31

अनवाप्तमवाप्तव्यं न ते किञ्चन विद्यते ।
लोकानुग्रह एवैको हेतुस्ते जन्मकर्मणोः ॥

अनुष्टुभ् श्लोक छंद

अनवा	प्तमवा	प्तव्यं	स स ग ग
। । ऽ	। । ऽ	ऽ ऽ	पंचशिखा छंद
नतेकि	ञ्चनवि	द्यते	य स ल ग
। ऽ ऽ	। । ऽ	। ऽ	अपरिचित छंद
लोकानु	ग्रहए	वैको	म स ग ग
ऽ ऽ ऽ	। । ऽ	ऽ ऽ	वक्त्र छंद
हेतुस्ते	जन्मक	र्मणोः	म र ल ग
ऽ ऽ ऽ	ऽ । ऽ	। ऽ	क्षमा छंद

10.32

महिमानं यदुत्कीर्त्य तव संह्रियते वचः ।
श्रमेण तदशक्त्या वा न गुणानामियत्तया ॥

अनुष्टुभ् श्लोक छंद

महिमा	नंयदु	त्कीर्त्य	स र ग ल
। । ऽ	ऽ । ऽ	ऽ ।	शलुकलुप्त छंद
तवसं	ह्रियते	वचः	स स ल ग
। । ऽ	। । ऽ	। ऽ	कलिला छंद
श्रमेण	तदश	क्त्यावा	ज स ग ग

कालिदास के बृहत् महाकाव्य रघुवंश की छंद मीमांसा

। ऽ ।	। । ऽ	ऽ ऽ	भार्गी छंद
नगुणा	नामिय	त्तया	स र ल ग
। । ऽ	ऽ । ऽ	। ऽ	शलुकलुप्त छंद

10.33

इति प्रसादयामासुस्ते सुरास्तमधोक्षजम् ।
भूतार्थव्याहृतिः सा हि न स्तुतिः परमेष्ठिनः ॥

अनुष्टुभ् श्लोक छंद

इतिप्र	सादया	मासु	ज र ग ग
। ऽ ।	ऽ । ऽ	ऽ ऽ	यशस्करी छंद
स्तेसुरा	स्तमधो	क्षजम्	र स ल ग
ऽ । ऽ	। । ऽ	। ऽ	पथ्यावक्त्रा छंद
भूतार्थ	व्याहृतिः	साहि	म र ग ल
ऽ ऽ ऽ	ऽ । ऽ	ऽ ।	मधुमालती छंद
नस्तुतिः	परमे	ष्ठिनः	र स ल ग
ऽ । ऽ	। । ऽ	। ऽ	पथ्यावक्त्रा छंद

10.34

तस्मै कुशलसंप्रश्नव्यञ्जितप्रीतये सुराः ।
भयमप्रलयोद्वेलादाचख्युर्नैरृतोदधेः ॥

अनुष्टुभ् श्लोक छंद

तस्मैकु	शलसं	प्रश्न	त स ग ग
ऽ ऽ ।	। । ऽ	ऽ ऽ	श्यामा छंद
व्यञ्जित	प्रीतये	सुराः	र र ल ग
ऽ । ऽ	ऽ । ऽ	। ऽ	हेमरूप छंद
भयम	प्रलयो	द्वेला	स स ग ग
। । ऽ	। । ऽ	ऽ ऽ	पंचशिखा छंद
दाचख्यु	नैरृतो	दधेः	म र ल ग

ऽ ऽ ऽ	ऽ । ऽ	। ऽ	क्षमा छंद

10.35

अथ वेलासमासन्नशैलरन्ध्रानुवादिना ।
स्वरेणोवाच भगवान् परिभूतार्णवध्वनिः ॥

श्लोकेतर अनुष्टुभ् छंद

अथवे	लासमा	सन्न	स र ग ल
। । ऽ	ऽ । ऽ	ऽ ।	परिधारा छंद
शैलर	न्ध्रानुवा	दिना	र र ल ग
ऽ । ऽ	ऽ । ऽ	। ऽ	हेमरूप छंद
स्वरेणो	वाचभ	गवा	य भ ल ग
। ऽ ऽ	ऽ । ।	। ऽ	पथ्यावक्त्र छंद
न्परिभू	तार्णव	ध्वनिः	स र ल ग
। । ऽ	ऽ । ऽ	। ऽ	शलुकलुप्त छंद

पाद टिप्पणी :

इस अनुष्टुभ् छंद के विषम चरण 3 में पहले चार अक्षरों के बाद य गण (। ऽ ऽ)
के स्थान पर न (। । ।) गण आने के कारण इस चार चरणों के पद्य में श्लोक
छंद सिद्ध नहीं हुआ है.

10.36

पुराणस्य कवेस्तस्य वर्णस्थानसमीरिता ।
बभूव कृतसंस्कारा चरितार्थैव भारती ॥

अनुष्टुभ् श्लोक छंद

पुराण	स्यकवे	स्तस्य	य स ग ल
। ऽ ऽ	। । ऽ	ऽ ।	मनोला छंद
वर्णस्था	नसमी	रिता	म स ल ग
ऽ ऽ ऽ	। । ऽ	। ऽ	पथ्यावक्त्र छंद
बभूव	कृतसं	स्कारा	ज स ग ग

।ऽ।	।।ऽ	ऽऽ	भांर्गी छंद
चरिता	थैंवभा	रती	स र ल ग
।।ऽ	ऽ।ऽ	।ऽ	शलुकलुप्त छंद

10.37

बभौ सदशनज्योत्स्ना सा विभोर्वदनोद्गता ।
निर्यातिशेषा चरणाद्गङ्गेवोर्ध्वप्रवर्तिनी ॥

अनुष्टुभ् श्लोक छंद

बभौस	दशन	ज्योत्स्ना	ज स ग ग
।ऽ।	।।ऽ	ऽऽ	भांर्गी छंद
साविभो	र्वदनो	द्गता	र स ल ग
ऽ।ऽ	।।ऽ	।ऽ	पथ्यावक्त्र छंद
निर्यात	शेषाच	रणा	त त ल ग
ऽऽ।	ऽऽ।	।ऽ	कराली छंद
द्गङ्गेवो	र्ध्वप्रव	र्तिनी	म र ल ग
ऽऽऽ	ऽ।ऽ	।ऽ	क्षमा छंद

10.38

जाने वो रक्षसाक्रान्तावनुभावपराक्रमौ ।
अङ्गिनां तमसेवोभौ गुणौ प्रथममध्यमौ ॥

अनुष्टुभ् श्लोक छंद

जानेवो	रक्षसा	क्रान्ता	म र ग ग
ऽऽऽ	ऽ।ऽ	ऽऽ	मधुमालती छंद
वनुभा	वपरा	क्रमौ	स स ल ग
।।ऽ	।।ऽ	।ऽ	कलिला छंद
अङ्गिनां	तमसे	वोभौ	र स ग ग
ऽ।ऽ	।।ऽ	ऽऽ	गाथ छंद
गुणौप्र	थमम	ध्यमौ	ज स ल ग

।ऽ।	।।ऽ	।ऽ	अपरिचित छंद

10.39

विदितं तप्यमानं च तेन मे भुवनत्रयम् ।
अकामोपनतेनेव साधोर्हृदयमेनसा ॥

अनुष्टुभ् श्लोक छंद

विदितं	तप्यमा	नंच	स र ग ल
।।ऽ	ऽ।ऽ	ऽ।	वलीकेन्दु छंद
तेनमे	भुवन	त्रयम्	र स ल ग
ऽ।ऽ	।।ऽ	।ऽ	पथ्यावक्त्र छंद
अकामो	पनते	नेव	य स ग ल
।ऽऽ	।।ऽ	ऽ।	मनोला छंद
साधोर्हृ	दयमे	नसा	त स ल ग
ऽऽ।	।।ऽ	।ऽ	पथ्यावक्त्र छंद

10.40

कार्येषु चैककार्यत्वादभ्यर्थ्योऽस्मि न वज्रिणा ।
स्वयमेव हि वातोऽग्नेः सारथ्यं प्रतिपद्यते ॥

श्लोकेतर अनुष्टुभ् छंद

कार्येषु	चैकका	र्यत्वा	त र ग ग
ऽऽ।	ऽ।ऽ	ऽऽ	विभा छंद
दभ्यर्थ्यो	स्मिनव	ज्रिणा	म स ल ग
ऽऽऽ	।।ऽ	।ऽ	पथ्यावक्त्र छंद
स्वयमे	वहिवा	तोग्नेः	स स ग ग
।।ऽ	।।ऽ	ऽऽ	पंचशिखा छंद
सारथ्यं	प्रतिप	द्यते	म स ल ग
ऽऽऽ	।।ऽ	।ऽ	पथ्यावक्त्र छंद

10.41

स्वासिधारापरिहृतः कामं चक्रस्य तेन मे ।
स्थापितो दशमो मूर्धा लभ्यांश इव रक्षसा ॥

अनुष्टुभ् श्लोक छंद

स्वासिधा	रापरि	हृतः	र भ ल ग
ऽ । ऽ	ऽ । ।	। ऽ	कुरुचरी छंद
कामंच	क्रस्यते	नमे	म र ल ग
ऽ ऽ ऽ	ऽ । ऽ	। ऽ	क्षमा छंद
स्थापितो	दशमो	मूर्धा	र स ग ग
ऽ । ऽ	। । ऽ	ऽ ऽ	गाथ छंद
लभ्यांश	इवर	क्षसा	त स ल ग
ऽ ऽ ।	। । ऽ	। ऽ	पथ्यावक्त्र छंद

पाद टिप्पणी :

इस अनुष्टुभ् छंद के विषम चरण 1 में पहले चार अक्षरों के बाद य गण (। ऽ ऽ) के स्थान पर न (। । ।) गण आने के कारण इस चार चरणों के पद्य में श्लोक छंद सिद्ध नहीं हुआ है.

10.42

स्त्रष्टुर्वरातिसर्गात्तु मया तस्य दुरात्मनः ।
अत्यारूढं रिपोः सोढं चन्दनेनेव भोगिनः ॥

अनुष्टुभ् श्लोक छंद

स्त्रष्टुर्व	रातिस	र्गात्तु	त र ग ल
ऽ ऽ ऽ	ऽ । ऽ	ऽ ।	विभा छंद
मयात	स्यदुरा	त्मनः	य र ल ग
। ऽ ऽ	ऽ । ऽ	। ऽ	भाषा छंद
अत्यारू	ढंरिपोः	सोढं	म र ग ग
ऽ ऽ ऽ	ऽ । ऽ	ऽ ऽ	मधुमालती छंद
चन्दने	नेवभो	गिनः	र र ल ग

ऽ । ऽ	ऽ । ऽ	। ऽ	हेमरूप छंद

10.43

धातारं तपसा प्रीतं ययाचे स हि राक्षसः ।
दैवात्सर्गादवध्यत्वं मर्त्येष्वास्थापराङ्मुखः ॥

अनुष्टुभ् श्लोक छंद

धातारं	तपसा	प्रीतं	म स ग ग
ऽ ऽ ऽ	। । ऽ	ऽ ऽ	वक्त्र छंद
ययाचे	सहिरा	क्षसः	य स ल ग
। ऽ ऽ	। । ऽ	। ऽ	अपरिचित छंद
दैवात्स	र्गादव	ध्यत्वं	म र ग ग
ऽ ऽ ऽ	ऽ । ऽ	ऽ ऽ	मधुमालती छंद
मर्त्येष्वा	स्थापरा	ङ्मुखः	म र ल ग
ऽ ऽ ऽ	ऽ । ऽ	। ऽ	क्षमा छंद

10.44

सोऽहं दाशरथिर्भूत्वा रणभूमेर्बलिक्षमम् ।
करिष्यामि शरैस्तीक्ष्णैस्तच्छिरःकमलोच्चयम् ॥

अनुष्टुभ् श्लोक छंद

सोहंदा	शरथि	र्भूत्वा	म स ग ग
ऽ ऽ ऽ	। । ऽ	ऽ ऽ	वक्त्र छंद
रणभू	मेर्बलि	क्षमम्	स र ल ग
। । ऽ	ऽ । ऽ	। ऽ	शलुकलुप्त छंद
करिष्या	मिशरै	स्तीक्ष्णै	य स ग ग
। ऽ ऽ	। । ऽ	ऽ ऽ	मनोला छंद
स्तच्छिरः	कमलो	च्चयम्	र स ल ग
ऽ । ऽ	। । ऽ	। ऽ	पथ्यावक्त्र छंद

10.45

अचिराद्यज्वभिर्भागं कल्पितं विधिवत्पुनः ।
मायाविभिरनालीढमादास्यध्वे निशाचरैः ॥

अनुष्टुभ् श्लोक छंद

अचिरा	द्यज्वभि	र्भागं	स र ग ग
। । ऽ	ऽ । ऽ	ऽ ऽ	परिधारा छंद
कल्पितं	विधिव	त्पुनः	र स ल ग
ऽ । ऽ	। । ऽ	। ऽ	पथ्यावक्त्रा छंद
मायावि	भिरना	लीढ	त स ग ल
ऽ ऽ ।	। । ऽ	ऽ ।	श्यामा छंद
मादास्य	ध्वेनिशा	चरैः	म र ल ग
ऽ ऽ ऽ	ऽ । ऽ	। ऽ	क्षमा छंद

10.46

वैमानिकाः पुण्यकृतस्त्यजन्तु मरुतां पथि ।
पुष्पकालोकसंक्षोभं मेघावरणतत्पराः ॥

श्लोकेतर अनुष्टुभ् छंद

वैमानि	काःपुण्य	कृत	त त ल ग
ऽ ऽ ।	ऽ ऽ ।	। ऽ	गर्भ छंद
स्त्यजन्तु	मरुतां	पथि	त स ल ग
ऽ ऽ ।	। । ऽ	। ऽ *	पथ्यावक्त्रा छंद
पुष्पका	लोकसं	क्षोभं	र र ग ग
ऽ । ऽ	ऽ । ऽ	ऽ ऽ	पद्ममाला छंद
मेघाव	रणत	त्पराः	त स ल ग
ऽ ऽ ।	। । ऽ	। ऽ	पथ्यावक्त्रा छंद

पाद टिप्पणी :

इस अनुष्टुभ् छंद के विषम चरण 1 में पहले चार अक्षरों के बाद य गण (। ऽ ऽ)

के स्थान पर भ (ऽ । ।) गण आने के कारण इस चार चरणों के पद्य में श्लोक छंद सिद्ध नहीं हुआ है।

10.47

मोक्ष्यध्वे स्वर्गबन्दीनां वेणीबन्धनदूषितान् ।
शापयन्त्रितपौलस्त्यबलात्कारकचग्रहैः ॥

अनुष्टुभ् श्लोक छंद

मोक्ष्यध्वे	स्वर्गब	न्दीनां	म र ग ग
ऽ ऽ ऽ	ऽ । ऽ	ऽ ऽ	मधुमालती छंद
वेणीब	न्धनदू	षितान्	म स ल ग
ऽ ऽ ऽ	। । ऽ	। ऽ	पथ्यावक्त्र छंद
शापय	न्त्रितपौ	लस्त्य	र स ग ग
ऽ । ऽ	। । ऽ	ऽ ऽ	गाथ छंद
बलात्का	रकच	ग्रहैः	य स ल ग
। ऽ ऽ	। । ऽ	। ऽ	अपरिचित छंद

10.48

रावणावग्रहक्लान्तमिति वागमृतेन सः ।
अभिवृष्य मरुत्सस्यं कृष्णमेघस्तिरोदधे ॥

अनुष्टुभ् श्लोक छंद

रावणा	वग्रह	क्लान्त	र र ग ल
ऽ । ऽ	ऽ । ऽ	ऽ ।	लक्ष्मी छंद
मितिवा	गमृते	नसः	स स ल ग
। । ऽ	। । ऽ	। ऽ	कलिला छंद
अभिवृ	ष्यमरु	त्सस्यं	स स ग ल
। । ऽ	। । ऽ	ऽ ।	पंचशिखा छंद
कृष्णमे	घस्तिरो	दधे	र र ल ग
ऽ । ऽ	ऽ । ऽ	। ऽ	हेमरूप छंद

10.49

पुरहूतप्रभृतयः सुरकार्योद्यतं सुराः ।
अंशैरनुययुर्विष्णुं पुष्पैर्वायुमिव द्रुमाः ॥

श्लोकेतर अनुष्टुभ् छंद

पुरहू	तप्रभृ	तयः	स भ ल ग
। । ऽ	ऽ । ।	। ऽ	सुतमधु छंद
सुरका	र्योद्यतं	सुराः	स र ल ग
। । ऽ	ऽ । ऽ	। ऽ	शलुकलुप्त छंद
अंशैर	नुययु	र्विष्णुं	त स ग ग
ऽ ऽ ।	। । ऽ	ऽ ऽ	श्यामा छंद
पुष्पैर्वा	युमिव	द्रुमाः	म स ल ग
ऽ ऽ ऽ	। । ऽ	। ऽ	पथ्यावक्त्र छंद

पाद टिप्पणी :

इस अनुष्टुभ् छंद के विषम चरण 1 में पहले चार अक्षरों के बाद य गण (। ऽ ऽ) के स्थान पर न (। । ।) गण आने के कारण इस चार चरणों के पद्य में श्लोक छंद सिद्ध नहीं हुआ है.

10.50

अथ तस्य विशांपत्युरन्ते कामस्य कर्मणः ।
पुरुषः प्रबभूवाग्नेर्विस्मयेन सहर्त्विजाम् ॥

अनुष्टुभ् श्लोक छंद

अथत	स्यविशां	पत्यु	स स ग ल
। । ऽ	। । ऽ	ऽ ।	मही छंद
रन्तेका	मस्यक	र्मणः	म र ल ग
ऽ ऽ ऽ	ऽ । ऽ	। ऽ	क्षमा छंद
पुरुषः	प्रबभू	वाग्ने	स स ग ग
। । ऽ	। । ऽ	ऽ ऽ	पंचशिखा छंद

र्विस्मये	नसह	त्विजाम्	र स ल ग
ऽ । ऽ	। । ऽ	। ऽ	पथ्यावक्त्र छंद

10.51

हेमपात्रगतं दोर्भ्यामादधानः पयश्चरुम् ।
अनुप्रवेशादाद्यस्य पुंसस्तेनापि दुर्वहम् ॥

श्लोकेतर अनुष्टुभ् छंद

हेमपा	त्रगतं	दोर्भ्या	र स ग ग
ऽ । ऽ	। । ऽ	ऽ ऽ	गाथ छंद
मादधा	नःपय	श्चरुम्	र र ल ग
ऽ । ऽ	ऽ । ऽ	। ऽ	हेमरूप छंद
अनुप्र	वेशादा	द्यस्य	ज म ग ल
। ऽ ।	ऽ ऽ ऽ	ऽ ।	अपरिचित छंद
पुंसस्ते	नापिदु	र्वहम्	म र ल ग
ऽ ऽ ऽ	ऽ । ऽ	। ऽ	क्षमा छंद

पाद टिप्पणी :

इस अनुष्टुभ् छंद के विषम चरण 3 में पहले चार अक्षरों के बाद य गण (। ऽ ऽ) के स्थान पर म (ऽ ऽ ऽ) गण आने के कारण इस चार चरणों के पद्य में श्लोक छंद सिद्ध नहीं हुआ है.

10.52

प्राजापत्योपनीतं तदन्नं प्रत्यग्रहीन्नृपः ।
वृषेव पयसां सारमाविष्कृतमुदन्वता ॥

अनुष्टुभ् श्लोक छंद

प्राजाप	त्योपनी	तंत	म र ग ल
ऽ ऽ ऽ	ऽ । ऽ	ऽ ।	मधुमालती छंद
दन्नंप्र	त्यग्रही	न्नृपः	म र ल ग
ऽ ऽ ऽ	ऽ । ऽ	। ऽ	क्षमा छंद

वृषेव	पयसां	सार	ज स ग ग
।ऽ।	।।ऽ	ऽऽ	भांर्गी छंद
माविष्कृ	तमुद	न्वता	त स ल ग
ऽऽ।	।।ऽ	।ऽ	पथ्यावक्त्र छंद

10.53

अनेन कथिता राज्ञो गुणास्तस्यान्यदुर्लभाः ।
प्रसूतिं चकमे तस्मिंस्त्रैलोक्यप्रभवोऽपि यत् ॥

अनुष्टुभ् श्लोक छंद

अनेन	कथिता	राज्ञो	ज स ग ग
।ऽ।	।।ऽ	ऽऽ	भांर्गी छंद
गुणास्त	स्यान्यदु	र्लभाः	य र ल ग
।ऽऽ	ऽ।ऽ	।ऽ	भाषा छंद
प्रसूतिं	चकमे	तस्मिं	य स ग ग
।ऽऽ	।।ऽ	ऽऽ	मनोला छंद
स्त्रैलोक्य	प्रभवो	पियत्	म स ल ग
ऽऽऽ	।।ऽ	।ऽ	पथ्यावक्त्र छंद

10.54

स तेजो वैष्णवं पत्न्योर्विभेजे चरुसंज्ञितम् ।
द्यावापृथिव्योः प्रत्यग्रमहर्पतिरिवातपम् ॥

श्लोकेतर अनुष्टुभ् छंद

सतेजो	वैष्णवं	पत्न्यो	य र ग ग
।ऽऽ	ऽ।ऽ	ऽऽ	कुलाधारी छंद
र्विभेजे	चरुसं	ज्ञितम्	य स ल ग
।ऽऽ	।।ऽ	।ऽ	अपरिचित छंद
द्यावापृ	थिव्योःप्र	त्यग्र	त म ग ल
।ऽ।	ऽऽऽ	ऽ।	मृत्युंजय छंद

महर्प	तिरिवा	तपम्	ज स ल ग
। ऽ ।	। । ऽ	। ऽ	अपरिचित छंद

पाद टिप्पणी :

इस अनुष्टुभ् छंद के विषम चरण 3 में पहले चार अक्षरों के बाद य गण (। ऽ ऽ) के स्थान पर म (ऽ ऽ ऽ) गण आने के कारण इस चार चरणों के पद्य में श्लोक छंद सिद्ध नहीं हुआ है.

10.55

अर्चिता तस्य कौसल्या प्रिया केकयवंशजा ।
अतः संभाविता ताभ्यां सुमित्रामैच्छदीश्वरः ॥

अनुष्टुभ् श्लोक छंद

अर्चिता	तस्यकौ	सल्या	र र ग ग
ऽ । ऽ	ऽ । ऽ	ऽ ऽ	पद्ममाला छंद
प्रियाके	कयवं	शजा	य स ल ग
। ऽ ऽ	। । ऽ	। ऽ	अपरिचित छंद
अतःसं	भाविता	ताभ्यां	य र ग ग
। ऽ ऽ	ऽ । ऽ	ऽ ऽ	कुलाधारी छंद
सुमित्रा	मैच्छदी	श्वरः	य र ल ग
। ऽ ऽ	ऽ । ऽ	। ऽ	भाषा छंद

10.56

ते बहुज्ञस्य चित्तज्ञे पत्नौ पत्युर्महीक्षितः ।
चरोरर्धार्धभागाभ्यां तामयोजयतामुभे ॥

अनुष्टुभ् श्लोक छंद

तेबहु	ज्ञस्यचि	त्तज्ञे	र र ग ग
ऽ । ऽ	ऽ । ऽ	ऽ ऽ	पद्ममाला छंद
पत्नौप	त्युर्मही	क्षितः	म र ल ग
ऽ ऽ ऽ	ऽ । ऽ	। ऽ	क्षमा छंद

चरोर	र्धाधिभा	गाभ्यां	य र ग ग
। ऽ ऽ	ऽ । ऽ	ऽ ऽ	कुलाधारी छंद
तामयो	जयता	मुभे	र स ल ग
ऽ । ऽ	। । ऽ	। ऽ	पथ्यावक्त्र छंद

10.57

सा हि प्रणयवत्यासीत्सपत्न्योरुभयोरपि ।
भ्रमरी वारणस्येव मदनिस्यन्दरेखयोः ॥

अनुष्टुभ् श्लोक छंद

साहिप्र	णयव	त्यासी	त स ग ग
ऽ ऽ ।	। । ऽ	ऽ ऽ	श्यामा छंद
त्सपत्न्यो	रुभयो	रपि	य स ल ग
। ऽ ऽ	। । ऽ	। ऽ *	अपरिचित छंद
भ्रमरी	वारण	स्येव	स र ग ल
। । ऽ	ऽ । ऽ	ऽ ।	वलीकेन्दु छंद
मदनि	स्यन्दरे	खयोः	स र ल ग
। । ऽ	ऽ । ऽ	। ऽ	शलुकलुप्त छंद

10.58

ताभिर्गर्भः प्रजाभूत्यै दध्रे देवांशसंभवः ।
सौरीभिरिव नाडीभिरमृताख्याभिरम्मयः ॥

अनुष्टुभ् श्लोक छंद

ताभिर्ग	र्भःप्रजा	भूत्यै	म र ग ग
ऽ ऽ ऽ	ऽ । ऽ	ऽ ऽ	मधुमालती छंद
दध्रेदे	वांशसं	भवः	म र ल ग
ऽ ऽ ऽ	ऽ । ऽ	। ऽ	क्षमा छंद
सौरीभि	रिवना	डीभि	त स ग ल
ऽ ऽ ।	। । ऽ	ऽ ।	श्यामा छंद

रमृता	ख्याभिर	म्मयः	स र ल ग
। । ऽ	ऽ । ऽ	। ऽ	शलुकलुप्त छंद

10.59

सममापन्नसत्त्वास्ता रेजुरापाण्डुरत्विषः ।
अन्तर्गतफलारम्भाः सस्यानामिव संपदः ॥

अनुष्टुभ् श्लोक छंद

सममा	पन्नस	त्त्वास्ता	स र ग ग
। । ऽ	ऽ । ऽ	ऽ ऽ	परिधारा छंद
रेजुरा	पाण्डुर	त्विषः	र र ल ग
ऽ । ऽ	ऽ । ऽ	। ऽ	हेमरूप छंद
अन्तर्ग	तफला	रम्भाः	त स ग ग
ऽ ऽ ।	। । ऽ	ऽ ऽ	श्यामा छंद
सस्याना	मिवसं	पदः	म स ल ग
ऽ ऽ ऽ	। । ऽ	। ऽ	पथ्यावक्त्र छंद

10.60

गुप्तं ददृशुरात्मानं सर्वाः स्वप्नेषु वामनैः ।
जलजासिकदाशाङ्र्गचक्रलाञ्छितमूर्तिभिः ॥

अनुष्टुभ् श्लोक छंद

गुप्तंद	दृशुरा	त्मानं	त स ग ग
ऽ ऽ ।	। । ऽ	ऽ ऽ	श्यामा छंद
सर्वाःस्व	प्नेषुवा	मनैः	म र ल ग
ऽ ऽ ऽ	ऽ । ऽ	। ऽ	क्षमा छंद
जलजा	सिकदा	शाङ्र्ग	स स ग ल
। । ऽ	। । ऽ	ऽ ।	मही छंद
चक्रला	ञ्छितमू	र्तिभिः	र स ल ग
ऽ । ऽ	। । ऽ	। ऽ	पथ्यावक्त्र छंद

कालिदास के बृहत् महाकाव्य रघुवंश की छंद मीमांसा

10.61

हेमपक्षप्रभाजालं गगने च वितन्वता ।
उह्यन्ते स्म सुपर्णेन वेगाकृष्टपयोमुचा ॥

अनुष्टुभ् श्लोक छंद

हेमप	क्षप्रभा	जालं	र र ग ग
ऽ । ऽ	ऽ । ऽ	ऽ ऽ	पद्ममाला छंद
गगने	चवित	न्वता	स स ल ग
। । ऽ	। । ऽ	। ऽ	कलिला छंद
उह्यन्ते	स्मसुप	र्णेन	म स ग ल
ऽ ऽ ऽ	। । ऽ	ऽ ।	वक्त्र छंद
वेगाकृ	ष्टपयो	मुचा	म स ल ग
ऽ ऽ ऽ	। । ऽ	। ऽ	पथ्यावक्त्र छंद

10.62

बिभ्रत्या कौस्तुभन्यासं स्तनान्तरविलम्बितम् ।
पर्युपास्यन्त लक्ष्म्या च पद्मव्यजनहस्तया ॥

अनुष्टुभ् श्लोक छंद

बिभ्रत्या	कौस्तुभ	न्यासं	म र ग ग
ऽ ऽ ऽ	ऽ । ऽ	ऽ ऽ	मधुमालती छंद
स्तनान्त	रविल	म्बितम्	ज स ल ग
। ऽ ।	। । ऽ	। ऽ	अपरिचित छंद
पर्युपा	स्यन्तल	क्ष्म्याच	र र ग ल
ऽ । ऽ	ऽ । ऽ	ऽ ।	लक्ष्मी छंद
पद्मव्य	जनह	स्तया	त स ल ग
ऽ ऽ ।	। । ऽ	। ऽ	पथ्यावक्त्र छंद

10.63

कालिदास के बृहत् महाकाव्य रघुवंश की छंद मीमांसा

कृताभिषेकैर्दिव्यायां त्रिस्रोतसि च सप्तभिः ।
ब्रह्मर्षिभिः परं ब्रह्म गृणद्भिरुपतस्थिरे ॥

श्लोकेतर अनुष्टुभ् छंद

कृताभि	षेकैर्दि	व्यायां	ज म ग ग
। ऽ ।	ऽ ऽ ऽ	ऽ ऽ	अपरिचित छंद
त्रिस्रोत	सिचस	प्तभिः	त स ल ग
ऽ ऽ ।	। । ऽ	। ऽ	पथ्यावक्त्र छंद
ब्रह्मर्षि	भिःपरं	ब्रह्म	त र ग ल
ऽ ऽ ।	ऽ । ऽ	ऽ ।	विभा छंद
गृणद्भि	रुपत	स्थिरे	ज स ल ग
। ऽ ।	। । ऽ	। ऽ	अपरिचित छंद

पाद टिप्पणी :

इस अनुष्टुभ् छंद के विषम चरण 1 में पहले चार अक्षरों के बाद य गण (। ऽ ऽ) के स्थान पर म (ऽ ऽ ऽ) गण आने के कारण इस चार चरणों के पद्य में श्लोक छंद सिद्ध नहीं हुआ है.

10.64

ताभ्यस्तथाविधान्स्वप्नाञ्छ्रुत्वा प्रीतो हि पार्थिवः ।
मेने परार्ध्यमात्मानं गुरुत्वेन जगद्गुरोः ॥

अनुष्टुभ् श्लोक छंद

ताभ्यस्त	थाविधा	न्स्वप्ना	त र ग ग
ऽ ऽ ।	ऽ । ऽ	ऽ ऽ	विभा छंद
ञ्छ्रुत्वाप्री	तोहिपा	र्थिवः	म र ल ग
ऽ ऽ ऽ	ऽ । ऽ	। ऽ	क्षमा छंद
मेनेप	रार्ध्यमा	त्मानं	त र ग ग
ऽ ऽ ।	ऽ । ऽ	ऽ ऽ	विभा छंद
गुरुत्वे	नजग	द्गुरोः	य स ल ग
। ऽ ऽ	। । ऽ	। ऽ	अपरिचित छंद

10.65

विभक्तात्मा विभुस्तासामेकः कुक्षिष्वनेकधा ।
उवास प्रतिमाचन्द्रः प्रसन्नानामपामिव ॥

अनुष्टुभ् श्लोक छंद

विभक्ता	त्माविभु	स्तासा	य र ग ग
।ऽऽ	ऽ।ऽ	ऽऽ	कुलाधारी छंद
मेकःकु	क्षिष्वने	कधा	म र ल ग
ऽऽऽ	ऽ।ऽ	।ऽ	क्षमा छंद
उवास	प्रतिमा	चन्द्रः	य स ग ग
।ऽऽ	।।ऽ	ऽऽ	मनोला छंद
प्रसन्ना	नामपा	मिव	य र ल ग
।ऽऽ	ऽ।ऽ	।ऽ *	भाषा छंद

10.66

अथाग्र्यमहिषी राज्ञः प्रसूतिसमये सती ।
पुत्रं तमोपहं लेभे नक्तं ज्योतिरिवौषधिः ॥

अनुष्टुभ् श्लोक छंद

अथाग्र्य	महिषी	राज्ञः	ज स ग ग
।ऽ।	।।ऽ	ऽऽ	भांगीं छंद
प्रसूति	समये	सती	ज स ल ग
।ऽ।	।।ऽ	।ऽ	अपरिचित छंद
पुत्रंत	मोपहं	लेभे	त र ग ग
ऽऽ।	ऽ।ऽ	ऽऽ	विभा छंद
नक्तंज्यो	तिरिवौ	षधिः	म स ल ग
ऽऽऽ	।।ऽ	।ऽ	पथ्यावक्त्र छंद

10.67

राम इत्यभिरामेण वपुषा तस्य चोदितः ।
नामधेयं गुरुश्चक्रे जगत्प्रथममङ्गलम् ॥

अनुष्टुभ् श्लोक छंद

रामइ	त्यभिरा	मेण	र स ग ल
ऽ । ऽ	। । ऽ	ऽ ।	गाथ छंद
वपुषा	तस्यचो	दितः	स र ल ग
। । ऽ	ऽ । ऽ	। ऽ	शलुकलुप्त छंद
नामधे	यंगुरु	श्चक्रे	र र ग ग
ऽ । ऽ	ऽ । ऽ	ऽ ऽ	पद्ममाला छंद
जगत्प्र	थमम	ङ्गलम्	ज स ल ग
। ऽ ।	। । ऽ	। ऽ	अपरिचित छंद

10.68

रघुवंशप्रदीपेन तेनाप्रतिमतेजसा ।
रक्षागृहगता दीपाः प्रत्यादिष्टा इवाभवन् ॥

अनुष्टुभ् श्लोक छंद

रघुवं	शप्रदी	पेन	स र ग ल
। । ऽ	ऽ । ऽ	ऽ ।	वलीकेन्दु छंद
तेनाप्र	तिमते	जसा	त स ल ग
ऽ ऽ ।	। । ऽ	। ऽ	पथ्यावक्त्र छंद
रक्षागृ	हगता	दीपाः	त स ग ग
ऽ ऽ ।	। । ऽ	ऽ ऽ	श्यामा छंद
प्रत्यादि	ष्टाइवा	भवन्	म र ल ग
ऽ ऽ ऽ	ऽ । ऽ	। ऽ	क्षमा छंद

10.69

शय्यागतेन रामेण माता शातोदरी बभौ ।
सैकताम्भोजबलिना जाह्नवीव शरत्कृशा ॥

श्लोकेतर अनुष्टुभ् छंद

शय्याग	तेनरा	मेण	त र ग ल
ऽ ऽ ।	ऽ । ऽ	ऽ ।	विभा छंद
माताशा	तोदरी	बभौ	म र ल ग
ऽ ऽ ऽ	ऽ । ऽ	। ऽ	क्षमा छंद
सैकता	म्भोजब	लिना	र भ ल ग
ऽ । ऽ	ऽ । ।	। ऽ	कुरुचरी छंद
जाह्नवी	वशर	त्कृशा	र स ल ग
ऽ । ऽ	। । ऽ	। ऽ	पथ्यावक्त्र छंद

पाद टिप्पणी :

इस अनुष्टुभ् छंद के विषम चरण 3 में पहले चार अक्षरों के बाद य गण (। ऽ ऽ) के स्थान पर न (। । ।) गण आने के कारण इस चार चरणों के पद्य में श्लोक छंद सिद्ध नहीं हुआ है.

10.70

कैकेय्यास्तनयो जज्ञे भरतो नाम शीलवान् ।
जनयित्रीमलंचक्रे यः प्रश्रय इव श्रियम् ॥

अनुष्टुभ् श्लोक छंद

कैकेय्या	स्तनयो	जज्ञे	म स ग ग
ऽ ऽ ऽ	। । ऽ	ऽ ऽ	वक्त्र छंद
भरतो	नामशी	लवान्	स र ल ग
। । ऽ	ऽ । ऽ	। ऽ	शलुकलुप्त छंद
जनयि	त्रीमलं	चक्रे	र स ग ग
ऽ । ऽ	। । ऽ	ऽ ऽ	गाथ छंद
यःप्रश्र	यइव	श्रियम्	त स ल ग
ऽ ऽ ।	। । ऽ	। ऽ	पथ्यावक्त्र छंद

10.71

सुतौ लक्ष्मणशत्रुघ्नौ सुमित्रा सुषुवे यमौ ।
सम्यगाराधिता विद्या प्रबोधविनयाविव ॥

अनुष्टुभ् श्लोक छंद

सुतौल	क्ष्मणश	त्रुघ्नौ	य स ग ग
। ऽ ऽ	। । ऽ	ऽ ऽ	मनोला छंद
सुमित्रा	सुषुवे	यमौ	य स ल ग
। ऽ ऽ	। । ऽ	। ऽ	अपरिचित छंद
सम्यगा	राधिता	विद्या	र र ग ग
ऽ । ऽ	ऽ । ऽ	ऽ ऽ	पद्ममाला छंद
प्रबोध	विनया	विव	ज स ग ग
। ऽ ।	। । ऽ	ऽ ऽ *	भांर्गी छंद

10.72

निर्दोषमभवत्सर्वमाविष्कृतगुणं जगत् ।
अन्वगादिव हि स्वर्गो गां गतं पुरुषोत्तमम् ॥

अनुष्टुभ् श्लोक छंद

निर्दोष	मभव	त्सर्व	त स ग ल
ऽ ऽ ।	। । ऽ	ऽ ।	श्यामु छंद
माविष्कृ	तगुणं	जगत्	त स ल ग
ऽ ऽ ।	। । ऽ	। ऽ	पथ्यावक्त्र छंद
अन्वगा	दिवहि	स्वर्गो	र स ग ग
ऽ । ऽ	। । ऽ	ऽ ऽ	गाथ छंद
गांगतं	पुरुषो	त्तमम्	र स ल ग
ऽ । ऽ	। । ऽ	। ऽ	पथ्यावक्त्र छंद

10.73

तस्योदये चतुर्मूर्तेः पौलस्त्यचकितेश्वराः ।
विरजस्कैर्नभस्वद्भिर्दिश उच्छ्वसिता इव ॥

अनुष्टुभ् श्लोक छंद

तस्योद	येचतु	मूर्तिः	त र ग ग
ऽ ऽ ।	ऽ । ऽ	ऽ ऽ	विभा छंद
पौलस्त्य	चकिते	श्वराः	त स ल ग
ऽ ऽ ।	। । ऽ	। ऽ	पथ्यावक्त्र छंद
विरज	स्कैर्नभ	स्वद्भि	स र ग ग
। । ऽ	ऽ । ऽ	ऽ ऽ	परिधारा छंद
र्दिशउ	च्छ्वसिता	इव	स स ल ग
। । ऽ	। । ऽ	। ऽ *	अमना छंद

पाद टिप्पणी :

इस अनुष्टुभ् छंद के विषम चरण 1 में पहले चार अक्षरों के बाद य गण (। ऽ ऽ) के स्थान पर भ (ऽ । ।) गण आने के कारण इस चार चरणों के पद्य में श्लोक छंद सिद्ध नहीं हुआ है.

10.74

कृशानुरपधूमत्वात्प्रसन्नत्वात्प्रभाकरः ।
रक्षोविप्रकृतावास्तामपविद्धशुचाविव ॥

अनुष्टुभ् श्लोक छंद

कृशानु	रपधू	मत्वा	ज स ग ग
। ऽ ।	। । ऽ	ऽ ऽ	भांर्गी छंद
त्प्रसन्न	त्वात्प्रभा	करः	य र ल ग
। ऽ ऽ	ऽ । ऽ	। ऽ	भाषा छंद
रक्षोवि	प्रकृता	वास्ता	म स ग ग
ऽ ऽ ऽ	। । ऽ	ऽ ऽ	वक्त्र छंद
मपवि	द्धशुचा	विव	स स ल ग
। । ऽ	। । ऽ	। ऽ *	अमना छंद

10.75

दशाननकिरीटेभ्यस्तत्क्षणं राक्षसश्रियः ।
मणिव्याजेन पर्यस्ताः पृथिव्यामश्रुबिन्दवः ॥

अनुष्टुभ् श्लोक छंद

दशान	नकिरी	टेभ्य	ज स ग ग
।ऽ।	।।ऽ	ऽऽ	भांगीं छंद
स्तत्क्षणं	राक्षस	श्रियः	र र ल ग
ऽ।ऽ	ऽ।ऽ	।ऽ	हेमरूप छंद
मणिव्या	जेनप	र्यस्ताः	य र ग ग
।ऽऽ	ऽ।ऽ	ऽऽ	कुलाधारी छंद
पृथिव्या	मश्रुबि	न्दवः	य र ल ग
।ऽऽ	ऽ।ऽ	।ऽ	भाषा छंद

10.76

पुत्रजन्मप्रवेश्यानां तूर्याणां तस्य पुत्रिणः ।
आरम्भं प्रथमं चक्रुर्देवदुन्दुभयो दिवि ॥

अनुष्टुभ् श्लोक छंद

पुत्रज	न्मप्रवे	श्यानां	र र ग ग
ऽ।ऽ	ऽ।ऽ	ऽऽ	पद्ममाला छंद
तूर्याणां	तस्यपु	त्रिणः	म र ल ग
ऽऽऽ	ऽ।ऽ	।ऽ	क्षमा छंद
आरम्भं	प्रथमं	चक्रु	म स ग ग
ऽऽऽ	।।ऽ	ऽऽ	वक्त्र छंद
र्देवदु	न्दुभयो	दिवि	र स ल ग
ऽ।ऽ	।।ऽ	।ऽ *	पथावक्त्र छंद

10.77

संतानकमयी वृष्टिर्भवने चास्य पेतुषी ।
सन्मङ्गलोपचाराणां सैवादिरचनाऽभवत् ॥

अनुष्टुभ् श्लोक छंद

संतान	कमयी	वृष्टि	त स ग ग
ऽ ऽ ।	। । ऽ	ऽ ऽ	श्यामा छंद
भवने	चास्यपे	तुषी	स र ल ग
। । ऽ	ऽ । ऽ	। ऽ	शलुकलुप्त छंद
सन्मङ्ग	लोपचा	राणां	त र ग ग
ऽ ऽ ।	ऽ । ऽ	ऽ ऽ	विभा छंद
सैवादि	रचना	भवत्	त स ल ग
ऽ ऽ ।	। । ऽ	। ऽ	पथ्यावक्त्र छंद

10.78

कुमाराः कृतसंस्कारास्ते धात्रीस्तन्यपायिनः ।
आनन्देनाग्रजेनेव समं ववृधिरे पितुः ॥

अनुष्टुभ् श्लोक छंद

कुमाराः	कृतसं	स्कारा	य स ग ग
। ऽ ऽ	। । ऽ	ऽ ऽ	मनोला छंद
स्तेधात्री	स्तन्यपा	यिनः	म र ल ग
ऽ ऽ ऽ	ऽ । ऽ	। ऽ	क्षमा छंद
आनन्दे	नाग्रजे	नेव	म र ग ल
ऽ ऽ ऽ	ऽ । ऽ	ऽ ।	मधुमालती छंद
समंव	वृधिरे	पितुः	ज स ल ग
। ऽ ।	। । ऽ	। ऽ	अपरिचित छंद

10.79

स्वाभाविकं विनीतत्वं तेषां विनयकर्मणा ।
मुमूर्च्छ सहजं तेजो हविषेव हविर्भुजाम् ॥

अनुष्टुभ् श्लोक छंद

स्वाभावि	कंविनी	तत्वं	त र ग ग

ऽ ऽ ।	ऽ । ऽ	ऽ ऽ	विभा छंद
तेषांवि	नयक	र्मणा	त स ल ग
ऽ ऽ ।	। । ऽ	। ऽ	पथ्यावक्त्रा छंद
मुमूर्च्छ	सहजं	तेजो	ज स ग ग
। ऽ ।	। । ऽ	ऽ ऽ	भांर्गी छंद
हविषे	वहवि	र्भुजाम्	स स ल ग
। । ऽ	। । ऽ	। ऽ	कलिला छंद

10.80

परस्परविरुद्धास्ते तद्रगोरनघं कुलम् ।
अलमुद्योतयामासुर्देवारण्यमिवर्तवः ॥

अनुष्टुभ् श्लोक छंद

परस्प	रविरु	द्धास्ते	ज स ग ग
। ऽ ।	। । ऽ	ऽ ऽ	भांर्गी छंद
तद्रगो	रनघं	कुलम्	र स ल ग
ऽ । ऽ	। । ऽ	। ऽ	पथ्यावक्त्रा छंद
अलमु	द्योतया	मासु	स र ग ग
। । ऽ	ऽ । ऽ	ऽ ऽ	परिधारा छंद
र्देवार	ण्यमिव	र्तवः	म स ल ग
ऽ ऽ ऽ	। । ऽ	। ऽ	पथ्यावक्त्रा छंद

10.81

समानेऽपि हि सौभ्रात्रे यथेभौ रामलक्ष्मणौ ।
तथा भरतशत्रुघ्नौ प्रीत्या द्वन्द्वं बभूवतुः ॥

अनुष्टुभ् श्लोक छंद

समाने	पिहिसौ	भ्रात्रे	य स ग ग
। ऽ ऽ	। । ऽ	ऽ ऽ	मनोला छंद
यथेभौ	रामल	क्ष्मणौ	य र ल ग

।ऽऽ	ऽ।ऽ	।ऽ	भाषा छंद
तथाभ	रतश	त्रुघ्नौ	ज स ग ग
।ऽ।	।।ऽ	ऽऽ	भांर्गी छंद
प्रीत्याद्व	न्द्वंबभू	वतुः	म र ल ग
ऽऽऽ	ऽ।ऽ	।ऽ	क्षमा छंद

10.82

तेषां द्वयोर्द्वयोरैक्यं बिभिदे न कदाचन।
यथा वायुर्विभावस्वोर्यथा चन्द्रसमुद्रयोः॥

अनुष्टुभ् श्लोक छंद

तेषांद्व	योर्द्वयो	रैक्यं	त र ग ग
ऽऽ।	ऽ।ऽ	ऽऽ	विभा छंद
बिभिदे	नकदा	चन	स स ल ग
।।ऽ	।।ऽ	।ऽ *	अमना छंद
यथावा	युर्विभा	वस्वो	य र ग ग
।ऽऽ	ऽ।ऽ	ऽऽ	कुलाधारी छंद
र्यथाच	न्द्रसमु	द्रयोः	य स ल ग
।ऽऽ	।।ऽ	।ऽ	अपरिचित छंद

10.83

ते प्रजानां प्रजानाथास्तेजसा प्रश्रयेण च।
मनो जह्रुर्निदाघान्ते श्यामाभ्रा दिवसा इव॥

अनुष्टुभ् श्लोक छंद

तेप्रजा	नांप्रजा	नाथा	र र ग ग
ऽ।ऽ	ऽ।ऽ	ऽऽ	पद्ममाला छंद
स्तेजसा	प्रश्रये	णच	र र ल ल
ऽ।ऽ	ऽ।ऽ	।।	हेमरूप छंद
मनोज	ह्रुर्निदा	घान्ते	य र ग ग

।ऽऽ	ऽ।ऽ	ऽऽ	कुलाधारी छंद
श्यामाभ्रा	दिवसा	इव	म स ल ग
ऽऽऽ	।।ऽ	।ऽ *	पथ्यावक्त्र छंद

10.84

स चतुर्धा बभौ व्यस्तः प्रसवः पृथिवीपतेः ।
धर्मार्थकाममोक्षाणामवतार इवाङ्गवान् ॥

अनुष्टुभ् श्लोक छंद

सचतु	र्धाबभौ	व्यस्तः	स र ग ग
।।ऽ	ऽ।ऽ	ऽऽ	परिधारा छंद
प्रसवः	पृथिवी	पतेः	स स ल ग
।।ऽ	।।ऽ	।ऽ	कलिला छंद
धर्मार्थ	काममो	क्षाणा	त र ग ग
ऽऽ।	ऽ।ऽ	ऽऽ	विभा छंद
मवता	रइवा	ङ्गवान्	स स ल ग
।।ऽ	।।ऽ	।ऽ	कलिला छंद

10.85

गुणैराराधयामासुस्ते गुरुं गुरुवत्सलाः ।
तमेव चतुरन्तेशं रत्नैरिव महार्णवाः ॥

अनुष्टुभ् श्लोक छंद

गुणैरा	राधया	मासु	य र ग ग
।ऽऽ	ऽ।ऽ	ऽऽ	कुलाधारी छंद
स्तेगुरुं	गुरुव	त्सलाः	र स ल ग
ऽ।ऽ	।।ऽ	।ऽ	पथ्यावक्त्र छंद
तमेव	चतुर	न्तेशं	ज स ग ग
।ऽ।	।।ऽ	ऽऽ	भार्गी छंद
रत्नैरि	वमहा	र्णवा	त स ल ग

ऽ ऽ ।	। । ऽ	। ऽ	पथ्यावक्त्र छंद

10.86

सुरगज इव दन्तैर्भग्नदैत्यासिधारैर्नय इव पणबन्धव्यक्तयोगैरुपायैः ।
हरिरिव युगदीर्घैर्दोर्भिरंशैस्तदीयैः पतिरवनिपतीनां तैश्चकाशे चतुर्भिः ॥

मालिनी छंद (न न म य य)

सुरग	जइव	दन्तैर्भ	ग्नदैत्या	सिधारै
। । ।	। । ।	ऽ ऽ ऽ	। ऽ ऽ	। ऽ ऽ
र्नयइ	वपण	बन्धव्य	क्तयोगै	रुपायैः
। । ।	। । ।	ऽ ऽ ऽ	। ऽ ऽ	। ऽ ऽ
हरिरि	वयुग	दीर्घैर्दो	र्भिरंशै	स्तदीयैः
। । ।	। । ।	ऽ ऽ ऽ	। ऽ ऽ	। ऽ ऽ
पतिर	वनिप	तीनांतै	श्चकाशे	चतुर्भिः
। । ।	। । ।	ऽ ऽ ऽ	। ऽ ऽ	। ऽ ऽ

इति श्रीरघुवंशे महाकाव्ये कविश्रीकालिदासकृतौ रामावतारू नाम दशमः सर्गः ॥

रघुवंश सर्ग - 11

*

ताडका वध

अहल्योद्धार

सीता स्वयंवर

*

11.1

कौशिकेन स किल क्षितीश्वरो राममध्वरविघातशान्तये ।
काकपक्षधरमेत्य याचितस्तेजसां हि न वयः समीक्ष्यते ॥

रथोद्धता छंद (र न र ल ग)

कौशिके	नसकि	लक्षिती	श्वरो
ऽ । ऽ	। । ।	ऽ । ऽ	। ऽ
रामम	ध्वरवि	घातशा	न्तये
ऽ । ऽ	। । ।	ऽ । ऽ	। ऽ
काकप	क्षधर	मेत्यया	चित
ऽ । ऽ	। । ।	ऽ । ऽ	। ऽ
स्तेजसां	हिनव	यःसमी	क्ष्यते
ऽ । ऽ	। । ।	ऽ । ऽ	। ऽ

11.2

कृच्छ्रलब्धमपि लब्धवर्णभाक्तं दिदेश मुनये सलक्ष्मणम् ।
अप्यसुप्रणयिनां रघोः कुले न व्यहन्यत कदाचिदर्थिता ॥

रथोद्धता छंद (र न र ल ग)

कृच्छ्रल	ब्धमपि	लब्धव	र्णभा
ऽ । ऽ	। । ।	ऽ । ऽ	। ऽ
क्तंदिदे	शमुन	येसल	क्ष्मणम्
ऽ । ऽ	। । ।	ऽ । ऽ	। ऽ
अप्यसु	प्रणयि	नांरघोः	कुले
ऽ । ऽ	। । ।	ऽ । ऽ	। ऽ

नव्यह	न्यतक	दाचिद	र्थिता
ऽ । ऽ	। । ।	ऽ । ऽ	। ऽ

11.3

यावदादिशति पार्थिवस्तयोर्निर्गमाय पुरमार्गसंस्क्रियाम् ।
तावदाशु विदधे मरुत्सखैः सा सपुष्पजलवर्षिभिर्घनैः ॥

रथोद्धता छंद (र न र ल ग)

यावदा	दिशति	पार्थिव	स्तयो
ऽ । ऽ	। । ।	ऽ । ऽ	। ऽ
निर्गमा	यपुर	मार्गसं	स्क्रियाम्
ऽ । ऽ	। । ।	ऽ । ऽ	। ऽ
तावदा	शुविद	धेमरु	त्सखैः
ऽ । ऽ	। । ।	ऽ । ऽ	। ऽ
सासपु	ष्पजल	वर्षिभि	र्घनैः
ऽ । ऽ	। । ।	ऽ । ऽ	। ऽ

11.4

तौ निदेशकरणोद्यतौ पितुर्धन्विनौ चरणयोर्निपेततुः ।
भूपतेरपि तयोः प्रवत्स्यतोर्नम्रयोरुपरि बाष्पबिन्दवः ॥

रथोद्धता छंद (र न र ल ग)

तौनिदे	शकर	णोद्यतौ	पितु	
ऽ । ऽ	। । ।	ऽ । ऽ	। ऽ	रथोद्धता
र्धन्विनौ	चरण	योर्निपे	ततुः	
ऽ । ऽ	। । ।	ऽ । ऽ	। ऽ	रथोद्धता
भूपते	रपित	योःप्रव	त्स्यतो	
ऽ । ऽ	। । ।	ऽ । ऽ	। ऽ	रथोद्धता
र्नम्रयो	रुपरि	बाष्पबि	न्दवः	

ऽ। ऽ	।।।	ऽ। ऽ	। ऽ	रथोद्धता

11.5

तौ पितुर्नयनजेन वारिणा किंचिदुक्षितशिखण्डकावुभौ ।
धन्विनौ तमृषिमन्वगच्छतां पौरदृष्टिकृतमार्गतोरणौ ॥

रथोद्धता छंद (र न र ल ग)

तौपितु	र्नयन	जेनवा	रिणा	
ऽ। ऽ	।।।	ऽ। ऽ	। ऽ	रथोद्धता
किंचिदु	क्षितशि	खण्डका	वुभौ	
ऽ। ऽ	।।।	ऽ। ऽ	। ऽ	रथोद्धता
धन्विनौ	तमृषि	मन्वग	च्छतां	
ऽ। ऽ	।।।	ऽ। ऽ	। ऽ	रथोद्धता
पौरदृ	ष्टिकृत	मार्गतो	रणौ	
ऽ। ऽ	।।।	ऽ। ऽ	। ऽ	रथोद्धता

11.6

लक्ष्मणानुचरमेव राघवं नेतुमैच्छदृषिरित्यसौ नृपः ।
आशिषं प्रयुयुजे न वाहिनीं सा हि रक्षणविधौ तयोः क्षमा ॥

रथोद्धता छंद (र न र ल ग)

लक्ष्मणा	नुचर	मेवरा	घवं	
ऽ। ऽ	।।।	ऽ। ऽ	। ऽ	रथोद्धता
नेतुमै	च्छदृषि	रित्यसौ	नृपः	
ऽ। ऽ	।।।	ऽ। ऽ	। ऽ	रथोद्धता
आशिषं	प्रयुयु	जेनवा	हिनीं	
ऽ। ऽ	।।।	ऽ। ऽ	। ऽ	रथोद्धता
साहिर	क्षणवि	धौतयोः	क्षमा	
ऽ। ऽ	।।।	ऽ। ऽ	। ऽ	रथोद्धता

11.7

मातृवर्गचरणस्पृशौ मुनेस्तौ प्रपद्य पदवीं महौजसः ।
रेचतुर्गतिवशात्प्रवर्तिनौ भास्करस्य मधुमाधवाविव ॥

रथोद्धता छंद (र न र ल ग)

मातृव	र्गचर	णस्पृशौ	मुने	
ऽ । ऽ	। । ।	ऽ । ऽ	। ऽ	रथोद्धता
स्तौप्रप	द्यपद	वींमहौ	जसः	
ऽ । ऽ	। । ।	ऽ । ऽ	। ऽ	रथोद्धता
रेचतु	र्गतिव	शात्प्रव	र्तिनौ	
ऽ । ऽ	। । ।	ऽ । ऽ	। ऽ	रथोद्धता
भास्कर	स्यमधु	माधवा	विव	
ऽ । ऽ	। । ।	ऽ । ऽ	। ऽ *	रथोद्धता

11.8

वीचिलोलभुजयोस्तयोर्गतं शैशवाच्चपलमप्यशोभत ।
तूयदागम इवोद्ध्यभिद्ययोर्नामधेयसदृशं विचेष्टितम् ॥

रथोद्धता छंद (र न र ल ग)

वीचिलो	लभुज	योस्तयो	र्गतं	
ऽ । ऽ	। । ।	ऽ । ऽ	। ऽ	रथोद्धता
शैशवा	च्चपल	मप्यशो	भत	
ऽ । ऽ	। । ।	ऽ । ऽ	। ऽ *	रथोद्धता
तूयदा	गमइ	वोद्ध्यभि	द्ययो	
ऽ । ऽ	। । ।	ऽ । ऽ	। ऽ	रथोद्धता
र्नामधे	यसदृ	शंविचे	ष्टितम्	
ऽ । ऽ	। । ।	ऽ । ऽ	। ऽ	रथोद्धता

11.9

तौ बलातिबलयोः प्रभावतो विद्ययोः पथि मुनिप्रदिष्टयोः ।
मम्लतुर्न मणिकुट्टिमोचितौ मातृपार्श्वपरिवर्तिनाविव ॥

रथोद्धता छंद (र न र ल ग)

तौबला	तिबल	योःप्रभा	वतो	
ऽ । ऽ	। । ।	ऽ । ऽ	। ऽ	रथोद्धता
विद्ययोः	पथिमु	निप्रदि	ष्टयोः	
ऽ । ऽ	। । ।	ऽ । ऽ	। ऽ	रथोद्धता
मम्लतु	र्नमणि	कुट्टिमो	चितौ	
ऽ । ऽ	। । ।	ऽ । ऽ	। ऽ	रथोद्धता
मातृपा	र्श्वपरि	वर्तिना	विव	
ऽ । ऽ	। । ।	ऽ । ऽ	। ऽ *	रथोद्धता

11.10

पूर्ववृत्तकथितैः पुराविदः सानुजः पितृसखस्य राघवः ।
उह्यमान इव वाहनोचितः पादचारमपि न व्यभावयत् ॥

रथोद्धता छंद (र न र ल ग)

पूर्ववृ	त्तकथि	तैःपुरा	विदः	
ऽ । ऽ	। । ।	ऽ । ऽ	। ऽ	रथोद्धता
सानुजः	पितृस	खस्यरा	घवः	
ऽ । ऽ	। । ।	ऽ । ऽ	। ऽ	रथोद्धता
उह्यमा	नइव	वाहनो	चितः	
ऽ । ऽ	। । ।	ऽ । ऽ	। ऽ	रथोद्धता
पादचा	रमपि	नव्यभा	वयत्	
ऽ । ऽ	। । ।	ऽ । ऽ	। ऽ	रथोद्धता

11.11

तौ सरांसि रसवद्भिरम्बुभिः कूजितैः श्रुतिसुखैः पतत्रिणः ।
वायवः सुरभिपुष्परेणुभिश्छायया च जलदाः सिषेविरे ॥

रथोद्धता छंद (र न र ल ग)

तौसरां	सिरस	वद्भिर	म्बुभिः	
ऽ । ऽ	। । ।	ऽ । ऽ	। ऽ	रथोद्धता
कूजितैः	श्रुतिसु	खैःपत	त्रिणः	
ऽ । ऽ	। । ।	ऽ । ऽ	। ऽ	रथोद्धता
वायवः	सुरभि	पुष्परे	णुभि	
ऽ । ऽ	। । ।	ऽ । ऽ	। ऽ	रथोद्धता
श्छायया	चजल	दाःसिषे	विरे	
ऽ । ऽ	। । ।	ऽ । ऽ	। ऽ	रथोद्धता

11.12

नाम्भसां कमलशोभिनां तथा शाखिनां च न परिश्रमच्छिदाम् ।
दर्शनेन लघुना यथा तयोः प्रीतिमापुरुभयोस्तपस्विनः ॥

रथोद्धता छंद (र न र ल ग)

नाम्भसां	कमल	शोभिनां	तथा	
ऽ । ऽ	। । ।	ऽ । ऽ	। ऽ	रथोद्धता
शाखिनां	चनप	रिश्रम	च्छिदाम्	
ऽ । ऽ	। । ।	ऽ । ऽ	। ऽ	रथोद्धता
दर्शने	नलघु	नायथा	तयोः	
ऽ । ऽ	। । ।	ऽ । ऽ	। ऽ	रथोद्धता
प्रीतिमा	पुरुभ	योस्तप	स्विनः	
ऽ । ऽ	। । ।	ऽ । ऽ	। ऽ	रथोद्धता

11.13

स्थाणुदग्धवपुषस्तपोवनं प्राप्य दाशरथिरात्तकार्मुकः ।

विग्रहेण मदनस्य चारुणा सोऽभवत्प्रतिनिधिर्न कर्मणा ॥

रथोद्धता छंद (र न र ल ग)

स्थाणुद	ग्धवपु	षस्तपो	वनं	
ऽ । ऽ	। । ।	ऽ । ऽ	। ऽ	रथोद्धता
प्राप्यदा	शरथि	रात्तका	र्मुकः	
ऽ । ऽ	। । ।	ऽ । ऽ	। ऽ	रथोद्धता
विग्रहे	णमद	नस्यचा	रुणा	
ऽ । ऽ	। । ।	ऽ । ऽ	। ऽ	रथोद्धता
सोभव	त्प्रतिनि	धिर्नक	र्मणा	
ऽ । ऽ	। । ।	ऽ । ऽ	। ऽ	रथोद्धता

11.14

तौ सुकेतुसुतया खिलीकृते कौशिकाद्विदितशापया पथि ।
निन्यतुः स्थलनिवेशिताटनी लीलयैव धनुषी अधिज्यताम् ॥

रथोद्धता छंद (र न र ल ग)

तौसुके	तुसुत	याखिली	कृते	
ऽ । ऽ	। । ।	ऽ । ऽ	। ऽ	रथोद्धता
कौशिका	द्विदित	शापया	पथि	
ऽ । ऽ	। । ।	ऽ । ऽ	। ऽ *	रथोद्धता
निन्यतुः	स्थलनि	वेशिता	टनी	
ऽ । ऽ	। । ।	ऽ । ऽ	। ऽ	रथोद्धता
लीलयै	वधनु	षीअधि	ज्यताम्	
ऽ । ऽ	। । ।	ऽ । ऽ	। ऽ	रथोद्धता

11.15

ज्यानिनादमथ गृह्णती तयोः प्रादुरास बहुलक्षपाछविः ।
ताडका चलकपालकुण्डला कालिकेव निबिडा बलाकिनी ॥

रथोद्धता छंद (र न र ल ग)

ज्यानिना	दमथ	गृह्णती	तयोः	
ऽ । ऽ	। । ।	ऽ । ऽ	। ऽ	रथोद्धता
प्रादुरा	सबहु	लक्षपा	छविः	
ऽ । ऽ	। । ।	ऽ । ऽ	। ऽ	रथोद्धता
ताडका	चलक	पालकु	ण्डला	
ऽ । ऽ	। । ।	ऽ । ऽ	। ऽ	रथोद्धता
कालिके	वनिबि	डाबला	किनी	
ऽ । ऽ	। । ।	ऽ । ऽ	। ऽ	रथोद्धता

11.16

तीव्रवेगधुतमार्गवृक्षया प्रेतचीवरवसा स्वनोग्रया ।
अभ्यभावि भरताग्रजस्तया वात्ययेव पितृकाननोत्थया ॥

रथोद्धता छंद (र न र ल ग)

तीव्रवे	गधुत	मार्गवृ	क्षया	
ऽ । ऽ	। । ।	ऽ । ऽ	। ऽ	रथोद्धता
प्रेतची	वरव	सास्वनो	ग्रया	
ऽ । ऽ	। । ।	ऽ । ऽ	। ऽ	रथोद्धता
अभ्यभा	विभर	ताग्रज	स्तया	
ऽ । ऽ	। । ।	ऽ । ऽ	। ऽ	रथोद्धता
वात्यये	वपितृ	कानंनो	त्थया	
ऽ । ऽ	। । ।	ऽ । ऽ	। ऽ	रथोद्धता

11.17

उद्यतैकभुजयष्टिमायतीं श्रोणिलम्बिपुरुषान्त्रमेखलाम् ।
तां विलोक्य वनितावधे घृणां पत्रिणा सह मुमोच राघवः ॥

रथोद्धता छंद (र न र ल ग)

उद्यतै	कभुज	यष्टिमा	यतीं	
ऽ । ऽ	। । ।	ऽ । ऽ	। ऽ	रथोद्धता
श्रोणिल	म्बिपुरु	षान्त्रमे	खलाम्	
ऽ । ऽ	। । ।	ऽ । ऽ	। ऽ	रथोद्धता
तांविलो	क्यवनि	तावधे	घृणां	
ऽ । ऽ	। । ।	ऽ । ऽ	। ऽ	रथोद्धता
पत्रिणा	सहमु	मोचरा	घवः	
ऽ । ऽ	। । ।	ऽ । ऽ	। ऽ	रथोद्धता

11.18

यच्चकार विवरं शिलाघने ताडकोरसि स रामसायकः ।
अप्रविष्टविषयस्य रक्षसां द्वारतामगमदन्तकस्य तत् ॥

रथोद्धता छंद (र न र ल ग)

यच्चका	रविव	रंशिला	घने	
ऽ । ऽ	। । ।	ऽ । ऽ	। ऽ	रथोद्धता
ताडको	रसिस	रामसा	यकः	
ऽ । ऽ	। । ।	ऽ । ऽ	। ऽ	रथोद्धता
अप्रवि	ष्टविष	यस्यर	क्षसां	
ऽ । ऽ	। । ।	ऽ । ऽ	। ऽ	रथोद्धता
द्वारता	मगम	दन्तक	स्यतत्	
ऽ । ऽ	। । ।	ऽ । ऽ	। ऽ	रथोद्धता

11.19

बाणभिन्नहृदया निपेतुषी सा स्वकाननभुवं न केवलाम् ।
विष्टपत्रयपराजयस्थिरां रावणश्रियमपि व्यकम्पयत् ॥

रथोद्धता छंद (र न र ल ग)

बाणभि	न्नहृद	यानिपे	तुषी	

ऽ । ऽ	। । ।	ऽ । ऽ	। ऽ	रथोद्धता
सास्वका	ननभु	वंनके	वलाम्	
ऽ । ऽ	। । ।	ऽ । ऽ	। ऽ	रथोद्धता
विष्टप	त्रयप	राजय	स्थिरां	
ऽ । ऽ	। । ।	ऽ । ऽ	। ऽ	रथोद्धता
रावण	श्रियम	पिव्यक	म्पयत्	
ऽ । ऽ	। । ।	ऽ । ऽ	। ऽ	रथोद्धता

11.20

राममन्मथशरेण ताडिता दुःसहेन हृदये निशाचरी ।
गन्धवद्रुधिरचन्दनोक्षिता जीवितेशवसतिं जगाम सा ॥

रथोद्धता छंद (र न र ल ग)

रामम	न्मथश	रेणता	डिता	
ऽ । ऽ	। । ।	ऽ । ऽ	। ऽ	रथोद्धता
दुःसहे	नहृद	येनिशा	चरी	
ऽ । ऽ	। । ।	ऽ । ऽ	। ऽ	रथोद्धता
गन्धव	द्रुधिर	चन्दनो	क्षिता	
ऽ । ऽ	। । ।	ऽ । ऽ	। ऽ	रथोद्धता
जीविते	शवस	तिंजगा	मसा	
ऽ । ऽ	। । ।	ऽ । ऽ	। ऽ	रथोद्धता

11.21

नैर्‌ऋतघ्नमथ मन्त्रवन्मुनेः प्रापदस्त्रमवदानतोषितात् ।
ज्योतिरिन्धननिपाति भास्करात्सूर्यकान्त इव ताडकान्तकः ॥

रथोद्धता छंद (र न र ल ग)

नैर्‌ऋ	तघ्नम	थमन्त्र	वन्मु	
ऽ । ऽ	। । ।	ऽ । ऽ	। ऽ *	रथोद्धता

नेःप्राप	दस्त्रम	वदान	तोषितात्	
ऽ । ऽ	। । ।	ऽ । ऽ	। ऽ	रथोद्धता
ज्योतिरि	न्धननि	पातिभा	स्करा	
ऽ । ऽ	। । ।	ऽ । ऽ	। ऽ	रथोद्धता
त्सूर्यका	न्तइव	ताडका	न्तकः	
ऽ । ऽ	। । ।	ऽ । ऽ	। ऽ	रथोद्धता

11.22

वामनाश्रमपदं ततः परं पावनं श्रुतमृषेरुपेयिवान् ।
उन्मनाः प्रथमजन्मचेष्टितान्यस्मरन्नपि बभूव राघवः ॥

रथोद्धता छंद (र न र ल ग)

वामना	श्रमप	दंततः	परं	
ऽ । ऽ	। । ।	ऽ । ऽ	। ऽ	रथोद्धता
पावनं	श्रुतमृ	षेरुपे	यिवान्	
ऽ । ऽ	। । ।	ऽ । ऽ	। ऽ	रथोद्धता
उन्मनाः	प्रथम	जन्मचे	ष्टिता	
ऽ । ऽ	। । ।	ऽ । ऽ	। ऽ	रथोद्धता
न्यस्मर	न्नपिब	भूवरा	घवः	
ऽ । ऽ	। । ।	ऽ । ऽ	। ऽ	रथोद्धता

11.23

आससाद मुनिरात्मनस्ततः शिष्यवर्गपरिकल्पितार्हणम् ।
बद्धपल्लवपुटाञ्जलिद्रुमं दर्शनोन्मुखमृगं तपोवनम् ॥

रथोद्धता छंद (र न र ल ग)

आससा	दमुनि	रात्मन	स्ततः	
ऽ । ऽ	। । ।	ऽ । ऽ	। ऽ	रथोद्धता
शिष्यव	र्गपरि	कल्पिता	र्हणम्	

ऽ ।ऽ	।।।	ऽ ।ऽ	।ऽ	रथोद्धता
बद्धप	ल्लवपु	टाञ्जलि	द्रुमं	
ऽ ।ऽ	।।।	ऽ ।ऽ	।ऽ	रथोद्धता
दर्शनो	न्मुखमृ	गंतपो	वनम्	
ऽ ।ऽ	।।।	ऽ ।ऽ	।ऽ	रथोद्धता

11.24

तत्र दीक्षितमृषिं ररक्षतुर्विघ्नतो दशरथात्मजौ शरैः ।
लोकमन्धतमसात्क्रमोदितौ रश्मिभिः शशिदिवाकराविव ॥

रथोद्धता छंद (र न र ल ग)

तत्रदी	क्षितमृ	षिंरर	क्षतु	
ऽ ।ऽ	।।।	ऽ ।ऽ	।ऽ	रथोद्धता
र्विघ्नतो	दशर	थात्मजौ	शरैः	
ऽ ।ऽ	।।।	ऽ ।ऽ	।ऽ	रथोद्धता
लोकम	न्धतम	सात्क्रमो	दितौ	
ऽ ।ऽ	।।।	ऽ ।ऽ	।ऽ	रथोद्धता
रश्मिभिः	शशिदि	वाकरा	विव	
ऽ ।ऽ	।।।	ऽ ।ऽ	।ऽ *	रथोद्धता

11.25

वीक्ष्य वेदिमथ रक्तबिन्दुभिर्बन्धुजीवपृथुभिः प्रदूषिताम् ।
संभ्रमोऽभवदपोढकर्मणामृत्विजां च्युतविकङ्कतस्रुचाम् ॥

रथोद्धता छंद (र न र ल ग)

वीक्ष्यवे	दिमथ	रक्तबि	न्दुभि	
ऽ ।ऽ	।।।	ऽ ।ऽ	।ऽ	रथोद्धता
र्बन्धुजी	वपृथु	भिःप्रदू	षिताम्	
ऽ ।ऽ	।।।	ऽ ।ऽ	।ऽ	रथोद्धता

संभ्रमो	भवद	पोढक	र्मणा	
ऽ । ऽ	। । ।	ऽ । ऽ	। ऽ	रथोद्धता
मृत्विजां	च्युतवि	कङ्कत	स्रुचाम्	
ऽ । ऽ	। । ।	ऽ । ऽ	। ऽ	रथोद्धता

11.26

उन्मुखः सपदि लक्ष्मणाग्रजो बाणमाश्रयमुखात्समुद्धरन् ।
रक्षसां बलमपश्यदम्बरे गृध्रपक्षपवनेरितध्वजम् ॥

रथोद्धता छंद (र न र ल ग)

उन्मुखः	सपदि	लक्ष्मणा	ग्रजो	
ऽ । ऽ	। । ।	ऽ । ऽ	। ऽ	रथोद्धता
बाणमा	श्रयमु	खात्समु	द्धरन्	
ऽ । ऽ	। । ।	ऽ । ऽ	। ऽ	रथोद्धता
रक्षसां	बलम	पश्यद	म्बरे	
ऽ । ऽ	। । ।	ऽ । ऽ	। ऽ	रथोद्धता
गृध्रप	क्षपव	नेरित	ध्वजम्	
ऽ । ऽ	। । ।	ऽ । ऽ	। ऽ	रथोद्धता

11.27

तत्र यावधिपती मखद्विषां तौ शरव्यमकरोत्स नेतरान् ।
किं महोरगविसर्पिविक्रमो राजिलेषु गरुडः प्रवर्तते ॥

रथोद्धता छंद (र न र ल ग)

तत्रया	वधिप	तीमख	द्विषां	
ऽ । ऽ	। । ।	ऽ । ऽ	। ऽ	
तौशर	व्यमक	रोत्सने	तरान्	रथोद्धता
ऽ । ऽ	। । ।	ऽ । ऽ	। ऽ	
किंमहो	रगवि	सर्पिवि	क्रमो	रथोद्धता

ऽ । ऽ	। । ।	ऽ । ऽ	। ऽ	
राजिले	षुगरु	ङःप्रव	र्तते	रथोद्धता
ऽ । ऽ	। । ।	ऽ । ऽ	। ऽ	
				रथोद्धता

11.28

सोऽस्त्रमुग्रजवमस्त्रकोविदः संदधे धनुषि वायुदैवतम् ।
तेन शैलगुरुमप्यपातयत्पाण्डुपत्रमिव ताडकासुतम् ॥

रथोद्धता छंद (र न र ल ग)

सोऽस्त्रमु	ग्रजव	मस्त्रको	विदः	
ऽ । ऽ	। । ।	ऽ । ऽ	। ऽ	रथोद्धता
संदधे	धनुषि	वायुदै	वतम्	
ऽ । ऽ	। । ।	ऽ । ऽ	। ऽ	रथोद्धता
तेनशै	लगुरु	मप्यपा	तय	
ऽ । ऽ	। । ।	ऽ । ऽ	। ऽ	रथोद्धता
त्पाण्डुप	त्रमिव	ताडका	सुतम्	
ऽ । ऽ	। । ।	ऽ । ऽ	। ऽ	रथोद्धता

11.29

यः सुबाहुरिति राक्षसोऽपरस्तत्र तत्र विससर्प मायया ।
तं क्षुरप्रशकलीकृतं कृती पत्रिणां व्यभजदाश्रमाद्बहिः ॥

रथोद्धता छंद (र न र ल ग)

यःसुबा	हुरिति	राक्षसो	पर	
ऽ । ऽ	। । ।	ऽ । ऽ	। ऽ	रथोद्धता
स्तत्रत	त्रविस	सर्पमा	यया	
ऽ । ऽ	। । ।	ऽ । ऽ	। ऽ	रथोद्धता
तंक्षुर	प्रशक	लीकृतं	कृती	

कालिदास के बृहत् महाकाव्य रघुवंश की छंद मीमांसा

ऽ । ऽ	। । ।	ऽ । ऽ	। ऽ	रथोद्धता
पत्रिणां	व्यभज	दाश्रमा	द्बहिः	
ऽ । ऽ	। । ।	ऽ । ऽ	। ऽ	रथोद्धता

11.30

इत्यपास्तमखविघ्नयोस्तयोः सांयुगीनमभिनन्द्य विक्रमम् ।
ऋत्विजः कुलपतेर्यथाक्रमं वाग्यतस्य निरवर्तयन्क्रियाः ॥

रथोद्धता छंद (र न र ल ग)

इत्यपा	स्तमख	विघ्नयो	स्तयोः	
ऽ । ऽ	। । ।	ऽ । ऽ	। ऽ	रथोद्धता
सांयुगी	नमभि	नन्द्यवि	क्रमम्	
ऽ । ऽ	। । ।	ऽ । ऽ	। ऽ	रथोद्धता
ऋत्विजः	कुलप	तेर्यथा	क्रमं	
ऽ । ऽ	। । ।	ऽ । ऽ	। ऽ	रथोद्धता
वाग्यत	स्यनिर	वर्तय	न्क्रियाः	
ऽ । ऽ	। । ।	ऽ । ऽ	। ऽ	रथोद्धता

11.31

तौ प्रणामचलकाकपक्षकौ भ्रातराववभृथाप्लुतो मुनिः ।
आशिषामनुपदं समस्पृशद्दर्भपाटलतलेन पाणिना ॥

रथोद्धता छंद (र न र ल ग)

तौप्रणा	मचल	काकप	क्षकौ	
ऽ । ऽ	। । ।	ऽ । ऽ	। ऽ	रथोद्धता
भ्रातरा	ववभृ	थाप्लुतो	मुनिः	
ऽ । ऽ	। । ।	ऽ । ऽ	। ऽ	रथोद्धता
आशिषा	मनुप	दंसम	स्पृश	
ऽ । ऽ	। । ।	ऽ । ऽ	। ऽ	रथोद्धता

द्दर्भपा	टलत	लेनपा	णिना	
ऽ । ऽ	। । ।	ऽ । ऽ	। ऽ	रथोद्धता

11.32

तं न्यमन्त्रयत संभृतक्रतुर्मैथिलः स मिथिलां व्रजन्वशी ।
राघवावपि निनाय बिभ्रतौ तद्धनुःश्रवणजं कुतूहलम् ॥

रथोद्धता छंद (र न र ल ग)

तंन्यम	न्त्रयत	संभृत	क्रतु	
ऽ । ऽ	। । ।	ऽ । ऽ	। ऽ	रथोद्धता
मैथिलः	समिथि	लांव्रज	न्वशी	
ऽ । ऽ	। । ।	ऽ । ऽ	। ऽ	रथोद्धता
राघवा	वपिनि	नायबि	भ्रतौ	
ऽ । ऽ	। । ।	ऽ । ऽ	। ऽ	रथोद्धता
तद्धनुः	श्रवण	जंकुतू	हलम्	
ऽ । ऽ	। । ।	ऽ । ऽ	। ऽ	रथोद्धता

11.33

तैः शिवेषु वसतिर्गताध्वभिः सायमाश्रमतनुष्वगृह्यत ।
येषु दीर्घतपसः परिग्रहो वासवक्षणकलत्रतां ययौ ॥

रथोद्धता छंद (र न र ल ग)

तैःशिवे	षुवस	तिर्गता	ध्वभिः	
ऽ । ऽ	। । ।	ऽ । ऽ	। ऽ	रथोद्धता
सायमा	श्रमत	नुष्वगृ	ह्यत	
ऽ । ऽ	। । ।	ऽ । ऽ	। ऽ *	रथोद्धता
येषुदी	र्घतप	सःपरि	ग्रहो	
ऽ । ऽ	। । ।	ऽ । ऽ	। ऽ	रथोद्धता
वासव	क्षणक	लत्रतां	ययौ	

ऽ । ऽ	। । ।	ऽ । ऽ	। ऽ	रथोद्धता

11.34

प्रत्यपद्यत चिराय यत्पुनश्चारु गौतमवधूः शिलामयी ।
स्वं वपुः स किल किल्बिषच्छिदां रामपादरजसामनुग्रहः ॥

रथोद्धता छंद (र न र ल ग)

प्रत्यप	द्यतचि	रायय	त्पुन	
ऽ । ऽ	। । ।	ऽ । ऽ	। ऽ	रथोद्धता
श्चारुगौ	तमव	धूःशिला	मयी	
ऽ । ऽ	। । ।	ऽ । ऽ	। ऽ	रथोद्धता
स्वंवपुः	सकिल	किल्बिष	च्छिदां	
ऽ । ऽ	। । ।	ऽ । ऽ	। ऽ	रथोद्धता
रामपा	दरज	सामनु	ग्रहः	
ऽ । ऽ	। । ।	ऽ । ऽ	। ऽ	रथोद्धता

11.35

राघवान्वितमुपस्थितं मुनिं तं निशम्य जनको जनेश्वरः ।
अर्थकामसहितं सपर्यया देहबद्धमिव धर्ममभ्यगात् ॥

रथोद्धता छंद (र न र ल ग)

राघवा	न्वितमु	पस्थितं	मुनिं	
ऽ । ऽ	। । ।	ऽ । ऽ	। ऽ	रथोद्धता
तंनिश	म्यजन	कोजने	श्वरः	
ऽ । ऽ	। । ।	ऽ । ऽ	। ऽ	रथोद्धता
अर्थका	मसहि	तंसप	र्यया	
ऽ । ऽ	। । ।	ऽ । ऽ	। ऽ	रथोद्धता
देहब	द्धमिव	धर्मम	भ्यगात्	
ऽ । ऽ	। । ।	ऽ । ऽ	। ऽ	रथोद्धता

11.36

तौ विदेहनगरीनिवासिनां गां गताविव दिवः पुनर्वसू ।
मन्यते स्म पिबतां विलोचनैः पक्ष्मपातमपि वञ्चनां मनः ॥

रथोद्धता छंद (र न र ल ग)

तौविदे	हनग	रीनिवा	सिनां	
ऽ । ऽ	। । ।	ऽ । ऽ	। ऽ	रथोद्धता
गांगता	विवदि	वःपुन	र्वसू	
ऽ । ऽ	। । ।	ऽ । ऽ	। ऽ	रथोद्धता
मन्यते	स्मपिब	तांविलो	चनैः	
ऽ । ऽ	। । ।	ऽ । ऽ	। ऽ	रथोद्धता
पक्ष्मपा	तमपि	वञ्चनां	मनः	
ऽ । ऽ	। । ।	ऽ । ऽ	। ऽ	रथोद्धता

11.37

यूपवत्यवसिते क्रियाविधौ कालवित्कुशिकवंशवर्धनः ।
राममिष्वसनदर्शनोत्सुकं मैथिलाय कथयांबभूव सः ॥

रथोद्धता छंद (र न र ल ग)

यूपव	त्यवसि	तेक्रिया	विधौ	
ऽ । ऽ	। । ।	ऽ । ऽ	। ऽ	रथोद्धता
कालवि	त्कुशिक	वंशव	र्धनः	
ऽ । ऽ	। । ।	ऽ । ऽ	। ऽ	रथोद्धता
राममि	ष्वसन	दर्शनो	त्सुकं	
ऽ । ऽ	। । ।	ऽ । ऽ	। ऽ	रथोद्धता
मैथिला	यकथ	यांबभू	वसः	
ऽ । ऽ	। । ।	ऽ । ऽ	। ऽ	रथोद्धता

11.38

तस्य वीक्ष्य ललितं वपुः शिशोः पार्थिवः प्रथितवंशजन्मनः ।
स्वं विचिन्त्य च धनुर्दुरानमं पीडितो दुहितृशुल्कसंस्थया ॥

रथोद्धता छंद (र न र ल ग)

तस्यवी	क्ष्यललि	तंवपुः	शिशोः	
ऽ । ऽ	। । ।	ऽ । ऽ	। ऽ	रथोद्धता
पार्थिवः	प्रथित	वंशज	न्मनः	
ऽ । ऽ	। । ।	ऽ । ऽ	। ऽ	रथोद्धता
स्वंविचि	न्त्यचध	नुर्दुरा	नमं	
ऽ । ऽ	। । ।	ऽ । ऽ	। ऽ	रथोद्धता
पीडितो	दुहितृ	शुल्कसं	स्थया	
ऽ । ऽ	। । ।	ऽ । ऽ	। ऽ	रथोद्धता

1139.

अब्रवीच्च भगवन्मतङ्गजैर्यद्बृहद्भिरपि कर्म दुष्करम् ।
तत्र नाहमनुमन्तुमुत्सहे मोक्षवृत्ति कलभस्य चेष्टितम् ॥

रथोद्धता छंद (र न र ल ग)

अब्रवी	च्चभग	वन्मत	ङ्गजै	
ऽ । ऽ	। । ।	ऽ । ऽ	। ऽ	रथोद्धता
र्यद्बृह	द्भिरपि	कर्मदु	ष्करमः	
ऽ । ऽ	। । ।	ऽ । ऽ	। ऽ	रथोद्धता
तत्रना	हमनु	मन्तुमु	त्सहे	
ऽ । ऽ	। । ।	ऽ । ऽ	। ऽ	रथोद्धता
मोक्षवृ	त्तिकल	भस्यचे	ष्टितम्	
ऽ । ऽ	। । ।	ऽ । ऽ	। ऽ	रथोद्धता

कालिदास के बृहत् महाकाव्य रघुवंश की छंद मीमांसा

11.40

ह्लेपिता हि बहवो नरेश्वरास्तेन तात धनुषा धनुर्भृतः ।
ज्यानिघातकठिनत्वचो भुजान्स्वान्विधूय धिगिति प्रतस्थिरे ॥

रथोद्धता छंद (र न र ल ग)

ह्लेपिता	हिबह	वोनरे	श्वरा	
ऽ । ऽ	। । ।	ऽ । ऽ	। ऽ	रथोद्धता
स्तेनता	तधनु	षाधनु	र्भृतः	
ऽ । ऽ	। । ।	ऽ । ऽ	। ऽ	रथोद्धता
ज्यानिघा	तकठि	नत्वचो	भुजा	
ऽ । ऽ	। । ।	ऽ । ऽ	। ऽ	रथोद्धता
न्स्वान्विधू	यधिगि	ति प्रत	स्थिरे	
ऽ । ऽ	। । ।	ऽ । ऽ	। ऽ	रथोद्धता

11.41

प्रत्युवाच तमृषिर्निशम्यतां सारतोऽयमथवा गिरा कृतम् ।
चाप एव भवतो भविष्यति व्यक्तशक्तिरशनिर्गिराविव ॥

रथोद्धता छंद (र न र ल ग)

प्रत्युवा	चतमृ	षिर्निश	म्यतां	
ऽ । ऽ	। । ।	ऽ । ऽ	। ऽ	रथोद्धता
सारतो	यमथ	वागिरा	कृतम्	
ऽ । ऽ	। । ।	ऽ । ऽ	। ऽ	रथोद्धता
चापए	वभव	तोभवि	ष्यति	
ऽ । ऽ	। । ।	ऽ । ऽ	। ऽ	रथोद्धता
व्यक्तश	क्तिरश	निर्गिरा	विव	
ऽ । ऽ	। । ।	ऽ । ऽ	। ऽ *	रथोद्धता

11.42

एवमाप्तवचनात्स पौरुषं काकपक्षकधरेऽपि राघवे ।
श्रद्दधे त्रिदशगोपमात्रके दाहशक्तिमिव कृष्णवर्त्मनि ॥

रथोद्धता छंद (र न र ल ग)

एवमा	प्तवच	नात्सपौ	रुषं	
ऽ । ऽ	। । ।	ऽ । ऽ	। ऽ	रथोद्धता
काकप	क्षकध	रेपिरा	घव्	
ऽ । ऽ	। । ।	ऽ । ऽ	। ऽ	रथोद्धता
श्रद्दधे	त्रिदश	गोपमा	त्रके	
ऽ । ऽ	। । ।	ऽ । ऽ	। ऽ	रथोद्धता
दाहश	क्तिमिव	कृष्णव	र्त्मनि	
ऽ । ऽ	। । ।	ऽ । ऽ	। ऽ *	रथोद्धता

11.43

व्यादिदेश गणशोऽथ पार्श्वगान्कार्मुकाभिहरणाय मैथिलः ।
तैजसस्य धनुषः प्रवृत्तये तोयदानिव सहस्रलोचनः ॥

रथोद्धता छंद (र न र ल ग)

व्यादिदे	शगण	शोऽथ	पार्श्व	
ऽ । ऽ	। । ।	ऽ । ऽ	। ऽ *	रथोद्धता
गान्कार्मु	काभिह	रणाय	मैथिलः	
ऽ । ऽ	। । ।	ऽ । ऽ	। ऽ	रथोद्धता
तैजस	स्यधनु	षःप्रवृ	त्तये	
ऽ । ऽ	। । ।	ऽ । ऽ	। ऽ	रथोद्धता
तोयदा	निवस	हस्रलो	चनः	
ऽ । ऽ	। । ।	ऽ । ऽ	। ऽ	रथोद्धता

11.44

तत्प्रसुप्तभुजगेन्द्रभीषणं वीक्ष्य दाशरथिराददे धनुः ।
विद्रुतक्रतुमृगानुसारिणं येन बाणमसृजत्वृषध्वजः ॥

रथोद्धता छंद (र न र ल ग)

तत्प्रसु	प्तभुज	गेन्द्रभी	षणं	
ऽ । ऽ	। । ।	ऽ । ऽ	। ऽ	रथोद्धता
वीक्ष्यदा	शरथि	राददे	धनुः	
ऽ । ऽ	। । ।	ऽ । ऽ	। ऽ	रथोद्धता
विद्रुत	क्रतुमृ	गानुसा	रिणं	
ऽ । ऽ	। । ।	ऽ । ऽ	। ऽ	रथोद्धता
येनबा	णमसृ	जत्वृष	ध्वजः	
ऽ । ऽ	। । ।	ऽ । ऽ	। ऽ	रथोद्धता

11.45

आततज्यमकरोत्स संसदा विस्मयस्तिमितनेत्रमीक्षितः ।
शैलसारमपि नातियत्नतः पुष्पचापमिव पेशलं स्मरः ॥

रथोद्धता छंद (र न र ल ग)

आतत	ज्यमक	रोत्ससं	सदा	
ऽ । ऽ	। । ।	ऽ । ऽ	। ऽ	रथोद्धता
विस्मय	स्तिमित	नेत्रमी	क्षितः	
ऽ । ऽ	। । ।	ऽ । ऽ	। ऽ	रथोद्धता
शैलसा	रमपि	नातिय	त्नतः	
ऽ । ऽ	। । ।	ऽ । ऽ	। ऽ	रथोद्धता
पुष्पचा	पमिव	पेशलं	स्मरः	
ऽ । ऽ	। । ।	ऽ । ऽ	। ऽ	रथोद्धता

11.46

भज्यमानमतिमात्रकर्षणात्तेन वज्रपरुषस्वनं धनुः ।

भार्गवाय दृढमन्यवे पुनः क्षत्रमुद्यतमिव न्यवेदयत् ॥

रथोद्धता छंद (र न र ल ग)

भज्यमा	नमति	मात्रक	र्षणा	
ऽ । ऽ	। । ।	ऽ । ऽ	। ऽ	रथोद्धता
त्तेनव	ज्रपरु	षस्वनं	धनुः	
ऽ । ऽ	। । ।	ऽ । ऽ	। ऽ	रथोद्धता
भार्गवा	यदृढ	मन्यवे	पुनः	
ऽ । ऽ	। । ।	ऽ । ऽ	। ऽ	रथोद्धता
क्षत्रमु	द्यतमि	वन्यवे	दयत्	
ऽ । ऽ	। । ।	ऽ । ऽ	। ऽ	रथोद्धता

11.47

दृष्टसारमथ रुद्रकार्मुके वीर्यशुल्कमभिनन्द्य मैथिलः ।
राघवाय तनयामयोनिजां रूपिणीं श्रियमिव न्यवेदयत् ॥

रथोद्धता छंद (र न र ल ग)

दृष्टसा	रमथ	रुद्रका	र्मुके	
ऽ । ऽ	। । ।	ऽ । ऽ	। ऽ	रथोद्धता
वीर्यशु	ल्कमभि	नन्द्यमै	थिलः	
ऽ । ऽ	। । ।	ऽ । ऽ	। ऽ	रथोद्धता
राघवा	यतन	यामयो	निजां	
ऽ । ऽ	। । ।	ऽ । ऽ	। ऽ	रथोद्धता
रूपिणीं	श्रियमि	वन्यवे	दयत्	
ऽ । ऽ	। । ।	ऽ । ऽ	। ऽ	रथोद्धता

11.48

मैथिलः सपदि सत्यसंगरो राघवाय तनयामयोनिजाम् ।
संनिधौ द्युतिमतस्तपोनिधेरग्निसाक्षिक इवातिसृष्टवान् ॥

रथोद्धता छंद (र न र ल ग)

मैथिलः	सपदि	सत्यसं	गरो	
ऽ । ऽ	। । ।	ऽ । ऽ	। ऽ	रथोद्धता
राघवा	यतन	यामयो	निजाम्	
ऽ । ऽ	। । ।	ऽ । ऽ	। ऽ	रथोद्धता
संनिधौ	द्युतिम	तस्तपो	निधे	
ऽ । ऽ	। । ।	ऽ । ऽ	। ऽ	रथोद्धता
रग्निसा	क्षिकइ	वातिसृ	ष्टवान्	
ऽ । ऽ	। । ।	ऽ । ऽ	। ऽ	रथोद्धता

11.49

प्राहिणोच्च महितं महाद्युतिः कोसलाधिपतये पुरोधसम् ।
भृत्यभावि दुहितुः परिग्रहाद्दिश्यतां कुलमिदं निमेरिति ॥

रथोद्धता छंद (र न र ल ग)

प्राहिणो	च्चमहि	तंमहा	द्युतिः	
ऽ । ऽ	। । ।	ऽ । ऽ	। ऽ	रथोद्धता
कोसला	धिपत	येपुरो	धसम्	
ऽ । ऽ	। । ।	ऽ । ऽ	। ऽ	रथोद्धता
भृत्यभा	विदुहि	तुःपरि	ग्रहा	
ऽ । ऽ	। । ।	ऽ । ऽ	। ऽ	रथोद्धता
द्दिश्यतां	कुलमि	दंनिमे	रिति	
ऽ । ऽ	। । ।	ऽ । ऽ	। ऽ *	रथोद्धता

11.50

अन्वियेष सदृशीं स च स्नुषां प्राप चैनमनुकूलवाग्द्विजः ।
सद्य एव सुकृतां हि पच्यते कल्पवृक्षफलधर्मि काङ्क्षितम् ॥

रथोद्धता छंद (र न र ल ग)

कालिदास के बृहत् महाकाव्य रघुवंश की छंद मीमांसा

अन्विये	षसदृ	शींसच	स्नुषां	
ऽ।ऽ	।।।	ऽ।ऽ	।ऽ	रथोद्धता
प्रापचै	नमनु	कूलवा	ग्द्विजः	
ऽ।ऽ	।।।	ऽ।ऽ	।ऽ	रथोद्धता
सद्यए	वसुकृ	तांहिप	च्यते	
ऽ।ऽ	।।।	ऽ।ऽ	।ऽ	रथोद्धता
कल्पवृ	क्षफल	धर्मिका	ङ्क्षितम्	
ऽ।ऽ	।।।	ऽ।ऽ	।ऽ	रथोद्धता

11.51

तस्य कल्पितपुरस्क्रियाविधेः शुश्रुवान्वचनमग्रजन्मनः ।
उच्चचाल बलभित्सखो वशी सैन्यरेणुमुषितार्कदीधितिः ॥

रथोद्धता छंद (र न र ल ग)

तस्यक	ल्पितपु	रस्क्रिया	विधेः	
ऽ।ऽ	।।।	ऽ।ऽ	।ऽ	रथोद्धता
शुश्रुवा	न्वचन	मग्रज	न्मनः	
ऽ।ऽ	।।।	ऽ।ऽ	।ऽ	रथोद्धता
उच्चचा	लबल	भित्सखो	वशी	
ऽ।ऽ	।।।	ऽ।ऽ	।ऽ	रथोद्धता
सैन्यरे	णुमुषि	तार्कदी	धितिः	
ऽ।ऽ	।।।	ऽ।ऽ	।ऽ	रथोद्धता

11.52

आससाद मिथिलां स वेष्टयन्पीडितोपवनपादपां बलैः ।
प्रीतिरोधमसहिष्ट सा पुरी स्त्रीव कान्तपरिभोगमायतम् ॥

रथोद्धता छंद (र न र ल ग)

आससा	दमिथि	लांसवे	ष्टय	

S I S	I I I	S I S	I S	रथोद्धता
न्पीडितो	पवन	पादपां	बलैः	
S I S	I I I	S I S	I S	रथोद्धता
प्रीतिरो	धमस	हिष्टसा	पुरी	
S I S	I I I	S I S	I S	रथोद्धता
स्त्रीवका	न्तपरि	भोगमा	यतम्	
S I S	I I I	S I S	I S	रथोद्धता

11.53

तौ समेत्य समये स्थितावुभौ भूपती वरुणवासवोपमौ ।
कन्यकातनयकौतुकक्रियां स्वप्रभावसदृशीं वितेनतुः ॥

रथोद्धता छंद (र न र ल ग)

तौसमे	त्यसम	येस्थिता	वुभौ	
S I S	I I I	S I S	I S	रथोद्धता
भूपती	वरुण	वासवो	पमौ	
S I S	I I I	S I S	I S	रथोद्धता
कन्यका	तनय	कौतुक	क्रियां	
S I S	I I I	S I S	I S	रथोद्धता
स्वप्रभा	वसदृ	शींविते	नतुः	
S I S	I I I	S I S	I S	रथोद्धता

11.54

पार्थिवीमुदवहद्रघूद्वहो लक्ष्मणस्तदनुजामथोर्मिलाम् ।
यौ तयोरवरजौ वरौजसौ तौ कुशध्वजसुते सुमध्यमे ॥

रथोद्धता छंद (र न र ल ग)

पार्थिवी	मुदव	हद्रघू	द्वहो	
S I S	I I I	S I S	I S	रथोद्धता

लक्ष्मण	स्तदनु	जामथो	र्मिलाम्	
ऽ । ऽ	। । ।	ऽ । ऽ	। ऽ	रथोद्धता
यौतयो	रवर	जौवरौ	जसौ	
ऽ । ऽ	। । ।	ऽ । ऽ	। ऽ	रथोद्धता
तौकुश	ध्वजसु	तेसुम	ध्यमे	
ऽ । ऽ	। । ।	ऽ । ऽ	। ऽ	रथोद्धता

11.55

ते चतुर्थसहितास्त्रयो बभुः सूनवो नववधूपरिग्रहाः ।
सामदानविधिभेदनिग्रहाः सिद्धिमन्त इव तस्य भूपतेः ॥

रथोद्धता छंद (र न र ल ग)

तेचतु	र्थसहि	तास्त्रयो	बभुः	
ऽ । ऽ	। । ।	ऽ । ऽ	। ऽ	रथोद्धता
सूनवो	नवव	धूपरि	ग्रहा	
ऽ । ऽ	। । ।	ऽ । ऽ	। ऽ	रथोद्धता
सामदा	नविधि	भेदनि	ग्रहाः	
ऽ । ऽ	। । ।	ऽ । ऽ	। ऽ	रथोद्धता
सिद्धिम	न्तइव	तस्यभू	पते	
ऽ । ऽ	। । ।	ऽ । ऽ	। ऽ	रथोद्धता

11.56

ता नराधिपसुता नृपात्मजैस्ते च ताभिरगमन्कृतार्थताम् ।
सोऽभवद्वरवधूसमागमः प्रत्ययप्रकृतियोगसंनिभः ॥

रथोद्धता छंद (र न र ल ग)

तानरा	धिपसु	तानृपा	त्मजै	
ऽ । ऽ	। । ।	ऽ । ऽ	। ऽ	रथोद्धता
स्तेचता	भिरग	मन्कृता	र्थताम्	

ऽ । ऽ	। । ।	ऽ । ऽ	। ऽ	रथोद्धता
सोभव	द्रव	धूसमा	गमः	
ऽ । ऽ	। । ।	ऽ । ऽ	। ऽ	रथोद्धता
प्रत्यय	प्रकृति	योगसं	निभिः	
ऽ । ऽ	। । ।	ऽ । ऽ	। ऽ	रथोद्धता

11.57

एवमात्तरतिरात्मसंभवांस्तान्निवेश्य चतुरोऽपि तत्र सः ।
अध्वसु त्रिषु विसृष्टमैथिलः स्वां पुरीं दशरथो न्यवर्तत ॥

रथोद्धता छंद (र न र ल ग)

एवमा	त्तरति	रात्मसं	भवां	
ऽ । ऽ	। । ।	ऽ । ऽ	। ऽ	रथोद्धता
स्तान्निवे	श्यचतु	रोपित	त्रसः	
ऽ । ऽ	। । ।	ऽ । ऽ	। ऽ	रथोद्धता
अध्वसु	त्रिषुवि	सृष्टमै	थिलः	
ऽ । ऽ	। । ।	ऽ । ऽ	। ऽ	रथोद्धता
स्वांपुरीं	दशर	थोन्यव	र्तत	
ऽ । ऽ	। । ।	ऽ । ऽ	। ऽ *	रथोद्धता

11.58

तस्य जातु मरुतः प्रतीपगा वर्त्मसु ध्वजतरुप्रमाथिनः ।
चिक्लिशुर्भृशतया वरूथिनीमुत्तटा इव नदीरयाः स्थलीम् ॥

रथोद्धता छंद (र न र ल ग)

तस्यजा	तुमरु	तःप्रती	पगा	
ऽ । ऽ	। । ।	ऽ । ऽ	। ऽ	रथोद्धता
वर्त्मसु	ध्वजत	रुप्रमा	थिनः	
ऽ । ऽ	। । ।	ऽ । ऽ	। ऽ	रथोद्धता

चिक्लिशु	भृंशत	यावरू	थिनी	
ऽ । ऽ	। । ।	ऽ । ऽ	। ऽ	रथोद्धता
मुत्तटा	इवन	दीरयाः	स्थलीम्	
ऽ । ऽ	। । ।	ऽ । ऽ	। ऽ	रथोद्धता

11.59

लक्ष्यते स्म तदनन्तरं रविर्बद्धभीमपरिवेषमण्डलः ।
वैनतेयशमितस्य भोगिनो भोगवेष्टित इव च्युतो मणिः ॥

रथोद्धता छंद (र न र ल ग)

लक्ष्यते	स्मतद	नन्तरं	रवि	
ऽ । ऽ	। । ।	ऽ । ऽ	। ऽ	रथोद्धता
र्बद्धभी	मपरि	वेषम	ण्डलः	
ऽ । ऽ	। । ।	ऽ । ऽ	। ऽ	रथोद्धता
वैनते	यशमि	तस्यभो	गिनो	
ऽ । ऽ	। । ।	ऽ । ऽ	। ऽ	रथोद्धता
भोगवे	ष्टितइ	वच्युतो	मणिः	
ऽ । ऽ	। । ।	ऽ । ऽ	। ऽ	रथोद्धता

11.60

श्येनपक्षपरिधूसरालकाः सांध्यमेघरुधिरार्द्रवाससः ।
अङ्गना इव रजस्वला दिशो नो बभूवुरवलोकनक्षमाः ॥

रथोद्धता छंद (र न र ल ग)

श्येनप	क्षपरि	धूसरा	लकाः	
ऽ । ऽ	। । ।	ऽ । ऽ	। ऽ	रथोद्धता
सांध्यमे	घरुधि	रार्द्रवा	ससः	
ऽ । ऽ	। । ।	ऽ । ऽ	। ऽ	रथोद्धता
अङ्गना	इवर	जस्वला	दिशो	

ऽ । ऽ	। । ।	ऽ । ऽ	। ऽ	रथोद्धता
नोबभू	वुरव	लोकन	क्षमाः	
ऽ । ऽ	। । ।	ऽ । ऽ	। ऽ	रथोद्धता

11.61

भास्करश्च दिशमध्युवास यां तां श्रिताः प्रतिभयं ववासिरे ।
क्षत्रशोणितपितृक्रियोचितं चोदयन्त्य इव भार्गवं शिवाः ॥

रथोद्धता छंद (र न र ल ग)

भास्कर	श्चदिश	मध्युवा	सयां	
ऽ । ऽ	। । ।	ऽ । ऽ	। ऽ	रथोद्धता
तांश्रिताः	प्रतिभ	यंववा	सिरे	
ऽ । ऽ	। । ।	ऽ । ऽ	। ऽ	रथोद्धता
क्षत्रशो	णितपि	तृक्रियो	चितं	
ऽ । ऽ	। । ।	ऽ । ऽ	। ऽ	रथोद्धता
चोदय	न्त्यइव	भार्गवं	शिवाः	
ऽ । ऽ	। । ।	ऽ । ऽ	। ऽ	रथोद्धता

11.62

तत्प्रतीपपवनादिवैकृतं प्रेक्ष्य शान्तिमधिकृत्य कृत्यविद् ।
अन्वयुङ्क्त गुरुमीश्वरः क्षितेः स्वन्तमित्यलघयत्स तद्व्यथाम् ॥

रथोद्धता छंद (र न र ल ग)

तत्प्रती	पपव	नादिवै	कृतं	
ऽ । ऽ	। । ।	ऽ । ऽ	। ऽ	रथोद्धता
प्रेक्ष्यशा	न्तिमधि	कृत्यकृ	त्यविद्	
ऽ । ऽ	। । ।	ऽ । ऽ	। ऽ	रथोद्धता
अन्वयु	ङ्क्तगुरु	मीश्वरः	क्षितेः	
ऽ । ऽ	। । ।	ऽ । ऽ	। ऽ	रथोद्धता

कालिदास के बृहत् महाकाव्य रघुवंश की छंद मीमांसा

स्वन्तमि	त्यलघ	यत्सत	द्ध्यथाम्	
ऽ । ऽ	। । ।	ऽ । ऽ	। ऽ	रथोद्धता

11.63

तेजसः सपदि राशिरुत्थितः प्रादुरास किल वाहिनीमुखे ।
यः प्रमृज्य नयनानि सैनिकैर्लक्षणीयपुरुषाकृतिश्चिरात् ॥

रथोद्धता छंद (र न र ल ग)

तेजसः	सपदि	राशिरु	त्थितः	
ऽ । ऽ	। । ।	ऽ । ऽ	। ऽ	रथोद्धता
प्रादुरा	सकिल	वाहिनी	मुखे	
ऽ । ऽ	। । ।	ऽ । ऽ	। ऽ	रथोद्धता
यःप्रमृ	ज्यनय	नानिसै	निकै	
ऽ । ऽ	। । ।	ऽ । ऽ	। ऽ	रथोद्धता
र्लक्षणी	यपुरु	षाकृति	श्चिरात्	
ऽ । ऽ	। । ।	ऽ । ऽ	। ऽ	रथोद्धता

11.64

पित्र्यवंशमुपवीतलक्षणं मातृकं च धनुरूर्जितं दधत् ।
यः ससोम इव घर्मदीधितिः सद्विजिह्व इव चन्दनद्रुमः ॥

रथोद्धता छंद (र न र ल ग)

पित्र्यवं	शमुप	वीतल	क्षणं	
ऽ । ऽ	। । ।	ऽ । ऽ	। ऽ	रथोद्धता
मातृकं	चधनु	रूर्जितं	दधत्	
ऽ । ऽ	। । ।	ऽ । ऽ	। ऽ	रथोद्धता
यःससो	मइव	घर्मदी	धितिः	
ऽ । ऽ	। । ।	ऽ । ऽ	। ऽ	रथोद्धता
सद्विजि	ह्वइव	चन्दन	द्रुमः	

ऽ । ऽ	। । ।	ऽ । ऽ	। ऽ	रथोद्धता

11.65

येन रोषपरुषात्मनः पितुः शासने स्थितिभिदोऽपि तस्थुषा ।
वेपमानजननीशिरश्छिदा प्रागजीयत घृणा ततो मही ॥

रथोद्धता छंद (र न र ल ग)

येनरो	षपरु	षात्मनः	पितुः	
ऽ । ऽ	। । ।	ऽ । ऽ	। ऽ	रथोद्धता
शासने	स्थितिभि	दोपित	स्थुषा	
ऽ । ऽ	। । ।	ऽ । ऽ	। ऽ	रथोद्धता
वेपमा	नजन	नीशिर	श्छिदा	
ऽ । ऽ	। । ।	ऽ । ऽ	। ऽ	रथोद्धता
प्रागजी	यतघृ	णाततो	मही	
ऽ । ऽ	। । ।	ऽ । ऽ	। ऽ	रथोद्धता

11.66

अक्षबीजवलयेन निर्बभौ दक्षिणश्रवणसंस्थितेन यः ।
क्षत्रियान्तकरणैकविंशतेर्व्याजपूर्वगणनामिवोद्वहन् ॥

रथोद्धता छंद (र न र ल ग)

अक्षबी	जवल	येननि	र्बभौ	
ऽ । ऽ	। । ।	ऽ । ऽ	। ऽ	रथोद्धता
दक्षिण	श्रवण	संस्थिते	नयः	
ऽ । ऽ	। । ।	ऽ । ऽ	। ऽ	रथोद्धता
क्षत्रिया	न्तकर	णैकविं	शते	
ऽ । ऽ	। । ।	ऽ । ऽ	। ऽ	रथोद्धता
र्व्याजपू	र्वगण	नामिवो	द्वहन्	
ऽ । ऽ	। । ।	ऽ । ऽ	। ऽ	रथोद्धता

11.67

तं पितुर्वधभवेन मन्युना राजवंशनिधनाय दीक्षितम् ।
बालसूनुरवलोक्य भार्गवं स्वां दशां च विषसाद पार्थिवः ॥

रथोद्धता छंद (र न र ल ग)

तंपितु	र्वधभ	वेनम	न्युना	
ऽ । ऽ	। । ।	ऽ । ऽ	। ऽ	रथोद्धता
राजवं	शनिध	नायदी	क्षितम्	
ऽ । ऽ	। । ।	ऽ । ऽ	। ऽ	रथोद्धता
बालसू	नुरव	लोक्यभा	र्गवं	
ऽ । ऽ	। । ।	ऽ । ऽ	। ऽ	रथोद्धता
स्वांदशां	चविष	सादपा	र्थिवः	
ऽ । ऽ	। । ।	ऽ । ऽ	। ऽ	रथोद्धता

11.68

नाम राम इति तुल्यमात्मजे वर्तमानमहिते च दारुणे ।
हृद्यमस्य भयदायि चाभवद्रत्नजातमिव हारसर्पयोः ॥

रथोद्धता छंद (र न र ल ग)

नामरा	मइति	तुल्यमा	त्मजे	
ऽ । ऽ	। । ।	ऽ । ऽ	। ऽ	रथोद्धता
वर्तमा	नमहि	तेचदा	रुणे	
ऽ । ऽ	। । ।	ऽ । ऽ	। ऽ	रथोद्धता
हृद्यम	स्यभय	दायिचा	भव	
ऽ । ऽ	। । ।	ऽ । ऽ	। ऽ	रथोद्धता
द्रत्नजा	तमिव	हारस	र्पयोः	
ऽ । ऽ	। । ।	ऽ । ऽ	। ऽ	रथोद्धता

1169.

अर्घ्यमर्घ्यमिति वादिनं नृपं सोऽनवेक्ष्य भरताग्रजो यतः ।
क्षत्रकोपदहनार्चिषं ततः संदधे दृशमुदग्रतारकाम् ॥

रथोद्धता छंद (र न र ल ग)

अर्घ्यम	र्घ्यमिति	वादिनं	नृपं	
ऽ । ऽ	। । ।	ऽ । ऽ	। ऽ	रथोद्धता
सोनवे	क्ष्यभर	ताग्रजो	यतः	
ऽ । ऽ	। । ।	ऽ । ऽ	। ऽ	रथोद्धता
क्षत्रको	पदह	नार्चिषं	ततः	
ऽ । ऽ	। । ।	ऽ । ऽ	। ऽ	रथोद्धता
संदधे	दृशमु	दग्रता	रकाम्	
ऽ । ऽ	। । ।	ऽ । ऽ	। ऽ	रथोद्धता

11.70

तेन कार्मुकनिषक्तमुष्टिना राघवो विगतभीः पुरोगतः ।
अङ्गुलीविवरचारिणं शरं कुर्वता निजगदे युयुत्सुना ॥

रथोद्धता छंद (र न र ल ग)

तेनका	र्मुकनि	षक्तमु	ष्टिना	
ऽ । ऽ	। । ।	ऽ । ऽ	। ऽ	रथोद्धता
राघवो	विगत	भीःपुरो	गतः	
ऽ । ऽ	। । ।	ऽ । ऽ	। ऽ	रथोद्धता
अङ्गुली	विवर	चारिणं	शरं	
ऽ । ऽ	। । ।	ऽ । ऽ	। ऽ	रथोद्धता
कुर्वता	निजग	देयुयु	त्सुना	
ऽ । ऽ	। । ।	ऽ । ऽ	। ऽ	रथोद्धता

11.71

क्षत्रजातमपकारवैरि मे तन्निहत्य बहुशः शमं गतः ।
सुप्तसर्प इव दण्डघट्टनाद्रोषितोऽस्मि तव विक्रमश्रवात् ॥

रथोद्धता छंद (र न र ल ग)

क्षत्रजा	तमप	कारवै	रिमे	
ऽ । ऽ	। । ।	ऽ । ऽ	। ऽ	रथोद्धता
तन्निह	त्यबहु	शःशमं	गतः	
ऽ । ऽ	। । ।	ऽ । ऽ	। ऽ	रथोद्धता
सुप्तस	र्पइव	दण्डघ	ट्टना	
ऽ । ऽ	। । ।	ऽ । ऽ	। ऽ	रथोद्धता
द्रोषितो	स्मितव	विक्रम	श्रवात्	
ऽ । ऽ	। । ।	ऽ । ऽ	। ऽ	रथोद्धता

11.72

मैथिलस्य धनुरन्यपार्थिवैस्त्वं किलानमितपूर्वमक्षणोः ।
तन्निशम्य भवता समर्थये वीर्यशृङ्गमिव भग्नमात्मनः ॥

रथोद्धता छंद (र न र ल ग)

मैथिल	स्यधनु	रन्यपा	र्थिवै	
ऽ । ऽ	। । ।	ऽ । ऽ	। ऽ	रथोद्धता
स्त्वंकिला	नमित	पूर्वम	क्षणोः	
ऽ । ऽ	। । ।	ऽ । ऽ	। ऽ	रथोद्धता
तन्निश	म्यभव	तासम	र्थये	
ऽ । ऽ	। । ।	ऽ । ऽ	। ऽ	रथोद्धता
वीर्यशृ	ङ्गमिव	भग्नमा	त्मनः	
ऽ । ऽ	। । ।	ऽ । ऽ	। ऽ	रथोद्धता

11.73

अन्यदा जगति राम इत्ययं शब्द उच्चरित एव मामगात् ।

व्रीडमावहति मे स संप्रति व्यस्तवृत्तिरुदयोन्मुखे त्वयि ॥

रथोद्धता छंद (र न र ल ग)

अन्यदा	जगति	रामइ	त्ययं	
ऽ । ऽ	। । ।	ऽ । ऽ	। ऽ	रथोद्धता
शब्दउ	च्चरित	एवमा	मगात्	
ऽ । ऽ	। । ।	ऽ । ऽ	। ऽ	रथोद्धता
व्रीडमा	वहति	मेससं	प्रति	
ऽ । ऽ	। । ।	ऽ । ऽ	। ऽ	रथोद्धता
व्यस्तवृ	त्तिरुद	योन्मुखे	त्वयि	
ऽ । ऽ	। । ।	ऽ । ऽ	। ऽ *	रथोद्धता

11.74

बिभ्रतोऽस्त्रमचलेऽप्यकुण्ठितं द्वौ रुपू मम मतौ समागसौ ।
धेनुवत्सहरणाच्च हैहयस्त्वं च कीर्तिमपहर्तुमुद्यतः ॥

रथोद्धता छंद (र न र ल ग)

बिभ्रतो	स्त्रमच	लेप्यकु	ण्ठितं	
ऽ । ऽ	। । ।	ऽ । ऽ	। ऽ	रथोद्धता
द्वौरुपू	ममम	तौसमा	गसौ	
ऽ । ऽ	। । ।	ऽ । ऽ	। ऽ	रथोद्धता
धेनुव	त्सहर	णाच्चहै	हय	
ऽ । ऽ	। । ।	ऽ । ऽ	। ऽ	रथोद्धता
स्त्वंचकी	र्तिमप	हर्तुमु	द्यतः	
ऽ । ऽ	। । ।	ऽ । ऽ	। ऽ	रथोद्धता

11.75

क्षत्रियान्तकरणोऽपि विक्रमस्तेन मामवति नाजिते त्वयि ।
पावकस्य महिमा स गण्यते कक्षवज्जलति सागरेऽपि यः ॥

रथोद्धता छंद (र न र ल ग)

क्षत्रिया	न्तकर	णोपिवि	क्रम	
ऽ । ऽ	। । ।	ऽ । ऽ	। ऽ	रथोद्धता
स्तेनमा	मवति	नाजिते	त्वयि	
ऽ । ऽ	। । ।	ऽ । ऽ	। ऽ *	रथोद्धता
पावक	स्यमहि	मासग	ण्यते	
ऽ । ऽ	। । ।	ऽ । ऽ	। ऽ	रथोद्धता
कक्षव	ज्जलति	सागरे	पियः	
ऽ । ऽ	। । ।	ऽ । ऽ	। ऽ	रथोद्धता

11.76

विद्धि चात्तबलमोजसा हरेरैश्वरं धनुरभाजि यत्त्वया ।
खातमूलमनिलो नदीरयैः पातयत्यपि मृदुस्तटद्रुमम् ॥

रथोद्धता छंद (र न र ल ग)

विद्धिचा	त्तबल	मोजसा	हरे	
ऽ । ऽ	। । ।	ऽ । ऽ	। ऽ	रथोद्धता
रैश्वरं	धनुर	भाजिय	त्त्वया	
ऽ । ऽ	। । ।	ऽ । ऽ	। ऽ	रथोद्धता
खातमू	लमनि	लोनदी	रयैः	
ऽ । ऽ	। । ।	ऽ । ऽ	। ऽ	रथोद्धता
पातय	त्यपिमृ	दुस्तट	द्रुमम्	
ऽ । ऽ	। । ।	ऽ । ऽ	। ऽ	रथोद्धता

1177.

तन्मदीयमिदमायुधं ज्यया संगमय्य सशरं विकृष्यताम् ।
तिष्ठतु प्रधवमेवमप्यहं तुल्यबाहुतरसा जितस्त्वया ॥

रथोद्धता छंद (र न र ल ग)

तन्मदी	यमिद	मायुधं	ज्यया	
ऽ । ऽ	। । ।	ऽ । ऽ	। ऽ	रथोद्धता
संगम	य्यसश	रंविकृ	ष्यताम्	
ऽ । ऽ	। । ।	ऽ । ऽ	। ऽ	रथोद्धता
तिष्ठतु	प्रधव	मेवम	प्यहं	
ऽ । ऽ	। । ।	ऽ । ऽ	। ऽ	रथोद्धता
तुल्यबा	हुतर	साजित	स्त्वया	
ऽ । ऽ	। । ।	ऽ । ऽ	। ऽ	रथोद्धता

11.78

कातरोऽसि यदि वोद्गतार्चिषा तर्जितः परशुधारया मम ।
ज्यानिघातकठिनाङ्गुलिर्वृथा बध्यतामभययाचनाञ्जलिः ॥

रथोद्धता छंद (र न र ल ग)

कातरो	सियदि	वोद्गता	र्चिषा	
ऽ । ऽ	। । ।	ऽ । ऽ	। ऽ	रथोद्धता
तर्जितः	परशु	धारया	मम	
ऽ । ऽ	। । ।	ऽ । ऽ	। ऽ *	रथोद्धता
ज्यानिघा	तकठि	नाङ्गुलि	वृथा	
ऽ । ऽ	। । ।	ऽ । ऽ	। ऽ	रथोद्धता
बध्यता	मभय	याचना	ञ्जलिः	
ऽ । ऽ	। । ।	ऽ । ऽ	। ऽ	रथोद्धता

11.79

एवमुक्तवति भीमदर्शने भार्गवे स्मितविकम्पिताधरः ।
तद्धनुर्ग्रहणमेव राघवः प्रत्यपद्यत समर्थमुत्तरम् ॥

रथोद्धता छंद (र न र ल ग)

एवमु	क्तवति	भीमद	र्शने	

ऽ । ऽ	। । ।	ऽ । ऽ	। ऽ	रथोद्धता
भार्गवे	स्मितवि	कम्पिता	धरः	
ऽ । ऽ	। । ।	ऽ । ऽ	। ऽ	रथोद्धता
तद्धनु	र्ग्रहण	मेवरा	घवः	
ऽ । ऽ	। । ।	ऽ । ऽ	। ऽ	रथोद्धता
प्रत्यप	द्यतस	मर्थमु	त्तरम्	
ऽ । ऽ	। । ।	ऽ । ऽ	। ऽ	रथोद्धता

11.80

पूर्वजन्मधनुषा समागतः सोऽतिमात्रलघुदर्शनोऽभवत् ।
केवलोऽपि सुभगो नवाम्बुदः किं पुनस्त्रिदशचापलाञ्छितः ॥

रथोद्धता छंद (र न र ल ग)

पूर्वज	न्मधनु	षासमा	गतः	
ऽ । ऽ	। । ।	ऽ । ऽ	। ऽ	रथोद्धता
सोतिमा	त्रलघु	दर्शनो	भवत्	
ऽ । ऽ	। । ।	ऽ । ऽ	। ऽ	रथोद्धता
केवलो	पिसुभ	गोनवा	म्बुदः	
ऽ । ऽ	। । ।	ऽ । ऽ	। ऽ	रथोद्धता
किंपुन	स्त्रिदश	चापला	ञ्छितः	
ऽ । ऽ	। । ।	ऽ । ऽ	। ऽ	रथोद्धता

11.81

तेन भूमिनिहितैककोटि तत्कार्मुकं च बलिनाधिरोपितम् ।
निष्प्रभश्च रिपुरास भूभृतां धूमशेष इव धूमकेतनः ॥

रथोद्धता छंद (र न र ल ग)

तेनभू	मिनिहि	तैकको	टित	
ऽ । ऽ	। । ।	ऽ । ऽ	। ऽ	रथोद्धता

त्कार्मुकं	चबलि	नाधिरो	पितम्	
S I S	I I I	S I S	I S	रथोद्धता
निष्प्रभ	श्वरिपु	रासभू	भृतां	
S I S	I I I	S I S	I S	रथोद्धता
धूमशे	षइव	धूमके	तनः	
S I S	I I I	S I S	I S	रथोद्धता

11.82

तावुभावपि परस्परस्थितौ वर्धमानपरिहीनतेजसौ ।
पश्यति स्म जनता दिनात्यये पार्वणौ शशिदिवाकराविव ॥

रथोद्धता छंद (र न र ल ग)

तावुभा	वपिप	रस्पर	स्थितौ	
S I S	I I I	S I S	I S	रथोद्धता
वर्धमा	नपरि	हीनते	जसौ	
S I S	I I I	S I S	I S	रथोद्धता
पश्यति	स्मजन	तादिना	त्यये	
S I S	I I I	S I S	I S	रथोद्धता
पार्वणौ	शशिदि	वाकरा	विव	
S I S	I I I	S I S	I S *	रथोद्धता

11.83

तं कृपामुदुरवेक्ष्य भार्गवं राघवः स्खलितवीर्यमात्मनि ।
स्वं च संहितममोघमाशुगं व्याजहार हरसूनुसंनिभः ॥

रथोद्धता छंद (र न र ल ग)

तंकृपा	मुदुर	वेक्ष्यभा	र्गवं	
S I S	I I I	S I S	I S	
राघवः	स्खलित	वीर्यमा	त्मनि	रथोद्धता

कालिदास के बृहत् महाकाव्य रघुवंश की छंद मीमांसा

ऽ । ऽ	। । ।	ऽ । ऽ	। ऽ *	
स्वंचसं	हितम	मोघमा	शुगं	रथोद्धता
ऽ । ऽ	। । ।	ऽ । ऽ	। ऽ	
व्याजहा	रहर	सूनुसं	निभः	रथोद्धता
ऽ । ऽ	। । ।	ऽ । ऽ	। ऽ	
				रथोद्धता

11.84

न प्रहर्तुमलमस्मि निर्दयं विप्र इत्यभिभवत्यपि त्वयि ।
शंस किं गतिमनेन पत्रिणा हन्मि लोकमुत ते मखार्जितम् ॥

रथोद्धता छंद (र न र ल ग)

नप्रह	र्तुमल	मस्मिनि	र्दयं	
ऽ । ऽ	। । ।	ऽ । ऽ	। ऽ	रथोद्धता
विप्रइ	त्यभिभ	वत्यपि	त्वयि	
ऽ । ऽ	। । ।	ऽ । ऽ	। ऽ *	रथोद्धता
शंसकिं	गतिम	नेनप	त्रिणा	
ऽ । ऽ	। । ।	ऽ । ऽ	। ऽ	रथोद्धता
हन्मिलो	कमुत	तेमखा	र्जितम्	
ऽ । ऽ	। । ।	ऽ । ऽ	। ऽ	रथोद्धता

11.85

प्रत्युवाच तमृषिर्न तत्त्वतस्त्वां न वेद्मि पुरुषं पुरातनम् ।
गां गतस्य तव धाम वैष्णवं कोपितो ह्यसि मया दिदृक्षुणा ॥

रथोद्धता छंद (र न र ल ग)

प्रत्युवा	चतमृ	षिर्नत	त्त्वत	
ऽ । ऽ	। । ।	ऽ । ऽ	। ऽ	
स्त्वांनवे	द्मिपुरु	षंपुरा	तनम्	रथोद्धता

ऽ ।ऽ	।।।	ऽ ।ऽ	।ऽ	
गांगत	स्यतव	धामवै	ष्णवं	रथोद्धता
ऽ ।ऽ	।।।	ऽ ।ऽ	।ऽ	
कोपितो	ह्यसिम	यादिदृ	क्षुणा	रथोद्धता
ऽ ।ऽ	।।।	ऽ ।ऽ	।ऽ	
				रथोद्धता

11.86

भस्मसात्कृतवतः पितृद्विषः पात्रसाच्च वसुधां ससागराम् ।
आहितो जयविपर्ययोऽपि मे श्लाघ्य एव परमेष्ठिना त्वया ॥

रथोद्धता छंद (र न र ल ग)

भस्मसा	त्कृतव	तःपितृ	द्विषः	
ऽ ।ऽ	।।।	ऽ ।ऽ	।ऽ	रथोद्धता
पात्रसा	च्चवसु	धांससा	गराम्	
ऽ ।ऽ	।।।	ऽ ।ऽ	।ऽ	रथोद्धता
आहितो	जयवि	पर्ययो	पिमे	
ऽ ।ऽ	।।।	ऽ ।ऽ	।ऽ	रथोद्धता
श्लाघ्यए	वपर	मेष्ठिना	त्वया	
ऽ ।ऽ	।।।	ऽ ।ऽ	।ऽ	रथोद्धता

11.87

तद्गतिं मतिमतां वरेप्सितां पुण्यतीर्थगमनाय रक्ष मे ।
पीडयिष्यति न मां खिलीकृता स्वर्गपद्धतिरमोघलोलुपम् ॥

रथोद्धता छंद (र न र ल ग)

तद्गतिं	मतिम	तांवरे	प्सितां	
ऽ ।ऽ	।।।	ऽ ।ऽ	।ऽ	रथोद्धता
पुण्यती	र्थगम	नायर	क्षमे	

ऽ । ऽ	। । ।	ऽ । ऽ	। ऽ	रथोद्धता
पीडयि	ष्यतिन	मांखिली	कृता	
ऽ । ऽ	। । ।	ऽ । ऽ	। ऽ	रथोद्धता
स्वर्गप	द्धतिर	मोघलो	लुपम्	
ऽ । ऽ	। । ।	ऽ । ऽ	। ऽ	रथोद्धता

11.88

प्रत्यपद्यत तथेति राघवः प्राङ्मुखश्च विससर्ज सायकम् ।
भार्गवस्य सुकृतोऽपि सोऽभवत्स्वर्गमार्गपरिघो दुरत्ययः ॥

रथोद्धता छंद (र न र ल ग)

प्रत्यप	द्यतत	थेतिरा	घवः	
ऽ । ऽ	। । ।	ऽ । ऽ	। ऽ	रथोद्धता
प्राङ्मुख	श्चविस	सर्जसा	यकम्	
ऽ । ऽ	। । ।	ऽ । ऽ	। ऽ	रथोद्धता
भार्गव	स्यसुकृ	तोपिसो	भव	
ऽ । ऽ	। । ।	ऽ । ऽ	। ऽ	रथोद्धता
त्स्वर्गमा	र्गपरि	घोदुर	त्ययः	
ऽ । ऽ	। । ।	ऽ । ऽ	। ऽ	रथोद्धता

11.89

राघवोऽपि चरणौ तपोनिधेः क्षम्यतामिति वदन्समस्पृशत् ।
निर्जितेषु तरसा तरस्विनां शत्रुषु प्रणतिरेव कीर्तये ॥

रथोद्धता छंद (र न र ल ग)

राघवो	पिचर	णौतपो	निधेः	
ऽ । ऽ	। । ।	ऽ । ऽ	। ऽ	
क्षम्यता	मितिव	दन्सम	स्पृशत्	
ऽ । ऽ	। । ।	ऽ । ऽ	। ऽ	रथोद्धता

निर्जिते	षुतर	सातर	स्विनां	
ऽ । ऽ	। । ।	ऽ । ऽ	। ऽ	रथोद्धता
शत्रुषु	प्रणति	रेवकी	र्तये	
ऽ । ऽ	। । ।	ऽ । ऽ	। ऽ	रथोद्धता
				रथोद्धता

11.90

राजसत्वमवधूय मातृकं पित्र्यमस्मि गमितः शमं यदा ।
नन्वनिन्दितफलो मम त्वया निग्रहोऽप्ययमनुगृहीकृतः ॥

रथोद्धता छंद (र न र ल ग)

राजस	त्वमव	धूयमा	तृकं	
ऽ । ऽ	। । ।	ऽ । ऽ	। ऽ	रथोद्धता
पित्र्यम	स्मिगमि	तःशमं	यदा	
ऽ । ऽ	। । ।	ऽ । ऽ	। ऽ	रथोद्धता
नन्वनि	न्दितफ	लोमम	त्वया	
ऽ । ऽ	। । ।	ऽ । ऽ	। ऽ	रथोद्धता
निग्रहो	प्ययम	नुगृही	कृतः	
ऽ । ऽ	। । ।	ऽ । ऽ	। ऽ	रथोद्धता

11.91

साधयाम्यहमविघ्नमस्तु ते देवकार्यमुपपादयिष्यतः ।
ऊचिवानिति वचः सलक्ष्मणं लक्ष्मणाग्रजमृषितिरोदधे ॥

रथोद्धता छंद (र न र ल ग)

साधया	म्यहम	विघ्नम	स्तुते	
ऽ । ऽ	। । ।	ऽ । ऽ	। ऽ	
देवका	र्यमुप	पादयि	ष्यतः	रथोद्धता

ऽ । ऽ	। । ।	ऽ । ऽ	। ऽ	
ऊचिवा	नितिव	चःसल	क्ष्मणं	रथोद्धता
ऽ । ऽ	। । ।	ऽ । ऽ	। ऽ	
लक्ष्मणा	ग्रजमृ	षितिरो	दधे	रथोद्धता
ऽ । ऽ	। । ।	ऽ । ऽ	। ऽ	
				रथोद्धता

11.92

तस्मिन्गते विजयिनं परिरभ्य रामं स्नेहादमन्यत पिता पुनरेव जातम् ।
तस्याभवत्क्षणशुचः परितोषलाभः कक्षाग्निलङ्घिततरोरिव वृष्टिपातः ॥

वसंततिलका छंद (त भ ज ज ग ग)

तस्मिन्ग	तेविज	यिनंप	रिरभ्य	रामं
ऽ ऽ ।	ऽ । ।	। ऽ ।	। ऽ ।	ऽ ऽ
स्नेहाद	मन्यत	पितापु	नरेव	जातम्
ऽ ऽ ।	ऽ । ।	। ऽ ।	। ऽ ।	ऽ ऽ
तस्याभ	वत्क्षण	शुचःप	रितोष	लाभः
ऽ ऽ ।	ऽ । ।	। ऽ ।	। ऽ ।	ऽ ऽ
कक्षाग्नि	लङ्घित	तरोरि	ववृष्टि	पातः
ऽ ऽ ।	ऽ । ।	। ऽ ।	। ऽ ।	ऽ ऽ

11.93

अथ पथि गमयित्वा क्लृप्तरम्योपकार्ये कतिचिदवनिपालः शर्वरीः शर्वकल्पः ।
पुरमविशदयोध्यां मैथिलीदर्शनीनां कुवलयितगवाक्षां लोचनैरङ्गनानाम् ॥

मालिनी छंद (न न म य य)

अथप	थिगम	यित्वाक्लृ	प्तरम्यो	पकार्ये	
। । ।	। । ।	ऽ ऽ ऽ	। ऽ ऽ	। ऽ ऽ	
कतिचि	दवनि	पालःश	र्वरीःश	र्वकल्पः	

। । ।	। । ।	ऽ ऽ ऽ	। ऽ ऽ	। ऽ ऽ	
पुरम	विशद	योध्यांमै	थिलीद	र्शनीनां	
। । ।	। । ।	ऽ ऽ ऽ	। ऽ ऽ	। ऽ ऽ	
कुवल	यितग	वाक्षांलो	चनैर	ङ्गनानाम्	
। । ।	। । ।	ऽ ऽ ऽ	। ऽ ऽ	। ऽ ऽ	

इति श्रीरघुवंशे महाकाव्ये कविश्रीकालिदासकृतौ सीतविवाहवर्णनो नामैकादशः सर्गः ॥

रघुवंश सर्ग - 12

*

कैकेयी कांड

वनवास गमन

शुर्पणखा प्रकरण

सीता हरण

वीर जटायु

वीर हनुमान

राम-रावण युद्ध

अग्निपरीक्षा
लंका से प्रतिस्थान

*

12.1

निर्दिष्टविषयस्नेहः स दशान्तमुपेयिवान् ।
आसीदासन्ननिर्वाणः प्रदीपार्चिरिवोषसि ॥

अनुष्टुभ् श्लोक छंद

निर्दिष्ट	विषय	स्नेहः	त स ग ग
ऽ ऽ ।	। । ऽ	ऽ ऽ	श्यामा छंद
सदशा	न्तमुपे	यिवान्	स स ल ग
। । ऽ	। । ऽ	। ऽ	कलिला छंद
आसीदा	सन्ननि	र्वाणः	म र ग ग
ऽ ऽ ऽ	ऽ । ऽ	ऽ ऽ	मधुमालती छंद
प्रदीपा	र्चिरिवो	षसि	य स ल ग
। ऽ ऽ	। । ऽ	। ऽ *	अपरिचित छंद

12.2

तं कर्णमूलमागत्य रामे श्रीर्न्यस्यतामिति ।
कैकेयीशङ्कयीवाह पलितच्छद्मना जरा ॥

अनुष्टुभ् श्लोक छंद

तंकर्ण	मूलमा	गत्य	त र ग ल
ऽ ऽ ।	ऽ । ऽ	ऽ ।	विभा छंद
रामेश्री	र्न्यस्यता	मिति	म र ल ग
ऽ ऽ ऽ	ऽ । ऽ	। ऽ *	क्षमा छंद

कैकेयी	शङ्कयी	वाह	म र ग ल
ऽ ऽ ऽ	ऽ । ऽ	ऽ ।	मधुमालती छंद
पलित	च्छद्मना	जरा	स र ल ग
। । ऽ	ऽ । ऽ	। ऽ	शलुकलुप्त छंद

12.3

सा पौरान्पौरकान्तस्य रामस्याभ्युदयश्रुतिः ।
प्रत्येकं ह्लादयांचक्रे कुल्येनोद्यानपादपान् ॥

अनुष्टुभ् श्लोक छंद

सापौरा	न्पौरका	न्तस्य	म र ग ल
ऽ ऽ ऽ	ऽ । ऽ	ऽ ।	मधुमालती छंद
रामस्या	भ्युदय	श्रुतिः	म स ल ग
ऽ ऽ ऽ	। । ऽ	। ऽ	पथ्यावक्त्र छंद
प्रत्येकं	ह्लादयां	चक्रे	म र ग ग
ऽ ऽ ऽ	ऽ । ऽ	ऽ ऽ	मधुमालती छंद
कुल्येनो	द्यानपा	दपान्	म र ल ग
ऽ ऽ ऽ	ऽ । ऽ	। ऽ	क्षमा छंद

12.4

तस्याभिषेकसंभारे कल्पितं क्रूरनिश्चया ।
दूषयामास कैकेयी शोकोष्णैः पार्थिवाश्रुभिः ॥

अनुष्टुभ् श्लोक छंद

तस्याभि	षेकसं	भारे	त र ग ग
ऽ ऽ ।	ऽ । ऽ	ऽ ऽ	विभा छंद
कल्पितं	क्रूरनि	श्चया	र र ल ग
ऽ । ऽ	ऽ । ऽ	। ऽ	हेमरूप छंद
दूषया	मासकै	केयी	र र ग ग
ऽ । ऽ	ऽ । ऽ	ऽ ऽ	पद्ममाला छंद

शोकोष्णैः	पार्थिवा	श्रुभिः	म र ल ग
ऽ ऽ ऽ	ऽ । ऽ	। ऽ	क्षमा छंद

12.5

सा किलाश्वासिता चण्डी भर्त्रा तत्संश्रुतौ वरौ ।
उद्ववामेन्द्रसिक्ता भूर्बिलमग्नाविवोरगौ ॥

अनुष्टुभ् श्लोक छंद

साकिला	श्वासिता	चण्डी	र र ग ग
ऽ । ऽ	ऽ । ऽ	ऽ ऽ	पद्ममाला छंद
भर्त्रात	त्संश्रुतौ	वरौ	म र ल ग
ऽ ऽ ऽ	ऽ । ऽ	। ऽ	क्षमा छंद
उद्ववा	मेन्द्रसि	क्ताभू	र र ग ग
ऽ । ऽ	ऽ । ऽ	ऽ ऽ	पद्ममाला छंद
र्बिलम	ग्नाविवो	रगौ	स र ल ग
। । ऽ	ऽ । ऽ	। ऽ	शलुकलुप्त छंद

12.6

तयोश्चतुर्दशैकेन रामं प्राव्राजयत्समाः ।
द्वितीयेन सुतस्यैच्छद्वैधव्यैकफलां श्रियम् ॥

अनुष्टुभ् श्लोक छंद

तयोश्च	तुर्दशै	केन	त र ग ल
ऽ ऽ ।	ऽ । ऽ	ऽ ।	विभा छंद
रामंप्रा	व्राजय	त्समाः	म र ल ग
ऽ ऽ ऽ	ऽ । ऽ	। ऽ	क्षमा छंद
द्वितीये	नसुत	स्यैच्छ	य स ग ग
। ऽ ऽ	। । ऽ	ऽ ऽ	मनोला छंद
द्वैधव्यै	कफलां	श्रियम्	म स ल ग
ऽ ऽ ऽ	। । ऽ	। ऽ	पथ्यावक्त्र छंद

12.7

पित्रा दत्तं रुदन्नामः प्राङ्महीं प्रत्यपद्यत ।
पश्चाद्वनाय गच्छेति तदाज्ञां मुदितोऽग्रहीत् ॥

अनुष्टुभ् श्लोक छंद

पित्राद	त्तंरुद	न्नामः	म र ग ग
ऽ ऽ ऽ	ऽ । ऽ	ऽ ऽ	मधुमालती छंद
प्राङ्महीं	प्रत्यप	द्यत	र र ल ग
ऽ । ऽ	ऽ । ऽ	। ऽ *	हेमरूप छंद
पश्चाद्व	नायग	च्छेति	त र ग ल
ऽ ऽ ।	ऽ । ऽ	ऽ ।	विभा छंद
तदाज्ञां	मुदितो	ग्रहीत्	य स ल ग
। ऽ ऽ	। । ऽ	। ऽ	अपरिचित छंद

12.8

दधतो मङ्गलक्षौमे वसानस्य च वल्कले ।
ददृशुर्विस्मितास्तस्य मुखरागं समं जनाः ॥

अनुष्टुभ् श्लोक छंद

दधतो	मङ्गल	क्षौमे	स र ग ग
। । ऽ	ऽ । ऽ	ऽ ऽ	परिधारा छंद
वसान	स्यचव	ल्कले	य स ल ग
। ऽ ऽ	। । ऽ	। ऽ	अपरिचित छंद
ददृशु	र्विस्मिता	स्तस्य	स र ग ल
। । ऽ	ऽ । ऽ	ऽ ।	वलीकेन्दु छंद
मुखरा	गंसमं	जनाः	स र ल ग
। । ऽ	ऽ । ऽ	। ऽ	शलुकलुप्त छंद

12.9

स सीतालक्ष्मणसखः सत्याद्गुरुमलोपयन् ।

विवेश दण्डकारण्यं प्रत्येकं च सतां मनः ॥

श्लोकेतर अनुष्टुभ् छंद

ससीता	लक्ष्मण	सखः	य भ ल ग
। ऽ ऽ	ऽ । ।	। ऽ	पथ्यावक्त्र छंद
सत्याद्गु	रुमलो	पयन्	त स ल ग
ऽ ऽ ।	। । ऽ	। ऽ	पथ्यावक्त्र छंद
विवेश	दण्डका	रण्यं	ज र ग ग
। ऽ ।	ऽ । ऽ	ऽ ऽ	यशस्करी छंद
प्रत्येकं	चसतां	मनः	म स ल ग
ऽ ऽ ऽ	। । ऽ	। ऽ	पथ्यावक्त्र छंद

पाद टिप्पणी :

इस अनुष्टुभ् छंद के विषम चरण 1 में पहले चार अक्षरों के बाद य गण (। ऽ ऽ) के स्थान पर न (। । ।) गण आने के कारण इस चार चरणों के पद्य में श्लोक छंद सिद्ध नहीं हुआ है.

12.10

राजाऽपि तद्वियोगार्तः स्मृत्वा शापं स्वकर्मजम् ।
शरीरत्यागमात्रेण शुद्धिलाभममन्यत ॥

अनुष्टुभ् श्लोक छंद

राजापि	तद्वियो	गार्तः	त र ग ग
ऽ ऽ ।	ऽ । ऽ	ऽ ऽ	विभा छंद
स्मृत्वाशा	पंस्वक	र्मजम्	म र ल ग
ऽ ऽ ऽ	ऽ । ऽ	। ऽ	क्षमा छंद
शरीर	त्यागमा	त्रेण	य र ग ल
। ऽ ऽ	ऽ । ऽ	ऽ ।	सुचंद्रभा छंद
शुद्धिला	भमम	न्यत	र स ल ग
ऽ । ऽ	। । ऽ	। ऽ *	पथ्यावक्त्र छंद

12.11

विप्रोषितकुमारं तद्राज्यमस्तमितेश्वरम् ।
रन्ध्रान्वेषणदक्षाणां द्विषामामिषतां ययौ ॥

अनुष्टुभ् श्लोक छंद

विप्रोषि	तकुमा	रंत	त स ग ग
ऽ ऽ ।	। । ऽ	ऽ ऽ	श्यामा छंद
द्राज्यम	स्तमिते	श्वरम्	र स ल ग
ऽ । ऽ	। । ऽ	। ऽ	पथ्यावक्त्र छंद
रन्ध्रान्वे	षणद	क्षाणां	म स ग ग
ऽ ऽ ऽ	। । ऽ	ऽ ऽ	वक्त्र छंद
द्विषामा	मिषतां	ययौ	य स ल ग
। ऽ ऽ	। । ऽ	। ऽ	अपरिचित छंद

12.12

अथानाथाः प्रकृतयो मातृबन्धुनिवासिनम् ।
मौलैरानाययामासुर्भरतं स्तम्भिताश्रुभिः ॥

श्लोकेतर अनुष्टुभ् छंद

अथाना	थाःप्रकृ	तयो	य भ ल ग
। ऽ ऽ	ऽ । ।	। ऽ	पथ्यावक्त्र छंद
मातृब	न्धुनिवा	सिनम्	र स ल ग
ऽ । ऽ	। । ऽ	। ऽ	पथ्यावक्त्र छंद
मौलैरा	नायया	मासु	म र ग ग
ऽ ऽ ऽ	ऽ । ऽ	ऽ ऽ	मधुमालती छंद
र्भरतं	स्तम्भिता	श्रुभिः	स र ल ग
। । ऽ	ऽ । ऽ	। ऽ	शलुकलुप्त छंद

पाद टिप्पणी :

इस अनुष्टुभ् छंद के विषम चरण 1 में पहले चार अक्षरों के बाद य गण (। ऽ ऽ) के स्थान पर न (। । ।) गण आने के कारण इस चार चरणों के पद्य में श्लोक

छंद सिद्ध नहीं हुआ है.

12.13

श्रुत्वा तथाविधं मृत्युं कैकेयीतनयः पितुः ।
मातुर्न केवलं स्वस्याः श्रियोऽप्यासीत्पराङ्मुखः ॥

अनुष्टुभ् श्लोक छंद

श्रुत्वात	थाविधं	मृत्युं	त र ग ग
ऽ ऽ ।	ऽ । ऽ	ऽ ऽ	विभा छंद
कैकेयी	तनयः	पितुः	म स ल ग
ऽ ऽ ऽ	। । ऽ	। ऽ	पथ्यावक्त्र छंद
मातुर्न	केवलं	स्वस्याः	त र ग ग
ऽ ऽ ।	ऽ । ऽ	ऽ ऽ	विभा छंद
श्रियोप्या	सीत्परा	ङ्मुखः	य र ल ग
। ऽ ऽ	ऽ । ऽ	। ऽ	भाषा छंद

12.14

ससैन्यश्चान्वगाद्रामं दर्शितानाश्रमालयैः ।
तस्य पश्यन्ससौमित्रेरुदश्रुर्वसतिद्रुमान् ॥

अनुष्टुभ् श्लोक छंद

ससैन्य	श्चान्वगा	द्रामं	य र ग ग
। ऽ ऽ	ऽ । ऽ	ऽ ऽ	कुलाधारी छंद
दर्शिता	नाश्रमा	लयैः	र र ल ग
ऽ । ऽ	ऽ । ऽ	। ऽ	हेमरूप छंद
तस्यप	श्यन्ससौ	मित्रे	र र ग ग
ऽ । ऽ	ऽ । ऽ	ऽ ऽ	पद्ममाला छंद
रुदश्रु	र्वसति	द्रुमान्	य स ल ग
। ऽ ऽ	। । ऽ	। ऽ	अपरिचित छंद

12.15

चित्रकूटवनस्थं च कथितस्वर्गतिर्गुरोः ।
लक्ष्म्या निमन्त्रयांचक्रे तमनुच्छिष्टसंपदा ॥

अनुष्टुभ् श्लोक छंद

चित्रकू	टवन	स्थंच	र स ग ल
ऽ । ऽ	। । ऽ	ऽ ।	गाथ छंद
कथित	स्वर्गति	र्गुरोः	स र ल ग
। । ऽ	ऽ । ऽ	। ऽ	शलुकलुप्त छंद
लक्ष्म्यानि	मन्त्रयां	चक्रे	त र ग ग
ऽ ऽ ।	ऽ । ऽ	ऽ ऽ	विभा छंद
तमनु	च्छिष्टसं	पदा	स र ल ग
। । ऽ	ऽ । ऽ	। ऽ	शलुकलुप्त छंद

12.16

स हि प्रथमजे तस्मिन्नकृतश्रीपरिग्रहे ।
परिवेत्तारमात्मानं मेने स्वीकरणाद्भुवः ॥

अनुष्टुभ् श्लोक छंद

सहिप्र	थमजे	तस्मि	ज स ग ग
। ऽ ।	। । ऽ	ऽ ऽ	भांर्गी छंद
न्नकृत	श्रीपरि	ग्रहे	स र ल ग
। । ऽ	ऽ । ऽ	। ऽ	शलुकलुप्त छंद
परिवे	त्तारमा	त्मानं	स र ग ग
। । ऽ	ऽ । ऽ	ऽ ऽ	परिधारा छंद
मेनेस्वी	करणा	द्भुवः	म स ल ग
ऽ ऽ ऽ	। । ऽ	। ऽ	पथ्यावक्त्र छंद

12.17

तमशक्यमपाक्रष्टुं निदेशात्स्वर्गिणः पितुः ।
ययाचे पादुके पश्चात्कर्तुं राज्याधिदेवते ॥

अनुष्टुभ् श्लोक छंद

तमश	क्यमपा	क्रष्टुं	स स ग ग
। । ऽ	। । ऽ	ऽ ऽ	पंचशिखा छंद
निदेशा	त्स्वर्गिणः	पितुः	य र ल ग
। ऽ ऽ	ऽ । ऽ	। ऽ	भाषा छंद
ययाचे	पादुके	पश्चा	य र ग ग
। ऽ ऽ	ऽ । ऽ	ऽ ऽ	कुलाधारी छंद
त्कर्तुंरा	ज्याधिदे	वते	म स ल ग
ऽ ऽ ऽ	। । ऽ	ऽ ऽ	वक्त्र छंद

12.18

स विसृष्टस्तथेत्युक्त्वा भ्रात्रा नैवाविशत्पुरीम् ।
नन्दिग्रामगतस्तस्य राज्यं न्यासमिवाभुनक् ॥

अनुष्टुभ् श्लोक छंद

सविसृ	ष्टस्तथे	त्युक्त्वा	स र ग ग
। । ऽ	ऽ । ऽ	ऽ ऽ	अपरिचित छंद
भ्रात्रानै	वाविश	त्पुरीम्	म र ल ग
ऽ ऽ ऽ	ऽ । ऽ	। ऽ	क्षमा छंद
नन्दिग्रा	मगत	स्तस्य	म स ग ल
ऽ ऽ ऽ	। । ऽ	ऽ ।	वक्त्र छंद
राज्यंन्या	समिवा	भुनक्	म स ल ग
ऽ ऽ ऽ	। । ऽ	। ऽ	पथ्यावक्त्र छंद

12.19

दृढभक्तिरिति ज्येष्ठे राज्यतृष्णापराङ्मुखः ।
मातुः पापस्य भरतः प्रायश्चित्तमिवाकरोत् ॥

श्लोकेतर अनुष्टुभ् छंद

दृढभ	क्तिरिति	ज्येष्ठे	स स ग ग
। । ऽ	। । ऽ	ऽ ऽ	पंचशिखा छंद

राज्यतृ	ष्णापरा	ङ्मुखः	र र ल ग
ऽ । ऽ	ऽ । ऽ	। ऽ	हेमरूप छंद
मातुःपा	पस्यभ	रतः	म भ ल ग
ऽ ऽ ऽ	ऽ । ।	। ऽ	अतिजनी छंद
प्रायश्चि	त्तमिवा	करोत्	म स ल ग
ऽ ऽ ऽ	। । ऽ	। ऽ	पथ्यावक्त्र छंद

पाद टिप्पणी :

इस अनुष्टुभ् छंद के विषम चरण 1 में पहले चार अक्षरों के बाद य गण (। ऽ ऽ) के स्थान पर न (। । ।) गण आने के कारण इस चार चरणों के पद्य में श्लोक छंद सिद्ध नहीं हुआ है.

12.20

रामोऽपि सह वैदेह्या वने वन्येन वर्तयन् ।
चचार सानुजः शान्तो वृद्धेक्ष्वाकुव्रतं युवा ॥

अनुष्टुभ् श्लोक छंद

रामोपि	सहवै	देह्या	त स ग ग
ऽ ऽ ।	। । ऽ	ऽ ऽ	श्यामा छंद
वनेव	न्येनव	र्तयन्	य र ल ग
। ऽ ऽ	ऽ । ऽ	। ऽ	भाषा छंद
चचार	सानुजः	शान्तो	ज र ग ग
। ऽ ।	ऽ । ऽ	ऽ ऽ	यशस्करी छंद
वृद्धेक्ष्वा	कुव्रतं	युवा	म र ल ग
ऽ ऽ ऽ	ऽ । ऽ	। ऽ	क्षमा छंद

12.21

प्रभावस्तम्भितच्छायमाश्रितः स वनस्पतिम् ।
कदाचिदङ्के सीतायाः शिश्ये किंचिदिव श्रमात् ॥

श्लोकेतर अनुष्टुभ् छंद

कालिदास के बृहत् महाकाव्य रघुवंश की छंद मीमांसा

प्रभाव	स्तम्भित	च्छाय	य र ग ल
। ऽ ऽ	ऽ । ऽ	ऽ ।	कुलाधारी छंद
माश्रितः	सवन	स्पतिम्	र स ल ग
ऽ । ऽ	। । ऽ	। ऽ	पथ्यावक्त्र छंद
कदाचि	दङ्केसी	तायाः	ज म ग ग
। ऽ ।	ऽ ऽ ऽ	ऽ ऽ	अपरिचित छंद
शिश्येकिं	चिदिव	श्रमात्	म स ल ग
ऽ ऽ ऽ	। । ऽ	। ऽ	पथ्यावक्त्र छंद

पाद टिप्पणी :

इस अनुष्टुभ् छंद के विषम चरण 3 में पहले चार अक्षरों के बाद य गण (। ऽ ऽ) के स्थान पर म (ऽ ऽ ऽ) गण आने के कारण इस चार चरणों के पद्य में श्लोक छंद सिद्ध नहीं हुआ है.

12.22

ऐन्द्रः किल नखैस्तस्या विददार स्तनौ द्विजः ।
प्रियोपभोगचिह्नेषु पौरोभाग्यमिवाचरन् ॥

अनुष्टुभ् श्लोक छंद

ऐन्द्रःकि	लनखै	स्तस्या	त स ग ग
ऽ ऽ ।	। । ऽ	ऽ ऽ	श्यामा छंद
विददा	रस्तनौ	द्विजः	स र ल ग
। । ऽ	ऽ । ऽ	। ऽ	शलुकलुप्त छंद
प्रियोप	भोगचि	ह्नेषु	ज र ग ल
। ऽ ।	ऽ । ऽ	ऽ ।	सुचंद्रप्रभा छंद
पौरोभा	ग्यमिवा	चरन्	म स ल ग
ऽ ऽ ऽ	। । ऽ	। ऽ	पथ्यावक्त्र छंद

12.23

तस्मिन्नस्थदिषीकास्त्रं रामो रामावबोधितः ।
आत्मानं मुमुचे तस्मादेकनेत्रव्ययेन सः ॥

अनुष्टुभ् श्लोक छंद

तस्मिन्न	स्थदिषी	कास्त्रं	म स ग ग
ऽ ऽ ऽ	। । ऽ	ऽ ऽ	वक्त्र छंद
रामोरा	मावबो	धितः	म र ल ग
ऽ ऽ ऽ	ऽ । ऽ	। ऽ	क्षमा छंद
आत्मानं	मुमुचे	तस्मा	म स ग ग
ऽ ऽ ऽ	। । ऽ	ऽ ऽ	वक्त्र छंद
देकने	त्रव्यये	नसः	र र ग ग
ऽ । ऽ	ऽ । ऽ	ऽ ऽ	पद्ममाला छंद

12.24

रामस्त्वासन्नदेशत्वाद्भरतागमनं पुनः ।
आशङ्क्योत्सुकसारङ्गां चित्रकूटस्थलीं जहौ ॥

अनुष्टुभ् श्लोक छंद

रामस्त्वा	सन्नदे	शत्वा	म र ग ग
ऽ ऽ ऽ	ऽ । ऽ	ऽ ऽ	मधुमालती छंद
द्भरता	गमनं	पुनः	स स ल ग
। । ऽ	। । ऽ	। ऽ	कलिला छंद
आशङ्क्यो	त्सुकसा	रङ्गां	म स ग ग
ऽ ऽ ऽ	। । ऽ	ऽ ऽ	वक्त्र छंद
चित्रकू	टस्थलीं	जहौ	र र ल ग
ऽ । ऽ	ऽ । ऽ	। ऽ	हेमरूप छंद

12.25

प्रययावातिथेयेषु वसन्नृषिकुलेषु सः ।
दक्षिणां दिशमृक्षेषु वार्षिकेष्विव भास्करः ॥

अनुष्टुभ् श्लोक छंद

प्रयया	वातिथे	येषु	स र ग ल

। । ऽ	ऽ । ऽ	ऽ ।	वलीकेन्दु छंद
वसन्नृ	षिकुले	षुसः	ज स ल ग
। ऽ ।	। । ऽ	। ऽ	अपरिचित छंद
दक्षिणां	दिशमृ	क्षेषु	र स ग ल
ऽ । ऽ	। । ऽ	ऽ ।	गाथ छंद
वार्षिके	ष्विवभा	स्करः	र स ल ग
ऽ । ऽ	। । ऽ	। ऽ	पथ्यावक्त्र छंद

12.26

बभौ तमनुगच्छन्ती विदेहाधिपतेः सुता ।
प्रतिषिद्धापि कैकेय्या लक्ष्मीरिव गुणोन्मुखी ॥

अनुष्टुभ् श्लोक छंद

बभौत	मनुग	च्छन्ती	ज स ग ग
। ऽ ।	। । ऽ	ऽ ऽ	भांर्गी छंद
विदेहा	धिपतेः	सुता	य स ल ग
। ऽ ऽ	। । ऽ	। ऽ	अपरिचित छंद
प्रतिषि	द्धापिकै	केय्या	स र ग ग
। । ऽ	ऽ । ऽ	ऽ ऽ	परिधारा छंद
लक्ष्मीरि	वगुणो	न्मुखी	त स ल ग
ऽ ऽ ।	। । ऽ	। ऽ	पथ्यावक्त्र छंद

12.27

अनसूयातिसृष्टेन पुण्यगन्धेन काननम् ।
सा चकाराङ्गरागेण पुष्पोच्चलितषट्पदम् ॥

अनुष्टुभ् श्लोक छंद

अनसू	यातिसृ	ष्टेन	स र ग ल
। । ऽ	ऽ । ऽ	ऽ ।	वलीकेन्दु छंद
पुण्यग	न्धेनका	ननम्	र र ल ग

ऽ । ऽ	ऽ । ऽ	। ऽ	हेमरूप छंद
साचका	राङ्गरा	गेण	र र ग ल
ऽ । ऽ	ऽ । ऽ	ऽ ।	लक्ष्मी छंद
पुष्पोच्च	लितष	ट्पदम्	त स ल ग
ऽ ऽ ।	। । ऽ	। ऽ	पथ्यावक्त्र छंद

12.28

संध्याभ्रकपिशस्तस्य विराधो नाम राक्षसः ।
अतिष्ठन्मार्गमावृत्य रामस्येन्दोरिव ग्रहः ॥

अनुष्टुभ् श्लोक छंद

संध्याभ्र	कपिश	स्तस्य	त स ग ल
ऽ ऽ ।	। । ऽ	ऽ ।	श्यामा छंद
विराधो	नामरा	क्षसः	य र ल ग
। ऽ ऽ	ऽ । ऽ	। ऽ	भाषा छंद
अतिष्ठ	न्मार्गमा	वृत्य	य र ग ल
। ऽ ऽ	ऽ । ऽ	ऽ ।	सुचंद्रभा छंद
रामस्ये	न्दोरिव	ग्रहः	म र ल ग
ऽ ऽ ऽ	ऽ । ऽ	। ऽ	क्षमा छंद

12.29

स जहार तयोर्मध्ये मैथिलीं लोकशोषणः ।
नभोनभस्ययोर्वृष्टिमवग्रह इवान्तरे ॥

अनुष्टुभ् श्लोक छंद

सजहा	रतयो	र्मध्ये	स स ग ग
। । ऽ	। । ऽ	ऽ ऽ	पंचशिखा छंद
मैथिलीं	लोकशो	षणः	र र ल ग
ऽ । ऽ	ऽ । ऽ	। ऽ	हेमरूप छंद
नभोन	भस्ययो	र्वृष्टि	ज र ग ल

। ऽ ।	ऽ । ऽ	ऽ ।	सुचंद्रप्रभा छंद
मवग्र	हइवा	न्तरे	ज स ल ग
। ऽ ।	। । ऽ	। ऽ	अपरिचित छंद

12.30

तं विनिष्पिष्य काकुत्स्थौ पुरा दूषयति स्थलीम् ।
गन्धेनाशुचिना चेति वसुधायां निचख्नतुः ॥

अनुष्टुभ् श्लोक छंद

तंविनि	ष्पिष्यका	कुत्स्थौ	र र ग ग
ऽ । ऽ	ऽ । ऽ	ऽ ऽ	पद्ममाला छंद
पुरादू	षयति	स्थलीम्	य स ल ग
। ऽ ऽ	। । ऽ	। ऽ	अपरिचित छंद
गन्धेना	शुचिना	चेति	म स ग ल
ऽ ऽ ऽ	। । ऽ	ऽ ।	वक्त्र छंद
वसुधा	यांनिच	ख्नतुः	स र ल ग
। । ऽ	ऽ । ऽ	। ऽ	शलुकलुप्त छंद

12.31

पञ्चवट्यां ततो रामः शासनात्कुम्भजन्मनः ।
अनपोढस्थितिस्तस्थौ विन्ध्याद्रिः प्रकृताविव ॥

अनुष्टुभ् श्लोक छंद

पञ्चव	ट्यांततो	रामः	र र ग ग
ऽ । ऽ	ऽ । ऽ	ऽ ऽ	पद्ममाला छंद
शासना	त्कुम्भज	न्मनः	र र ल ग
ऽ । ऽ	ऽ । ऽ	। ऽ	हेमरूप छंद
अनपो	ढस्थिति	स्तस्थौ	स र ग ग
। । ऽ	ऽ । ऽ	ऽ ऽ	परिधारा छंद
विन्ध्याद्रिः	प्रकृता	विव	म स ल ग

502

ऽ ऽ ऽ	। । ऽ	। ऽ *	पथ्यावक्त्र छंद

12.32

रावणावरजा तत्र राघवं मदनातुरा ।
अभिपेदे निदाघार्ता व्यालीव मलयद्रुमम् ॥

अनुष्टुभ् श्लोक छंद

रावणा	वरजा	तत्र	र स ग ल
ऽ । ऽ	। । ऽ	ऽ ।	गाथ छंद
राघवं	मदना	तुरा	र स ल ग
ऽ । ऽ	। । ऽ	। ऽ	पथ्यावक्त्र छंद
अभिपे	देनिदा	घार्ता	स र ग ग
। । ऽ	ऽ । ऽ	ऽ ऽ	परिधारा छंद
व्यालीव	मलय	द्रुमम्	त स ल ग
ऽ ऽ ।	। । ऽ	। ऽ	पथ्यावक्त्र छंद

12.33

सा सीतासंनिधावेव तं वव्रे कथितान्वया ।
अत्यारूढो हि नारीणामकालज्ञो मनोभवः ॥

अनुष्टुभ् श्लोक छंद

सासीता	संनिधा	वेव	म र ग ल
ऽ ऽ ऽ	ऽ । ऽ	ऽ ।	मधुमालती छंद
तंवव्रे	कथिता	न्वया	म स ल ग
ऽ ऽ ऽ	। । ऽ	। ऽ	पथ्यावक्त्र छंद
अत्यारू	ढोहिना	रीणा	म र ग ग
ऽ ऽ ऽ	ऽ । ऽ	ऽ ऽ	मधुमालती छंद
मकाल	ज्ञोमनो	भवः	य र ल ग
। ऽ ऽ	ऽ । ऽ	। ऽ	भाषा छंद

12.34

कालिदास के बृहत् महाकाव्य रघुवंश की छंद मीमांसा

कलत्रवानहं बाले कनीयांसं भजस्व मे ।
इति रामो वृषस्यन्तीं वृषस्कन्धः शशास ताम् ॥

अनुष्टुभ् श्लोक छंद

कलत्र	वानहं	बाले	ज र ग ग
। ऽ ।	ऽ । ऽ	ऽ ऽ	यशस्करी छंद
कनीयां	संभज	स्वमे	य र ल ग
। ऽ ऽ	ऽ । ऽ	। ऽ	भाषा छंद
इतिरा	मोवृष	स्यन्तीं	स र ग ग
। । ऽ	ऽ । ऽ	ऽ ऽ	परिधारा छंद
वृषस्क	न्धःशशा	सताम्	य र ल ग
। ऽ ऽ	ऽ । ऽ	। ऽ	भाषा छंद

12.35

ज्येष्ठाभिगमनात्पूर्वं तेनाप्यनभिनन्दिताम् ।
साऽभूद्रामाश्रया भूयो नदीवोभयकूलभाक् ॥

अनुष्टुभ् श्लोक छंद

ज्येष्ठाभि	गमना	त्पूर्वं	त स ग ग
ऽ ऽ ।	। । ऽ	ऽ ऽ	श्यामा छंद
तेनाप्य	नभिन	न्दिताम्	त स ल ग
ऽ ऽ ।	। । ऽ	। ऽ	पथ्यावक्त्र छंद
साभूद्रा	माश्रया	भूयो	म र ग ग
ऽ ऽ ऽ	ऽ । ऽ	ऽ ऽ	मधुमालती छंद
नदीवो	भयकू	लभाक्	य स ल ग
। ऽ ऽ	। । ऽ	। ऽ	अपरिचित छंद

12.36

संरम्भं मैथिलीहासः क्षणसौम्यां निनाय ताम् ।
निवातस्तिमितां वेलां चन्द्रोदय इवोदधेः ॥

अनुष्टुभ् श्लोक छंद

संरम्भं	मैथिली	हासः	म र ग ग
ऽ ऽ ऽ	ऽ । ऽ	ऽ ऽ	मधुमालती छंद
क्षणसौ	म्यांनिना	यताम्	स र ल ग
। । ऽ	ऽ । ऽ	। ऽ	शलुकलुप्त छंद
निवात	स्तिमितां	वेलां	य स ग ग
। ऽ ऽ	। । ऽ	ऽ ऽ	मनोला छंद
चन्द्रोद	यइवो	दधेः	त स ल ग
ऽ ऽ ।	। । ऽ	। ऽ	पथ्यावक्त्रा छंद

12.37

फलमस्योपहासस्य सद्यः प्राप्स्यसि पश्य माम् ।
मृग्याः परिभवो व्याघ्यामित्यवेहि त्वया कृतम् ॥

अनुष्टुभ् श्लोक छंद

फलम	स्योपहा	सस्य	र स ग ल
ऽ । ऽ	। । ऽ	ऽ ।	गाथ छंद
सद्यःप्रा	प्स्यसिप	श्यमाम्	म स ल ग
ऽ ऽ ऽ	। । ऽ	। ऽ	पथ्यावक्त्रा छंद
मृग्याःप	रिभवो	व्याघ्या	त स ग ग
ऽ ऽ ।	। । ऽ	ऽ ऽ	श्यामा छंद
मित्यवे	हित्वया	कृतम्	र र ल ग
ऽ । ऽ	ऽ । ऽ	। ऽ	हेमरूप छंद

12.38

इत्युक्त्वा मैथिलीं भर्तुरङ्के निविशतीं भयात् ।
रूपं शूर्पणखा नाम्नः सदृशं प्रत्यपद्यत ॥

अनुष्टुभ् श्लोक छंद

इत्युक्त्वा	मैथिलीं	भर्तु	म र ग ल
ऽ ऽ ऽ	ऽ । ऽ	ऽ ।	मधुमालती छंद

रङ्केनि	विशतीं	भयात्	त स ल ग
ऽ ऽ ।	। । ऽ	। ऽ	पथ्यावक्त्र
रूपंशू	र्पणखा	नाम्नः	म स ग ग
ऽ ऽ ऽ	। । ऽ	ऽ ऽ	वक्त्र छंद
सदृशं	प्रत्यप	द्यत	स र ल ग
। । ऽ	ऽ । ऽ	। ऽ *	शलुकलुप्त छंद

12.39

लक्ष्मणः प्रथमं श्रुत्वा कोकिलामञ्जुवादिनीम् ।
शिवाघोरस्वनां पश्चाद्बुबुधे विकृतेति ताम् ॥

अनुष्टुभ् श्लोक छंद

लक्ष्मणः	प्रथमं	श्रुत्वा	र स ग ग
ऽ । ऽ	। । ऽ	ऽ ऽ	गाथ छंद
कोकिला	मञ्जुवा	दिनीम्	र र ल ग
ऽ । ऽ	ऽ । ऽ	। ऽ	हेमरूप छंद
शिवाघो	रस्वनां	पश्चा	य र ग ग
। ऽ ऽ	ऽ । ऽ	ऽ ऽ	कुलाधारी छंद
द्बुबुधे	विकृते	तिताम्	स स ल ग
। । ऽ	। । ऽ	। ऽ	कलिला छंद

12.40

पर्णशालामथ क्षिप्रं विकृष्टासिः प्रविश्य सः ।
वैरूप्यपौनरुक्त्येन भीषणां तामयोजयत् ॥

अनुष्टुभ् श्लोक छंद

पर्णशा	लामथ	क्षिप्रं	र र ग ग
ऽ । ऽ	ऽ । ऽ	ऽ ऽ	पद्ममाला छंद
विकृष्टा	सिःप्रवि	श्यसः	य र ल ग
। ऽ ऽ	ऽ । ऽ	। ऽ	भाषा छंद

वैरूप्य	पौनरु	क्त्येन	त र ग ल
ऽ ऽ ।	ऽ । ऽ	ऽ ।	विभा छंद
भीषणां	तामयो	जयत्	र र ल ग
ऽ । ऽ	ऽ । ऽ	। ऽ	हेमरूप छंद

12.41

सा वक्रनखधारिण्या वेणुकर्कशपर्वया ।
अङ्कुशाकारयाङ्गुल्या तावतर्जयदम्बरे ॥

अनुष्टुभ् श्लोक छंद

सावक्र	नखधा	रिण्या	त स ग ग
ऽ ऽ ।	। । ऽ	ऽ ऽ	श्यामा छंद
वेणुक	र्कशप	र्वया	र स ल ग
ऽ । ऽ	। । ऽ	। ऽ	पथ्यावक्त्रा छंद
अङ्कुशा	कारया	ङ्गुल्या	र र ग ग
ऽ । ऽ	ऽ । ऽ	ऽ ऽ	पद्ममाला छंद
तावत	र्जयद	म्बरे	र स ल ग
ऽ । ऽ	। । ऽ	। ऽ	पथ्यावक्त्रा छंद

12.42

प्राप्य चाशु जनस्थानं खरादिभ्यस्तथाविधम् ।
रामोपक्रममाचख्यौ रक्षःपरिभवं नवम् ॥

अनुष्टुभ् श्लोक छंद

प्राप्यचा	शुजन	स्थानं	र स ग ग
ऽ । ऽ	। । ऽ	ऽ ऽ	गाथ छंद
खरादि	भ्यस्तथा	विधम्	ज र ल ग
। ऽ ।	ऽ । ऽ	। ऽ	प्रमाणिका छंद
रामोप	क्रममा	चख्यौ	म स ग ग

ऽ ऽ ऽ	। । ऽ	ऽ ऽ	वक्त्र छंद
रक्षःप	रिभवं	नवम्	त स ल ग
ऽ ऽ ।	। । ऽ	। ऽ	पथ्यावक्त्र छंद

12.43

मुखावयवलूनां तां नैरृता यत्पुरो दधुः ।
रामाभियायिनां तेषां तदेवाभूदमङ्गलम् ॥

अनुष्टुभ् श्लोक छंद

मुखाव	यवलू	नांतां	ज स ग ग
। ऽ ।	। । ऽ	ऽ ऽ	भांर्गी छंद
नैरृता	यत्पुरो	दधुः	र र ल ग
ऽ । ऽ	ऽ । ऽ	। ऽ	हेमरूप छंद
रामाभि	यायिनां	तेषां	त र ग ग
ऽ ऽ ।	ऽ । ऽ	ऽ ऽ	विभा छंद
तदेवा	भूदम	ङ्गलम्	य र ल ग
। ऽ ऽ	ऽ । ऽ	। ऽ	भाषा छंद

12.44

उदायुधानात्पततस्तान्दृप्तान्प्रेक्ष्य राघवः ।
निदधे विजयाशंसां चापे सीतां च लक्ष्मणे ॥

श्लोकेतर अनुष्टुभ् छंद

उदायु	धानात्प	तत	ज त ल ग
। ऽ ।	ऽ ऽ ।	। ऽ	विता छंद
स्तान्दृप्ता	न्प्रेक्ष्यरा	घवः	म र ल ग
ऽ ऽ ऽ	ऽ । ऽ	। ऽ	क्षमा छंद
निदधे	विजया	शंसां	स स ग ग
। । ऽ	। । ऽ	ऽ ऽ	पंचशिखा छंद
चापेसी	तांचल	क्ष्मणे	म र ल ग

कालिदास के बृहत् महाकाव्य रघुवंश की छंद मीमांसा

| ऽ ऽ ऽ | ऽ । ऽ | । ऽ | क्षमा छंद |

पाद टिप्पणी :

इस अनुष्टुभ् छंद के विषम चरण 1 में पहले चार अक्षरों के बाद य गण (। ऽ ऽ) के स्थान पर भ (ऽ । ।) गण आने के कारण इस चार चरणों के पद्य में श्लोक छंद सिद्ध नहीं हुआ है।

12.45

एको दाशरथिः कामं यातुधानाः सहस्रशः ।
ते तु यावन्त एवाजौ तावांश्च ददृशे स तैः ॥

अनुष्टुभ् श्लोक छंद

एकोदा	शरथिः	कामं	म स ग ग
ऽ ऽ ऽ	। । ऽ	ऽ ऽ	वक्त्र छंद
यातुधा	नाःसह	स्रशः	र र ल ग
ऽ । ऽ	ऽ । ऽ	। ऽ	हेमरूप छंद
तेतुया	वन्तए	वाजौ	र र ग ग
ऽ । ऽ	ऽ । ऽ	ऽ ऽ	पद्ममाला छंद
तावांश्च	ददृशे	सतैः	त स ल ग
ऽ ऽ ।	। । ऽ	। ऽ	पथ्यावक्त्र छंद

12.46

असज्जनेन काकुत्स्थः प्रयुक्तमथ दूषणम् ।
न चक्षमे शुभाचारः स दूषणमिवात्मनः ॥

अनुष्टुभ् श्लोक छंद

असज्ज	नेनका	कुत्स्थः	ज र ग ग
। ऽ ।	ऽ । ऽ	ऽ ऽ	यशस्करी छंद
प्रयुक्त	मथदू	षणम्	ज स ल ग
। ऽ ।	। । ऽ	। ऽ	अपरिचित छंद
नचक्ष	मेशुभा	चारः	ज र ग ग

। ऽ ।	ऽ । ऽ	ऽ ऽ	यशस्करी छंद
सदूष	णमिवा	त्मनः	ज स ल ग
। ऽ ।	। । ऽ	। ऽ	अपरिचित छंद

12.47

तं शरैः प्रतिजग्राह खरत्रिशिरसौ च सः ।
क्रमशस्ते पुनस्तस्य चापात्सममिवोद्ययुः ॥

अनुष्टुभ् श्लोक छंद

तंशरैः	प्रतिज	ग्राह	र स ग ल
ऽ । ऽ	। । ऽ	ऽ ।	गाथ छंद
खरत्रि	शिरसौ	चसः	ज स ल ग
। ऽ ।	। । ऽ	। ऽ	अपरिचित छंद
क्रमश	स्तेपुन	स्तस्य	स र ग ल
। । ऽ	ऽ । ऽ	ऽ ।	वलीकेन्दु छंद
चापात्स	ममिवो	द्ययुः	त स ल ग
ऽ ऽ ।	। । ऽ	। ऽ	पथ्यावक्त्र छंद

12.48

तैस्त्रयाणां शितैर्बाणैर्यथापूर्वविशुद्धिभिः ।
आयुर्देहातिगैः पीतं रुधिरं तु पतत्रिभिः ॥

अनुष्टुभ् श्लोक छंद

तैस्त्रया	णांशितै	र्बाणै	र र ग ग
ऽ । ऽ	ऽ । ऽ	ऽ ऽ	पद्ममाला छंद
र्ययथापू	र्वविशु	द्धिभिः	य स ल ग
। ऽ ऽ	। । ऽ	। ऽ	अपरिचित छंद
आयुर्दे	हातिगैः	पीतं	म र ग ग
ऽ ऽ ऽ	ऽ । ऽ	ऽ ऽ	मधुमालती छंद
रुधिरं	तुपत	त्रिभिः	स स ल ग

। । ऽ	। । ऽ	। ऽ	कलिला छंद

12.49

तस्मिन्रामशरोत्कृत्ते बले महति रक्षसाम् ।
उत्थितं ददृशेऽन्यच्च कबन्धेभ्यो न किंचन ॥

अनुष्टुभ् श्लोक छंद

तस्मिन्रा	मशरो	त्कृत्ते	म स ग ग
ऽ ऽ ऽ	। । ऽ	ऽ ऽ	वक्त्र छंद
बलेम	हतिर	क्षसाम्	ज स ल ग
। ऽ ।	। । ऽ	। ऽ	अपरिचित छंद
उत्थितं	ददृशे	ऽन्यच्च	र स ग ल
ऽ । ऽ	। । ऽ	ऽ ।	गाथ छंद
कबन्धे	भ्योनकिं	चन	य र ल ग
। ऽ ऽ	ऽ । ऽ	। ऽ *	भाषा छंद

12.50

सा बाणवर्षिणं रामं योधयित्वा सुरद्विषाम् ।
अप्रबोधाय सुष्वाप गृध्रच्छाये वरूथिनी ॥

अनुष्टुभ् श्लोक छंद

साबाण	वर्षिणं	रामं	त र ग ग
ऽ ऽ ।	ऽ । ऽ	ऽ ऽ	विभा छंद
योधयि	त्वासुर	द्विषाम्	र र ल ग
ऽ । ऽ	ऽ । ऽ	। ऽ	हेमरूप छंद
अप्रबो	धायसु	ष्वाप	र र ग ल
ऽ । ऽ	ऽ । ऽ	ऽ ।	लक्ष्मी छंद
गृध्रच्छा	येवरू	थिनी	म र ल ग
ऽ ऽ ऽ	ऽ । ऽ	। ऽ	क्षमा छंद

12.51

राघवास्त्रविदीर्णानां रावणं प्रति रक्षसाम् ।
तेषां शूर्पणखैवैका दुष्प्रवृत्तिहराऽभवत् ॥

अनुष्टुभ् श्लोक छंद

राघवा	स्त्रविदी	र्णानां	र स ग ग
ऽ । ऽ	। । ऽ	ऽ ऽ	गाथ छंद
रावणं	प्रतिर	क्षसाम्	र स ल ग
ऽ । ऽ	। । ऽ	। ऽ	पथ्यावक्त्र छंद
तेषांशू	र्पणखै	वैका	म स ग ग
ऽ ऽ ऽ	। । ऽ	ऽ ऽ	वक्त्र छंद
दुष्प्रवृ	त्तिहरा	भवत्	र स ल ग
ऽ । ऽ	। । ऽ	। ऽ	पथ्यावक्त्र छंद

12.52

निग्रहात्स्वसुराप्तानां वधाच्च धनदानुजः ।
रामेण निहितं मेने पदं दशसु मूर्धसु ॥

अनुष्टुभ् श्लोक छंद

निग्रहा	त्स्वसुरा	प्तानां	र स ग ग
ऽ । ऽ	। । ऽ	ऽ ऽ	गाथ छंद
वधाच्च	धनदा	नुजः	ज स ल ग
। ऽ ।	। । ऽ	। ऽ	अपरिचित छंद
रामेण	निहितं	मेने	त स ग ग
ऽ ऽ ।	। । ऽ	ऽ ऽ	श्यामा छंद
पदंद	शसुमू	र्धसु	ज स ल ग
। ऽ ।	। । ऽ	। ऽ *	अपरिचित छंद

12.53

रक्षसा मृगरूपेण वञ्चयित्वा स राघवौ ।
जहार सीतां पक्षीन्द्रप्रयासक्षणविघ्नितः ॥

श्लोकेतर अनुष्टुभ् छंद

रक्षसा	मृगरू	पेण	र स ग ल
ऽ । ऽ	। । ऽ	ऽ ।	गाथ छंद
वञ्चयि	त्वासरा	घवौ	र र ल ग
ऽ । ऽ	ऽ । ऽ	। ऽ	हेमरूप छंद
जहार	सीतांप	क्षीन्द्र	ज म ग ग
। ऽ ।	ऽ ऽ ऽ	ऽ ऽ	अपरिचित छंद
प्रयास	क्षणवि	घ्नितः	य स ल ग
। ऽ ऽ	। । ऽ	। ऽ	अपरिचित छंद

पाद टिप्पणी :

इस अनुष्टुभ् छंद के विषम चरण 3 में पहले चार अक्षरों के बाद य गण (। ऽ ऽ) के स्थान पर म (ऽ ऽ ऽ) गण आने के कारण इस चार चरणों के पद्य में श्लोक छंद सिद्ध नहीं हुआ है.

12.54

तौ सीतावेषिणौ गृध्रं लूनपक्षमपश्यताम् ।
प्राणैर्दशरथप्रीतेरनृणं कण्ठवर्तिभिः ॥

अनुष्टुभ् श्लोक छंद

तौसीता	वेषिणौ	गृध्रं	म र ग ग
ऽ ऽ ऽ	ऽ । ऽ	ऽ ऽ	मधुमालती छंद
लूनप	क्षमप	श्यताम्	र स ल ग
ऽ । ऽ	। । ऽ	। ऽ	पथ्यावक्त्र छंद
प्राणैर्द	शरथ	प्रीते	त स ग ग
ऽ ऽ ।	। । ऽ	ऽ ऽ	श्यामा छंद
रनृणं	कण्ठव	र्तिभिः	स र ल ग
। । ऽ	ऽ । ऽ	। ऽ	शलुकलुप्त छंद

12.55

स रावणहृतां ताभ्यां वचसाचष्ट मैथिलीम् ।

कालिदास के बृहत् महाकाव्य रघुवंश की छंद मीमांसा

आत्मनः सुमहत्कर्म व्रणैरावेद्य संस्थितः ॥

अनुष्टुभ् श्लोक छंद

सराव	णहृतां	ताभ्यां	ज स ग ग
।ऽ।	।।ऽ	ऽऽ	भार्गी छंद
वचसा	चष्टमै	थिलीम्	स र ल ग
।।ऽ	ऽ।ऽ	।ऽ	शलुकलुप्त छंद
आत्मनः	सुमह	त्कर्म	र स ग ग
ऽ।ऽ	।।ऽ	ऽऽ	गाथ छंद
व्रणैरा	वेद्यसं	स्थितः	य र ल ग
।ऽऽ	ऽ।ऽ	।ऽ	भाषा छंद

12.56

तयोस्तस्मिन्नवीभूतपितृव्यापतिशोकयोः ।
पितरीवाग्निसंस्कारात्परा ववृतिरे क्रियाः ॥

अनुष्टुभ् श्लोक छंद

तयोस्त	स्मिन्नवी	भूत	य र ग ल
।ऽऽ	ऽ।ऽ	ऽ।	सुचंद्रभा छंद
पितृव्या	पतिशो	कयोः	य स ल ग
।ऽऽ	।।ऽ	।ऽ	अपरिचित छंद
पितरी	वाग्निसं	स्कारा	स र ल ग
।।ऽ	ऽ।ऽ	।ऽ	परिधारा छंद
त्पराव	वृतिरे	क्रियाः	ज स ल ग
।ऽ।	।।ऽ	।ऽ	अपरिचित छंद

12.57

वधनिर्धूतशापस्य कबन्धस्योपदेशतः ।
मुमूर्च्छ सख्यं रामस्य समानव्यसने हरौ ॥

श्लोकेतर अनुष्टुभ् छंद

वधनि	धूर्तशा	पस्य	स स ल ल
। । ऽ	। । ऽ	। ।	कलिला छंद
कबन्ध	स्योपदे	शतः	य र ल ग
। ऽ ऽ	ऽ । ऽ	। ऽ	भाषा छंद
मुमूर्च्छ	सख्यंरा	मस्य	ज म ग ल
। ऽ ।	ऽ ऽ ऽ	ऽ ।	अपरिचित छंद
समान	व्यसने	हरौ	य स ल ग
। ऽ ऽ	। । ऽ	। ऽ	अपरिचित छंद

पाद टिप्पणी :

इस अनुष्टुभ् छंद के विषम चरण 3 में पहले चार अक्षरों के बाद य गण (। ऽ ऽ) के स्थान पर म (ऽ ऽ ऽ) गण आने के कारण इस चार चरणों के पद्य में श्लोक छंद सिद्ध नहीं हुआ है.

12.58

स हत्वा वालिनं वीरस्तत्पदे चिरकाङ्क्षिते ।
धातोः स्थान इवादेशं सुग्रीवं संन्यवेशयत् ॥

अनुष्टुभ् श्लोक छंद

सहत्वा	वालिनं	वीर	य र ग ग
। ऽ ऽ	ऽ । ऽ	ऽ ऽ	कुलाधारी छंद
स्तत्पदे	चिरका	ङ्क्षिते	र स ल ग
ऽ । ऽ	। । ऽ	। ऽ	पथ्यावक्त्र छंद
धातोःस्था	नइवा	देशं	म स ग ग
ऽ ऽ ऽ	। । ऽ	ऽ ऽ	वक्त्र छंद
सुग्रीवं	संन्यवे	शयत्	म र ल ग
ऽ ऽ ऽ	ऽ । ऽ	। ऽ	क्षमा छंद

12.59

इतस्ततश्च वैदेहीमन्वेष्टुं भर्तृचोदिताः ।
कपयश्चेरुरार्तस्य रामस्येव मनोरथाः ॥

कालिदास के बृहत् महाकाव्य रघुवंश की छंद मीमांसा

अनुष्टुभ् श्लोक छंद

इतस्त	तश्चवै	देही	ज र ग ग
। ऽ ।	ऽ । ऽ	ऽ ऽ	यशस्करी छंद
मन्वेष्टुं	भर्तृचो	दिताः	म र ल ग
ऽ ऽ ऽ	ऽ । ऽ	। ऽ	क्षमा छंद
कपय	श्चेरुरा	र्तस्य	स र ग ल
। । ऽ	ऽ । ऽ	ऽ ।	वलीकेन्दु छंद
रामस्ये	वमनो	रथाः	म स ल ग
ऽ ऽ ऽ	। । ऽ	। ऽ	पथ्यावक्त्र छंद

12.60

प्रवृत्तावुपलब्धायां तस्याः संपातिदर्शनात् ।
मारुतिः सागरं तीर्णः संसारमिव निर्ममः ॥

अनुष्टुभ् श्लोक छंद

प्रवृत्ता	वुपल	ब्धायां	य स ग ग
। ऽ ऽ	। । ऽ	ऽ ऽ	मनोला छंद
तस्याःसं	पातिद	र्शनात्	म र ल ग
ऽ ऽ ऽ	ऽ । ऽ	। ऽ	क्षमा छंद
मारुतिः	सागरं	तीर्णः	र र ग ग
ऽ । ऽ	ऽ । ऽ	ऽ ऽ	पद्ममाला छंद
संसार	मिवनि	र्ममः	त स ल ग
ऽ ऽ ।	। । ऽ	। ऽ	पथ्यावक्त्र छंद

12.61

दृष्टा विचिन्वता तेन लङ्कायां राक्षसीवृता ।
जानकी विषवल्लीभिः परितेव महौषधिः ॥

अनुष्टुभ् श्लोक छंद

दृष्टावि	चिन्वता	तेन	त र ग ल

ऽ ऽ ।	ऽ । ऽ	ऽ ।	विभा छंद
लङ्कायां	राक्षसी	वृता	म र ल ग
ऽ ऽ ऽ	ऽ । ऽ	। ऽ	क्षमा छंद
जानकी	विषव	ल्लीभिः	र स ग ग
ऽ । ऽ	। । ऽ	ऽ ऽ	गाथ छंद
परिते	वमहौ	षधिः	स स ल ग
। । ऽ	। । ऽ	। ऽ	कलिला छंद

12.62

तस्यै भर्तुरभिज्ञानमङ्गुलीयं ददौ कपिः ।
प्रत्युद्गतमिवानुष्णैस्तदानन्दाश्रुबिन्दुभिः ॥

अनुष्टुभ् श्लोक छंद

तस्यैभ	र्तुरभि	ज्ञान	म स ग ल
ऽ ऽ ऽ	। । ऽ	ऽ ।	वक्त्र छंद
मङ्गुली	यंददौ	कपिः	र र ल ग
ऽ । ऽ	ऽ । ऽ	। ऽ	हेमरूप छंद
प्रत्युद्ग	तमिवा	नुष्णै	त स ग ग
ऽ ऽ ।	। । ऽ	ऽ ऽ	श्यामा छंद
स्तदान	न्दाश्रुबि	न्दुभिः	य र ल ग
। ऽ ऽ	ऽ । ऽ	। ऽ	भाषा छंद

12.63

निर्वाप्य प्रियसंदेशैः सीतामक्षवधोद्धतः ।
स ददाह पुरीं लङ्कां क्षणसोढारिनिग्रहः ॥

अनुष्टुभ् श्लोक छंद

निर्वाप्य	प्रियसं	देशैः	म स ग ग
ऽ ऽ ऽ	। । ऽ	ऽ ऽ	वक्त्र छंद
सीताम	क्षवधो	द्धतः	म स ल ग

ऽ ऽ ऽ	। । ऽ	। ऽ	पथ्यावक्त्र छंद
सददा	हपुरीं	लङ्कां	स स ग ग
। । ऽ	। । ऽ	ऽ ऽ	पंचशिखा छंद
क्षणसो	द्वारिनि	ग्रहः	स र ल ग
। । ऽ	ऽ । ऽ	। ऽ	शलुकलुप्त छंद

12.64

प्रत्यभिज्ञानरत्नं च रामायादर्शयत्कृती ।
हृदयं स्वयमायातं वैदेह्या इव मूर्तिमत् ॥

अनुष्टुभ् श्लोक छंद

प्रत्यभि	ज्ञानर	त्नंच	र र ग ल
ऽ । ऽ	ऽ । ऽ	ऽ ।	लक्ष्मी छंद
रामाया	दर्शय	त्कृती	म र ल ग
ऽ ऽ ऽ	ऽ । ऽ	ऽ ऽ	क्षमा छंद
हृदयं	स्वयमा	यातं	स स ग ग
। । ऽ	। । ऽ	ऽ ऽ	पंचशिखा छंद
वैदेह्या	इवमू	र्तिमत्	म स ल ग
ऽ ऽ ऽ	। । ऽ	। ऽ	पथ्यावक्त्र छंद

12.65

स प्राप हृदयन्यस्तमणिस्पर्शनिमीलितः ।
अपयोधरसंसर्गां प्रियालिङ्गननिर्वृतिम् ॥

अनुष्टुभ् श्लोक छंद

सप्राप	हृदय	न्यस्त	त स ग ल
ऽ ऽ ।	। । ऽ	ऽ ।	श्यामा छंद
मणिस्प	र्शनिमी	लितः	य स ल ग
। ऽ ऽ	। । ऽ	। ऽ	अपरिचित छंद
अपयो	धरसं	सर्गां	स स ग ग

। । ऽ	। । ऽ	ऽ ऽ	पंचशिखा छंद
प्रियालि	ङ्गननि	र्वृतिम्	य स ल ग
। ऽ ऽ	। । ऽ	। ऽ	अपरिचित छंद

12.66

श्रुत्वा रामः प्रियोदन्तं मेने तत्सङ्गमोत्सुकः ।
महार्णवपरिक्षेपं लङ्कायाः परिखालघुम् ॥

अनुष्टुभ् श्लोक छंद

श्रुत्वारा	मःप्रियो	दन्तं	म र ग ग
ऽ ऽ ऽ	ऽ । ऽ	ऽ ऽ	मधुमालती छंद
मेनेत	त्सङ्गमो	त्सुकः	म र ल ग
ऽ ऽ ऽ	ऽ । ऽ	। ऽ	क्षमा छंद
महार्ण	वपरि	क्षेपं	ज स ग ग
। ऽ ।	। । ऽ	ऽ ऽ	भांर्गी छंद
लङ्कायाः	परिखा	लघुम्	म स ल ग
ऽ ऽ ऽ	। । ऽ	। ऽ	पथ्यावक्त्र छंद

12.67

स प्रतस्थेऽरिनाशाय हरिसैन्यैरनुद्रुतः ।
न केवलं भुवः पृष्ठे व्योम्नि संबाधवर्तिभिः ॥

अनुष्टुभ् श्लोक छंद

सप्रत	स्थेरिना	शाय	र र ग ल
ऽ । ऽ	ऽ । ऽ	ऽ ।	लक्ष्मी छंद
हरिसै	न्यैरनु	द्रुतः	स र ल ग
। । ऽ	ऽ । ऽ	। ऽ	शलुकलुप्त छंद
नकेव	लंभुवः	पृष्ठे	ज र ग ग
। ऽ ।	ऽ । ऽ	ऽ ऽ	यशस्करी छंद
व्योम्निसं	बाधव	र्तिभिः	र र ल ग

ऽ । ऽ	ऽ । ऽ	। ऽ	हेमरूप छंद

12.68

निविष्टमुदधेः कूले तं प्रपाद बिभीषणः ।
स्नेहाद्राक्षसलक्ष्म्येव बुद्धिमाविश्य चोदितः ॥

अनुष्टुभ् श्लोक छंद

निविष्ट	मुदधेः	कूले	ज स ग ग
। ऽ ।	। । ऽ	ऽ ऽ	भांर्गी छंद
तंप्रपा	दबिभी	षणः	र स ल ग
ऽ । ऽ	। । ऽ	। ऽ	पथ्यावक्त्र छंद
स्नेहाद्रा	क्षसल	क्ष्म्येव	म स ग ल
ऽ ऽ ऽ	। । ऽ	ऽ ।	वक्त्र छंद
बुद्धिमा	विश्यचो	दितः	र र ल ग
ऽ । ऽ	ऽ । ऽ	। ऽ	हेमरूप छंद

12.69

तस्मै निशाचरैश्वर्यं प्रतिशुश्राव राघवः ।
काले खलु समालब्धाः फलं बध्नन्ति नीतयः ॥

अनुष्टुभ् श्लोक छंद

तस्मैनि	शाचरै	श्वर्यं	त र ग ग
ऽ ऽ ।	ऽ । ऽ	ऽ ऽ	विभा छंद
प्रतिशु	श्रावरा	घवः	स र ल ग
। । ऽ	ऽ । ऽ	। ऽ	शलुकलुप्त छंद
कालेख	लुसमा	लब्धाः	त स ग ग
ऽ ऽ ।	। । ऽ	ऽ ऽ	श्यामा छंद
फलंब	ध्नन्तिनी	तयः	य र ल ग
। ऽ ऽ	ऽ । ऽ	। ऽ	भाषा छंद

12.70

स सेतुं बन्धयामास प्लवगैर्लवणाम्भसि ।
रसातलादिवोन्मग्नं शेषं स्वप्राय शार्ङ्गिणः ॥

अनुष्टुभ् श्लोक छंद

ससेतुं	बन्धया	मास	य र ग ग
। ऽ ऽ	ऽ । ऽ	ऽ ऽ	कुलाधारी छंद
प्लवगै	र्लवणा	म्भसि	स स ल ग
। । ऽ	। । ऽ	। ऽ *	अमना छंद
रसात	लादिवो	न्मग्नं	ज र ग ग
। ऽ ।	ऽ । ऽ	ऽ ऽ	यशस्करी छंद
शेषंस्व	प्रायशा	र्ङ्गिणः	म र ल ग
ऽ ऽ ऽ	ऽ । ऽ	। ऽ	क्षमा छंद

12.71

तेनोत्तीर्य पथा लङ्कां रोधयामास पिङ्गलैः ।
द्वितीयं हेमप्राकारं कुर्वद्भिरिव वानरैः ॥

श्लोकेतर अनुष्टुभ् छंद

तेनोत्ती	र्यपथा	लङ्कां	म स ग ग
ऽ ऽ ऽ	। । ऽ	ऽ ऽ	वक्त्र छंद
रोधया	मासपि	ङ्गलैः	र र ल ग
ऽ । ऽ	ऽ । ऽ	। ऽ	हेमरूप छंद
द्वितीयं	हेमप्रा	कारं	य म ग ग
। ऽ ऽ	ऽ ऽ ऽ	ऽ ऽ	अनिर्भार छंद
कुर्वद्भि	रिववा	नरैः	त स ल ग
ऽ ऽ ।	। । ऽ	। ऽ	पथ्यावक्त्र छंद

पाद टिप्पणी :

इस अनुष्टुभ् छंद के विषम चरण 3 में पहले चार अक्षरों के बाद य गण (। ऽ ऽ) के स्थान पर म (ऽ ऽ ऽ) गण आने के कारण इस चार चरणों के पद्य में श्लोक छंद सिद्ध नहीं हुआ है.

12.72

रणः प्रववृते तत्र भीमः प्लवगरक्षसाम् ।
दिग्विजृम्भितकाकुत्स्थपौलस्त्यजयघोषणः ॥

अनुष्टुभ् श्लोक छंद

रणःप्र	ववृते	तत्र	ज स ग ल
। ऽ ।	। । ऽ	ऽ ।	भार्गी छंद
भीमःप्ल	वगर	क्षसाम्	त स ल ग
ऽ ऽ ।	। । ऽ	। ऽ	पथ्यावक्त्र छंद
दिग्विजृ	म्भितका	कुत्स्थ	र स ग ल
ऽ । ऽ	। । ऽ	ऽ ।	गाथ छंद
पौलस्त्य	जयघो	षणः	त स ल ग
ऽ ऽ ।	। । ऽ	। ऽ	पथ्यावक्त्र छंद

12.73

पादपाविद्धपरिघः शिलानिष्पिष्टमुद्गरः ।
अतिशस्त्रनखन्यासः शैलरुग्णमतंगजः ॥

श्लोकेतर अनुष्टुभ् छंद

पादपा	विद्धप	रिघः	र भ ल ग
ऽ । ऽ	ऽ । ।	। ऽ	कुरुचरी छंद
शिलानि	ष्पिष्टमु	द्गरः	य र ल ग
। ऽ ऽ	ऽ । ऽ	। ऽ	भाषा छंद
अतिश	स्त्रनख	न्यासः	स स ग ग
। । ऽ	। । ऽ	ऽ ऽ	पंचशिखा छंद
शैलरु	ग्णमतं	गजः	र स ल ग
ऽ । ऽ	। । ऽ	। ऽ	पथ्यावक्त्र छंद

पाद टिप्पणी :

इस अनुष्टुभ् छंद के विषम चरण 1 में पहले चार अक्षरों के बाद य गण (। ऽ ऽ)

के स्थान पर न (। । ।) गण आने के कारण इस चार चरणों के पद्य में श्लोक छंद सिद्ध नहीं हुआ है.

12.74

अथ रामशिरश्छेददर्शनोद्भ्रान्तचेतनाम् ।
सीतां मायेति शंसन्ती त्रिजटा समजीवयत् ॥

अनुष्टुभ् श्लोक छंद

अथरा	मशिर	श्छेद	स स ग ल
। । ऽ	। । ऽ	ऽ ।	मही छंद
दर्शनो	द्भ्रान्तचे	तनाम्	र र ल ग
ऽ । ऽ	ऽ । ऽ	। ऽ	हेमरूप छंद
सीतांमा	येतिशं	सन्ती	म र ग ग
ऽ ऽ ऽ	ऽ । ऽ	ऽ ऽ	मधुमालती छंद
त्रिजटा	समजी	वयत्	स स ल ग
। । ऽ	। । ऽ	। ऽ	कलिला छंद

12.75

कामं जीवति मे नाथ इति सा विजहौ शुचम् ।
प्राङ्मत्वा सत्यमस्यान्तं जीवितास्मीति लज्जिता ॥

अनुष्टुभ् श्लोक छंद

कामंजी	वतिमे	नाथ	म स ग ल
ऽ ऽ ऽ	। । ऽ	ऽ ।	वक्त्र छंद
इतिसा	विजहौ	शुचम्	स स ल ग
। । ऽ	। । ऽ	। ऽ	कलिला छंद
प्राङ्मत्वा	सत्यम	स्यान्तं	म र ग ग
ऽ ऽ ऽ	ऽ । ऽ	ऽ ऽ	मधुमालती छंद
जीविता	स्मीतिल	ज्जिता	र र ल ग
ऽ । ऽ	ऽ । ऽ	। ऽ	हेमरूप छंद

कालिदास के बृहत् महाकाव्य रघुवंश की छंद मीमांसा

12.76

गरुडापातविश्लिष्टमेघनादास्त्रबन्धनः ।
दाशरथ्योः क्षणक्लेशः स्वप्नवृत्त इवाभवत् ॥

अनुष्टुभ् श्लोक छंद

गरुडा	पातवि	श्लिष्ट	स र ग ल
। । ऽ	ऽ । ऽ	ऽ ।	वलीकेन्दु छंद
मेघना	दास्त्रब	न्धनः	र र ल ग
ऽ । ऽ	ऽ । ऽ	। ऽ	हेमरूप छंद
दाशर	थ्योःक्षण	क्लेशः	र र ग ग
ऽ । ऽ	ऽ । ऽ	ऽ ऽ	पद्ममाला छंद
स्वप्नवृ	त्तइवा	भवत्	र स ल ग
ऽ । ऽ	। । ऽ	। ऽ	पथ्यावक्त्र छंद

12.77

ततो बिभेद पौलस्त्यः शक्त्या वक्षसि लक्ष्मणम् ।
रामस्त्वनाहतोऽप्यासीद्विदीर्णहृदयः शुचा ॥

अनुष्टुभ् श्लोक छंद

ततोबि	भेदपौ	लस्त्यः	ज र ग ग
। ऽ ।	ऽ । ऽ	ऽ ऽ	यशस्करी छंद
शक्त्याव	क्षसिल	क्ष्मणम्	म स ल ग
ऽ ऽ ऽ	। । ऽ	। ऽ	पथ्यावक्त्र छंद
रामस्त्व	नाहतो	प्यासी	त र ग ग
ऽ ऽ ।	ऽ । ऽ	ऽ ऽ	विभा छंद
द्विदीर्ण	हृदयः	शुचा	ज स ल ग
। ऽ ।	। । ऽ	। ऽ	अपरिचित छंद

12.78

स मारुतिसमानीतमहौषधिहतव्यथः ।
लङ्कास्त्रीणां पुनश्चक्रे विलापाचार्यकं शरैः ॥

अनुष्टुभ् श्लोक छंद

समारु	तिसमा	नीत	ज स ग ल
। ऽ ।	। । ऽ	ऽ ।	भांर्गी छंद
महौष	धिहत	व्यथः	ज स ल ग
। ऽ ।	। । ऽ	। ऽ	अपरिचित छंद
लङ्कास्त्री	णांपुन	श्चक्रे	म र ग ग
ऽ ऽ ऽ	ऽ । ऽ	ऽ ऽ	मधुमालती छंद
विलापा	चार्यकं	शरैः	य र ल ग
। ऽ ऽ	ऽ । ऽ	। ऽ	भाषा छंद

12.79

स नादं मेघनादस्य धनुश्चेन्द्रायुधप्रभम् ।
मेघस्येव शरत्कालो न किञ्चित्पर्यशेषयत् ॥

अनुष्टुभ् श्लोक छंद

सनादं	मेघना	दस्य	य र ग ल
। ऽ ऽ	ऽ । ऽ	ऽ ।	सुचंद्रभा छंद
धनुश्चे	न्द्रायुध	प्रभम्	य र ल ग
। ऽ ऽ	ऽ । ऽ	। ऽ	भाषा छंद
मेघस्ये	वशर	त्कालो	म स ग ग
ऽ ऽ ऽ	। । ऽ	ऽ ऽ	वक्त्र छंद
नकिञ्चि	त्पर्यशे	षयत्	य र ल ग
। ऽ ऽ	ऽ । ऽ	। ऽ	भाषा छंद

12.80

कुम्भकर्णः कपीन्द्रेण तुल्यावस्थः स्वसुः कृतः ।
रुरोध रामं शृङ्गीव टङ्कच्छिन्नमनःशिलः ॥

श्लोकेतर अनुष्टुभ् छंद

कुम्भक	र्णःकपी	न्द्रेण	र र ग ल

ऽ । ऽ	ऽ । ऽ	ऽ ।	लक्ष्मी छंद
तुल्याव	स्थःस्वसुः	कृतः	म र ल ग
ऽ ऽ ऽ	ऽ । ऽ	। ऽ	क्षमा छंद
रुरोध	रामंशृ	ङ्गीव	ज म ग ल
। ऽ ।	ऽ ऽ ऽ	ऽ ।	अपरिचित छंद
टङ्कच्छि	न्नमनः	शिलः	म स ल ग
ऽ ऽ ऽ	। । ऽ	। ऽ	पथ्यावक्त्र छंद

पाद टिप्पणी :

इस अनुष्टुभ् छंद के विषम चरण 3 में पहले चार अक्षरों के बाद य गण (। ऽ ऽ) के स्थान पर म (ऽ ऽ ऽ) गण आने के कारण इस चार चरणों के पद्य में श्लोक छंद सिद्ध नहीं हुआ है.

12.81

अकाले बोधितो भ्राता प्रियस्वप्नो वृथा भवान् ।
रामेषुभिरितीवासौ दीर्घनिद्रां प्रवेशितः ॥

अनुष्टुभ् श्लोक छंद

अकाले	बोधितो	भ्राता	य र ग ग
। ऽ ऽ	ऽ । ऽ	ऽ ऽ	कुलाधारी छंद
प्रियस्व	प्नोवृथा	भवान्	य र ल ग
। ऽ ऽ	ऽ । ऽ	। ऽ	भाषा छंद
रामेषु	भिरिती	वासौ	त स ग ग
ऽ ऽ ।	। । ऽ	ऽ ऽ	श्यामा छंद
दीर्घनि	द्रांप्रवे	शितः	र र ल ग
ऽ । ऽ	ऽ । ऽ	। ऽ	हेमरूप छंद

12.82

इतराण्यपि रक्षांसि पेतुर्वानरकोटिषु ।
रजांसि समरोत्थानि तच्छोणितनदीष्विव ॥

अनुष्टुभ् श्लोक छंद

कालिदास के बृहत् महाकाव्य रघुवंश की छंद मीमांसा

इतरा	ण्यपिर	क्षांसि	स स ग ल
। । ऽ	। । ऽ	ऽ ।	मही छंद
पेतुर्वा	नरको	टिषु	म स ल ग
ऽ ऽ ऽ	। । ऽ	। ऽ *	पथावक्त्र छंद
रजांसि	समरो	त्थानि	ज स ग ल
। ऽ ।	। । ऽ	ऽ ।	भांर्गी छंद
तच्छोणि	तनदी	ष्विव	त स ल ल
ऽ ऽ ।	। । ऽ	। ऽ *	पथ्यावक्त्र छंद

12.83

निर्ययावथ पौलस्त्यः पुनर्युद्धाय मन्दिरात् ।
अरावणमरामं वा जगदद्येति निश्चितः ॥

अनुष्टुभ् श्लोक छंद

निर्यया	वथपौ	लस्त्यः	र स ग ग
ऽ । ऽ	। । ऽ	ऽ ऽ	गाथ छंद
पुनर्यु	द्धायम	न्दिरात्	य र ल ग
। ऽ ऽ	ऽ । ऽ	। ऽ	भाषा छंद
अराव	णमरा	मंवा	ज स ग ग
। ऽ ।	। । ऽ	ऽ ऽ	भांर्गी छंद
जगद	द्येतिनि	श्चितः	स र ल ग
। । ऽ	ऽ । ऽ	। ऽ	शलुकलुप्त छंद

12.84

रामं पदातिमालोक्य लङ्केशं च वरूथिनम् ।
हरियुग्यं रथं तस्मै प्रजिघाय पुरंदरः ॥

अनुष्टुभ् श्लोक छंद

रामंप	दातिमा	लोक्य	त र ग ल
ऽ ऽ ।	ऽ । ऽ	ऽ ।	विभा छंद

लङ्केशं	चवरू	थिनम्	म स ल ग
ऽ ऽ ऽ	। । ऽ	। ऽ	पथ्यावक्त्र छंद
हरियु	ग्यंरथं	तस्मै	स र ग ग
। । ऽ	ऽ । ऽ	ऽ ऽ	परिधारा छंद
प्रजिघा	यपुरं	दरः	स स ल ग
। । ऽ	। । ऽ	। ऽ	कलिला छंद

12.85

तमाधूतध्वजपटं व्योमगङ्गोर्मिवायुभिः ।
देवसूतभुजालम्बी जैत्रमध्यास्त राघवः ॥

श्लोकेतर अनुष्टुभ् छंद

तमाधू	तध्वज	पटं	य भ ल ग
। ऽ ऽ	ऽ । ।	। ऽ	पथ्यावक्त्र छंद
व्योमग	ङ्गोर्मिवा	युभिः	र र ल ग
ऽ । ऽ	ऽ । ऽ	। ऽ	हेमरूप छंद
देवसू	तभुजा	लम्बी	र स ग ग
ऽ । ऽ	। । ऽ	ऽ ऽ	गाथ छंद
जैत्रम	ध्यास्तरा	घवः	र र ल ग
ऽ । ऽ	ऽ । ऽ	। ऽ	हेमरूप छंद

पाद टिप्पणी :

इस अनुष्टुभ् छंद के विषम चरण 1 में पहले चार अक्षरों के बाद य गण (। ऽ ऽ) के स्थान पर न (। । ।) गण आने के कारण इस चार चरणों के पद्य में श्लोक छंद सिद्ध नहीं हुआ है.

12.86

मातलिस्तस्य माहेन्द्रमामुमोच तनुच्छदम् ।
यत्रोत्पलदलक्लैब्यमस्त्राण्यापुः सुरद्विषाम् ॥

अनुष्टुभ् श्लोक छंद

मातलि	स्तस्यमा	हेन्द्र	र र ग ल

ऽ । ऽ	ऽ । ऽ	ऽ ।	लक्ष्मी छंद
मामुमो	चतनु	च्छदम्	र स ल ग
ऽ । ऽ	। । ऽ	। ऽ	पथ्यावक्त्र छंद
यत्रोत्प	लदल	क्लैब्य	त स ग ल
ऽ ऽ ।	। । ऽ	ऽ ।	श्यामा छंद
मस्त्राण्या	पुःसुर	द्विषाम्	म र ल ग
ऽ ऽ ऽ	ऽ । ऽ	। ऽ	क्षमा छंद

12.87

अन्योन्यदर्शनप्राप्तविक्रमावसरं चिरात् ।
रामरावणयोर्युद्धं चरितार्थमिवाभवत् ॥

अनुष्टुभ् श्लोक छंद

अन्योन्य	दर्शन	प्राप्त	त र ग ल
ऽ ऽ ।	ऽ । ऽ	ऽ ।	विभा छंद
विक्रमा	वसरं	चिरात्	र स ल ग
ऽ । ऽ	। । ऽ	। ऽ	पथ्यावक्त्र छंद
रामरा	वणयो	र्युद्धं	र स ग ग
ऽ । ऽ	। । ऽ	ऽ ऽ	गाथ छंद
चरिता	र्थमिवा	भवत्	स स ल ग
। । ऽ	। । ऽ	। ऽ	कलिला छंद

12.88

भुजमूर्धोरुबाहुल्यादेकोऽपि धनदानुजः ।
ददृशे ह्ययथापूर्वो मातृवंश इव स्थितः ॥

अनुष्टुभ् श्लोक छंद

भुजमू	र्धोरुबा	हुल्या	स र ग ग
। । ऽ	ऽ । ऽ	ऽ ऽ	परिधारा छंद
देकोपि	धनदा	नुजः	त स ल ग

ऽ ऽ ।	। । ऽ	। ऽ	पथ्यावक्त्र छंद
ददृशे	ह्ययथा	पूर्वो	स स ग ग
। । ऽ	। । ऽ	ऽ ऽ	पंचशिखा छंद
मातृवं	शइव	स्थितः	र स ल ग
ऽ । ऽ	। । ऽ	। ऽ	पथ्यावक्त्र छंद

12.89

जेतारं लोकपालानां स्वमुखैरर्चितेश्वरम् ।
रामस्तुलितकैलासमारातिं बह्वमन्यत ॥

अनुष्टुभ् श्लोक छंद

जेतारं	लोकपा	लानां	म र ग ग
ऽ ऽ ऽ	ऽ । ऽ	ऽ ऽ	मधुमालती छंद
स्वमुखै	रर्चिते	श्वरम्	स र ल ग
। । ऽ	ऽ । ऽ	। ऽ	शलुकलुप्त छंद
रामस्तु	लितकै	लास	त स ग ल
ऽ ऽ ।	। । ऽ	ऽ ।	श्यामा छंद
मारातिं	बह्वम	न्यत	म र ल ग
ऽ ऽ ऽ	ऽ । ऽ	। ऽ *	क्षमा छंद

12.90

तस्य स्फुरति पौलस्त्यः सीतासंगमशंसिनि ।
निचखानाधिकक्रोधः शरं सव्येतरे भुजे ॥

अनुष्टुभ् श्लोक छंद

तस्यस्फु	रतिपौ	लस्त्यः	त स ग ग
ऽ ऽ ।	। । ऽ	ऽ ऽ	श्यामा छंद
सीतासं	गमशं	सिनि	म स ल ग
ऽ ऽ ऽ	। । ऽ	। ऽ *	पथ्यावक्त्र छंद
निचखा	नाधिक	क्रोधः	स र ग ग

। । ऽ	ऽ । ऽ	ऽ ऽ	परिधारा छंद
शरंस	व्येतरे	भुजे	य र ल ग
। ऽ ऽ	ऽ । ऽ	। ऽ	भाषा छंद

12.91

रावणस्यापि रामास्तो भित्त्वा हृदयमाशुगः ।
विवेश भुवमाख्यातुमुरगेभ्य इव प्रियम् ॥

अनुष्टुभ् श्लोक छंद

रावण	स्यापिरा	मास्तो	र र ग ग
ऽ । ऽ	ऽ । ऽ	ऽ ऽ	पद्ममाला छंद
भित्त्वाहृ	दयमा	शुगः	त स ल ग
ऽ ऽ ।	। । ऽ	। ऽ	पथ्यावक्त्र छंद
विवेश	भुवमा	ख्यातु	ज स ग ल
। ऽ ।	। । ऽ	ऽ ।	भांर्गी छंद
मुरगे	भ्यइव	प्रियम्	स स ल ग
। । ऽ	। । ऽ	। ऽ	कलिला छंद

12.92

वचसैव तयोर्वाक्यमस्त्रमस्त्रेण निघ्नतोः ।
अन्योन्यजयसंरम्भो ववृधे वादिनोरिव ॥

अनुष्टुभ् श्लोक छंद

वचसै	वतयो	र्वाक्य	स स ग ल
। । ऽ	। । ऽ	ऽ ।	मही छंद
मस्त्रम	स्त्रेणनि	घ्नतोः	र र ल ग
ऽ । ऽ	ऽ । ऽ	। ऽ	हेमरूप छंद
अन्योन्य	जयसं	रम्भो	त स ग ग
ऽ ऽ ।	। । ऽ	ऽ ऽ	श्यामा छंद
ववृधे	वादिनो	रिव	स र ल ग

। । ऽ	ऽ । ऽ	। ऽ	शलुकलुप्त छंद

12.93

विक्रमव्यतिहारेण सामान्याऽभूद्द्वयोरपि ।
जयश्रीरन्तरा वेदिर्मत्तवारणयोरिव ॥

अनुष्टुभ् श्लोक छंद

विक्रम	व्यतिहा	रेण	र स ग ल
ऽ । ऽ	। । ऽ	ऽ ।	गाथ छंद
सामान्या	भूद्द्वयो	रपि	म र ल ग
ऽ ऽ ऽ	ऽ । ऽ	। ऽ *	क्षमा छंद
जयश्री	रन्तरा	वेदि	य र ग ग
। ऽ ऽ	ऽ । ऽ	ऽ ऽ	कुलाधारी छंद
र्मत्तवा	रणयो	रिव	र स ल ग
ऽ । ऽ	। । ऽ	। ऽ *	पथावक्त्र छंद

12.94

कृतप्रतिकृतप्रीतैस्तयोर्मुक्तां सुरासुरैः ।
परस्परशरव्राताः पुष्पवृष्टिं न सेहिरे ॥

अनुष्टुभ् श्लोक छंद

कृतप्र	तिकृत	प्रीतै	ज स ग ग
। ऽ ।	। । ऽ	ऽ ऽ	भांर्गी छंद
स्तयोर्मु	क्तांसुरा	सुरैः	य र ल ग
। ऽ ऽ	ऽ । ऽ	। ऽ	भाषा छंद
परस्प	रशर	व्राताः	ज स ग ग
। ऽ ।	। । ऽ	ऽ ऽ	भांर्गी छंद
पुष्पवृ	ष्टिंनसे	हिरे	र र ल ग
ऽ । ऽ	ऽ । ऽ	। ऽ	हेमरूप छंद

12.95

अयःशङ्कुचितां रक्षः शतघ्नीमथ शत्रवे ।
हृतां वैवस्वतस्येव कूटशाल्मलिमक्षिपत् ॥

अनुष्टुभ् श्लोक छंद

अयःश	ङ्कुचितां	रक्षः	य स ग ग
।ऽऽ	।।ऽ	ऽऽ	मनोला छंद
शतघ्नी	मथश	त्रवे	य स ल ग
।ऽऽ	।।ऽ	।ऽ	अपरिचित छंद
हृतांवै	वस्वत	स्येव	य र ग ल
।ऽऽ	ऽ।ऽ	ऽ।	सुचंद्रभा छंद
कूटशा	ल्मलिम	क्षिपत्	र स ल ग
ऽ।ऽ	।।ऽ	।ऽ	पथ्यावक्त्र छंद

12.96

राघवो रथमप्राप्तां तामाशां च सुरद्विषाम् ।
अर्धचन्द्रमुखैर्बाणैश्चिच्छेद कदलीसुखम् ॥

अनुष्टुभ् श्लोक छंद

राघवो	रथम	प्राप्तां	र स ग ग
ऽ।ऽ	।।ऽ	ऽऽ	गाथ छंद
तामाशां	चसुर	द्विषाम्	म स ल ग
ऽऽऽ	।।ऽ	।ऽ	पथ्यावक्त्र छंद
अर्धच	न्द्रमुखै	र्बाणै	र स ग ग
ऽ।ऽ	।।ऽ	ऽऽ	गाथ छंद
श्चिच्छेद	कदली	सुखम्	त स ल ग
ऽऽ।	।।ऽ	।ऽ	पथ्यावक्त्र छंद

12.97

अमोघं संदधे चास्मै धनुष्येकधनुर्धरः ।
ब्राह्ममस्त्रं प्रियाशोकशल्यनिष्कर्षणौषधम् ॥

अनुष्टुभ् श्लोक छंद

अमोघं	संदधे	चास्मै	य र ग ग
। ऽ ऽ	ऽ । ऽ	ऽ ऽ	कुलाधारी छंद
धनुष्ये	कधनु	र्धरः	य स ल ग
। ऽ ऽ	। । ऽ	। ऽ	अपरिचित छंद
ब्राह्मम	स्त्रंप्रिया	शोक	र र ग ल
ऽ । ऽ	ऽ । ऽ	ऽ ।	लक्ष्मी छंद
शल्यनि	ष्कर्षणौ	षधम्	र र ल ग
ऽ । ऽ	ऽ । ऽ	। ऽ	हेमरूप छंद

12.98

तद्व्योम्नि शतधा भिन्नं ददृशे दीप्तिमन्मुखम् ।
वपुर्महोरगस्येव करालफलमण्डलम् ॥

अनुष्टुभ् श्लोक छंद

तद्व्योम्नि	शतधा	भिन्नं	त स ग ग
ऽ ऽ ।	। । ऽ	ऽ ऽ	श्यामा छंद
ददृशे	दीप्तिम	न्मुखम्	स र ल ग
। । ऽ	ऽ । ऽ	। ऽ	शलुकलुप्त छंद
वपुर्म	होरग	स्येव	ज र ग ल
। ऽ ।	ऽ । ऽ	ऽ ।	सुचंद्रप्रभा छंद
कराल	फलम	ण्डलम्	ज स ल ग
। ऽ ।	। । ऽ	। ऽ	अपरिचित छंद

12.99

तेन मन्त्रप्रयुक्तेन निमेषार्धादपातयत् ।
स रावणशिरःपङ्क्तिमज्ञातव्रणवेदनाम् ॥

अनुष्टुभ् श्लोक छंद

तेनम	न्त्रप्रयु	क्तेन	र र ग ल

ऽ । ऽ	ऽ । ऽ	ऽ ।	लक्ष्मी छंद
निमेषा	र्धादपा	तयत्	ज र ल ग
। ऽ ।	ऽ । ऽ	। ऽ	प्रमाणिका छंद
सराव	णशिरः	पङ्क्ति	ज स ग ल
। ऽ ।	। । ऽ	ऽ ।	भांर्गी छंद
मज्ञात	व्रणवे	दनाम्	म स ल ग
ऽ ऽ ऽ	। । ऽ	। ऽ	पथ्यावक्त्र छंद

12.100

बालार्कप्रतिमेवाप्सु वीचिभिन्ना पतिष्यतः ।
रराज रक्षःकायस्य कण्ठच्छेदपरम्परा ॥

श्लोकेतर अनुष्टुभ् छंद

बालार्क	प्रतिमे	वाप्सु	म स ग ल
ऽ ऽ ऽ	। । ऽ	ऽ ।	वक्त्र छंद
वीचिभि	न्नापति	ष्यतः	र र ल ग
ऽ । ऽ	ऽ । ऽ	। ऽ	हेमरूप छंद
रराज	रक्षःका	यस्य	ज म ग ल
। ऽ ।	ऽ ऽ ऽ	ऽ ।	अपरिचित छंद
कण्ठच्छे	दपर	म्परा	म स ल ग
ऽ ऽ ऽ	। । ऽ	। ऽ	पथ्यावक्त्र छंद

पाद टिप्पणी :

इस अनुष्टुभ् छंद के विषम चरण 1 में पहले चार अक्षरों के बाद य गण (। ऽ ऽ) के स्थान पर न (। । ।) गण आने के कारण इस चार चरणों के पद्य में श्लोक छंद सिद्ध नहीं हुआ है.

12.101

मरुतां पश्यतां तस्य शिरांसि पतितान्यपि ।
मनो नातिविशस्वास पुनःसंधानशङ्किनाम् ॥

अनुष्टुभ् श्लोक छंद

मरुतां	पश्यतां	तस्य	स र ग ल
। । ऽ	ऽ । ऽ	ऽ ।	वलीकेन्दु छंद
शिरांसि	पतिता	न्यपि	ज स ल ल
। ऽ ।	। । ऽ	। ऽ *	अपरिचित छंद
मनोना	तिविश	स्वास	य स ग ल
। ऽ ऽ	। । ऽ	ऽ ।	मनोला छंद
पुनःसं	धानश	ङ्किनाम्	य र ल ग
। ऽ ऽ	ऽ । ऽ	। ऽ	भाषा छंद

12.102

अथ मदगुरुपक्षैलोकपालद्विपानामनुगतमलिवृन्दैर्गण्डभित्तीर्विहाय।
उपनतमणिबन्धे मूर्ध्नि पौलस्त्यशत्रोः सुरभि सुरविमुक्तं पुष्पवर्षं पपात॥

मालिनी छंद (न न म य य)

अथम	दगुरु	पक्षैलो	कपाल	द्विपाना
। । ।	। । ।	ऽ ऽ ऽ	। ऽ ऽ	। ऽ ऽ
मनुग	तमलि	वृन्दैर्ग	ण्डभित्ती	र्विहाय
। । ।	। । ।	ऽ ऽ ऽ	। ऽ ऽ	। ऽ ऽ *
उपन	तमणि	बन्धेमू	र्ध्निपौल	स्त्यशत्रौः
। । ।	। । ।	ऽ ऽ ऽ	। ऽ ऽ	। ऽ ऽ
सुरभि	सुरवि	मुक्तंपु	ष्पवर्षं	पपात
। । ।	। । ।	ऽ ऽ ऽ	। ऽ ऽ	। ऽ ऽ *

12.103

यन्ता हरेः सपदि संहृतकार्मुकज्यमापृच्छ्य राघवमनुष्ठितदेवकार्यम्।
नामाङ्करावणशराङ्कितकेतुयष्टिमूर्ध्वं रथं हरिसहस्त्रयुजं निनाय॥

वसंततिलका छंद (त भ ज ज ग ग)

यन्ताह	रेःसप	दिसंहृ	तकार्मु	कज्य
ऽ ऽ ।	ऽ । ।	। ऽ ।	। ऽ ।	ऽ ऽ *

मापृच्छ्य	राघव	मनुष्ठि	तदेव	कार्यम्
ऽ ऽ ।	ऽ । ।	। ऽ ।	। ऽ ।	ऽ ऽ
नामाङ्क	रावण	शराङ्कि	तकेतु	यष्टि
ऽ ऽ ।	ऽ । ।	। ऽ ।	। ऽ ।	ऽ ऽ *
मूर्ध्वर	थंहरि	सहस्र	युजंनि	नाय
ऽ ऽ ।	ऽ । ।	। ऽ ।	। ऽ ।	ऽ ऽ *

12.104

रघुपतिरपि जातवेदोविशुद्धां प्रगृह्य प्रियां
प्रियसुहृदि बिभीषणे संगमय्य श्रियं वैरिणः ।
रविसुतसहितेन तेनानुयातः ससौमित्रिणा
भुजविजितविमानरत्नाधिरूढः प्रतस्थे पुरीम् ॥

प्रिया (न न र र र र)

रघुप	तिरपि	जातवे	दोविशु	द्धांप्रगृ	ह्यप्रियां
। । ।	। । ।	ऽ । ऽ	ऽ । ऽ	ऽ । ऽ	ऽ । ऽ
प्रियसु	हृदिबि	भीषणे	संगम	य्यश्रियं	वैरिणः
। । ।	। । ।	ऽ । ऽ	ऽ । ऽ	ऽ । ऽ	ऽ । ऽ
रविसु	तसहि	तेनते	नानुया	तःससौ	मित्रिणा
। । ।	। । ।	ऽ । ऽ	ऽ । ऽ	ऽ । ऽ	ऽ । ऽ
भुजवि	जितवि	मानर	त्नाधिरू	ढःप्रत	स्थेपुरीम्
। । ।	। । ।	ऽ । ऽ	ऽ । ऽ	ऽ । ऽ	ऽ । ऽ

इति श्रीरघुवंशे महाकाव्ये कविश्रीकालिदासकृतौ रावणवधो नाम द्वादशः सर्गः ॥

रघुवंश सर्ग - 13

* पुष्पकयान से दृश्य वर्णन *

13.1

अथात्मनः शब्दगुणं गुणज्ञः पदं विमानेन विगाहमानः ।
रत्नाकरं वीक्ष्य मिथः स जायां रामाभिधानो हरिरित्युवाच ॥

उपेन्द्रवज्रा, उपेन्द्रवज्रा, इंद्रवज्रा, इंद्रवज्रा उपजाति छंद

अथात्म	नःशब्द	गुणंगु	णज्ञः	
। ऽ ।	ऽ ऽ ।	। ऽ ।	ऽ ऽ	उपेन्द्रवज्रा
पदंवि	मानेन	विगाह	मानः	
। ऽ ।	ऽ ऽ ।	। ऽ ।	ऽ ऽ	उपेन्द्रवज्रा
रत्नाक	रंवीक्ष्य	मिथःस	जायां	
ऽ ऽ ।	ऽ ऽ ।	। ऽ ।	ऽ ऽ	इंद्रवज्रा
रामाभि	धानोह	रिरित्यु	वाच	
ऽ ऽ ।	ऽ ऽ ।	। ऽ ।	ऽ ऽ *	इंद्रवज्रा

13.2

वैदेहि पश्यामलयाद्विभक्तं मत्सेतुना फेनिलमम्बुराशिम्
छायापथेनेव शरत्प्रसन्नमाकाशमाविष्कृतचारुतारम् ॥

इंद्रवज्रा छंद (त त ज ग ग)

वैदेहि	पश्याम	लयाद्वि	भक्तं	
ऽ ऽ ।	ऽ ऽ ।	। ऽ ।	ऽ ऽ	इंद्रवज्रा
मत्सेतु	नाफेनि	लमम्बु	राशिम्	
ऽ ऽ ।	ऽ ऽ ।	। ऽ ।	ऽ ऽ	इंद्रवज्रा

कालिदास के बृहत् महाकाव्य रघुवंश की छंद मीमांसा

छायाप	थेनेव	शरत्प्र	सन्न	
ऽ ऽ ।	ऽ ऽ ।	। ऽ ।	ऽ ऽ *	इंद्रवज्रा
माकाश	माविष्कृ	तचारु	तारम्	
ऽ ऽ ।	ऽ ऽ ।	। ऽ ।	ऽ ऽ	इंद्रवज्रा

13.3

गुरोर्यियक्षोः कपिलेन मेध्ये रसातलं संक्रमिते तुरंगे ।
तदर्थमुर्वीमवधारयद्भिः पूर्वैः किलायं परिवर्धितो नः ॥

इंद्रवज्रा, उपेन्द्रवज्रा, उपेन्द्रवज्रा, इंद्रवज्रा उपजाति छंद

गुरोर्यि	यक्षोःक	पिलेन	मेध्ये	
ऽ ऽ ।	ऽ ऽ ।	। ऽ ।	ऽ ऽ	इंद्रवज्रा
रसात	लंसंक्र	मितेतु	रंगे	
। ऽ ।	ऽ ऽ ।	। ऽ ।	ऽ ऽ	उपेन्द्रवज्रा
तदर्थ	मुर्वीम	वधार	यद्भिः	
। ऽ ।	ऽ ऽ ।	। ऽ ।	ऽ ऽ	उपेन्द्रवज्रा
पूर्वैःकि	लायंप	रिवर्धि	तोनः	
ऽ ऽ ।	ऽ ऽ ।	। ऽ ।	ऽ ऽ	इंद्रवज्रा

13.4

गर्भं दधत्यर्कमरीचयोऽस्माद्विवृद्धिमत्राश्नुवते वसूनि ।
अबिन्धनं वह्निमसौ बिभर्ति प्रह्लादनं ज्योतिरजन्यनेन ॥

इंद्रवज्रा, उपेन्द्रवज्रा, उपेन्द्रवज्रा, इंद्रवज्रा उपजाति छंद

गर्भंद	धत्यर्क	मरीच	योस्मा	
ऽ ऽ ।	ऽ ऽ ।	। ऽ ।	ऽ ऽ	इंद्रवज्रा
द्विवृद्धि	मत्राश्नु	वतेव	सूनि	
। ऽ ।	ऽ ऽ ।	। ऽ ।	ऽ ऽ *	उपेन्द्रवज्रा
अबिन्ध	नंवह्नि	मसौबि	भर्ति	
। ऽ ।	ऽ ऽ ।	। ऽ ।	ऽ ऽ	उपेन्द्रवज्रा

प्रह्लाद	नंज्योति	रजन्य	नेन	
ऽ ऽ ।	ऽ ऽ ।	। ऽ ।	ऽ ऽ *	इंद्रवज्रा

13.5

तां तामवस्थां प्रतिपद्यमानं स्थितं दश व्याप दिशो महिम्ना ।
विष्णोरिवास्यानवधारणीयमीदृक्तया रूपमियत्तया वा ॥

इंद्रवज्रा, उपेन्द्रवज्रा, इंद्रवज्रा, इंद्रवज्रा उपजाति छंद

तांताम	वस्थांप्र	तिपद्य	मानं	
ऽ ऽ ।	ऽ ऽ ।	। ऽ ।	ऽ ऽ	इंद्रवज्रा
स्थितंद	शव्याप	दिशोम	हिम्ना	
। ऽ ।	ऽ ऽ ।	। ऽ ।	ऽ ऽ	उपेन्द्रवज्रा
विष्णोरि	वास्यान	वधार	णीय	
ऽ ऽ ।	ऽ ऽ ।	। ऽ ।	ऽ ऽ *	इंद्रवज्रा
मीदृक्त	यारूप	मियत्त	यावा	
ऽ ऽ ।	ऽ ऽ ।	। ऽ ।	ऽ ऽ	इंद्रवज्रा

13.6

नाभिप्ररूढाम्बुरुहासनेन संस्तूयमानः प्रथमेन धात्रा ।
अमुं युगान्तोचितयोगनिद्रः संहृत्य लोकान्पुरुषोऽधिशेते ॥

इंद्रवज्रा, इंद्रवज्रा, उपेन्द्रवज्रा, इंद्रवज्रा उपजाति छंद

नाभिप्र	रूढाम्बु	रुहास	नेन	
ऽ ऽ ।	ऽ ऽ ।	। ऽ ।	ऽ ऽ *	इंद्रवज्रा
संस्तूय	मानःप्र	थमेन	धात्रा	
ऽ ऽ ।	ऽ ऽ ।	। ऽ ।	ऽ ऽ	इंद्रवज्रा
अमुंयु	गान्तोचि	तयोग	निद्रः	
। ऽ ।	ऽ ऽ ।	। ऽ ।	ऽ ऽ	उपेन्द्रवज्रा
संहृत्य	लोकान्पु	रुषोधि	शेते	
ऽ ऽ ।	ऽ ऽ ।	। ऽ ।	ऽ ऽ	इंद्रवज्रा

13.7

पक्षच्छिदा गोत्रभिदात्तगन्धाः शरण्यमेनं शतशो महीध्राः ।
नृपा इवोपप्लविनः परेभ्यो धर्मोत्तरं मध्यममाश्रयन्ते ॥

इंद्रवज्रा, उपेन्द्रवज्रा, उपेन्द्रवज्रा, इंद्रवज्रा उपजाति छंद

पक्षच्छि	दागोत्र	भिदात्त	गन्धाः	
ऽ ऽ ।	ऽ ऽ ।	। ऽ ।	ऽ ऽ	इंद्रवज्रा
शरण्य	मेनंश	तशोम	हीध्राः	
। ऽ ।	ऽ ऽ ।	। ऽ ।	ऽ ऽ	उपेन्द्रवज्रा
नृपाइ	वोपप्ल	विनःप	रेभ्यो	
। ऽ ।	ऽ ऽ ।	। ऽ ।	ऽ ऽ	उपेन्द्रवज्रा
धर्मोत्त	रंमध्य	ममाश्र	यन्ते	
ऽ ऽ ।	ऽ ऽ ।	। ऽ ।	ऽ ऽ	इंद्रवज्रा

13.8

रसातलादादिभवेन पुंसा भुवः प्रयुक्तोद्वहनक्रियायाः ।
अस्याच्छमम्भः प्रलयप्रवृद्धं मुहूर्तवक्त्राभरणं बभूव ॥

उपेन्द्रवज्रा, उपेन्द्रवज्रा, इंद्रवज्रा, उपेन्द्रवज्रा उपजाति छंद

रसात	लादादि	भवेन	पुंसा	
। ऽ ।	ऽ ऽ ।	। ऽ ।	ऽ ऽ	उपेन्द्रवज्रा
भुवःप्र	युक्तोद्व	हनक्रि	यायाः	
। ऽ ।	ऽ ऽ ।	। ऽ ।	ऽ ऽ	उपेन्द्रवज्रा
अस्याच्छ	मम्भःप्र	लयप्र	वृद्धं	
ऽ ऽ ।	ऽ ऽ ।	। ऽ ।	ऽ ऽ	इंद्रवज्रा
मुहूर्त	वक्त्राभ	रणंब	भूव	
। ऽ ।	ऽ ऽ ।	। ऽ ।	ऽ ऽ *	उपेन्द्रवज्रा

13.9

मुखार्पणेषु प्रकृतिप्रगल्भाः स्वयं तरंगाधरदानदक्षः ।

कालिदास के बृहत् महाकाव्य रघुवंश की छंद मीमांसा

अनन्यसामान्यकलत्रवृत्तिः पिबत्यसौ पाययते च सिन्धुः ॥

उपेन्द्रवज्रा छंद (ज त ज ग ग)

मुखार्प	णेषुप्र	कृतिप्र	गल्भाः	
। ऽ ।	ऽ ऽ ।	। ऽ ।	ऽ ऽ	उपेन्द्रवज्रा
स्वयंत	रंगाध	रदान	दक्षुः	
। ऽ ।	ऽ ऽ ।	। ऽ ।	ऽ ऽ	उपेन्द्रवज्रा
अनन्य	सामान्य	कलत्र	वृत्तिः	
। ऽ ।	ऽ ऽ ।	। ऽ ।	ऽ ऽ	उपेन्द्रवज्रा
पिबत्य	सौपाय	यतेच	सिन्धुः	
। ऽ ।	ऽ ऽ ।	। ऽ ।	ऽ ऽ	उपेन्द्रवज्रा

13.10

ससत्वमादाय नदीमुखाम्भः संमीलयन्तो विवृताननत्वात् ।
अमी तिरोभिस्तिमयः सरन्ध्रैरूध्वं वितन्वन्ति जलप्रवाहान् ॥

उपेन्द्रवज्रा, इंद्रवज्रा, उपेन्द्रवज्रा, इंद्रवज्रा उपजाति छंद

ससत्व	मादाय	नदीमु	खाम्भः	
। ऽ ।	ऽ ऽ ।	। ऽ ।	ऽ ऽ	उपेन्द्रवज्रा
संमील	यन्तोवि	वृतान	नत्वात्	
ऽ ऽ ।	ऽ ऽ ।	। ऽ ।	ऽ ऽ	इंद्रवज्रा
अमीति	रोभिस्ति	मयःस	रन्ध्रै	
। ऽ ।	ऽ ऽ ।	। ऽ ।	ऽ ऽ	उपेन्द्रवज्रा
रूध्वंवि	तन्वन्ति	जलप्र	वाहान्	
ऽ ऽ ।	ऽ ऽ ।	। ऽ ।	ऽ ऽ	इंद्रवज्रा

13.11

मातंगनक्रैः सहसोत्पतद्भिर्भिन्नान्द्विधा पश्य समुद्रफेनान् ।
कपोलसंसर्पितया य एषां व्रजन्ति कर्णक्षणचामरत्वम् ॥

इंद्रवज्रा, इंद्रवज्रा, उपेन्द्रवज्रा, उपेन्द्रवज्रा उपजाति छंद

मातंग	नक्रैः स	हसोत्प	तद्भि	
ऽ ऽ ।	ऽ ऽ ।	। ऽ ।	ऽ ऽ	इंद्रवज्रा
भिन्नान्द्वि	धापश्य	समुद्र	फेनान्	
ऽ ऽ ।	ऽ ऽ ।	। ऽ ।	ऽ ऽ	इंद्रवज्रा
कपोल	संसर्पि	तयाय	एषां	
। ऽ ।	ऽ ऽ ।	। ऽ ।	ऽ ऽ	उपेन्द्रवज्रा
व्रजन्ति	कर्णक्ष	णचाम	रत्वम्	
। ऽ ।	ऽ ऽ ।	। ऽ ।	ऽ ऽ	उपेन्द्रवज्रा

13.12

वेलानिलाय प्रसृता भुजंगा वहोर्मिविस्फूर्जथुनिर्विशेषाः ।
सूर्यांशुसंपर्कविवृद्धरागैर्व्यज्यन्त एते मणिभिः फणस्थैः ॥

इंद्रवज्रा, इंद्रवज्रा, उपेन्द्रवज्रा, इंद्रवज्रा उपजाति छंद

वेलानि	लायप्र	सृताभु	जंगा	
ऽ ऽ ।	ऽ ऽ ।	। ऽ ।	ऽ ऽ	इंद्रवज्रा
वहोर्मि	विस्फूर्ज	थुनिर्वि	शेषाः	
ऽ ऽ ।	ऽ ऽ ।	। ऽ ।	ऽ ऽ	इंद्रवज्रा
सूर्यांशु	संपर्क	विवृद्ध	रागै	
। ऽ ।	ऽ ऽ ।	। ऽ ।	ऽ ऽ	उपेन्द्रवज्रा
र्व्यज्यन्त	एतेम	णिभिःफ	णस्थैः	
ऽ ऽ ।	ऽ ऽ ।	। ऽ ।	ऽ ऽ	इंद्रवज्रा

13.13

तवाधरस्पर्धिषु विद्रुमेषु पर्यस्तमेतत्सहसोर्मिवेगात् ।
ऊर्ध्वाङ्कुरप्रोतमुखं कथंचित्क्लेशादपक्रामति शङ्खयूथम् ॥

इंद्रवज्रा छंद

तवाध	रस्पर्धि	षुविद्रु	मेषु	

ऽ ऽ ।	ऽ ऽ ।	। ऽ ।	ऽ ऽ	इंद्रवज्रा
पर्यस्त	मेतत्स	हसोर्मि	वेगात्	
ऽ ऽ ।	ऽ ऽ ।	। ऽ ।	ऽ ऽ	इंद्रवज्रा
ऊर्ध्वाङ्कु	रप्रोत	मुखंक	थंचि	
ऽ ऽ ।	ऽ ऽ ।	। ऽ ।	ऽ ऽ	इंद्रवज्रा
त्क्लेशाद	पक्राम	तिशङ्ख	यूथम्	
ऽ ऽ ।	ऽ ऽ ।	। ऽ ।	ऽ ऽ	इंद्रवज्रा

13.14

प्रवृत्तमात्रेण पयांसि पातुमावर्तवेगाद्भ्रमता घनेन ।
आभाति भूयिष्ठमयं समुद्रः प्रमथ्यमानो गिरिणेव भूयः ॥

उपेन्द्रवज्रा, इंद्रवज्रा, इंद्रवज्रा, उपेन्द्रवज्रा उपजाति छंद

प्रवृत्त	मात्रेण	पयांसि	पातु	
। ऽ ।	ऽ ऽ ।	। ऽ ।	ऽ ऽ *	उपेन्द्रवज्रा
मावर्त	वेगाद्भ्र	मताघ	नेन	
ऽ ऽ ।	ऽ ऽ ।	। ऽ ।	ऽ ऽ *	इंद्रवज्रा
आभाति	भूयिष्ठ	मयंस	मुद्रः	
ऽ ऽ ।	ऽ ऽ ।	। ऽ ।	ऽ ऽ	इंद्रवज्रा
प्रमथ्य	मानोगि	रिणेव	भूयः	
। ऽ ।	ऽ ऽ ।	। ऽ ।	ऽ ऽ	उपेन्द्रवज्रा

13.15

दूरादयश्चक्रनिभस्य तन्वी तमालतालीवनराजिनीला ।
आभाति वेला लवणाम्बुराशेर्धारानिबद्धेव कलङ्करेखा ॥

इंद्रवज्रा, उपेन्द्रवज्रा, इंद्रवज्रा, इंद्रवज्रा उपजाति छंद

दूराद	यश्चक्र	निभस्य	तन्वी	
ऽ ऽ ।	ऽ ऽ ।	। ऽ ।	ऽ ऽ	इंद्रवज्रा
तमाल	तालीव	नराजि	नीला	

। ऽ ।	ऽ ऽ ।	। ऽ ।	ऽ ऽ	उपेन्द्रवज्रा
आभाति	वेलाल	वणाम्बु	राशे	
ऽ ऽ ।	ऽ ऽ ।	। ऽ ।	ऽ ऽ *	इंद्रवज्रा
र्धारानि	बद्धेव	कलङ्क	रेखा	
ऽ ऽ ।	ऽ ऽ ।	। ऽ ।	ऽ ऽ	इंद्रवज्रा

13.16

वेलानिलः केतकरेणुभिस्ते संभावयत्याननमायताक्षि ।
मामक्षमं मण्डलकालहानेर्वेत्तीव बिम्बाधरबद्धतृष्णम् ॥

इंद्रवज्रा छंद (त त ज ग ग)

वेलानि	लःकेत	करेणु	भिस्ते	
ऽ ऽ ।	ऽ ऽ ।	। ऽ ।	ऽ ऽ	इंद्रवज्रा
संभाव	यत्यान	नमाय	ताक्षि	
ऽ ऽ ।	ऽ ऽ ।	। ऽ ।	ऽ ऽ	इंद्रवज्रा
मामक्ष	मंमण्ड	लकाल	हाने	
ऽ ऽ ।	ऽ ऽ ।	। ऽ ।	ऽ ऽ	इंद्रवज्रा
र्वेत्तीव	बिम्बाध	रबद्ध	तृष्णम्	
ऽ ऽ ।	ऽ ऽ ।	। ऽ ।	ऽ ऽ	इंद्रवज्रा

13.17

एते वयं सैकतभिन्नशुक्तिपर्यस्तमुक्तापटलं पयोधेः ।
प्राप्ता मुहूर्तेन विमानवेगात्कूलं फलावर्जितपूगमालम् ॥

इंद्रवज्रा छंद (त त ज ग ग)

एतेव	यंसैक	तभिन्न	शुक्ति	
ऽ ऽ ।	ऽ ऽ ।	। ऽ ।	ऽ ऽ *	इंद्रवज्रा
पर्यस्त	मुक्ताप	टलंप	योधेः	
ऽ ऽ ।	ऽ ऽ ।	। ऽ ।	ऽ ऽ	इंद्रवज्रा
प्राप्तामु	हूर्तेन	विमान	वेगा	

ऽ ऽ ।	ऽ ऽ ।	। ऽ ।	ऽ ऽ	इंद्रवज्रा
त्कूलंफ	लावर्जि	तपूग	मालम्	
ऽ ऽ ।	ऽ ऽ ।	। ऽ ।	ऽ ऽ	इंद्रवज्रा

13.18

कुरुष्व तावत्करभोरु पश्चान्मार्गे मृगप्रेक्षिणि दृष्टिपातम् ।
एषा विदूरीभवतः समुद्रात्सकानना निष्पततीव भूमिः ॥

उपेन्द्रवज्रा, इंद्रवज्रा, इंद्रवज्रा, उपेन्द्रवज्रा उपजाति छंद

कुरुष्व	तावत्क	रभोरु	पश्चा	
। ऽ ।	ऽ ऽ ।	। ऽ ।	ऽ ऽ	उपेन्द्रवज्रा
न्मार्गेमृ	गप्रेक्षि	णिदृष्टि	पातम्	
ऽ ऽ ।	ऽ ऽ ।	। ऽ ।	ऽ ऽ	इंद्रवज्रा
एषावि	दूरीभ	वतःस	मुद्रा	
ऽ ऽ ।	ऽ ऽ ।	। ऽ ।	ऽ ऽ	इंद्रवज्रा
त्सकान	नानिष्प	ततीव	भूमिः	
। ऽ ।	ऽ ऽ ।	। ऽ ।	ऽ ऽ	उपेन्द्रवज्रा

13.19

क्वचित्पथा संचरते सुराणां क्वचिद्घनानां पततां क्वचिच्च ।
यथाविधो मे मनसोऽभिलाषः प्रवर्तते पश्य तथा विमानम् ॥

उपेन्द्रवज्रा छंद (ज त ज ग ग)

क्वचित्प	थासंच	रतेसु	राणां	
। ऽ ।	ऽ ऽ ।	। ऽ ।	ऽ ऽ	उपेन्द्रवज्रा
क्वचिद्घ	नानांप	ततांक्व	चिच्च	
। ऽ ।	ऽ ऽ ।	। ऽ ।	ऽ ऽ *	उपेन्द्रवज्रा
यथावि	धोमेम	नसोभि	लाषः	
। ऽ ।	ऽ ऽ ।	। ऽ ।	ऽ ऽ	उपेन्द्रवज्रा
प्रवर्त	तेपश्य	तथावि	मानम्	

। ऽ ।	ऽ ऽ ।	। ऽ ।	ऽ ऽ	उपेन्द्रवज्रा

13.20

असौ महेन्द्रद्विपदानगन्धिस्त्रिमार्गगावीचिविमर्दशीतः ।
आकाशवायुर्दिनयौवनोत्थानाचामति स्वेदलवान्मुखे ते ॥

उपेन्द्रवज्रा, उपेन्द्रवज्रा, इंद्रवज्रा, इंद्रवज्रा उपजाति छंद

असौम	हेन्द्रद्वि	पदान	गन्धि	
। ऽ ।	ऽ ऽ ।	। ऽ ।	ऽ ऽ	उपेन्द्रवज्रा
स्त्रिमार्ग	गावीचि	विमर्द	शीतः	
। ऽ ।	ऽ ऽ ।	। ऽ ।	ऽ ऽ	उपेन्द्रवज्रा
आकाश	वायुर्दि	नयौव	नोत्था	
ऽ ऽ ।	ऽ ऽ ।	। ऽ ।	ऽ ऽ	इंद्रवज्रा
नाचाम	तिस्वेद	लवान्मु	खेते	
ऽ ऽ ।	ऽ ऽ ।	। ऽ ।	ऽ ऽ	इंद्रवज्रा

13.21

करेण वातायनलम्बितेन स्पृष्टस्त्वया चण्डि कुतूहलिन्या ।
आमुञ्चतीवाभरणं द्वितीयमुद्भिन्नविद्युद्वलयो घनस्ते ॥

उपेन्द्रवज्रा, इंद्रवज्रा, इंद्रवज्रा, इंद्रवज्रा उपजाति छंद

करेण	वाताय	नलम्बि	तेन	
। ऽ ।	ऽ ऽ ।	। ऽ ।	ऽ ऽ	उपेन्द्रवज्रा
स्पृष्टस्त्व	याचण्डि	कुतूह	लिन्या	
ऽ ऽ ।	ऽ ऽ ।	। ऽ ।	ऽ ऽ	इंद्रवज्रा
आमुञ्च	तीवाभ	रणंद्वि	तीय	
ऽ ऽ ।	ऽ ऽ ।	। ऽ ।	ऽ ऽ *	इंद्रवज्रा
मुद्भिन्न	विद्युद्व	लयोघ	नस्ते	
ऽ ऽ ।	ऽ ऽ ।	। ऽ ।	ऽ ऽ	इंद्रवज्रा

13.22

अमी जनस्थानमपोढविघ्नं मत्वा समारब्धनवोटजानि ।
अध्यासते चीरभृतो यथास्वं चिरोज्झितान्याश्रममण्डलानि ॥

उपेन्द्रवज्रा, इंद्रवज्रा, इंद्रवज्रा, उपेन्द्रवज्रा उपजाति छंद

अमीज	नस्थान	मपोढ	विघ्नं	
।ऽ।	ऽऽ।	।ऽ।	ऽऽ	उपेन्द्रवज्रा
मत्वास	मारब्ध	नवोट	जानि	
ऽऽ।	ऽऽ।	।ऽ।	ऽऽ *	इंद्रवज्रा
अध्यास	तेचीर	भृतोय	थास्वं	
ऽऽ।	ऽऽ।	।ऽ।	ऽऽ	इंद्रवज्रा
चिरोज्झि	तान्याश्र	ममण्ड	लानि	
।ऽ।	ऽऽ।	।ऽ।	ऽऽ *	उपेन्द्रवज्रा

13.23

सैषा स्थली यत्र विचिन्वता त्वां भ्रष्टं मया नूपुरमेकमुर्व्याम् ।
अदृष्यत त्वच्चरणारविन्दविश्लेषदुःखादिव बद्धमौनम् ॥

इंद्रवज्रा, इंद्रवज्रा, उपेन्द्रवज्रा, इंद्रवज्रा उपजाति छंद

सैषास्थ	लीयत्र	विचिन्व	तात्वां	
ऽऽ।	ऽऽ।	।ऽ।	ऽऽ	इंद्रवज्रा
भ्रष्टंम	यानूपु	रमेक	मुर्व्याम्	
ऽऽ।	ऽऽ।	।ऽ।	ऽऽ	इंद्रवज्रा
अदृष्य	तत्वच्च	रणार	विन्द	
।ऽ।	ऽऽ।	।ऽ।	ऽऽ *	उपेन्द्रवज्रा
विश्लेष	दुःखादि	वबद्ध	मौनम्	
ऽऽ।	ऽऽ।	।ऽ।	ऽऽ	इंद्रवज्रा

13.24

त्वं रक्षसा भीरु यतोऽपनीता तं मार्गमेताः कृपया लता मे ।
अदर्शयन्वक्तुमशक्नुवत्यः शाखाभिरावर्जितपल्लवाभिः ॥

इंद्रवज्रा, इंद्रवज्रा, उपेन्द्रवज्रा, इंद्रवज्रा उपजाति छंद

त्वंरक्ष	साभीरु	यतोप	नीता	
ऽ ऽ ।	ऽ ऽ ।	। ऽ ।	ऽ ऽ	इंद्रवज्रा
तंमार्ग	मेताःकृ	पयाल	तामे	
ऽ ऽ ।	ऽ ऽ ।	। ऽ ।	ऽ ऽ	इंद्रवज्रा
अदर्श	यन्वक्तु	मशक्नु	वत्यः	
। ऽ ।	ऽ ऽ ।	। ऽ ।	ऽ ऽ	उपेन्द्रवज्रा
शाखाभि	रावर्जि	तपल्ल	वाभिः	
ऽ ऽ ।	ऽ ऽ ।	। ऽ ।	ऽ ऽ	इंद्रवज्रा

13.25

मृग्यश्च दर्भाङ्कुरनिर्व्यपेक्षास्तवागतिज्ञं समबोधयन्माम् ।
व्यापारयन्त्यो दिशि दक्षिणस्यामुत्पक्षराजीनि विलोचनानि ॥

इंद्रवज्रा, उपेन्द्रवज्रा, इंद्रवज्रा, इंद्रवज्रा उपजाति छंद

मृग्यश्च	दर्भाङ्कु	रनिर्व्य	पेक्षा	
ऽ ऽ ।	ऽ ऽ ।	। ऽ ।	ऽ ऽ	इंद्रवज्रा
स्तवाग	तिज्ञंस	मबोध	यन्माम्	
। ऽ ।	ऽ ऽ ।	। ऽ ।	ऽ ऽ	उपेन्द्रवज्रा
व्यापार	यन्त्योदि	शिदक्षि	णस्या	
ऽ ऽ ।	ऽ ऽ ।	। ऽ ।	ऽ ऽ	इंद्रवज्रा
मुत्पक्ष	राजीनि	विलोच	नानि	
ऽ ऽ ।	ऽ ऽ ।	। ऽ ।	ऽ ऽ *	इंद्रवज्रा

13.26

एतद्गिरेर्माल्यवतः पुरस्तादाविर्भवत्यम्बरलेखि शृङ्गम् ।
नवं पयो यत्र घनैर्मया च त्वद्विप्रयोगाश्रु समं विसृष्टम् ॥

इंद्रवज्रा, इंद्रवज्रा, उपेन्द्रवज्रा, इंद्रवज्रा उपजाति छंद

एतद्गि	रेर्माल्य	वतःपु	रस्ता	
ऽ ऽ ।	ऽ ऽ ।	। ऽ ।	ऽ ऽ	इंद्रवज्रा
दाविर्भ	वत्यम्ब	रलेखि	शृङ्गम्	
ऽ ऽ ।	ऽ ऽ ।	। ऽ ।	ऽ ऽ	इंद्रवज्रा
नवंप	योयत्र	घनैर्म	याच	
। ऽ ।	ऽ ऽ ।	। ऽ ।	ऽ ऽ	उपेन्द्रवज्रा
त्वद्विप्र	योगाश्रु	समंवि	सृष्टम्	
ऽ ऽ ।	ऽ ऽ ।	। ऽ ।	ऽ ऽ	इंद्रवज्रा

13.27

गन्धश्च धाराहतपल्वलानां कादम्बमर्धोद्गतकेसरं च ।
स्निग्धाश्च केकाः शिखिनां बभूवुर्यस्मिन्नसह्यानि विना त्वया मे ॥

इंद्रवज्रा छंद (त त ज ग ग)

गन्धश्च	धाराह	तपल्व	लानां	
ऽ ऽ ।	ऽ ऽ ।	। ऽ ।	ऽ ऽ	इंद्रवज्रा
कादम्ब	मर्धोद्ग	तकेस	रंच	
ऽ ऽ ।	ऽ ऽ ।	। ऽ ।	ऽ ऽ *	इंद्रवज्रा
स्निग्धाश्च	केकाःशि	खिनांब	भूवु	
ऽ ऽ ।	ऽ ऽ ।	। ऽ ।	ऽ ऽ	इंद्रवज्रा
र्यस्मिन्न	सह्यानि	विनात्व	यामे	
ऽ ऽ ।	ऽ ऽ ।	। ऽ ।	ऽ ऽ	इंद्रवज्रा

13.28

पूर्वानुभूतं स्मरता च यत्र कम्पोत्तरं भीरु तवोपगूढम् ।
गुहाविसारीण्यतिवाहितानि मया कथंचिद्घनगर्जितानि ॥

इंद्रवज्रा, इंद्रवज्रा, उपेन्द्रवज्रा, उपेन्द्रवज्रा उपजाति छंद

पूर्वानु	भूतंस्म	रताच	यत्र	
ऽ ऽ ।	ऽ ऽ ।	। ऽ ।	ऽ ऽ *	इंद्रवज्रा

कम्पोत्त	रंभीरु	तवोप	गूढम्	
ऽ ऽ ।	ऽ ऽ ।	। ऽ ।	ऽ ऽ	इंद्रवज्रा
गुहावि	सारीण्य	तिवाहि	तानि	
। ऽ ।	ऽ ऽ ।	। ऽ ।	ऽ ऽ *	उपेन्द्रवज्रा
मयाक	थंचिद्ध	नगर्जि	तानि	
। ऽ ।	ऽ ऽ ।	। ऽ ।	ऽ ऽ *	उपेन्द्रवज्रा

13.29

आसारसिक्तक्षितिबाष्पयोगान्मामक्षिणोद्यत्र विभिन्नकोशैः
विडम्ब्यमाना नवकन्दलैस्ते विवाहधूमारुणलोचनश्रीः ॥

इंद्रवज्रा, इंद्रवज्रा, उपेन्द्रवज्रा, उपेन्द्रवज्रा उपजाति छंद

आसार	सिक्तक्षि	तिबाष्प	योगा	
ऽ ऽ ।	ऽ ऽ ।	। ऽ ।	ऽ ऽ	इंद्रवज्रा
न्मामक्षि	णोद्यत्र	विभिन्न	कोशै	
ऽ ऽ ।	ऽ ऽ ।	। ऽ ।	ऽ ऽ	इंद्रवज्रा
विडम्ब्य	मानान	वकन्द	लैस्ते	
। ऽ ।	ऽ ऽ ।	। ऽ ।	ऽ ऽ	उपेन्द्रवज्रा
विवाह	धूमारु	णलोच	नश्रीः	
। ऽ ।	ऽ ऽ ।	। ऽ ।	ऽ ऽ	उपेन्द्रवज्रा

13.30

उपान्तवानीरवनोपगूढान्यालक्षपारिप्लवसारसानि ।
दूरावतीर्णा पिबतीव खेदादमूनि पम्पासलिलानि दृष्टिः ॥

उपेन्द्रवज्रा, इंद्रवज्रा, इंद्रवज्रा, उपेन्द्रवज्रा उपजाति छंद

उपान्त	वानीर	वनोप	गूढा	
। ऽ ।	ऽ ऽ ।	। ऽ ।	ऽ ऽ	उपेन्द्रवज्रा
न्यालक्ष	पारिप्ल	वसार	सानि	
ऽ ऽ ।	ऽ ऽ ।	। ऽ ।	ऽ ऽ *	इंद्रवज्रा

दूराव	तीर्णापि	बतीव	खेदा	
ऽ ऽ ।	ऽ ऽ ।	। ऽ ।	ऽ ऽ	इंद्रवज्रा
दमूनि	पम्पास	लिलानि	दृष्टिः	
। ऽ ।	ऽ ऽ ।	। ऽ ।	ऽ ऽ	उपेन्द्रवज्रा

13.31

अत्रावियुक्तानि रथङ्गनाम्नामन्योन्यदत्तोत्पलकेसराणि ।
द्वन्द्वानि दूरान्तरवर्तिना ते मया प्रिये सस्मितमीक्षितानि ॥

इंद्रवज्रा, इंद्रवज्रा, इंद्रवज्रा, उपेन्द्रवज्रा उपजाति छंद

अत्रावि	युक्तानि	रथङ्ग	नाम्ना	
ऽ ऽ ।	ऽ ऽ ।	। ऽ ।	ऽ ऽ	इंद्रवज्रा
मन्योन्य	दत्तोत्प	लकेस	राणि	
ऽ ऽ ।	ऽ ऽ ।	। ऽ ।	ऽ ऽ *	इंद्रवज्रा
द्वन्द्वानि	दूरान्त	रवर्ति	नाते	
ऽ ऽ ।	ऽ ऽ ।	। ऽ ।	ऽ ऽ	इंद्रवज्रा
मयाप्रि	येसस्मि	तमीक्षि	तानि	
। ऽ ।	ऽ ऽ ।	। ऽ ।	ऽ ऽ *	उपेन्द्रवज्रा

13.32

इमां तटाशोकलतां च तन्वीं स्तनाभिरामस्तबकाभिनम्राम् ।
त्वत्प्राप्तिबुद्ध्या परिरब्धुकामः सौमित्रिणा साश्रुरहं निषिद्धः ॥

उपेन्द्रवज्रा, उपेन्द्रवज्रा, इंद्रवज्रा, इंद्रवज्रा उपजाति छंद

इमांत	टाशोक	लतांच	तन्वीं	
। ऽ ।	ऽ ऽ ।	। ऽ ।	ऽ ऽ	उपेन्द्रवज्रा
स्तनाभि	रामस्त	बकाभि	नम्राम्	
। ऽ ।	ऽ ऽ ।	। ऽ ।	ऽ ऽ	उपेन्द्रवज्रा
त्वत्प्राप्ति	बुद्ध्याप	रिरब्धु	कामः	

ऽ ऽ ।	ऽ ऽ ।	। ऽ ।	ऽ ऽ	इंद्रवज्रा
सौमित्रि	णासाश्रु	रहंनि	षिद्धः	
ऽ ऽ ।	ऽ ऽ ।	। ऽ ।	ऽ ऽ	इंद्रवज्रा

13.33

अमूर्विमानान्तरलम्बिनीनां श्रुत्वा स्वनं काञ्चनकिङ्किणीनाम् ।
प्रत्युद्व्रजन्तीव खमुत्पतन्त्यो गोदावरीसारसपङ्क्तयस्त्वाम् ॥

उपेन्द्रवज्रा, इंद्रवज्रा, इंद्रवज्रा, इंद्रवज्रा उपजाति छंद

अमूर्वि	मानान्त	रलम्बि	नीनां	
। ऽ ।	ऽ ऽ ।	। ऽ ।	ऽ ऽ	उपेन्द्रवज्रा
श्रुत्वास्व	नंकाञ्च	नकिङ्कि	णीनाम्	
ऽ ऽ ।	ऽ ऽ ।	। ऽ ।	ऽ ऽ	इंद्रवज्रा
प्रत्युद्व्र	जन्तीव	खमुत्प	तन्त्यो	
ऽ ऽ ।	ऽ ऽ ।	। ऽ ।	ऽ ऽ	इंद्रवज्रा
गोदाव	रीसार	सपङ्क्त	यस्त्वाम्	
ऽ ऽ ।	ऽ ऽ ।	। ऽ ।	ऽ ऽ	इंद्रवज्रा

13.34

एषा त्वया पेशलमध्ययापि घटाम्बुसंवर्धितबालचूता ।
आनन्दयत्युन्मुखकृष्णसारा दृष्टा चिरात्पञ्चवटी मनो मे ॥

इंद्रवज्रा, उपेन्द्रवज्रा, इंद्रवज्रा, इंद्रवज्रा उपजाति छंद

एषात्व	यापेश	लमध्य	यापि	
ऽ ऽ ।	ऽ ऽ ।	। ऽ ।	ऽ ऽ *	इंद्रवज्रा
घटाम्बु	संवर्धि	तबाल	चूता	
। ऽ ।	ऽ ऽ ।	। ऽ ।	ऽ ऽ	उपेन्द्रवज्रा
आनन्द	यत्युन्मु	खकृष्ण	सारा	
ऽ ऽ ।	ऽ ऽ ।	। ऽ ।	ऽ ऽ	इंद्रवज्रा
दृष्टाचि	रात्पञ्च	वटीम	नोमे	

ऽ ऽ ।	ऽ ऽ ।	। ऽ ।	ऽ ऽ	इंद्रवज्रा

13.35

अत्रानुगोदं मृगयानिवृत्तस्तरंगवातेन विनीतखेदः ।
रहस्त्वदुत्सङ्गनिषण्णमूर्धा स्मरामि वानीरगृहेषु सुप्तः ॥

इंद्रवज्रा, उपेन्द्रवज्रा, उपेन्द्रवज्रा, उपेन्द्रवज्रा उपजाति छंद

अत्रानु	गोदंमृ	गयानि	वृत्त	
ऽ ऽ ।	ऽ ऽ ।	। ऽ ।	ऽ ऽ	इंद्रवज्रा
स्तरंग	वातेन	विनीत	खेदः	
। ऽ ।	ऽ ऽ ।	। ऽ ।	ऽ ऽ	उपेन्द्रवज्रा
रहस्त्व	दुत्सङ्ग	निषण्ण	मूर्धा	
। ऽ ।	ऽ ऽ ।	। ऽ ।	ऽ ऽ	उपेन्द्रवज्रा
स्मरामि	वानीर	गृहेषु	सुप्तः	
। ऽ ।	ऽ ऽ ।	। ऽ ।	ऽ ऽ	उपेन्द्रवज्रा

13.36

भ्रूभेदमात्रेण पदान्मघोनः प्रभ्रंशयां यो नहुषं चकार ।
तस्याविलाम्भःपरिशुद्धिहेतोर्भौमो मुनेः स्थानपरिग्रहोऽयम् ॥

इंद्रवज्रा छंद (त त ज ग ग)

भ्रूभेद	मात्रेण	पदान्म	घोनः	
ऽ ऽ ।	ऽ ऽ ।	। ऽ ।	ऽ ऽ	इंद्रवज्रा
प्रभ्रंश	यांयोन	हुषंच	कार	
ऽ ऽ ।	ऽ ऽ ।	। ऽ ।	ऽ ऽ *	इंद्रवज्रा
तस्यावि	लाम्भःप	रिशुद्धि	हेतो	
ऽ ऽ ।	ऽ ऽ ।	। ऽ ।	ऽ ऽ	इंद्रवज्रा
भौंमोमु	नेःस्थान	परिग्र	होयम्	
ऽ ऽ ।	ऽ ऽ ।	। ऽ ।	ऽ ऽ	इंद्रवज्रा

13.37

त्रेताग्निधूमाग्रमनिन्द्यकीर्तेस्तस्येदमाक्रान्तविमानमार्गम् ।
घ्रात्वा हविर्गन्धि रजोविमुक्तः समश्नुते मे लघिमानमात्मा ॥

इंद्रवज्रा, इंद्रवज्रा, इंद्रवज्रा, उपेन्द्रवज्रा उपजाति छंद

त्रेताग्नि	धूमाग्र	मनिन्द्य	कीर्ते	
ऽ ऽ ।	ऽ ऽ ।	। ऽ ।	ऽ ऽ	इंद्रवज्रा
स्तस्येद	माक्रान्त	विमान	मार्गम्	
ऽ ऽ ।	ऽ ऽ ।	। ऽ ।	ऽ ऽ	इंद्रवज्रा
घ्रात्वाह	विर्गन्धि	रजोवि	मुक्तः	
ऽ ऽ ।	ऽ ऽ ।	। ऽ ।	ऽ ऽ	इंद्रवज्रा
समश्नु	तेमेल	घिमान	मात्म	
। ऽ ।	ऽ ऽ ।	। ऽ ।	ऽ ऽ *	उपेन्द्रवज्रा

13.38

एतन्मुनेर्मानिनि शातकर्णेः पञ्चाप्सरो नाम विहारवारि ।
आभाति पर्यन्तवनं विदूरान्मेघान्तरालक्ष्यमिवेन्दुबिम्बम् ॥

इंद्रवज्रा छंद (त त ज ग ग)

एतन्मु	नेर्मानि	निशात	कर्णेः	
ऽ ऽ ।	ऽ ऽ ।	। ऽ ।	ऽ ऽ	इंद्रवज्रा
पञ्चाप्स	रोनाम	विहार	वारि	
ऽ ऽ ।	ऽ ऽ ।	। ऽ ।	ऽ ऽ *	इंद्रवज्रा
आभाति	पर्यन्त	वनंवि	दूरा	
ऽ ऽ ।	ऽ ऽ ।	। ऽ ।	ऽ ऽ	इंद्रवज्रा
न्मेघान्त	रालक्ष्य	मिवेन्दु	बिम्बम्	
ऽ ऽ ।	ऽ ऽ ।	। ऽ ।	ऽ ऽ	इंद्रवज्रा

13.39

पुरा स दर्भाङ्कुरमात्रवृत्तिश्चरन्मृगैः सार्धमृषिर्मघोना ।
समाधिभीतेन किलोपनीतः पञ्चाप्सरोयौवनकूटबन्धम् ॥

उपेन्द्रवज्रा, उपेन्द्रवज्रा, उपेन्द्रवज्रा, इंद्रवज्रा उपजाति छंद

पुरास	दर्भाङ्कु	रमात्र	वृत्ति	
। ऽ ।	ऽ ऽ ।	। ऽ ।	ऽ ऽ	उपेन्द्रवज्रा
श्चरन्मृ	गैःसार्ध	मृषिर्म	घोना	
। ऽ ।	ऽ ऽ ।	। ऽ ।	ऽ ऽ	उपेन्द्रवज्रा
समाधि	भीतेन	किलोप	नीतः	
। ऽ ।	ऽ ऽ ।	। ऽ ।	ऽ ऽ	उपेन्द्रवज्रा
पश्चाप्स	रोयौव	नकूट	बन्धम्	
ऽ ऽ ।	ऽ ऽ ।	। ऽ ।	ऽ ऽ	इंद्रवज्रा

13.40

तस्यायमन्तर्हितसौधभाजः प्रसक्तसंगीतमृदङ्गघोषः ।
वियद्गतः पुष्पकचन्द्रशालाः क्षणं प्रतिश्रुन्मुखराः करोति ॥

इंद्रवज्रा, उपेन्द्रवज्रा, उपेन्द्रवज्रा, उपेन्द्रवज्रा उपजाति छंद

तस्याय	मन्तर्हि	तसौध	भाजः	
ऽ ऽ ।	ऽ ऽ ।	। ऽ ।	ऽ ऽ	इंद्रवज्रा
प्रसक्त	संगीत	मृदङ्ग	घोषः	
। ऽ ।	ऽ ऽ ।	। ऽ ।	ऽ ऽ	उपेन्द्रवज्रा
वियद्ग	तःपुष्प	कचन्द्र	शालाः	
। ऽ ।	ऽ ऽ ।	। ऽ ।	ऽ ऽ	उपेन्द्रवज्रा
क्षणंप्र	तिश्रुन्मु	खराःक	रोति	
। ऽ ।	ऽ ऽ ।	। ऽ ।	ऽ ऽ *	उपेन्द्रवज्रा

13.41

हविर्भुजामेधवतां चतुर्णां मध्ये ललाटंतपसप्तसप्तिः ।
असौ तपस्यत्यपरस्तपस्वी नाम्ना सुतीक्ष्णश्चरितेन दान्तः ॥

उपेन्द्रवज्रा, इंद्रवज्रा, उपेन्द्रवज्रा, इंद्रवज्रा उपजाति छंद

हविर्भु	जामेध	वतांच	तुर्णां	
।ऽ।	ऽऽ।	।ऽ।	ऽऽ	उपेन्द्रवज्रा
मध्येल	लाटंत	पसप्त	सप्तिः	
ऽऽ।	ऽऽ।	।ऽ।	ऽऽ	इंद्रवज्रा
असौत	पस्यत्य	परस्त	पस्वी	
।ऽ।	ऽऽ।	।ऽ।	ऽऽ	उपेन्द्रवज्रा
नाम्नासु	तीक्ष्णश्च	रितेन	दान्तः	
ऽऽ।	ऽऽ।	।ऽ।	ऽऽ	इंद्रवज्रा

13.42

अमुं सहासप्रहितेक्षणानि व्याजार्धसंदर्शितमेखलानि ।
नालं विकर्तुं जनितेन्द्रशङ्कं सुराङ्गनाविभ्रमचेष्टितानि ॥

उपेन्द्रवज्रा, इंद्रवज्रा, इंद्रवज्रा, उपेन्द्रवज्रा उपजाति छंद

अमुंस	हासप्र	हितेक्ष	णानि	
।ऽ।	ऽऽ।	।ऽ।	ऽऽ	उपेन्द्रवज्रा
व्याजार्ध	संदर्शि	तमेख	लानि	
ऽऽ।	ऽऽ।	।ऽ।	ऽऽ *	इंद्रवज्रा
नालंवि	कर्तुंज	नितेन्द्र	शङ्कं	
ऽऽ।	ऽऽ।	।ऽ।	ऽऽ	इंद्रवज्रा
सुराङ्ग	नाविभ्र	मचेष्टि	तानि	
।ऽ।	ऽऽ।	।ऽ।	ऽऽ *	उपेन्द्रवज्रा

13.43

एषोऽक्षमालावलयं मृगाणां कण्डूयितारं कुशसूचिलावम् ।
सभाजने मे भुजमूर्ध्वबाहुः सव्येतरं प्राध्वमितः प्रयुङ्क्ते ॥

इंद्रवज्रा, इंद्रवज्रा, उपेन्द्रवज्रा, इंद्रवज्रा उपजाति छंद

एषोक्ष	मालाव	लयंमृ	गाणां	
ऽऽ।	ऽऽ।	।ऽ।	ऽऽ	इंद्रवज्रा

कालिदास के बृहत् महाकाव्य रघुवंश की छंद मीमांसा

कण्डूयि	तारंकु	शसूचि	लावम्	
ऽ ऽ ।	ऽ ऽ ।	। ऽ ।	ऽ ऽ	इंद्रवज्रा
सभाज	नेमेभु	जमूर्ध्व	बाहुः	
। ऽ ।	ऽ ऽ ।	। ऽ ।	ऽ ऽ	उपेन्द्रवज्रा
सव्येत	रंप्राध्व	मितःप्र	युङ्क्ते	
ऽ ऽ ।	ऽ ऽ ।	। ऽ ।	ऽ ऽ	इंद्रवज्रा

13.44

वाचंयमत्वात्प्रणतिं ममैष कम्पेन किञ्चित्प्रतिगृह्य मूर्ध्नः ।
दृष्टिं विमानव्यवधानमुक्तां पुनः सहस्रार्चिषि संनिधत्ते ॥

इंद्रवज्रा, इंद्रवज्रा, इंद्रवज्रा, उपेन्द्रवज्रा उपजाति छंद

वाचंय	मत्वात्प्र	णतिंम	मैष	
ऽ ऽ ।	ऽ ऽ ।	। ऽ ।	ऽ ऽ *	इंद्रवज्रा
कम्पेन	किञ्चित्प्र	तिगृह्य	मूर्ध्नः	
ऽ ऽ ।	ऽ ऽ ।	। ऽ ।	ऽ ऽ	इंद्रवज्रा
दृष्टिंवि	मानव्य	वधान	मुक्तां	
ऽ ऽ ।	ऽ ऽ ।	। ऽ ।	ऽ ऽ	इंद्रवज्रा
पुनःस	हस्रार्चि	षिसंनि	धत्ते	
। ऽ ।	ऽ ऽ ।	। ऽ ।	ऽ ऽ	उपेन्द्रवज्रा

13.45

अदः शरण्यं शरभङ्गनाम्नस्तपोवनं पावनमाहिताग्नेः ।
चिराय संतर्प्य समिद्भिरग्निं यो मन्त्रपूतां तनुमप्यहौषीत् ॥

उपेन्द्रवज्रा, उपेन्द्रवज्रा, उपेन्द्रवज्रा, इंद्रवज्रा उपजाति छंद

अदःश	रण्यंश	रभङ्ग	नाम्न	
। ऽ ।	ऽ ऽ ।	। ऽ ।	ऽ ऽ	उपेन्द्रवज्रा
स्तपोव	नंपाव	नमाहि	ताग्नेः	
। ऽ ।	ऽ ऽ ।	। ऽ ।	ऽ ऽ	उपेन्द्रवज्रा

चिराय	संतर्प्य	समिद्धि	रग्निं	
। ऽ ।	ऽ ऽ ।	। ऽ ।	ऽ ऽ	उपेन्द्रवज्रा
योमन्त्र	पूतांत	नुमप्य	हौषीत्	
ऽ ऽ ।	ऽ ऽ ।	। ऽ ।	ऽ ऽ	इंद्रवज्रा

13.46

छायाविनीताध्वपरिश्रमेषु भूयिष्ठसंभाव्यफलेष्वमीषु ।
तस्यातिथीनामधुनासपर्या स्थिता सुपुत्रेष्विव पादपेषु ॥

इंद्रवज्रा, इंद्रवज्रा, इंद्रवज्रा, उपेन्द्रवज्रा उपजाति छंद

छायावि	नीताध्व	परिश्र	मेषु	
ऽ ऽ ।	ऽ ऽ ।	। ऽ ।	ऽ ऽ *	इंद्रवज्रा
भूयिष्ठ	संभाव्य	फलेष्व	मीषु	
ऽ ऽ ।	ऽ ऽ ।	। ऽ ।	ऽ ऽ *	इंद्रवज्रा
तस्याति	थीनाम	धुनास	पर्या	
ऽ ऽ ।	ऽ ऽ ।	। ऽ ।	ऽ ऽ	इंद्रवज्रा
स्थितासु	पुत्रेष्वि	वपाद	पेषु	
। ऽ ।	ऽ ऽ ।	। ऽ ।	ऽ ऽ *	उपेन्द्रवज्रा

13.47

धारास्वनोद्गारिदरीमुखोऽसौ शृङ्गाङ्गलग्नाम्बुजवप्रपङ्कः ।
बध्नाति मे बन्धुरगात्रि चक्षुर्दृप्तः ककुद्मानिव चित्रकूटः ॥

इंद्रवज्रा छंद (त त ज ग ग)

धारास्व	नोद्गारि	दरीमु	खोसौ	
ऽ ऽ ।	ऽ ऽ ।	। ऽ ।	ऽ ऽ	इंद्रवज्रा
शृङ्गाङ्ग	लग्नाम्बु	जवप्र	पङ्कः	
ऽ ऽ ।	ऽ ऽ ।	। ऽ ।	ऽ ऽ	इंद्रवज्रा
बध्नाति	मेबन्धु	रगात्रि	चक्षु	
ऽ ऽ ।	ऽ ऽ ।	। ऽ ।	ऽ ऽ	इंद्रवज्रा

र्दृसःक	कुञ्जानि	वचित्र	कूटः	
ऽ ऽ ।	ऽ ऽ ।	। ऽ ।	ऽ ऽ	इंद्रवज्रा

13.48

एषा प्रसन्नस्तिमितप्रवाहा सरिद्विदूरान्तरभावतन्वी ।
मन्दाकिनी भाति नगोपकण्ठे मुक्तावली कण्ठगतेव भूमेः ॥

इंद्रवज्रा, उपेन्द्रवज्रा, इंद्रवज्रा, इंद्रवज्रा उपजाति छंद

एषाप्र	सन्नस्ति	मितप्र	वाहा	
ऽ ऽ ।	ऽ ऽ ।	। ऽ ।	ऽ ऽ	इंद्रवज्रा
सरिद्वि	दूरान्त	रभाव	तन्वी	
। ऽ ।	ऽ ऽ ।	। ऽ ।	ऽ ऽ	उपेन्द्रवज्रा
मन्दाकि	नीभाति	नगोप	कण्ठे	
ऽ ऽ ।	ऽ ऽ ।	। ऽ ।	ऽ ऽ	इंद्रवज्रा
मुक्ताव	लीकण्ठ	गतेव	भूमेः	
ऽ ऽ ।	ऽ ऽ ।	। ऽ ।	ऽ ऽ	इंद्रवज्रा

13.49

अयं सुजातोऽनुगिरं तमालः प्रवालमादाय सुगन्धि यस्य ।
यवाङ्कुरापाण्डुकपोलशोभी मयावतंसः परिकल्पितस्ते ॥

उपेन्द्रवज्रा छंद (ज त ज ग ग)

अयंसु	जातोनु	गिरंत	मालः	
। ऽ ।	ऽ ऽ ।	। ऽ ।	ऽ ऽ	उपेन्द्रवज्रा
प्रवाल	मादाय	सुगन्धि	यस्य	
। ऽ ।	ऽ ऽ ।	। ऽ ।	ऽ ऽ	उपेन्द्रवज्रा
यवाङ्कु	रापाण्डु	कपोल	शोभी	
। ऽ ।	ऽ ऽ ।	। ऽ ।	ऽ ऽ	उपेन्द्रवज्रा
मयाव	तंसःप	रिकल्पि	तस्ते	
। ऽ ।	ऽ ऽ ।	। ऽ ।	ऽ ऽ	उपेन्द्रवज्रा

13.50

अनिग्रहत्रासविनीतसत्त्वमपुष्पलिङ्गात्फलबन्धिवृक्षम् ।
वनं तपःसाधनमेतदत्रेराविष्कृतोदग्रतरप्रभावम् ॥

उपेन्द्रवज्रा, उपेन्द्रवज्रा, उपेन्द्रवज्रा, इंद्रवज्रा उपजाति छंद

अनिग्र	हत्रास	विनीत	सत्त्व	
। ऽ ।	ऽ ऽ ।	। ऽ ।	ऽ ऽ *	उपेन्द्रवज्रा
मपुष्प	लिङ्गात्फ	लबन्धि	वृक्षम्	
। ऽ ।	ऽ ऽ ।	। ऽ ।	ऽ ऽ	उपेन्द्रवज्रा
वनंत	पःसाध	नमेत	दत्रे	
। ऽ ।	ऽ ऽ ।	। ऽ ।	ऽ ऽ	उपेन्द्रवज्रा
राविष्कृ	तोदग्र	तरप्र	भावम्	
ऽ ऽ ।	ऽ ऽ ।	। ऽ ।	ऽ ऽ	इंद्रवज्रा

13.51

अत्राभिषेकाय तपोधनानां सप्तर्षिहस्तोद्धृतहेमपद्मान् ।
प्रवर्तयामास किलानसूया त्रिस्रोतसं त्र्यम्बकमौलिमालाम् ॥

इंद्रवज्रा, इंद्रवज्रा, उपेन्द्रवज्रा, इंद्रवज्रा उपजाति छंद

अत्राभि	षेकाय	तपोध	नानां	
ऽ ऽ ।	ऽ ऽ ।	। ऽ ।	ऽ ऽ	इंद्रवज्रा
सप्तर्षि	हस्तोद्धृ	तहेम	पद्मान्	
ऽ ऽ ।	ऽ ऽ ।	। ऽ ।	ऽ ऽ	इंद्रवज्रा
प्रवर्त	यामास	किलान	सूया	
। ऽ ।	ऽ ऽ ।	। ऽ ।	ऽ ऽ	उपेन्द्रवज्रा
त्रिस्रोत	संत्र्यम्ब	कमौलि	मालाम्	
ऽ ऽ ।	ऽ ऽ ।	। ऽ ।	ऽ ऽ	इंद्रवज्रा

13.52

वीरासनैर्ध्यानजुषामृषीणाममी समध्यासितवेदिमध्याः ।

निवातनिष्कम्पतया विभान्ति योगाधिरूढा इव शाखिनोऽपि ॥

इंद्रवज्रा, उपेन्द्रवज्रा, उपेन्द्रवज्रा, इंद्रवज्रा उपजाति छंद

वीरास	नैध्यान्ति	जुषामृ	षीणा	
। ऽ ।	ऽ ऽ ।	। ऽ ।	ऽ ऽ	इंद्रवज्रा
ममीस	मध्यासि	तवेदि	मध्याः	
। ऽ ।	ऽ ऽ ।	। ऽ ।	ऽ ऽ	उपेन्द्रवज्रा
निवात	निष्कम्प	तयावि	भान्ति	
। ऽ ।	ऽ ऽ ।	। ऽ ।	ऽ ऽ *	उपेन्द्रवज्रा
योगाधि	रूढाइ	वशाखि	नोपि	
ऽ ऽ ।	ऽ ऽ ।	। ऽ ।	ऽ ऽ *	इंद्रवज्रा

13.53

त्वया पुरस्तादुपयाचितो यः सोऽयं वटः श्याम इति प्रतीतः ।
राशिर्मणीनामिव गारुडानां सपद्मरागः फलितो विभाति ॥

उपेन्द्रवज्रा, इंद्रवज्रा, इंद्रवज्रा, उपेन्द्रवज्रा उपजाति छंद

त्वयापु	रस्तादु	पयाचि	तोयः	
। ऽ ।	ऽ ऽ ।	। ऽ ।	ऽ ऽ	उपेन्द्रवज्रा
सोयंव	टःश्याम	इतिप्र	तीतः	
ऽ ऽ ।	ऽ ऽ ।	। ऽ ।	ऽ ऽ	इंद्रवज्रा
राशिर्म	णीनामि	वगारु	डानां	
ऽ ऽ ।	ऽ ऽ ।	। ऽ ।	ऽ ऽ	इंद्रवज्रा
सपद्म	रागःफ	लितोवि	भाति	
। ऽ ।	ऽ ऽ ।	। ऽ ।	ऽ ऽ *	उपेन्द्रवज्रा

13.54

क्वचित्प्रभालेपिभिरिन्द्रनीलैर्मुक्तामयी यष्टिरिवानुविद्धा ।
अन्यत्र माला सितपङ्कजानामिन्दीवरैरुत्खचितान्तरेव ॥

इंद्रवज्रा, इंद्रवज्रा, उपेन्द्रवज्रा, इंद्रवज्रा उपजाति छंद

क्वचित्प्र	भालेपि	भिरिन्द्र	नीलै	
। ऽ ।	ऽ ऽ ।	। ऽ ।	ऽ ऽ	उपेन्द्रवज्रा
मुक्ताम	यीयष्टि	रिवानु	विद्धा	
ऽ ऽ ।	ऽ ऽ ।	। ऽ ।	ऽ ऽ	इंद्रवज्रा
अन्यत्र	मालासि	तपङ्क	जाना	
ऽ ऽ ।	ऽ ऽ ।	। ऽ ।	ऽ ऽ	इंद्रवज्रा
मिन्दीव	रैरुत्ख	चितान्त	रेव	
ऽ ऽ ।	ऽ ऽ ।	। ऽ ।	ऽ ऽ	इंद्रवज्रा

13.55

क्वचित्खगानां प्रियमानसानां कादम्बसंसर्गवतीव पङ्क्तिः ।
अन्यत्र कालागुरुदत्तपत्रा भक्तिर्भुवश्चन्दनकल्पितेव ॥

उपेन्द्रवज्रा, इंद्रवज्रा, इंद्रवज्रा, इंद्रवज्रा उपजाति छंद

क्वचित्ख	गानांप्रि	यमान	सानां	
। ऽ ।	ऽ ऽ ।	। ऽ ।	ऽ ऽ	उपेन्द्रवज्रा
कादम्ब	संसर्ग	वतीव	पङ्क्तिः	
ऽ ऽ ।	ऽ ऽ ।	। ऽ ।	ऽ ऽ	इंद्रवज्रा
अन्यत्र	कालागु	रुदत्त	पत्रा	
ऽ ऽ ।	ऽ ऽ ।	। ऽ ।	ऽ ऽ	इंद्रवज्रा
भक्तिर्भु	वश्चन्द	नकल्पि	तेव	
ऽ ऽ ।	ऽ ऽ ।	। ऽ ।	ऽ ऽ	इंद्रवज्रा

13.56

क्वचित्प्रभा चान्द्रमसी तमोभिश्छायाविलीनैः शबलीकृतेव ।
अन्यत्र शुभ्रा शरदभ्रलेखा रन्ध्रेष्विवालक्ष्यनभःप्रदेशा ॥

उपेन्द्रवज्रा, इंद्रवज्रा, इंद्रवज्रा, इंद्रवज्रा उपजाति छंद

क्वचित्प्र	भाचान्द्र	मसीत	मोभि	
। ऽ ।	ऽ ऽ ।	। ऽ ।	ऽ ऽ	उपेन्द्रवज्रा
श्छायावि	लीनैःश	बलीकृ	तेव	
ऽ ऽ ।	ऽ ऽ ।	। ऽ ।	ऽ ऽ *	इंद्रवज्रा
अन्यत्र	शुभ्राश	रदभ्र	लेखा	
ऽ ऽ ।	ऽ ऽ ।	। ऽ ।	ऽ ऽ	इंद्रवज्रा
रन्ध्रेष्वि	वालक्ष्य	नभःप्र	देशा	
ऽ ऽ ।	ऽ ऽ ।	। ऽ ।	ऽ ऽ	इंद्रवज्रा

13.57

क्वचिच्च कृष्णोरगभूषणेव भस्माङ्गरागा तनुरीश्वरस्य ।
पश्यानवद्याङ्गि विभाति गङ्गा भिन्नप्रवाहा यमुनातरङ्गैः ॥

उपेन्द्रवज्रा, इंद्रवज्रा, इंद्रवज्रा, इंद्रवज्रा उपजाति छंद

क्वचिच्च	कृष्णोर	गभूष	णेव	
। ऽ ।	ऽ ऽ ।	। ऽ ।	ऽ ऽ *	उपेन्द्रवज्रा
भस्माङ्ग	रागात	नुरीश्व	रस्य	
ऽ ऽ ।	ऽ ऽ ।	। ऽ ।	ऽ ऽ *	इंद्रवज्रा
पश्यान	वद्याङ्गि	विभाति	गङ्गा	
ऽ ऽ ।	ऽ ऽ ।	। ऽ ।	ऽ ऽ	इंद्रवज्रा
भिन्नप्र	वाहाय	मुनात	रङ्गैः	
ऽ ऽ ।	ऽ ऽ ।	। ऽ ।	ऽ ऽ	इंद्रवज्रा

13.58

समुद्रपत्योर्जलसंनिपाते पूतात्मनामत्र किलाभिषेकात् ।
तत्त्वावबोधेन विनापि भूयस्तनुत्यजां नास्ति शरीरबन्धः ॥

उपेन्द्रवज्रा, इंद्रवज्रा, इंद्रवज्रा, उपेन्द्रवज्रा उपजाति छंद

समुद्र	पत्योर्ज	लसंनि	पाते	
। ऽ ।	ऽ ऽ ।	। ऽ ।	ऽ ऽ	उपेन्द्रवज्रा

पूतात्म	नामत्र	किलाभि	षेकाति	
ऽ ऽ ।	ऽ ऽ ।	। ऽ ।	ऽ ऽ *	इंद्रवज्रा
तत्त्वाव	बोधेन	विनापि	भूय	
ऽ ऽ ।	ऽ ऽ ।	। ऽ ।	ऽ ऽ	इंद्रवज्रा
स्तनुत्य	जांनास्ति	शरीर	बन्धः	
। ऽ ।	ऽ ऽ ।	। ऽ ।	ऽ ऽ	उपेन्द्रवज्रा

13.59

पुरं निषादाधिपतेरिदं तद्यस्मिन्मया मौलिमणिं विहाय ।
जटासु बद्धास्वरुदत्सुमन्त्रः कैकेयि कामाः फलितास्तवेति ॥

उपेन्द्रवज्रा, इंद्रवज्रा, उपेन्द्रवज्रा, इंद्रवज्रा उपजाति छंद

पुरंनि	षादाधि	पतेरि	दंत	
। ऽ ।	ऽ ऽ ।	। ऽ ।	ऽ ऽ	उपेन्द्रवज्रा
द्यस्मिन्म	यामौलि	मणिंवि	हाय	
ऽ ऽ ।	ऽ ऽ ।	। ऽ ।	ऽ ऽ *	इंद्रवज्रा
जटासु	बद्धास्व	रुदत्सु	मन्त्रः	
। ऽ ।	ऽ ऽ ।	। ऽ ।	ऽ ऽ	उपेन्द्रवज्रा
कैकेयि	कामाःफ	लितास्त	वेति	
ऽ ऽ ।	ऽ ऽ ।	। ऽ ।	ऽ ऽ *	इंद्रवज्रा

13.60

पयोधरैः पुण्यजनाङ्गनानां निर्विष्टहेमाम्बुजरेणु यस्याः ।
ब्राह्मं सरः कारणमाप्तवाचो बुद्धेरिवाव्यक्तमुदाहरन्ति ॥

उपेन्द्रवज्रा, इंद्रवज्रा, इंद्रवज्रा, इंद्रवज्रा उपजाति छंद

पयोध	रैःपुण्य	जनाङ्ग	नानां	
। ऽ ।	ऽ ऽ ।	। ऽ ।	ऽ ऽ	उपेन्द्रवज्रा
निर्विष्ट	हेमाम्बु	जरेणु	यस्याः	
ऽ ऽ ।	ऽ ऽ ।	। ऽ ।	ऽ ऽ	इंद्रवज्रा

ब्राह्मंस	रःकार	णमाप्त	वाचो	
ऽ ऽ ।	ऽ ऽ ।	। ऽ ।	ऽ ऽ	इंद्रवज्रा
बुद्धेरि	वाव्यक्त	मुदाह	रन्ति	
ऽ ऽ ।	ऽ ऽ ।	। ऽ ।	ऽ ऽ *	इंद्रवज्रा

13.61

जलानि या तीरनिखातयूपा वहत्ययोध्यामनु राजधानीम् ।
तुरंगमेधावभृथावतीर्णैरिक्ष्वाकुभिः पुण्यतरीकृतानि ॥

उपेन्द्रवज्रा, उपेन्द्रवज्रा, उपेन्द्रवज्रा, इंद्रवज्रा उपजाति छंद

जलानि	यातीर	निखात	यूपा	
। ऽ ।	ऽ ऽ ।	। ऽ ।	ऽ ऽ	उपेन्द्रवज्रा
वहत्य	योध्याम	नुराज	धानीम्	
। ऽ ।	ऽ ऽ ।	। ऽ ।	ऽ ऽ	उपेन्द्रवज्रा
तुरंग	मेधाव	भृथाव	तीर्णै	
। ऽ ।	ऽ ऽ ।	। ऽ ।	ऽ ऽ	उपेन्द्रवज्रा
रिक्ष्वाकु	भिःपुण्य	तरीकृ	तानि	
ऽ ऽ ।	ऽ ऽ ।	। ऽ ।	ऽ ऽ *	इंद्रवज्रा

13.62

यां सैकतोत्सङ्गसुखोचितानां प्राज्यैः पयोभिः परिवर्धितानाम् ।
सामान्यधात्रीमिव मानसं मे संभावयत्युत्तरकोसलानाम् ॥

इंद्रवज्रा छंद (त त ज ग ग)

यांसैक	तोत्सङ्ग	सुखोचि	तानां	
ऽ ऽ ।	ऽ ऽ ।	। ऽ ।	ऽ ऽ	इंद्रवज्रा
प्राज्यैःप	योभिःप	रिवर्धि	तानाम्	
ऽ ऽ ।	ऽ ऽ ।	। ऽ ।	ऽ ऽ	इंद्रवज्रा
सामान्य	धात्रीमि	वमान	संमे	
ऽ ऽ ।	ऽ ऽ ।	। ऽ ।	ऽ ऽ	इंद्रवज्रा

संभाव	यत्युत्त	रकोस	लानाम्	
ऽ ऽ ।	ऽ ऽ ।	। ऽ ।	ऽ ऽ	इंद्रवज्रा

13.63

सेयं मदीया जननीव तेन मान्येन राज्ञा सरयूर्वियुक्ता ।
दूरे वसन्तं शिशिरानिलैर्मां तरंगहस्तैरुपगूहतीव ॥

इंद्रवज्रा, इंद्रवज्रा, इंद्रवज्रा, उपेन्द्रवज्रा उपजाति छंद

सेयंम	दीयाज	ननीव	तेन	
ऽ ऽ ।	ऽ ऽ ।	। ऽ ।	ऽ ऽ *	इंद्रवज्रा
मान्येन	राज्ञास	रयूर्वि	युक्ता	
ऽ ऽ ।	ऽ ऽ ।	। ऽ ।	ऽ ऽ	इंद्रवज्रा
दूरेव	सन्तंशि	शिरानि	लैर्मां	
ऽ ऽ ।	ऽ ऽ ।	। ऽ ।	ऽ ऽ	इंद्रवज्रा
तरंग	हस्तैरु	पगूह	तीव	
। ऽ ।	ऽ ऽ ।	। ऽ ।	ऽ ऽ *	उपेन्द्रवज्रा

13.64

विरक्तसंध्याकपिशं परस्ताद्यतो रजः पार्थिवमुज्जिहीते ।
शङ्के हनूमत्कथितप्रवृत्तिः प्रत्युद्गतो मां भरतः ससैन्यः ॥

उपेन्द्रवज्रा, उपेन्द्रवज्रा, इंद्रवज्रा, इंद्रवज्रा उपजाति छंद

विरक्त	संध्याक	पिशंप	रस्ता	
। ऽ ।	ऽ ऽ ।	। ऽ ।	ऽ ऽ	उपेन्द्रवज्रा
द्यतोर	जःपार्थि	वमुज्जि	हीते	
। ऽ ।	ऽ ऽ ।	। ऽ ।	ऽ ऽ	उपेन्द्रवज्रा
शङ्केह	नूमत्क	थितप्र	वृत्तिः	
ऽ ऽ ।	ऽ ऽ ।	। ऽ ।	ऽ ऽ	इंद्रवज्रा
प्रत्युद्ग	तोमांभ	रतःस	सैन्यः	
ऽ ऽ ।	ऽ ऽ ।	। ऽ ।	ऽ ऽ	इंद्रवज्रा

13.65

अद्धा श्रियं पालितसंगराय प्रत्यर्पयिष्यत्यनघां स साधुः ।
हत्वा निवृत्ताय मृधे खरादीन्संरक्षितां त्वामिव लक्ष्मणो मे ॥

इंद्रवज्रा छंद (त त ज ग ग)

अद्धाश्रि	यंपालि	तसंग	राय	
ऽ ऽ ।	ऽ ऽ ।	। ऽ ।	ऽ ऽ	इंद्रवज्रा
प्रत्यर्प	यिष्यत्य	नघांस	साधुः	
ऽ ऽ ।	ऽ ऽ ।	। ऽ ।	ऽ ऽ	इंद्रवज्रा
हत्वानि	वृत्ताय	मृधेख	रादी	
ऽ ऽ ।	ऽ ऽ ।	। ऽ ।	ऽ ऽ	इंद्रवज्रा
न्संरक्षि	तांत्वामि	वलक्ष्म	णोमे	
ऽ ऽ ।	ऽ ऽ ।	। ऽ ।	ऽ ऽ	इंद्रवज्रा

13.66

असौ पुरस्कृत्य गुरुं पदातिः पश्चादवस्थापितवाहिनीकः ।
वृद्धैरमात्यैः सह चीरवासा मामर्घ्यपाणिर्भरतोऽप्युपैति ॥

उपेन्द्रवज्रा, इंद्रवज्रा, इंद्रवज्रा, इंद्रवज्रा उपजाति छंद

असौपु	रस्कृत्य	गुरुंप	दातिः	
। ऽ ।	ऽ ऽ ।	। ऽ ।	ऽ ऽ	उपेन्द्रवज्रा
पश्चाद	वस्थापि	तवाहि	नीकः	
ऽ ऽ ।	ऽ ऽ ।	। ऽ ।	ऽ ऽ	इंद्रवज्रा
वृद्धैर	मात्यैःस	हचीर	वासा	
ऽ ऽ ।	ऽ ऽ ।	। ऽ ।	ऽ ऽ	इंद्रवज्रा
मामर्घ्य	पाणिर्भ	रतोप्यु	पैति	
ऽ ऽ ।	ऽ ऽ ।	। ऽ ।	ऽ ऽ *	इंद्रवज्रा

13.67

पित्रा विसृष्टां मदपेक्षया यः श्रियं युवाप्यङ्कगतामभोक्ता ।

कालिदास के बृहत् महाकाव्य रघुवंश की छंद मीमांसा

इयन्ति वर्षाणि तया सहोग्रमभ्यस्यतीव व्रतमासिधारम् ॥

इंद्रवज्रा, उपेन्द्रवज्रा, उपेन्द्रवज्रा, इंद्रवज्रा उपजाति छंद

पित्रावि	सृष्टांम	दपेक्ष	यायः	
ऽ ऽ ।	ऽ ऽ ।	। ऽ ।	ऽ ऽ	इंद्रवज्रा
श्रियंयु	वाप्यङ्क	गताम	भोक्ता	
। ऽ ।	ऽ ऽ ।	। ऽ ।	ऽ ऽ	उपेन्द्रवज्रा
इयन्ति	वर्षाणि	तयास	होग्र	
। ऽ ।	ऽ ऽ ।	। ऽ ।	ऽ ऽ *	उपेन्द्रवज्रा
मभ्यस्य	तीवव्र	तमासि	धारम्	
ऽ ऽ ।	ऽ ऽ ।	। ऽ ।	ऽ ऽ	इंद्रवज्रा

13.68

एतावदुक्तवति दाशरथौ तदीयामिच्छ्वां विमानमधिदेवतया विदित्वा ।
ज्योतिष्पथादवततार सविस्मयाभरुद्वीक्षितं प्रकृतिभिर्भरतानुगाभिः ॥

वसंततिलका छंद (त भ ज ज ग ग)

एताव	दुक्तव	तिदाश	रथौत	दीया
ऽ ऽ ।	ऽ । ।	। ऽ ।	। ऽ ।	ऽ ऽ
मिच्छ्वांवि	मानम	धिदेव	तयावि	दित्वा
ऽ ऽ ।	ऽ । ।	। ऽ ।	। ऽ ।	ऽ ऽ
ज्योतिष्प	थादव	ततार	सविस्म	याभि
ऽ ऽ ।	ऽ । ।	। ऽ ।	। ऽ ।	ऽ ऽ *
रुद्वीक्षि	तंप्रकृ	तिभिर्भ	रतानु	गाभिः
ऽ ऽ ।	ऽ । ।	। ऽ ।	। ऽ ।	ऽ ऽ

13.69

तस्मात्पुरःसरबिभीषणदर्शनेन सेवाविचक्षणहरीश्वरदत्तहस्तः ।
यानादवातरददूरमहीतलेन मार्गेण भङ्गिरचितस्फटिकेन रामः ॥

वसंततिलका छंद (त भ ज ज ग ग)

तस्मात्पु	र:सर	बिभीष	णदर्श	नन
ऽ ऽ ।	ऽ । ।	। ऽ ।	। ऽ ।	ऽ ऽ *
सेवावि	चक्षण	हरीश्व	रदत्त	हस्तः
ऽ ऽ ।	ऽ । ।	। ऽ ।	। ऽ ।	ऽ ऽ
यानाद	वातर	ददूर	महीत	लेन
ऽ ऽ ।	ऽ । ।	। ऽ ।	। ऽ ।	ऽ ऽ *
मार्गेण	भङ्गिर	चितस्फ	टिकेन	रामः
ऽ ऽ ।	ऽ । ।	। ऽ ।	। ऽ ।	ऽ ऽ

13.70

इक्ष्वाकुवंशगुरवे प्रयतः प्रणम्य स भ्रातरं भरतमर्घ्यपरिग्रहान्ते ।
पर्यश्रुरस्वजत मूर्धनि चोपजघ्रौ तद्भक्त्यपोढपितृराज्यमहाभिषेके ॥

वसंततिलका छंद (त भ ज ज ग ग)

इक्ष्वाकु	वंशगु	रवेप्र	यतःप्र	णम्य
ऽ ऽ ।	ऽ । ।	। ऽ ।	। ऽ ।	ऽ ऽ *
सभ्रात	रंभर	तमर्घ्य	परिग्र	हान्ते
ऽ ऽ ।	ऽ । ।	। ऽ ।	। ऽ ।	ऽ ऽ
पर्यश्रु	रस्वज	तमूर्ध	निचोप	जघ्रौ
ऽ ऽ ।	ऽ । ।	। ऽ ।	। ऽ ।	ऽ ऽ
तद्भक्त्य	पोढपि	तृराज्य	महाभि	षेके
ऽ ऽ ।	ऽ । ।	। ऽ ।	। ऽ ।	ऽ ऽ

13.71

श्मश्रुप्रवृद्धिजनिताननविक्रियांश्च प्लक्षान्प्ररोहजटिलानिव मन्त्रिवृद्धान् ।
अन्वग्रहीत्प्रणवतः शुभदृष्टिपातवार्तानुयोगमधुराक्षरया च वाचा ॥

वसंततिलका छंद (त भ ज ज ग ग)

श्मश्रुप्र	वृद्धिज	नितान	नविक्रि	यांश्च

कालिदास के बृहत् महाकाव्य रघुवंश की छंद मीमांसा

ऽ ऽ ।	ऽ । ।	। ऽ ।	। ऽ ।	ऽ ऽ
प्लक्षान्प्र	रोहज	टिलानि	वमन्त्रि	वृद्धान्
ऽ ऽ ।	ऽ । ।	। ऽ ।	। ऽ ।	ऽ ऽ
अन्वग्र	हीत्प्रण	वतःशु	भदृष्टि	पातै
ऽ ऽ ।	ऽ । ।	। ऽ ।	। ऽ ।	ऽ ऽ
र्वातानु	योगम	धुराक्ष	रयाच	वाचा
ऽ ऽ ।	ऽ । ।	। ऽ ।	। ऽ ।	ऽ ऽ

13.72

दुर्जातबन्धुरयमृक्षहरीश्वरो मे पौलस्त्य एष समरेषु पुरःप्रहर्ता ।
इत्यादृतेन कथितौ रघुनन्दनेन व्युत्क्रम्य लक्ष्मणमुभौ भरतो ववन्दे ॥

वसंततिलका छंद (त भ ज ज ग ग)

दुर्जात	बन्धुर	यमृक्ष	हरीश्व	रोमे
ऽ ऽ ।	ऽ । ।	। ऽ ।	। ऽ ।	ऽ ऽ
पौलस्त्य	एषस	मरेषु	पुरःप्र	हर्ता
ऽ ऽ ।	ऽ । ।	। ऽ ।	। ऽ ।	ऽ ऽ
इत्यादृ	तेनक	थितौर	घुनन्द	नेन
ऽ ऽ ।	ऽ । ।	। ऽ ।	। ऽ ।	ऽ ऽ
व्युत्क्रम्य	लक्ष्मण	मुभौभ	रतोव	वन्दे
ऽ ऽ ।	ऽ । ।	। ऽ ।	। ऽ ।	ऽ ऽ

13.73

सौमित्रिणा तदनु संससृजे स चैनमुत्थाप्य नम्रशिरसं भृशमालिलिङ्ग ।
रूढेन्द्रजित्प्रहरणव्रणकर्कशेन क्लिश्यन्निवास्य भुजमध्यमुरस्थलेन ॥

वसंततिलका छंद (त भ ज ज ग ग)

सौमित्रि	णातद	नुसंस	सृजेस	चैन
ऽ ऽ ।	ऽ । ।	। ऽ ।	। ऽ ।	ऽ ऽ *
मुत्थाप्य	नम्रशि	रसंभृ	शमालि	लिङ्ग

ऽ ऽ ।	ऽ । ।	। ऽ ।	। ऽ ।	ऽ ऽ
रूढेन्द्र	जित्प्रह	रणव्र	णकर्क	शेन
ऽ ऽ ।	ऽ । ।	। ऽ ।	। ऽ ।	ऽ ऽ
क्लिश्यन्नि	वास्यभु	जमध्य	मुरस्थ	लेन
ऽ ऽ ।	ऽ । ।	। ऽ ।	। ऽ ।	ऽ ऽ *

13.74

रामाज्ञया हरिचमूपतयस्तदानीं कृत्वा मनुष्यवपुरारुरुहुर्गजेन्द्रान् ।
तेषु क्षरत्सु बहुधा मदवारिधाराः शैलाधिरोहणसुखान्युपलेभिरेमे ॥

वसंततिलका छंद (त भ ज ज ग ग)

रामाज्ञ	याहरि	चमूप	तयस्त	दानीं
ऽ ऽ ।	ऽ । ।	। ऽ ।	। ऽ ।	ऽ ऽ
कृत्वाम	नुष्यव	पुरारु	रुहुर्ग	जेन्द्रान्
ऽ ऽ ।	ऽ । ।	। ऽ ।	। ऽ ।	ऽ ऽ
तेषुक्ष	रत्सुब	हुधाम	दवारि	धाराः
ऽ ऽ ।	ऽ । ।	। ऽ ।	। ऽ ।	ऽ ऽ
शैलाधि	रोहण	सुखान्यु	पलेभि	रेमे
ऽ ऽ ।	ऽ । ।	। ऽ ।	। ऽ ।	ऽ ऽ

13.75

सानुप्लवः प्रभुरपि क्षणदाचराणां भेजे रथान्दशरथप्रभवानुशिष्टः ।
मायाविकल्परचितैरपि ये तदीयैर्न स्यन्दनैस्तुलितकृत्रिमभक्तिशोभाः ॥

वसंततिलका छंद (त भ ज ज ग ग)

सानुप्ल	वःप्रभु	रपिक्ष	णदाच	राणां
ऽ ऽ ।	ऽ । ।	। ऽ ।	। ऽ ।	ऽ ऽ
भेजेर	थान्दश	रथप्र	भवानु	शिष्टः
ऽ ऽ ।	ऽ । ।	। ऽ ।	। ऽ ।	ऽ ऽ
मायावि	कल्पर	चितैर	पियेत	दीयै

ऽ ऽ ।	ऽ । ।	। ऽ ।	। ऽ ।	ऽ ऽ
र्नस्यन्द	नैस्तुलि	तकृत्रि	मभक्ति	शोभाः
ऽ ऽ ।	ऽ । ।	। ऽ ।	। ऽ ।	ऽ ऽ

13.76

भूयस्ततो रघुपतिर्विलसत्पतामध्यास्त कामगति सावरजो विमानम् ।
दोषातनं बुधबृहस्पतियोगदृश्यस्तारापतिस्तरलविद्युदिवाभ्रवृन्दम् ॥

वसंततिलका छंद (त भ ज ज ग ग)

भूयस्त	तोरघु	पतिर्वि	लसत्प	ताक
ऽ ऽ ।	ऽ । ।	। ऽ ।	। ऽ ।	ऽ ऽ *
मध्यास्त	कामग	तिसाव	रजोवि	मानम्
ऽ ऽ ।	ऽ । ।	। ऽ ।	। ऽ ।	ऽ ऽ
दोषात	नंबुध	बृहस्प	तियोग	दृश्य
ऽ ऽ ।	ऽ । ।	। ऽ ।	। ऽ ।	ऽ ऽ
स्ताराप	तिस्तर	लविद्यु	दिवाभ्र	वृन्दम्
ऽ ऽ ।	ऽ । ।	। ऽ ।	। ऽ ।	ऽ ऽ

13.77

तत्रेश्वरेण जगतां प्रलयादिवोर्वींवर्षात्ययेन रुचमभ्रघनादिवेन्दोः ।
रामेण मैथिलसुतां दशकण्ठकृच्छ्रात्प्रत्युद्धृतां धृतिमतीं भरतो ववन्दे ॥

वसंततिलका छंद (त भ ज ज ग ग)

तत्रेश्व	रेणज	गतांप्र	लयादि	वोर्विं
ऽ ऽ ।	ऽ । ।	। ऽ ।	। ऽ ।	ऽ ऽ
वर्षात्य	येनरु	चमभ्र	घनादि	वेन्दोः
ऽ ऽ ।	ऽ । ।	। ऽ ।	। ऽ ।	ऽ ऽ
रामेण	मैथिल	सुतांद	शकण्ठ	कृच्छ्रा
ऽ ऽ ।	ऽ । ।	। ऽ ।	। ऽ ।	ऽ ऽ
त्प्रत्युद्धृ	तांधृति	मतींभ	रतोव	वन्दे

ऽ ऽ ।	ऽ । ।	। ऽ ।	। ऽ ।	ऽ ऽ

13.78

लङ्केश्वरप्रणतिभङ्गदृढव्रतं तद्वन्द्यं युगं चरणयोर्जनकात्मजायाः ।
जेष्ठानुवृत्तिजटिलं च शिरोऽस्य साधोरन्योन्यपावनमभूदुभयं समेत्य ॥

वसंततिलका छंद (त भ ज ज ग ग)

लङ्केश्व	रप्रण	तिभङ्ग	दृढव्र	तंत
ऽ ऽ ।	ऽ । ।	। ऽ ।	। ऽ ।	ऽ ऽ
द्वन्द्यंयु	गंचर	णयोर्ज	नकात्म	जायाः
ऽ ऽ ।	ऽ । ।	। ऽ ।	। ऽ ।	ऽ ऽ
जेष्ठानु	वृत्तिज	टिलंच	शिरोस्य	साधौ
ऽ ऽ ।	ऽ । ।	। ऽ ।	। ऽ ।	ऽ ऽ
रन्योन्य	पावन	मभूदु	भयंस	मेत्य
ऽ ऽ ।	ऽ । ।	। ऽ ।	। ऽ ।	ऽ ऽ *

13.79

क्रोशार्धं प्रकृतिपुरःसरेण गत्वा काकुत्स्थः स्तिमितजवेन पुष्पकेण ।
शत्रुघ्नप्रतिविहितोपकार्यमार्यः साकेतोपवनमुदारमध्युवास ॥

प्रहर्षिणी छंद (म न ज र ग)

क्रोशार्धं	प्रकृति	पुरःस	रेणग	त्वा
ऽ ऽ ऽ	। । ।	। ऽ ।	ऽ । ऽ	ऽ
काकुत्स्थः	स्तिमित	जवेन	पुष्पके	ण
ऽ ऽ ऽ	। । ।	। ऽ ।	ऽ । ऽ	ऽ *
शत्रुघ्न	प्रतिवि	हितोप	कार्यमा	र्यः
ऽ ऽ ऽ	। । ।	। ऽ ।	ऽ । ऽ	ऽ
साकेतो	पवन	मुदार	मध्युवा	स
ऽ ऽ ऽ	। । ।	। ऽ ।	ऽ । ऽ	ऽ *

इति श्रीरघुवंशे महाकाव्ये कविश्रीकालिदासकृतौ दण्डकाप्रत्यागमनो नाम त्रयोदशः सर्गः ॥

रघुवंश सर्ग - 14

* रामराज्य और सीतात्याग *

14.1

भर्तुः प्रणाशादथ शोचनीयं दशान्तरं तत्र समं प्रपन्ने ।
अपश्यतां दाशरथी जनन्यौ छेदादिवोपघ्नतरोर्व्रतत्यौ ॥

इंद्रवज्रा, उपेन्द्रवज्रा, उपेन्द्रवज्रा, इंद्रवज्रा उपजाति छंद

भर्तुःप्र	णाशाद	थशोच	नीयं	
ऽ ऽ ।	ऽ ऽ ।	। ऽ ।	ऽ ऽ	इंद्रवज्रा
दशान्त	रंतत्र	समंप्र	पन्ने	
। ऽ ।	ऽ ऽ ।	। ऽ ।	ऽ ऽ	उपेन्द्रवज्रा
अपश्य	तांदाश	रथीज	नन्यौ	
। ऽ ।	ऽ ऽ ।	। ऽ ।	ऽ ऽ	उपेन्द्रवज्रा
छेदादि	वोपघ्न	तरोर्व्र	तत्यौ	
ऽ ऽ ।	ऽ ऽ ।	। ऽ ।	ऽ ऽ	इंद्रवज्रा

14.2

उभावुभाभ्यां प्रणतौ हतारी यथाक्रमं विक्रमशोभिनौ तौ ।
विस्पष्टमस्रान्धतया न दृष्टौ ज्ञातौ सुतस्पर्शसुखोपलम्भात् ॥

इंद्रवज्रा, उपेन्द्रवज्रा, उपेन्द्रवज्रा, इंद्रवज्रा उपजाति छंद

उभावु	भाभ्यांप्र	णतौह	तारी	

। ऽ ।	ऽ ऽ ।	। ऽ ।	ऽ ऽ	उपेन्द्रवज्रा
यथाक्र	मंविक्र	मशोभि	नौतौ	
। ऽ ।	ऽ ऽ ।	। ऽ ।	ऽ ऽ	उपेन्द्रवज्रा
विस्पष्ट	मस्त्रान्ध	तयान	दृष्टौ	
ऽ ऽ ।	ऽ ऽ ।	। ऽ ।	ऽ ऽ	इंद्रवज्रा
ज्ञातौसु	तस्पर्श	सुखोप	लम्भात्	
ऽ ऽ ।	ऽ ऽ ।	। ऽ ।	ऽ ऽ	इंद्रवज्रा

14.3

आनन्दजः शोकजमश्रुबाष्पस्तयोरशीतं शिशिरो बिभेद ।
गङ्गासरय्वोर्जलमुष्णतप्तं हिमाद्रिनिस्यन्द इवावतीर्णः ॥

इंद्रवज्रा, उपेन्द्रवज्रा, इंद्रवज्रा, उपेन्द्रवज्रा उपजाति छंद

आनन्द	जःशोक	जमश्रु	बाष्प	
ऽ ऽ ।	ऽ ऽ ।	। ऽ ।	ऽ ऽ	इंद्रवज्रा
स्तयोर	शीतंशि	शिरोबि	भेद	
। ऽ ।	ऽ ऽ ।	। ऽ ।	ऽ ऽ *	उपेन्द्रवज्रा
गङ्गास	रय्वोर्ज	लमुष्ण	तप्तं	
ऽ ऽ ।	ऽ ऽ ।	। ऽ ।	ऽ ऽ	इंद्रवज्रा
हिमाद्रि	निस्यन्द	इवाव	तीर्णः	
। ऽ ।	ऽ ऽ ।	। ऽ ।	ऽ ऽ	उपेन्द्रवज्रा

14.4

ते पुत्रयोर्नैरृतशस्त्रमार्गानार्द्रानिवाङ्गे सदयं स्पृशन्तौ ।
अपीप्सितं क्षत्रकुलाङ्गनानां न वीरसूशब्दमकामयेताम् ॥

इंद्रवज्रा, इंद्रवज्रा, उपेन्द्रवज्रा, उपेन्द्रवज्रा उपजाति छंद

तेपुत्र	योर्नैरृ	तशस्त्र	मार्गा	
ऽ ऽ ।	ऽ ऽ ।	। ऽ ।	ऽ ऽ	इंद्रवज्रा
नार्द्रानि	वाङ्गेस	दयंस्पृ	शन्तौ	

ऽ ऽ ।	ऽ ऽ ।	। ऽ ।	ऽ ऽ	इंद्रवज्रा
अपीप्सि	तंक्षत्र	कुलाङ्ग	नानां	
। ऽ ।	ऽ ऽ ।	। ऽ ।	ऽ ऽ	उपेन्द्रवज्रा
नवीर	सूशब्द	मकाम	येताम्	
। ऽ ।	ऽ ऽ ।	। ऽ ।	ऽ ऽ	उपेन्द्रवज्रा

14.5

क्लेशावहा भर्तुरलक्षणाहं सीतेति नाम स्वमुदीरयन्ती ।
स्वर्गप्रतिष्ठस्य गुरोर्महिष्यावभक्तिभेदेन वधूर्ववन्दे ॥

इंद्रवज्रा, इंद्रवज्रा, इंद्रवज्रा, उपेन्द्रवज्रा उपजाति छंद

क्लेशाव	हाभर्तु	रलक्ष	णाहं	
ऽ ऽ ।	ऽ ऽ ।	। ऽ ।	ऽ ऽ	इंद्रवज्रा
सीतेति	नामस्व	मुदीर	यन्ती	
ऽ ऽ ।	ऽ ऽ ।	। ऽ ।	ऽ ऽ	इंद्रवज्रा
स्वर्गप्र	तिष्ठस्य	गुरोर्म	हिष्या	
ऽ ऽ ।	ऽ ऽ ।	। ऽ ।	ऽ ऽ	इंद्रवज्रा
वभक्ति	भेदेन	वधूर्व	वन्दे	
। ऽ ।	ऽ ऽ ।	। ऽ ।	ऽ ऽ	उपेन्द्रवज्रा

14.6

उत्तिष्ठ वत्से ननु सानुजोऽसौ वृत्तेन भर्ता शुचिना तवैव ।
कृच्छ्रं महत्तीर्ण इव प्रियार्हां तामूचतुस्ते प्रियमप्यमिथ्या ॥

इंद्रवज्रा छंद (त त ज ग ग)

उत्तिष्ठ	वत्सेन	नुसानु	जोसौ	
ऽ ऽ ।	ऽ ऽ ।	। ऽ ।	ऽ ऽ	इंद्रवज्रा
वृत्तेन	भर्ताशु	चिनात	वैव	
ऽ ऽ ।	ऽ ऽ ।	। ऽ ।	ऽ ऽ *	इंद्रवज्रा
कृच्छ्रंम	हत्तीर्ण	इवप्रि	यार्हां	

ऽ ऽ ।	ऽ ऽ ।	। ऽ ।	ऽ ऽ	इंद्रवज्रा
तामूच	तुस्तेप्रि	यमप्य	मिथ्या	
ऽ ऽ ।	ऽ ऽ ।	। ऽ ।	ऽ ऽ	इंद्रवज्रा

14.7

अथाभिषेकं रघुवंशकेतोः प्रारब्धमानन्दजलैर्जनन्योः ।
निर्वर्तयामासुरमात्यवृद्धास्तीर्थाहृतैः काञ्चनकुम्भतोयैः ॥

उपेन्द्रवज्रा, इंद्रवज्रा, इंद्रवज्रा, इंद्रवज्रा उपजाति छंद

अथाभि	षेकंर	घुवंश	केतोः	
। ऽ ।	ऽ ऽ ।	। ऽ ।	ऽ ऽ	उपेन्द्रवज्रा
प्रारब्ध	मानन्द	जलैर्ज	नन्योः	
ऽ ऽ ।	ऽ ऽ ।	। ऽ ।	ऽ ऽ	इंद्रवज्रा
निर्वर्त	यामासु	रमात्य	वृद्धा	
ऽ ऽ ।	ऽ ऽ ।	। ऽ ।	ऽ ऽ	इंद्रवज्रा
स्तीर्थाहृ	तैःकाञ्च	नकुम्भ	तोयैः	
ऽ ऽ ।	ऽ ऽ ।	। ऽ ।	ऽ ऽ	इंद्रवज्रा

14.8

सरित्समुद्रान्सरसीश्च गत्वा रक्षःकपीन्द्रैरुपपादितानि ।
तस्यापतन्मूर्ध्नि जलानि जिष्णोर्विन्ध्यस्य मेघप्रभवा इवापः ॥

उपेन्द्रवज्रा, इंद्रवज्रा, इंद्रवज्रा, इंद्रवज्रा उपजाति छंद

सरित्स	मुद्रान्स	रसीश्च	गत्वा	
। ऽ ।	ऽ ऽ ।	। ऽ ।	ऽ ऽ	उपेन्द्रवज्रा
रक्षःक	पीन्द्रैरु	पपादि	तानि	
ऽ ऽ ।	ऽ ऽ ।	। ऽ ।	ऽ ऽ *	इंद्रवज्रा
तस्याप	तन्मूर्ध्नि	जलानि	जिष्णो	
ऽ ऽ ।	ऽ ऽ ।	। ऽ ।	ऽ ऽ	इंद्रवज्रा
र्विन्ध्यस्य	मेघप्र	भवाइ	वापः	

ऽ ऽ ।	ऽ ऽ ।	। ऽ ।	ऽ ऽ	इंद्रवज्रा

14.9

तपस्विवेषक्रिययापि तावद्यः प्रेक्षणीयः सुतरां बभूव ।
राजेन्द्रनेपथ्यविधानशोभा तस्योदितासीत्पुनरुक्तदोषा ॥

उपेन्द्रवज्रा, इंद्रवज्रा, इंद्रवज्रा, इंद्रवज्रा उपजाति छंद

तपस्वि	वेषक्रि	ययापि	ताव	
। ऽ ।	ऽ ऽ ।	। ऽ ।	ऽ ऽ	उपेन्द्रवज्रा
द्यःप्रेक्ष	णीयःसु	तरांब	भूव	
ऽ ऽ ।	ऽ ऽ ।	। ऽ ।	ऽ ऽ *	इंद्रवज्रा
राजेन्द्र	नेपथ्य	विधान	शोभा	
ऽ ऽ ।	ऽ ऽ ।	। ऽ ।	ऽ ऽ	इंद्रवज्रा
तस्योदि	तासीत्पु	नरुक्त	दोषा	
ऽ ऽ ।	ऽ ऽ ।	। ऽ ।	ऽ ऽ	इंद्रवज्रा

14.10

स मौलरक्षोहरिभिः ससैन्यस्तूर्यस्वनानन्दितपौरवर्गः ।
विवेश सौधोद्गतलाजवर्षामुत्तोरणामन्वयराजधानीम् ॥

उपेन्द्रवज्रा, इंद्रवज्रा, उपेन्द्रवज्रा, इंद्रवज्रा उपजाति छंद

समौल	रक्षोह	रिभिःस	सैन्य	
। ऽ ।	ऽ ऽ ।	। ऽ ।	ऽ ऽ	उपेन्द्रवज्रा
स्तूर्यस्व	नानन्दि	तपौर	वर्गः	
ऽ ऽ ।	ऽ ऽ ।	। ऽ ।	ऽ ऽ	इंद्रवज्रा
विवेश	सौधोद्ग	तलाज	वर्षा	
। ऽ ।	ऽ ऽ ।	। ऽ ।	ऽ ऽ	उपेन्द्रवज्रा
मुत्तोर	णामन्व	यराज	धानीम्	
ऽ ऽ ।	ऽ ऽ ।	। ऽ ।	ऽ ऽ	इंद्रवज्रा

14.11

सौमित्रिणा सावरजेन मन्दमाधूतबालव्यजनो रथस्थः ।
धृतातपत्रो भरतेन साक्षादुपायसंघात इव प्रवृद्धः ॥

इंद्रवज्रा, इंद्रवज्रा, उपेन्द्रवज्रा, उपेन्द्रवज्रा उपजाति छंद

सौमित्रि	णासाव	रजेन	मन्द	
ऽ ऽ ।	ऽ ऽ ।	। ऽ ।	ऽ ऽ *	इंद्रवज्रा
माधूत	बालव्य	जनोर	थस्थः	
ऽ ऽ ।	ऽ ऽ ।	। ऽ ।	ऽ ऽ	इंद्रवज्रा
धृतात	पत्रोभ	रतेन	साक्षा	
। ऽ ।	ऽ ऽ ।	। ऽ ।	ऽ ऽ	उपेन्द्रवज्रा
दुपाय	संघात	इवप्र	वृद्धः	
। ऽ ।	ऽ ऽ ।	। ऽ ।	ऽ ऽ	उपेन्द्रवज्रा

14.12

प्रासादकालागुरुधूमराजिस्तस्याः पुरो वायुवशेन भिन्ना ।
वनान्निवृत्तेन रघूत्तमेन मुक्ता स्वयं वेणिरिवाबभासे ॥

इंद्रवज्रा, इंद्रवज्रा, उपेन्द्रवज्रा, इंद्रवज्रा उपजाति छंद

प्रासाद	कालागु	रुधूम	राजि	
ऽ ऽ ।	ऽ ऽ ।	। ऽ ।	ऽ ऽ	उपेन्द्रवज्रा
स्तस्याःपु	रोवायु	वशेन	भिन्ना	
ऽ ऽ ।	ऽ ऽ ।	। ऽ ।	ऽ ऽ	इंद्रवज्रा
वनान्नि	वृत्तेन	रघूत्त	मेन	
। ऽ ।	ऽ ऽ ।	। ऽ ।	ऽ ऽ *	उपेन्द्रवज्रा
मुक्तास्व	यंवेणि	रिवाब	भासे	
ऽ ऽ ।	ऽ ऽ ।	। ऽ ।	ऽ ऽ	इंद्रवज्रा

14.13

श्वश्रूजनानुष्ठितचारुवेषांकर्णीरथस्थांरघुवीरपत्नीम्।
प्रासादवातायनदृश्यबन्धैःसाकेतनार्योऽञ्जलिभिःप्रणेमुः॥

इंद्रवज्रा छंद (त त ज ग ग)

श्वश्रूज	नानुष्ठि	तचारु	वेषां	
ऽ ऽ ।	ऽ ऽ ।	। ऽ ।	ऽ ऽ	इंद्रवज्रा
कर्णीर	थस्थांर	घुवीर	पत्नीम्	
ऽ ऽ ।	ऽ ऽ ।	। ऽ ।	ऽ ऽ	इंद्रवज्रा
प्रासाद	वाताय	नदृश्य	बन्धैः	
ऽ ऽ ।	ऽ ऽ ।	। ऽ ।	ऽ ऽ	इंद्रवज्रा
साकेत	नार्योञ्ज	लिभिःप्र	णेमुः	
ऽ ऽ ।	ऽ ऽ ।	। ऽ ।	ऽ ऽ	इंद्रवज्रा

14.14

स्फुरत्प्रभामण्डनमानसूयं सा बिभ्रती शाश्वतमङ्गरागम् ।
रराज शुद्धेति पुनः स्वपुर्यै संदर्शिता वह्निगतेव भर्त्रा ॥

उपेन्द्रवज्रा, इंद्रवज्रा, उपेन्द्रवज्रा, इंद्रवज्रा उपजाति छंद

स्फुरत्प्र	भामण्ड	नमान	सूयं	
। ऽ ।	ऽ ऽ ।	। ऽ ।	ऽ ऽ	उपेन्द्रवज्रा
साबिभ्र	तीशाश्व	तमङ्ग	रागम्	
ऽ ऽ ।	ऽ ऽ ।	। ऽ ।	ऽ ऽ	इंद्रवज्रा
रराज	शुद्धेति	पुनःस्व	पुर्यै	
। ऽ ।	ऽ ऽ ।	। ऽ ।	ऽ ऽ	उपेन्द्रवज्रा
संदर्शि	तावह्नि	गतेव	भर्त्रा	
ऽ ऽ ।	ऽ ऽ ।	। ऽ ।	ऽ ऽ	इंद्रवज्रा

14.15

वेश्मानि रामः परिबर्हवन्ति विश्राण्य सौहार्दनिधिः सुहृद्भ्यः ।
बाष्पायमानो बलिमन्निकेतमालेख्यशेषस्य पितुर्विवेश ॥

इंद्रवज्रा छंद (त त ज ग ग)

वेश्मानि	रामःप	रिबर्ह	वन्ति	
ऽ ऽ ।	ऽ ऽ ।	। ऽ ।	ऽ ऽ *	इंद्रवज्रा
विश्राण्य	सौहार्द	निधिःसु	हृद्म्यः	
ऽ ऽ ।	ऽ ऽ ।	। ऽ ।	ऽ ऽ	इंद्रवज्रा
बाष्पाय	मानोब	लिमन्नि	केत	
ऽ ऽ ।	ऽ ऽ ।	। ऽ ।	ऽ ऽ *	इंद्रवज्रा
मालेख्य	शेषस्य	पितुर्वि	वेश	
ऽ ऽ ।	ऽ ऽ ।	। ऽ ।	ऽ ऽ *	इंद्रवज्रा

14.16

कृताञ्जलिस्तत्र यदम्ब सत्यान्नाभ्रश्यत स्वर्गफलाद्गुरुर्नः ।
तच्चिन्त्यमानं सुकृतं तवेति जहार लज्जां भरतस्य मातुः ॥

उपेन्द्रवज्रा, इंद्रवज्रा, इंद्रवज्रा, उपेन्द्रवज्रा उपजाति छंद

कृताञ्ज	लिस्तत्र	यदम्ब	सत्या	
। ऽ ।	ऽ ऽ ।	। ऽ ।	ऽ ऽ	उपेन्द्रवज्रा
न्नाभ्रश्य	तस्वर्ग	फलाद्गु	रुर्नः	
ऽ ऽ ।	ऽ ऽ ।	। ऽ ।	ऽ ऽ	इंद्रवज्रा
तच्चिन्त्य	मानंसु	कृतंत	वेति	
ऽ ऽ ।	ऽ ऽ ।	। ऽ ।	ऽ ऽ *	इंद्रवज्रा
जहार	लज्जांभ	रतस्य	मातुः	
। ऽ ।	ऽ ऽ ।	। ऽ ।	ऽ ऽ	उपेन्द्रवज्रा

14.17

तथैव सुग्रीवबिभीषणादीनुपाचरत्कृत्रिमसंविधाभिः ।
संकल्पमात्रोदितसिद्धयस्ते क्रान्ता यथा चेतसि विस्मयेन ॥

उपेन्द्रवज्रा, उपेन्द्रवज्रा, इंद्रवज्रा, इंद्रवज्रा उपजाति छंद

तथैव	सुग्रीव	बिभीष	णादी	
। ऽ ।	ऽ ऽ ।	। ऽ ।	ऽ ऽ	उपेन्द्रवज्रा

कालिदास के बृहत् महाकाव्य रघुवंश की छंद मीमांसा

नुपाच	रत्कृत्रि	मसंवि	धाभिः	
। ऽ ।	ऽ ऽ ।	। ऽ ।	ऽ ऽ	उपेन्द्रवज्रा
संकल्प	मात्रोदि	तसिद्ध	यस्ते	
ऽ ऽ ।	ऽ ऽ ।	। ऽ ।	ऽ ऽ	इंद्रवज्रा
क्रान्ताय	थाचेत	सिविस्म	येन	
ऽ ऽ ।	ऽ ऽ ।	। ऽ ।	ऽ ऽ *	इंद्रवज्रा

14.18

सभाजनायोपगतान्स दिव्यान्मुनीन्पुरस्कृत्य हतस्य शत्रोः ।
शुश्राव तेभ्यः प्रभवादि वृत्तं स्वविक्रमे गौरवमादधानम् ॥

उपेन्द्रवज्रा, उपेन्द्रवज्रा, इंद्रवज्रा, उपेन्द्रवज्रा उपजाति छंद

सभाज	नायोप	गतान्स	दिव्या	
। ऽ ।	ऽ ऽ ।	। ऽ ।	ऽ ऽ	उपेन्द्रवज्रा
न्मुनीन्पु	रस्कृत्य	हतस्य	शत्रोः	
। ऽ ।	ऽ ऽ ।	। ऽ ।	ऽ ऽ	उपेन्द्रवज्रा
शुश्राव	तेभ्यःप्र	भवादि	वृत्तं	
ऽ ऽ ।	ऽ ऽ ।	। ऽ ।	ऽ ऽ	इंद्रवज्रा
स्वविक्र	मेगौर	वमाद	धानम्	
। ऽ ।	ऽ ऽ ।	। ऽ ।	ऽ ऽ	उपेन्द्रवज्रा

14.19

प्रतिप्रयातेषु तपोधनेषु सुखादविज्ञातगतार्धमासान् ।
सीतास्वहस्तोपहृताग्र्यपूजान्रक्षःकपीन्द्रान्विससर्ज रामः ॥

उपेन्द्रवज्रा, उपेन्द्रवज्रा, इंद्रवज्रा, इंद्रवज्रा उपजाति छंद

प्रतिप्र	यातेषु	तपोध	नेषु	
। ऽ ।	ऽ ऽ ।	। ऽ ।	ऽ ऽ *	उपेन्द्रवज्रा
सुखाद	विज्ञात	गतार्ध	मासान्	
। ऽ ।	ऽ ऽ ।	। ऽ ।	ऽ ऽ	उपेन्द्रवज्रा

सीतास्व	हस्तोप	हृताग्र्य	पूजा	
ऽ ऽ ।	ऽ ऽ ।	। ऽ ।	ऽ ऽ	इंद्रवज्रा
न्रक्षःक	पीन्द्रान्वि	ससर्ज	रामः	
ऽ ऽ ।	ऽ ऽ ।	। ऽ ।	ऽ ऽ	इंद्रवज्रा

14.20

तच्चात्मचिन्तासुलभं विमानं हृतं सुरारेः सह जीवितेन ।
कैलासनाथोद्वहनाय भूयः पुष्पं दिवः पुष्पकमन्वमंस्त ॥

इंद्रवज्रा, उपेन्द्रवज्रा, इंद्रवज्रा, इंद्रवज्रा उपजाति छंद

तच्चात्म	चिन्तासु	लभंवि	मानं	
ऽ ऽ ।	ऽ ऽ ।	। ऽ ।	ऽ ऽ	इंद्रवज्रा
हृतंसु	रारेःस	हजीवि	तेन	
। ऽ ।	ऽ ऽ ।	। ऽ ।	ऽ ऽ *	उपेन्द्रवज्रा
कैलास	नाथोद्व	हनाय	भूयः	
ऽ ऽ ।	ऽ ऽ ।	। ऽ ।	ऽ ऽ	इंद्रवज्रा
पुष्पंदि	वःपुष्प	कमन्व	मंस्त	
ऽ ऽ ।	ऽ ऽ ।	। ऽ ।	ऽ ऽ *	इंद्रवज्रा

14.21

पितुर्नियोगाद्वनवासमेवं निस्तीर्य रामः प्रतिपन्नराज्यः ।
धर्मार्थकामेषु समां प्रपेदे यथा तथैवावरजेषु वृत्तिम् ॥

उपेन्द्रवज्रा, इंद्रवज्रा, इंद्रवज्रा, उपेन्द्रवज्रा उपजाति छंद

पितुर्नि	योगाद्व	नवास	मेवं	
। ऽ ।	ऽ ऽ ।	। ऽ ।	ऽ ऽ	उपेन्द्रवज्रा
निस्तीर्य	रामःप्र	तिपन्न	राज्यः	
ऽ ऽ ।	ऽ ऽ ।	। ऽ ।	ऽ ऽ	इंद्रवज्रा
धर्मार्थ	कामेषु	समांप्र	पेदे	
ऽ ऽ ।	ऽ ऽ ।	। ऽ ।	ऽ ऽ	इंद्रवज्रा

यथात	थैवाव	रजेषु	वृत्तिम्	
। ऽ ।	ऽ ऽ ।	। ऽ ।	ऽ ऽ	उपेन्द्रवज्रा

14.22

सर्वासु मातुष्वपि वत्सलत्वात्स निर्विशेषप्रतिपत्तिरासीत् ।
षडाननापीतपयोधरासु नेता चमूनामिव कृत्तिकासु ॥

इंद्रवज्रा, उपेन्द्रवज्रा, उपेन्द्रवज्रा, इंद्रवज्रा उपजाति छंद

सर्वासु	मातुष्व	पिवत्स	लत्वा	
ऽ ऽ ।	ऽ ऽ ।	। ऽ ।	ऽ ऽ	इंद्रवज्रा
त्सनिर्वि	शेषप्र	तिपत्ति	रासीत्	
। ऽ ।	ऽ ऽ ।	। ऽ ।	ऽ ऽ	उपेन्द्रवज्रा
षडान	नापीत	पयोध	रासु	
। ऽ ।	ऽ ऽ ।	। ऽ ।	ऽ ऽ *	उपेन्द्रवज्रा
नेताच	मूनामि	वकृत्ति	कासु	
ऽ ऽ ।	ऽ ऽ ।	। ऽ ।	ऽ ऽ *	इंद्रवज्रा

14.23

तेनार्थवाँल्लोभपराङ्मुखेन तेन घ्नता विघ्नभयं क्रियावान् ।
तेनास लोकः पितृमान्विनेत्रा तेनैव शोकापनुदेव पुत्री ॥

इंद्रवज्रा छंद (त त ज ग ग)

तेनार्थ	वाँल्लोभ	पराङ्मु	खेन	
ऽ ऽ ।	ऽ ऽ ।	। ऽ ।	ऽ ऽ *	इंद्रवज्रा
तेनघ्न	ताविघ्न	भयंक्रि	यावान्	
ऽ ऽ ।	ऽ ऽ ।	। ऽ ।	ऽ ऽ	इंद्रवज्रा
तेनास	लोकःपि	तृमान्वि	नेत्रा	
ऽ ऽ ।	ऽ ऽ ।	। ऽ ।	ऽ ऽ	इंद्रवज्रा
तेनैव	शोकाप	नुदेव	पुत्री	
ऽ ऽ ।	ऽ ऽ ।	। ऽ ।	ऽ ऽ	इंद्रवज्रा

14.24

स पौरकार्याणि समीक्ष्य काले रेमे विदेहाधिपतेर्दुहित्रा ।
उपस्थितश्चारु वपुस्तदीयं कृत्वोपभोगोत्सुकयेव लक्ष्म्या ॥

उपेन्द्रवज्रा, इंद्रवज्रा, उपेन्द्रवज्रा, इंद्रवज्रा उपजाति छंद

सपौर	कार्याणि	समीक्ष्य	काले	
।ऽ।	ऽऽ।	।ऽ।	ऽऽ	उपेन्द्रवज्रा
रेमेवि	देहाधि	पतेर्दु	हित्रा	
ऽऽ।	ऽऽ।	।ऽ।	ऽऽ	इंद्रवज्रा
उपस्थि	तश्चारु	वपुस्त	दीयं	
।ऽ।	ऽऽ।	।ऽ।	ऽऽ	उपेन्द्रवज्रा
कृत्वोप	भोगोत्सु	कयेव	लक्ष्म्या	
ऽऽ।	ऽऽ।	।ऽ।	ऽऽ	इंद्रवज्रा

14.25

तयोर्यथाप्रार्थितमिन्द्रियार्थानासेदुषोः सद्मसु चित्रवत्सु ।
प्रासानि दुःखान्यपि दण्डकेषु संचिन्त्यमानानि सुखान्यभूवन् ॥

उपेन्द्रवज्रा, इंद्रवज्रा, इंद्रवज्रा, इंद्रवज्रा उपजाति छंद

तयोर्य	थाप्रार्थि	तमिन्द्रि	यार्था	
।ऽ।	ऽऽ।	।ऽ।	ऽऽ	उपेन्द्रवज्रा
नासेदु	षोःसद्म	सुचित्र	वत्सु	
ऽऽ।	ऽऽ।	।ऽ।	ऽऽ *	इंद्रवज्रा
प्रासानि	दुःखान्य	पिदण्ड	केषु	
ऽऽ।	ऽऽ।	।ऽ।	ऽऽ *	इंद्रवज्रा
संचिन्त्य	मानानि	सुखान्य	भूवन्	
ऽऽ।	ऽऽ।	।ऽ।	ऽऽ	इंद्रवज्रा

14.26

अथाधिकस्निग्धविलोचनेन मुखेन सीता शरपाण्डुरेण ।

आनन्दयित्री परिणेतुरासीदनक्षरव्यञ्जितदोहदेन ॥

उपेन्द्रवज्रा, उपेन्द्रवज्रा, इंद्रवज्रा, उपेन्द्रवज्रा उपजाति छंद

अथाधि	कस्निग्ध	विलोच	नेन	
। ऽ ।	ऽ ऽ ।	। ऽ ।	ऽ ऽ *	उपेन्द्रवज्रा
मुखेन	सीताश	रपाण्डु	रेण	
। ऽ ।	ऽ ऽ ।	। ऽ ।	ऽ ऽ *	उपेन्द्रवज्रा
आनन्द	यित्रीप	रिणेतु	रासी	
ऽ ऽ ।	ऽ ऽ ।	। ऽ ।	ऽ ऽ	इंद्रवज्रा
दनक्ष	रव्यञ्जि	तदोह	देन	
। ऽ ।	ऽ ऽ ।	। ऽ ।	ऽ ऽ *	उपेन्द्रवज्रा

14.27

तामङ्कमारोप्य कृशाङ्गयष्टिं वर्णान्तराक्रान्तपयोधराग्राम् ।
विलज्जमानां रहसि प्रतीतः पप्रच्छ रामां रमणोऽभिलाषम् ॥

इंद्रवज्रा, इंद्रवज्रा, उपेन्द्रवज्रा, इंद्रवज्रा उपजाति छंद

तामङ्क	मारोप्य	कृशाङ्ग	यष्टिं	
ऽ ऽ ।	ऽ ऽ ।	। ऽ ।	ऽ ऽ	इंद्रवज्रा
वर्णान्त	राक्रान्त	पयोध	राग्राम्	
ऽ ऽ ।	ऽ ऽ ।	। ऽ ।	ऽ ऽ	इंद्रवज्रा
विलज्ज	मानांर	हसिप्र	तीतः	
। ऽ ।	ऽ ऽ ।	। ऽ ।	ऽ ऽ	उपेन्द्रवज्रा
पप्रच्छ	रामांर	मणोभि	लाषम्	
ऽ ऽ ।	ऽ ऽ ।	। ऽ ।	ऽ ऽ	इंद्रवज्रा

14.28

सा दष्टनीवारबलीनि हिंस्त्रैः संबद्धवैखानसकन्यकानि ।
इयेष भूयः कुशवन्ति गन्तुं भागीरथीतीरतपोवनानि ॥

इंद्रवज्रा, इंद्रवज्रा, उपेन्द्रवज्रा, इंद्रवज्रा उपजाति छंद

सादष्ट	नीवार	बलीनि	हिंस्रैः	
ऽ ऽ ।	ऽ ऽ ।	। ऽ ।	ऽ ऽ	इंद्रवज्रा
संबद्ध	वैखान	सकन्य	कानि	
ऽ ऽ ।	ऽ ऽ ।	। ऽ ।	ऽ ऽ *	इंद्रवज्रा
इयेष	भूयःकु	शवन्ति	गन्तुं	
। ऽ ।	ऽ ऽ ।	। ऽ ।	ऽ ऽ	उपेन्द्रवज्रा
भागीर	थीतीर	तपोव	नानि	
ऽ ऽ ।	ऽ ऽ ।	। ऽ ।	ऽ ऽ *	इंद्रवज्रा

14.29

तस्यै प्रतिश्रुत्य रघुप्रवीरस्तदीप्सितं पार्श्वचरानुयातः ।
आलोकयिष्यन्मुदितामयोध्यां प्रासादमभ्रंलिहमारुरोह ॥

इंद्रवज्रा, उपेन्द्रवज्रा, इंद्रवज्रा, इंद्रवज्रा उपजाति छंद

तस्यैप्र	तिश्रुत्य	रघुप्र	वीर	
ऽ ऽ ।	ऽ ऽ ।	। ऽ ।	ऽ ऽ	इंद्रवज्रा
स्तदीप्सि	तंपार्श्व	चरानु	यातः	
। ऽ ।	ऽ ऽ ।	। ऽ ।	ऽ ऽ	उपेन्द्रवज्रा
आलोक	यिष्यन्मु	दिताम	योध्यां	
ऽ ऽ ।	ऽ ऽ ।	। ऽ ।	ऽ ऽ	इंद्रवज्रा
प्रासाद	मभ्रंलि	हमारु	रोह	
ऽ ऽ ।	ऽ ऽ ।	। ऽ ।	ऽ ऽ *	इंद्रवज्रा

14.30

ऋद्धापणं राजपथं स पश्यन्विगाह्यमानां सरयूं च नौभिः ।
विलासिभिश्चाध्युषितानि पौरैः पुरोपकण्ठोपवनानि रेमे ॥

इंद्रवज्रा, उपेन्द्रवज्रा, उपेन्द्रवज्रा, उपेन्द्रवज्रा उपजाति छंद

कालिदास के बृहत् महाकाव्य रघुवंश की छंद मीमांसा

ऋद्धाप	णंराज	पथंस	पश्य	
ऽ ऽ ।	ऽ ऽ ।	। ऽ ।	ऽ ऽ	इंद्रवज्रा
न्विगाह्य	मानांस	रयूंच	नौभिः	
। ऽ ।	ऽ ऽ ।	। ऽ ।	ऽ ऽ	उपेन्द्रवज्रा
विलासि	भिश्चाध्यु	षितानि	पौरैः	
। ऽ ।	ऽ ऽ ।	। ऽ ।	ऽ ऽ	उपेन्द्रवज्रा
पुरोप	कण्ठोप	वनानि	रेमे	
। ऽ ।	ऽ ऽ ।	। ऽ ।	ऽ ऽ	उपेन्द्रवज्रा

14.31

स किंवदन्तीं वदतां पुरोगः स्ववृत्तमुद्दिश्य विशुद्धवृत्तः ।
सर्पाधिराजोरुभुजोऽपसर्पं पप्रच्छ भद्रं विजितारिभद्रः ॥

उपेन्द्रवज्रा, उपेन्द्रवज्रा, इंद्रवज्रा, इंद्रवज्रा उपजाति छंद

सकिंव	दन्तींव	दतांपु	रोगः	
। ऽ ।	ऽ ऽ ।	। ऽ ।	ऽ ऽ	उपेन्द्रवज्रा
स्ववृत्त	मुद्दिश्य	विशुद्ध	वृत्तः	
। ऽ ।	ऽ ऽ ।	। ऽ ।	ऽ ऽ	उपेन्द्रवज्रा
सर्पाधि	राजोरु	भुजोप	सर्पं	
ऽ ऽ ।	ऽ ऽ ।	। ऽ ।	ऽ ऽ	इंद्रवज्रा
पप्रच्छ	भद्रंवि	जितारि	भद्रः	
ऽ ऽ ।	ऽ ऽ ।	। ऽ ।	ऽ ऽ	इंद्रवज्रा

14.32

निर्बन्धपृष्टः स जगाद सर्वं स्तुवन्ति पौराश्चरितं त्वदीयम् ।
अन्यत्र रक्षोभवनोषितायाः परिग्रहान्मानवदेव देव्याः ॥

इंद्रवज्रा, उपेन्द्रवज्रा, इंद्रवज्रा, उपेन्द्रवज्रा उपजा ति छंद

निर्बन्ध	पृष्टःस	जगाद	सर्वं	
ऽ ऽ ।	ऽ ऽ ।	। ऽ ।	ऽ ऽ	इंद्रवज्रा

589

स्तुवन्ति	पौराश्च	रितंत्व	दीयम्	
। ऽ ।	ऽ ऽ ।	। ऽ ।	ऽ ऽ	उपेन्द्रवज्रा
अन्यत्र	रक्षोभ	वनोषि	तायाः	
ऽ ऽ ।	ऽ ऽ ।	। ऽ ।	ऽ ऽ	इंद्रवज्रा
परिग्र	हान्मान	वदेव	देव्याः	
। ऽ ।	ऽ ऽ ।	। ऽ ।	ऽ ऽ	उपेन्द्रवज्रा

14.33

कलत्रनिन्दागुरुणा किलैवमभ्याहतं कीर्तिविपर्ययेण ।
अयोघनेनाय इवाभितप्तं वैदेहिबन्धोर्हृदयं विदद्रे ॥

उपेन्द्रवज्रा, इंद्रवज्रा, उपेन्द्रवज्रा, इंद्रवज्रा उपजाति छंद

कलत्र	निन्दागु	रुणाकि	लैव	
। ऽ ।	ऽ ऽ ।	। ऽ ।	ऽ ऽ *	उपेन्द्रवज्रा
मभ्याह	तंकीर्ति	विपर्य	येण	
ऽ ऽ ।	ऽ ऽ ।	। ऽ ।	ऽ ऽ *	इंद्रवज्रा
अयोघ	नेनाय	इवाभि	तप्तं	
। ऽ ।	ऽ ऽ ।	। ऽ ।	ऽ ऽ	उपेन्द्रवज्रा
वैदेहि	बन्धोर्हृ	दयंवि	दद्रे	
ऽ ऽ ।	ऽ ऽ ।	। ऽ ।	ऽ ऽ	इंद्रवज्रा

14.34

किमात्मनिर्वादकथामुपेक्षे जायामदोषामुत संत्यजामि ।
इत्येकपक्षाश्रयविक्लवत्वादासीत्स दोलाचलचित्तवृत्तिः ॥

उपेन्द्रवज्रा, इंद्रवज्रा, इंद्रवज्रा, इंद्रवज्रा उपजाति छंद

किमात्म	निर्वाद	कथामु	पेक्षे	
। ऽ ।	ऽ ऽ ।	। ऽ ।	ऽ ऽ	उपेन्द्रवज्रा
जायाम	दोषामु	तसंत्य	जामि	
ऽ ऽ ।	ऽ ऽ ।	। ऽ ।	ऽ ऽ *	इंद्रवज्रा

इत्येक	पक्षाश्र	यविक्ल	वत्वा	
ऽ ऽ ।	ऽ ऽ ।	। ऽ ।	ऽ ऽ	इंद्रवज्रा
दासीत्स	दोलाच	लचित्त	वृत्तिः	
ऽ ऽ ।	ऽ ऽ ।	। ऽ ।	ऽ ऽ	इंद्रवज्रा

14.35

निश्चित्य चानन्यनिवृत्ति वाच्यं त्यागेन पत्न्याः परिमार्ष्टुमैच्छत् ।
अपि स्वदेहात्किमुतेन्द्रियार्थाद्यशोधनानां हि यशो गरीयः ॥

इंद्रवज्रा, इंद्रवज्रा, उपेन्द्रवज्रा, इंद्रवज्रा उपजाति छंद

निश्चित्य	चानन्य	निवृत्ति	वाच्यं	
ऽ ऽ ।	ऽ ऽ ।	। ऽ ।	ऽ ऽ	इंद्रवज्रा
त्यागेन	पत्न्याःप	रिमार्ष्टु	मैच्छत्	
ऽ ऽ ।	ऽ ऽ ।	। ऽ ।	ऽ ऽ	इंद्रवज्रा
अपिस्व	देहात्कि	मुतेन्द्रि	यार्था	
। ऽ ।	ऽ ऽ ।	। ऽ ।	ऽ ऽ	उपेन्द्रवज्रा
द्यशोध	नानांहि	यशोग	रीयः	
ऽ ऽ ।	ऽ ऽ ।	। ऽ ।	ऽ ऽ	इंद्रवज्रा

14.36

स संनिपत्यावरजान्हतौजास्तद्विक्रियादर्शनलुप्तहर्षान् ।
कौलीनमात्माश्रयमाचचक्षे तेभ्यः पुनश्चेदमुवाच वाक्यम् ॥

उपेन्द्रवज्रा, इंद्रवज्रा, इंद्रवज्रा, इंद्रवज्रा उपजाति छंद

ससंनि	पत्याव	रजान्ह	तौजा	
। ऽ ।	ऽ ऽ ।	। ऽ ।	ऽ ऽ	उपेन्द्रवज्रा
स्तद्विक्रि	यादर्श	नलुप्त	हर्षान्	
ऽ ऽ ।	ऽ ऽ ।	। ऽ ।	ऽ ऽ	इंद्रवज्रा
कौलीन	मात्माश्र	यमाच	चक्षे	
ऽ ऽ ।	ऽ ऽ ।	। ऽ ।	ऽ ऽ	इंद्रवज्रा

तेभ्यःपु	नश्चेद	मुवाच	वाक्यम्	
ऽ ऽ ।	ऽ ऽ ।	। ऽ ।	ऽ ऽ	इंद्रवज्रा

14.37

राजर्षिवंशस्य रविप्रसूतेरुपस्थितः पश्यत कीदृशोऽयम् ।
मत्तः सदाचारशुचेः कलङ्कः पयोदवातादिव दर्पणस्य ॥

इंद्रवज्रा, उपेन्द्रवज्रा, इंद्रवज्रा, उपेन्द्रवज्रा उपजाति छंद

राजर्षि	वंशस्य	रविप्र	सूते	
ऽ ऽ ।	ऽ ऽ ।	। ऽ ।	ऽ ऽ	इंद्रवज्रा
रुपस्थि	तःपश्य	तकीदृ	शोयम्	
। ऽ ।	ऽ ऽ ।	। ऽ ।	ऽ ऽ	उपेन्द्रवज्रा
मत्तःस	दाचार	शुचेःक	लङ्कः	
ऽ ऽ ।	ऽ ऽ ।	। ऽ ।	ऽ ऽ	इंद्रवज्रा
पयोद	वातादि	वदर्प	णस्य	
। ऽ ।	ऽ ऽ ।	। ऽ ।	ऽ ऽ *	उपेन्द्रवज्रा

14.38

पौरेषु सोऽहं बहुलीभवन्तमपां तरंगेष्विव तैलबिन्दुम् ।
सोढुं न तत्पूर्वमवर्णमीशे आलानिकं स्थाणुरिव द्विपेन्द्रः ॥

इंद्रवज्रा, उपेन्द्रवज्रा, इंद्रवज्रा, इंद्रवज्रा उपजाति छंद

पौरेषु	सोहंब	हुलीभ	वन्त	
ऽ ऽ ।	ऽ ऽ ।	। ऽ ।	ऽ ऽ	इंद्रवज्रा
मपांत	रंगेष्वि	वतैल	बिन्दुम्	
। ऽ ।	ऽ ऽ ।	। ऽ ।	ऽ ऽ	उपेन्द्रवज्रा
सोढुंन	तत्पूर्व	मवर्ण	मीशे	
ऽ ऽ ।	ऽ ऽ ।	। ऽ ।	ऽ ऽ	इंद्रवज्रा
आलानि	कंस्थाणु	रिवद्वि	पेन्द्रः	
ऽ ऽ ।	ऽ ऽ ।	। ऽ ।	ऽ ऽ	इंद्रवज्रा

14.39

तस्यापनोदाय फलप्रवृत्तावुपस्थितायामपि निर्व्यपेक्षः ।
त्यक्षामि वैदेहसुतां पुरस्तात्समुद्रनेमिं पितुराज्ञयेव ॥

इंद्रवज्रा, उपेन्द्रवज्रा, इंद्रवज्रा, उपेन्द्रवज्रा उपजाति छंद

तस्याप	नोदाय	फलप्र	वृत्ता	
ऽ ऽ ।	ऽ ऽ ।	। ऽ ।	ऽ ऽ	इंद्रवज्रा
वुपस्थि	तायाम	पिनिर्व्य	पेक्षः	
। ऽ ।	ऽ ऽ ।	। ऽ ।	ऽ ऽ	उपेन्द्रवज्रा
त्यक्षामि	वैदेह	सुतांपु	रस्ता	
ऽ ऽ ।	ऽ ऽ ।	। ऽ ।	ऽ ऽ	इंद्रवज्रा
त्समुद्र	नेमिंपि	तुराज्ञ	येव	
। ऽ ।	ऽ ऽ ।	। ऽ ।	ऽ ऽ *	उपेन्द्रवज्रा

14.40

अवैमि चैनामनघेति किंतु लोकापवादो बलवान्मतो मे ।
छाया हि भूमेः शशिनो मलत्वेनारोपिता शुद्धिमतः प्रजाभिः ॥

उपेन्द्रवज्रा, इंद्रवज्रा, इंद्रवज्रा, इंद्रवज्रा उपजाति छंद

अवैमि	चैनाम	नघेति	किंतु	
। ऽ ।	ऽ ऽ ।	। ऽ ।	ऽ ऽ *	उपेन्द्रवज्रा
लोकाप	वादोब	लवान्म	तोमे	
ऽ ऽ ।	ऽ ऽ ।	। ऽ ।	ऽ ऽ	इंद्रवज्रा
छायाहि	भूमेःश	शिनोम	लत्वे	
ऽ ऽ ।	ऽ ऽ ।	। ऽ ।	ऽ ऽ	इंद्रवज्रा
नारोपि	ताशुद्धि	मतःप्र	जाभिः	
ऽ ऽ ।	ऽ ऽ ।	। ऽ ।	ऽ ऽ	इंद्रवज्रा

14.41

रक्षोवधान्तो न च मे प्रयासो व्यर्थः स वैरप्रतिमोचनाय ।

अमर्षणः शोणितकाङ्क्षया किं पदा स्पृशन्तं दशति द्विजिह्वः ॥

इंद्रवज्रा, इंद्रवज्रा, उपेन्द्रवज्रा, उपेन्द्रवज्रा उपजाति छंद

रक्षोव	धान्तोन	चमेप्र	यासो	
ऽ ऽ ।	ऽ ऽ ।	। ऽ ।	ऽ ऽ	इंद्रवज्रा
व्यर्थःस	वैरप्र	तिमोच	नाय	
ऽ ऽ ।	ऽ ऽ ।	। ऽ ।	ऽ ऽ *	इंद्रवज्रा
अमर्ष	णःशोणि	तकाङ्क्ष	याकिं	
। ऽ ।	ऽ ऽ ।	। ऽ ।	ऽ ऽ	उपेन्द्रवज्रा
पदास्पृ	शन्तंद	शतिद्वि	जिह्वः	
। ऽ ।	ऽ ऽ ।	। ऽ ।	ऽ ऽ	उपेन्द्रवज्रा

14.42

तदेव सर्गः करुणार्द्रचित्तैर्न मे भवद्भिः प्रतिषेधनीयः ।
यद्यर्थिता निर्हृतवाच्यशल्यान्प्राणान्मया धारयितुं चिरं वः ॥

उपेन्द्रवज्रा, उपेन्द्रवज्रा, इंद्रवज्रा, इंद्रवज्रा उपजाति छंद

तदेव	सर्गःक	रुणार्द्र	चित्तै	
। ऽ ।	ऽ ऽ ।	। ऽ ।	ऽ ऽ	उपेन्द्रवज्रा
र्नमेभ	वद्भिःप्र	तिषेध	नीयः	
। ऽ ।	ऽ ऽ ।	। ऽ ।	ऽ ऽ	उपेन्द्रवज्रा
यद्यर्थि	तानिर्हृ	तवाच्य	शल्या	
ऽ ऽ ।	ऽ ऽ ।	। ऽ ।	ऽ ऽ	इंद्रवज्रा
न्प्राणान्म	याधार	यितुंचि	रंवः	
ऽ ऽ ।	ऽ ऽ ।	। ऽ ।	ऽ ऽ	इंद्रवज्रा

14.43

इत्युक्तवन्तं जनकात्मजायां नितान्तरूक्षाभिनिवेशमीशम् ।
न कश्चन भ्रातृषु तेषु शक्तो निषेद्धुमासीदनुमोदितुं वा ॥

इंद्रवज्रा, उपेन्द्रवज्रा, उपेन्द्रवज्रा, उपेन्द्रवज्रा उपजाति छंद

इत्युक्त	वन्तंज	नकात्म	जायां	
ऽ ऽ ।	ऽ ऽ ।	। ऽ ।	ऽ ऽ	इंद्रवज्रा
नितान्त	रूक्षाभि	निवेश	मीशम्	
। ऽ ।	ऽ ऽ ।	। ऽ ।	ऽ ऽ	उपेन्द्रवज्रा
नकश्च	नभ्रातृ	षुतेषु	शक्तो	
। ऽ ।	ऽ ऽ ।	। ऽ ।	ऽ ऽ	उपेन्द्रवज्रा
निषेद्धु	मासीद	नुमोदि	तुंवा	
। ऽ ।	ऽ ऽ ।	। ऽ ।	ऽ ऽ	उपेन्द्रवज्रा

14.44

स लक्ष्मणं लक्ष्मणपूर्वजन्मा विलोक्य लोकत्रयगीतकीर्तिः ।
सौम्येति चाभाष्य यथार्थभाषी स्थितं निदेशे पृथगादिदेश ॥

उपेन्द्रवज्रा, उपेन्द्रवज्रा, इंद्रवज्रा, उपेन्द्रवज्रा उपजाति छंद

सलक्ष्म	णंलक्ष्म	णपूर्व	जन्मा	
। ऽ ।	ऽ ऽ ।	। ऽ ।	ऽ ऽ	उपेन्द्रवज्रा
विलोक्य	लोकत्र	यगीत	कीर्तिः	
। ऽ ।	ऽ ऽ ।	। ऽ ।	ऽ ऽ	उपेन्द्रवज्रा
सौम्येति	चाभाष्य	यथार्थ	भाषी	
ऽ ऽ ।	ऽ ऽ ।	। ऽ ।	ऽ ऽ	इंद्रवज्रा
स्थितंनि	देशेपृ	थगादि	देश	
। ऽ ।	ऽ ऽ ।	। ऽ ।	ऽ ऽ *	उपेन्द्रवज्रा

14.45

प्रजावती दोहदशंसिनी ते तपोवनेषु स्पृहयालुरेव ।
स त्वं रथी तद्व्यपदेशनेयां प्रापय्य वाल्मीकिपदं त्यजैनाम् ॥

उपेन्द्रवज्रा, उपेन्द्रवज्रा, इंद्रवज्रा, इंद्रवज्रा उपजाति छंद

कालिदास के बृहत् महाकाव्य रघुवंश की छंद मीमांसा

प्रजाव	तीदोह्	दशंसि	नीते	
। ऽ ।	ऽ ऽ ।	। ऽ ।	ऽ ऽ	उपेन्द्रवज्रा
तपोव	नेषुस्पृ	हरेव	यालु	
। ऽ ।	ऽ ऽ ।	। ऽ ।	ऽ ऽ *	उपेन्द्रवज्रा
सत्वंर	थीतद्ध	पदेश	नेयां	
ऽ ऽ ।	ऽ ऽ ।	। ऽ ।	ऽ ऽ	इंद्रवज्रा
प्रापय्य	वाल्मीकि	पदंत्य	जैनाम्	
ऽ ऽ ।	ऽ ऽ ।	। ऽ ।	ऽ ऽ	इंद्रवज्रा

14.46

स शुश्रुवान्मातरि भार्गवेन पितुर्नियोगात्प्रहृतं द्विषद्वत् ।
प्रत्यग्रहीदग्रजशासनं तदाज्ञा गुरूणां ह्यविचारणीया ॥

उपेन्द्रवज्रा, उपेन्द्रवज्रा, इंद्रवज्रा, इंद्रवज्रा उपजाति छंद

सशुश्रु	वान्मात	रिभार्ग	वेन	
। ऽ ।	ऽ ऽ ।	। ऽ ।	ऽ ऽ *	उपेन्द्रवज्रा
पितुर्नि	योगात्प्र	हृतंद्वि	षद्वत्	
। ऽ ।	ऽ ऽ ।	। ऽ ।	ऽ ऽ	उपेन्द्रवज्रा
प्रत्यग्र	हीदग्र	जशास	नंत	
ऽ ऽ ।	ऽ ऽ ।	। ऽ ।	ऽ ऽ *	इंद्रवज्रा
दाज्ञागु	रूणांह्य	विचार	णीया	
ऽ ऽ ।	ऽ ऽ ।	। ऽ ।	ऽ ऽ	इंद्रवज्रा

14.47

अथानुकूलश्रवणप्रतीतामत्रस्नुभिर्युक्तधुरं तुरंगैः ।
रथं सुमन्त्रप्रतिपन्नरश्मिमारोप्य वैदेहसुतां प्रतस्थे ॥

उपेन्द्रवज्रा, इंद्रवज्रा, उपेन्द्रवज्रा, इंद्रवज्रा उपजाति छंद

अथानु	कूलश्र	वणप्र	तीता	

। ऽ ।	ऽ ऽ ।	। ऽ ।	ऽ ऽ	उपेन्द्रवज्रा
मत्रस्तु	भिर्युक्त	धुरंतु	रंगैः	
ऽ ऽ ।	ऽ ऽ ।	। ऽ ।	ऽ ऽ	इंद्रवज्रा
रथंसु	मन्त्रप्र	तिपन्न	रश्मि	
। ऽ ।	ऽ ऽ ।	। ऽ ।	ऽ ऽ *	उपेन्द्रवज्रा
मारोप्य	वैदेह	सुतांप्र	तस्थे	
ऽ ऽ ।	ऽ ऽ ।	। ऽ ।	ऽ ऽ	इंद्रवज्रा

14.48

सा नीयमाना रुचिरान्प्रदेशान्प्रियंकरो मे प्रिय इत्यनन्दत् ।
नाबुद्ध कल्पद्रुमतां विहाय जातं तमात्मन्यसिपत्रवृक्षम् ॥

इंद्रवज्रा, उपेन्द्रवज्रा, इंद्रवज्रा, इंद्रवज्रा उपजाति छंद

सानीय	मानारु	चिरान्प्र	देशा	
ऽ ऽ ।	ऽ ऽ ।	। ऽ ।	ऽ ऽ	इंद्रवज्रा
न्प्रियंक	रोमेप्रि	यइत्य	नन्दत्	
। ऽ ।	ऽ ऽ ।	। ऽ ।	ऽ ऽ	उपेन्द्रवज्रा
नाबुद्ध	कल्पद्रु	मतांवि	हाय	
ऽ ऽ ।	ऽ ऽ ।	। ऽ ।	ऽ ऽ *	इंद्रवज्रा
जातंत	मात्मन्य	सिपत्र	वृक्षम्	
ऽ ऽ ।	ऽ ऽ ।	। ऽ ।	ऽ ऽ	इंद्रवज्रा

14.49

जुगूह तस्याः पथि लक्ष्मणो यत्सव्येतरेण स्फुरता तदक्ष्णा ।
आख्यातमस्यै गुरु भावि दुःखमत्यन्तलुप्तप्रियदर्शनेन ॥

उपेन्द्रवज्रा, इंद्रवज्रा, इंद्रवज्रा, इंद्रवज्रा उपजाति छंद

जुगूह	तस्याःप	थिलक्ष्म	णोय	
। ऽ ।	ऽ ऽ ।	। ऽ ।	ऽ ऽ	उपेन्द्रवज्रा
त्सव्येत	रेणस्फु	रतात	दक्ष्ण	

597

ऽ ऽ ।	ऽ ऽ ।	। ऽ ।	ऽ ऽ *	इंद्रवज्रा
आख्यात	मस्यैगु	रुभावि	दुःख	
ऽ ऽ ।	ऽ ऽ ।	। ऽ ।	ऽ ऽ *	इंद्रवज्रा
मत्यन्त	लुप्तप्रि	यदर्श	ने	
ऽ ऽ ।	ऽ ऽ ।	। ऽ ।	ऽ ऽ	इंद्रवज्रा

14.50

सा दुर्निमित्तोपगताद्विषादात्सद्यःपरिम्लानमुखारविन्दा ।
राज्ञः शिवं सावरजस्य भूयादित्याशशंसे करणैरबाह्यैः ॥

इंद्रवज्रा छंद (त त ज ग ग)

सादुर्नि	मित्तोप	गताद्वि	षादा	
ऽ ऽ ।	ऽ ऽ ।	। ऽ ।	ऽ ऽ	इंद्रवज्रा
त्सद्यःप	रिम्लान	मुखार	विन्दा	
ऽ ऽ ।	ऽ ऽ ।	। ऽ ।	ऽ ऽ	इंद्रवज्रा
राज्ञःशि	वंसाव	रजस्य	भूया	
ऽ ऽ ।	ऽ ऽ ।	। ऽ ।	ऽ ऽ	इंद्रवज्रा
दित्याश	शंसेक	रणैर	बाह्यैः	
ऽ ऽ ।	ऽ ऽ ।	। ऽ ।	ऽ ऽ	इंद्रवज्रा

14.51

गुरोर्नियोगाद्वनितां वनान्ते साध्वीं सुमित्रातनयो विहास्यन् ।
अवार्यतेवोत्थितवीचिहस्तैर्जह्नोर्दुहित्रा स्थितया पुरस्तात् ॥

उपेन्द्रवज्रा, इंद्रवज्रा, उपेन्द्रवज्रा, इंद्रवज्रा उपजाति छंद

गुरोर्नि	योगाद्व	नितांव	नान्ते	
। ऽ ।	ऽ ऽ ।	। ऽ ।	ऽ ऽ	उपेन्द्रवज्रा
साध्वींसु	मित्रात	नयोवि	हास्यन्	
ऽ ऽ ।	ऽ ऽ ।	। ऽ ।	ऽ ऽ	इंद्रवज्रा
अवार्य	तेवोत्थि	तवीचि	हस्तै	

। ऽ ।	ऽ ऽ ।	। ऽ ।	ऽ ऽ	उपेन्द्रवज्रा
र्जह्नोर्दु	हित्रास्थि	तयापु	रस्तात्	
ऽ ऽ ।	ऽ ऽ ।	। ऽ ।	ऽ ऽ	इंद्रवज्रा

14.52

रथात्स यन्त्रा निगृहीतवाहात्तां भ्रातृजायां पुलिनेऽवतार्य ।
गङ्गां निषादाहृतनौविशेषस्ततार संधामिव सत्यसंधः ॥

उपेन्द्रवज्रा, इंद्रवज्रा, इंद्रवज्रा, उपेन्द्रवज्रा उपजाति छंद

रथात्स	यन्त्रानि	गृहीत	वाहा	
। ऽ ।	ऽ ऽ ।	। ऽ ।	ऽ ऽ	उपेन्द्रवज्रा
त्तांभ्रातृ	जायांपु	लिनेव	तार्य	
ऽ ऽ ।	ऽ ऽ ।	। ऽ ।	ऽ ऽ *	इंद्रवज्रा
गङ्गांनि	षादाहृ	तनौवि	शेष	
ऽ ऽ ।	ऽ ऽ ।	। ऽ ।	ऽ ऽ	इंद्रवज्रा
स्ततार	संधामि	वसत्य	संधः	
। ऽ ।	ऽ ऽ ।	। ऽ ।	ऽ ऽ *	उपेन्द्रवज्रा

14.53

अथ व्यवस्थापितवाक्कथंचित्सौमित्रिरन्तर्गतबाष्पकण्ठः ।
औत्पातिकं मेघ इवाश्मवर्षं महीपतेः शासनमुज्जगार ॥

उपेन्द्रवज्रा, इंद्रवज्रा, इंद्रवज्रा, उपेन्द्रवज्रा उपजाति छंदउपेन्द्रवज्रा, इंद्रवज्रा, इंद्रवज्रा, उपेन्द्रवज्रा उपजाति छंद

अथव्य	वस्थापि	तवाक्क	थंचि	
। ऽ ।	ऽ ऽ ।	। ऽ ।	ऽ ऽ	उपेन्द्रवज्रा
त्सौमित्रि	रन्तर्ग	तबाष्प	कण्ठः	
ऽ ऽ ।	ऽ ऽ ।	। ऽ ।	ऽ ऽ	इंद्रवज्रा
औत्पाति	कंमेघ	इवाश्म	वर्षं	
ऽ ऽ ।	ऽ ऽ ।	। ऽ ।	ऽ ऽ	इंद्रवज्रा

महीप	तेःशास	नमुज्ज	गार	
।ऽ।	ऽऽ।	।ऽ।	ऽऽ*	उपेन्द्रवज्रा

14.54

ततोऽभिषङ्गानिलविप्रविद्धा प्रभ्रश्यमानाभरणप्रसूना ।
स्वमूर्तिलाभप्रकृतिं धरित्रीं लतेव सीता सहसा जगाम ॥

उपेन्द्रवज्रा, इंद्रवज्रा, उपेन्द्रवज्रा, उपेन्द्रवज्रा उपजाति छंद

ततोभि	षङ्गानि	लविप्र	विद्धा	
।ऽ।	ऽऽ।	।ऽ।	ऽऽ	उपेन्द्रवज्रा
प्रभ्रश्य	मानाभ	रणप्र	सूना	
ऽऽ।	ऽऽ।	।ऽ।	ऽऽ	इंद्रवज्रा
स्वमूर्ति	लाभप्र	कृतिंध	रित्रीं	
।ऽ।	ऽऽ।	।ऽ।	ऽऽ	उपेन्द्रवज्रा
लतेव	सीतास	हसाज	गाम	
।ऽ।	ऽऽ।	।ऽ।	ऽऽ*	उपेन्द्रवज्रा

14.55

इक्ष्वाकुवंशप्रभवः कथं त्वां त्यजेदकस्मात्पतिरार्यवृत्तः ।
इति क्षितिः संशयितेव तस्यै ददौ प्रवेशं जननी न तावत् ॥

इंद्रवज्रा, उपेन्द्रवज्रा, उपेन्द्रवज्रा, उपेन्द्रवज्रा उपजाति छंद

इक्ष्वाकु	वंशप्र	भवःक	थंत्वां	
ऽऽ।	ऽऽ।	।ऽ।	ऽऽ	इंद्रवज्रा
त्यजेद	कस्मात्प	तिरार्य	वृत्तः	
।ऽ।	ऽऽ।	।ऽ।	ऽऽ	उपेन्द्रवज्रा
इतिक्षि	तिःसंश	यितेव	तस्यै	
।ऽ।	ऽऽ।	।ऽ।	ऽऽ	उपेन्द्रवज्रा
ददौप्र	वेशंज	ननीन	तावत्	
।ऽ।	ऽऽ।	।ऽ।	ऽऽ	उपेन्द्रवज्रा

14.56

सा लुप्तसंज्ञा न विवेद दुःखं प्रत्यागतासुः समतप्यतान्तः ।
तस्याः सुमित्रात्मजयत्नलब्धो मोहादभूत्कष्टतरः प्रबोधः ॥

इंद्रवज्रा छंद (त त ज ग ग)

सालुप्त	संज्ञान	विवेद	दुःखं	
ऽ ऽ ।	ऽ ऽ ।	। ऽ ।	ऽ ऽ	इंद्रवज्रा
प्रत्याग	तासुःस	मतप्य	तान्तः	
ऽ ऽ ।	ऽ ऽ ।	। ऽ ।	ऽ ऽ	इंद्रवज्रा
तस्याःसु	मित्रात्म	जयत्न	लब्धो	
ऽ ऽ ।	ऽ ऽ ।	। ऽ ।	ऽ ऽ	इंद्रवज्रा
मोहाद	भूत्कष्ट	तरःप्र	बोधः	
ऽ ऽ ।	ऽ ऽ ।	। ऽ ।	ऽ ऽ	इंद्रवज्रा

14.57

न चावदद्भर्तुरवर्णमार्या निराकरिष्णोर्वृजिनादृतेऽपि ।
आत्मानमेवं स्थिरदुःखभाजं पुनः पुनर्दुष्कृतिनं निनिन्द ॥

उपेन्द्रवज्रा, उपेन्द्रवज्रा, इंद्रवज्रा, उपेन्द्रवज्रा उपजाति छंद

नचाव	दद्भर्तु	रवर्ण	मार्या	
। ऽ ।	ऽ ऽ ।	। ऽ ।	ऽ ऽ	उपेन्द्रवज्रा
निराक	रिष्णोर्वृ	जिनादृ	तेपि	
। ऽ ।	ऽ ऽ ।	। ऽ ।	ऽ ऽ *	इंद्रवज्रा
आत्मान	मेवंस्थि	रदुःख	भाजं	
ऽ ऽ ।	ऽ ऽ ।	। ऽ ।	ऽ ऽ	इंद्रवज्रा
पुनःपु	नर्दुष्कृ	तिनंनि	निन्द	
। ऽ ।	ऽ ऽ ।	। ऽ ।	ऽ ऽ *	उपेन्द्रवज्रा

14.58

आश्वास्य रामावरजः सतीं तामाख्यातवाल्मीकिनिकेतमार्गः ।

निघ्नस्य मे भर्तृनिदेशरौक्ष्यं देवि क्षमस्वेति बभूव नम्रः ॥

इंद्रवज्रा छंद (त त ज ग ग)

आश्वास्य	रामाव	रजःस	तींता	
ऽ ऽ ।	ऽ ऽ ।	। ऽ ।	ऽ ऽ	इंद्रवज्रा
माख्यात	वाल्मीकि	निकेत	मार्गः	
ऽ ऽ ।	ऽ ऽ ।	। ऽ ।	ऽ ऽ	इंद्रवज्रा
निघ्नस्य	मेभर्तृ	निदेश	रौक्ष्यं	
ऽ ऽ ।	ऽ ऽ ।	। ऽ ।	ऽ ऽ	इंद्रवज्रा
देविक्ष	मस्वेति	बभूव	नम्रः	
ऽ ऽ ।	ऽ ऽ ।	। ऽ ।	ऽ ऽ	इंद्रवज्रा

14.59

सीता तमुत्थाप्य जगाद वाक्यं प्रीतास्मि ते सौम्य चिराय जीव ।
बिडौजसा विष्णुरिवाग्रजेन भ्रात्रा यदित्थं परवानसि त्वम् ॥

इंद्रवज्रा, इंद्रवज्रा, उपेन्द्रवज्रा, इंद्रवज्रा उपजाति छंद

सीतात	मुत्थाप्य	जगाद	वाक्यं	
ऽ ऽ ।	ऽ ऽ ।	। ऽ ।	ऽ ऽ	इंद्रवज्रा
प्रीतास्मि	तेसौम्य	चिराय	जीव	
ऽ ऽ ।	ऽ ऽ ।	। ऽ ।	ऽ ऽ *	इंद्रवज्रा
बिडौज	साविष्णु	रिवाग्र	जेन	
। ऽ ।	ऽ ऽ ।	। ऽ ।	ऽ ऽ	उपेन्द्रवज्रा
भ्रात्राय	दित्थंप	रवान	सित्वम्	
ऽ ऽ ।	ऽ ऽ ।	। ऽ ।	ऽ ऽ	इंद्रवज्रा

14.60

श्वश्रूजनं सर्वमनुक्रमेण विज्ञापय प्रापितमत्प्रणामः ।
प्रजानिषेकं मयि वर्तमानं सूनोरनुध्यायत चेतसेति ॥

इंद्रवज्रा, इंद्रवज्रा, उपेन्द्रवज्रा, इंद्रवज्रा उपजाति छंद

श्वश्रूज	नंसर्व	मनुक्र	मेण	
ऽ ऽ ।	ऽ ऽ ।	। ऽ ।	ऽ ऽ *	इंद्रवज्रा
विज्ञाप	यप्रापि	तमत्प्र	णामः	
ऽ ऽ ।	ऽ ऽ ।	। ऽ ।	ऽ ऽ	इंद्रवज्रा
प्रजानि	षेकंम	यिवर्त	मानं	
। ऽ ।	ऽ ऽ ।	। ऽ ।	ऽ ऽ	उपेन्द्रवज्रा
सूनोर	नुध्याय	तचेत	सेति	
ऽ ऽ ।	ऽ ऽ ।	। ऽ ।	ऽ ऽ *	इंद्रवज्रा

14.61

वाच्यस्त्वया मद्वचनात्स राजा वह्नौ विशुद्धामपि यत्समक्षम् ।
मां लोकवादश्रवणादहासीः श्रुतस्य किं तत्सदृशं कुलस्य ॥

इंद्रवज्रा, इंद्रवज्रा, इंद्रवज्रा, उपेन्द्रवज्रा उपजाति छंद

वाच्यस्त्व	यामद्व	चनात्स	राजा	
ऽ ऽ ।	ऽ ऽ ।	। ऽ ।	ऽ ऽ	इंद्रवज्रा
वह्नौवि	शुद्धाम	पियत्स	मक्षम्	
ऽ ऽ ।	ऽ ऽ ।	। ऽ ।	ऽ ऽ	इंद्रवज्रा
मांलोक	वादश्र	वणाद	हासीः	
ऽ ऽ ।	ऽ ऽ ।	। ऽ ।	ऽ ऽ	इंद्रवज्रा
श्रुतस्य	किंतत्स	दृशंकु	लस्य	
। ऽ ।	ऽ ऽ ।	। ऽ ।	ऽ ऽ *	उपेन्द्रवज्रा

14.62

कल्याणबुद्धेरथवा तवायं न कामचारो मयि शङ्कनीयः ।
ममैव जन्मान्तरपातकानां विपाकविस्फूर्जिथुरप्रसह्यः ॥

इंद्रवज्रा, उपेन्द्रवज्रा, उपेन्द्रवज्रा, उपेन्द्रवज्रा उपजाति छंद

कल्याण	बुद्धेर	थवात	वायं	
ऽ ऽ ।	ऽ ऽ ।	। ऽ ।	ऽ ऽ	इंद्रवज्रा
नकाम	चारोम	यिशङ्क	नीयः	
। ऽ ।	ऽ ऽ ।	। ऽ ।	ऽ ऽ	उपेन्द्रवज्रा
ममैव	जन्मान्त	रपात	कानां	
। ऽ ।	ऽ ऽ ।	। ऽ ।	ऽ ऽ	उपेन्द्रवज्रा
विपाक	विस्फूर्जि	थुरप्र	सह्यः	
। ऽ ।	ऽ ऽ ।	। ऽ ।	ऽ ऽ	उपेन्द्रवज्रा

14.63

उपस्थितां पूर्वमपात्य लक्ष्मीं वनं मया सार्धमसि प्रपन्नः ।
तदास्पदं प्राप्य तयातिरोषात्सोढास्मि न त्वद्भवने वसन्ती ॥

उपेन्द्रवज्रा, उपेन्द्रवज्रा, उपेन्द्रवज्रा, इंद्रवज्रा उपजाति छंद

उपस्थि	तांपूर्व	मपात्य	लक्ष्मीं	
। ऽ ।	ऽ ऽ ।	। ऽ ।	ऽ ऽ	उपेन्द्रवज्रा
वनंम	यासार्ध	मसिप्र	पन्नः	
। ऽ ।	ऽ ऽ ।	। ऽ ।	ऽ ऽ	उपेन्द्रवज्रा
तदास्प	दंप्राप्य	तयाति	रोषा	
। ऽ ।	ऽ ऽ ।	। ऽ ।	ऽ ऽ	उपेन्द्रवज्रा
त्सोढास्मि	नत्वद्भ	वनेव	सन्ती	
ऽ ऽ ।	ऽ ऽ ।	। ऽ ।	ऽ ऽ	इंद्रवज्रा

14.64

निशाचरोपप्लुतभर्तृकाणां तपस्विनीनां भवतः प्रसादात् ।
भूत्वा शरण्या शरणार्थमन्यं कथं प्रपत्स्ये त्वयि दीप्यमाने ॥

उपेन्द्रवज्रा, उपेन्द्रवज्रा, इंद्रवज्रा, उपेन्द्रवज्रा उपजाति छंद

निशाच	रोपप्लु	तभर्तृ	काणां	
। ऽ ।	ऽ ऽ ।	। ऽ ।	ऽ ऽ	उपेन्द्रवज्रा

तपस्वि	नीनांभ	वतःप्र	सादात्	
। ऽ ।	ऽ ऽ ।	। ऽ ।	ऽ ऽ	उपेन्द्रवज्रा
भूत्वाश	रण्याश	रणार्थ	मन्यं	
ऽ ऽ ।	ऽ ऽ ।	। ऽ ।	ऽ ऽ	इंद्रवज्रा
कथंप्र	पत्स्येत्व	यिदीप्य	माने	
। ऽ ।	ऽ ऽ ।	। ऽ ।	ऽ ऽ	उपेन्द्रवज्रा

14.65

किंवा तवात्यन्तवियोगमोघे कुर्यामुपेक्षां हतजीवितेऽस्मिन् ।
स्याद्रक्षणीयं यदि मे न तेजस्तदीयमन्तर्गतमन्तरायः ॥

इंद्रवज्रा, इंद्रवज्रा, इंद्रवज्रा, उपेन्द्रवज्रा उपजाति छंद

किंवात	वात्यन्त	वियोग	मोघे	
ऽ ऽ ।	ऽ ऽ ।	। ऽ ।	ऽ ऽ	इंद्रवज्रा
कुर्यामु	पेक्षांह	तजीवि	तेस्मिन्	
ऽ ऽ ।	ऽ ऽ ।	। ऽ ।	ऽ ऽ	इंद्रवज्रा
स्याद्रक्ष	णीयंय	दिमेन	तेज	
ऽ ऽ ।	ऽ ऽ ।	। ऽ ।	ऽ ऽ	इंद्रवज्रा
स्तदीय	मन्तर्ग	तमन्त	रायः	
। ऽ ।	ऽ ऽ ।	। ऽ ।	ऽ ऽ	उपेन्द्रवज्रा

14.66

साहं तपः सूर्यनिविष्टदृष्टिरूर्ध्वं प्रसूतेश्चरितुं यतिष्ये ।
भूयो यथा मे जननान्तरेऽपि त्वमेव भर्ता न च विप्रयोगः ॥

इंद्रवज्रा, इंद्रवज्रा, इंद्रवज्रा, उपेन्द्रवज्रा उपजाति छंद

साहंत	पःसूर्य	निविष्ट	दृष्टि	
ऽ ऽ ।	ऽ ऽ ।	। ऽ ।	ऽ ऽ *	इंद्रवज्रा
रूर्ध्वंप्र	सूतेश्च	रितुंय	तिष्ये	
ऽ ऽ ।	ऽ ऽ ।	। ऽ ।	ऽ ऽ	इंद्रवज्रा

भूयोय	थामेज	ननान्त	रेपि	
ऽ ऽ ।	ऽ ऽ ।	। ऽ ।	ऽ ऽ	इंद्रवज्रा
त्वमेव	भर्तान	चविप्र	योगः	
। ऽ ।	ऽ ऽ ।	। ऽ ।	ऽ ऽ	उपेन्द्रवज्रा

14.67

नृपस्य वर्णाश्रमपालनं यत्स एव धर्मो मनुना प्रतीतः ।
निर्वासिताप्येवमतस्त्वयाहं तपस्विसामान्यमवेक्षणीया ॥

उपेन्द्रवज्रा, उपेन्द्रवज्रा, इंद्रवज्रा, उपेन्द्रवज्रा उपजाति छंद

नृपस्य	वर्णाश्र	मपाल	नंय	
। ऽ ।	ऽ ऽ ।	। ऽ ।	ऽ ऽ	उपेन्द्रवज्रा
त्सएव	धर्मोम	नुनाप्र	तीतः	
। ऽ ।	ऽ ऽ ।	। ऽ ।	ऽ ऽ	उपेन्द्रवज्रा
निर्वासि	ताप्येव	मतस्त्व	याहं	
ऽ ऽ ।	ऽ ऽ ।	। ऽ ।	ऽ ऽ	इंद्रवज्रा
तपस्वि	सामान्य	मवेक्ष	णीया	
। ऽ ।	ऽ ऽ ।	। ऽ ।	ऽ ऽ	उपेन्द्रवज्रा

14.68

तथेति तस्याः प्रतिगृह्य वाचं रामानुजे दृष्टिपथं व्यतीते ।
सा मुक्तकण्ठं व्यसनातिभाराच्चक्रन्द विग्ना कुररीव भूयः ॥

उपेन्द्रवज्रा, इंद्रवज्रा, इंद्रवज्रा, इंद्रवज्रा उपजाति छंद

तथेति	तस्याःप्र	तिगृह्य	वाचं	
। ऽ ।	ऽ ऽ ।	। ऽ ।	ऽ ऽ	उपेन्द्रवज्रा
रामानु	जेदृष्टि	पथंव्य	तीते	
ऽ ऽ ।	ऽ ऽ ।	। ऽ ।	ऽ ऽ	इंद्रवज्रा
सामुक्त	कण्ठंव्य	सनाति	भारा	
ऽ ऽ ।	ऽ ऽ ।	। ऽ ।	ऽ ऽ	इंद्रवज्रा

च्चक्रन्द	विग्नाकु	ररीव	भूयः	
ऽ ऽ ।	ऽ ऽ ।	। ऽ ।	ऽ ऽ	इंद्रवज्रा

14.69

नृत्यं मयूराः कुसुमानि वृक्षा दर्भानुपात्तान्विजहुर्हरिण्यः ।
तस्याः प्रपन्ने समदुःखभावमत्यन्तमासीद्रुदितं वनेऽपि ॥

इंद्रवज्रा छंद (त त ज ग ग)

नृत्यंम	यूराःकु	सुमानि	वृक्षा	
ऽ ऽ ।	ऽ ऽ ।	। ऽ ।	ऽ ऽ	इंद्रवज्रा
दर्भानु	पात्तान्वि	जहुर्ह	रिण्यः	
ऽ ऽ ।	ऽ ऽ ।	। ऽ ।	ऽ ऽ	इंद्रवज्रा
तस्याःप्र	पन्नेस	मदुःख	भाव	
ऽ ऽ ।	ऽ ऽ ।	। ऽ ।	ऽ ऽ *	इंद्रवज्रा
मत्यन्त	मासीद्रु	दितंव	नेपि	
ऽ ऽ ।	ऽ ऽ ।	। ऽ ।	ऽ ऽ *	इंद्रवज्रा

14.70

तामभ्यगच्छद्रुदितानुकारी कविः कुशेध्माहरणाय यातः ।
निषादविद्धाण्डजदर्शनोत्थः श्लोकत्वमापद्यत यस्य शोकः ॥

इंद्रवज्रा, उपेन्द्रवज्रा, उपेन्द्रवज्रा, इंद्रवज्रा उपजाति छंद

तामभ्य	गच्छद्रु	दितानु	कारी	
ऽ ऽ ।	ऽ ऽ ।	। ऽ ।	ऽ ऽ	इंद्रवज्रा
कविःकु	शेध्माह	रणाय	यातः	
। ऽ ।	ऽ ऽ ।	। ऽ ।	ऽ ऽ	उपेन्द्रवज्रा
निषाद	विद्धाण्ड	जदर्श	नोत्थः	
। ऽ ।	ऽ ऽ ।	। ऽ ।	ऽ ऽ	उपेन्द्रवज्रा
श्लोकत्व	मापद्य	तयस्य	शोकः	
ऽ ऽ ।	ऽ ऽ ।	। ऽ ।	ऽ ऽ	इंद्रवज्रा

607

14.71

तमश्रु नेत्रावरणं प्रमृज्य सीता विलापाद्विरता ववन्दे ।
तस्यै मुनिर्दोहृदलिङ्गदर्शी दाश्वान्सुपुत्राशिषमित्युवाच ॥

उपेन्द्रवज्रा, इंद्रवज्रा, इंद्रवज्रा, इंद्रवज्रा उपजाति छंद

तमश्रु	नेत्राव	रणंप्र	मृज्य	
। ऽ ।	ऽ ऽ ।	। ऽ ।	ऽ ऽ *	उपेन्द्रवज्रा
सीतावि	लापाद्वि	रताव	वन्दे	
ऽ ऽ ।	ऽ ऽ ।	। ऽ ।	ऽ ऽ	इंद्रवज्रा
तस्यैमु	निर्दोहृ	दलिङ्ग	दर्शी	
ऽ ऽ ।	ऽ ऽ ।	। ऽ ।	ऽ ऽ	इंद्रवज्रा
दाश्वान्सु	पुत्राशि	षमित्यु	वाच	
ऽ ऽ ।	ऽ ऽ ।	। ऽ ।	ऽ ऽ *	इंद्रवज्रा

14.72

जाने विसृष्टां प्रणिधानतस्त्वां मिथ्यापवादक्षुभितेन भर्त्रा ।
तन्मा व्यथिष्ठा विषयान्तरस्त्वं प्राप्तासि वैदेहि पितुर्निकेतम् ॥

इंद्रवज्रा छंद (त त ज ग ग)

जानेवि	सृष्टांप्र	णिधान	तस्त्वां	
ऽ ऽ ।	ऽ ऽ ।	। ऽ ।	ऽ ऽ	इंद्रवज्रा
मिथ्याप	वादक्षु	भितेन	भर्त्रा	
ऽ ऽ ।	ऽ ऽ ।	। ऽ ।	ऽ ऽ	इंद्रवज्रा
तन्माव्य	थिष्ठावि	षयान्त	रस्त्वं	
ऽ ऽ ।	ऽ ऽ ।	। ऽ ।	ऽ ऽ	इंद्रवज्रा
प्राप्तासि	वैदेहि	पितुर्नि	केतम्	
ऽ ऽ ।	ऽ ऽ ।	। ऽ ।	ऽ ऽ	इंद्रवज्रा

17.73

उत्खातलोकत्रयकण्टकेऽपि सत्यप्रतिज्ञेऽप्यविकत्थनेऽपि ।

त्वां प्रत्यकस्मात्कलुषप्रवृत्तावस्त्येव मन्युर्भरताग्रजे मे ॥

इंद्रवज्रा छंद (त त ज ग ग)

उत्खात	लोकत्र	यकण्ट	केपि	
S S ।	S S ।	। S ।	S S *	इंद्रवज्रा
सत्यप्र	तिज्ञेप्य	विकत्थ	नेपि	
S S ।	S S ।	। S ।	S S *	इंद्रवज्रा
त्वांप्रत्य	कस्मात्क	लुषप्र	वृत्ता	
S S ।	S S ।	। S ।	S S	इंद्रवज्रा
वस्त्येव	मन्युर्भ	रताग्र	जेमे	
S S ।	S S ।	। S ।	S S	इंद्रवज्रा

14.74

तवोरुकीर्तिः श्वशुरः सखा मे सतां भवोच्छेदकरः पिता ते ।
धुरि स्थिता त्वं पतिदेवतानां किं तन्न येनासि ममानुकम्प्या ॥

उपेन्द्रवज्रा, उपेन्द्रवज्रा, उपेन्द्रवज्रा, इंद्रवज्रा उपजाति छंद

तवोरु	कीर्तिःश्व	शुरःस	खामे	
। S ।	S S ।	। S ।	S S	उपेन्द्रवज्रा
सतांभ	वोच्छेद	करःपि	ताते	
। S ।	S S ।	। S ।	S S	उपेन्द्रवज्रा
धुरिस्थि	तात्वंप	तिदेव	तानां	
। S ।	S S ।	। S ।	S S	उपेन्द्रवज्रा
किंतन्न	येनासि	ममानु	कम्प्या	
S S ।	S S ।	। S ।	S S	इंद्रवज्रा

14.75

तपस्विसंसर्गविनीतसत्त्वे तपोवने वीतभया वसास्मिन् ।
इतो भविष्यत्यनघप्रसूतेरपत्यसंस्कारमयोविधिस्ते ॥

उपेन्द्रवज्रा छंद (ज त ज ग ग)

कालिदास के बृहत् महाकाव्य रघुवंश की छंद मीमांसा

तपस्वि	संसर्ग	विनीत	सत्त्वे	
। ऽ ।	ऽ ऽ ।	। ऽ ।	ऽ ऽ	उपेन्द्रवज्रा
तपोव	नेवीत	भयाव	सास्मिन्	
। ऽ ।	ऽ ऽ ।	। ऽ ।	ऽ ऽ	उपेन्द्रवज्रा
इतोभ	विष्यत्य	नघप्र	सूते	
। ऽ ।	ऽ ऽ ।	। ऽ ।	ऽ ऽ	उपेन्द्रवज्रा
रपत्य	संस्कार	मयोवि	धिस्ते	
। ऽ ।	ऽ ऽ ।	। ऽ ।	ऽ ऽ	उपेन्द्रवज्रा

14.76

अशून्यतीरां मुनिसंनिवेशैस्तमोपहन्त्रीं तमसां वगाह्य ।
तत्सैकतोत्सङ्गबलिक्रियाभिः संपत्स्यते ते मनसः प्रसादः ॥

उपेन्द्रवज्रा, उपेन्द्रवज्रा, इंद्रवज्रा, इंद्रवज्रा उपजाति छंद

अशून्य	तीरांमु	निसंनि	वेशै	
। ऽ ।	ऽ ऽ ।	। ऽ ।	ऽ ऽ	उपेन्द्रवज्रा
स्तमोप	हन्त्रींत	मसांव	गाह्य	
। ऽ ।	ऽ ऽ ।	। ऽ ।	ऽ ऽ *	उपेन्द्रवज्रा
तत्सैक	तोत्सङ्ग	बलिक्रि	याभिः	
ऽ ऽ ।	ऽ ऽ ।	। ऽ ।	ऽ ऽ	इंद्रवज्रा
संपत्स्य	तेतेम	नसःप्र	सादः	
ऽ ऽ ।	ऽ ऽ ।	। ऽ ।	ऽ ऽ	इंद्रवज्रा

14.77

पुष्पं फलं चार्तवमाहरन्त्यो बीजं च बालेयमकृष्टगेही ।
विनोदयिष्यन्ति नवाभिषङ्गामुदारवाचो मुनिकन्यकास्त्वाम् ॥

इंद्रवज्रा, इंद्रवज्रा, उपेन्द्रवज्रा, उपेन्द्रवज्रा उपजाति छंद

पुष्पंफ	लंचार्त	वमाह	रन्त्यो	
ऽ ऽ ।	ऽ ऽ ।	। ऽ ।	ऽ ऽ	इंद्रवज्रा

बीजंच	बालेय	मकृष्ट	गेही	
ऽ ऽ ।	ऽ ऽ ।	। ऽ ।	ऽ ऽ *	इंद्रवज्रा
विनोद	यिष्यन्ति	नवाभि	षङ्गा	
। ऽ ।	ऽ ऽ ।	। ऽ ।	ऽ ऽ	उपेन्द्रवज्रा
मुदार	वाचोमु	निकन्य	कास्त्वाम्	
। ऽ ।	ऽ ऽ ।	। ऽ ।	ऽ ऽ	उपेन्द्रवज्रा

14.78

पयोघटैराश्रमबालवृक्षान्संवर्धयन्ती स्वबलानुरूपैः ।
असंशयं प्राक्तनयोपपत्तेः स्तनंधयप्रीतिमवाप्स्यसि त्वम् ॥

उपेन्द्रवज्रा, इंद्रवज्रा, उपेन्द्रवज्रा, उपेन्द्रवज्रा उपजाति छंद

पयोघ	टैराश्र	मबाल	वृक्षा	
। ऽ ।	ऽ ऽ ।	। ऽ ।	ऽ ऽ	उपेन्द्रवज्रा
न्संवर्ध	यन्तीस्व	बलानु	रूपैः	
ऽ ऽ ।	ऽ ऽ ।	। ऽ ।	ऽ ऽ	इंद्रवज्रा
असंश	यंप्राक्त	नयोप	पत्तेः	
। ऽ ।	ऽ ऽ ।	। ऽ ।	ऽ ऽ	उपेन्द्रवज्रा
स्तनंध	यप्रीति	मवाप्स्य	सित्वम्	
। ऽ ।	ऽ ऽ ।	। ऽ ।	ऽ ऽ	उपेन्द्रवज्रा

14.79

अनुग्रहप्रत्यभिनन्दिनीं तां वाल्मीकिरादाय दयार्द्रचेताः ।
सायं मृगाध्यासितवेदिपार्श्वं स्वमाश्रमं शान्तमृगं निनाय ॥

उपेन्द्रवज्रा, इंद्रवज्रा, इंद्रवज्रा, उपेन्द्रवज्रा उपजाति छंद

अनुग्र	हप्रत्य	भिनन्दि	नींतां	
। ऽ ।	ऽ ऽ ।	। ऽ ।	ऽ ऽ	उपेन्द्रवज्रा
वाल्मीकि	रादाय	दयार्द्र	चेताः	
ऽ ऽ ।	ऽ ऽ ।	। ऽ ।	ऽ ऽ	इंद्रवज्रा

सायंमृ	गाध्यासि	तवेदि	पार्श्वं	
ऽ ऽ ।	ऽ ऽ ।	। ऽ ।	ऽ ऽ	इंद्रवज्रा
स्वमाश्र	मंशान्त	मृगंनि	नाय	
। ऽ ।	ऽ ऽ ।	। ऽ ।	ऽ ऽ *	उपेन्द्रवज्रा

14.80

तामर्पयामास च शोकदीनां तदागमप्रीतिषु तापसीषु ।
निर्विष्टसारां पितृभिर्हिमांशोरन्त्यां कलां दर्श इवौषधीषु ॥

इंद्रवज्रा, उपेन्द्रवज्रा, इंद्रवज्रा, इंद्रवज्रा उपजाति छंद

तामर्प	यामास	चशोक	दीनां	
ऽ ऽ ।	ऽ ऽ ।	। ऽ ।	ऽ ऽ	इंद्रवज्रा
तदाग	मप्रीति	षुताप	सीषु	
। ऽ ।	ऽ ऽ ।	। ऽ ।	ऽ ऽ *	उपेन्द्रवज्रा
निर्विष्ट	सारांपि	तृभिर्हि	मांशो	
ऽ ऽ ।	ऽ ऽ ।	। ऽ ।	ऽ ऽ	इंद्रवज्रा
रन्त्यांक	लांदर्श	इवौष	धीषु	
ऽ ऽ ।	ऽ ऽ ।	। ऽ ।	ऽ ऽ *	इंद्रवज्रा

14.81

ता इङ्गुदीस्नेहकृतप्रदीपमास्तीर्णमेध्याजिनतल्पमन्तः ।
तस्यै सपर्यानुपदं दिनान्ते निवासहेतोरुटजं वितेरुः ॥

इंद्रवज्रा, इंद्रवज्रा, इंद्रवज्रा, उपेन्द्रवज्रा उपजाति छंद

ताइङ्गु	दीस्नेह	कृतप्र	दीप	
ऽ ऽ ।	ऽ ऽ ।	। ऽ ।	ऽ ऽ *	इंद्रवज्रा
मास्तीर्ण	मेध्याजि	नतल्प	मन्तः	
ऽ ऽ ।	ऽ ऽ ।	। ऽ ।	ऽ ऽ	इंद्रवज्रा
तस्यैस	पर्यानु	पदंदि	नान्ते	
ऽ ऽ ।	ऽ ऽ ।	। ऽ ।	ऽ ऽ	इंद्रवज्रा

निवास	हेतोरु	टजंवि	तेरुः	
। ऽ ।	ऽ ऽ ।	। ऽ ।	ऽ ऽ	उपेन्द्रवज्रा

14.82

तत्राभिषेकप्रयता वसन्ती प्रयुक्तपूजा विधिनातिथिभ्यः ।
वन्येन सा वल्कलिनी शरीरं पत्युः प्रजासंततये बभार ॥

इंद्रवज्रा, उपेन्द्रवज्रा, इंद्रवज्रा, इंद्रवज्रा उपजाति छंद

तत्राभि	षेकप्र	यताव	सन्ती	
ऽ ऽ ।	ऽ ऽ ।	। ऽ ।	ऽ ऽ	इंद्रवज्रा
प्रयुक्त	पूजावि	धिनाति	थिभ्यः	
। ऽ ।	ऽ ऽ ।	। ऽ ।	ऽ ऽ	उपेन्द्रवज्रा
वन्येन	सावल्क	लिनीश	रीरं	
ऽ ऽ ।	ऽ ऽ ।	। ऽ ।	ऽ ऽ	इंद्रवज्रा
पत्युःप्र	जासंत	तयेब	भार	
ऽ ऽ ।	ऽ ऽ ।	। ऽ ।	ऽ ऽ *	इंद्रवज्रा

14.83

अपि प्रभुः सानुशयोऽधुना स्यात्किमुत्सुकः शक्रजितोऽपि हन्ता ।
शशंस सीतापरिदेवनान्तमनुष्ठितं शासनमग्रजाय ॥

उपेन्द्रवज्रा छंद (ज त ज ग ग)

अपिप्र	भुःसानु	शयोधु	नास्या	
। ऽ ।	ऽ ऽ ।	। ऽ ।	ऽ ऽ	उपेन्द्रवज्रा
त्किमुत्सु	कःशक्र	जितोपि	हन्ता	
। ऽ ।	ऽ ऽ ।	। ऽ ।	ऽ ऽ	उपेन्द्रवज्रा
शशंस	सीताप	रिदेव	नान्त	
। ऽ ।	ऽ ऽ ।	। ऽ ।	ऽ ऽ *	उपेन्द्रवज्रा
मनुष्ठि	तंशास	नमग्र	जाय	
। ऽ ।	ऽ ऽ ।	। ऽ ।	ऽ ऽ *	उपेन्द्रवज्रा

14.84

बभूव रामः सहसा सबाष्पस्तुषारवर्षीव सहस्यचन्द्रः ।
कौलीनभीतेन गृहान्निरस्ता न तेन वैदेहसुता मनस्तः ॥

उपेन्द्रवज्रा, उपेन्द्रवज्रा, इंद्रवज्रा, उपेन्द्रवज्रा उपजाति छंद

बभूव	रामःस	हसास	बाष्प	
।ऽ।	ऽऽ।	।ऽ।	ऽऽ	उपेन्द्रवज्रा
स्तुषार	वर्षीव	सहस्य	चन्द्रः	
।ऽ।	ऽऽ।	।ऽ।	ऽऽ	उपेन्द्रवज्रा
कौलीन	भीतेन	गृहान्नि	रस्ता	
ऽऽ।	ऽऽ।	।ऽ।	ऽऽ	इंद्रवज्रा
नतेन	वैदेह	सुताम	नस्तः	
।ऽ।	ऽऽ।	।ऽ।	ऽऽ	उपेन्द्रवज्रा

14.85

निगृह्य शोकं स्वयमेव धीमान्वर्णाश्रमावेक्षणजागरूकः ।
स भ्रातृसाधारणभोगमृद्धं राज्यं रजोरिक्तमनाः शशास ॥

उपेन्द्रवज्रा, इंद्रवज्रा, इंद्रवज्रा, इंद्रवज्रा उपजाति छंद

निगृह्य	शोकंस्व	यमेव	धीमा	
।ऽ।	ऽऽ।	।ऽ।	ऽऽ	उपेन्द्रवज्रा
न्वर्णाश्र	मावेक्ष	णजाग	रूकः	
ऽऽ।	ऽऽ।	।ऽ।	ऽऽ	इंद्रवज्रा
सभ्रातृ	साधार	णभोग	मृद्धं	
ऽऽ।	ऽऽ।	।ऽ।	ऽऽ	इंद्रवज्रा
राज्यंर	जोरिक्त	मनाःश	शास	
ऽऽ।	ऽऽ।	।ऽ।	ऽऽ *	इंद्रवज्रा

14.86

तामेकभार्यां परिवादभीरोः साध्वीमपि त्यक्तवतो नृपस्य ।

वक्षस्यसंघट्टसुखं वसन्ती रेजे सपत्नीरहितेव लक्ष्मीः ॥

इंद्रवज्रा छंद (त त ज ग ग)

तामेक	भार्यापि	रिवाद	भीरोः	
ऽ ऽ ।	ऽ ऽ ।	। ऽ ।	ऽ ऽ	इंद्रवज्रा
साध्वीम	पित्यक्त	वतोनृ	पस्य	
ऽ ऽ ।	ऽ ऽ ।	। ऽ ।	ऽ ऽ *	इंद्रवज्रा
वक्षस्य	संघट्ट	सुखंव	सन्ती	
ऽ ऽ ।	ऽ ऽ ।	। ऽ ।	ऽ ऽ	इंद्रवज्रा
रेजेस	पत्नीर	हितेव	लक्ष्मीः	
ऽ ऽ ।	ऽ ऽ ।	। ऽ ।	ऽ ऽ	इंद्रवज्रा

14.87

सीतां हित्वा दशमुखरिपुर्नोपमेये यदन्यां
तस्या एव प्रतिकृतिसखो यत्क्रतूनाजहार ।
वृत्तान्तेन श्रवणविषयप्रापिणा तेन भर्तुः
सा दुर्वारं कथमपि परित्यागदुःखं विषेहे ॥

मंदाक्रांता छंद (म भ न त त ग ग)

सीतांहि	त्वादश	मुखरि	पुर्नोप	मेयेय	दन्यां
ऽ ऽ ऽ	ऽ । ।	। । ।	ऽ ऽ ।	ऽ ऽ ।	ऽ ऽ
तस्याए	वप्रति	कृतिस	खोयत्क्र	तूनाज	हार
ऽ ऽ ऽ	ऽ । ।	। । ।	ऽ ऽ ।	ऽ ऽ ।	ऽ ऽ *
वृत्तान्ते	नश्रव	णविष	यप्रापि	णातेन	भर्तुः
ऽ ऽ ऽ	ऽ । ।	। । ।	ऽ ऽ ।	ऽ ऽ ।	ऽ ऽ
सादुर्वा	रंकथ	मपिप	रित्याग	दुःखंवि	षेहे
ऽ ऽ ऽ	ऽ । ।	। । ।	ऽ ऽ ।	ऽ ऽ ।	ऽ ऽ

इति श्रीरघुवंशे महाकाव्ये कविश्रीकालिदासकृतौ सीतापरित्यागो नाम चतुर्दशः सर्गः ॥

रघुवंश सर्ग - 15

* लवकुश *

15.1

कृतसीतापरित्यागः स रत्नाकरमेखलाम् ।
बुभुजे पृथिवीपालः पृथिवीमेव केवलाम् ॥

अनुष्टुभ् श्लोक छंद

कृतसी	तापरि	त्यागः	स र ग ग
। । ऽ	ऽ । ऽ	ऽ ऽ	परिधारा छंद
सरत्ना	करमे	खलाम्	य स ल ग
। ऽ ऽ	। । ऽ	। ऽ	अपरिचित छंद
बुभुजे	पृथिवी	पालः	स स ग ग
। । ऽ	। । ऽ	ऽ ऽ	पंचशिखा छंद
पृथिवी	मेवके	वलाम्	स र ल ग
। । ऽ	ऽ । ऽ	। ऽ	शलुकलुप्त छंद

15.2

लवणेन विलुप्तेज्यास्तामिस्रेण तमभ्ययुः ।
मुनयो यमुनाभाजः शरण्यं शरणार्थिनः ॥

अनुष्टुभ् श्लोक छंद

लवणे	नविलु	प्तेज्या	स स ग ग
। । ऽ	। । ऽ	ऽ ऽ	पंचशिखा छंद

कालिदास के बृहत् महाकाव्य रघुवंश की छंद मीमांसा

स्तामिस्त्रे	णतम	भ्ययुः	म स ल ग
ऽ ऽ ऽ	। । ऽ	। ऽ	पथ्यावक्त्र छंद
मुनयो	यमुना	भाजः	स स ग ग
। । ऽ	। । ऽ	ऽ ऽ	पंचशिखा छंद
शरण्यं	शरणा	र्थिनः	य स ल ग
। ऽ ऽ	। । ऽ	। ऽ	अपरिचित छंद

15.3

अवेक्ष्य रामं ते तस्मिन्न प्रजह्वुः स्वतेजसा ।
त्राणाभावे हि शापास्त्राः कुर्वन्ति तपसो व्ययम् ॥

श्लोकेतर अनुष्टुभ् छंद

अवेक्ष्य	रामंते	तस्मि	ज म ग ग
। ऽ ।	ऽ ऽ ऽ	ऽ ऽ	अपरिचित छंद
न्नप्रज	ह्वुःस्वते	जसा	र र ल ग
ऽ । ऽ	ऽ । ऽ	। ऽ	हेमरूप छंद
त्राणाभा	वेहिशा	पास्त्राः	म र ग ग
ऽ ऽ ऽ	ऽ । ऽ	ऽ ऽ	मधुमालती छंद
कुर्वन्ति	तपसो	व्ययम्	त स ल ग
ऽ ऽ ।	। । ऽ	। ऽ	पथ्यावक्त्र छंद

पाद टिप्पणी :

इस अनुष्टुभ् छंद के विषम चरण 1 में पहले चार अक्षरों के बाद य गण (। ऽ ऽ) के स्थान पर म (ऽ ऽ ऽ) गण आने के कारण इस चार चरणों के पद्य में श्लोक छंद सिद्ध नहीं हुआ है.

15.4

प्रतिशुश्राव काकुत्स्थस्तेभ्यो विघ्नप्रतिक्रियाम् ।
धर्मसंरक्षणार्थैव प्रवृत्तिर्भुवि शार्ङ्गिणः ॥

अनुष्टुभ् श्लोक छंद

प्रतिशु	श्रावका	कुत्स्थ	स र ग ग
। । ऽ	ऽ । ऽ	ऽ ऽ	परिधारा छंद
स्तेभ्योवि	घ्नप्रति	क्रियाम्	म र ल ग
ऽ ऽ ऽ	ऽ । ऽ	। ऽ	क्षमा छंद
धर्मसं	रक्षणा	र्थेव	र र ग ग
ऽ । ऽ	ऽ । ऽ	ऽ ऽ	पद्ममाला छंद
प्रवृत्ति	र्भुविशा	र्ङ्गिगणः	य स ल ग
। ऽ ऽ	। । ऽ	। ऽ	अपरिचित छंद

15.5

ते रामाय वधोपायमाचख्युर्विबुधद्विषः ।
दुर्जयो लवणः शूली विशूलः प्रार्थ्यतामिति ॥

अनुष्टुभ् श्लोक छंद

तेरामा	यवधो	पाय	म स ग ल
ऽ ऽ ऽ	। । ऽ	ऽ ।	वक्त्र छंद
माचख्यु	र्विबुध	द्विषः	म स ल ग
ऽ ऽ ऽ	। । ऽ	। ऽ	पथ्यावक्त्र छंद
दुर्जयो	लवणः	शूली	र स ग ग
ऽ । ऽ	। । ऽ	ऽ ऽ	गाथ छंद
विशूलः	प्रार्थ्यता	मिति	य र ल ग
। ऽ ऽ	ऽ । ऽ	। ऽ *	भाषा छंद

15.6

आदिदेशाथ शत्रुघ्नं तेषां क्षेमाय राघवः ।
करिष्यन्निव नामास्य यथार्थमरिनिग्रहात् ॥

अनुष्टुभ् श्लोक छंद

आदिदे	शाथश	त्रुघ्नं	र र ग ग
ऽ । ऽ	ऽ । ऽ	ऽ ऽ	पद्ममाला छंद

तेषांक्षे	मायरा	घवः	म र ल ग
ऽ ऽ ऽ	ऽ । ऽ	। ऽ	क्षमा छंद
करिष्य	न्निवना	मास्य	य स ग ल
। ऽ ऽ	। । ऽ	ऽ ।	मनोला छंद
यथार्थ	मरिनि	ग्रहात्	ज स ल ग
। ऽ ।	। । ऽ	। ऽ	अपरिचित छंद

15.7

यः कश्चन रघूणां हि परमेकः परंतपः ।
अपवाद इवोत्सर्गं व्यावर्तयितुमीश्वरः ॥

अनुष्टुभ् श्लोक छंद

यःकश्च	नरघू	णांहि	त स ग ल
ऽ ऽ ।	। । ऽ	ऽ ।	श्यामा छंद
परमे	कःपरं	तपः	स र ल ग
। । ऽ	ऽ । ऽ	। ऽ	शलुकलुप्त छंद
अपवा	दइवो	त्सर्गं	स स ग ग
। । ऽ	। । ऽ	ऽ ऽ	पंचशिखा छंद
व्यावर्त	यितुमी	श्वरः	त स ल ग
ऽ ऽ ।	। । ऽ	। ऽ	पथ्यावक्त्र छंद

15.8

अग्रजेन प्रयुक्ताशीस्ततो दाशरथी रथी ।
ययौ वनस्थलीः पश्यन्पुष्पिताः सुरभीरभीः ॥

अनुष्टुभ् श्लोक छंद

अग्रजे	नप्रयु	क्ताशी	र र ग ग
ऽ । ऽ	ऽ । ऽ	ऽ ऽ	पद्ममाला छंद
स्ततोदा	शरथी	रथी	य स ल ग
। ऽ ऽ	। । ऽ	। ऽ	अपरिचित छंद

ययौव	नस्थलीः	पश्य	ज र ग ग
। ऽ ।	ऽ । ऽ	ऽ ऽ	यशस्करी छंद
न्पुष्पिताः	सुरभी	रभीः	र स ल ग
ऽ । ऽ	। । ऽ	। ऽ	पथ्यावक्त्र छंद

15.9

रामादेशादनुगता सेना तस्यार्थसिद्धये ।
पश्चादध्ययनार्थस्य धातोरधिरिवाभवत् ॥

श्लोकेतर अनुष्टुभ् छंद

रामादे	शादनु	गता	म भ ल ग
ऽ ऽ ऽ	ऽ । ।	। ऽ	अतिजनी छंद
सेनात	स्यार्थसि	द्धये	म र ल ग
ऽ ऽ ऽ	ऽ । ऽ	। ऽ	क्षमा छंद
पश्चाद	ध्ययना	र्थस्य	म स ग ल
ऽ ऽ ऽ	। । ऽ	ऽ ।	वक्त्र छंद
धातोर	धिरिवा	भवत्	त स ल ग
ऽ ऽ ।	। । ऽ	। ऽ	पथ्यावक्त्र छंद

पाद टिप्पणी :

इस अनुष्टुभ् छंद के विषम चरण 1 में पहले चार अक्षरों के बाद य गण (। ऽ ऽ) के स्थान पर न (। । ।) गण आने के कारण इस चार चरणों के पद्य में श्लोक छंद सिद्ध नहीं हुआ है.

15.10

आदिष्टवर्त्मा मुनिभिः स गच्छंस्तपसां वरः ।
विरराज रथप्रष्ठैर्वालखिल्यैरिवांशुमान् ॥

श्लोकेतर अनुष्टुभ् छंद

आदिष्ट	वर्त्मामु	निभिः	त त ल ग
ऽ ऽ ।	ऽ ऽ ।	। ऽ	गर्भ छंद

सगच्छं	स्तपसां	वरः	य स ल ग
। ऽ ऽ	। । ऽ	। ऽ	अपरिचित छंद
विररा	जरथ	प्रष्ठै	स स ग ग
। । ऽ	। । ऽ	ऽ ऽ	पंचशिखा छंद
र्वालखि	ल्यैरिवां	शुमान्	र र ल ग
ऽ । ऽ	ऽ । ऽ	। ऽ	हेमरूप छंद

पाद टिप्पणी :

इस अनुष्टुभ् छंद के विषम चरण 1 में पहले चार अक्षरों के बाद य गण (। ऽ ऽ) के स्थान पर भ (ऽ । ।) गण आने के कारण इस चार चरणों के पद्य में श्लोक छंद सिद्ध नहीं हुआ है.

15.11

तस्य मार्गवशादेका बभूव वसतिर्यतः ।
रथस्वनोत्कण्ठमृगे वाल्मीकीये तपोवने ॥

श्लोकेतर अनुष्टुभ् छंद

तस्यमा	र्गवशा	देका	र स ग ग
ऽ । ऽ	। । ऽ	ऽ ऽ	गाथ छंद
बभूव	वसति	र्यतः	ज स ल ग
। ऽ ।	। । ऽ	। ऽ	अपरिचित छंद
रथस्व	नोत्कण्ठ	मृगे	ज त ल ग
। ऽ ।	ऽ ऽ ।	। ऽ	विता छंद
वाल्मीकी	येतपो	वने	म र ल ग
ऽ ऽ ऽ	ऽ । ऽ	। ऽ	क्षमा छंद

पाद टिप्पणी :

इस अनुष्टुभ् छंद के विषम चरण 3 में पहले चार अक्षरों के बाद य गण (। ऽ ऽ) के स्थान पर भ (ऽ । ।) गण आने के कारण इस चार चरणों के पद्य में श्लोक छंद सिद्ध नहीं हुआ है.

15.12

तमृषिः पूजयामास कुमारं क्लान्तवाहनम् ।
तपःप्रभावसिद्धाभिर्विशेषप्रतिपत्तिभिः ॥

अनुष्टुभ् श्लोक छंद

तमृषिः	पूजया	मास	स र ग ल
। । ऽ	ऽ । ऽ	ऽ ।	वलीकेन्दु छंद
कुमारं	क्लान्तवा	हनम्	य र ल ग
। ऽ ऽ	ऽ । ऽ	। ऽ	भाषा छंद
तपःप्र	भावसि	द्धाभि	ज र ग ग
। ऽ ।	ऽ । ऽ	ऽ ऽ	यशस्करी छंद
र्विशेष	प्रतिप	त्तिभिः	य स ल ग
। ऽ ऽ	। । ऽ	। ऽ	अपरिचित छंद

15.13

तस्यामेवास्य यामिन्यामन्तर्वन्ती प्रजावती ।
सुतावसूत संपन्नौ कोशदण्डाविव क्षितिः ॥

अनुष्टुभ् श्लोक छंद

तस्यामे	वास्यया	मिन्या	म र ग ग
ऽ ऽ ऽ	ऽ । ऽ	ऽ ऽ	मधुमालती छंद
मन्तर्व	न्तीप्रजा	वती	म र ल ग
ऽ ऽ ऽ	ऽ । ऽ	। ऽ	क्षमा छंद
सुताव	सूतसं	पन्नौ	ज र ग ग
। ऽ ।	ऽ । ऽ	ऽ ऽ	यशस्करी छंद
कोशद	ण्डाविव	क्षितिः	र र ल ग
ऽ । ऽ	ऽ । ऽ	। ऽ	हेमरूप छंद

15.14

संतानश्रवणाद्भ्रातुः सौमित्रिः सौमनस्यवान् ।
प्राञ्जलिर्मुनिमामन्त्र्य प्रातर्युक्तरथो ययौ ॥

अनुष्टुभ् श्लोक छंद

संतान	श्रवणा	द्भातुः	म स ग ग
ऽ ऽ ऽ	। । ऽ	ऽ ऽ	वक्त्र छंद
सौमित्रिः	सौमन	स्यवान्	म र ल ग
ऽ ऽ ऽ	ऽ । ऽ	। ऽ	क्षमा छंद
प्राञ्जलि	र्मुनिमा	मन्त्र्य	र स ग ग
ऽ । ऽ	। । ऽ	ऽ ऽ	गाथ छंद
प्रातर्यु	त्करथो	ययौ	म स ल ग
ऽ ऽ ऽ	। । ऽ	। ऽ	पथ्यावक्त्र छंद

15.15

स च प्राप मधूपघ्नं कुम्भीनस्याश्च कुक्षिजः ।
वनात्करमिवादाय सत्त्वराशिमुपस्थितः ॥

अनुष्टुभ् श्लोक छंद

सचप्रा	पमधू	पघ्नं	य स ग ग
। ऽ ऽ	। । ऽ	ऽ ऽ	मनोला छंद
कुम्भीन	स्याश्चकु	क्षिजः	म र ल ग
ऽ ऽ ऽ	ऽ । ऽ	। ऽ	क्षमा छंद
वनात्क	रमिवा	दाय	ज स ग ल
। ऽ ।	। । ऽ	ऽ ।	भांर्गी छंद
सत्त्वरा	शिमुप	स्थितः	ज स ल ग
। ऽ ।	। । ऽ	। ऽ	अपरिचित छंद

15.16

धूमधूम्रो वसागन्धी ज्वालाबभ्रुशिरोरुहः ।
क्रव्याद्गणपरीवारश्चिताग्निरिव जंगमः ॥

अनुष्टुभ् श्लोक छंद

धूमधू	म्रोवसा	गन्धी	र र ग ग

ऽ । ऽ	ऽ । ऽ	ऽ ऽ	पद्ममाला छंद
ज्वालाब	भ्रुशिरो	रुहः	म स ल ग
ऽ ऽ ऽ	। । ऽ	। ऽ	पथ्यावक्त्र छंद
क्रव्याद्रू	णपरी	वार	त स ग ग
ऽ ऽ ।	। । ऽ	ऽ ऽ	श्यामा छंद
श्चिताग्नि	रिवजं	गमः	र स ल ग
ऽ । ऽ	। । ऽ	। ऽ	पथ्यावक्त्र छंद

15.17

अपशूलं तमासाद्य लवणं लक्ष्मणानुजः ।
रुरोध संमुखीनो हि जयो रन्ध्रप्रहारिणाम् ॥

अनुष्टुभ् श्लोक छंद

अपशू	लंतमा	साद्य	स र ग ल
। । ऽ	ऽ । ऽ	ऽ ।	वलीकेन्दु छंद
लवणं	लक्ष्मणा	नुजः	स र ल ग
। । ऽ	ऽ । ऽ	। ऽ	शलुकलुप्त छंद
रुरोध	संमुखी	नोहि	ज र ग ल
। ऽ ।	ऽ । ऽ	ऽ ।	सुचंद्रप्रभा छंद
जयोर	न्ध्रप्रहा	रिणाम्	य र ल ग
। ऽ ऽ	ऽ । ऽ	। ऽ	भाषा छंद

15.18

नातिपर्याप्तिमालक्ष्य मत्कुक्षेरद्य भोजनम् ।
दिष्ट्या त्वमसि मे धात्रा भीतेनेवोपपादितः ॥

अनुष्टुभ् श्लोक छंद

नातिप	र्याप्तिमा	लक्ष्य	र र ग ल
ऽ । ऽ	ऽ । ऽ	ऽ ।	लक्ष्मी छंद
मत्कुक्षे	रद्यभो	जनम्	म र ल ग

ऽ ऽ ऽ	ऽ । ऽ	। ऽ	क्षमा छंद
दिष्ट्यात्व	मसिमे	धात्रा	त स ग ग
ऽ ऽ ।	। । ऽ	ऽ ऽ	श्यामा छंद
भीतेने	वोपपा	दितः	म र ल ग
ऽ ऽ ऽ	ऽ । ऽ	। ऽ	क्षमा छंद

15.19

इति संतर्ज्य शत्रुघ्नं राक्षसस्तज्जिघांसया ।
प्रांशुमुत्पाटयामास मुस्तास्तम्बमिव द्रुमम् ॥

अनुष्टुभ् श्लोक छंद

इतिसं	तर्ज्यश	त्रुघ्नं	स र ग ग
। । ऽ	ऽ । ऽ	ऽ ऽ	परिधारा छंद
राक्षस	स्तज्जिघां	सया	र र ल ग
ऽ । ऽ	ऽ । ऽ	। ऽ	हेमरूप छंद
प्रांशुमु	त्पाटया	मास	र र ग ल
ऽ । ऽ	ऽ । ऽ	ऽ ।	लक्ष्मी छंद
मुस्तास्त	म्बमिव	द्रुमम्	म स ल ग
ऽ ऽ ऽ	। । ऽ	। ऽ	पथ्यावक्त्र छंद

15.20

सौमित्रेर्निशितैर्बाणैरन्तरा शकलीकृतः ।
गात्रं पुष्परजः प्राप न शाखी नैरृतेरितः ॥

अनुष्टुभ् श्लोक छंद

सौमित्रे	र्निशितै	र्बाणै	म स ग ग
ऽ ऽ ऽ	। । ऽ	ऽ ऽ	वक्त्र छंद
रन्तरा	शकली	कृतः	र स ल ग
ऽ । ऽ	। । ऽ	। ऽ	पथ्यावक्त्र छंद
गात्रंपु	ष्परजः	प्राप	म स ग ल

ऽ ऽ ऽ	। । ऽ	ऽ ।	वक्त्र छंद
नशाखी	नैरृते	रितः	य र ल ग
। ऽ ऽ	ऽ । ऽ	। ऽ	भाषा छंद

15.21

विनाशात्तस्य वृक्षस्य रक्षस्तस्मै महोपलम् ।
प्रजिघाय कृतान्तस्य मुष्टिं पृथगिव स्थितम् ॥

अनुष्टुभ् श्लोक छंद

विनाशा	त्तस्यवृ	क्षस्य	य र ग ल
। ऽ ऽ	ऽ । ऽ	ऽ ।	सुचंद्रभा छंद
रक्षस्त	स्मैमहो	पलम्	म र ल ग
ऽ ऽ ऽ	ऽ । ऽ	। ऽ	क्षमा छंद
प्रजिघा	यकृता	न्तस्य	स स ग ल
। । ऽ	। । ऽ	ऽ ।	मही छंद
मुष्टिंपृ	थगिव	स्थितम्	त स ल ग
ऽ ऽ ।	। । ऽ	। ऽ	पथ्यावक्त्र छंद

15.22

ऐन्द्रमस्त्रमुपादाय शत्रुघ्नेन स ताडितः ।
सिकतात्वादपि परं प्रपेदे परमाणुताम् ॥

श्लोकेतर अनुष्टुभ् छंद

ऐन्द्रम	स्त्रमुपा	दाय	र स ग ल
ऽ । ऽ	। । ऽ	ऽ ।	गाथ छंद
शत्रुघ्ने	नसता	डितः	म स ल ग
ऽ ऽ ऽ	। । ऽ	। ऽ	पथ्यावक्त्र छंद
सिकता	त्वादपि	परं	स भ ल ग
। । ऽ	ऽ । ।	। ऽ	सुतमधु छंद
प्रपेदे	परमा	णुताम्	य स ल ग

। ऽ ऽ	। । ऽ	। ऽ	अपरिचित छंद

पाद टिप्पणी :

इस अनुष्टुभ् छंद के विषम चरण 3 में पहले चार अक्षरों के बाद य गण (। ऽ ऽ) के स्थान पर न (। । ।) गण आने के कारण इस चार चरणों के पद्य में श्लोक छंद सिद्ध नहीं हुआ है.

15.23

तमुपाद्रवदुद्यम्य दक्षिणं दोर्निशाचरः ।
एकताल इवोत्पातपवनप्रेरितो गिरिः ॥

अनुष्टुभ् श्लोक छंद

तमुपा	द्रवदु	द्यम्य	स स ग ल
। । ऽ	। । ऽ	ऽ ।	मही छंद
दक्षिणं	दोर्निशा	चरः	र र ल ग
ऽ । ऽ	ऽ । ऽ	। ऽ	हेमरूप छंद
एकता	लइवो	त्पात	र स ग ल
ऽ । ऽ	। । ऽ	ऽ ऽ *	गाथ छंद
पवन	प्रेरितो	गिरिः	स र ल ग
। । ऽ	ऽ । ऽ	। ऽ	शलुकलुप्त छंद

15.24

कार्ष्णेन पत्रिणा शत्रुः स भिन्नहृदयः पतन् ।
अनिनाय भुवः कम्पं जहाराश्रमवासिनाम् ॥

अनुष्टुभ् श्लोक छंद

कार्ष्णेन	पत्रिणा	शत्रुः	त र ग ग
ऽ ऽ ।	ऽ । ऽ	ऽ ऽ	विभा छंद
सभिन्न	हृदयः	पतन्	ज स ल ग
। ऽ ।	। । ऽ	। ऽ	अपरिचित छंद
अनिना	यभुवः	कम्पं	स स ग ग

। । ऽ	। । ऽ	ऽ ऽ	पंचशिखा छंद
जहारा	श्रमवा	सिनाम	य स ल ग
। ऽ ऽ	। । ऽ	। ऽ	अपरिचित छंद

15.25

वयसां पङ्क्तयः पेतुर्हतस्योपरि विद्विषः ।
तत्प्रतिद्वन्द्विनो मूर्ध्नि दिव्याः कुसुमवृष्टयः ॥

अनुष्टुभ् श्लोक छंद

वयसां	पङ्क्तयः	पेतु	स र ग ग
। । ऽ	ऽ । ऽ	ऽ ऽ	परिधारा छंद
र्हतस्यो	परिवि	द्विषः	य स ल ग
। ऽ ऽ	। । ऽ	। ऽ	अपरिचित छंद
तत्प्रति	द्वन्द्विनो	मूर्ध्नि	र र ग ल
ऽ । ऽ	ऽ । ऽ	ऽ ।	लक्ष्मी छंद
दिव्याःकु	सुमवृ	ष्टयः	त स ल ग
ऽ ऽ ।	। । ऽ	। ऽ	पथ्यावक्त्र छंद

15.26

स हत्वा लवणं वीरस्तदा मेने महौजसः ।
भ्रातुः सोदर्यमात्मानमिन्द्रजिद्वधशोभिनः ॥

अनुष्टुभ् श्लोक छंद

सहत्वा	लवणं	वीर	य स ग ग
। ऽ ऽ	। । ऽ	ऽ ऽ	मनोला छंद
स्तदामे	नेमहौ	जसः	य र ल ग
। ऽ ऽ	ऽ । ऽ	। ऽ	भाषा छंद
भ्रातुःसो	दर्यमा	त्मान	म र ग ल
ऽ ऽ ऽ	ऽ । ऽ	ऽ ।	मधुमालती छंद
मिन्द्रजि	द्वधशो	भिनः	ज स ल ग

628

।ऽ।	।।ऽ	।ऽ	अपरिचित छंद

15.27

तस्य संस्तूयमानस्य चरितार्थैस्तपस्विभिः ।
शुशुभे विक्रमोदग्रं व्रीडयावनतं शिरः ॥

अनुष्टुभ् श्लोक छंद

तस्यसं	स्तूयमा	नस्य	र र ग ल
ऽ।ऽ	ऽ।ऽ	ऽ।	लक्ष्मी छंद
चरिता	थैंस्तप	स्विभिः	स र ल ग
।।ऽ	ऽ।ऽ	।ऽ	शलुकलुप्त छंद
शुशुभे	विक्रमो	दग्रं	स र ग ग
।।ऽ	ऽ।ऽ	ऽऽ	परिधारा छंद
व्रीडया	वनतं	शिर	ज स ल ग
।ऽ।	।।ऽ	।ऽ *	अपरिचित छंद

15.28

उपकूलं च कालिन्द्याः पुरीं पौरुषभूषणः ।
निर्ममे निर्ममोऽर्थेषु मथुरां मधुराकृतिः ॥

अनुष्टुभ् श्लोक छंद

उपकू	लंचका	लिन्द्याः	स र ग ग
।।ऽ	ऽ।ऽ	ऽऽ	शलुकलुप्त छंद
पुरींपौ	रुषभू	षणः	य स ल ग
।ऽऽ	।।ऽ	।ऽ	अपरिचित छंद
निर्ममे	निर्ममो	र्थेषु	र र ग ल
ऽ।ऽ	ऽ।ऽ	ऽ।	लक्ष्मी छंद
मथुरां	मधुरा	कृतिः	स स ल ग
।।ऽ	।।ऽ	।ऽ	कलिला छंद

15.29

कालिदास के बृहत् महाकाव्य रघुवंश की छंद मीमांसा

या सौराज्यप्रकाशाभिर्बभौ पौरविभूतिभिः ।
स्वर्गाभिष्यन्दवमनं कृत्वेवोपनिवेशिता ॥

श्लोकेतर अनुष्टुभ् छंद

यासौरा	ज्यप्रका	शाभि	म र ग ग
ऽ ऽ ऽ	ऽ । ऽ	ऽ ऽ	मधुमालती छंद
र्बभौपौ	रविभू	तिभिः	य स ल ग
। ऽ ऽ	। । ऽ	। ऽ	अपरिचित छंद
स्वर्गाभि	ष्यन्दव	मनं	म भ ल ग
ऽ ऽ ऽ	ऽ । ।	। ऽ	अतिजनी छंद
कृत्वेवो	पनिवे	शिता	म स ल ग
ऽ ऽ ऽ	। । ऽ	। ऽ	पथ्यावक्त्र छंद

पाद टिप्पणी :

इस अनुष्टुभ् छंद के विषम चरण 3 में पहले चार अक्षरों के बाद य गण (। ऽ ऽ) के स्थान पर न (। । ।) गण आने के कारण इस चार चरणों के पद्य में श्लोक छंद सिद्ध नहीं हुआ है.

15.30

तत्र सौधगतः पश्यन्यमुनां चक्रवाकिनीम् ।
हेमभक्तिमतीं भूमेः प्रवेणीमिव पिप्रिये ॥

अनुष्टुभ् श्लोक छंद

तत्रसौ	धगतः	पश्य	र स ग ग
ऽ । ऽ	। । ऽ	ऽ ऽ	गाथ छंद
न्यमुनां	चक्रवा	किनीम्	स र ल ग
। । ऽ	ऽ । ऽ	। ऽ	शलुकलुप्त छंद
हेमभ	क्तिमतीं	भूमेः	र स ग ग
ऽ । ऽ	। । ऽ	ऽ ऽ	गाथ छंद
प्रवेणी	मिवपि	प्रिये	य स ल ग
। ऽ ऽ	। । ऽ	। ऽ	अपरिचित छंद

15.31

सखा दशरथस्यापि जनकस्य च मन्त्रकृत् ।
संचस्कारोभयप्रीत्या मैथिलेयौ यथाविधि ॥

अनुष्टुभ् श्लोक छंद

सखाद	शरथ	स्यापि	ज स ग ल
। ऽ ।	। । ऽ	ऽ ।	भांगी छंद
जनक	स्यचम	न्त्रकृत्	स स ल ग
। । ऽ	। । ऽ	। ऽ	कलिला छंद
संचस्का	रोभय	प्रीत्या	म र ग ग
ऽ ऽ ऽ	ऽ । ऽ	ऽ ऽ	मधुमालती छंद
मैथिले	यौयथा	विधि	र र ल ल
ऽ । ऽ	ऽ । ऽ	। ऽ *	हेमरूप छंद

15.32

स तौ कुशलवोन्मृष्टगर्भक्लेदौ तदाख्यया ।
कविः कुशलवावेव चकार किल नामतः ॥

अनुष्टुभ् श्लोक छंद

सतौकु	शलवो	न्मृष्ट	ज स ग ल
। ऽ ।	। । ऽ	ऽ ।	भांगी छंद
गर्भक्ले	दौतदा	ख्यया	म र ल ग
ऽ ऽ ऽ	ऽ । ऽ	। ऽ	क्षमा छंद
कविःकु	शलवा	वेव	ज स ग ल
। ऽ ।	। । ऽ	ऽ ।	भांगी छंद
चकार	किलना	मतः	ज स ल ग
। ऽ ।	। । ऽ	। ऽ	अपरिचित छंद

15.33

साङ्गं च वेदमध्याप्य किंचिदुत्क्रान्तशैशवौ ।

स्वकृतिं गापयामास कविप्रथमपद्धतिम् ॥

अनुष्टुभ् श्लोक छंद

साङ्गंच	वेदम	ध्याप्य	त र ग ल
ऽ ऽ ।	ऽ । ऽ	ऽ ।	विभा छंद
किंचिदु	त्क्रान्तशै	शवौ	र र ल ग
ऽ । ऽ	ऽ । ऽ	। ऽ	हेमरूप छंद
स्वकृतिं	गापया	मास	स र ग ल
। । ऽ	ऽ । ऽ	ऽ ।	वलीकेन्दु छंद
कविप्र	थमप	द्धतिम्	ज स ल ग
। ऽ ।	। । ऽ	। ऽ	अपरिचित छंद

15.34

रामस्य मधुरं वृत्तं गायन्तो मातुरग्रतः ।
तद्वियोगव्यथां किंचिच्छिथिलीचक्रतुः सुतौ ॥

अनुष्टुभ् श्लोक छंद

रामस्य	मधुरं	वृत्तं	त स ग ग
ऽ ऽ ।	। । ऽ	ऽ ऽ	श्यामा छंद
गायन्तो	मातुर	ग्रतः	म स ल ग
ऽ ऽ ऽ	। । ऽ	। ऽ	पथ्यावक्त्र छंद
तद्वियो	गव्यथां	किंचि	र र ग ग
ऽ । ऽ	ऽ । ऽ	ऽ ऽ	पद्ममाला छंद
च्छिथिली	चक्रतुः	सुतौ	स र ल ग
। । ऽ	ऽ । ऽ	। ऽ	शलुकलुप्त छंद

15.35

इतरेऽपि रघोर्वंश्यास्त्रयस्त्रेताग्नितेजसः ।
तद्योगात्पतिवत्नीषु पत्नीष्वासन्द्विसूनवः ॥

अनुष्टुभ् श्लोक छंद

कालिदास के बृहत् महाकाव्य रघुवंश की छंद मीमांसा

इतरे	पिरघो	वंश्या	स स ग ग
। । ऽ	। । ऽ	ऽ ऽ	पंचशिखा छंद
स्त्रयस्त्रे	ताग्निते	जसः	य र ल ग
। ऽ ऽ	ऽ । ऽ	। ऽ	भाषा छंद
तद्योगा	त्पतिव	त्नीषु	म स ल ल
ऽ ऽ ऽ	। । ऽ	। ।	पथ्यावक्त्र छंद
पत्नीष्वा	सन्द्रिसू	नवः	म र ल ग
ऽ ऽ ऽ	ऽ । ऽ	। ऽ	क्षमा छंद

15.36

शत्रुघातिनि शत्रुघ्नः सुबाहौ च बहुश्रुते ।
मथुराविदिशे सून्वोर्निदधे पूर्वजोत्सुकः ॥

अनुष्टुभ् श्लोक छंद

शत्रुघा	तिनिश	त्रुघ्नः	र स ग ग
ऽ । ऽ	। । ऽ	ऽ ऽ	गाथ छंद
सुबाहौ	चबहु	श्रुते	य स ल ग
। ऽ ऽ	। । ऽ	। ऽ	अपरिचित छंद
मथुरा	विदिशे	सून्वो	स स ग ग
। । ऽ	। । ऽ	ऽ ऽ	पंचशिखा छंद
र्निदधे	पूर्वजो	त्सुकः	स र ल ग
। । ऽ	ऽ । ऽ	। ऽ	शलुकलुप्त छंद

15.37

भूयस्तपोव्ययो मा भूद्वाल्मीकेरिति सोऽत्यगात् ।
मैथिलीतनयोद्गीतनिःस्पन्दमृगमाश्रमम् ॥

अनुष्टुभ् श्लोक छंद

भूयस्त	पोव्ययो	माभू	त र ग ग
ऽ ऽ ।	ऽ । ऽ	ऽ ऽ	विभा छंद

द्वाल्मीके	रितिसो	त्यगात्	म स ल ग
ऽ ऽ ऽ	। । ऽ	। ऽ	पथ्यावक्त्र छंद
मैथिली	तनयो	द्गीत	र स ग ल
ऽ । ऽ	। । ऽ	ऽ ।	गाथ छंद
निःस्पन्द	मृगमा	श्रमम्	त स ल ग
ऽ ऽ ।	। । ऽ	। ऽ	पथ्यावक्त्र छंद

15.38

वशी विवेश चायोध्यां रथ्यसंस्कारशोभिनीम् ।
लवणस्य वधात्पौरैरीक्षितोऽत्यन्तगौरवम् ॥

अनुष्टुभ् श्लोक छंद

वशीवि	वेशचा	योध्यां	ज र ग ग
। ऽ ।	ऽ । ऽ	ऽ ऽ	यशस्करी छंद
रथ्यसं	स्कारशो	भिनीम्	र र ल ग
ऽ । ऽ	ऽ । ऽ	। ऽ	हेमरूप छंद
लवण	स्यवधा	त्पौरै	स स ग ग
। । ऽ	। । ऽ	ऽ ऽ	पंचशिखा छंद
रीक्षितो	त्यन्तगौ	रवम्	र र ल ग
ऽ । ऽ	ऽ । ऽ	। ऽ	हेमरूप छंद

15.39

स ददर्श सभामध्ये सभासद्भिरुपस्थितम् ।
रामं सीतापरित्यागादसामान्यपतिं भुवः ॥

अनुष्टुभ् श्लोक छंद

सदद	र्शसभा	मध्ये	स स ग ग
। । ऽ	। । ऽ	ऽ ऽ	पंचशिखा छंद
सभास	द्भिरुप	स्थितम्	य स ल ग
। ऽ ऽ	। । ऽ	। ऽ	अपरिचित छंद

रामंसी	तापरि	त्यागा	म र ग ग
ऽ ऽ ऽ	ऽ । ऽ	ऽ ऽ	मधुमालती छंद
दसामा	न्यपतिं	भुवः	य स ल ग
। ऽ ऑ	। । ऽ	। ऽ	अपरिचित छंद

15.40

तमभ्यनन्दत्प्रणतं लवणान्तकमग्रजः ।
कालनेमिवधात्प्रीतस्तुराषाडिव शार्ङ्गिणम् ॥

श्लोकेतर अनुष्टुभ् छंद

तमभ्य	नन्दत्प्र	णतं	ज त ल ग
। ऽ ।	ऽ ऽ ।	। ऽ	विता छंद
लवणा	न्तकम	ग्रजः	स स ल ग
। । ऽ	। । ऽ	। ऽ	कलिला छंद
कालने	मिवधा	त्प्रीत	र स ग ग
ऽ । ऽ	। । ऽ	ऽ ऽ	गाथ छंद
स्तुराषा	डिवशा	र्ङ्गिणम्	य स ल ग
। ऽ ऽ	। । ऽ	। ऽ	अपरिचित छंद

पाद टिप्पणी :

इस अनुष्टुभ् छंद के विषम चरण 1 में पहले चार अक्षरों के बाद य गण (। ऽ ऽ) के स्थान पर भ (ऽ । ।) गण आने के कारण इस चार चरणों के पद्य में श्लोक छंद सिद्ध नहीं हुआ है.

15.41

स पृष्टः सर्वतो वार्तमाख्यद्राज्ञे न संततिम् ।
प्रत्यर्पयिष्यतः काले कवेराद्यस्य शासनात् ॥

अनुष्टुभ् श्लोक छंद

सपृष्टः	सर्वतो	वार्त	य र ग ल
। ऽ ऽ	ऽ । ऽ	ऽ ।	सुचंद्रभा छंद

माख्यद्रा	ज्ञेनसं	ततिम्	म र ल ग
ऽ ऽ ऽ	ऽ । ऽ	। ऽ	क्षमा छंद
प्रत्यर्प	यिष्यतः	काले	त र ग ग
ऽ ऽ ।	ऽ । ऽ	ऽ ऽ	विभा छंद
कवेरा	ह्यस्यशा	सनात्	य र ल ग
। ऽ ऽ	ऽ । ऽ	। ऽ	भाषा छंद

15.42

अथ जानपदो विप्रः शिशुमप्राप्तयौवनम् ।
अवतार्याङ्कशय्यास्थं द्वारि चक्रन्द भूपतेः ॥

अनुष्टुभ् श्लोक छंद

अथजा	नपदो	विप्रः	स स ग ग
। । ऽ	। । ऽ	ऽ ऽ	पंचशिखा छंद
शिशुम	प्राप्तयौ	वनम्	स र ल ग
। । ऽ	ऽ । ऽ	। ऽ	शलुकलुप्त छंद
अवता	र्याङ्कश	य्यास्थं	स र ग ग
। । ऽ	ऽ । ऽ	ऽ ऽ	परिधारा छंद
द्वारिच	क्रन्दभू	पतेः	र र ल ग
ऽ । ऽ	ऽ । ऽ	। ऽ	हेमरूप छंद

15.43

शोचनीयासि वसुधे या त्वं दशरथाच्च्युता ।
रामहस्तमनुप्राप्य कष्टात्कष्टतरं गता ॥

श्लोकेतर अनुष्टुभ् छंद

शोचनी	यासिव	सुधे	र भ ल ग
ऽ । ऽ	ऽ । ।	। ऽ	कुरुचरी छंद
यात्वंद	शरथा	च्च्युता	त स ल ग
ऽ ऽ ।	। । ऽ	। ऽ	पथ्यावक्त्र छंद

रामह	स्तमनु	प्राप्य	र स ग ल
ऽ । ऽ	। । ऽ	ऽ ।	गाथ छंद
कष्टात्क	ष्टतरं	गता	म स ल ग
ऽ ऽ ऽ	। । ऽ	। ऽ	पथ्यावक्त्रा छंद

पाद टिप्पणी :

इस अनुष्टुभ् छंद के विषम चरण 1 में पहले चार अक्षरों के बाद य गण (। ऽ ऽ) के स्थान पर न (। । ।) गण आने के कारण इस चार चरणों के पद्य में श्लोक छंद सिद्ध नहीं हुआ है.

15.44

श्रुत्वा तस्य शुचो हेतुं गोप्ता जिह्लाय राघवः ।
न ह्यकालभवो मृत्युरिक्ष्वाकुपदमस्पृशत् ॥

अनुष्टुभ् श्लोक छंद

श्रुत्वात	स्यशुचो	हेतुं	म स ग ग
ऽ ऽ ऽ	। । ऽ	ऽ ऽ	वक्त्रा छंद
गोप्ताजि	ह्लायरा	घवः	म र ल ग
ऽ ऽ ऽ	ऽ । ऽ	। ऽ	क्षमा छंद
नह्यका	लभवो	मृत्यु	र स ग ल
ऽ । ऽ	। । ऽ	ऽ ।	गाथ छंद
रिक्ष्वाकु	पदम	स्पृशत्	त स ल ग
ऽ ऽ ।	। । ऽ	। ऽ	पथ्यावक्त्रा छंद

15.45

स मुहूर्तं क्षमस्वेति द्विजमाश्वास्य दुःखितम् ।
यानं सस्मार कौबेरं वैवस्वतजिगीषया ॥

अनुष्टुभ् श्लोक छंद

समुहू	र्तंक्षम	स्वेति	स र ग ग
। । ऽ	ऽ । ऽ	ऽ ऽ	परिधारा छंद

द्विजमा	श्वास्यदुः	खितम्	स र ल ग
। । ऽ	ऽ । ऽ	। ऽ	शलुकलुप्त छंद
यानंस	स्मारकौ	बेरं	म र ग ग
ऽ ऽ ऽ	ऽ । ऽ	ऽ ऽ	मधुमालती छंद
वैवस्व	तजिगी	षया	त स ल ग
ऽ ऽ ।	। । ऽ	। ऽ	पथ्यावक्त्र छंद

15.46

आत्तशस्त्रस्तदध्यास्य प्रस्थितः स रघूद्वहः ।
उच्चचार पुरस्तस्य गूढरूपा सरस्वती ॥

अनुष्टुभ् श्लोक छंद

आत्तश	स्त्रस्तद	ध्यास्य	र र ग ग
ऽ । ऽ	ऽ । ऽ	ऽ ऽ	पद्ममाला छंद
प्रस्थितः	सरघू	द्वहः	र स ल ग
ऽ । ऽ	। । ऽ	। ऽ	पथ्यावक्त्र छंद
उच्चचा	रपुर	स्तस्य	र स ग ल
ऽ । ऽ	। । ऽ	ऽ ।	गाथ छंद
गूढरू	पासर	स्वती	र र ल ग
ऽ । ऽ	ऽ । ऽ	। ऽ	हेमरूप छंद

15.47

राजन् प्रजासु ते कश्चिदपचारः प्रवर्तते ।
तमन्विष्य प्रशमयेर्भविष्यसि ततः कृती ॥

श्लोकेतर अनुष्टुभ् छंद

राजन्प्र	जासुते	कश्चि	त र ग ल
ऽ ऽ ।	ऽ । ऽ	ऽ ।	विभा छंद
दपचा	रःप्रव	र्तते	स र ल ग
। । ऽ	ऽ । ऽ	। ऽ	शलुकलुप्त छंद

तमन्वि	ष्यप्रश	मये	य भ ल ग
। ऽ ऽ	ऽ । ।	। ऽ	पथ्यावक्त्रा छंद
र्भविष्य	सितत:	कृती	ज स ल ग
। ऽ ।	। । ऽ	। ऽ	अपरिचित छंद

पाद टिप्पणी :

इस अनुष्टुभ् छंद के विषम चरण 3 में पहले चार अक्षरों के बाद य गण (। ऽ ऽ) के स्थान पर न (। । ।) गण आने के कारण इस चार चरणों के पद्य में श्लोक छंद सिद्ध नहीं हुआ है.

15.48

इत्याप्तवचनाद्रामो विनेष्यन्वर्णविक्रियाम् ।
दिशः पपात पत्रेण वेगनिष्कम्पहेतुना ॥

अनुष्टुभ् श्लोक छंद

इत्याप्त	वचना	द्रामो	त स ग ग
ऽ ऽ ।	। । ऽ	ऽ ऽ	श्यामा छंद
विनेष्य	न्वर्णवि	क्रियाम्	य र ल ग
। ऽ ऽ	ऽ । ऽ	। ऽ	भाषा छंद
दिशःप	पातप	त्रेण	ज र ग ल
। ऽ ।	ऽ । ऽ	ऽ ।	सुचंद्रप्रभा छंद
वेगनि	ष्कम्पहे	तुना	र र ल ग
ऽ । ऽ	ऽ । ऽ	। ऽ	हेमरूप छंद

15.49

अथ धूमाभिताम्राक्षं वृक्षशाखावलम्बिनम् ।
ददर्श कंचिदैक्ष्वाकस्तपस्यन्तमधोमुखम् ॥

अनुष्टुभ् श्लोक छंद

अथधू	माभिता	म्राक्षं	स र ग ग
। । ऽ	ऽ । ऽ	ऽ ऽ	परिधारा छंद

वृक्षशा	खावल	म्बिनम्	र र ल ग
ऽ । ऽ	ऽ । ऽ	। ऽ	हेमरूप छंद
ददर्श	कंचिदै	क्ष्वाक	ज र ग ग
। ऽ ।	ऽ । ऽ	ऽ ऽ	यशस्करी छंद
स्तपस्य	न्तमधो	मुखम्	य स ल ग
। ऽ ऽ	। । ऽ	। ऽ	अपरिचित छंद

15.50

पृष्टनामान्वयो राज्ञा स किलाचष्ट धूमपः ।
आत्मानं शम्बुकं नाम शूद्रं सुरपदार्थिनम् ॥

अनुष्टुभ् श्लोक छंद

पृष्टना	मान्वयो	राज्ञा	र र ग ग
ऽ । ऽ	ऽ । ऽ	ऽ ऽ	पद्ममाला छंद
सकिला	चष्टधू	मपः	स र ल ग
। । ऽ	ऽ । ऽ	। ऽ	शलुकलुप्त छंद
आत्मानं	शम्बुकं	नाम	म र ग ल
ऽ ऽ ऽ	ऽ । ऽ	ऽ ।	मधुमालती छंद
शूद्रंसु	रपदा	र्थिनम्	त स ल ग
ऽ ऽ ।	। । ऽ	। ऽ	पथ्यावक्त्र छंद

15.51

तपस्यनधिकारित्वात्प्रजानां तमघावहम् ।
शीर्षच्छेद्यं परिच्छिद्य नियन्ता शस्त्रमाददे ॥

अनुष्टुभ् श्लोक छंद

तपस्य	नधिका	रित्वा	ज स ग ग
। ऽ ।	। । ऽ	ऽ ऽ	भांर्गी छंद
त्प्रजानां	तमघा	वहम्	य स ल ग
। ऽ ऽ	। । ऽ	। ऽ	अपरिचित छंद

शीर्षच्छे	द्यंपरि	च्छिद्य	म र ग ल
ऽ ऽ ऽ	ऽ । ऽ	ऽ ।	मधुमालती छंद
नियन्ता	शस्त्रमा	ददे	य र ल ग
। ऽ ऽ	ऽ । ऽ	। ऽ	भाषा छंद

15.52

स तद्वक्त्रं हिमक्लिष्टकिञ्जल्कमिव पङ्कजम् ।
ज्योतिष्कणाहतश्मश्रु कण्ठनालादपातयत् ॥

अनुष्टुभ् श्लोक छंद

सतद्व	क्त्रंहिम	क्लिष्ट	ज र ग ल
। ऽ ।	ऽ । ऽ	ऽ ।	सुचंद्रप्रभा छंद
किञ्जल्क	मिवप	ङ्कजम्	त स ल ग
ऽ ऽ ।	। । ऽ	। ऽ	पथ्यावक्त्र छंद
ज्योतिष्क	णाहत	श्मश्रु	त र ग ल
ऽ ऽ ।	ऽ । ऽ	ऽ ।	विभा छंद
कण्ठना	लादपा	तयत्	र र ल ग
ऽ । ऽ	ऽ । ऽ	। ऽ	हेमरूप छंद

15.53

कृतदण्डः स्वयं राज्ञा लेभे शूद्रः सतां गतिम् ।
तपसा दुश्चरेणापि न स्वमार्गविलङ्घिना ॥

अनुष्टुभ् श्लोक छंद

कृतद	ण्डःस्वयं	राज्ञा	स र ग ग
। । ऽ	ऽ । ऽ	ऽ ऽ	परिधारा छंद
लेभेशू	द्रःसतां	गतिम्	म र ल ग
ऽ ऽ ऽ	ऽ । ऽ	। ऽ	क्षमा छंद
तपसा	दुश्चरे	णापि	स र ग ल
। । ऽ	ऽ । ऽ	ऽ ।	वलीकेन्दु छंद

नस्वमा	र्गविल	ङ्घना	र स ल ग
ऽ । ऽ	। । ऽ	। ऽ	पथ्यावक्त्र छंद

15.54

रघुनाथोऽप्यगस्त्येनमार्गसंदर्शितात्मना।
महौजसासंयुयुजेशरत्कालइवेन्दुना॥

श्लोकेतर अनुष्टुभ् छंद

रघुना	थोप्यग	स्त्येन	स र ग ल
। । ऽ	ऽ । ऽ	ऽ ।	वलीकेन्दु छंद
मार्गसं	दर्शिता	त्मना	र र ल ग
ऽ । ऽ	ऽ । ऽ	। ऽ	हेमरूप छंद
महौज	सासंयु	युजे	ज त ल ग
। ऽ ।	ऽ ऽ ।	। ऽ	विता छंद
शरत्का	लइवे	न्दुना	य स ल ग
। ऽ ऽ	। । ऽ	। ऽ	अपरिचित छंद

पाद टिप्पणी :

इस अनुष्टुभ् छंद के विषम चरण 3 में पहले चार अक्षरों के बाद य गण (। ऽ ऽ) के स्थान पर भ (ऽ । ।) गण आने के कारण इस चार चरणों के पद्य में श्लोक छंद सिद्ध नहीं हुआ है.

15.55

कुम्भयोनिरलंकारं तस्मै दिव्यपरिग्रहम्।
ददौ दत्तं समुद्रेण पीतेनेवात्मनिष्क्रयम्॥

अनुष्टुभ् श्लोक छंद

कुम्भयो	निरलं	कारं	र स ग ग
ऽ । ऽ	। । ऽ	ऽ ऽ	गाथ छंद
तस्मैदि	व्यपरि	ग्रहम्	म स ल ग
ऽ ऽ ऽ	। । ऽ	। ऽ	पथ्यावक्त्र छंद

ददौद	त्तंसमु	द्रेण	य र ल ग
। ऽ ऽ	ऽ । ऽ	। ऽ *	भाषा छंद
पीतेने	वात्मनि	ष्क्रयम्	म र ल ग
ऽ ऽ ऽ	ऽ । ऽ	। ऽ	क्षमा छंद

15.56

स दधन्मैथिलीकण्ठनिर्व्यापारेण बाहुना ।
पश्चान्निववृते रामः प्राक्परासुर्द्विजात्मजः ॥

अनुष्टुभ् श्लोक छंद

सदध	न्मैथिली	कण्ठ	स र ग ल
। । ऽ	ऽ । ऽ	ऽ ।	वलिकेन्दु छंद
निर्व्यापा	रेणबा	हुना	म र ल ग
ऽ ऽ ऽ	ऽ । ऽ	। ऽ	क्षमा छंद
पश्चान्नि	ववृते	रामः	त स ग ग
ऽ ऽ ।	। । ऽ	ऽ ऽ	श्यामा छंद
प्राक्परा	सुर्द्विजा	त्मजः	र र ल ग
ऽ । ऽ	ऽ । ऽ	। ऽ	हेमरूप छंद

15.57

तस्य पूर्वोदितां निन्दां द्विजः पुत्रसमागतः ।
स्तुत्वा निवर्तयामास त्रातुर्वैवस्वतादपि ॥

अनुष्टुभ् श्लोक छंद

तस्यपू	र्वोदितां	निन्दां	र र ग ग
ऽ । ऽ	ऽ । ऽ	ऽ ऽ	पद्ममाला छंद
द्विजःपु	त्रसमा	गतः	य स ल ग
। ऽ ऽ	। । ऽ	। ऽ	अपरिचित छंद
स्तुत्वानि	वर्तया	मास	त र ग ग
ऽ ऽ ।	ऽ । ऽ	ऽ ऽ	विभा छंद

त्रातुर्वै	वस्वता	दपि	म र ग ग
ऽ ऽ ऽ	ऽ । ऽ	ऽ ऽ *	मधुमालती छंद

15.58

तमध्वराय मुक्ताश्वं रक्षःकपिनरेश्वराः ।
मेघाः सस्यमिवाम्भोभिरभ्यवर्षन्नुपायनैः ॥

अनुष्टुभ् श्लोक छंद

तमध्व	रायमु	क्ताश्वं	ज र ग ग
। ऽ ।	ऽ । ऽ	ऽ ऽ	यशस्करी छंद
रक्षःक	पिनरे	श्वराः	त स ल ग
ऽ ऽ ।	। । ऽ	। ऽ	पथ्यावक्त्र छंद
मेघाःस	स्यमिवा	म्भोभि	म स ग ल
ऽ ऽ ऽ	। । ऽ	ऽ ।	वक्त्र छंद
रभ्यव	र्षन्नुपा	यनैः	र र ल ग
ऽ । ऽ	ऽ । ऽ	। ऽ	हेमरूप छंद

15.59

दिग्भ्यो निमन्त्रिताश्चैनमभिजग्मुर्महर्षयः ।
न भौमान्येव धिष्ण्यानि हित्वा ज्योतिर्मयान्यपि ॥

अनुष्टुभ् श्लोक छंद

दिग्भ्योनि	मन्त्रिता	श्चैन	त र ग ल
ऽ ऽ ।	ऽ । ऽ	ऽ ।	विभा छंद
मभिज	ग्मुर्मह	र्षयः	स र ल ग
। । ऽ	ऽ । ऽ	। ऽ	शलुकलुप्त छंद
नभौमा	न्येवधि	ष्ण्यानि	य र ग ल
। ऽ ऽ	ऽ । ऽ	ऽ ।	सुचंद्रभा छंद
हित्वाज्यो	तिर्मया	न्यपि	म र ल ग
ऽ ऽ ऽ	ऽ । ऽ	। ऽ *	क्षमा छंद

15.60

अनुष्टुभ् श्लोक छंद

उपशल्यनिविष्टैस्तै श्चतुर्द्वारमुखी बभौ ।
अयोध्यासृष्टलोकेव सद्यः पैतामही तनुः ॥

अनुष्टुभ् श्लोक छंद

उपश	ल्यनिवि	ष्टैस्तै	स स ग ग
। । ऽ	। । ऽ	ऽ ऽ	पंचशिखा छंद
श्चतुर्द्वा	रमुखी	बभौ	य स ल ग
। ऽ ऽ	। । ऽ	। ऽ	अपरिचित छंद
अयोध्या	सृष्टलो	केव	य र ग ल
। ऽ ऽ	ऽ । ऽ	ऽ ।	सुचंद्रभा छंद
सद्यःपै	तामही	तनुः	म र ल ग
ऽ ऽ ऽ	ऽ । ऽ	। ऽ	क्षमा छंद

15.61

श्लाघ्यस्त्यागोऽपि वैदेह्याः पत्युः प्राग्वंशवासिनः ।
अनन्यजानेः सैवासीद्यस्माज्जाया हिरण्मयी ॥

श्लोकेतर अनुष्टुभ् छंद

श्लाघ्यस्त्या	गोपिवै	देह्याः	म र ग ग
ऽ ऽ ऽ	ऽ । ऽ	ऽ ऽ	मधुमालती छंद
पत्युःप्रा	ग्वंशवा	सिनः	म र ल ग
ऽ ऽ ऽ	ऽ । ऽ	। ऽ	क्षमा छंद
अनन्य	जानेःसै	वासी	ज म ग ग
। ऽ ।	ऽ ऽ ऽ	ऽ ऽ	अपरिचित छंद
द्यस्माज्जा	याहिर	ण्मयी	म र ल ग
ऽ ऽ ऽ	ऽ । ऽ	। ऽ	क्षमा छंद

पाद टिप्पणी :

इस अनुष्टुभ् छंद के विषम चरण 3 में पहले चार अक्षरों के बाद य गण (। ऽ ऽ)

के स्थान पर म (ऽ ऽ ऽ) गण आने के कारण इस चार चरणों के पद्य में श्लोक छंद सिद्ध नहीं हुआ है.

15.62

विधेरधिकसंभारस्ततः प्रववृते मखः ।
आसन्यत्र क्रियाविघ्ना राक्षसा एव रक्षिणः ॥

अनुष्टुभ् श्लोक छंद

विधेर	धिकसं	भार	ज स ग ग
। ऽ ।	। । ऽ	ऽ ऽ	भांर्गी छंद
स्ततःप्र	ववृते	मखः	ज स ल ग
। ऽ ।	। । ऽ	। ऽ	अपरिचित छंद
आसन्य	त्रक्रिया	विघ्ना	म र ग ग
ऽ ऽ ऽ	ऽ । ऽ	ऽ ऽ	मधुमालती छंद
राक्षसा	एवर	क्षिणः	र र ल ग
ऽ । ऽ	ऽ । ऽ	। ऽ	हेमरूप छंद

15.63

अथ प्राचेतसोपज्ञं रामायणमितस्ततः ।
मैथिलेयौ कुशलवौ जगतुर्गुरुचोदितौ ॥

श्लोकेतर अनुष्टुभ् छंद

अथप्रा	चेतसो	पज्ञं	य र ग ग
। ऽ ऽ	ऽ । ऽ	ऽ ऽ	कुलाधारी छंद
रामाय	णमित	स्ततः	त स ल ग
ऽ ऽ ।	। । ऽ	। ऽ	पथ्यावक्त्रा छंद
मैथिले	यौकुश	लवौ	र भ ल ग
ऽ । ऽ	ऽ । ।	। ऽ	कुरुचरी छंद
जगतु	र्गुरुचो	दितौ	स स ल ग
। । ऽ	। । ऽ	। ऽ	कलिला छंद

पाद टिप्पणी :

इस अनुष्टुभ् छंद के विषम चरण 3 में पहले चार अक्षरों के बाद य गण (। ऽ ऽ) के स्थान पर न (। । ।) गण आने के कारण इस चार चरणों के पद्य में श्लोक छंद सिद्ध नहीं हुआ है.

15.64

वृत्तं रामस्य वाल्मीकेः कृतिस्तौ किंनरस्वनौ ।
किं तद्येन मनो हर्तुमलं स्यातां न शृण्वताम् ॥

अनुष्टुभ् श्लोक छंद

वृत्तंरा	मस्यवा	ल्मीकेः	म र ग ग
ऽ ऽ ऽ	ऽ । ऽ	ऽ ऽ	मधुमालती छंद
कृतिस्तौ	किंनर	स्वनौ	य र ल ग
। ऽ ऽ	ऽ । ऽ	। ऽ	भाषा छंद
किंतद्ये	नमनो	हर्तु	म स ग ल
ऽ ऽ ऽ	। । ऽ	ऽ ।	वक्त्र छंद
मलंस्या	तांनशृ	ण्वताम्	य र ल ग
। ऽ ऽ	ऽ । ऽ	। ऽ	भाषा छंद

15.65

रूपे गीते च माधुर्यंतयोस्तज्ज्ञैर्निवेदितम् ।
ददर्श सानुजो रामः शुश्राव च कुतूहली ॥

अनुष्टुभ् श्लोक छंद

रूपेगी	तेचमा	धुर्यं	म र ग ग
ऽ ऽ ऽ	ऽ । ऽ	ऽ ऽ	मधुमालती छंद
तयोस्त	ज्ज्ञैर्निवे	दितम्	य र ल ग
। ऽ ऽ	ऽ । ऽ	। ऽ	भाषा छंद
ददर्श	सानुजो	रामः	ज र ग ग
। ऽ ।	ऽ । ऽ	ऽ ऽ	यशस्करी छंद
शुश्राव	चकुतू	हली	त स ल ग

ऽ ऽ ।	। । ऽ	। ऽ	पथ्यावक्त्र छंद

15.66

तद्गीतश्रवणैकाग्रा संसदश्रुमुखी बभौ ।
हिमनिष्यन्दिनी प्रातर्निर्वातेव वनस्थली ॥

अनुष्टुभ् श्लोक छंद

तद्गीत	श्रवणै	काग्रा	म स ग ग
ऽ ऽ ऽ	। । ऽ	ऽ ऽ	वक्त्र छंद
संसद	श्रुमुखी	बभौ	र स ल ग
ऽ । ऽ	। । ऽ	। ऽ	पथ्यावक्त्र छंद
हिमनि	ष्यन्दिनी	प्रात	स र ग ग
। । ऽ	ऽ । ऽ	ऽ ऽ	परिधारा छंद
र्निर्वाते	ववन	स्थली	म स ल ग
ऽ ऽ ऽ	। । ऽ	। ऽ	पथ्यावक्त्र छंद

15.67

वयोवेषविसंवादि रामस्य च तयोस्तदा ।
जनता प्रेक्ष्य सादृश्यं नाक्षिकम्पं व्यतिष्ठत ॥

अनुष्टुभ् श्लोक छंद

वयोवे	षविसं	वादि	य स ग ल
। ऽ ऽ	। । ऽ	ऽ ।	मनोला छंद
रामस्य	चतयो	स्तदा	त स ल ग
ऽ ऽ ।	। । ऽ	। ऽ	पथ्यावक्त्र छंद
जनता	प्रेक्ष्यसा	दृश्यं	स र ग ग
। । ऽ	ऽ । ऽ	ऽ ऽ	परिधारा छंद
नाक्षिक	म्पंव्यति	ष्ठत	र र ल ग
ऽ । ऽ	ऽ । ऽ	। ऽ *	हेमरूप छंद

15.68

उभयोर्न तथा लोकः प्रावीण्येन विसिष्मिये ।
नृपतेः प्रीतिदानेषु वीतस्पृहतया यथा ॥

अनुष्टुभ् श्लोक छंद

उभयो	र्नतथा	लोकः	स स ग ग
। । ऽ	। । ऽ	ऽ ऽ	पंचशिखा छंद
प्रावीण्ये	नविसि	ष्मिये	म स ल ग
ऽ ऽ ऽ	। । ऽ	। ऽ	पथ्यावक्त्र छंद
नृपतेः	प्रीतिदा	नेषु	स र ग ल
। । ऽ	ऽ । ऽ	ऽ ।	वलीकेन्दु छंद
वीतस्पृ	हतया	यथा	त स ल ग
ऽ ऽ ।	। । ऽ	। ऽ	पथ्यावक्त्र छंद

15.69

गेये को नु विनेता वां कस्य चेयं कृतिः कवेः ।
इति राज्ञा स्वयं पृष्टौ तौ वाल्मीकिमशंसताम् ॥

अनुष्टुभ् श्लोक छंद

गेयेको	नुविने	तावां	म स ग ग
ऽ ऽ ऽ	। । ऽ	ऽ ऽ	वक्त्र छंद
कस्यचे	यंकृतिः	कवे	र र ल ग
ऽ । ऽ	ऽ । ऽ	। ऽ	हेमरूप छंद
इतिरा	ज्ञास्वयं	पृष्टौ	स र ग ग
। । ऽ	ऽ । ऽ	ऽ ऽ	परिधारा छंद
तौवाल्मी	किमशं	सताम	म स ल ग
ऽ ऽ ऽ	। । ऽ	। ऽ	पथ्यावक्त्र छंद

15.70

अथ सावरजो रामः प्राचेतसमुपेयिवान् ।
ऊरीकृत्यात्मनो देहं राज्यमस्मै न्यवेदयत् ॥

अनुष्टुभ् श्लोक छंद

अथसा	वरजो	रामः	स स ग ग
।।ऽ	।।ऽ	ऽ ऽ	पंचशिखा छंद
प्राचेत	समुपे	यिवान्	त स ल ग
ऽऽ।	।।ऽ	। ऽ	पथ्यावक्त्र छंद
ऊरीकृ	त्यात्मनो	देहं	म र ग ग
ऽऽऽ	ऽ।ऽ	ऽ ऽ	मधुमालती छंद
राज्यम	स्मैन्यवे	दयत्	र र ल ग
ऽ।ऽ	ऽ।ऽ	। ऽ	हेमरूप छंद

15.71

स तावाख्याय रामाय मैथिलीयौ तदात्मजौ ।
कविः कारुणिको वव्रे सीतायाः संपरिग्रहम् ॥

अनुष्टुभ् श्लोक छंद

सतावा	ख्यायरा	माय	य र ल ल
।ऽऽ	ऽ।ऽ	। ।	भाषा छंद
मैथिली	यौतदा	त्मजौ	र र ल ग
ऽ।ऽ	ऽ।ऽ	। ऽ	हेमरूप छंद
कविःका	रुणिको	वव्रे	य स ग ग
।ऽऽ	।।ऽ	ऽ ऽ	मनोला छंद
सीतायाः	संपरि	ग्रहम्	म र ल ग
ऽऽऽ	ऽ।ऽ	। ऽ	क्षमा छंद

15.72

तात शुद्धा समक्षं नः स्रुषा ते जातवेदसि ।
दौरात्म्याद्रक्षसस्तां तु नात्रत्याः श्रद्दधुः प्रजाः ॥

अनुष्टुभ् श्लोक छंद

तातशु	द्धासम	क्षंनः	र र ग ग

ऽ । ऽ	ऽ । ऽ	ऽ ऽ	पद्ममाला छंद
स्नुषाते	जातवे	दसि	य र ल ल
। ऽ ऽ	ऽ । ऽ	। ।	भाषा छंद
दौरात्म्या	द्रक्षस	स्तांतु	म र ग ल
ऽ ऽ ऽ	ऽ । ऽ	ऽ ।	मधुमालती छंद
नात्रत्याः	श्रद्दधुः	प्रजाः	म र ल ग
ऽ ऽ ऽ	ऽ । ऽ	। ऽ	क्षमा छंद

15.73

ताः स्वचारित्र्यमुद्दिश्य प्रत्याययतु मैथिली ।
ततः पुत्रवतीमेनां प्रतिपत्स्ये त्वदाज्ञया ॥

श्लोकेतर अनुष्टुभ् छंद

ताःस्वचा	रित्र्यमु	द्दिश्य	र र ग ग
ऽ । ऽ	ऽ । ऽ	ऽ ऽ	पद्ममाला छंद
प्रत्याय	यतुमै	थिली	त स ल ग
ऽ ऽ ।	। । ऽ	। ऽ	पथ्यावक्त्र छंद
ततःपु	त्रवती	मेनां	य स ग ग
। ऽ ऽ	। । ऽ	ऽ ऽ	मनोला छंद
प्रतिप	त्स्येत्वदा	ज्ञया	स र ल ग
। । ऽ	ऽ । ऽ	। ऽ	शलुकलुप्त छंद

पाद टिप्पणी :

इस अनुष्टुभ् छंद के विषम चरण 1 में पहले चार अक्षरों के बाद य गण (। ऽ ऽ) के स्थान पर स (। । ऽ) गण आने के कारण इस चार चरणों के पद्य में श्लोक छंद सिद्ध नहीं हुआ है.

15.74

इति प्रतिश्रुते राज्ञा जानकीमाश्रमान्मुनिः ।
शिष्यैरानाययामास स्वसिद्धिं नियमैरिव ॥

अनुष्टुभ् श्लोक छंद

इतिप्र	तिश्रुते	राज्ञा	ज र ग ग
।ऽ।	ऽ।ऽ	ऽ ऽ	यशस्करी छंद
जानकी	माश्रमा	न्मुनिः	र र ल ग
ऽ।ऽ	ऽ।ऽ	।ऽ	हेमरूप छंद
शिष्यैरा	नायया	मास	म र ग ग
ऽ ऽ ऽ	ऽ।ऽ	ऽ ऽ	मधुमालती छंद
स्वसिद्धिं	नियमै	रिव	य स ल ल
।ऽ ऽ	। ।ऽ	।ऽ *	अपरिचित छंद

15.75

अन्येद्युरथ काकुत्स्थः संनिपात्य पुरौकसः ।
कविमाह्वाययामास प्रस्तुतप्रतिपत्तये ॥

अनुष्टुभ् श्लोक छंद

अन्येद्यु	रथका	कुत्स्थः	त स ग ग
ऽ ऽ।	। ।ऽ	ऽ ऽ	श्यामा छंद
संनिपा	त्यपुरौ	कसः	र स ल ग
ऽ।ऽ	। ।ऽ	।ऽ	पथ्यावक्त्र छंद
कविमा	ह्वायया	मास	स र ग ग
। ।ऽ	ऽ।ऽ	ऽ ऽ	परिधारा छंद
प्रस्तुत	प्रतिप	त्तये	र स ल ग
ऽ।ऽ	। ।ऽ	।ऽ	पथ्यावक्त्र छंद

15.76

स्वरसंस्कारवत्यासौ पुत्राभ्यामथ सीतया ।
ऋचेवोदर्चिषं सूर्यं रामं मुनिरुपस्थितः ॥

अनुष्टुभ् श्लोक छंद

स्वरसं	स्कारव	त्यासौ	स र ग ग

। । ऽ	ऽ । ऽ	ऽ ऽ	परिधारा छंद
पुत्राभ्या	मथसी	तया	म स ल ग
ऽ ऽ ऽ	। । ऽ	। ऽ	पथ्यावक्त्र छंद
ऋचेवो	दर्चिषं	सूर्यं	य र ग ग
। ऽ ऽ	ऽ । ऽ	ऽ ऽ	कुलाधारी छंद
रामंमु	निरुप	स्थितः	त स ल ग
ऽ ऽ ।	। । ऽ	। ऽ	पथ्यावक्त्र छंद

15.77

काषायपरिवीतेन स्वपदार्पितचक्षुषा ।
अन्वमीयत शुद्धेति शान्तेन वपुषैव सा ॥

अनुष्टुभ् श्लोक छंद

काषाय	परिवी	तेन	त स ग ग
ऽ ऽ ।	। । ऽ	ऽ ऽ	श्यामा छंद
स्वपदा	र्पितच	क्षुषा	स स ल ग
। । ऽ	। । ऽ	। ऽ	कलिला छंद
अन्वमी	यतशु	द्धेति	र स ग ल
ऽ । ऽ	। । ऽ	ऽ ।	गाथ छंद
शान्तेन	वपुषै	वसा	त स ल ग
ऽ ऽ ।	। । ऽ	। ऽ	पथ्यावक्त्र छंद

15.78

जनास्तदालोकपथात्प्रतिसंहृतचक्षुषः ।
तस्थुस्तेऽवाङ्मुखाः सर्वे फलिता इव शालयः ॥

श्लोकेतर अनुष्टुभ् छंद

जनास्त	दालोक	पथा	ज त ल ग
। ऽ ।	ऽ ऽ ।	। ऽ	विता छंद
त्प्रतिसं	हृतच	क्षुषः	स स ल ग

। । ऽ	। । ऽ	। ऽ	कलिला छंद
तस्थुस्ते	वाङ्मुखाः	सर्वे	म र ग ग
ऽ ऽ ऽ	ऽ । ऽ	ऽ ऽ	मधुमालती छंद
फलिता	इवशा	लयः	स स ल ग
। । ऽ	। । ऽ	। ऽ	कलिला छंद

पाद टिप्पणी :

इस अनुष्टुभ् छंद के विषम चरण 1 में पहले चार अक्षरों के बाद य गण (। ऽ ऽ) के स्थान पर भ (ऽ। ।) गण आने के कारण इस चार चरणों के पद्य में श्लोक छंद सिद्ध नहीं हुआ है.

15.79

तां दृष्टिविषये भर्तुर्मुनिरास्थितविष्टरः ।
कुरु निःसंशयं वत्से स्ववृत्ते लोकमित्यशात् ॥

अनुष्टुभ् श्लोक छंद

तांदृष्टि	विषये	भर्तु	त स ग ग
ऽ ऽ ।	। । ऽ	ऽ ऽ	श्यामा छंद
र्मुनिरा	स्थितवि	ष्टरः	स स ल ग
। । ऽ	। । ऽ	। ऽ	कलिला छंद
कुरुनिः	संशयं	वत्से	स र ग ग
। । ऽ	ऽ । ऽ	ऽ ऽ	परिधारा छंद
स्ववृत्ते	लोकमि	त्यशात्	य र ल ग
। ऽ ऽ	ऽ । ऽ	। ऽ	भाषा छंद

15.80

अथ वाल्मीकिशिष्येण पुण्यमावर्जितं पयः ।
आचम्योदीरयामास सीता सत्यां सरस्वतीम् ॥

अनुष्टुभ् श्लोक छंद

अथवा	ल्मीकिशि	ष्येण	स र ग ल

।।ऽ	ऽ।ऽ	ऽ।	वलीकेन्दु छंद
पुण्यमा	वर्जितं	पयः	र र ल ग
ऽ।ऽ	ऽ।ऽ	।ऽ	हेमरूप छंद
आचम्यो	दीरया	मास	य र ग ल
।ऽऽ	ऽ।ऽ	ऽ।	सुचंद्रभा छंद
सीतास	त्यांसर	स्वतीम्	म र ल ग
ऽऽऽ	ऽ।ऽ	।ऽ	क्षमा छंद

15.81

वाङ्मनःकर्मभिः पत्यौ व्यभिचारो यथा न मे ।
तथा विश्वंभरे देवि मामन्तर्धातुमर्हसि ॥

अनुष्टुभ् श्लोक छंद

वाङ्मनः	कर्मभिः	पत्यौ	र र ग ग
ऽ।ऽ	ऽ।ऽ	ऽऽ	पद्ममाला छंद
व्यभिचा	रोयथा	नमे	स र ल ग
।।ऽ	ऽ।ऽ	।ऽ	शलुकलुप्त छंद
तथावि	श्वंभरे	देवि	य र ग ल
।ऽऽ	ऽ।ऽ	ऽ।	सुचंद्रभा छंद
मामन्त	र्धातुम	र्हसि	म र ल ल
ऽऽऽ	ऽ।ऽ	।ऽ *	क्षमा छंद

15.82

एवमुक्ते तया साध्व्या रन्ध्रात्सद्योभवाद्भुवः ।
शातह्रदमिव ज्योतिः प्रभामण्डलमुद्ययौ ॥

अनुष्टुभ् श्लोक छंद

एवमु	क्तेतया	साध्व्या	र र ग ग
ऽ।ऽ	ऽ।ऽ	ऽऽ	पद्ममाला छंद
रन्ध्रात्स	द्योभवा	द्भुवः	म र ल ग

ऽ ऽ ऽ	ऽ । ऽ	। ऽ	क्षमा छंद
शातह्ल	दमिव	ज्योतिः	त स ग ग
ऽ ऽ ।	। । ऽ	ऽ ऽ	श्यामा छंद
प्रभाम	ण्डलमु	द्ययौ	य स ल ग
। ऽ ऽ	। । ऽ	। ऽ	अपरिचित छंद

15.83

तत्र नागफणोत्क्षिप्तसिंहासननिषेदुषी ।
समुद्ररशना साक्षात्प्रादुरासीद्वसुंधरा ॥

अनुष्टुभ् श्लोक छंद

तत्रना	गफणो	त्क्षिप्त	र स ग ल
ऽ । ऽ	। । ऽ	ऽ ।	गाथ छंद
सिंहास	ननिषे	दुषी	त स ल ग
ऽ ऽ ।	। । ऽ	। ऽ	पथ्यावक्त्र छंद
समुद्र	रशना	साक्षा	ज स ग ग
। ऽ ।	। । ऽ	ऽ ऽ	भांर्गी छंद
त्प्रादुरा	सीद्वसुं	धरा	र र ल ग
ऽ । ऽ	ऽ । ऽ	। ऽ	हेमरूप छंद

15.84

सा सीतामङ्कमारोप्य भर्तृप्रणिहितेक्षणाम् ।
मामेति व्याहरत्येव तस्मिन्पातालमभ्यगात् ॥

अनुष्टुभ् श्लोक छंद

सासीता	मङ्कमा	रोप्य	म र ग ल
ऽ ऽ ऽ	ऽ । ऽ	ऽ ।	मधुमालती छंद
भर्तृप्र	णिहिते	क्षणाम्	त स ल ग
ऽ ऽ ।	। । ऽ	। ऽ	पथ्यावक्त्र छंद
मामेति	व्याहर	त्येव	म र ग ल

ऽ ऽ ऽ	ऽ । ऽ	ऽ ।	मधुमालती छंद
तस्मिन्पा	तालम	भ्यगात्	म र ल ग
ऽ ऽ ऽ	ऽ । ऽ	। ऽ	क्षमा छंद

15.85

धरायां तस्य संरम्भं सीताप्रत्यर्पणैषिणः ।
गुरुर्विधिबलापेक्षी शमयामास धन्विनः ॥

अनुष्टुभ् श्लोक छंद

धरायां	तस्यसं	रम्भं	य र ग ग
। ऽ ऽ	ऽ । ऽ	ऽ ऽ	कुलाधारी छंद
सीताप्र	त्यर्पणै	षिणः	म र ल ग
ऽ ऽ ऽ	ऽ । ऽ	। ऽ	क्षमा छंद
गुरुर्वि	धिबला	पेक्षी	ज स ग ग
। ऽ ।	। । ऽ	ऽ ऽ	भांगी छंद
शमया	मासध	न्विनः	स र ल ग
। । ऽ	ऽ । ऽ	। ऽ	शलुकलुप्त छंद

15.86

ऋषीन्विसृज्य यज्ञान्ते सुहृदश्च पुरस्कृतान् ।
रामः सीतागतं स्नेहं निदधे तदपत्ययोः ॥

अनुष्टुभ् श्लोक छंद

ऋषीन्वि	सृज्यय	ज्ञान्ते	ज र ग ग
। ऽ ।	ऽ । ऽ	ऽ ऽ	यशस्करी छंद
सुहृद	श्चपुर	स्कृतान्	स स ल ग
। । ऽ	। । ऽ	। ऽ	कलिला छंद
रामःसी	तागतं	स्नेहं	म र ग ग
ऽ ऽ ऽ	ऽ । ऽ	ऽ ऽ	मधुमालती छंद
निदधे	तदप	त्ययोः	स स ल ग

। । ऽ	। । ऽ	। ऽ	कलिला छंद

15.87

युधाजितस्य संदेशात्स देशं सिन्धुनामकम् ।
ददौ दत्तप्रभावाय भरताय भृतप्रजः ॥

अनुष्टुभ् श्लोक छंद

युधाजि	तस्यसं	देशा	ज र ग ग
। ऽ ।	ऽ । ऽ	ऽ ऽ	यशस्करी छंद
त्सदेशं	सिन्धुना	मकम्	य र ल ग
। ऽ ऽ	ऽ । ऽ	। ऽ	भाषा छंद
ददौद	त्तप्रभा	वाय	म र ग ल
ऽ ऽ ऽ	ऽ । ऽ	ऽ ।	मधुमालती छंद
भरता	यभृत	प्रजः	स स ल ग
। । ऽ	। । ऽ	। ऽ	कलिला छंद

15.88

भरतस्तत्र गन्धर्वान्युधि निर्जित्य केवलम् ।
आतोद्यं ग्राहयामास समत्याजयदायुधम् ॥

अनुष्टुभ् श्लोक छंद

भरत	स्तत्रग	न्धर्वा	स र ग ग
। । ऽ	ऽ । ऽ	ऽ ऽ	परिधारा छंद
न्युधिनि	र्जित्यके	वलम्	स र ल ग
। । ऽ	ऽ । ऽ	। ऽ	शलुकलुप्त छंद
आतोद्यं	ग्राहया	मास	म र ग ल
ऽ ऽ ऽ	ऽ । ऽ	ऽ ।	मधुमालती छंद
समत्या	जयदा	युधम्	य स ल ग
। ऽ ऽ	। । ऽ	। ऽ	अपरिचित छंद

15.89

स तक्षपुष्कलौ पुत्रौ राजधान्योस्तदाख्ययोः ।
अभिषिच्याभिषेकार्हौ रामान्तिकमगात्पुनः ॥

अनुष्टुभ् श्लोक छंद

सतक्ष	पुष्कलौ	पुत्रौ	ज र ग ग
।ऽ।	ऽ।ऽ	ऽऽ	यशस्करी छंद
राजधा	न्योस्तदा	ख्ययोः	र र ल ग
ऽ।ऽ	ऽ।ऽ	।ऽ	हेमरूप छंद
अभिषि	च्याभिषे	कार्हौ	स र ग ग
।।ऽ	ऽ।ऽ	ऽऽ	परिधारा छंद
रामान्ति	कमगा	त्पुनः	त स ल ग
ऽऽ।	।।ऽ	।ऽ	पथ्यावक्त्र छंद

15.90

अङ्गदं चन्द्रकेतुं च लक्ष्मणोऽप्यात्मसंभवौ ।
शासनाद्रघुनाथस्य चक्रे कारापथेश्वरौ ॥

अनुष्टुभ् श्लोक छंद

अङ्गदं	चन्द्रके	तुंच	र र ग ल
ऽ।ऽ	ऽ।ऽ	ऽ।	लक्ष्मी छंद
लक्ष्मणो	प्यात्मसं	भवौ	र र ल ग
ऽ।ऽ	ऽ।ऽ	।ऽ	हेमरूप छंद
शासना	द्रघुना	थस्य	र स ग ल
ऽ।ऽ	।।ऽ	ऽ।	गाथ छंद
चक्रेका	रापथे	श्वरौ	म र ल ग
ऽऽऽ	ऽ।ऽ	।ऽ	क्षमा छंद

15.91

इत्यारोपितपुत्रास्ते जननीनां जनेश्वराः ।
भर्तृलोकप्रपन्नानां निवापान्विदधुः क्रमात् ॥

अनुष्टुभ् श्लोक छंद

इत्यारो	पितपु	त्रास्ते	म स ग ग
ऽ ऽ ऽ	। । ऽ	ऽ ऽ	वक्त्र छंद
जननी	नांजने	श्वराः	स र ल ग
। । ऽ	ऽ । ऽ	। ऽ	शलुकलुप्त छंद
भर्तृलो	कप्रप	न्नानां	र र ग ग
ऽ । ऽ	ऽ । ऽ	ऽ ऽ	पद्ममाला छंद
निवापा	न्विदधुः	क्रमात्	य स ल ग
। ऽ ऽ	। । ऽ	। ऽ	अपरिचित छंद

15.92

उपेत्य मुनिवेषोऽथ कालः प्रोवाच राघवम् ।
रहःसंवादिनौ पश्येदावां यस्तं त्यजेरिति ॥

अनुष्टुभ् श्लोक छंद

उपेत्य	मुनिवे	षोथ	ज स ग ल
। ऽ ।	। । ऽ	ऽ ।	भांर्गी छंद
कालःप्रो	वाचरा	घवम्	म र ल ग
ऽ ऽ ऽ	ऽ । ऽ	। ऽ	क्षमा छंद
रहःसं	वादिनौ	पश्ये	य र ग ग
। ऽ ऽ	ऽ । ऽ	ऽ ऽ	कुलाधारी छंद
दावांय	स्तंत्यजे	रिति	म र ल ग
ऽ ऽ ऽ	ऽ । ऽ	। ऽ *	क्षमा छंद

15.93

तथेति प्रतिपन्नाय विवृतात्मा नृपाय सः ।
आचख्यौ दिवमध्यास्व शासनात्परमेष्ठिनः ॥

अनुष्टुभ् श्लोक छंद

तथेति	प्रतिप	न्नाय	य स ग ल

। ऽ ऽ	। । ऽ	ऽ ।	मनोला छंद
विवृता	त्मानृपा	यसः	स र ल ग
। । ऽ	ऽ । ऽ	। ऽ	शलुकलुप्त छंद
आचख्यौ	दिवम	ध्यास्व	म स ग ल
ऽ ऽ ऽ	। । ऽ	ऽ ।	वक्त्र छंद
शासना	त्परमे	ष्ठिनः	र स ल ग
ऽ । ऽ	। । ऽ	। ऽ	पथ्यावक्त्र छंद

15.94

विद्वानपि तयोर्द्वाःस्थः समयं लक्ष्मणोऽभिनत् ।
भीतो दुर्वाससः शापाद्रामसंदर्शनार्थिना ॥

अनुष्टुभ् श्लोक छंद

विद्वान	पितयो	र्द्वाःस्थः	त स ग ग
ऽ ऽ ।	। । ऽ	ऽ ऽ	श्यामा छंद
समयं	लक्ष्मणो	भिनत्	स र ल ग
। । ऽ	ऽ । ऽ	। ऽ	शलुकलुप्त छंद
भीतोदु	र्वाससः	शापा	म र ग ग
ऽ ऽ ऽ	ऽ । ऽ	ऽ ऽ	मधुमालती छंद
द्रामसं	दर्शना	र्थिना	र र ल ग
ऽ । ऽ	ऽ । ऽ	। ऽ	हेमरूप छंद

15.95

स गत्वा सरयूतीरं देहत्यागेन योगवित् ।
चकारावितथां भ्रातुः प्रतिज्ञां पूर्वजन्मनः ॥

अनुष्टुभ् श्लोक छंद

सगत्वा	सरयू	तीरं	य स ग ग
। ऽ ऽ	। । ऽ	ऽ ऽ	मनोला छंद
देहत्या	गेनयो	गवित्	र र ल ग

ऽ । ऽ	ऽ । ऽ	। ऽ	हेमरूप छंद
चकारा	वितथां	भ्रातुः	य स ग ग
। ऽ ऽ	। । ऽ	ऽ ऽ	मनोला छंद
प्रतिज्ञां	पूर्वज	न्मनः	य र ल ग
। ऽ ऽ	ऽ । ऽ	। ऽ	भाषा छंद

15.96

तस्मिन्नात्मचतुर्भागे प्राङ्नाकमधितस्थुषि ।
राघवः शिथिलं तस्थौ भुवि धर्मस्त्रिपादिव ॥

अनुष्टुभ् श्लोक छंद

तस्मिन्ना	त्मचतु	र्भागे	म स ग ग
ऽ ऽ ऽ	। । ऽ	ऽ ऽ	वक्त्र छंद
प्राङ्नाक	मधित	स्थुषि	त स ल ग
ऽ ऽ ।	। । ऽ	। ऽ *	पथ्यावक्त्र छंद
राघवः	शिथिलं	तस्थौ	र स ग ग
ऽ । ऽ	। । ऽ	ऽ ऽ	गाथ छंद
भुविध	र्मस्त्रिपा	दिव	स र ल ग
। । ऽ	ऽ । ऽ	। ऽ *	शलुकलुप्त छंद

15.97

स निवेश्य कुशावत्यां रिपुनागाङ्कुशं कुशम् ।
शरावत्यां सतां सूक्तैर्जनिताश्रुलवं लवम् ॥

अनुष्टुभ् श्लोक छंद

सनिवे	श्यकुशा	वत्यां	स स ग ग
। । ऽ	। । ऽ	ऽ ऽ	पंचशिखा छंद
रिपुना	गाङ्कुशं	कुशम्	स र ल ग
। । ऽ	ऽ । ऽ	। ऽ	शलुकलुप्त छंद
शराव	त्यांसतां	सूक्तै	य र ग ग

। ऽ ऽ	ऽ । ऽ	ऽ ऽ	कुलाधारी छंद
र्जनिता	श्रुलवं	लवम्	स स ल ग
। । ऽ	। । ऽ	। ऽ	कलिला छंद

15.98

उदक्प्रतस्थे स्थिरधीः सानुजोऽग्निपुरःसरः ।
अन्वितः पतिवात्सल्याद्गृहवर्जमयोध्यया ॥

श्लोकेतर अनुष्टुभ् छंद

उदक्प्र	तस्थेस्थि	रधीः	ज त ल ग
। ऽ ।	ऽ ऽ ।	। ऽ	विता छंद
सानुजो	ग्निपुरः	सरः	र स ल ग
ऽ । ऽ	। । ऽ	। ऽ	पथ्यावक्त्र छंद
अन्वितः	पतिवा	त्सल्या	र स ग ग
ऽ । ऽ	। । ऽ	ऽ ऽ	गाथ छंद
द्गृहव	र्जमयो	ध्यया	स स ल ग
। । ऽ	। । ऽ	। ऽ	कलिला छंद

पाद टिप्पणी :

इस अनुष्टुभ् छंद के विषम चरण 1 में पहले चार अक्षरों के बाद य गण (। ऽ ऽ) के स्थान पर भ (ऽ । ।) गण आने के कारण इस चार चरणों के पद्य में श्लोक छंद सिद्ध नहीं हुआ है.

15.99

जगृहुस्तस्य चित्तज्ञाः पदवीं हरिराक्षसाः ।
कदम्बमुकुलस्थूलैरभिवृष्टां प्रजाश्रुभिः ॥

अनुष्टुभ् श्लोक छंद

जगृहु	स्तस्यचि	त्तज्ञाः	स र ग ग
। । ऽ	ऽ । ऽ	ऽ ऽ	परिधारा छंद
पदवीं	हरिरा	क्षसाः	स स ल ग
। । ऽ	। । ऽ	। ऽ	कलिला छंद

कालिदास के बृहत् महाकाव्य रघुवंश की छंद मीमांसा

कदम्ब	मुकुल	स्थूलै	ज स ग ग
। ऽ ।	। । ऽ	ऽ ऽ	भांर्गी छंद
रभिवृ	ष्टांप्रजा	श्रुभिः	स र ल ग
। । ऽ	ऽ । ऽ	। ऽ	शलुकलुप्त छंद

15.100

उपस्थितविमानेन तेन भक्तानुकम्पिना ।
चक्रे त्रिदिवनिःश्रेणिः सरयूरनुयायिनाम् ॥

अनुष्टुभ् श्लोक छंद

उपस्थि	तविमा	नेन	ज स ग ल
। ऽ ।	। । ऽ	ऽ ।	भांर्गी छंद
तेनभ	क्तानुक	म्पिना	र र ल ग
ऽ । ऽ	ऽ । ऽ	। ऽ	हेमरूप छंद
चक्रेत्रि	दिवनिः	श्रेणिः	त स ग ग
ऽ ऽ ।	। । ऽ	ऽ ऽ	श्यामा छंद
सरयू	रनुया	यिनाम्	स स ल ग
। । ऽ	। । ऽ	। ऽ	कलिला छंद

15.101

यद्गोप्रतरकल्पोऽभूत्संमर्दस्तत्र मज्जताम् ।
अतस्तदाख्यया तीर्थं पावनं भुवि पप्रथे ॥

अनुष्टुभ् श्लोक छंद

यद्गोप्र	तरक	ल्पोभू	त स ग ग
ऽ ऽ ।	। । ऽ	ऽ ऽ	श्यामा छंद
त्संमर्द	स्तत्रम	ज्जताम्	म र ल ग
ऽ ऽ ऽ	ऽ । ऽ	। ऽ	क्षमा छंद
अतस्त	दाख्यया	तीर्थं	ज र ग ग
। ऽ ।	ऽ । ऽ	ऽ ऽ	यशस्करी छंद

664

पावनं	भुविप	प्रथे	र स ल ग
ऽ । ऽ	। । ऽ	। ऽ	पथ्यावक्त्र छंद

15.102

स विभुर्विबुधांशेषु प्रतिपन्नात्ममूर्तिषु ।
त्रिदशीभूतपौराणां स्वर्गान्तिरमकल्पयत् ॥

अनुष्टुभ् श्लोक छंद

सविभु	र्विबुधां	शेषु	स स ग ग
। । ऽ	। । ऽ	ऽ ऽ	पंचशिखा छंद
प्रतिप	न्नात्ममू	र्तिषु	स र ल ग
। । ऽ	ऽ । ऽ	। ऽ *	शलुकलुप्त छंद
त्रिदशी	भूतपौ	राणां	स र ग ग
। । ऽ	ऽ । ऽ	ऽ ऽ	परिधारा छंद
स्वर्गान्ति	रमक	ल्पयत्	त स ल ग
ऽ ऽ ।	। । ऽ	। ऽ	पथ्यावक्त्र छंद

15.103

निर्वर्त्यैवं दशमुखशिरश्छेदकार्यं सुराणां
विष्वक्सेनः स्वतनुमविशत्सर्वलोकप्रतिष्ठाम् ।
लङ्कानाथं पवनतनयं चोभयं स्थापयित्वा
कीर्तिस्तम्भद्वयमिव गिरौ दक्षिणे चोत्तरे च ॥

मंदाक्रांता छंद (म भ न त त ग ग)

निर्वर्त्यै	वंदश	मुखशि	रश्छेद	कार्यंसु	राणां
ऽ ऽ ।	ऽ । ।	। । ।	ऽ ऽ ।	ऽ ऽ ।	ऽ ऽ
विष्वक्से	नःस्वत	नुमवि	शत्सर्व	लोकप्र	तिष्ठाम्
ऽ ऽ ।	ऽ । ।	। । ।	ऽ ऽ ।	ऽ ऽ ।	ऽ ऽ
लङ्काना	थंपव	नतन	यंचोभ	यंस्थाप	यित्वा
ऽ ऽ ।	ऽ । ।	। । ।	ऽ ऽ ।	ऽ ऽ ।	ऽ ऽ
कीर्तिस्त	म्भद्वय	मिवगि	रौदक्षि	णेचोत्त	रेच

ऽ ऽ ।	ऽ । ।	। । ।	ऽ ऽ ।	ऽ ऽ ।	ऽ ऽ *

इति श्रीरघुवंशे महाकाव्ये कविश्रीकालिदासकृतौ श्रीरामस्वर्गारोहणो नाम पञ्चदशः सर्गः ॥

रघुवंश सर्ग - 16

* कुमुद्वती नागकन्या *

16.1

अथेतरे सप्तरघुप्रवीरा ज्येष्ठं पुरोजन्मतया गुणैश्च ।
चक्रुः कुशं रत्नविशेषभाजं सौभ्रात्रमेषां हि कुलानुकारि ॥

उपेन्द्रवज्रा, इंद्रवज्रा, इंद्रवज्रा, इंद्रवज्रा उपजाति छंद

अथेत	रेसप्त	रघुप्र	वीरा	
। ऽ ।	ऽ ऽ ।	। ऽ ।	ऽ ऽ	उपेन्द्रवज्रा
ज्येष्ठंपु	रोजन्म	तयागु	णैश्च	
ऽ ऽ ।	ऽ ऽ ।	। ऽ ।	ऽ ऽ *	इंद्रवज्रा
चक्रुःकु	शंरत्न	विशेष	भाजं	
ऽ ऽ ।	ऽ ऽ ।	। ऽ ।	ऽ ऽ	इंद्रवज्रा
सौभ्रात्र	मेषांहि	कुलानु	कारि	
ऽ ऽ ।	ऽ ऽ ।	। ऽ ।	ऽ ऽ *	इंद्रवज्रा

16.2

ते सेतुवार्तागजबन्धमुखैरभ्युच्छ्रिताः कर्मभिरप्यवन्ध्यैः ।
अन्योन्यदेशप्रविभागसीमां वेलां समुद्रा इव न व्यतीयुः ॥

कालिदास के बृहत् महाकाव्य रघुवंश की छंद मीमांसा

इंद्रवज्रा छंद (त त ज ग ग)

तेसेतु	वार्तागि	जबन्ध	मुखै	
ऽ ऽ ।	ऽ ऽ ।	। ऽ ।	ऽ ऽ	इंद्रवज्रा
रभ्युच्छ्रि	ताःकर्म	भिरप्य	वन्ध्यैः	
ऽ ऽ ।	ऽ ऽ ।	। ऽ ।	ऽ ऽ	इंद्रवज्रा
अन्योन्य	देशप्र	विभाग	सीमां	
ऽ ऽ ।	ऽ ऽ ।	। ऽ ।	ऽ ऽ	इंद्रवज्रा
वेलांस	मुद्राइ	वनव्य	तीयुः	
ऽ ऽ ।	ऽ ऽ ।	। ऽ ।	ऽ ऽ	इंद्रवज्रा

16.3

चतुर्भुजांशप्रभवः स तेषां दानप्रवृत्तेरनुपारतानाम् ।
सुरद्विपानामिव सामयोनिर्भिन्नोऽष्टधा विप्रससार वंशः ॥

उपेन्द्रवज्रा, इंद्रवज्रा, उपेन्द्रवज्रा, इंद्रवज्रा उपजाति छंद

चतुर्भु	जांशप्र	भवःस	तेषां	
। ऽ ।	ऽ ऽ ।	। ऽ ।	ऽ ऽ	उपेन्द्रवज्रा
दानप्र	वृत्तेर	नुपार	तानाम्	
ऽ ऽ ।	ऽ ऽ ।	। ऽ ।	ऽ ऽ	इंद्रवज्रा
सुरद्वि	पानामि	वसाम	योनि	
। ऽ ।	ऽ ऽ ।	। ऽ ।	ऽ ऽ	उपेन्द्रवज्रा
र्भिन्नोष्ट	धाविप्र	ससार	वंशः	
ऽ ऽ ।	ऽ ऽ ।	। ऽ ।	ऽ ऽ	इंद्रवज्रा

16.4

अथार्धरात्रे स्तिमितप्रदीपे शय्यागृहे सुप्तजने प्रबुद्धः ।
कुशः प्रवासस्थकलत्रवेषामदृष्टपूर्वां वनितामपश्यत् ॥

उपेन्द्रवज्रा, इंद्रवज्रा, उपेन्द्रवज्रा, उपेन्द्रवज्रा उपजाति छंद

अथार्ध	रात्रेस्ति	मितप्र	दीपे	
। ऽ ।	ऽ ऽ ।	। ऽ ।	ऽ ऽ	उपेन्द्रवज्रा
शय्यागृ	हेसुप्त	जनेप्र	बुद्धः	
ऽ ऽ ।	ऽ ऽ ।	। ऽ ।	ऽ ऽ	इंद्रवज्रा
कुशःप्र	वासस्थ	कलत्र	वेषा	
। ऽ ।	ऽ ऽ ।	। ऽ ।	ऽ ऽ	उपेन्द्रवज्रा
मदृष्ट	पूर्वांव	निताम	पश्यत्	
। ऽ ।	ऽ ऽ ।	। ऽ ।	ऽ ऽ	उपेन्द्रवज्रा

16.5

सा साधुसाधारणपार्थिवर्द्धेः स्थित्वा पुरस्तात्पुरहूतभासः ।
जेतुः परेषां जयशब्दपूर्वं तस्याञ्जलिं बन्धुमतो बबन्ध ॥

इंद्रवज्रा छंद (त त ज ग ग)

सासाधु	साधार	णपार्थि	वर्द्धेः	
ऽ ऽ ।	ऽ ऽ ।	। ऽ ।	ऽ ऽ	इंद्रवज्रा
स्थित्वापु	रस्तात्पु	रहूत	भासः	
ऽ ऽ ।	ऽ ऽ ।	। ऽ ।	ऽ ऽ	इंद्रवज्रा
जेतुःप	रेषांज	यशब्द	पूर्वं	
ऽ ऽ ।	ऽ ऽ ।	। ऽ ।	ऽ ऽ	इंद्रवज्रा
तस्याञ्ज	लिंबन्धु	मतोब	बन्ध	
ऽ ऽ ।	ऽ ऽ ।	। ऽ ।	ऽ ऽ *	इंद्रवज्रा

16.6

अथानपोढार्गलमप्यगारं छायामिवादर्शतलं प्रविष्टाम् ।
सविस्मयो दाशरथेस्तनूजः प्रोवाच पूर्वार्धविसृष्टतल्पः ॥

उपेन्द्रवज्रा, इंद्रवज्रा, उपेन्द्रवज्रा, इंद्रवज्रा उपजाति छंद

अथान	पोढार्ग	लमप्य	गारं	
। ऽ ।	ऽ ऽ ।	। ऽ ।	ऽ ऽ	उपेन्द्रवज्रा

छायामि	वादर्श	तलंप्र	विष्टाम्	
ऽ ऽ ।	ऽ ऽ ।	। ऽ ।	ऽ ऽ	इंद्रवज्रा
सविस्म	योदाश	रथेस्त	नूजः	
। ऽ ।	ऽ ऽ ।	। ऽ ।	ऽ ऽ	उपेन्द्रवज्रा
प्रोवाच	पूर्वार्ध	विसृष्ट	तल्पः	
ऽ ऽ ।	ऽ ऽ ।	। ऽ ।	ऽ ऽ	इंद्रवज्रा

16.7

लब्धान्तरा सावरणेऽपि गेहे योगप्रभावो न च लक्ष्यते ते ।
बिभर्षि चाकारमनिर्वृतानां मृणालिनी हैममिवोपरागम् ॥

इंद्रवज्रा, इंद्रवज्रा, उपेन्द्रवज्रा, उपेन्द्रवज्रा उपजाति छंद

लब्धान्त	रासाव	रणेपि	गेहे	
ऽ ऽ ।	ऽ ऽ ।	। ऽ ।	ऽ ऽ	इंद्रवज्रा
योगप्र	भावोन	चलक्ष्य	तेते	
ऽ ऽ ।	ऽ ऽ ।	। ऽ ।	ऽ ऽ	इंद्रवज्रा
बिभर्षि	चाकार	मनिर्वृ	तानां	
। ऽ ।	ऽ ऽ ।	। ऽ ।	ऽ ऽ	उपेन्द्रवज्रा
मृणालि	नीहैम	मिवोप	रागम्	
। ऽ ।	ऽ ऽ ।	। ऽ ।	ऽ ऽ	उपेन्द्रवज्रा

16.8

का त्वं शुभे कस्य परिग्रहो वा किं वा मदभ्यागमकारणं ते ।
आचक्ष्व मत्वा वशिनां रघूणां मनः परस्त्रीविमुखप्रवृत्तिः ॥

इंद्रवज्रा, इंद्रवज्रा, इंद्रवज्रा, उपेन्द्रवज्रा उपजाति छंद

कात्वंशु	भेकस्य	परिग्र	होवा	
ऽ ऽ ।	ऽ ऽ ।	। ऽ ।	ऽ ऽ	इंद्रवज्रा
किंवाम	दभ्याग	मकार	णंते	
ऽ ऽ ।	ऽ ऽ ।	। ऽ ।	ऽ ऽ	इंद्रवज्रा

आचक्ष्व	मत्वाव	शिनांर	घूणां	
ऽ ऽ ।	ऽ ऽ ।	। ऽ ।	ऽ ऽ	इंद्रवज्रा
मनःप	रस्त्रीवि	मुखप्र	वृत्तिः	
। ऽ ।	ऽ ऽ ।	। ऽ ।	ऽ ऽ	उपेन्द्रवज्रा

16.9

तमब्रवीत्सा गुरुणानवद्या या नीतपौरा स्वपदोन्मुखेन ।
तस्याः पुरः संप्रति वीतनाथां जानीहि राजन्नधिदेवतां माम् ॥

उपेन्द्रवज्रा, इंद्रवज्रा, इंद्रवज्रा, इंद्रवज्रा उपजाति छंद

तमब्र	वीत्सागु	रुणान	वद्या	
। ऽ ।	ऽ ऽ ।	। ऽ ।	ऽ ऽ	उपेन्द्रवज्रा
यानीत	पौरास्व	पदोन्मु	खेन	
ऽ ऽ ।	ऽ ऽ ।	। ऽ ।	ऽ ऽ *	इंद्रवज्रा
तस्याःपु	रःसंप्र	तिवीत	नाथां	
ऽ ऽ ।	ऽ ऽ ।	। ऽ ।	ऽ ऽ	इंद्रवज्रा
जानीहि	राजन्न	धिदेव	तांमाम्	
ऽ ऽ ।	ऽ ऽ ।	। ऽ ।	ऽ ऽ	इंद्रवज्रा

16.10

वस्वौकसारामभिभूय साहं सौराज्यबद्धोत्सवया विभूत्या ।
समग्रशक्तौ त्वयि सूर्यवंश्ये सति प्रपन्ना करुणामवस्थाम् ॥

इंद्रवज्रा, इंद्रवज्रा, उपेन्द्रवज्रा, उपेन्द्रवज्रा उपजाति छंद

वस्वौक	साराम	भिभूय	साहं	
ऽ ऽ ।	ऽ ऽ ।	। ऽ ।	ऽ ऽ	इंद्रवज्रा
सौराज्य	बद्धोत्स	वयावि	भूत्या	
ऽ ऽ ।	ऽ ऽ ।	। ऽ ।	ऽ ऽ	इंद्रवज्रा
समग्र	शक्तौत्व	यिसूर्य	वंश्ये	
। ऽ ।	ऽ ऽ ।	। ऽ ।	ऽ ऽ	उपेन्द्रवज्रा

सतिप्र	पन्नाक	रुणाम	वस्थाम्	
। ऽ ।	ऽ ऽ ।	। ऽ ।	ऽ ऽ	उपेन्द्रवज्रा

16.11

विशीर्णतल्पाट्टशतो निवेशः पर्यस्तसालः प्रभुणा विना मे ।
विडम्बयत्यस्तनिमग्नसूर्यं दिनान्तमुग्रानिलभिन्नमेघम् ॥

उपेन्द्रवज्रा, इंद्रवज्रा, उपेन्द्रवज्रा, उपेन्द्रवज्रा उपजाति छंद

विशीर्ण	तल्पाट्ट	शतोनि	वेशः	
। ऽ ।	ऽ ऽ ।	। ऽ ।	ऽ ऽ	उपेन्द्रवज्रा
पर्यस्त	सालःप्र	भुणावि	नामे	
ऽ ऽ ।	ऽ ऽ ।	। ऽ ।	ऽ ऽ	इंद्रवज्रा
विडम्ब	यत्यस्त	निमग्न	सूर्यं	
। ऽ ।	ऽ ऽ ।	। ऽ ।	ऽ ऽ	उपेन्द्रवज्रा
दिनान्त	मुग्रानि	लभिन्न	मेघम्	
। ऽ ।	ऽ ऽ ।	। ऽ ।	ऽ ऽ	उपेन्द्रवज्रा

16.12

निशासु भास्वत्कलनूपुराणां यः संचरोऽभूदभिसारिकाणाम् ।
नदन्मुखोल्काविचितामिषाभिः स वाह्यते राजपथः शिवाभिः ॥

उपेन्द्रवज्रा, इंद्रवज्रा, उपेन्द्रवज्रा, उपेन्द्रवज्रा उपजाति छंद

निशासु	भास्वत्क	लनूपु	राणां	
। ऽ ।	ऽ ऽ ।	। ऽ ।	ऽ ऽ	उपेन्द्रवज्रा
यःसंच	रोभूद	भिसारि	काणाम्	
ऽ ऽ ।	ऽ ऽ ।	। ऽ ।	ऽ ऽ	इंद्रवज्रा
नदन्मु	खोल्कावि	चितामि	षाभिः	
। ऽ ।	ऽ ऽ ।	। ऽ ।	ऽ ऽ	उपेन्द्रवज्रा
सवाह्य	तेराज	पथःशि	वाभिः	
। ऽ ।	ऽ ऽ ।	। ऽ ।	ऽ ऽ	उपेन्द्रवज्रा

16.13

आस्फालितं यत्प्रमदाकराग्रैर्मृदङ्गधीरध्वनिमन्वगच्छत् ।
वन्यैरिदानीं महिषैस्तदम्भः शृङ्गाहतं क्रोशति दीर्घिकाणाम् ॥

इंद्रवज्रा, उपेन्द्रवज्रा, इंद्रवज्रा, इंद्रवज्रा उपजाति छंद

आस्फालि	तंयत्प्र	मदाक	राग्रै	
ऽ ऽ ।	ऽ ऽ ।	। ऽ ।	ऽ ऽ	इंद्रवज्रा
मृंदङ्ग	धीरध्व	निमन्व	गच्छत्	
। ऽ ।	ऽ ऽ ।	। ऽ ।	ऽ ऽ	उपेन्द्रवज्रा
वन्यैरि	दानींम	हिषैस्त	दम्भः	
ऽ ऽ ।	ऽ ऽ ।	। ऽ ।	ऽ ऽ	इंद्रवज्रा
शृङ्गाह	तंक्रोश	तिदीर्घि	काणाम्	
ऽ ऽ ।	ऽ ऽ ।	। ऽ ।	ऽ ऽ	इंद्रवज्रा

16.14

वृक्षेशया यष्टिनिवासभङ्गान्मृदङ्गशब्दापगमादलास्याः ।
प्राप्ता दवोल्काहतशेषबर्ह्याः क्रीडामयूरा वनबर्हिणत्वम् ॥

इंद्रवज्रा, उपेन्द्रवज्रा, इंद्रवज्रा, इंद्रवज्रा उपजा ति छं द

वृक्षेश	यायष्टि	निवास	भङ्गा	
ऽ ऽ ।	ऽ ऽ ।	। ऽ ।	ऽ ऽ	इंद्रवज्रा
न्मृदङ्ग	शब्दाप	गमाद	लास्याः	
। ऽ ।	ऽ ऽ ।	। ऽ ।	ऽ ऽ	उपेन्द्रवज्रा
प्राप्ताद	वोल्काह	तशेष	बर्ह्याः	
ऽ ऽ ।	ऽ ऽ ।	। ऽ ।	ऽ ऽ	इंद्रवज्रा
क्रीडाम	यूराव	नबर्हि	णत्वम्	
ऽ ऽ ।	ऽ ऽ ।	। ऽ ।	ऽ ऽ	इंद्रवज्रा

16.15

सूपानमार्गेषु च येषु रामा निक्षिप्तवत्यश्चरणान्सरागान् ।

सद्योहतन्यङ्कुभिरस्रदिग्धं व्याघ्रैः पदं तेषु निधीयते मे ॥

इंद्रवज्रा छंद (त त ज ग ग)

सूपान	मार्गेषु	चयेषु	रामा	
ऽ ऽ ।	ऽ ऽ ।	। ऽ ।	ऽ ऽ	इंद्रवज्रा
निक्षिप्त	वत्यश्व	रणान्स	रागान्	
ऽ ऽ ।	ऽ ऽ ।	। ऽ ।	ऽ ऽ	इंद्रवज्रा
सद्योह	तन्यङ्कु	भिरस्र	दिग्धं	
ऽ ऽ ।	ऽ ऽ ।	। ऽ ।	ऽ ऽ	इंद्रवज्रा
व्याघ्रैःप	दंतेषु	निधीय	तेमे	
ऽ ऽ ।	ऽ ऽ ।	। ऽ ।	ऽ ऽ	इंद्रवज्रा

16.16

चित्रद्विपाः पद्मवनावतीर्णाः करेणुभिर्दत्तमृणालभङ्गाः ।
नखाङ्कुशाघातविभिन्नकुम्भाः संरब्धसिंहप्रहृतं वहन्ति ॥

इंद्रवज्रा, उपेन्द्रवज्रा, उपेन्द्रवज्रा, इंद्रवज्रा उपजाति छंद

चित्रद्वि	पाःपद्म	वनाव	तीर्णाः	
ऽ ऽ ।	ऽ ऽ ।	। ऽ ।	ऽ ऽ	इंद्रवज्रा
करेणु	भिर्दत्त	मृणाल	भङ्गाः	
। ऽ ।	ऽ ऽ ।	। ऽ ।	ऽ ऽ	उपेन्द्रवज्रा
नखाङ्कु	शाघात	विभिन्न	कुम्भाः	
। ऽ ।	ऽ ऽ ।	। ऽ ।	ऽ ऽ	उपेन्द्रवज्रा
संरब्ध	सिंहप्र	हृतंव	हन्ति	
ऽ ऽ ।	ऽ ऽ ।	। ऽ ।	ऽ ऽ *	इंद्रवज्रा

16.17

स्तम्भेषु योषित्प्रतियातनानामुत्क्रान्तवर्णक्रमधूसराणाम् ।
स्तनोत्तरीयाणि भवन्ति सङ्गान्निर्मोकपट्टाः फणिभिर्विमुक्ताः ॥

इंद्रवज्रा, इंद्रवज्रा, उपेन्द्रवज्रा, इंद्रवज्रा उपजाति छंद

स्तम्भेषु	योषित्प्र	तियात	नाना	
ऽ ऽ ।	ऽ ऽ ।	। ऽ ।	ऽ ऽ	इंद्रवज्रा
मुत्क्रान्त	वर्णक्र	मधूस	राणाम्	
ऽ ऽ ।	ऽ ऽ ।	। ऽ ।	ऽ ऽ	इंद्रवज्रा
स्तनोत्त	रीयाणि	भवन्ति	सङ्गा	
। ऽ ।	ऽ ऽ ।	। ऽ ।	ऽ ऽ	उपेन्द्रवज्रा
न्निर्मोक	पट्टाःफ	णिभिर्वि	मुक्ताः	
ऽ ऽ ।	ऽ ऽ ।	। ऽ ।	ऽ ऽ	इंद्रवज्रा

16.18

कालान्तरश्यामसुधेषु नक्तमितस्ततो रूढतृणाङ्कुरेषु ।
त एव मुक्तागुणशुद्धयोऽपि हर्म्येषु मूर्च्छन्ति न चन्द्रपादाः ॥

इंद्रवज्रा, उपेन्द्रवज्रा, उपेन्द्रवज्रा, इंद्रवज्रा उपजाति छंद

कालान्त	रश्याम	सुधेषु	नक्त	
ऽ ऽ ।	ऽ ऽ ।	। ऽ ।	ऽ ऽ *	इंद्रवज्रा
मितस्त	तोरूढ	तृणाङ्कु	रेषु	
। ऽ ।	ऽ ऽ ।	। ऽ ।	ऽ ऽ *	उपेन्द्रवज्रा
तएव	मुक्तागु	णशुद्ध	योपि	
। ऽ ।	ऽ ऽ ।	। ऽ ।	ऽ ऽ *	उपेन्द्रवज्रा
हर्म्येषु	मूर्च्छन्ति	नचन्द्र	पादाः	
ऽ ऽ ।	ऽ ऽ ।	। ऽ ।	ऽ ऽ	इंद्रवज्रा

16.19

आवर्ज्य शाखां सदयं च यासां पुष्पाण्युपात्तानि विलासिनीभिः ।
वन्यैः पुलिन्दैरिव वानरैस्ताः क्लिश्यन्त उद्यानलता मदीयाः ॥

इंद्रवज्रा छंद (त त ज ग ग)

आवर्ज्य	शाखांस	दयंच	यासां	
ऽ ऽ ।	ऽ ऽ ।	। ऽ ।	ऽ ऽ	इंद्रवज्रा
पुष्पाण्यु	पात्तानि	विलासि	नीभिः	
ऽ ऽ ।	ऽ ऽ ।	। ऽ ।	ऽ ऽ	इंद्रवज्रा
वन्यैःपु	लिन्दैरि	ववान	रैस्ताः	
ऽ ऽ ।	ऽ ऽ ।	। ऽ ।	ऽ ऽ	इंद्रवज्रा
क्लिश्यन्त	उद्यान	लताम	दीयाः	
ऽ ऽ ।	ऽ ऽ ।	। ऽ ।	ऽ ऽ	इंद्रवज्रा

16.20

रात्रावनाविष्कृतदीपभासः कान्तामुखश्रीवियुता दिवापि ।
तिरस्क्रियन्ते कृमितन्तुजालैर्विच्छिन्नधूमप्रसरा गवाक्षाः ॥

इंद्रवज्रा, इंद्रवज्रा, उपेन्द्रवज्रा, इंद्रवज्रा उपजाति छंद

रात्राव	नाविष्कृ	तदीप	भासः	
ऽ ऽ ।	ऽ ऽ ।	। ऽ ।	ऽ ऽ	इंद्रवज्रा
कान्तामु	खश्रीवि	युतादि	वापि	
ऽ ऽ ।	ऽ ऽ ।	। ऽ ।	ऽ ऽ *	इंद्रवज्रा
तिरस्क्रि	यन्तेकृ	मितन्तु	जालै	
। ऽ ।	ऽ ऽ ।	। ऽ ।	ऽ ऽ	उपेन्द्रवज्रा
र्विच्छिन्न	धूमप्र	सराग	वाक्षाः	
ऽ ऽ ।	ऽ ऽ ।	। ऽ ।	ऽ ऽ	इंद्रवज्रा

16.21

बलिक्रियावर्जितसैकतानि स्नानीयसंसर्गमनाप्नुवन्ति ।
उपान्तवानीरगृहाणि दृष्ट्वा शून्यानि दूये सरयूजलानि ॥

उपेन्द्रवज्रा, इंद्रवज्रा, उपेन्द्रवज्रा, इंद्रवज्रा उपजाति छंद

बलिक्रि	यावर्जि	तसैक	तानि	
। ऽ ।	ऽ ऽ ।	। ऽ ।	ऽ ऽ	उपेन्द्रवज्रा

स्नानीय	संसर्ग	मनाप्नु	वन्ति	
ऽ ऽ ।	ऽ ऽ ।	। ऽ ।	ऽ ऽ *	इंद्रवज्रा
उपान्त	वानीर	गृहाणि	दृष्ट्वा	
। ऽ ।	ऽ ऽ ।	। ऽ ।	ऽ ऽ	उपेन्द्रवज्रा
शून्यानि	दूयेस	रयूज	लानि	
ऽ ऽ ।	ऽ ऽ ।	। ऽ ।	ऽ ऽ *	इंद्रवज्रा

16.22

तदर्हसीमां वसतिं विसृज्य मामभ्युपेतुं कुलराजधानीम् ।
हित्वा तनुं कारणमानुषीं तां यथा गुरुस्ते परमात्ममूर्तिम् ॥

उपेन्द्रवज्रा, इंद्रवज्रा, इंद्रवज्रा, उपेन्द्रवज्रा उपजाति छंद

तदर्ह	सीमांव	सतिंवि	सृज्य	
। ऽ ।	ऽ ऽ ।	। ऽ ।	ऽ ऽ *	उपेन्द्रवज्रा
मामभ्यु	पेतुंकु	लराज	धानीम्	
ऽ ऽ ।	ऽ ऽ ।	। ऽ ।	ऽ ऽ	इंद्रवज्रा
हित्वात	नुंकार	णमानु	षींतां	
ऽ ऽ ।	ऽ ऽ ।	। ऽ ।	ऽ ऽ	इंद्रवज्रा
यथागु	रुस्तेप	रमात्म	मूर्तिम्	
। ऽ ।	ऽ ऽ ।	। ऽ ।	ऽ ऽ	उपेन्द्रवज्रा

16.23

तथेति तस्याः प्रणयं प्रतीतः प्रत्यग्रहीत्प्राग्रहरो रघूणाम् ।
पूरप्यभिव्यक्तमुखप्रसादा शरीरबन्धेन तिरोबभूव ॥

उपेन्द्रवज्रा, इंद्रवज्रा, इंद्रवज्रा, उपेन्द्रवज्रा उपजाति छंद

तथेति	तस्याःप्र	णयंप्र	तीतः	
। ऽ ।	ऽ ऽ ।	। ऽ ।	ऽ ऽ	उपेन्द्रवज्रा
प्रत्यग्र	हीत्प्राग्र	हरोर	घूणाम्	
ऽ ऽ ।	ऽ ऽ ।	। ऽ ।	ऽ ऽ	इंद्रवज्रा

पूरप्य	भिव्यक्त	मुखप्र	सादा	
ऽ ऽ ।	ऽ ऽ ।	। ऽ ।	ऽ ऽ	इंद्रवज्रा
शरीर	बन्धेन	तिरोब	भूव	
। ऽ ।	ऽ ऽ ।	। ऽ ।	ऽ ऽ *	उपेन्द्रवज्रा

16.24

तदद्भुतं संसदि रात्रिवृत्तं प्रातर्द्विजेभ्यो नृपतिः शशंस ।
श्रुत्वा त एनं कुलराजधान्या साक्षात्पतित्वे वृतमभ्यनन्दन् ॥

उपेन्द्रवज्रा, इंद्रवज्रा, इंद्रवज्रा, इंद्रवज्रा उपजाति छंद

तदद्भु	तंसंस	दिरात्रि	वृत्तं	
। ऽ ।	ऽ ऽ ।	। ऽ ।	ऽ ऽ	उपेन्द्रवज्रा
प्रातर्द्वि	जेभ्योनृ	पतिःश	शंस	
ऽ ऽ ।	ऽ ऽ ।	। ऽ ।	ऽ ऽ *	इंद्रवज्रा
श्रुत्वात	एनंकु	लराज	धान्या	
ऽ ऽ ।	ऽ ऽ ।	। ऽ ।	ऽ ऽ	इंद्रवज्रा
साक्षात्प	तित्वेवृ	तमभ्य	नन्दन्	
ऽ ऽ ।	ऽ ऽ ।	। ऽ ।	ऽ ऽ	इंद्रवज्रा

16.25

कुशावतीं श्रोत्रियसात्स कृत्वा यात्रानुकूलेऽहनि सावरोधः ।
अनुद्रुतो वायुरिवाभ्रवृन्दैः सैन्यैरयोध्याभिमुखः प्रतस्थे ॥

उपेन्द्रवज्रा, इंद्रवज्रा, उपेन्द्रवज्रा, इंद्रवज्रा उपजाति छंद

कुशाव	तींश्रोत्रि	यसात्स	कृत्वा	
। ऽ ।	ऽ ऽ ।	। ऽ ।	ऽ ऽ	उपेन्द्रवज्रा
यात्रानु	कूलेह	निसाव	रोधः	
ऽ ऽ ।	ऽ ऽ ।	। ऽ ।	ऽ ऽ	इंद्रवज्रा
अनुद्रु	तोवायु	रिवाभ्र	वृन्दैः	
। ऽ ।	ऽ ऽ ।	। ऽ ।	ऽ ऽ	उपेन्द्रवज्रा

सैन्यैर	योध्याभि	मुखःप्र	तस्थे	
ऽ ऽ ।	ऽ ऽ ।	। ऽ ।	ऽ ऽ	इंद्रवज्रा

16.26

सा केतुमालोपवना बृहद्भिर्विहारशैलानुगतेव नागैः ।
सेना रथोदारगृहा प्रयाणे तस्याभवज्जंगमराजधानी ॥

इंद्रवज्रा, उपेन्द्रवज्रा, इंद्रवज्रा, इंद्रवज्रा उपजाति छंद

साकेतु	मालोप	वनाबृ	हद्भि	
ऽ ऽ ।	ऽ ऽ ।	। ऽ ।	ऽ ऽ	इंद्रवज्रा
र्विहार	शैलानु	गतेव	नागैः	
। ऽ ।	ऽ ऽ ।	। ऽ ।	ऽ ऽ	उपेन्द्रवज्रा
सेनार	थोदार	गृहाप्र	याणे	
ऽ ऽ ।	ऽ ऽ ।	। ऽ ।	ऽ ऽ	इंद्रवज्रा
तस्याभ	वज्जंग	मराज	धानी	
ऽ ऽ ।	ऽ ऽ ।	। ऽ ।	ऽ ऽ	इंद्रवज्रा

16.27

तेनातपत्रामलमण्डलेन प्रस्थापितः पूर्वनिवासभूमिम् ।
बभौ बलौघः शशिनोदितेन वेलामुदन्वानिव नीयमानः ॥

इंद्रवज्रा, इंद्रवज्रा, उपेन्द्रवज्रा, इंद्रवज्रा उपजाति छंद

तेनात	पत्राम	लमण्ड	लेन	
ऽ ऽ ।	ऽ ऽ ।	। ऽ ।	ऽ ऽ	इंद्रवज्रा
प्रस्थापि	तःपूर्व	निवास	म्	
ऽ ऽ ।	ऽ ऽ ।	। ऽ ।	ऽ ऽ	इंद्रवज्रा
बभौब	लौघःश	शिनोदि	तेन	
। ऽ ।	ऽ ऽ ।	। ऽ ।	ऽ ऽ *	उपेन्द्रवज्रा
वेलामु	दन्वानि	वनीय	मानः	
ऽ ऽ ।	ऽ ऽ ।	। ऽ ।	ऽ ऽ	इंद्रवज्रा

16.28

तस्य प्रयातस्य वरूथिनीनां पीडामपर्याप्तवतीव सोढुम् ।
वसुंधरा विष्णुपदं द्वितीयमध्यारुरोहेव रजश्छलेन ॥

इंद्रवज्रा, इंद्रवज्रा, उपेन्द्रवज्रा, इंद्रवज्रा उपजाति छंद

तस्यप्र	यातस्य	वरूथि	नीनां	
ऽ ऽ ।	ऽ ऽ ।	। ऽ ।	ऽ ऽ	इंद्रवज्रा
पीडाम	पर्याप्त	वतीव	सोढुम्	
ऽ ऽ ।	ऽ ऽ ।	। ऽ ।	ऽ ऽ	इंद्रवज्रा
वसुंध	राविष्णु	पदंद्वि	तीय	
। ऽ ।	ऽ ऽ ।	। ऽ ।	ऽ ऽ *	उपेन्द्रवज्रा
मध्यारु	रोहेव	रजश्छ	लेन	
ऽ ऽ ।	ऽ ऽ ।	। ऽ ।	ऽ ऽ *	इंद्रवज्रा

16.29

उद्यच्छमाना गमनाय पश्चात्पुरो निवेशे पथि च व्रजन्ती ।
सा यत्र सेना ददृशे नृपस्य तत्रैव सामग्र्यमतिं चकार ॥

इंद्रवज्रा, उपेन्द्रवज्रा, इंद्रवज्रा, इंद्रवज्रा उपजाति छंद

उद्यच्छ	मानाग	मनाय	पश्चा	
ऽ ऽ ।	ऽ ऽ ।	। ऽ ।	ऽ ऽ	इंद्रवज्रा
त्पुरोनि	वेशेप	थिचव्र	जन्ती	
। ऽ ।	ऽ ऽ ।	। ऽ ।	ऽ ऽ	उपेन्द्रवज्रा
सायत्र	सेनाद	दृशेनृ	पस्य	
ऽ ऽ ।	ऽ ऽ ।	। ऽ ।	ऽ ऽ *	इंद्रवज्रा
तत्रैव	सामग्र्य	मतिंच	कार	
ऽ ऽ ।	ऽ ऽ ।	। ऽ ।	ऽ ऽ *	इंद्रवज्रा

16.30

तस्य द्विपानां मदवारिसेकात्खुराभिघाताच्च तुरंगमाणाम् ।

रेणुः प्रपेदे प्रथि पङ्कभावं पङ्कोऽपि रेणुत्वमियाय नेतुः ॥

इंद्रवज्रा, उपेन्द्रवज्रा, इंद्रवज्रा, इंद्रवज्रा उपजाति छंद

तस्यद्वि	पानांम	दवारि	सेका	
ऽ ऽ ।	ऽ ऽ ।	। ऽ ।	ऽ ऽ	इंद्रवज्रा
त्खुराभि	घाताच्च	तुरंग	माणाम्	
। ऽ ।	ऽ ऽ ।	। ऽ ।	ऽ ऽ	उपेन्द्रवज्रा
रेणुःप्र	पेदेप्र	थिपङ्क	भावं	
ऽ ऽ ।	ऽ ऽ ।	। ऽ ।	ऽ ऽ	इंद्रवज्रा
पङ्कोपि	रेणुत्व	मियाय	नेतुः	
ऽ ऽ ।	ऽ ऽ ।	। ऽ ।	ऽ ऽ	इंद्रवज्रा

16.31

मार्गैषिणी सा कटकान्तरेषु वैन्ध्येषु सेना बहुधा विभिन्ना ।
चकार रेवेव महाविरावा बद्धप्रतिश्रुन्ति गुहामुखानि ॥

इंद्रवज्रा, इंद्रवज्रा, उपेन्द्रवज्रा, इंद्रवज्रा उपजाति छंद

मार्गैषि	णीसाक	टकान्त	रेषु	
ऽ ऽ ।	ऽ ऽ ।	। ऽ ।	ऽ ऽ *	इंद्रवज्रा
वैन्ध्येषु	सेनाब	हुधावि	भिन्ना	
ऽ ऽ ।	ऽ ऽ ।	। ऽ ।	ऽ ऽ	इंद्रवज्रा
चकार	रेवेव	महावि	रावा	
। ऽ ।	ऽ ऽ ।	। ऽ ।	ऽ ऽ	उपेन्द्रवज्रा
बद्धप्र	तिश्रुन्ति	गुहामु	खानि	
ऽ ऽ ।	ऽ ऽ ।	। ऽ ।	ऽ ऽ *	इंद्रवज्रा

16.32

स धातुभेदारुणयाननेमिः प्रभुः प्रयाणध्वनिमिश्रतूर्यः ।
व्यलङ्घयद्विन्ध्यमुपायनानि पश्यन्पुलिन्दैरुपपादितानि ॥

उपेन्द्रवज्रा, उपेन्द्रवज्रा, उपेन्द्रवज्रा, इंद्रवज्रा उपजाति छंद

सधातु	भेदारु	णयान	नेमिः	
। ऽ ।	ऽ ऽ ।	। ऽ ।	ऽ ऽ	उपेन्द्रवज्रा
प्रभुःप्र	याणध्व	निमिश्र	तूर्यः	
। ऽ ।	ऽ ऽ ।	। ऽ ।	ऽ ऽ	उपेन्द्रवज्रा
व्यलङ्घ	यद्विन्ध्य	मुपाय	नानि	
। ऽ ।	ऽ ऽ ।	। ऽ ।	ऽ ऽ *	उपेन्द्रवज्रा
पश्यन्पु	लिन्दैरु	पपादि	तानि	
ऽ ऽ ।	ऽ ऽ ।	। ऽ ।	ऽ ऽ *	इंद्रवज्रा

16.33

तीर्थे तदीये गजसेतुबन्धात्प्रतीपगामुत्तरतोस्य गङ्गाम् ।
अयत्नबालव्यजनीबभूवुर्हंसा नभोलङ्घनलोलपक्षाः ॥

इंद्रवज्रा, उपेन्द्रवज्रा, उपेन्द्रवज्रा, इंद्रवज्रा उपजाति छंद

तीर्थेत	दीयेग	जसेतु	बन्धा	
ऽ ऽ ।	ऽ ऽ ।	। ऽ ।	ऽ ऽ	इंद्रवज्रा
त्प्रतीप	गामुत्त	रतोस्य	गङ्गाम्	
। ऽ ।	ऽ ऽ ।	। ऽ ।	ऽ ऽ	उपेन्द्रवज्रा
अयत्न	बालव्य	जनीब	भूवु	
। ऽ ।	ऽ ऽ ।	। ऽ ।	ऽ ऽ	उपेन्द्रवज्रा
र्हंसान	भोलङ्घ	नलोल	पक्षाः	
ऽ ऽ ।	ऽ ऽ ।	। ऽ ।	ऽ ऽ	इंद्रवज्रा

16.34

स पूर्वजानां कपिलेन रोषाद्भस्मावशेषीकृतविग्रहाणाम् ।
सुरालयप्राप्तिनिमित्तमम्भस्त्रैस्रोतसं नौलुलितं ववन्दे ॥

उपेन्द्रवज्रा, इंद्रवज्रा, उपेन्द्रवज्रा, इंद्रवज्रा उपजाति छंद

सपूर्व	जानांक	पिलेन	रोषा	
। ऽ ।	ऽ ऽ ।	। ऽ ।	ऽ ऽ	उपेन्द्रवज्रा
द्रुस्माव	शेषीकृ	तविग्र	हाणाम्	
ऽ ऽ ।	ऽ ऽ ।	। ऽ ।	ऽ ऽ	इंद्रवज्रा
सुराल	यप्राप्ति	निमित्त	मम्भ	
। ऽ ।	ऽ ऽ ।	। ऽ ।	ऽ ऽ	उपेन्द्रवज्रा
स्त्रैस्त्रोत	संनौलु	लितंव	वन्दे	
ऽ ऽ ।	ऽ ऽ ।	। ऽ ।	ऽ ऽ	इंद्रवज्रा

16.35

इत्यध्वनः केचिदहोभिरन्ते कूलं समासाद्य कुशः सरय्वाः ।
वेदिप्रतिष्ठान्विततताधराणां यूपानपश्यच्छतशो रघूणाम् ॥

इंद्रवज्रा छंद (त त ज ग ग)

इत्यध्व	नःकेचि	दहोभि	रन्ते	
ऽ ऽ ।	ऽ ऽ ।	। ऽ ।	ऽ ऽ	इंद्रवज्रा
कूलंस	मासाद्य	कुशःस	रय्वाः	
ऽ ऽ ।	ऽ ऽ ।	। ऽ ।	ऽ ऽ	इंद्रवज्रा
वेदिप्र	तिष्ठान्वि	तताध	राणां	
ऽ ऽ ।	ऽ ऽ ।	। ऽ ।	ऽ ऽ	इंद्रवज्रा
यूपान	पश्यच्छ	तशोर	घूणाम्	
ऽ ऽ ।	ऽ ऽ ।	। ऽ ।	ऽ ऽ	इंद्रवज्रा

16.36

आधूय शाखाः कुसुमद्रुमाणां स्पृष्ट्वा च शीतान्सरयूतरंगान् ।
तं क्लान्तसैन्यं कुलराजधान्याः प्रत्युज्जगामोपवनान्तवायुः ॥

इंद्रवज्रा छंद (त त ज ग ग)

आधूय	शाखाःकु	सुमद्रु	माणां	
ऽ ऽ ।	ऽ ऽ ।	। ऽ ।	ऽ ऽ	इंद्रवज्रा

कालिदास के बृहत् महाकाव्य रघुवंश की छंद मीमांसा

स्पृष्ट्वाच	शीतान्स	रयूत	रंगान्	
ऽ ऽ ।	ऽ ऽ ।	। ऽ ।	ऽ ऽ	इंद्रवज्रा
तंक्लान्त	सैन्यंकु	लराज	धान्याः	
ऽ ऽ ।	ऽ ऽ ।	। ऽ ।	ऽ ऽ	इंद्रवज्रा
प्रत्युज्ज	गामोप	वनान्त	वायुः	
ऽ ऽ ।	ऽ ऽ ।	। ऽ ।	ऽ ऽ	इंद्रवज्रा

16.37

अथोपशल्ये रिपुमग्नशल्यस्तस्याः पुरः पौरसखा स राजा ।
कुलध्वजस्तानि चलध्वजानि निवेशयामास बली बलानि ॥

उपेन्द्रवज्रा, इंद्रवज्रा, उपेन्द्रवज्रा, उपेन्द्रवज्रा उपजाति छंद

अथोप	शल्येरि	पुमग्न	शल्य	
। ऽ ।	ऽ ऽ ।	। ऽ ।	ऽ ऽ	उपेन्द्रवज्रा
स्तस्याःपु	रःपौर	सखास	राजा	
ऽ ऽ ।	ऽ ऽ ।	। ऽ ।	ऽ ऽ	इंद्रवज्रा
कुलध्व	जस्तानि	चलध्व	जानि	
। ऽ ।	ऽ ऽ ।	। ऽ ।	ऽ ऽ *	उपेन्द्रवज्रा
निवेश	यामास	बलीब	लानि	
। ऽ ।	ऽ ऽ ।	। ऽ ।	ऽ ऽ *	उपेन्द्रवज्रा

16.38

तं शिल्पिसंघाः प्रभुणा नियुक्तास्तथागतां संभृतसाधनत्वात् ।
पुरं नवीचक्रुरपां विसर्गान्मेघा निदाघग्लपितामिवोर्वीम् ॥

इंद्रवज्रा, उपेन्द्रवज्रा, उपेन्द्रवज्रा, इंद्रवज्रा उपजाति छंद

तंशिल्पि	संघाःप्र	भुणानि	युक्ता	
ऽ ऽ ।	ऽ ऽ ।	। ऽ ।	ऽ ऽ	इंद्रवज्रा
स्तथाग	तांसंभृ	तसाध	नत्वात्	
। ऽ ।	ऽ ऽ ।	। ऽ ।	ऽ ऽ	उपेन्द्रवज्रा

पुरंन	वीचक्रु	रपांवि	सर्गा	
।ऽ।	ऽऽ।	।ऽ।	ऽऽ	उपेन्द्रवज्रा
न्मेघानि	दाघग्ल	पितामि	वोर्वीम्	
ऽऽ।	ऽऽ।	।ऽ।	ऽऽ	इंद्रवज्रा

16.39

ततः सपर्यां सपशूपहारां पुरः परार्घ्यप्रतिमागृहायाः ।
उपोषितैर्वास्तुविधानविद्भिर्निर्वर्तयामास रघुप्रवीरः ॥

उपेन्द्रवज्रा,उपेन्द्रवज्रा,उपेन्द्रवज्रा, इंद्रवज्रा उपजाति छंद

ततःस	पर्यांस	पशूप	हारां	
।ऽ।	ऽऽ।	।ऽ।	ऽऽ	उपेन्द्रवज्रा
पुरःप	रार्घ्यप्र	तिमागृ	हायाः	
।ऽ।	ऽऽ।	।ऽ।	ऽऽ	उपेन्द्रवज्रा
उपोषि	तैर्वास्तु	विधान	विद्भि	
।ऽ।	ऽऽ।	।ऽ।	ऽऽ	उपेन्द्रवज्रा
र्निर्वर्त	यामास	रघुप्र	वीरः	
ऽऽ।	ऽऽ।	।ऽ।	ऽऽ	इंद्रवज्रा

16.40

तस्याः स राजोपपदं निशान्तं कामीव कान्ताहृदयं प्रविश्य ।
यथार्हमन्यैरनुजीविलोकं संभावयामास यथाप्रधानम् ॥

इंद्रवज्रा, इंद्रवज्रा, उपेन्द्रवज्रा, इंद्रवज्रा उपजाति छंद

तस्याःस	राजोप	पदंनि	शान्तं	
ऽऽ।	ऽऽ।	।ऽ।	ऽऽ	इंद्रवज्रा
कामीव	कान्ताहृ	दयंप्र	विश्य	
ऽऽ।	ऽऽ।	।ऽ।	ऽऽ *	इंद्रवज्रा
यथार्ह	मन्यैर	नुजीवि	लोकं	
।ऽ।	ऽऽ।	।ऽ।	ऽऽ	उपेन्द्रवज्रा

684

संभाव	यामास	यथाप्र	धानम्	
ऽ ऽ ।	ऽ ऽ ।	। ऽ ।	ऽ ऽ	इंद्रवज्रा

16.41

सा मन्दुरासंश्रयिभिस्तुरंगैः शालाविधिस्तम्भगतैश्च नागैः ।
पूराबभासे विपणिस्थपण्या सर्वाङ्गनद्धाभरणेव नारी ॥

इंद्रवज्रा छंद (त त ज ग ग)

सामन्दु	रासंश्र	यिभिस्तु	रंगैः	
ऽ ऽ ।	ऽ ऽ ।	। ऽ ।	ऽ ऽ	इंद्रवज्रा
शालावि	धिस्तम्भ	गतैश्च	नागैः	
ऽ ऽ ।	ऽ ऽ ।	। ऽ ।	ऽ ऽ	इंद्रवज्रा
पूराब	भासेवि	पणिस्थ	पण्या	
ऽ ऽ ।	ऽ ऽ ।	। ऽ ।	ऽ ऽ	इंद्रवज्रा
सर्वाङ्ग	नद्धाभ	रणेव	नारी	
ऽ ऽ ।	ऽ ऽ ।	। ऽ ।	ऽ ऽ	इंद्रवज्रा

16.42

वसन्स तस्यां वसतौ रघूणां पुराणशोभामभिरोपितायाम् ।
न मैथिलेयः स्पृहयांबभूव भर्त्रे दिवो नाप्यलकेश्वराय ॥

उपेन्द्रवज्रा, उपेन्द्रवज्रा, उपेन्द्रवज्रा, इंद्रवज्रा उपजाति छंद

वसन्स	तस्यांव	सतौर	घूणां	
। ऽ ।	ऽ ऽ ।	। ऽ ।	ऽ ऽ	उपेन्द्रवज्रा
पुराण	शोभाम	भिरोपि	तायाम्	
। ऽ ।	ऽ ऽ ।	। ऽ ।	ऽ ऽ	उपेन्द्रवज्रा
नमैथि	लेयःस्पृ	हयांब	भूव	
। ऽ ।	ऽ ऽ ।	। ऽ ।	ऽ ऽ *	उपेन्द्रवज्रा
भर्त्रेदि	वोनाप्य	लकेश्व	राय	
ऽ ऽ ।	ऽ ऽ ।	। ऽ ।	ऽ ऽ *	इंद्रवज्रा

16.43

अथास्य रत्नग्रथितोत्तरीयमेकान्तपाण्डुस्तनलम्बिहारम् ।
निःश्वासहार्यांशुकमाजगाम घर्मः प्रियावेशमिवोपदेष्टुम् ॥

उपेन्द्रवज्रा, इंद्रवज्रा, इंद्रवज्रा, इंद्रवज्रा उपजाति छंद

अथास्य	रत्नग्र	थितोत्त	रीय	
। ऽ ।	ऽ ऽ ।	। ऽ ।	ऽ ऽ *	उपेन्द्रवज्रा
मेकान्त	पाण्डुस्त	नलम्बि	हारम्	
ऽ ऽ ।	ऽ ऽ ।	। ऽ ।	ऽ ऽ	इंद्रवज्रा
निःश्वास	हार्यांशु	कमाज	गाम	
ऽ ऽ ।	ऽ ऽ ।	। ऽ ।	ऽ ऽ *	इंद्रवज्रा
घर्मःप्रि	यावेश	मिवोप	देष्टुम्	
ऽ ऽ ।	ऽ ऽ ।	। ऽ ।	ऽ ऽ	इंद्रवज्रा

16.44

अगस्त्यचिह्नादयनात्समीपं दिगुत्तरा भास्वति संनिवृत्ते ।
आनन्दशीतामिवबाष्पवृष्टिंहिमस्त्रुतिंहैमवतींससर्ज॥

उपेन्द्रवज्रा, उपेन्द्रवज्रा, इंद्रवज्रा, उपेन्द्रवज्रा उपजाति छंद

अगस्त्य	चिह्नाद	यनात्स	मीपं	
। ऽ ।	ऽ ऽ ।	। ऽ ।	ऽ ऽ	उपेन्द्रवज्रा
दिगुत्त	राभास्व	तिसंनि	वृत्ते	
। ऽ ।	ऽ ऽ ।	। ऽ ।	ऽ ऽ	उपेन्द्रवज्रा
आनन्द	शीतामि	वबाष्प	वृष्टिं	
ऽ ऽ ।	ऽ ऽ ।	। ऽ ।	ऽ ऽ	इंद्रवज्रा
हिमस्त्रु	तिंहैम	वतींस	सर्ज	
। ऽ ।	ऽ ऽ ।	। ऽ ।	ऽ ऽ *	उपेन्द्रवज्रा

16.45

प्रवृद्धतापो दिवसोऽतिमात्रमत्यर्थमेव क्षणदा च तन्वी ।

उभौ विरोधक्रियया विभिन्नौ जायापती सानुशयाविवास्ताम् ॥

उपेन्द्रवज्रा, इंद्रवज्रा, उपेन्द्रवज्रा, इंद्रवज्रा उपजाति छंद

प्रवृद्ध	तापोदि	वसोति	मात्र	
। ऽ ।	ऽ ऽ ।	। ऽ ।	ऽ ऽ *	उपेन्द्रवज्रा
मत्यर्थ	मेवक्ष	णदाच	तन्वी	
ऽ ऽ ।	ऽ ऽ ।	। ऽ ।	ऽ ऽ	इंद्रवज्रा
उभौवि	रोधक्रि	ययावि	भिन्नौ	
। ऽ ।	ऽ ऽ ।	। ऽ ।	ऽ ऽ	उपेन्द्रवज्रा
जायाप	तीसानु	शयावि	वास्ताम्	
ऽ ऽ ।	ऽ ऽ ।	। ऽ ।	ऽ ऽ	इंद्रवज्रा

16.46

दिने दिने शैवलवन्त्यधस्तात्सोपानपर्वाणि विमुञ्चदम्भः ।
उद्दण्डपद्मं गृहदीर्घिकाणां नारीनितम्बद्वयसं बभूव ॥

उपेन्द्रवज्रा, इंद्रवज्रा, इंद्रवज्रा, इंद्रवज्रा उपजाति छंद

दिनेदि	नेशैव	लवन्त्य	धस्ता	
। ऽ ।	ऽ ऽ ।	। ऽ ।	ऽ ऽ	उपेन्द्रवज्रा
त्सोपान	पर्वाणि	विमुञ्च	दम्भः	
ऽ ऽ ।	ऽ ऽ ।	। ऽ ।	ऽ ऽ	इंद्रवज्रा
उद्दण्ड	पद्मंगृ	हदीर्घि	काणां	
ऽ ऽ ।	ऽ ऽ ।	। ऽ ।	ऽ ऽ	इंद्रवज्रा
नारीनि	तम्बद्व	यसंब	भूव	
ऽ ऽ ।	ऽ ऽ ।	। ऽ ।	ऽ ऽ *	इंद्रवज्रा

16.47

वनेषु सायंतनमल्लिकानां विजृम्भणोद्गन्धिषु कुड्मलेषु ।
प्रत्येकनिक्षिप्तपदः सशब्दं संख्यामिवैषां भ्रमरश्चकार ॥

उपेन्द्रवज्रा, उपेन्द्रवज्रा, इंद्रवज्रा, इंद्रवज्रा उपजा ति छं द

वनेषु	सायंत	नमल्लि	कानां	
। ऽ ।	ऽ ऽ ।	। ऽ ।	ऽ ऽ	उपेन्द्रवज्रा
विजृम्भ	णोद्गन्धि	षुकुड्म	लेषु	
। ऽ ।	ऽ ऽ ।	। ऽ ।	ऽ ऽ *	उपेन्द्रवज्रा
प्रत्येक	निक्षिप्त	पदःस	शब्दं	
ऽ ऽ ।	ऽ ऽ ।	। ऽ ।	ऽ ऽ	इंद्रवज्रा
संख्यामि	वैषांभ्र	मरश्च	कार	
ऽ ऽ ।	ऽ ऽ ।	। ऽ ।	ऽ ऽ *	इंद्रवज्रा

16.48

स्वेदानुविद्धार्धनखक्षताङ्के भूयिष्ठसंदिष्टशिखं कपोले ।
च्युतं न कर्णादपि कामिनीनां शिरीषपुष्पं सहसा पपात ॥

इंद्रवज्रा, इंद्रवज्रा, उपेन्द्रवज्रा, उपेन्द्रवज्रा उपजाति छंद

स्वेदानु	विद्धार्ध	नखक्ष	ताङ्के	
ऽ ऽ ।	ऽ ऽ ।	। ऽ ।	ऽ ऽ	इंद्रवज्रा
भूयिष्ठ	संदिष्ट	शिखंक	पोले	
ऽ ऽ ।	ऽ ऽ ।	। ऽ ।	ऽ ऽ	इंद्रवज्रा
च्युतंन	कर्णाद	पिकामि	नीनां	
। ऽ ।	ऽ ऽ ।	। ऽ ।	ऽ ऽ	उपेन्द्रवज्रा
शिरीष	पुष्पंस	हसाप	पात	
। ऽ ।	ऽ ऽ ।	। ऽ ।	ऽ ऽ *	उपेन्द्रवज्रा

16.49

यन्त्रप्रवाहैः शिशिरैः परीतान्रसेन धौतान्मलयोद्भवस्य ।
शिलाविशेषान्यधिशय्य निन्युर्धारागृहेष्वातपमृद्धिवन्तः ॥

इंद्रवज्रा, उपेन्द्रवज्रा, उपेन्द्रवज्रा, इंद्रवज्रा उपजाति छंद

यन्त्रप्र	वाहैःशि	शिरैःप	रीता	

ऽ ऽ ।	ऽ ऽ ।	। ऽ ।	ऽ ऽ	इंद्रवज्रा
न्त्रसेन	धौतान्म	लयोद्धृ	वस्य	
। ऽ ।	ऽ ऽ ।	। ऽ ।	ऽ ऽ	उपेन्द्रवज्रा
शिलावि	शेषान्य	धिशय्य	निन्यु	
। ऽ ।	ऽ ऽ ।	। ऽ ।	ऽ ऽ *	उपेन्द्रवज्रा
र्धारागृ	हेष्वात	पमृद्धि	वन्तः	
ऽ ऽ ।	ऽ ऽ ।	। ऽ ।	ऽ ऽ	इंद्रवज्रा

16.50

स्नानार्द्रमुक्तेष्वनुधूपवासं विन्यस्तसायंतनमल्लिकेषु ।
कामो वसन्तात्ययमन्दवीर्यः केशेषु लेभे बलमङ्गनानाम् ॥

इंद्रवज्रा छंद (त त ज ग ग)

स्नानार्द्र	मुक्तेष्व	नुधूप	वासं	
ऽ ऽ ।	ऽ ऽ ।	। ऽ ।	ऽ ऽ	इंद्रवज्रा
विन्यस्त	सायंत	नमल्लि	केषु	
ऽ ऽ ।	ऽ ऽ ।	। ऽ ।	ऽ ऽ *	इंद्रवज्रा
कामोव	सन्तात्य	यमन्द	वीर्यः	
ऽ ऽ ।	ऽ ऽ ।	। ऽ ।	ऽ ऽ	इंद्रवज्रा
केशेषु	लेभेब	लमङ्ग	नानाम्	
ऽ ऽ ।	ऽ ऽ ।	। ऽ ।	ऽ ऽ	इंद्रवज्रा

16.51

आपिञ्जरा बद्धरजःकणत्वान्मञ्जुर्युदारा शुशुभेऽर्जुनस्य ।
दग्ध्वापि देहं गिरिशेन रोषात्खण्डीकृता ज्येव मनोभवस्य ॥

इंद्रवज्रा छंद (त त ज ग ग)

आपिञ्ज	राबद्ध	रजःक	णत्वा	
ऽ ऽ ।	ऽ ऽ ।	। ऽ ।	ऽ ऽ	इंद्रवज्रा
न्मञ्जुर्यु	दाराशु	शुभेर्जु	नस्य	

ऽ ऽ ।	ऽ ऽ ।	। ऽ ।	ऽ ऽ *	इंद्रवज्रा
दग्ध्वापि	देहंगि	रिशेन	रोषा	
ऽ ऽ ।	ऽ ऽ ।	। ऽ ।	ऽ ऽ	इंद्रवज्रा
त्खण्डीकृ	ताज्येव	मनोभ	वस्य	
ऽ ऽ ।	ऽ ऽ ।	। ऽ ।	ऽ ऽ *	इंद्रवज्रा

16.52

मनोज्ञगन्धं सहकारभङ्गं पुराणशीधुं नवपाटलं च ।
संबध्नता कामिजनेषु दोषाः सर्वे निदाघावधिना प्रमृष्टाः ॥

उपेन्द्रवज्रा, उपेन्द्रवज्रा, इंद्रवज्रा, इंद्रवज्रा उपजाति छंद

मनोज्ञ	गन्धंस	हकार	भङ्गं	
। ऽ ।	ऽ ऽ ।	। ऽ ।	ऽ ऽ	उपेन्द्रवज्रा
पुराण	शीधुंन	वपाट	लंच	
। ऽ ।	ऽ ऽ ।	। ऽ ।	ऽ ऽ *	उपेन्द्रवज्रा
संबध्न	ताकामि	जनेषु	दोषाः	
ऽ ऽ ।	ऽ ऽ ।	। ऽ ।	ऽ ऽ	इंद्रवज्रा
सर्वेनि	दाघाव	धिनाप्र	मृष्टाः	
ऽ ऽ ।	ऽ ऽ ।	। ऽ ।	ऽ ऽ	इंद्रवज्रा

16.53

जनस्य तस्मिन्समये विगाढे बभूवतुर्द्वौ सविशेषकान्तौ ।
तापापनोदक्षमपादसेवौ स चोदयस्थौ नृपतिः शशी च ॥

उपेन्द्रवज्रा, उपेन्द्रवज्रा, इंद्रवज्रा, इंद्रवज्रा उपजाति छंद

जनस्य	तस्मिन्स	मयेवि	गाढे	
। ऽ ।	ऽ ऽ ।	। ऽ ।	ऽ ऽ	उपेन्द्रवज्रा
बभूव	तुर्द्वौस	विशेष	कान्तौ	
। ऽ ।	ऽ ऽ ।	। ऽ ।	ऽ ऽ	उपेन्द्रवज्रा
तापाप	नोदक्ष	मपाद	सेवौ	

ऽ ऽ ।	ऽ ऽ ।	। ऽ ।	ऽ ऽ	इंद्रवज्रा
सचोद	यस्थौनृ	पतिःश	शीच	
ऽ ऽ ।	ऽ ऽ ।	। ऽ ।	ऽ ऽ *	इंद्रवज्रा

16.54

अथोर्मिलोलोन्मदराजहंसे रोधोलतापुष्पवहे सरय्वाः ।
विहर्तुमिच्छा वनितासखस्य तस्याम्भसि ग्रीष्मसुखे बभूव ॥

उपेन्द्रवज्रा, इंद्रवज्रा, उपेन्द्रवज्रा, इंद्रवज्रा उपजाति छंद

अथोर्मि	लोलोन्म	दराज	हंसे	
। ऽ ।	ऽ ऽ ।	। ऽ ।	ऽ ऽ	उपेन्द्रवज्रा
रोधोल	तापुष्प	वहेस	रय्वाः	
ऽ ऽ ।	ऽ ऽ ।	। ऽ ।	ऽ ऽ	इंद्रवज्रा
विहर्तु	मिच्छाव	नितास	खस्य	
। ऽ ।	ऽ ऽ ।	। ऽ ।	ऽ ऽ *	उपेन्द्रवज्रा
तस्याम्भ	सिग्रीष्म	सुखेब	भूव	
ऽ ऽ ।	ऽ ऽ ।	। ऽ ।	ऽ ऽ *	इंद्रवज्रा

16.55

स तीरभूमौ विहितोपकार्यामानायिभिस्तामपकृष्टनक्राम् ।
विगाहितुं श्रीमहिमानुरूपं प्रचक्रमे चक्रधरप्रभावः ॥

उपेन्द्रवज्रा, इंद्रवज्रा, उपेन्द्रवज्रा, उपेन्द्रवज्रा उपजाति छंद

सतीर	भूमौवि	हितोप	कार्या	
। ऽ ।	ऽ ऽ ।	। ऽ ।	ऽ ऽ	उपेन्द्रवज्रा
मानायि	भिस्ताम	पकृष्ट	नक्राम्	
ऽ ऽ ।	ऽ ऽ ।	। ऽ ।	ऽ ऽ	इंद्रवज्रा
विगाहि	तुंश्रीम	हिमानु	रूपं	
। ऽ ।	ऽ ऽ ।	। ऽ ।	ऽ ऽ	उपेन्द्रवज्रा
प्रचक्र	मेचक्र	धरप्र	भावः	

। ऽ ।	ऽ ऽ ।	। ऽ ।	ऽ ऽ	उपेन्द्रवज्रा

16.56

सा तीरसोपानपथावतारादन्योन्यकेयूरविघट्टिनीभिः ।
सनूपुरक्षोभपदाभिरासीदुद्विग्नहंसा सरिदङ्गनाभिः ॥

इंद्रवज्रा, इंद्रवज्रा, उपेन्द्रवज्रा, इंद्रवज्रा उपजाति छंद

सातीर	सोपान	पथाव	तारा	
ऽ ऽ ।	ऽ ऽ ।	। ऽ ।	ऽ ऽ	इंद्रवज्रा
दन्योन्य	केयूर	विघट्टि	नीभिः	
ऽ ऽ ।	ऽ ऽ ।	। ऽ ।	ऽ ऽ	इंद्रवज्रा
सनूपु	रक्षोभ	पदाभि	रासी	
। ऽ ।	ऽ ऽ ।	। ऽ ।	ऽ ऽ	उपेन्द्रवज्रा
दुद्विग्न	हंसास	रिदङ्ग	नाभिः	
ऽ ऽ ।	ऽ ऽ ।	। ऽ ।	ऽ ऽ	इंद्रवज्रा

16.57

परस्पराभ्युक्षणतत्पराणां तासां नृपो मज्जनरागदर्शी ।
नौसंश्रयः पार्श्वगतां किरातीमुपात्तबालव्यजनां बभाषे ॥

उपेन्द्रवज्रा, इंद्रवज्रा, इंद्रवज्रा, उपेन्द्रवज्रा उपजाति छंद

परस्प	राभ्युक्ष	णतत्प	राणां	
। ऽ ।	ऽ ऽ ।	। ऽ ।	ऽ ऽ	उपेन्द्रवज्रा
तासांनृ	पोमज्ज	नराग	दर्शि	
ऽ ऽ ।	ऽ ऽ ।	। ऽ ।	ऽ ऽ *	इंद्रवज्रा
नौसंश्र	यःपार्श्व	गतांकि	राती	
ऽ ऽ ।	ऽ ऽ ।	। ऽ ।	ऽ ऽ	इंद्रवज्रा
मुपात्त	बालव्य	जनांब	भाषे	
। ऽ ।	ऽ ऽ ।	। ऽ ।	ऽ ऽ	उपेन्द्रवज्रा

16.58

कालिदास के बृहत् महाकाव्य रघुवंश की छंद मीमांसा

पश्यावरोधैः शतशो मदीयैर्विगाह्यमानो गलिताङ्गरागैः ।
संध्योदयः साभ्र इवेष वर्णं पुष्यत्यनेकं सरयूप्रवाहः ॥

इंद्रवज्रा, उपेन्द्रवज्रा, इंद्रवज्रा, इंद्रवज्रा उपजाति छंद

पश्याव	रोधैःश	तशोम	दीयै	
ऽ ऽ ।	ऽ ऽ ।	। ऽ ।	ऽ ऽ	इंद्रवज्रा
र्विगाह्य	मानोग	लिताङ्ग	रागैः	
। ऽ ।	ऽ ऽ ।	। ऽ ।	ऽ ऽ	उपेन्द्रवज्रा
संध्योद	यःसाभ्र	इवेष	वर्णं	
ऽ ऽ ।	ऽ ऽ ।	। ऽ ।	ऽ ऽ	इंद्रवज्रा
पुष्यत्य	नेकंस	रयूप्र	वाहः	
ऽ ऽ ।	ऽ ऽ ।	। ऽ ।	ऽ ऽ	इंद्रवज्रा

16.59

विलुप्तमन्तःपुरसुन्दरीणां यदञ्जनं नौलुलिताभिरद्भिः ।
तद्बध्नतीभिर्मदरागशोभां विलोचनेषु प्रतिमुक्तमासाम् ॥

उपेन्द्रवज्रा, उपेन्द्रवज्रा, इंद्रवज्रा, उपेन्द्रवज्रा उपजाति छंद

विलुप्त	मन्तःपु	रसुन्द	रीणां	
। ऽ ।	ऽ ऽ ।	। ऽ ।	ऽ ऽ	उपेन्द्रवज्रा
यदञ्ज	नंनौलु	लिताभि	रद्भिः	
। ऽ ।	ऽ ऽ ।	। ऽ ।	ऽ ऽ	उपेन्द्रवज्रा
तद्बध्न	तीभिर्म	दराग	शोभां	
ऽ ऽ ।	ऽ ऽ ।	। ऽ ।	ऽ ऽ	इंद्रवज्रा
विलोच	नेषुप्र	तिमुक्त	मासाम्	
। ऽ ।	ऽ ऽ ।	। ऽ ।	ऽ ऽ	उपेन्द्रवज्रा

16.60

एता गुरुश्रोणिपयोधरत्वादात्मानमुद्वोढुमशक्नुवत्यः ।
गाढाङ्गदैर्बाहुभिरप्सु बालाः क्लेशोत्तरं रागवशात्प्लवन्ते ॥

इंद्रवज्रा छंद

एतागु	रुश्रोणि	पयोध	रत्वा	
ऽ ऽ ।	ऽ ऽ ।	। ऽ ।	ऽ ऽ	इंद्रवज्रा
दात्मान	मुद्वोढु	मशक्नु	वत्यः	
ऽ ऽ ।	ऽ ऽ ।	। ऽ ।	ऽ ऽ	इंद्रवज्रा
गाढाङ्ग	दैर्बाहु	भिरप्सु	बालाः	
ऽ ऽ ।	ऽ ऽ ।	। ऽ ।	ऽ ऽ	इंद्रवज्रा
क्लेशोत्त	रंराग	वशात्प्ल	वन्ते	
ऽ ऽ ।	ऽ ऽ ।	। ऽ ।	ऽ ऽ	इंद्रवज्रा

16.61

अमी शिरीषप्रसवावतंसाः प्रभ्रंशिनो वारिविहारिणीनाम् ।
पारिप्लवाः स्रोतसि निम्नगायाः शैवाललोलांश्छलयन्ति मीनान् ॥

उपेन्द्रवज्रा, इंद्रवज्रा, इंद्रवज्रा, इंद्रवज्रा उपजाति छंद

अमीशि	रीषप्र	सवाव	तंसाः	
। ऽ ।	ऽ ऽ ।	। ऽ ।	ऽ ऽ	उपेन्द्रवज्रा
प्रभ्रंशि	नोवारि	विहारि	णीनाम्	
ऽ ऽ ।	ऽ ऽ ।	। ऽ ।	ऽ ऽ	इंद्रवज्रा
पारिप्ल	वाःस्रोत	सिनिम्न	गायाः	
ऽ ऽ ।	ऽ ऽ ।	। ऽ ।	ऽ ऽ	इंद्रवज्रा
शैवाल	लोलांश्छ	लयन्ति	मीनान्	
ऽ ऽ ।	ऽ ऽ ।	। ऽ ।	ऽ ऽ	इंद्रवज्रा

16.62

आसां जलास्फालनतत्पराणां मुक्ताफलस्पर्धिषु शीकरेषु ।
पयोधरोत्सर्पिषु शीर्यमाणः संलक्ष्यते न च्छिदुरोऽपि हारः ॥

इंद्रवज्रा, इंद्रवज्रा, उपेन्द्रवज्रा, इंद्रवज्रा उपजाति छंद

आसांज	लास्फाल	नतत्प	राणां	
ऽ ऽ ।	ऽ ऽ ।	। ऽ ।	ऽ ऽ	इंद्रवज्रा
मुक्ताफ	लस्पर्धि	षुशीक	रेषु	
ऽ ऽ ।	ऽ ऽ ।	। ऽ ।	ऽ ऽ *	इंद्रवज्रा
पयोध	रोत्सर्पि	षुशीर्य	माणः	
। ऽ ।	ऽ ऽ ।	। ऽ ।	ऽ ऽ	उपेन्द्रवज्रा
संलक्ष्य	तेनच्छि	दुरोपि	हारः	
ऽ ऽ ।	ऽ ऽ ।	। ऽ ।	ऽ ऽ	इंद्रवज्रा

16.63

आवर्तशोभा नतनाभिकान्तेर्भङ्गो भ्रुवां द्वन्द्वचराः स्तनानाम् ।
जातानि रूपावयवोपमानान्यदूरवर्तीनि विलासिनीनाम् ॥

इंद्रवज्रा, इंद्रवज्रा, इंद्रवज्रा, उपेन्द्रवज्रा उपजाति छंद

आवर्त	शोभान	तनाभि	कान्ते	
ऽ ऽ ।	ऽ ऽ ।	। ऽ ।	ऽ ऽ	इंद्रवज्रा
र्भङ्गोभ्रु	वांद्वन्द्व	चराःस्त	नानाम्	
ऽ ऽ ।	ऽ ऽ ।	। ऽ ।	ऽ ऽ	इंद्रवज्रा
जातानि	रूपाव	यवोप	माना	
ऽ ऽ ।	ऽ ऽ ।	। ऽ ।	ऽ ऽ	इंद्रवज्रा
न्यदूर	वर्तीनि	विलासि	नीनाम्	
। ऽ ।	ऽ ऽ ।	। ऽ ।	ऽ ऽ	उपेन्द्रवज्रा

16.64

तीरस्थलीबर्हिभिरुत्कलापैः प्रस्निग्धकेकैरभिनन्द्यमानम् ।
श्रोत्रेषु संमूर्च्छति रक्तमासां गीतानुगं वारिमृदङ्गवाद्यम् ॥

इंद्रवज्रा छंद (त त ज ग ग)

तीरस्थ	लीबर्हि	भिरुत्क	लापैः	
ऽ ऽ ।	ऽ ऽ ।	। ऽ ।	ऽ ऽ	इंद्रवज्रा

प्रस्निग्ध	केकैर	भिनन्द्य	मानम्	
ऽ ऽ ।	ऽ ऽ ।	। ऽ ।	ऽ ऽ	इंद्रवज्रा
श्रोत्रेषु	संमूर्च्छ	तिरक्त	मासां	
ऽ ऽ ।	ऽ ऽ ।	। ऽ ।	ऽ ऽ	इंद्रवज्रा
गीतानु	गंवारि	मृदङ्ग	वाद्यम्	
ऽ ऽ ।	ऽ ऽ ।	। ऽ ।	ऽ ऽ	इंद्रवज्रा

16.65

संदष्टवस्त्रेष्वबलानितम्बेष्विन्दुप्रकाशान्तरितोडुतुल्याः ।
अमी जलापूरितसूत्रमार्गा मौनं भजन्ते रशनाकलापाः ॥

इंद्रवज्रा, इंद्रवज्रा, उपेन्द्रवज्रा, इंद्रवज्रा उपजाति छंद

संदष्ट	वस्त्रेष्व	बलानि	तम्बे	
ऽ ऽ ।	ऽ ऽ ।	। ऽ ।	ऽ ऽ	इंद्रवज्रा
ष्विन्दुप्र	काशान्त	रितोडु	तुल्याः	
ऽ ऽ ।	ऽ ऽ ।	। ऽ ।	ऽ ऽ	इंद्रवज्रा
अमीज	लापूरि	तसूत्र	मार्गा	
। ऽ ।	ऽ ऽ ।	। ऽ ।	ऽ ऽ	उपेन्द्रवज्रा
मौनंभ	जन्तेर	शनाक	लापाः	
ऽ ऽ ।	ऽ ऽ ।	। ऽ ।	ऽ ऽ	इंद्रवज्रा

16.66

एताः करोत्पीडितवारिधारा दर्पात्सखीभिर्वदनेषु सिक्ताः ।
वक्रेतराग्रैरलकैस्तरुण्यश्चूर्णारुणान्वारिलवान्वमन्ति ॥

उपेन्द्रवज्रा, इंद्रवज्रा, इंद्रवज्रा, इंद्रवज्रा उपजाति छंद

एताःक	रोत्पीडि	तवारि	धारा	
। ऽ ।	ऽ ऽ ।	। ऽ ।	ऽ ऽ	उपेन्द्रवज्रा
दर्पात्स	खीभिर्व	दनेषु	सिक्ताः	
ऽ ऽ ।	ऽ ऽ ।	। ऽ ।	ऽ ऽ	इंद्रवज्रा

वक्रेत	राग्रैर	लकैस्त	रुण्य	
ऽ ऽ ।	ऽ ऽ ।	। ऽ ।	ऽ ऽ	इंद्रवज्रा
श्चूर्णारु	णान्वारि	लवान्व	मन्ति	
ऽ ऽ ।	ऽ ऽ ।	। ऽ ।	ऽ ऽ *	इंद्रवज्रा

16.67

उद्बन्धकेशच्च्युतपत्रलेखो विश्लेषिमुक्ताफलपत्रवेष्टः ।
मनोज्ञ एव प्रमदामुखानामम्भोविहाराकुलितोऽपि वेषः ॥

इंद्रवज्रा, इंद्रवज्रा, उपेन्द्रवज्रा, इंद्रवज्रा उपजाति छंद

उद्बन्ध	केशच्च्यु	तपत्र	लेखो	
ऽ ऽ ।	ऽ ऽ ।	। ऽ ।	ऽ ऽ	इंद्रवज्रा
विश्लेषि	मुक्ताफ	लपत्र	वेष्टः	
ऽ ऽ ।	ऽ ऽ ।	। ऽ ।	ऽ ऽ	इंद्रवज्रा
मनोज्ञ	एवप्र	मदामु	खाना	
। ऽ ।	ऽ ऽ ।	। ऽ ।	ऽ ऽ	उपेन्द्रवज्रा
मम्भोवि	हाराकु	लितोपि	वेषः	
ऽ ऽ ।	ऽ ऽ ।	। ऽ ।	ऽ ऽ	इंद्रवज्रा

16.68

स नौविमानादवतीर्य रेमे विलोलहारः सह ताभिरप्सु ।
स्कन्धावलग्नोद्धृतपद्मिनीकः करेणुभिर्वन्य इव द्विपेन्द्रः ॥

उपेन्द्रवज्रा, उपेन्द्रवज्रा, इंद्रवज्रा, उपेन्द्रवज्रा उपजाति छंद

सनौवि	मानाद	वतीर्य	रेमे	
। ऽ ।	ऽ ऽ ।	। ऽ ।	ऽ ऽ	उपेन्द्रवज्रा
विलोल	हारःस	हताभि	रप्सु	
। ऽ ।	ऽ ऽ ।	। ऽ ।	ऽ ऽ *	उपेन्द्रवज्रा
स्कन्धाव	लग्नोद्धृ	तपद्मि	नीकः	
ऽ ऽ ।	ऽ ऽ ।	। ऽ ।	ऽ ऽ	इंद्रवज्रा

कालिदास के बृहत् महाकाव्य रघुवंश की छंद मीमांसा

करेणु	भिर्वन्य	इवद्वि	पेन्द्रः	
। ऽ ।	ऽ ऽ ।	। ऽ ।	ऽ ऽ	उपेन्द्रवज्रा

16.69

ततो नृपेणानुगताः स्त्रियस्ता भ्राजिष्णुना सातिशयं विरेजुः ।
प्रागेव मुक्ता नयनाभिरामाः प्राप्येन्द्रनीलं किमुतोन्मयूखम् ॥

उपेन्द्रवज्रा, इंद्रवज्रा, इंद्रवज्रा, इंद्रवज्रा उपजाति छंद

ततोनृ	पेणानु	गताःस्त्रि	यस्ता	
। ऽ ।	ऽ ऽ ।	। ऽ ।	ऽ ऽ	उपेन्द्रवज्रा
भ्राजिष्णु	नासाति	शयंवि	रेजुः	
ऽ ऽ ।	ऽ ऽ ।	। ऽ ।	ऽ ऽ	इंद्रवज्रा
प्रागेव	मुक्तान	यनाभि	रामाः	
ऽ ऽ ।	ऽ ऽ ।	। ऽ ।	ऽ ऽ	इंद्रवज्रा
प्राप्येन्द्र	नीलंकि	मुतोन्म	यूखम्	
ऽ ऽ ।	ऽ ऽ ।	। ऽ ।	ऽ ऽ	इंद्रवज्रा

16.70

वर्णोदकैः काञ्चनशृङ्गमुक्तैस्तमायताक्ष्यः प्रणयादसिञ्चन् ।
तथागतः सोऽतितरां बभासे सधातुनिष्यन्द इवाद्रिराजः ॥

इंद्रवज्रा, उपेन्द्रवज्रा, उपेन्द्रवज्रा, उपेन्द्रवज्रा उपजाति छंद

वर्णोद	कैःकाञ्च	नशृङ्ग	मुक्तै	
ऽ ऽ ।	ऽ ऽ ।	। ऽ ।	ऽ ऽ	इंद्रवज्रा
स्तमाय	ताक्ष्यःप्र	णयाद	सिञ्चन्	
। ऽ ।	ऽ ऽ ।	। ऽ ।	ऽ ऽ	उपेन्द्रवज्रा
तथाग	तःसोति	तरांब	भासे	
। ऽ ।	ऽ ऽ ।	। ऽ ।	ऽ ऽ	उपेन्द्रवज्रा
सधातु	निष्यन्द	इवाद्रि	राजः	
। ऽ ।	ऽ ऽ ।	। ऽ ।	ऽ ऽ	उपेन्द्रवज्रा

16.71

तेनावरोधप्रमदासखेन विगाहमानेन सरिद्वरां ताम् ।
आकाशगङ्गारतिरप्सरोभिर्वृतो मरुत्वाननुयातलीलः ॥

इंद्रवज्रा, उपेन्द्रवज्रा, इंद्रवज्रा, उपेन्द्रवज्रा उपजाति छंद

तेनाव	रोधप्र	मदास	खेन	
ऽ ऽ ।	ऽ ऽ ।	। ऽ ।	ऽ ऽ *	इंद्रवज्रा
विगाह	मानेन	सरिद्व	रांताम्	
। ऽ ।	ऽ ऽ ।	। ऽ ।	ऽ ऽ	उपेन्द्रवज्रा
आकाश	गङ्गार	तिरप्स	रोभि	
ऽ ऽ ।	ऽ ऽ ।	। ऽ ।	ऽ ऽ	इंद्रवज्रा
वृंतोम	रुत्वान	नुयात	लीली	
। ऽ ।	ऽ ऽ ।	। ऽ ।	ऽ ऽ	उपेन्द्रवज्रा

16.72

यत्कुम्भयोनेरधिगम्य रामः कुशाय राज्येन समं दिदेश ।
तदस्य जैत्राभरणं विहर्तुरज्ञातपातं सलिले ममज्ज ॥

इंद्रवज्रा, उपेन्द्रवज्रा, उपेन्द्रवज्रा, इंद्रवज्रा उपजाति छंद

यत्कुम्भ	योनेर	धिगम्य	रामः	
ऽ ऽ ।	ऽ ऽ ।	। ऽ ।	ऽ ऽ	इंद्रवज्रा
कुशाय	राज्येन	समंदि	देश	
। ऽ ।	ऽ ऽ ।	। ऽ ।	ऽ ऽ *	उपेन्द्रवज्रा
तदस्य	जैत्राभ	रणंवि	हर्तु	
। ऽ ।	ऽ ऽ ।	। ऽ ।	ऽ ऽ *	उपेन्द्रवज्रा
रज्ञात	पातंस	लिलेम	मज्ज	
ऽ ऽ ।	ऽ ऽ ।	। ऽ ।	ऽ ऽ *	इंद्रवज्रा

16.73

स्नात्वा यथाकाममसौ सदारस्तीरोपकार्यां गतमात्र एव ।

दिव्येन शून्यं वलयेन बाहुमपोढनेपथ्यविधिर्ददर्श ॥

इंद्रवज्रा, इंद्रवज्रा, इंद्रवज्रा, उपेन्द्रवज्रा उपजाति छंद

स्नात्वाय	थाकाम	मसौस	दार	
ऽ ऽ ।	ऽ ऽ ।	। ऽ ।	ऽ ऽ	इंद्रवज्रा
स्तीरोप	कायांग	तमात्र	एव	
ऽ ऽ ।	ऽ ऽ ।	। ऽ ।	ऽ ऽ *	इंद्रवज्रा
दिव्येन	शून्यंव	लयेन	बाहु	
ऽ ऽ ।	ऽ ऽ ।	। ऽ ।	ऽ ऽ *	इंद्रवज्रा
मपोढ	नेपथ्य	विधिर्द	दर्श	
। ऽ ।	ऽ ऽ ।	। ऽ ।	ऽ ऽ *	उपेन्द्रवज्रा

16.74

जयश्रियः संवननं यतस्तदामुक्तपूर्वं गुरुणा च यस्मात् ।
सेहेऽस्य न भ्रंशमतो न लोभात्स तुल्यपुष्पाभरणो हि धीरः ॥

उपेन्द्रवज्रा, इंद्रवज्रा, इंद्रवज्रा, उपेन्द्रवज्रा उपजाति छंद

जयश्रि	यःसंव	ननंय	तस्त	
। ऽ ।	ऽ ऽ ।	। ऽ ।	ऽ ऽ *	उपेन्द्रवज्रा
दामुक्त	पूर्वंगु	रुणाच	यस्मात्	
ऽ ऽ ।	ऽ ऽ ।	। ऽ ।	ऽ ऽ	इंद्रवज्रा
सेहेस्य	नभ्रंश	मतोन	लोभा	
ऽ ऽ ।	ऽ ऽ ।	। ऽ ।	ऽ ऽ	इंद्रवज्रा
त्सतुल्य	पुष्पाभ	रणोहि	धीरः	
। ऽ ।	ऽ ऽ ।	। ऽ ।	ऽ ऽ	उपेन्द्रवज्रा

16.75

ततः समाज्ञापयदाशु सर्वानानायिनस्तद्विचये नदीष्णान् ।
वन्ध्यश्रमास्ते सरयूं विगाह्य तमूचुरम्लानमुखप्रसादाः ॥

उपेन्द्रवज्रा, इंद्रवज्रा, इंद्रवज्रा, उपेन्द्रवज्रा उपजाति छंद

ततःस	माज्ञाप	यदाशु	सर्वा	
। ऽ ।	ऽ ऽ ।	। ऽ ।	ऽ ऽ	उपेन्द्रवज्रा
नानायि	नस्तद्वि	चयेन	दीष्णान्	
ऽ ऽ ।	ऽ ऽ ।	। ऽ ।	ऽ ऽ	इंद्रवज्रा
वन्ध्यश्च	मास्तेस	रयूंवि	गाह्य	
ऽ ऽ ।	ऽ ऽ ।	। ऽ ।	ऽ ऽ *	इंद्रवज्रा
तमूचु	रम्लान	मुखप्र	सादाः	
। ऽ ।	ऽ ऽ ।	। ऽ ।	ऽ ऽ	उपेन्द्रवज्रा

16.76

कृतः प्रयत्नो न च देव लब्धं मग्नं पयस्याभरणोत्तमं ते ।
नागेन लौल्यात्कुमुदेन नूनमुपात्तमन्तर्ह्रदवासिना तत् ॥

उपेन्द्रवज्रा, इंद्रवज्रा, इंद्रवज्रा, उपेन्द्रवज्रा उपजाति छंद

कृतःप्र	यत्नोन	चदेव	लब्धं	
। ऽ ।	ऽ ऽ ।	। ऽ ।	ऽ ऽ	उपेन्द्रवज्रा
मग्नंप	यस्याभ	रणोत्त	मंते	
ऽ ऽ ।	ऽ ऽ ।	। ऽ ।	ऽ ऽ	इंद्रवज्रा
नागेन	लौल्यात्कु	मुदेन	नून	
ऽ ऽ ।	ऽ ऽ ।	। ऽ ।	ऽ ऽ *	इंद्रवज्रा
मुपात्त	मन्तर्ह्र	दवासि	नातत्	
। ऽ ।	ऽ ऽ ।	। ऽ ।	ऽ ऽ	उपेन्द्रवज्रा

16.77

ततः स कृत्वा धनुराततज्यं धनुर्धरः कोपविलोहिताक्षः ।
गारुत्मतं तीरगतस्तरस्वी भुजंगनाशाय समाददेऽस्त्रम् ॥

उपेन्द्रवज्रा, उपेन्द्रवज्रा, इंद्रवज्रा, उपेन्द्रवज्रा उपजाति छंद

ततःस	कृत्वाध	नुरात	तज्यं	
। ऽ ।	ऽ ऽ ।	। ऽ ।	ऽ ऽ	उपेन्द्रवज्रा
धनुर्ध	रःकोप	विलोहि	ताक्षः	
। ऽ ।	ऽ ऽ ।	। ऽ ।	ऽ ऽ	उपेन्द्रवज्रा
गारुत्म	तंतीर	गतस्त	रस्वी	
ऽ ऽ ।	ऽ ऽ ।	। ऽ ।	ऽ ऽ	इंद्रवज्रा
भुजंग	नाशाय	समाद	देस्त्रम्	
। ऽ ।	ऽ ऽ ।	। ऽ ।	ऽ ऽ	उपेन्द्रवज्रा

16.78

तस्मिन्ह्लदः संहितमात्र एव क्षोभात्समाविद्धतरंगहस्तः ।
रोधांसि निघ्नन्नवपातमग्नः करीव वन्यः परुषं ररास ॥

इंद्रवज्रा, इंद्रवज्रा, इंद्रवज्रा, उपेन्द्रवज्रा उपजाति छंद

तस्मिन्ह्ल	दःसंहि	तमात्र	एव	
ऽ ऽ ।	ऽ ऽ ।	। ऽ ।	ऽ ऽ	इंद्रवज्रा
क्षोभात्स	माविद्ध	तरंग	हस्तः	
ऽ ऽ ।	ऽ ऽ ।	। ऽ ।	ऽ ऽ	इंद्रवज्रा
रोधांसि	निघ्नन्न	वपात	मग्नः	
ऽ ऽ ।	ऽ ऽ ।	। ऽ ।	ऽ ऽ	इंद्रवज्रा
करीव	वन्यःप	रुषंर	रास	
। ऽ ।	ऽ ऽ ।	। ऽ ।	ऽ ऽ *	उपेन्द्रवज्रा

16.79

तस्मात्समुद्रादिव मथ्यमानादुद्वृत्तनक्रात्सहसोन्ममज्ज ।
लक्ष्म्येव सार्धं सुरराजवृक्षः कन्यां पुरस्कृत्य भुजंगराजः ॥

इंद्रवज्रा छंद (त त ज ग ग)

तस्मात्स	मुद्रादि	वमथ्य	माना	
ऽ ऽ ।	ऽ ऽ ।	। ऽ ।	ऽ ऽ	इंद्रवज्रा

दुद्वृत्त	नक्रात्स	हसोन्म	मज्ज	
ऽ ऽ ।	ऽ ऽ ।	। ऽ ।	ऽ ऽ *	इंद्रवज्रा
लक्ष्म्येव	सार्धंसु	रराज	वृक्षः	
ऽ ऽ ।	ऽ ऽ ।	। ऽ ।	ऽ ऽ	इंद्रवज्रा
कन्यांपु	रस्कृत्य	भुजंग	राजः	
ऽ ऽ ।	ऽ ऽ ।	। ऽ ।	ऽ ऽ	इंद्रवज्रा

16.80

विभूषणप्रत्युपहारहस्तमुपस्थितं वीक्ष्य विशांपतिस्तम् ।
सौपर्णमस्त्रं प्रतिसंजहार प्रह्लेष्वनिर्बन्धरुषो हि सन्तः ॥

उपेन्द्रवज्रा, उपेन्द्रवज्रा, इंद्रवज्रा, इंद्रवज्रा उपजाति छंद

विभूष	णप्रत्यु	पहार	हस्त	
। ऽ ।	ऽ ऽ ।	। ऽ ।	ऽ ऽ *	उपेन्द्रवज्रा
मुपस्थि	तंवीक्ष्य	विशांप	तिस्तम्	
। ऽ ।	ऽ ऽ ।	। ऽ ।	ऽ ऽ	उपेन्द्रवज्रा
सौपर्ण	मस्त्रंप्र	तिसंज	हार	
ऽ ऽ ।	ऽ ऽ ।	। ऽ ।	ऽ ऽ	इंद्रवज्रा
प्रह्लेष्व	निर्बन्ध	रुषोहि	सन्तः	
ऽ ऽ ।	ऽ ऽ ।	। ऽ ।	ऽ ऽ	इंद्रवज्रा

16.81

त्रैलोक्यनाथप्रभवं प्रभावात्कुशं द्विषामङ्कुशमस्त्रविद्वान् ।
मानोन्नतेनाप्यभिवन्द्य मूर्ध्ना मूर्धाभिषिक्तं कुमुदो बभाषे ॥

इंद्रवज्रा, उपेन्द्रवज्रा, इंद्रवज्रा, इंद्रवज्रा उपजाति छंद

त्रैलोक्य	नाथप्र	भवंप्र	भावा	
ऽ ऽ ।	ऽ ऽ ।	। ऽ ।	ऽ ऽ	इंद्रवज्रा
त्कुशंद्वि	षामङ्कु	शमस्त्र	विद्वान्	
। ऽ ।	ऽ ऽ ।	। ऽ ।	ऽ ऽ	उपेन्द्रवज्रा

मानोन्न	तेनाप्य	भिवन्द्य	मूर्ध्रा	
ऽ ऽ ।	ऽ ऽ ।	। ऽ ।	ऽ ऽ	इंद्रवज्रा
मूर्धाभि	षिक्तंकु	मुदोब	भाषे	
ऽ ऽ ।	ऽ ऽ ।	। ऽ ।	ऽ ऽ	इंद्रवज्रा

16.82

अवैमि कार्यान्तरमानुषस्य विष्णोः सुताख्यामपरां तनुं त्वाम् ।
सोऽहं कथं नाम तवाचरेयमाराधनीयस्य धृतेर्विघातम् ॥

उपेन्द्रवज्रा, इंद्रवज्रा, इंद्रवज्रा, इंद्रवज्रा उपजाति छंद

अवैमि	कार्यान्त	रमानु	षस्य	
। ऽ ।	ऽ ऽ ।	। ऽ ।	ऽ ऽ *	उपेन्द्रवज्रा
विष्णोःसु	ताख्याम	परांत	नुंत्वाम्	
ऽ ऽ ।	ऽ ऽ ।	। ऽ ।	ऽ ऽ	इंद्रवज्रा
सोहंक	थंनाम	तवाच	रेय	
ऽ ऽ ।	ऽ ऽ ।	। ऽ ।	ऽ ऽ *	इंद्रवज्रा
माराध	नीयस्य	धृतेर्वि	घातम्	
ऽ ऽ ।	ऽ ऽ ।	। ऽ ।	ऽ ऽ	इंद्रवज्रा

16.83

कराभिघातोत्थितकन्दुकेयमालोक्य बालातिकुतूहलेन ।
ह्रदात्पतज्ज्योतिरिवान्तरिक्षादादत्त जैत्राभरणं त्वदीयम् ॥

उपेन्द्रवज्रा, इंद्रवज्रा, उपेन्द्रवज्रा, इंद्रवज्रा उपजाति छंद

कराभि	घातोत्थि	तकन्दु	केय	
। ऽ ।	ऽ ऽ ।	। ऽ ।	ऽ ऽ *	उपेन्द्रवज्रा
मालोक्य	बालाति	कुतूह	लेन	
ऽ ऽ ।	ऽ ऽ ।	। ऽ ।	ऽ ऽ *	इंद्रवज्रा
ह्रदात्प	तज्ज्योति	रिवान्त	रिक्षा	
। ऽ ।	ऽ ऽ ।	। ऽ ।	ऽ ऽ	उपेन्द्रवज्रा

दादत्त	जैत्राभ	रणंत्व	दीयम्	
ऽ ऽ ।	ऽ ऽ ।	। ऽ ।	ऽ ऽ	इंद्रवज्रा

16.84

तदेतदाजानुविलम्बिना ते ज्याघातरेखाकिणलाञ्छनेन ।
भुजेन रक्षापरिघेण भूमेरुपैतु योगं पुनरंसलेन ॥

उपेन्द्रवज्रा, इंद्रवज्रा, उपेन्द्रवज्रा, उपेन्द्रवज्रा उपजाति छंद

तदेत	दाजानु	विलम्बि	नाते	
। ऽ ।	ऽ ऽ ।	। ऽ ।	ऽ ऽ	उपेन्द्रवज्रा
ज्याघात	रेखाकि	णलाञ्छ	नेन	
ऽ ऽ ।	ऽ ऽ ।	। ऽ ।	ऽ ऽ *	इंद्रवज्रा
भुजेन	रक्षाप	रिघेण	भूमे	
। ऽ ।	ऽ ऽ ।	। ऽ ।	ऽ ऽ	उपेन्द्रवज्रा
रुपैतु	योगंपु	नरंस	लेन	
। ऽ ।	ऽ ऽ ।	। ऽ ।	ऽ ऽ *	उपेन्द्रवज्रा

16.85

इमां स्वसारं च यवीयसीं मे कुमुद्वतीं नार्हसि नानुमन्तुम् ।
आत्मापराधं नुदतीं चिराय शुश्रूषया पार्थिव पादयोस्ते ॥

उपेन्द्रवज्रा, उपेन्द्रवज्रा, इंद्रवज्रा, इंद्रवज्रा उपजाति छंद

इमांस्व	सारंच	यवीय	सींमे	
। ऽ ।	ऽ ऽ ।	। ऽ ।	ऽ ऽ	उपेन्द्रवज्रा
कुमुद्व	तींनार्ह	सिनानु	मन्तुम्	
। ऽ ।	ऽ ऽ ।	। ऽ ।	ऽ ऽ	उपेन्द्रवज्रा
आत्माप	राधंनु	दतींचि	राय	
ऽ ऽ ।	ऽ ऽ ।	। ऽ ।	ऽ ऽ *	इंद्रवज्रा
शुश्रूष	यापार्थि	वपाद	योस्ते	
ऽ ऽ ।	ऽ ऽ ।	। ऽ ।	ऽ ऽ	इंद्रवज्रा

16.86

इत्यूचिवानुपहृताभरणः क्षितीशं श्लाघ्यू भवान्स्वजन इत्यनुभाषितारम् ।
संयोजयां विविदास समेतबन्धुः कन्यामयेन कुमुदः कुलभूषणेन ॥

वसंततिलका छंद (त भ ज ज ग ग)

इत्यूचि	वानुप	हृताभ	रणःक्षि	तीशं
ऽ ऽ ।	ऽ । ।	। ऽ ।	। ऽ ।	ऽ ऽ
श्लाघ्यूभ	वान्स्वज	नइत्य	नुभाषि	तारम्
ऽ ऽ ।	ऽ । ।	। ऽ ।	। ऽ ।	ऽ ऽ
संयोज	यांविधि	वदास	समेत	बन्धुः
ऽ ऽ ।	ऽ । ।	। ऽ ।	। ऽ ।	ऽ ऽ
कन्याम	येनकु	मुदःकु	लभूष	णेन
ऽ ऽ ।	ऽ । ।	। ऽ ।	। ऽ ।	ऽ ऽ *

16.87

तस्याः स्पृष्टे मनुजपतिना साहचर्याय हस्ते
माङ्गल्योर्णावलयिनि पुरः पावकस्योच्छिखस्य ।
दिव्यस्तूर्यध्वनिरुदचरद्व्यश्नुवानो दिगन्ता -
न्गन्धोदग्रं तदनु ववृषुः पुष्पमाश्चर्यमेघाः ॥

मंदाक्रांता छंद (त भ न त त ग ग)

तस्याःस्पृ	ष्टेमनु	जपति	नासाह	चर्याय	हस्ते
ऽ ऽ ।	ऽ । ।	। । ।	ऽ ऽ ।	ऽ ऽ ।	ऽ ऽ
माङ्गल्यो	र्णावल	यिनिपु	रःपाव	कस्योच्छि	खस्य
ऽ ऽ ।	ऽ । ।	। । ।	ऽ ऽ ।	ऽ ऽ ।	ऽ ऽ *
दिव्यस्तू	र्यध्वनि	रुदच	रद्व्यश्नु	वानोदि	गन्ता
ऽ ऽ ।	ऽ । ।	। । ।	ऽ ऽ ।	ऽ ऽ ।	ऽ ऽ
न्गन्धोद	ग्रंतद	नुववृ	षुःपुष्प	माश्चर्य	मेघाः
ऽ ऽ ।	ऽ । ।	। । ।	ऽ ऽ ।	ऽ ऽ ।	ऽ ऽ

16.88

इत्थं नागस्त्रिभुवनगुरोरौरसं मैथिलेयं
लब्ध्वा बन्धुं तमपि च कुशः पञ्चमं तक्षकस्य ।
एकः शङ्कां पितृवधरिपोरत्यजद्वैनतेया -
च्छान्तव्यालामवनिमपरः पौरकान्तः शशास ॥

मंदाक्रांता छंद (त भ न त त ग ग)

इत्थंना	गस्त्रिभु	वनगु	रोरौर	संमैथि	लेयं
ऽ ऽ ।	ऽ । ।	। । ।	ऽ ऽ ।	ऽ ऽ ।	ऽ ऽ
लब्ध्वाब	न्धुंतम	पिचकु	शःपञ्च	मंतक्ष	कस्य
ऽ ऽ ।	ऽ । ।	। । ।	ऽ ऽ ।	ऽ ऽ ।	ऽ ऽ*
एकःश	ङ्कांपितृ	वधरि	पोरत्य	जद्वैन	तेया
ऽ ऽ ।	ऽ । ।	। । ।	ऽ ऽ ।	ऽ ऽ ।	ऽ ऽ
च्छान्तव्या	लामव	निमप	रःपौर	कान्तःश	शास
ऽ ऽ ।	ऽ । ।	। । ।	ऽ ऽ ।	ऽ ऽ ।	ऽ ऽ*

इति श्रीरघुवंशे महाकाव्ये कविश्रीकालिदासकृतौ कुमुद्वतीपरिणयो नाम षोडशः सर्गः ॥

रघुवंश सर्ग - 17

∗ राजा अतिथि ∗

17.1

अतिथिं नाम काकुत्स्थात्पुत्रं प्राप कुमुद्वती ।
पश्चिमाद्यामिनीयामात्प्रसादमिव चेतना ॥

अनुष्टुभ् श्लोक छंद

अतिथिं	नामका	कुत्स्था	स र ग ग
।।ऽ	ऽ । ऽ	ऽ ऽ	परिधारा छंद
त्पुत्रंप्रा	पकुमु	द्वती	म स ल ग
ऽऽऽ	।।ऽ	। ऽ	पथ्यावक्त्र छंद
पश्चिमा	द्यामिनी	यामा	र र ग ग
ऽ । ऽ	ऽ । ऽ	ऽ ऽ	पद्ममाला छंद
त्प्रसाद	मिवचे	तना	ज स ल ग
। ऽ ।	।।ऽ	। ऽ	अपरिचित छंद

17.2

स पितुः पितृमान्वंशं मातुश्चानुपमद्युतिः ।
अपुनात्सेवितेवोभौ मार्गावुत्तरदक्षिणौ ॥

अनुष्टुभ् श्लोक छंद

सपितुः	पितृमा	न्वंशं	स स ग ग
।।ऽ	।।ऽ	ऽ ऽ	पंचशिखा छंद
मातुश्चा	नुपम	द्युतिः	त स ल ग
ऽऽ ।	।।ऽ	। ऽ	पथ्यावक्त्र छंद
अपुना	त्सेविते	वोभौ	स र ग ग

कालिदास के बृहत् महाकाव्य रघुवंश की छंद मीमांसा

। । ऽ	ऽ । ऽ	ऽ ऽ	परिधारा छंद
मार्गावु	त्तरद	क्षिणौ	म स ल ग
ऽ ऽ ऽ	। । ऽ	। ऽ	पथ्यावक्त्र छंद

17.3

तमादौ कुलविद्यानामर्थमर्थविदां वरः ।
पश्चात्पार्थिवकन्यानां पाणिमग्राहयत्पिता ॥

अनुष्टुभ् श्लोक छंद

तमादौ	कुलवि	द्याना	य स ग ग
। ऽ ऽ	। । ऽ	ऽ ऽ	मनोला छंद
मर्थम	र्थविदां	वरः	र स ल ग
ऽ । ऽ	। । ऽ	। ऽ	पथ्यावक्त्र छंद
पश्चात्पा	र्थिवक	न्यानां	म स ग ग
ऽ ऽ ऽ	। । ऽ	ऽ ऽ	वक्त्र छंद
पाणिम	ग्राहय	त्पिता	र र ल ग
ऽ । ऽ	ऽ । ऽ	। ऽ	हेमरूप छंद

17.4

जात्यस्तेनाभिजातेन शूरः शौर्यवता कुशः ।
अमन्यैतकमात्मानमनेकं वशिना वशी ॥

अनुष्टुभ् श्लोक छंद

जात्यस्ते	नाभिजा	तेन	म र ल ल
ऽ ऽ ऽ	ऽ । ऽ	। ।	क्षमा छंद
शूरःशौ	र्यवता	कुशः	म स ल ग
ऽ ऽ ऽ	। । ऽ	। ऽ	पथ्यावक्त्र छंद
अमन्यै	तकमा	त्मान	य स ग ल
। ऽ ऽ	। । ऽ	ऽ ।	मनोला छंद
मनेकं	वशिना	वशी	य स ल ग

। ऽ ऽ	। । ऽ	। ऽ	अपरिचित छंद

17.5

स कुलोचितमिन्द्रस्य साहायकमुपेयिवान् ।
जघान समरे दैत्यं दुर्जयं तेन चावधि ॥

अनुष्टुभ् श्लोक छंद

सकुलो	चितमि	न्द्रस्य	स स ग ग
। । ऽ	। । ऽ	ऽ ऽ	पंचशिखा छंद
साहाय	कमुपे	यिवान्	त स ल ग
ऽ ऽ ।	। । ऽ	। ऽ	पथ्यावक्त्र छंद
जघान	समरे	दैत्यं	ज स ग ग
। ऽ ।	। । ऽ	ऽ ऽ	भांर्गी छंद
दुर्जयं	तेनचा	वधि	र र ल ल
ऽ । ऽ	ऽ । ऽ	। ऽ *	हेमरूप छंद

17.6

तं स्वसा नागराजस्य कुमुदस्य कुमुद्वती ।
अन्वगात्कुमुदानन्दं शशाङ्कमिव कौमुदी ॥

अनुष्टुभ् श्लोक छंद

तंस्वसा	नागरा	जस्य	र र ग ल
ऽ । ऽ	ऽ । ऽ	ऽ ।	लक्ष्मी छंद
कुमुद	स्यकुमु	द्वती	स स ल ग
। । ऽ	। । ऽ	। ऽ	कलिला छंद
अन्वगा	त्कुमुदा	नन्दं	र स ग ग
ऽ । ऽ	। । ऽ	ऽ ऽ	गाथ छंद
शशाङ्क	मिवकौ	मुदी	ज स ल ग
। ऽ ।	। । ऽ	। ऽ	अपरिचित छंद

17.7

तयोर्दिवस्पतेरासीदेकः सिंहासनार्धभाक् ।
द्वितीयापि सखी शच्याः पारिजातांशभागिनी ॥

अनुष्टुभ् श्लोक छंद

तयोर्दि	वस्पते	रासी	ज र ग ग
ऽ ऽ ।	ऽ । ऽ	ऽ ऽ	यशस्करी छंद
देकःसिं	हासना	र्धभाक्	म र ल ग
ऽ ऽ ऽ	ऽ । ऽ	। ऽ	क्षमा छंद
द्वितीया	पिसखी	शच्याः	य स ग ग
। ऽ ऽ	। । ऽ	ऽ ऽ	मनोला छंद
पारिजा	तांशभा	गिनी	र र ल ग
ऽ । ऽ	ऽ । ऽ	। ऽ	हेमरूप छंद

17.8

तदात्मसंभवं राज्ये मन्त्रिवृद्धाः समादधुः ।
स्मरन्तः पश्चिमामाज्ञां भर्तुः सङ्ग्रामयायिनः ॥

अनुष्टुभ् श्लोक छंद

तदात्म	संभवं	राज्ये	ज र ग ग
। ऽ ।	ऽ । ऽ	ऽ ऽ	यशस्करी छंद
मन्त्रिवृ	द्धाःसमा	दधुः	र र ल ग
ऽ । ऽ	ऽ । ऽ	। ऽ	हेमरूप छंद
स्मरन्तः	पश्चिमा	माज्ञां	य र ग ग
। ऽ ऽ	ऽ । ऽ	ऽ ऽ	कुलाधारी छंद
भर्तुःस	ङ्ग्रामया	यिनः	म र ल ग
ऽ ऽ ऽ	ऽ । ऽ	। ऽ	क्षमा छंद

17.9

ते तस्य कल्पयामासुरभिषेकाय शिल्पिभिः ।
विमानं नवमुद्वेदि चतुःस्तम्भप्रतिष्ठितम् ॥

अनुष्टुभ् श्लोक छंद

तेतस्य	कल्पया	मासु	त र ग ल
ऽ ऽ ।	ऽ । ऽ	ऽ ।	विभा छंद
रभिषे	कायशि	ल्पिभिः	स र ल ग
। । ऽ	ऽ । ऽ	। ऽ	शलुकलुप्त छंद
विमानं	नवमु	द्वेदि	य स ग ल
। ऽ ऽ	। । ऽ	ऽ ।	मनोला छंद
चतुःस्त	म्भप्रति	ष्ठितम्	य र ल ग
। ऽ ऽ	ऽ । ऽ	। ऽ	भाषा छंद

17.10
तत्रैनं हेमकुम्भेषु संभृतैस्तीर्थवारिभिः ।
उपतस्थुः प्रकृतयो भद्रपीठोपवेशितम् ॥

श्लोकेतर अनुष्टुभ् छंद

तत्रैनं	हेमकु	म्भेषु	म र ग ल
ऽ ऽ ऽ	ऽ । ऽ	ऽ ।	मधुमालती छंद
संभृतै	स्तीर्थवा	रिभिः	र र ल ग
ऽ । ऽ	ऽ । ऽ	। ऽ	हेमरूप छंद
उपत	स्थुःप्रकृ	तयो	स भ ल ग
। । ऽ	ऽ । ।	। ऽ	सुतमधु छंद
भद्रपी	ठोपवे	शितम्	र र ल ग
ऽ । ऽ	ऽ । ऽ	। ऽ	हेमरूप छंद

पाद टिप्पणी :

इस अनुष्टुभ् छंद के विषम चरण 3 में पहले चार अक्षरों के बाद य गण (। ऽ ऽ)
के स्थान पर न (। । ।) गण आने के कारण इस चार चरणों के पद्य में श्लोक
छंद सिद्ध नहीं हुआ है।

17.11
नदद्भिः स्निग्धगंभीरं तूर्यैराहतपुष्करैः ।

अन्वमीयत कल्याणं तस्याविच्छिन्नसंतति ॥

अनुष्टुभ् श्लोक छंद

नदद्भिः	स्निग्धगं	भीरं	य र ग ग
। ऽ ऽ	ऽ । ऽ	ऽ ऽ	कुलाधारी छंद
तूर्यैरा	हतपु	ष्करैः	म स ल ग
ऽ ऽ ऽ	। । ऽ	। ऽ	पथ्यावक्त्र छंद
अन्वमी	यतक	ल्याणं	र स ग ग
ऽ । ऽ	। । ऽ	ऽ ऽ	गाथ छंद
तस्यावि	च्छिन्नसं	तति	म र ल ग
ऽ ऽ ऽ	ऽ । ऽ	। ऽ *	क्षमा छंद

17.12

दूर्वायवाङ्कुरप्लक्षत्वगभिन्नपुटोत्तरान् ।
ज्ञातिवृद्धैः प्रयुक्तान्स भेजे नीराजनाविधीन् ॥

अनुष्टुभ् श्लोक छंद

दूर्वाय	वाङ्कुर	प्लक्ष	त र ग ग
ऽ ऽ ।	ऽ । ऽ	ऽ ऽ	विभा छंद
त्वगभि	न्नपुटो	त्तरान्	स स ल ग
। । ऽ	। । ऽ	। ऽ	कलिला छंद
ज्ञातिवृ	द्धैःप्रयु	क्तान्स	र र ग ल
ऽ । ऽ	ऽ । ऽ	ऽ ।	लक्ष्मी छंद
भेजेनी	राजना	विधीन्	म र ल ग
ऽ ऽ ऽ	ऽ । ऽ	। ऽ	क्षमा छंद

17.13

पुरोहितपुरोगास्तं जिष्णुं जैत्रैरथर्वभिः ।
उपचक्रमिरे पूर्वमभिषेक्तुं द्विजातयः ॥

कालिदास के बृहत् महाकाव्य रघुवंश की छंद मीमांसा

अनुष्टुभ् श्लोक छंद

पुरोहि	तपुरो	गास्तं	ज स ग ग
। ऽ ।	। । ऽ	ऽ ऽ	भांर्गी छंद
जिष्णुंजै	त्रैरथ	र्वैभिः	म र ल ग
ऽ ऽ ऽ	ऽ । ऽ	। ऽ	क्षमा छंद
उपच्च	क्रमिरे	पूर्व	स स ग ल
। । ऽ	। । ऽ	ऽ ।	मही छंद
मभिषे	त्तुंद्विजा	तयः	स र ल ग
। । ऽ	ऽ । ऽ	। ऽ	शलुकलुप्त छंद

17.14

तस्यौघमहती मूर्ध्नि निपतन्ती व्यरोचत।
सशब्दमभिषेकश्रीर्गङ्गेव त्रिपुरद्विषः॥

अनुष्टुभ् श्लोक छंद

तस्यौघ	महती	मूर्ध्नि	त स ग ल
ऽ ऽ ।	। । ऽ	ऽ ।	श्यामा छंद
निपत	न्तीव्यरो	चत	स र ल ल
। । ऽ	ऽ । ऽ	। ऽ *	शलुकलुप्त छंद
सशब्द	मभिषे	कश्री	ज स ग ग
। ऽ ।	। । ऽ	ऽ ऽ	भांर्गी छंद
गङ्गेव	त्रिपुर	द्विषः	त स ल ग
ऽ ऽ ।	। । ऽ	। ऽ	पथ्यावक्त्र छंद

17.15

स्तूयमानः क्षणे तस्मिन्नलक्ष्यत स बन्दिभिः।
प्रवृद्ध इव पर्जन्यः सारङ्गैरभिनन्दितः॥

अनुष्टुभ् श्लोक छंद

स्तूयमा	नःक्षणे	तस्मि	र र ग ग

ऽ । ऽ	ऽ । ऽ	ऽ ऽ	पद्ममाला छंद
न्नलक्ष्य	तसब	न्दिभिः	ज स ल ग
। ऽ ।	। । ऽ	। ऽ	अपरिचित छंद
प्रवृद्ध	इवप	र्जन्यः	ज स ग ग
। ऽ ।	। । ऽ	ऽ ऽ	भांर्गी छंद
सारङ्गै	रभिन	न्दितः	म स ल ग
ऽ ऽ ऽ	। । ऽ	। ऽ	पथ्यावक्त्र छंद

17.16

तस्य सन्मन्त्रपूताभिः स्नानमद्भिः प्रतीच्छतः ।
ववृधे वैद्युतश्चाग्नेर्वृष्टिसेकादिव द्युतिः ॥

अनुष्टुभ् श्लोक छंद

तस्यस	न्मन्त्रपू	ताभिः	र र ग ग
ऽ । ऽ	ऽ । ऽ	ऽ ऽ	पद्ममाला छंद
स्नानम	द्भिःप्रती	च्छतः	र र ल ग
ऽ । ऽ	ऽ । ऽ	। ऽ	हेमरूप छंद
ववृधे	वैद्युत	श्चाग्ने	स र ग ग
। । ऽ	ऽ । ऽ	ऽ ऽ	परिधारा छंद
वृष्टिसे	कादिव	द्युतिः	र र ल ग
ऽ । ऽ	ऽ । ऽ	। ऽ	हेमरूप छंद

17.17

स तावदभिषेकान्ते स्नातकेभ्यो ददौ वसु ।
यावतैषां समाप्येरन्यज्ञाः पर्याप्तदक्षिणाः ॥

अनुष्टुभ् श्लोक छंद

सताव	दभिषे	कान्ते	ज स ग ग
। ऽ ।	। । ऽ	ऽ ऽ	भांर्गी छंद
स्नातके	भ्योददौ	वसु	र र ल ल

ऽ । ऽ	ऽ । ऽ	। ऽ *	हेमरूप छंद
यावतै	षांसमा	प्येर	र र ग ग
ऽ । ऽ	ऽ । ऽ	ऽ ऽ	पद्ममाला छंद
न्यज्ञाःप	र्यासद	क्षिणाः	म र ल ग
ऽ ऽ ऽ	ऽ । ऽ	। ऽ	क्षमा छंद

17.18

ते प्रीतमनसस्तस्मै यामाशिषमुदैरयन् ।
सा तस्य कर्मनिर्वृत्तैर्दूरं पश्चात्कृता फलैः ॥

अनुष्टुभ् श्लोक छंद

तेप्रीत	मनस	स्तस्मै	त स ग ग
ऽ ऽ ।	। । ऽ	ऽ ऽ	श्यामा छंद
यामाशि	षमुदै	रयन्	त स ल ग
ऽ ऽ ।	। । ऽ	। ऽ	पथ्यावक्त्र छंद
सातस्य	कर्मनि	र्वृत्तै	त र ग ग
ऽ ऽ ।	ऽ । ऽ	ऽ ऽ	विभा छंद
र्दूरंप	श्चात्कृता	फलैः	म र ल ग
ऽ ऽ ऽ	ऽ । ऽ	। ऽ	क्षमा छंद

17.19

बन्धच्च्छेदं स बद्धानां वधार्हाणामवध्यताम् ।
धुर्याणां च धुरो मोक्षमदोहं चादिशद्गवाम् ॥

अनुष्टुभ् श्लोक छंद

बन्धच्च्छे	दंसब	द्धानां	म र ग ग
ऽ ऽ ऽ	ऽ । ऽ	ऽ ऽ	मधुमालती छंद
वधार्हा	णामव	ध्यताम्	य र ल ग
। ऽ ऽ	ऽ । ऽ	। ऽ	भाषा छंद
धुर्याणां	चधुरो	मोक्ष	म स ग ल

ऽ ऽ ऽ	। । ऽ	ऽ ।	वक्त्र छंद
मदोहं	चादिश	द्रूवाम्	य र ल ग
। ऽ ऽ	ऽ । ऽ	। ऽ	भाषा छंद

17.20

क्रीडापतत्रिणोप्यस्य पञ्जरस्थाः शुकादयः ।
लब्धमोक्षास्तदादेशाद्यथेष्टगतयोऽभवन् ॥

अनुष्टुभ् श्लोक छंद

क्रीडाप	तत्रिणो	प्यस्य	त र ग ल
ऽ ऽ ।	ऽ । ऽ	ऽ ।	विभा छंद
पञ्जर	स्थाःशुका	दयः	र र ल ग
ऽ । ऽ	ऽ । ऽ	। ऽ	हेमरूप छंद
लब्धमो	क्षास्तदा	देशा	र र ग ग
ऽ । ऽ	ऽ । ऽ	ऽ ऽ	पद्ममाला छंद
द्यथेष्ट	गतयो	भवन्	ज स ल ग
। ऽ ।	। । ऽ	। ऽ	अपरिचित छंद

17.21

ततः कक्ष्यान्तरन्यस्तं गजदन्तासनं शुचि ।
सूत्तरच्छदमध्यास्त नेपथ्यग्रहणाय सः ॥

अनुष्टुभ् श्लोक छंद

ततःक	क्ष्यान्तर	न्यस्तं	य र ग ग
। ऽ ऽ	ऽ । ऽ	ऽ ऽ	कुलाधारी छंद
गजद	न्तासनं	शुच	स र ल ल
। । ऽ	ऽ । ऽ	। ऽ *	शलुकलुप्त छंद
सूत्तर	च्छदम	ध्यास्त	र स ग ल
ऽ । ऽ	। । ऽ	ऽ ।	गाथ छंद
नेपथ्य	ग्रहणा	यस	म स ल ग

ऽ ऽ ऽ	। । ऽ	। ऽ *	पथ्यावक्त्र छंद

17.22

तं धूपाश्यानकेशान्तं तोयनिर्णिक्तपाणयः ।
आकल्पसाधनैस्तैस्तैरुपसेदुः प्रसाधकाः ॥

अनुष्टुभ् श्लोक छंद

तंधूपा	श्यानके	शान्तं	म र ग ग
ऽ ऽ ऽ	ऽ । ऽ	ऽ ऽ	मधुमालती छंद
तोयनि	र्णिक्तपा	णयः	र र ल ग
ऽ । ऽ	ऽ । ऽ	। ऽ	हेमरूप छंद
आकल्प	साधनै	स्तैस्तै	त र ग ग
ऽ ऽ ।	ऽ । ऽ	ऽ ऽ	विभा छंद
रुपसे	दुःप्रसा	धकाः	स र ल ग
। । ऽ	ऽ । ऽ	। ऽ	शलुकलुप्त छंद

17.23

तेऽस्य मुक्तागुणोन्नद्धं मौलिमन्तर्गतस्रजम् ।
प्रत्यूपुः पद्मरागेण प्रभामण्डलशोभिना ॥

अनुष्टुभ् श्लोक छंद

तेस्यमु	क्तागुणो	न्नद्धं	र र ग ग
ऽ । ऽ	ऽ । ऽ	ऽ ऽ	पद्ममाला छंद
मौलिम	न्तर्गत	स्रजम्	र र ल ग
ऽ । ऽ	ऽ । ऽ	। ऽ	हेमरूप छंद
प्रत्यूपुः	पद्मरा	गेण	म र ग ग
ऽ ऽ ऽ	ऽ । ऽ	ऽ ऽ	मधुमालती छंद
प्रभाम	ण्डलशो	भिना	य स ल ग
। ऽ ऽ	। । ऽ	। ऽ	अपरिचित छंद

17.24

718
कालिदास के बृहत् महाकाव्य रघुवंश की छंद मीमांसा

चन्दनेनाङ्गरागं च मृगनाभिसुगन्धिना ।
समापय्य ततश्चक्रुः पत्रं विन्यस्तरोचनम् ॥

अनुष्टुभ् श्लोक छंद

चन्दने	नाङ्गरा	गंच	र र ग ल
ऽ । ऽ	ऽ । ऽ	ऽ ।	लक्ष्मी छंद
मृगना	भिसुग	न्धिना	स स ल ग
। । ऽ	। । ऽ	। ऽ	कलिला छंद
समाप	य्यतत	श्चक्रुः	य स ल ग
। ऽ ऽ	। । ऽ	। ऽ	अपरिचित छंद
पत्रंवि	न्यस्तरो	चनम्	म र ल ग
ऽ ऽ ऽ	ऽ । ऽ	। ऽ	क्षमा छंद

17.25

आमुक्ताभरणः स्रग्वी हंसचिह्नदुकूलवान् ।
आसीदतिशयप्रेक्ष्यः स राज्यश्रीवधूवरः ॥

अनुष्टुभ् श्लोक छंद

आमुक्ता	भरणः	स्रग्वी	म स ग ग
ऽ ऽ ऽ	। । ऽ	ऽ ऽ	वक्त्र छंद
हंसचि	ह्नदुकू	लवान्	र स ल ग
ऽ । ऽ	। । ऽ	। ऽ	पथ्यावक्त्र छंद
आसीद	तिशय	प्रेक्ष्यः	त स ग ग
ऽ ऽ ।	। । ऽ	ऽ ऽ	श्यामा छंद
सराज्य	श्रीवधू	वरः	य र ल ग
। ऽ ऽ	ऽ । ऽ	। ऽ	भाषा छंद

17.26

नेपथ्यदर्शिनश्छाया तस्यादर्शे हिरणमये ।
विरराजोदिते सूर्ये मरौ कल्पतरोरिव ॥

अनुष्टुभ् श्लोक छंद

नेपथ्य	दर्शिन	श्छाया	त र ग ग
ऽ ऽ ।	ऽ । ऽ	ऽ ऽ	विभा छंद
तस्याद	र्शेहिर	ण्मये	म र ल ग
ऽ ऽ ऽ	ऽ । ऽ	। ऽ	क्षमा छंद
विररा	जोदिते	सूर्ये	स र ग ग
। । ऽ	ऽ । ऽ	ऽ ऽ	परिधारा छंद
मरौक	ल्पतरो	रिव	य स ल ग
। ऽ ऽ	। । ऽ	। ऽ *	अपरिचित छंद

17.27

स राजककुदव्यग्रपाणिभिः पार्श्ववर्तिभिः ।
ययावुदीरितालोकः सुधर्मानवमां सभाम् ॥

अनुष्टुभ् श्लोक छंद

सराज	ककुद	व्यग्र	ज स ग ल
। ऽ ।	। । ऽ	ऽ ।	भांर्गी छंद
पाणिभिः	पार्श्वव	र्तिभिः	र र ल ग
ऽ । ऽ	ऽ । ऽ	। ऽ	हेमरूप छंद
ययावु	दीरिता	लोकः	ज र ग ग
। ऽ ।	ऽ । ऽ	ऽ ऽ	यशस्करी छंद
सुधर्मा	नवमां	सभाम्	य स ल ग
। ऽ ऽ	। । ऽ	। ऽ	अपरिचित छंद

17.28

वितानसहितं तत्र भेजे पैतृकमासनम् ।
चूडामणिभिरुद्‌धृष्टं पादपीठं महीक्षिताम् ॥

अनुष्टुभ् श्लोक छंद

वितान	सहितं	तत्र	ज स ग ल

। ऽ ।	। । ऽ	ऽ ।	भांर्गी छंद
भेजेपै	तृकमा	सनम्	म स ल ग
ऽ ऽ ऽ	। । ऽ	। ऽ	पथ्यावक्त्र छंद
चूडाम	णिभिरु	द्धृष्टं	त स ग ग
ऽ ऽ ।	। । ऽ	ऽ ऽ	श्यामा छंद
पादपी	ठंमही	क्षिताम्	र र ल ग
ऽ । ऽ	ऽ । ऽ	। ऽ	हेमरूप छंद

17.29

शुशुभे तेन चाक्रान्तं मङ्गलायतनं महत् ।
श्रीवत्सलक्षणं वक्षः कौस्तुभेनेव कैशवम् ॥

अनुष्टुभ् श्लोक छंद

शुशुभे	तेनचा	क्रान्तं	स र ग ग
। । ऽ	ऽ । ऽ	ऽ ऽ	परिधारा छंद
मङ्गला	यतनं	महत्	र स ल ग
ऽ । ऽ	। । ऽ	। ऽ	पथ्यावक्त्र छंद
श्रीवत्स	लक्षणं	वक्षः	त र ग ग
ऽ ऽ ।	ऽ । ऽ	ऽ ऽ	विभा छंद
कौस्तुभे	नेवकै	शवम्	र र ल ग

17.30

बभौ भूयः कुमारत्वादाधिराज्यमवाप्य सः ।
रेखाभावादुपारूढः सामग्र्यमिव चन्द्रमाः ॥

अनुष्टुभ् श्लोक छंद

बभौभू	यःकुमा	रत्वा	य र ग ग
। ऽ ऽ	ऽ । ऽ	ऽ ऽ	कुलाधारी छंद
दाधिरा	ज्यमवा	प्यसः	र स ल ग

ऽ । ऽ	। । ऽ	। ऽ	पथ्यावक्त्र छंद
रेखाभा	वादुपा	रूढः	म र ग ग
ऽ ऽ ऽ	ऽ । ऽ	ऽ ऽ	मधुमालती छंद
सामग्र्य	मिवच	न्द्रमाः	त स ल ग
ऽ ऽ ।	। । ऽ	। ऽ	पथ्यावक्त्र छंद

17.31

प्रसन्नमुखरागं तं स्मितपूर्वाभिभाषिणम् ।
मूर्तिमन्तममन्यन्त विश्वासमनुजीविनः ॥

अनुष्टुभ् श्लोक छंद

प्रसन्न	मुखरा	गंतं	ज स ग ग
। ऽ ।	। । ऽ	ऽ ऽ	भांर्गी छंद
स्मितपू	र्वाभिभा	षिणम्	स र ल ग
। । ऽ	ऽ । ऽ	। ऽ	शलुकलुप्त छंद
मूर्तिम	न्तमम	न्यन्त	र स ग ल
ऽ । ऽ	। । ऽ	ऽ ।	गाथ छंद
विश्वास	मनुजी	विनः	त स ल ग
ऽ ऽ ।	। । ऽ	। ऽ	पथ्यावक्त्र छंद

17.32

स पुरं पुरहूतश्रीः कल्पद्रुमनिभध्वजाम् ।
क्रममाणश्चकार द्यां नागेनैरावतौजसा ॥

अनुष्टुभ् श्लोक छंद

सपुरं	पुरहू	तश्रीः	स स ग ग
। । ऽ	। । ऽ	ऽ ऽ	पंचशिखा छंद
कल्पद्रु	मनिभ	ध्वजाम्	त स ल ग
ऽ ऽ ।	। । ऽ	। ऽ	पथ्यावक्त्र छंद
क्रममा	णश्चका	रद्यां	स र ग ग

। । ऽ	ऽ । ऽ	ऽ ऽ	परिधारा छंद
नागेनै	रावतौ	जसा	म र ल ग
ऽ ऽ ऽ	ऽ । ऽ	। ऽ	क्षमा छंद

17.33

तस्यैकस्योच्छ्रितं छत्रं मूर्ध्नि तेनामलत्विषा ।
पूर्वराजवियोगौष्म्यं कृत्स्नस्य जगतो हृतम् ॥

अनुष्टुभ् श्लोक छंद

तस्यैक	स्योच्छ्रितं	छत्रं	त र ग ग
ऽ ऽ ।	ऽ । ऽ	ऽ ऽ	विभा छंद
मूर्ध्निते	नामल	त्विषा	र र ल ग
ऽ । ऽ	ऽ । ऽ	। ऽ	हेमरूप छंद
पूर्वरा	जवियो	गौष्म्यं	र स ग ग
ऽ । ऽ	। । ऽ	ऽ ऽ	गाथ छंद
कृत्स्नस्य	जगतो	हृतम्	त स ल ग
ऽ ऽ ।	। । ऽ	। ऽ	पथ्यावक्त्र छंद

17.34

धूमादग्नेः शिखाः पश्चादुदयादंशवो रवेः ।
सोऽतीत्य तेजसां वृत्तिं सममेवोत्थितो गुणैः ॥

अनुष्टुभ् श्लोक छंद

धूमाद	ग्नेःशिखाः	पश्चा	म र ग ग
ऽ ऽ ऽ	ऽ । ऽ	ऽ ऽ	मधुमालती छंद
दुदया	दंशवो	रवेः	स र ल ग
। । ऽ	ऽ । ऽ	। ऽ	शलुकलुप्त छंद
सोतीत्य	तेजसां	वृत्तिं	त र ग ग
ऽ ऽ ।	ऽ । ऽ	ऽ ऽ	विभा छंद
सममे	वोत्थितो	गुणैः	स र ग ग

। । ऽ	ऽ । ऽ	ऽ ऽ	परिधारा छंद

17.35

तं प्रीतिविशदैर्नेत्रैरन्वयुः पौरयोषितः ।
शरत्प्रसन्नैर्ज्योतिर्भिर्विभावर्य इव ध्रुवम् ॥

श्लोकेतर अनुष्टुभ् छंद

तंप्रीति	विशदै	र्नेत्रै	त स ग ग
ऽ ऽ ।	। । ऽ	ऽ ऽ	श्यामा छंद
रन्वयुः	पौरयो	षितः	र र ल ग
ऽ । ऽ	ऽ । ऽ	। ऽ	हेमरूप छंद
शरत्प्र	सन्नैर्ज्यो	तिर्भि	ज म ग ग
। ऽ ।	ऽ ऽ ऽ	ऽ ऽ	अपरिचित छंद
र्विभाव	र्यइव	ध्रुवम्	य स ल ग
। ऽ ऽ	। । ऽ	। ऽ	अपरिचित छंद

पाद टिप्पणी :

इस अनुष्टुभ् छंद के विषम चरण 3 में पहले चार अक्षरों के बाद य गण (। ऽ ऽ) के स्थान पर म (ऽ ऽ ऽ) गण आने के कारण इस चार चरणों के पद्य में श्लोक छंद सिद्ध नहीं हुआ है.

17.36

अयोध्यादेवताश्चैनं प्रशस्तायतनार्चिताः ।
अनुदध्युरनुध्येयं सांनिध्यैः प्रतिमागतैः ॥

अनुष्टुभ् श्लोक छंद

अयोध्या	देवता	श्चैनं	य र ग ग
। ऽ ऽ	ऽ । ऽ	ऽ ऽ	कुलाधारी छंद
प्रशस्ता	यतना	र्चिताः	य स ल ग
। । ऽ	ऽ । ऽ	। ऽ	शलुकलुप्त छंद
अनुद	ध्युरनु	ध्येयं	स स ग ग
। । ऽ	। । ऽ	ऽ ऽ	पंचशिखा छंद

सांनिध्यैः	प्रतिमा	गतैः	म स ल ग
ऽ ऽ ऽ	। । ऽ	। ऽ	पथ्यावक्त्र छंद

17.37

यावन्नाश्यायते वेदिरभिषेकजलाप्लुता ।
तावदेवास्य वेलान्तं प्रतापः प्राप दुःसहः ॥

अनुष्टुभ् श्लोक छंद

यावन्ना	श्यायते	वेदि	म र ग ल
ऽ ऽ ऽ	ऽ । ऽ	ऽ ।	मधुमालती छंद
रभिषे	कजला	प्लुता	स स ग ग
। । ऽ	। । ऽ	ऽ ऽ	पंचशिखा छंद
तावदे	वास्यवे	लान्तं	स र ग ग
। । ऽ	ऽ । ऽ	ऽ ऽ	परिधारा छंद
प्रतापः	प्रापदुः	सहः	य र ल ग
। ऽ ऽ	ऽ । ऽ	। ऽ	भाषा छंद

17.38

वसिष्ठस्य गुरोर्मन्त्राः सायकास्तस्य धन्विनः ।
किं तत्साध्यं यदुभये साधयेयुर्न संगताः ॥

श्लोकेतर अनुष्टुभ् छंद

वसिष्ठ	स्यगुरो	र्मन्त्राः	य स ग ग
। ऽ ऽ	। । ऽ	ऽ ऽ	मनोला छंद
सायका	स्तस्यध	न्विनः	र र ल ग
ऽ । ऽ	ऽ । ऽ	। ऽ	हेमरूप छंद
किंतत्सा	ध्यंयदु	भये	म भ ल ग
ऽ ऽ ऽ	ऽ । ।	। ऽ	अतिजनी छंद
साधये	युर्नसं	गताः	र र ल ग
ऽ । ऽ	ऽ । ऽ	। ऽ	हेमरूप छंद

725
कालिदास के बृहत् महाकाव्य रघुवंश की छंद मीमांसा

पाद टिप्पणी :

इस अनुष्टुभ् छंद के विषम चरण 3 में पहले चार अक्षरों के बाद य गण (। ऽ ऽ) के स्थान पर न (। । ।) गण आने के कारण इस चार चरणों के पद्य में श्लोक छंद सिद्ध नहीं हुआ है.

17.39

स धर्मस्थसखः शश्वदर्थिप्रत्यर्थिनां स्वयम् ।
ददर्श संशयच्छेद्यान्व्यवहारानतन्द्रितः ॥

अनुष्टुभ् श्लोक छंद

सधर्म	स्थसखः	शश्व	य स ग ल
। ऽ ऽ	। । ऽ	ऽ ।	मनोला छंद
दर्थिप्र	त्यर्थिनां	स्वयम्	म र ल ग
ऽ ऽ ऽ	ऽ । ऽ	। ऽ	क्षमा छंद
ददर्श	संशय	च्छेद्या	ज र ग ग
। ऽ ।	ऽ । ऽ	ऽ ऽ	यशस्करी छंद
न्व्यवहा	रानत	न्द्रितः	स र ल ग
। । ऽ	ऽ । ऽ	। ऽ	शलुकलुप्त छंद

17.40

ततः परमभिव्यक्तसौमनस्यनिवेदितैः ।
युयोज पाकाभिमुखैर्भृत्यान्विज्ञापनाफलैः ॥

श्लोकेतर अनुष्टुभ् छंद

ततःप	रमभि	व्यक्त	ज स ल ल
। ऽ ।	। । ऽ	। ।	अपरिचित छंद
सौमन	स्यनिवे	दितैः	र स ल ग
ऽ । ऽ	। । ऽ	। ऽ	पथ्यावक्त्र छंद
युयोज	पाकाभि	मुखै	स त ल ग
। । ऽ	ऽ ऽ ।	। ऽ	सरघा छंद
र्भृत्यान्वि	ज्ञापना	फलैः	त र ल ग

726
कालिदास के बृहत् महाकाव्य रघुवंश की छंद मीमांसा

ऽ ऽ ।	ऽ । ऽ	। ऽ	नाराचिका छंद

पाद टिप्पणी :

इस अनुष्टुभ् छंद के विषम चरण 3 में पहले चार अक्षरों के बाद य गण (। ऽ ऽ) के स्थान पर भ (ऽ । ।) गण आने के कारण इस चार चरणों के पद्य में श्लोक छंद सिद्ध नहीं हुआ है.

17.41

प्रजास्तद्गुरुणा नद्यो नभसेव विवर्धिताः ।
तस्मिंस्तु भूयसीं वृद्धिं नभस्ये ता इवाययुः ॥

अनुष्टुभ् श्लोक छंद

प्रजास्त	द्गुरुणा	नद्यो	य स ग ग
। ऽ ऽ	। । ऽ	ऽ ऽ	मनोला छंद
नभसे	वविव	र्धिताः	स स ल ग
। । ऽ	। । ऽ	। ऽ	कलिला छंद
तस्मिंस्तु	भूयसीं	वृद्धिं	त र ग ग
ऽ ऽ ।	ऽ । ऽ	ऽ ऽ	विभा छंद
नभस्ये	ताइवा	ययुः	य र ल ग
। ऽ ऽ	ऽ । ऽ	। ऽ	भाषा छंद

17.42

यदुवाच न तन्मिथ्या यद्ददौ न जहार तत् ।
सोऽभूद्भग्नव्रतः शत्रूनुद्धृत्य प्रतिरोपयन् ॥

अनुष्टुभ् श्लोक छंद

यदुवा	चनत	न्मिथ्या	स स ग ग
। । ऽ	। । ऽ	ऽ ऽ	पंचशिखा छंद
यद्ददौ	नजहा	रतत्	र स ल ग
ऽ । ऽ	। । ऽ	। ऽ	क्षमा छंद
सोभूद्भ	ग्नव्रतः	शत्रू	म र ग ग
ऽ ऽ ऽ	ऽ । ऽ	ऽ ऽ	मधुमालती छंद

नुद्धृत्य	प्रतिरो	पयन्	म स ल ग
ऽ ऽ ऽ	। । ऽ	। ऽ	पथ्यावक्त्र छंद

17.43

वयोरूपविभूतीनामेकैकं मदकारणम् ।
तानि तस्मिन्समस्तानि न तस्योत्सिचिषे मनः ॥

अनुष्टुभ् श्लोक छंद

वयोरू	पविभू	तीना	य स ल ग
। ऽ ऽ	। । ऽ	। ऽ	अपरिचित छंद
मेकैकं	मदका	रणम्	म स ल ग
ऽ ऽ ऽ	। । ऽ	। ऽ	पथ्यावक्त्र छंद
तानित	स्मिन्सम	स्तानि	र र ग ल
ऽ । ऽ	ऽ । ऽ	ऽ ।	लक्ष्मी छंद
नतस्यो	त्सिचिषे	मनः	य स ल ग
। ऽ ऽ	। । ऽ	। ऽ	अपरिचित छंद

17.44

इत्थं जनितरागासु प्रकृतिष्वनुवासरम् ।
अक्षोभ्यः स नवोऽप्यासीद्दृढमूल इव द्रुमः ॥

अनुष्टुभ् श्लोक छंद

इत्थंज	नितरा	गासु	त स ग ग
ऽ ऽ ।	। । ऽ	ऽ ऽ	श्यामा छंद
प्रकृति	ष्वनुवा	सरम्	स स ल ग
। । ऽ	। । ऽ	। ऽ	कलिला छंद
अक्षोभ्यः	सनवो	प्यासी	त स ग ग
ऽ ऽ ।	। । ऽ	ऽ ऽ	श्यामा छंद
द्दृढमू	लइव	द्रुमः	स स ल ग
। । ऽ	। । ऽ	। ऽ	कलिला छंद

17.45

अनित्याः शत्रवो बाह्या विप्रकृष्टाश्च ते यतः ।
अतः सोऽभ्यन्तरान्नित्याऽन्षट्पूर्वमजयद्रिपून् ॥

अनुष्टुभ् श्लोक छंद

अनित्याः	शत्रवो	बाह्या	य र ग ग
। ऽ ऽ	ऽ । ऽ	ऽ ऽ	कुलाधारी छंद
विप्रकृ	ष्टाश्चते	यतः	र र ल ग
ऽ । ऽ	ऽ । ऽ	। ऽ	हेमरूप छंद
अतःसो	भ्यन्तरा	न्नित्या	य र ग ग
। ऽ ऽ	ऽ । ऽ	ऽ ऽ	कुलाधारी छंद
ऽन्षट्पूर्व	मजय	द्रिपून्	त स ल ग
ऽ ऽ ।	। । ऽ	। ऽ	पथ्यावक्त्र छंद

17.46

प्रसादाभिमुखे तस्मिंश्चपलापि स्वभावतः ।
निकषे हेमरेखेव श्रीरासीदनपायिनी ॥

अनुष्टुभ् श्लोक छंद

प्रसादा	भिमुखे	तस्मिं	य स ग ग
। ऽ ऽ	। । ऽ	ऽ ऽ	मनोला छंद
श्चपला	पिस्वभा	वतः	स र ल ग
। । ऽ	ऽ । ऽ	। ऽ	शलुकलुप्त छंद
निकषे	हेमरे	खेव	स र ग ल
। । ऽ	ऽ । ऽ	ऽ ।	वलीकेन्दु छंद
श्रीरासी	दनपा	यिनी	म स ल ग
ऽ ऽ ऽ	। । ऽ	। ऽ	पथ्यावक्त्र छंद

17.47

कातर्यं केवला नीतिः शौर्यं श्वापदचेष्टितम् ।
अतः सिद्धिं समेताभ्यामुभाभ्यामन्वियेष सः ॥

अनुष्टुभ् श्लोक छंद

कातर्यं	केवला	नीतिः	म र ग ग
ऽ ऽ ऽ	ऽ । ऽ	ऽ ऽ	मधुमालती छंद
शौर्यंश्वा	पदचे	ष्टितम्	म स ल ग
ऽ ऽ ऽ	। । ऽ	। ऽ	पथ्यावक्त्र छंद
अतःसि	द्धिसमे	ताभ्या	य र ग ग
। ऽ ऽ	ऽ । ऽ	ऽ ऽ	कुलाधारी छंद
मुभाभ्या	मन्विये	षसः	य र ल ग
। ऽ ऽ	ऽ । ऽ	। ऽ	भाषा छंद

17.48

न तस्य मण्डले राज्ञो न्यस्तप्रणिधिदीधितेः ।
अदृष्टमभवत्किंचिद्व्यभ्रस्येव विवस्वतः ॥

अनुष्टुभ् श्लोक छंद

नतस्य	मण्डले	राज्ञो	ज र ग ग
। ऽ ।	ऽ । ऽ	ऽ ऽ	यशस्करी छंद
न्यस्तप्र	णिधिदी	धितेः	त स ल ग
ऽ ऽ ।	। । ऽ	। ऽ	पथ्यावक्त्र छंद
अदृष्ट	मभव	त्किंचि	ज स ग ग
। ऽ ।	। । ऽ	ऽ ऽ	भांर्गी छंद
द्व्यभ्रस्ये	वविव	स्वतः	म स ल ग
ऽ ऽ ऽ	। । ऽ	। ऽ	पथ्यावक्त्र छंद

17.49

रात्रिंदिवविभागेषु यदादिष्टं महीक्षिताम् ।
तत्सिषेवे नियोगेन स विकल्पपराङ्मुखः ॥

अनुष्टुभ् श्लोक छंद

रात्रिंदि	वविभा	गेषु	त र ग ल

ऽ ऽ ।	ऽ । ऽ	ऽ ।	विभा छंद
यदादि	ष्टंमही	क्षिताम्	य र ल ग
। ऽ ऽ	ऽ । ऽ	। ऽ	भाषा छंद
तत्सिषे	वेनियो	गेन	र र ग ल
ऽ । ऽ	ऽ । ऽ	ऽ ।	लक्ष्मी छंद
सविक	ल्पपरा	ङ्मुखः	स स ल ग
। । ऽ	। । ऽ	। ऽ	कलिला छंद

17.50

मन्त्रः प्रतिदिनं तस्य बभूव सह मन्त्रिभिः ।
स जातु सेव्यमानोऽपि गुप्तद्वारो न सूच्यते ॥

अनुष्टुभ् श्लोक छंद

मन्त्रःप्र	तिदिनं	तस्य	त स ग ल
ऽ ऽ ।	। । ऽ	ऽ ।	श्यामा छंद
बभूव	सहम	न्त्रिभिः	ज स ल ग
। ऽ ।	। । ऽ	। ऽ	अपरिचित छंद
सजातु	सेव्यमा	नोपि	ज र ग ल
। ऽ ।	ऽ । ऽ	ऽ ।	सुचंद्रप्रभा छंद
गुप्तद्वा	रोनसू	च्यते	य र ल ग
। ऽ ऽ	ऽ । ऽ	। ऽ	भाषा छंद

17.51

परेषु स्वेषु च क्षिप्तैरविज्ञातपरस्परैः ।
सोऽपसर्पैर्जजागार यथाकालं स्वपन्नपि ॥

अनुष्टुभ् श्लोक छंद

परेषु	स्वेषुच	क्षिप्तै	ज र ग ग
। ऽ ।	ऽ । ऽ	ऽ ऽ	यशस्करी छंद
रविज्ञा	तपर	स्परैः	य स ल ग

। ऽ ऽ	। । ऽ	। ऽ	अपरिचित छंद
सोपस	पैर्जजा	गार	र र ग ल
ऽ । ऽ	ऽ । ऽ	ऽ ।	लक्ष्मी छंद
यथाका	लंस्वप	न्नपि	य र ल ल
। ऽ ऽ	ऽ । ऽ	। ऽ *	भाषा छंद

17.52

दुर्गाणि दुर्ग्रहाण्यासंस्तस्य रोद्धुरपि द्विषाम् ।
न हि सिंहो गजास्कन्दी भयाद्गिरिगुहाशयः ॥

अनुष्टुभ् श्लोक छंद

दुर्गाणि	दुर्ग्रहा	ण्यासं	त र ग ग
ऽ ऽ ।	ऽ । ऽ	ऽ ऽ	विभा छंद
स्तस्यरो	द्धुरपि	द्विषाम्	र स ल ग
ऽ । ऽ	। । ऽ	। ऽ	पथ्यावक्त्र छंद
नहिसिं	होगजा	स्कन्दी	स र ग ग
। । ऽ	ऽ । ऽ	ऽ ऽ	परिधारा छंद
भयाद्गि	रिगुहा	शयः	ज स ल ग
। ऽ ।	। । ऽ	। ऽ	अपरिचित छंद

17.53

भव्यमुख्याः समारम्भाः प्रत्यवेक्ष्यानिरत्ययाः ।
गर्भशलिसधर्माणस्तस्य गूढं विपेचिरे ॥

अनुष्टुभ् श्लोक छंद

भव्यमु	ख्याःसमा	रम्भाः	र र ग ग
ऽ । ऽ	ऽ । ऽ	ऽ ऽ	पद्ममाला छंद
प्रत्यवे	क्ष्यानिर	त्ययाः	र र ल ग
ऽ । ऽ	ऽ । ऽ	। ऽ	हेमरूप छंद
गर्भश	लिसध	र्माण	भ स ग ग

ऽ । ।	। । ऽ	ऽ ऽ	अपरिचित छंद
स्तस्यगू	ढंविपे	चिरे	र र ल ग
ऽ । ऽ	ऽ । ऽ	। ऽ	हेमरूप छंद

17.54

अपथेन प्रववृते न जातूपचितोऽपि सः ।
वृद्धौ नदीमुखेनैव प्रस्थानं लवणाम्भसः ॥

श्लोकेतर अनुष्टुभ् छंद

अपथे	नप्रव	वृते	स भ ल ग
। । ऽ	ऽ । ।	। ऽ	सुतमधु छंद
नजातू	पचितो	पिसः	य स ल ग
। ऽ ऽ	। । ऽ	। ऽ	अपरिचित छंद
वृद्धौन	दीमुखे	नैव	त र ग ग
ऽ ऽ ।	ऽ । ऽ	ऽ ऽ	विभा छंद
प्रस्थानं	लवणा	म्भसः	म स ल ग
ऽ ऽ ऽ	। । ऽ	। ऽ	पथ्यावक्त्र छंद

पाद टिप्पणी :

इस अनुष्टुभ् छंद के विषम चरण 1 में पहले चार अक्षरों के बाद य गण (। ऽ ऽ) के स्थान पर न (। । ।) गण आने के कारण इस चार चरणों के पद्य में श्लोक छंद सिद्ध नहीं हुआ है.

17.55

कामं प्रकृतिवैराग्यं सद्यः शमयितुं क्षमः ।
यस्य कार्यः प्रतीकारः स तन्नैवोदपादयत् ॥

अनुष्टुभ् श्लोक छंद

कामंप्र	कृतिवै	राग्यं	त स ग ग
ऽ ऽ ।	। । ऽ	ऽ ऽ	श्यामा छंद
सद्यःश	मयितुं	क्षमः	त स ल ग

ऽ ऽ ।	। । ऽ	। ऽ	पथ्यावक्त्र छंद
यस्यका	र्यःप्रती	कारः	र र ग ग
ऽ । ऽ	ऽ । ऽ	ऽ ऽ	पद्ममाला छंद
सतन्नै	वोदपा	दयत्	य र ल ग
। ऽ ऽ	ऽ । ऽ	। ऽ	भाषा छंद

17.56

शक्येष्वेवाभवद्यात्रा तस्य शक्तिमतः सतः ।
समीरणसहायोऽपि नाम्भःप्रार्थी दवानलः ॥

अनुष्टुभ् श्लोक छंद

शक्येष्वे	वाभव	द्यात्रा	म र ग ग
ऽ ऽ ऽ	ऽ । ऽ	ऽ ऽ	मधुमालती छंद
तस्यश	क्तिमतः	सतः	र स ल ग
ऽ । ऽ	। । ऽ	। ऽ	पथ्यावक्त्र छंद
समीर	णसहा	योपि	ज स ग ल
। ऽ ।	। । ऽ	ऽ ।	भांर्गी छंद
नाम्भःप्रा	र्थीदवा	नलः	म र ल ग
ऽ ऽ ऽ	ऽ । ऽ	। ऽ	क्षमा छंद

17.57

न धर्ममर्थकामाभ्यां बबाधे न च तेन तौ ।
नार्थं कामेन कामं व सोऽर्थेन सदृशस्त्रिषु ॥

अनुष्टुभ् श्लोक छंद

नधर्म	मर्थका	माभ्यां	ज र ग ग
। ऽ ।	ऽ । ऽ	ऽ ऽ	यशस्करी छंद
बबाधे	नचते	नतौ	य स ल ग
। ऽ ऽ	। । ऽ	। ऽ	अपरिचित छंद
नार्थंका	मेनका	मंव	म र ग ल

ऽ ऽ ऽ	ऽ । ऽ	ऽ ।	मधुमालती छंद
सोर्थेन	सदृश	स्त्रिषु	त स ल ल
ऽ ऽ ।	। । ऽ	। ऽ *	पथ्यावक्त्र छंद

17.58

हीनान्यनृपकर्तॄणि प्रवृद्धानि विकुर्वते ।
तेन मध्यमशक्तीनि मित्राणि स्थापितान्यतः ॥

अनुष्टुभ् श्लोक छंद

हीनान्य	नृपक	र्तॄणि	त स ल ग
ऽ ऽ ।	। । ऽ	। ऽ	पथ्यावक्त्र छंद
प्रवृद्धा	निविकु	र्वते	य स ल ग
। ऽ ऽ	। । ऽ	। ऽ	अपरिचित छंद
तेनम	ध्यमश	क्तीनि	र स ग ल
ऽ । ऽ	। । ऽ	ऽ ।	गाथ छंद
मित्राणि	स्थापिता	न्यतः	म र ल ग
ऽ ऽ ऽ	ऽ । ऽ	। ऽ	क्षमा छंद

17.59

परात्मनोः परिच्छिद्य शक्त्यादीनां बलाबलम् ।
ययावेभिर्बलिष्ठश्चेत्परस्मादास्त सोऽन्यथा ॥

अनुष्टुभ् श्लोक छंद

परात्म	नोःपरि	च्छिद्य	ज र ग ल
। ऽ ।	ऽ । ऽ	ऽ ।	सुचंद्रप्रभा छंद
शक्त्यादी	नांबला	बलम्	म र ल ग
ऽ ऽ ऽ	ऽ । ऽ	। ऽ	क्षमा छंद
ययावे	भिर्बलि	ष्ठश्चे	य र ग ग
। ऽ ऽ	ऽ । ऽ	ऽ ऽ	कुलाधारी छंद
त्परस्मा	दास्तसो	न्यथा	य र ल ग

।ऽऽ	ऽ।ऽ	।ऽ	भाषा छंद

17.60

कोशेनाश्रयणीयत्वमिति तस्यार्थसंग्रहः ।
अम्बुगर्भो हि जीमूतश्चातकैरभिनन्द्यते ॥

अनुष्टुभ् श्लोक छंद

कोशेना	श्रयणी	यत्व	म स ग ल
ऽऽऽ	।।ऽ	ऽ।	वक्त्र छंद
मितित	स्यार्थसं	ग्रहः	स र ल ग
।।ऽ	ऽ।ऽ	।ऽ	शलुकलुप्त छंद
अम्बुग	र्भोहिजी	मूत	र र ग ग
ऽ।ऽ	ऽ।ऽ	ऽऽ	पद्ममाला छंद
श्चातकै	रभिन	न्द्यते	र स ल ग
ऽ।ऽ	।।ऽ	।ऽ	पथ्यावक्त्र छंद

17.61

परकर्मापहः सोऽभूदुद्युतः स्वेषु कर्मसु ।
आवृणोदात्मनो रन्ध्रं रन्ध्रेषु प्रहरन्रिपून् ॥

अनुष्टुभ् श्लोक छंद

परक	र्मापहः	सोभू	स र ग ग
।।ऽ	ऽ।ऽ	ऽऽ	परिधारा छंद
दुद्युतः	स्वेषुक	र्मसु	र र ल ग
ऽ।ऽ	ऽ।ऽ	।ऽ *	हेमरूप छंद
आवृणो	दात्मनो	रन्ध्रं	र र ग ग
ऽ।ऽ	ऽ।ऽ	ऽऽ	पद्ममाला छंद
रन्ध्रेषु	प्रहर	न्रिपून्	म स ल ग
ऽऽऽ	।।ऽ	।ऽ	पथ्यावक्त्र छंद

17.62

पित्रा संवर्धितो नित्यं कृतास्त्रः सांपरायिकः ।
तस्य दण्डवतो दण्डः स्वदेहान्न व्यशिष्यत ॥

अनुष्टुभ् श्लोक छंद

पित्रासं	वर्धितो	नित्यं	म र ग ग
ऽ ऽ ऽ	ऽ । ऽ	ऽ ऽ	मधुमालती छंद
कृतास्त्रः	सांपरा	यिकः	य र ल ग
। ऽ ऽ	ऽ । ऽ	। ऽ	भाषा छंद
तस्यद	ण्डवतो	दण्डः	र स ग ग
ऽ । ऽ	। । ऽ	। ऽ *	पथ्यावक्त्र छंद
स्वदेहा	न्नव्यशि	ष्यत	य र ल ल
। ऽ ऽ	ऽ । ऽ	। ।	भाषा छंद

17.63

सर्पस्येव शिरोरत्नं नास्य शक्तित्रयं परः ।
स चकर्ष परस्मात्तदयस्कान्त इवायसम् ॥

अनुष्टुभ् श्लोक छंद

सर्पस्ये	वशिरो	रत्नं	म स ग ग
ऽ ऽ ऽ	। । ऽ	ऽ ऽ	वक्त्र छंद
नास्यश	क्तित्रयं	परः	र र ल ग
ऽ । ऽ	ऽ । ऽ	। ऽ	हेमरूप छंद
सचक	र्षपर	स्मात्त	स स ग ल
। । ऽ	। । ऽ	ऽ ।	मही छंद
दयस्का	न्तइवा	यसम्	य स ल ग
। ऽ ऽ	। । ऽ	। ऽ	अपरिचित छंद

17.64

वापीष्विव स्रवन्तीषु वनेषूपवनेष्विव ।
सार्थाः स्वैरं स्वकीयेषु चेरुर्वेश्मस्विवाद्रिषु ॥

अनुष्टुभ् श्लोक छंद

वापीष्वि	वस्रव	न्तीषु	त र ग ल
ऽ ऽ ।	ऽ । ऽ	ऽ ।	विभा छंद
वनेषू	पवने	ष्विव	य स ल ग
। ऽ ऽ	। । ऽ	। ऽ *	अपरिचित छंद
सार्थाःस्वै	रंस्वकी	येषु	म र ग ल
ऽ ऽ ऽ	ऽ । ऽ	ऽ ।	मधुमालती छंद
चेरुर्वे	श्मस्विवा	द्रिषु	म र ल ग
ऽ ऽ ऽ	ऽ । ऽ	। ऽ *	क्षमा छंद

17.65

तपो रक्षन्स विघ्नेभ्यस्तस्करेभ्यश्च संपदः ।
यथास्वमाश्रमैश्चक्रे वर्णैरपि षडंशभाक् ॥

अनुष्टुभ् श्लोक छंद

तपोर	क्षन्सवि	घ्नेभ्य	य र ग ग
। ऽ ऽ	ऽ । ऽ	ऽ ऽ	कुलाधारी छंद
स्तस्करे	भ्यश्चसं	पदः	र र ल ग
ऽ । ऽ	ऽ । ऽ	। ऽ	हेमरूप छंद
यथास्व	माश्रमै	श्चक्रे	ज र ग ग
। ऽ ।	ऽ । ऽ	ऽ ऽ	यशस्करी छंद
वर्णैर	पिषडं	शभाक्	त स ल ग
ऽ ऽ ।	। । ऽ	। ऽ	पथ्यावक्त्रा छंद

17.66

खनिभिः सुषुवे रत्नं क्षेत्रैः सस्यं वनैर्गजान् ।
दिदेश वेतनं तस्मै रक्षासदृशमेव भूः ॥

अनुष्टुभ् श्लोक छंद

खनिभिः	सुषुवे	रत्नं	स स ग ग
। । ऽ	। । ऽ	ऽ ऽ	पंचशिखा छंद

क्षेत्रैःस	स्यंवनै	र्गजान्	म र ल ग
ऽ ऽ ऽ	ऽ । ऽ	। ऽ	क्षमा छंद
दिदेश	वेतनं	तस्मै	ज र ग ग
। ऽ ।	ऽ । ऽ	ऽ ऽ	यशस्करी छंद
रक्षास	दृशमे	वभूः	त स ल ग
ऽ ऽ ।	। । ऽ	। ऽ	पथ्यावक्त्र छंद

17.67

स गुणानां बलानां च षण्णां षण्मुखविक्रमः ।
बभूव विनियोगज्ञः साधनीयेषु वस्तुषु ॥

अनुष्टुभ् श्लोक छंद

सगुणा	नांबला	नांच	स र ग ल
। । ऽ	ऽ । ऽ	ऽ ।	वलीकेन्दु छंद
षण्णांष	ण्मुखवि	क्रमः	म स ल ग
ऽ ऽ ऽ	। । ऽ	। ऽ	पथ्यावक्त्र छंद
बभूव	विनियो	गज्ञः	ज स ग ग
। ऽ ।	। । ऽ	ऽ ऽ	भांर्गी छंद
साधनी	येषुव	स्तुषु	र र ल ग
ऽ । ऽ	ऽ । ऽ	। ऽ *	हेमरूप छंद

17.68

इति क्रमात्प्रयुञ्जानो राजनीतिं चतुर्विधाम् ।
आ तीर्थादप्रतीघातं स तस्याः फलमानशे ॥

अनुष्टुभ् श्लोक छंद

इतिक्र	मात्प्रयु	ञ्जानो	ज र ग ग
। ऽ ।	ऽ । ऽ	ऽ ऽ	यशस्करी छंद
राजनी	तिंचतु	र्विधाम्	र र ल ग
ऽ । ऽ	ऽ । ऽ	। ऽ	हेमरूप छंद

आतीर्था	दप्रती	घातं	म र ग ग
ऽ ऽ ऽ	ऽ । ऽ	ऽ ऽ	मधुमालती छंद
सतस्याः	फलमा	नशे	य स ल ग
। ऽ ऽ	। । ऽ	। ऽ	अपरिचित छंद

17.69

कूटयुद्धविधिज्ञेऽपि तस्मिन्सन्मार्गयोधिनि ।
भेजेऽभिसारिकावृत्तिं जयश्रीर्वीरगामिनी ॥

अनुष्टुभ् श्लोक छंद

कूटयु	द्धविधि	ज्ञेपि	र स ग ल
ऽ । ऽ	। । ऽ	ऽ ।	गाथ छंद
तस्मिन्स	न्मार्गयो	धिनि	म र ल ग
ऽ ऽ ऽ	ऽ । ऽ	। ऽ *	क्षमा छंद
भेजेभि	सारिका	वृत्तिं	त र ग ग
ऽ ऽ ।	ऽ । ऽ	ऽ ऽ	विभा छंद
जयश्री	र्वीरगा	मिनी	य र ल ग
। ऽ ऽ	ऽ । ऽ	। ऽ	भाषा छंद

17.70

प्रायः प्रतापभग्नत्वादरीणां तस्य दुर्लभः ।
रणो गन्धद्विपस्येव गन्धभिन्नान्यदन्तिनः ॥

अनुष्टुभ् श्लोक छंद

प्रायःप्र	तापभ	ग्नत्वा	त र ग ग
ऽ ऽ ।	ऽ । ऽ	ऽ ऽ	विभा छंद
दरीणां	तस्यदु	र्लभः	य र ल ग
। ऽ ऽ	ऽ । ऽ	। ऽ	भाषा छंद
रणोग	न्धद्विप	स्येव	य र ग ल
। ऽ ऽ	ऽ । ऽ	ऽ ।	सुचंद्रभा छंद

गन्धभि	न्नान्यद	न्तिनः	र र ल ग
ऽ । ऽ	ऽ । ऽ	। ऽ	हेमरूप छंद

17.71

प्रवृद्धौ ह्रीयते चन्द्रः समुद्रोऽपि तथाविधः ।
स तु तत्समवृद्धिश्च न चाभूत्ताविव क्षयी ॥

अनुष्टुभ् श्लोक छंद

प्रवृद्धौ	ह्रीयते	चन्द्रः	य र ग ग
। ऽ ऽ	ऽ । ऽ	ऽ ऽ	कुलाधारी छंद
समुद्रो	पितथा	विधः	य स ल ग
। ऽ ऽ	। । ऽ	। ऽ	अपरिचित छंद
सतुत	त्समवृ	द्धिश्च	स स ग ल
। । ऽ	। । ऽ	ऽ ।	मही छंद
नचाभू	त्ताविव	क्षयी	य र ल ग
। ऽ ऽ	ऽ । ऽ	। ऽ	भाषा छंद

17.72

सन्तस्तस्याभिगमनादत्यर्थं महतः कृशाः ।
उदधेरिव जीमूताः प्रापुर्दातृत्वमर्थिनः ॥

श्लोकेतर अनुष्टुभ् छंद

सन्तस्त	स्याभिग	मना	म भ ल ग
ऽ ऽ ऽ	ऽ । ।	। ऽ	अतिजनी छंद
दत्यर्थं	महतः	कृशाः	म स ल ग
ऽ ऽ ऽ	। । ऽ	। ऽ	पथ्यावक्त्र छंद
उदधे	रिवजी	मूताः	स स ग ग
। । ऽ	। । ऽ	ऽ ऽ	पंचशिखा छंद
प्रापुर्दा	तृत्वम	र्थिनः	म र ल ग
ऽ ऽ ऽ	ऽ । ऽ	। ऽ	क्षमा छंद

पाद टिप्पणी :

इस अनुष्टुभ् छंद के विषम चरण 1 में पहले चार अक्षरों के बाद य गण (। ऽ ऽ) के स्थान पर न (। । ।) गण आने के कारण इस चार चरणों के पद्य में श्लोक छंद सिद्ध नहीं हुआ है.

17.73

स्तूयमानः स जिह्लाय स्तुत्यमेव समाचरन् ।
तथापि ववृधे तस्य तत्कारिद्वेषिणो यशः ॥

अनुष्टुभ् श्लोक छंद

स्तूयमा	नःसजि	ह्लाय	र र ग ग
ऽ । ऽ	ऽ । ऽ	ऽ ऽ	पद्ममाला छंद
स्तुत्यमे	वसमा	चरन्	र स ल ग
ऽ । ऽ	। । ऽ	। ऽ	पथ्यावक्त्र छंद
तथापि	ववृधे	तस्य	ज स ग ल
। ऽ ।	। । ऽ	ऽ ।	भांर्गी छंद
तत्कारि	द्वेषिणो	यशः	म र ल ग
ऽ ऽ ऽ	ऽ । ऽ	। ऽ	क्षमा छंद

17.74

दुरितं दर्शनेन घ्नंस्तत्त्वार्थेन नुदंस्तमः ।
प्रजाः स्वतन्त्रयांचक्रे शश्वत्सूर्य इवोदितः ॥

अनुष्टुभ् श्लोक छंद

दुरितं	दर्शने	नघ्नं	स र ग ग
। । ऽ	ऽ । ऽ	ऽ ऽ	परिधारा छंद
स्तत्त्वार्थे	ननुदं	स्तमः	म स ल ग
ऽ ऽ ऽ	। । ऽ	। ऽ	पथ्यावक्त्र छंद
प्रजाःस्व	तन्त्रयां	चक्रे	ज र ग ग
। ऽ ।	ऽ । ऽ	ऽ ऽ	यशस्करी छंद
शश्वत्सू	र्यइवो	दितः	म स ल ग

ऽ ऽ ऽ	। । ऽ	। ऽ	पथ्यावक्त्र छंद

17.75

इन्दोरगतयः पद्मे सूर्यस्य कुमुदेंऽशवः ।
गुणास्तस्य विपक्षेऽपि गुणिनो लेभिरेऽन्तरम् ॥

अनुष्टुभ् श्लोक छंद

इन्दोर	गतयः	पद्मे	त स ग ग
ऽ ऽ ।	। । ऽ	ऽ ऽ	श्यामा छंद
सूर्यस्य	कुमुदें	शवः	त स ल ग
ऽ ऽ ।	। । ऽ	। ऽ	पथ्यावक्त्र छंद
गुणास्त	स्यविप	क्षेपि	य स ल ग
। ऽ ऽ	। । ऽ	ऽ ।	अपरिचित छंद
गुणिनो	लेभिरे	न्तरम्	स र ल ग
। । ऽ	ऽ । ऽ	। ऽ	शलुकलुप्त छंद

17.76

पराभिसंधानपरंयद्यप्यस्यविचेष्टितम्।
जिगीषोरश्वमेधाय धर्म्यमेव बभूव तत् ॥

श्लोकेतर अनुष्टुभ् छंद

पराभि	संधान	परं	ज त ल ग
। ऽ ।	ऽ ऽ ।	। ऽ	विता छंद
यद्यप्य	स्यविचे	ष्टितम्	म स ल ग
ऽ ऽ ऽ	। । ऽ	। ऽ	पथ्यावक्त्र छंद
जिगीषो	रश्वमे	धाय	य र ग ल
। ऽ ऽ	ऽ । ऽ	ऽ ।	सुचंद्रभा छंद
धर्म्यमे	वबभू	वतत्	र स ल ग
ऽ । ऽ	। । ऽ	। ऽ	पथ्यावक्त्र छंद

पाद टिप्पणी :

इस अनुष्टुभ् छंद के विषम चरण 1 में पहले चार अक्षरों के बाद य गण (। ऽ ऽ) के स्थान पर भ (ऽ । ।) गण आने के कारण इस चार चरणों के पद्य में श्लोक छंद सिद्ध नहीं हुआ है.

17.77

एवमुद्यन्प्रभावेण शास्त्रनिर्दिष्टवर्त्मना ।
वृषेव देवो देवानां राज्ञां राजा बभूव सः ॥

श्लोकेतर अनुष्टुभ् छंद

एवमु	द्यन्प्रभा	वेण	र र ग ल
ऽ । ऽ	ऽ । ऽ	ऽ ।	लक्ष्मी छंद
शास्त्रनि	र्दिष्टव	र्त्मना	र र ल ग
ऽ । ऽ	ऽ । ऽ	। ऽ	हेमरूप छंद
वृषेव	देवोदे	वानां	ज म ग ग
। ऽ ।	ऽ ऽ ऽ	ऽ ऽ	अपरिचित छंद
राज्ञांरा	जाबभू	वसः	म र ल ग
ऽ ऽ ऽ	ऽ । ऽ	। ऽ	क्षमा छंद

पाद टिप्पणी :

इस अनुष्टुभ् छंद के विषम चरण 3 में पहले चार अक्षरों के बाद य गण (। ऽ ऽ) के स्थान पर म (ऽ ऽ ऽ) गण आने के कारण इस चार चरणों के पद्य में श्लोक छंद सिद्ध नहीं हुआ है.

17.78

पञ्चमं लोकपालानां तमूचुः साम्ययोगतः ।
भूतानां महतां षष्ठमष्टमं कुलभूभृताम् ॥

अनुष्टुभ् श्लोक छंद

पञ्चमं	लोकपा	लानां	र र ग ग
ऽ । ऽ	ऽ । ऽ	ऽ ऽ	पद्ममाला छंद
तमूचुः	साम्ययो	गतः	य र ल ग
। ऽ ऽ	ऽ । ऽ	। ऽ	भाषा छंद

भूतानां	महतां	षष्ठ	म स ग ल
S S S	l l S	S l	वक्त्र छंद
मष्टमं	कुलभू	भृताम्	र स ल ग
S l S	l l S	l S	पथ्यावक्त्र छंद

17.79

दूरापवर्जितच्छत्रैस्तस्याज्ञां शासनार्पिताम् ।
दधुः शिरोभिर्भूपाला देवाः पौरंदरीमिव ॥

श्लोकेतर अनुष्टुभ् छंद

दूराप	वर्जित	च्छत्रै	त र ग ग
S S l	S l S	S S	विभा छंद
स्तस्याज्ञां	शासना	र्पिताम्	म र ल ग
S S S	S l S	l S	क्षमा छंद
दधुःशि	रोभिर्भू	पाला	ज म ग ग
l S l	S S S	S S	अपरिचित छंद
देवाःपौ	रंदरी	मिव	म र ल ग
S S S	S l S	l S *	क्षमा छंद

पाद टिप्पणी :

इस अनुष्टुभ् छंद के विषम चरण 3 में पहले चार अक्षरों के बाद य गण (l S S) के स्थान पर म (S S S) गण आने के कारण इस चार चरणों के पद्य में श्लोक छंद सिद्ध नहीं हुआ है।

17.80

ऋत्विजः स तथानर्च दक्षिणाभिर्महाक्रतौ ।
यथा साधारणीभूतं नामास्य धनदस्य च ॥

अनुष्टुभ् श्लोक छंद

ऋत्विजः	सतथा	नर्च	र स ल ल
S l S	l l S	l l	पथ्यावक्त्र छंद

दक्षिणा	भिर्महा	क्रतौ	र र ल ग
ऽ । ऽ	ऽ । ऽ	। ऽ	हेमरूप छंद
यथासा	धारणी	भूतं	य र ग ग
। ऽ ऽ	ऽ । ऽ	ऽ ऽ	कुलाधारी छंद
नामास्य	धनद	स्यच	त स ल ग
ऽ ऽ ।	। । ऽ	। ऽ *	पथ्यावक्त्र छंद

17.81

इन्द्राद्वृष्टिर्नियमितगदोद्रेकवृत्तिर्यमोऽभू-
द्यादोनाथः शिवजलपथः कर्मणे नौचराणाम् ।
पूर्वापेक्षी तदनु दधे कोषवृद्धिं कुबेर-
स्तस्मिन्दण्डोपनतचरितं भेजिरे लोकपालाः ॥

मंदाक्रांता छंद (म भ न त त ग ग)

इन्द्राद्वृ	ष्टिर्निय	मितग	दोद्रेक	वृत्तिर्य	मोभू
ऽ ऽ ।	ऽ । ।	। । ।	ऽ ऽ ।	ऽ ऽ ।	ऽ ऽ
द्यादोना	थःशिव	जलप	थःकर्म	णेनौच	राणाम्
ऽ ऽ ।	ऽ । ।	। । ।	ऽ ऽ ।	ऽ ऽ ।	ऽ ऽ
पूर्वापे	क्षीतद	नुविद	धेकोष	वृद्धिंकु	बेर
ऽ ऽ ।	ऽ । ।	। । ।	ऽ ऽ ।	ऽ ऽ ।	ऽ ऽ
स्तस्मिन्द	ण्डोपन	तचरि	तंभेजि	रेलोक	पालाः
ऽ ऽ ।	ऽ । ।	। । ।	ऽ ऽ ।	ऽ ऽ ।	ऽ ऽ

इति श्रीरघुवंशे महाकाव्ये कविश्रीकालिदास-कृतावतिथिवर्णनं नाम सप्तदशः सर्गः ॥

रघुवंश सर्ग - 18

* राजा अतिथि वंशानुक्रम *

18.1

स नैषधस्यार्थपतेः सुतायामुत्पादयामास निषिद्धशत्रुः ।
अनूनसारं निषधान्नगेन्द्रात्पुत्रं यमाहुर्निषधाख्यमेव ॥

उपेन्द्रवज्रा, इंद्रवज्रा, उपेन्द्रवज्रा, इंद्रवज्रा उपजाति छंद

सनैष	धस्यार्थ	पतेःसु	ताया	
।ऽ।	ऽऽ।	।ऽ।	ऽऽ	उपेन्द्रवज्रा
मुत्पाद	यामास	निषिद्ध	शत्रुः	
ऽऽ।	ऽऽ।	।ऽ।	ऽऽ	इंद्रवज्रा
अनून	सारंनि	षधान्न	गेन्द्रा	
।ऽ।	ऽऽ।	।ऽ।	ऽऽ	उपेन्द्रवज्रा
त्पुत्रंय	माहुर्नि	षधाख्य	मेव	
ऽऽ।	ऽऽ।	।ऽ।	ऽऽ *	इंद्रवज्रा

18.2

तेनोनुवीर्येण पिता प्रजायै कल्पिष्यमाणेन ननन्द यूना ।
सुवृष्टियोगादिव जीवलोकः सस्येन संपत्तिफलोन्मुखेन ॥

इंद्रवज्रा, इंद्रवज्रा, उपेन्द्रवज्रा, इंद्रवज्रा उपजाति छंद

तेनोनु	वीर्येण	पिताप्र	जायै	
ऽऽ।	ऽऽ।	।ऽ।	ऽऽ	इंद्रवज्रा
कल्पिष्य	माणेन	ननन्द	यूना	
ऽऽ।	ऽऽ।	।ऽ।	ऽऽ	इंद्रवज्रा

सुवृष्टि	योगादि	वजीव	लोकः	
।ऽ।	ऽऽ।	।ऽ।	ऽऽ	उपेन्द्रवज्रा
सस्येन	संपत्ति	फलोन्मु	खेन	
ऽऽ।	ऽऽ।	।ऽ।	ऽऽ*	इंद्रवज्रा

18.3

शब्दादि निर्विश्य सुखं चिराय तस्मिन्प्रतिष्ठापितराजशब्दः ।
कौमुद्वतेयः कुमुदावदातैर्द्यामर्जितां कर्मभिरारुरोह ॥

इंद्रवज्रा छंद (त त ज ग ग)

शब्दादि	निर्विश्य	सुखंचि	राय	
ऽऽ।	ऽऽ।	।ऽ।	ऽऽ*	इंद्रवज्रा
तस्मिन्प्र	तिष्ठापि	तराज	शब्दः	
ऽऽ।	ऽऽ।	।ऽ।	ऽऽ	इंद्रवज्रा
कौमुद्व	तेयःकु	मुदाव	दातै	
ऽऽ।	ऽऽ।	।ऽ।	ऽऽ	इंद्रवज्रा
द्यामर्जि	तांकर्म	भिरारु	रोह	
ऽऽ।	ऽऽ।	।ऽ।	ऽऽ*	इंद्रवज्रा

18.4

पौत्रः कुशस्यापि कुशेशयाक्षः ससागरां सागरधीरचेताः ।
एकातपत्रां भुवमेकवीरः पुरार्गलादीर्घभुजो बुभोज ॥

इंद्रवज्रा, उपेन्द्रवज्रा, इंद्रवज्रा, उपेन्द्रवज्रा उपजाति छंद

पौत्रःकु	शस्यापि	कुशेश	याक्षः	
ऽऽ।	ऽऽ।	।ऽ।	ऽऽ	इंद्रवज्रा
ससाग	रांसाग	रधीर	चेताः	
।ऽ।	ऽऽ।	।ऽ।	ऽऽ	उपेन्द्रवज्रा
एकात	पत्रांभु	वमेक	वीरः	
ऽऽ।	ऽऽ।	।ऽ।	ऽऽ	इंद्रवज्रा

पुरार्ग	लादीर्घ	भुजोबु	भोज	
। ऽ ।	ऽ ऽ ।	। ऽ ।	ऽ ऽ *	उपेन्द्रवज्रा

18.5

तस्यानलौजास्तनयस्तदन्ते वंशश्रियं प्राप नलाभिधानः ।
यो नड्वलानीव गजः परेषां बलान्यमृद्नान्नलिनाभवक्त्रः ॥

इंद्रवज्रा, इंद्रवज्रा, इंद्रवज्रा, उपेन्द्रवज्रा उपजाति छंद

तस्यान	लौजास्त	नयस्त	दन्ते	
ऽ ऽ ।	ऽ ऽ ।	। ऽ ।	ऽ ऽ	इंद्रवज्रा
वंशश्रि	यंप्राप	नलाभि	धानः	
ऽ ऽ ।	ऽ ऽ ।	। ऽ ।	ऽ ऽ	इंद्रवज्रा
योनड्व	लानीव	गजःप	रेषां	
ऽ ऽ ।	ऽ ऽ ।	। ऽ ।	ऽ ऽ	इंद्रवज्रा
बलान्य	मृद्नान्न	लिनाभ	वक्त्रः	
। ऽ ।	ऽ ऽ ।	। ऽ ।	ऽ ऽ	उपेन्द्रवज्रा

18.6

नभश्चरैर्गीतयशाः स लेभे नभस्तलश्यामतनुं तनूजम् ।
ख्यातं नभःशब्दमयेन नाम्ना कान्तं नभोमासमिव प्रजानाम् ॥

उपेन्द्रवज्रा, उपेन्द्रवज्रा, इंद्रवज्रा, इंद्रवज्रा उपजाति छंद

नभश्च	रैर्गीत	यशाःस	लेभे	
। ऽ ।	ऽ ऽ ।	। ऽ ।	ऽ ऽ	उपेन्द्रवज्रा
नभस्त	लश्याम	तनुंत	नूजम्	
। ऽ ।	ऽ ऽ ।	। ऽ ।	ऽ ऽ	उपेन्द्रवज्रा
ख्यातंन	भःशब्द	मयेन	नाम्ना	
ऽ ऽ ।	ऽ ऽ ।	। ऽ ।	ऽ ऽ	इंद्रवज्रा
कान्तंन	भोमास	मिवप्र	जानाम्	
ऽ ऽ ।	ऽ ऽ ।	। ऽ ।	ऽ ऽ	इंद्रवज्रा

18.7

तस्मै विसृज्योत्तरकोसलानां धर्मोत्तरस्तत्प्रभवे प्रभुत्वम् ।
मृगैरजर्यं जरसोपदिष्टमदेहबन्धाय पुनर्बबन्ध ॥

इंद्रवज्रा, इंद्रवज्रा, उपेन्द्रवज्रा, उपेन्द्रवज्रा उपजाति छंद

तस्मैवि	सृज्योत्त	रकोस	लानां	
ऽ ऽ।	ऽ ऽ।	। ऽ।	ऽ ऽ	इंद्रवज्रा
धर्मोत्त	रस्तत्प्र	भवेप्र	भुत्वम्	
ऽ ऽ।	ऽ ऽ।	। ऽ।	ऽ ऽ	इंद्रवज्रा
मृगैर	जर्यंज	रसोप	दिष्ट	
। ऽ।	ऽ ऽ।	। ऽ।	ऽ ऽ *	उपेन्द्रवज्रा
मदेह	बन्धाय	पुनर्ब	बन्ध	
। ऽ।	ऽ ऽ।	। ऽ।	ऽ ऽ *	उपेन्द्रवज्रा

18.8

तेन द्विपानामिव पुण्डरीको राज्ञामजय्योऽजनि पुण्डरीकः ।
शान्ते पितर्याहृतपुण्डरीका यं पुण्डरीकाक्षमिव श्रिता श्रीः ॥

इंद्रवज्रा छंद (त त ज ग ग)

तेनद्वि	पानामि	वपुण्ड	रीको	
ऽ ऽ।	ऽ ऽ।	। ऽ।	ऽ ऽ	इंद्रवज्रा
राज्ञाम	जय्योज	निपुण्ड	रीकः	
ऽ ऽ।	ऽ ऽ।	। ऽ।	ऽ ऽ	इंद्रवज्रा
शान्तेपि	तर्याहृ	तपुण्ड	रीका	
ऽ ऽ।	ऽ ऽ।	। ऽ।	ऽ ऽ	इंद्रवज्रा
यंपुण्ड	रीकाक्ष	मिवश्रि	ताश्रीः	
ऽ ऽ।	ऽ ऽ।	। ऽ।	ऽ ऽ	इंद्रवज्रा

18.9

स क्षेमधन्वानममोघधन्वा पुत्रं प्रजाक्षेमविधानदक्षम् ।

क्ष्मां लम्भयित्वा क्षमयोपपन्नं वने तपः क्षान्ततरश्चचार ॥

इंद्रवज्रा, इंद्रवज्रा, इंद्रवज्रा, उपेन्द्रवज्रा उपजाति छंद

सक्षेम	धन्वान	ममोघ	धन्वा	
ऽ ऽ ।	ऽ ऽ ।	। ऽ ।	ऽ ऽ	इंद्रवज्रा
पुत्रंप्र	जाक्षेम	विधान	दक्षम्	
ऽ ऽ ।	ऽ ऽ ।	। ऽ ।	ऽ ऽ	इंद्रवज्रा
क्ष्मांलम्भ	यित्वाक्ष	मयोप	पन्नं	
ऽ ऽ ।	ऽ ऽ ।	। ऽ ।	ऽ ऽ	इंद्रवज्रा
वनेत	पःक्षान्त	तरश्च	चार	
। ऽ ।	ऽ ऽ ।	। ऽ ।	ऽ ऽ *	उपेन्द्रवज्रा

18.10

अनीकिनीनां समरेऽग्रयायी तस्यापि देवप्रतिमः सुतोऽभूत् ।
व्यश्रूयतानीकपदावसानं देवादि नाम त्रिदिवेऽपि यस्य ॥

उपेन्द्रवज्रा, इंद्रवज्रा, इंद्रवज्रा, इंद्रवज्रा उपजाति छंद

अनीकि	नीनांस	मरेग्र	यायी	
। ऽ ।	ऽ ऽ ।	। ऽ ।	ऽ ऽ	उपेन्द्रवज्रा
तस्यापि	देवप्र	तिमःसु	तोभूत्	
ऽ ऽ ।	ऽ ऽ ।	। ऽ ।	ऽ ऽ	इंद्रवज्रा
व्यश्रूय	तानीक	पदाव	सानं	
ऽ ऽ ।	ऽ ऽ ।	। ऽ ।	ऽ ऽ	इंद्रवज्रा
देवादि	नामत्रि	दिवेपि	यस्य	
ऽ ऽ ।	ऽ ऽ ।	। ऽ ।	ऽ ऽ *	इंद्रवज्रा

18.11

पिता समाराधनतत्परेण पुत्रेण पुत्री स यथैव तेन ।
पुत्रस्तथैवात्मजवत्सलेन स तेन पित्रा पितृमान्बभूव ॥

कालिदास के बृहत् महाकाव्य रघुवंश की छंद मीमांसा

उपेन्द्रवज्रा, इंद्रवज्रा, इंद्रवज्रा, उपेन्द्रवज्रा उपजाति छंद

पितास	माराध	नतत्प	रेण	
। ऽ ।	ऽ ऽ ।	। ऽ ।	ऽ ऽ *	उपेन्द्रवज्रा
पुत्रेण	पुत्रीस	यथैव	तेन	
ऽ ऽ ।	ऽ ऽ ।	। ऽ ।	ऽ ऽ *	इंद्रवज्रा
पुत्रस्त	थैवात्म	जवत्स	लेन	
ऽ ऽ ।	ऽ ऽ ।	। ऽ ।	ऽ ऽ *	इंद्रवज्रा
सतेन	पित्रापि	तृमान्ब	भूव	
। ऽ ।	ऽ ऽ ।	। ऽ ।	ऽ ऽ *	उपेन्द्रवज्रा

18.12

पूर्वस्तयोरात्मसमे चिरोढामात्मोभवे वर्णचतुष्टयस्य ।
धुरं निधायैकनिधिर्गुणानां जगाम यज्वा यजमानलोकम् ॥

इंद्रवज्रा, इंद्रवज्रा, उपेन्द्रवज्रा, उपेन्द्रवज्रा उपजाति छंद

पूर्वस्त	योरात्म	समेचि	रोढा	
ऽ ऽ ।	ऽ ऽ ।	। ऽ ।	ऽ ऽ	इंद्रवज्रा
मात्मोभ	वेवर्ण	चतुष्ट	यस्य	
ऽ ऽ ।	ऽ ऽ ।	। ऽ ।	ऽ ऽ *	इंद्रवज्रा
धुरंनि	धायैक	निधिर्गु	णानां	
। ऽ ।	ऽ ऽ ।	। ऽ ।	ऽ ऽ	उपेन्द्रवज्रा
जगाम	यज्वाय	जमान	लोकम्	
। ऽ ।	ऽ ऽ ।	। ऽ ।	ऽ ऽ	उपेन्द्रवज्रा

18.13

वशी सुतस्तस्य वशंवदत्वात्स्वेषामिवासीद्विषतामपीष्टः ।
सकृद्विविग्नानपि हि प्रयुक्तं माधुर्यमीष्टे हरिणान्ग्रहीतुम् ॥

उपेन्द्रवज्रा, इंद्रवज्रा, उपेन्द्रवज्रा, इंद्रवज्रा उपजाति छंद

वशीसु	तस्तस्य	वशंव	दत्वा	
। ऽ ।	ऽ ऽ ।	। ऽ ।	ऽ ऽ	उपेन्द्रवज्रा
त्स्वेषामि	वासीद्वि	षताम	पीष्टः	
ऽ ऽ ।	ऽ ऽ ।	। ऽ ।	ऽ ऽ	इंद्रवज्रा
सकृद्वि	विग्नान	पिहिप्र	युक्तं	
। ऽ ।	ऽ ऽ ।	। ऽ ।	ऽ ऽ	उपेन्द्रवज्रा
माधुर्य	मीष्टेह	रिणान्ग्र	हीतुम्	
ऽ ऽ ।	ऽ ऽ ।	। ऽ ।	ऽ ऽ	इंद्रवज्रा

18.14

अहीनगुर्नाम स गां समग्रामहीनबाहुद्रविणः शशास ।
यो हीनसंसर्गपराङ्मुखत्वाद्युवाप्यनर्थैर्व्यसनैर्विहीनः ॥

उपेन्द्रवज्रा, उपेन्द्रवज्रा, इंद्रवज्रा, उपेन्द्रवज्रा उपजाति छंद

अहीन	गुर्नाम	सगांस	मग्रा	
। ऽ ।	ऽ ऽ ।	। ऽ ।	ऽ ऽ	उपेन्द्रवज्रा
महीन	बाहुद्र	विणःश	शास	
। ऽ ।	ऽ ऽ ।	। ऽ ।	ऽ ऽ *	उपेन्द्रवज्रा
योहीन	संसर्ग	पराङ्मु	खत्वा	
ऽ ऽ ।	ऽ ऽ ।	। ऽ ।	ऽ ऽ	इंद्रवज्रा
द्युवाप्य	नर्थैर्व्य	सनैर्वि	हीनः	
। ऽ ।	ऽ ऽ ।	। ऽ ।	ऽ ऽ	उपेन्द्रवज्रा

18.15

गुरोः स चानन्तरमन्तरज्ञः पुंसां पुमानाद्य इवावतीर्णः ।
उपक्रमैरस्खलितैश्चतुर्भिश्चतुर्दिगीशश्चतुरो बभूव ॥

उपेन्द्रवज्रा, इंद्रवज्रा, उपेन्द्रवज्रा, उपेन्द्रवज्रा उपजाति छंद

गुरोःस	चानन्त	रमन्त	रज्ञः	
। ऽ ।	ऽ ऽ ।	। ऽ ।	ऽ ऽ	उपेन्द्रवज्रा

पुंसांपु	मानाद्य	इवाव	तीर्णः	
ऽ ऽ ।	ऽ ऽ ।	। ऽ ।	ऽ ऽ	इंद्रवज्रा
उपक्र	मैरस्ख	लितैश्च	तुर्भि	
। ऽ ।	ऽ ऽ ।	। ऽ ।	ऽ ऽ	उपेन्द्रवज्रा
श्चतुर्दि	गीशश्च	तुरोब	भूव	
। ऽ ।	ऽ ऽ ।	। ऽ ।	ऽ ऽ *	उपेन्द्रवज्रा

18.16

तस्मिन्प्रयाते परलोकयात्रां जेतर्यरीणां तनयं तदीयम् ।
उच्चैःशिरस्त्वाज्जितपारियात्रं लक्ष्मीः सिषेवे किल पारियात्रम् ॥

इंद्रवज्रा छंद (त त ज ग ग)

तस्मिन्प्र	यातेप	रलोक	यात्रां	
ऽ ऽ ।	ऽ ऽ ।	। ऽ ।	ऽ ऽ	इंद्रवज्रा
जेतर्य	रीणांत	नयंत	दीयम्	
ऽ ऽ ।	ऽ ऽ ।	। ऽ ।	ऽ ऽ	इंद्रवज्रा
उच्चैःशि	रस्त्वाज्जि	तपारि	यात्रं	
ऽ ऽ ।	ऽ ऽ ।	। ऽ ।	ऽ ऽ	इंद्रवज्रा
लक्ष्मीःसि	षेवेकि	लपारि	यात्रम्	
ऽ ऽ ।	ऽ ऽ ।	। ऽ ।	ऽ ऽ	इंद्रवज्रा

18.17

तस्याभवत्सूनुरुदारशीलः शिलः शिलापट्टविशालवक्षाः ।
जितारिपक्षोऽपि शिलीमुखैर्यः शालीनतामव्रजदीड्यमानः ॥

इंद्रवज्रा, उपेन्द्रवज्रा, उपेन्द्रवज्रा, इंद्रवज्रा उपजाति छंद

तस्याभ	वत्सूनु	रुदार	शीलः	
ऽ ऽ ।	ऽ ऽ ।	। ऽ ।	ऽ ऽ	इंद्रवज्रा
शिलःशि	लापट्ट	विशाल	वक्षाः	
। ऽ ।	ऽ ऽ ।	। ऽ ।	ऽ ऽ	उपेन्द्रवज्रा

कालिदास के बृहत् महाकाव्य रघुवंश की छंद मीमांसा

जितारि	पक्षोपि	शिलीमु	खैर्यः	
। ऽ ।	ऽ ऽ ।	। ऽ ।	ऽ ऽ	उपेन्द्रवज्रा
शालीन	तामत्र	जदीड्य	मानः	
ऽ ऽ ।	ऽ ऽ ।	। ऽ ।	ऽ ऽ	इंद्रवज्रा

18.18

तमात्मसंपन्नमनिन्दितात्मा कृत्वा युवानं युवराजमेव ।
सुखानि सोऽभुङ्क्त सुखोपरोधि वृत्तं हि राज्ञामुपरुद्धवृत्तम् ॥

उपेन्द्रवज्रा, इंद्रवज्रा, उपेन्द्रवज्रा, इंद्रवज्रा उपजाति छंद

तमात्म	संपन्न	मनिन्दि	तात्मा	
। ऽ ।	ऽ ऽ ।	। ऽ ।	ऽ ऽ	उपेन्द्रवज्रा
कृत्वायु	वानंयु	वराज	मेव	
ऽ ऽ ।	ऽ ऽ ।	। ऽ ।	ऽ ऽ *	इंद्रवज्रा
सुखानि	सोभुङ्क्त	सुखोप	रोधि	
। ऽ ।	ऽ ऽ ।	। ऽ ।	ऽ ऽ *	उपेन्द्रवज्रा
वृत्तंहि	राज्ञामु	परुद्ध	वृत्तम्	
ऽ ऽ ।	ऽ ऽ ।	। ऽ ।	ऽ ऽ	इंद्रवज्रा

18.19

तं रागबन्धिष्ववितृप्तमेव भोगेषु सौभाग्यविशेषभोग्यम् ।
विलासिनीनामरतिक्षमाऽपि जरा वृथा मत्सरिणी जहार ॥

इंद्रवज्रा, इंद्रवज्रा, उपेन्द्रवज्रा, उपेन्द्रवज्रा उपजाति छंद

तंराग	बन्धिष्व	वितृप्त	मेव	
ऽ ऽ ।	ऽ ऽ ।	। ऽ ।	ऽ ऽ *	इंद्रवज्रा
भोगेषु	सौभाग्य	विशेष	भोग्यम्	
ऽ ऽ ।	ऽ ऽ ।	। ऽ ।	ऽ ऽ	इंद्रवज्रा
विलासि	नीनाम	रतिक्ष	मापि	
। ऽ ।	ऽ ऽ ।	। ऽ ।	ऽ ऽ *	उपेन्द्रवज्रा

जरावृ	थामत्स	रिणीज	हार	
। ऽ ।	ऽ ऽ ।	। ऽ ।	ऽ ऽ *	उपेन्द्रवज्रा

18.20

उन्नाभ इत्युद्गतनामधेयस्तस्यायथार्थोन्नतनाभिरन्ध्रः ।
सुतोऽभवत्पङ्कजनाभकल्पः कृत्स्नस्य नाभिर्नृपमण्डलस्य ॥

इंद्रवज्रा, इंद्रवज्रा, उपेन्द्रवज्रा, इंद्रवज्रा उपजाति छंद

उन्नाभ	इत्युद्ग	तनाम	धेय	
ऽ ऽ ।	ऽ ऽ ।	। ऽ ।	ऽ ऽ	इंद्रवज्रा
स्तस्याय	थार्थोन्न	तनाभि	रन्ध्रः	
ऽ ऽ ।	ऽ ऽ ।	। ऽ ।	ऽ ऽ	इंद्रवज्रा
सुतोभ	वत्पङ्क	जनाभ	कल्पः	
। ऽ ।	ऽ ऽ ।	। ऽ ।	ऽ ऽ	उपेन्द्रवज्रा
कृत्स्नस्य	नाभिर्नृ	पमण्ड	लस्य	
ऽ ऽ ।	ऽ ऽ ।	। ऽ ।	ऽ ऽ *	इंद्रवज्रा

18.21

ततः परं वज्रधरप्रभावस्तदात्मजः संयति वज्रघोषः ।
बभूव वज्राकरभूषणायाः पतिः पृथिव्याः किल वज्रणाभः ॥

उपेन्द्रवज्रा छंद (ज त ज ग ग)

ततःप	रंवज्र	धरप्र	भाव	
। ऽ ।	ऽ ऽ ।	। ऽ ।	ऽ ऽ	उपेन्द्रवज्रा
स्तदात्म	जःसंय	तिवज्र	घोषः	
। ऽ ।	ऽ ऽ ।	। ऽ ।	ऽ ऽ	उपेन्द्रवज्रा
बभूव	वज्राक	रभूष	णायाः	
। ऽ ।	ऽ ऽ ।	। ऽ ।	ऽ ऽ	उपेन्द्रवज्रा
पतिःपृ	थिव्याःकि	लवज्र	णाभः	
। ऽ ।	ऽ ऽ ।	। ऽ ।	ऽ ऽ	उपेन्द्रवज्रा

18.22

तस्मिन्गते द्यां सुकृतोपलब्धां तत्संभवं शङ्खणमर्णवान्ता ।
उत्खातशत्रुं वसुधोपतस्थे रत्नोपहारैरुदितैः खनिभ्यः ॥

इंद्रवज्रा छंद (त त ज ग ग)

तस्मिन्ग	तेद्यांसु	कृतोप	लब्धां	
ऽ ऽ ।	ऽ ऽ ।	। ऽ ।	ऽ ऽ	इंद्रवज्रा
तत्संभ	वंशङ्ख	णमर्ण	वान्ता	
ऽ ऽ ।	ऽ ऽ ।	। ऽ ।	ऽ ऽ	इंद्रवज्रा
उत्खात	शत्रुंव	सुधोप	तस्थे	
ऽ ऽ ।	ऽ ऽ ।	। ऽ ।	ऽ ऽ	इंद्रवज्रा
रत्नोप	हारैरु	दितैःख	निभ्यः	
ऽ ऽ ।	ऽ ऽ ।	। ऽ ।	ऽ ऽ	इंद्रवज्रा

18.23

तस्यावसाने हरिदश्वधामा पित्र्यं प्रपेदे पदमश्विरूपः ।
वेलातटेषूषितसैनिकाश्वं पुराविदो यं व्युषिताश्वमाहुः ॥

इंद्रवज्रा, इंद्रवज्रा, इंद्रवज्रा, उपेन्द्रवज्रा उपजाति छंद

तस्याव	सानेह	रिदश्व	धामा	
ऽ ऽ ।	ऽ ऽ ।	। ऽ ।	ऽ ऽ	इंद्रवज्रा
पित्र्यंप्र	पेदेप	दमश्वि	रूपः	
ऽ ऽ ।	ऽ ऽ ।	। ऽ ।	ऽ ऽ	इंद्रवज्रा
वेलात	टेषूषि	तसैनि	काश्वं	
ऽ ऽ ।	ऽ ऽ ।	। ऽ ।	ऽ ऽ	इंद्रवज्रा
पुरावि	दोयंव्यु	षिताश्व	माहुः	
। ऽ ।	ऽ ऽ ।	। ऽ ।	ऽ ऽ	उपेन्द्रवज्रा

18.24

आराध्य विश्वेश्वरमीश्वरेण तेन क्षितेर्विश्वसहो विजज्ञे ।

पातुं सहो विश्वसखः समग्रां विश्वंभरामात्मजमूर्तिरात्मा ॥

इंद्रवज्रा छंद (त त ज ग ग)

आराध्य	विश्वेश्व	रमीश्व	रेण	
ऽ ऽ ।	ऽ ऽ ।	। ऽ ।	ऽ ऽ *	इंद्रवज्रा
तेनक्षि	तेर्विश्व	सहोवि	जज्ञे	
ऽ ऽ ।	ऽ ऽ ।	। ऽ ।	ऽ ऽ	इंद्रवज्रा
पातुंस	होविश्व	सखःस	मग्रां	
ऽ ऽ ।	ऽ ऽ ।	। ऽ ।	ऽ ऽ	इंद्रवज्रा
विश्वंभ	रामात्म	जमूर्ति	रात्मा	
ऽ ऽ ।	ऽ ऽ ।	। ऽ ।	ऽ ऽ	इंद्रवज्रा

18.25

अंशे हिरण्याक्षरिपोः स जाते हिरण्यनाभे तनये नयज्ञः ।
द्विषामसह्यः सुतरां तरूणां हिरण्यरेता इव सानिलोऽभूत् ॥

इंद्रवज्रा, उपेन्द्रवज्रा, उपेन्द्रवज्रा, उपेन्द्रवज्रा उपजाति छंद

अंशेहि	रण्याक्ष	रिपोःस	जाते	
ऽ ऽ ।	ऽ ऽ ।	। ऽ ।	ऽ ऽ	इंद्रवज्रा
हिरण्य	नाभेत	नयेन	यज्ञः	
। ऽ ।	ऽ ऽ ।	। ऽ ।	ऽ ऽ	उपेन्द्रवज्रा
द्विषाम	सह्यःसु	तरांत	रूणां	
। ऽ ।	ऽ ऽ ।	। ऽ ।	ऽ ऽ	उपेन्द्रवज्रा
हिरण्य	रेताइ	वसानि	लोभूत्	
। ऽ ।	ऽ ऽ ।	। ऽ ।	ऽ ऽ	उपेन्द्रवज्रा

18.26

पिता पितॄणामनृणस्तमन्ते वयस्यनन्तानि सुखानि लिप्सुः ।
राजानमाजानुविलम्बिबाहुं कृत्वा कृती वल्कलवान्बभूव ॥

उपेन्द्रवज्रा, उपेन्द्रवज्रा, इंद्रवज्रा, इंद्रवज्रा उपजाति छंद

पितापि	तॄणाम	नृणस्त	मन्ते	
। ऽ ।	ऽ ऽ ।	। ऽ ।	ऽ ऽ	उपेन्द्रवज्रा
वयस्य	नन्तानि	सुखानि	लिप्सुः	
। ऽ ।	ऽ ऽ ।	। ऽ ।	ऽ ऽ	उपेन्द्रवज्रा
राजान	माजानु	विलम्बि	बाहुं	
ऽ ऽ ।	ऽ ऽ ।	। ऽ ।	ऽ ऽ	इंद्रवज्रा
कृत्वाकृ	तीवल्क	लवान्ब	भूव	
ऽ ऽ ।	ऽ ऽ ।	। ऽ ।	ऽ ऽ *	इंद्रवज्रा

18.27

कौसल्य इत्युत्तरकोसलानां पत्युः पतङ्गान्वयभूषणस्य ।
तस्यौरसः सोमसुतः सुतोऽभून्नेत्रोत्सवः सोम इव द्वितीयः ॥

इंद्रवज्रा छंद (त त ज ग ग)

कौसल्य	इत्युत्त	रकोस	लानां	
ऽ ऽ ।	ऽ ऽ ।	। ऽ ।	ऽ ऽ	इंद्रवज्रा
पत्युःप	तङ्गान्व	यभूष	णस्य	
ऽ ऽ ।	ऽ ऽ ।	। ऽ ।	ऽ ऽ *	इंद्रवज्रा
तस्यौर	सःसोम	सुतःसु	तोभू	
ऽ ऽ ।	ऽ ऽ ।	। ऽ ।	ऽ ऽ	इंद्रवज्रा
न्नेत्रोत्स	वःसोम	इवद्वि	तीयः	
ऽ ऽ ।	ऽ ऽ ।	। ऽ ।	ऽ ऽ	इंद्रवज्रा

18.28

यशोभिराब्रह्मसभं प्रकाशः स ब्रह्मभूयं गतिमाजगाम ।
ब्रह्मिष्ठमाधाय निजेऽधिकारे ब्रह्मिष्ठमेव स्वतनुप्रसूतम् ॥

उपेन्द्रवज्रा, इंद्रवज्रा, इंद्रवज्रा, इंद्रवज्रा उपजाति छंद

यशोभि	राब्रह्म	सभंप्र	काशः	
।ऽ।	ऽऽ।	।ऽ।	ऽऽ	उपेन्द्रवज्रा
सब्रह्म	भूयंग	तिमाज	गाम	
ऽऽ।	ऽऽ।	।ऽ।	ऽऽ *	इंद्रवज्रा
ब्रह्मिष्ठ	माधाय	निजेधि	कारे	
ऽऽ।	ऽऽ।	।ऽ।	ऽऽ	इंद्रवज्रा
ब्रह्मिष्ठ	मेवस्व	तनुप्र	सूतम्	
ऽऽ।	ऽऽ।	।ऽ।	ऽऽ	इंद्रवज्रा

18.29

तस्मिन्कुलापीडनिभे विपीडं सम्यङ्महीं शासति शासनाङ्काम् ।
प्रजाश्चिरं सुप्रजसि प्रजेशे ननन्दुरानन्दजलाविलाक्ष्यः ॥

इंद्रवज्रा, इंद्रवज्रा, उपेन्द्रवज्रा, उपेन्द्रवज्रा उपजाति छंद

तस्मिन्कु	लापीड	निभेवि	पीडं	
ऽऽ।	ऽऽ।	।ऽ।	ऽऽ	इंद्रवज्रा
सम्यङ्म	हींशास	तिशास	नाङ्काम्	
ऽऽ।	ऽऽ।	।ऽ।	ऽऽ	इंद्रवज्रा
प्रजाश्चि	रंसुप्र	जसिप्र	जेशे	
।ऽ।	ऽऽ।	।ऽ।	ऽऽ	उपेन्द्रवज्रा
ननन्दु	रानन्द	जलावि	लाक्ष्यः	
।ऽ।	ऽऽ।	।ऽ।	ऽऽ	उपेन्द्रवज्रा

18.30

पात्रीकृतात्मा गुरुसेवनेन स्पष्टाकृतिः पत्ररथेन्द्रकेतोः ।
तं पुत्रिणां पुष्करपत्रनेत्रः पुत्रः समारोपयदग्रसंख्याम् ॥

पात्रीकृ	तात्मागु	रुसेव	नेन	
ऽऽ।	ऽऽ।	।ऽ।	ऽऽ *	इंद्रवज्रा
स्पष्टाकृ	तिःपत्र	रथेन्द्र	केतोः	

ऽऽ।	ऽऽ।	।ऽ।	ऽऽ	इंद्रवज्रा
तंपुत्रि	णांपुष्क	रपत्र	नेत्रः	
ऽऽ।	ऽऽ।	।ऽ।	ऽऽ	इंद्रवज्रा
पुत्रःस	मारोप	यदग्र	संख्याम्	
ऽऽ।	ऽऽ।	।ऽ।	ऽऽ	इंद्रवज्रा

18.31

वंशस्थितिं वंशकरेण तेन संभाव्य भावी स सखा मघोनः ।
उपस्पृशन्स्पर्शनिवृत्तलौल्यस्त्रिपुष्करेषु त्रिदशत्वमाप ॥

इंद्रवज्रा, इंद्रवज्रा, उपेन्द्रवज्रा, उपेन्द्रवज्रा उपजाति छंद

वंशस्थि	तिंवंश	करेण	तेन	
ऽऽ।	ऽऽ।	।ऽ।	ऽऽ *	इंद्रवज्रा
संभाव्य	भावीस	सखाम	घोनः	
ऽऽ।	ऽऽ।	।ऽ।	ऽऽ	इंद्रवज्रा
उपस्पृ	शन्स्पर्श	निवृत्त	लौल्य	
।ऽ।	ऽऽ।	।ऽ।	ऽऽ	उपेन्द्रवज्रा
स्त्रिपुष्क	रेषुत्रि	दशत्व	माप	
।ऽ।	ऽऽ।	।ऽ।	ऽऽ *	उपेन्द्रवज्रा

18.32

तस्य प्रभानिर्जितपुष्परागं पौष्यां तिथौ पुष्यमसूत पत्नी ।
तस्मिन्नपुष्यन्नुदिते समग्रां पुष्टिं जनाः पुष्य इव द्वितीये ॥

इंद्रवज्रा छंद (त त ज ग ग)

तस्यप्र	भानिर्जि	तपुष्प	रागं	
ऽऽ।	ऽऽ।	।ऽ।	ऽऽ	इंद्रवज्रा
पौष्यांति	थौपुष्य	मसूत	पत्नी	
ऽऽ।	ऽऽ।	।ऽ।	ऽऽ	इंद्रवज्रा
तस्मिन्न	पुष्यन्नु	दितेस	मग्रां	

S S l	S S l	l S l	S S	इंद्रवज्रा
पुष्टिंज	नाःपुष्य	इवद्वि	तीये	
S S l	S S l	l S l	S S	इंद्रवज्रा

18.33

महीं महेच्छः परिकीर्य सूनौ मनीषिणे जैमिनयेऽर्पितात्मा ।
तस्मात्सयोगादधिगम्य योगमजन्मनेऽकल्पत जन्मभीरुः ॥

उपेन्द्रवज्रा, उपेन्द्रवज्रा, इंद्रवज्रा, उपेन्द्रवज्रा उपजाति छंद

महींम	हेच्छःप	रिकीर्य	सूनौ	
l S l	S S l	l S l	S S	उपेन्द्रवज्रा
मनीषि	णेजैमि	नयेर्पि	तात्मा	
l S l	S S l	l S l	S S	उपेन्द्रवज्रा
तस्मात्स	योगाद	धिगम्य	योग	
S S l	S S l	l S l	S S *	इंद्रवज्रा
मजन्म	नेकल्प	तजन्म	भीरुः	
l S l	S S l	l S l	S S	उपेन्द्रवज्रा

18.34

ततः परं तत्प्रभवः प्रपेदे ध्रुवोपमेयो ध्रुवसंधिरुर्वीम् ।
यस्मिन्नभूज्यायसि सत्यसंधे संधिर्ध्रुवः संनमतामरीणाम् ॥

उपेन्द्रवज्रा, उपेन्द्रवज्रा, इंद्रवज्रा, इंद्रवज्रा उपजाति छंद

ततःप	रंतत्प्र	भवःप्र	पेदे	
l S l	S S l	l S l	S S	उपेन्द्रवज्रा
ध्रुवोप	मेयोध्रु	वसंधि	रुर्वीम्	
l S l	S S l	l S l	S S	उपेन्द्रवज्रा
यस्मिन्न	भूज्याय	सिसत्य	संधे	
S S l	S S l	l S l	S S	इंद्रवज्रा
संधिर्ध्रु	वःसंन	मताम	रीणाम्	

ऽ ऽ ।	ऽ ऽ ।	। ऽ ।	ऽ ऽ	इंद्रवज्रा

18.35

सुते शिशावेव सुदर्शनाख्ये दर्शात्ययेन्दुप्रियदर्शने सः ।
मृगायताक्षो मृगयाविहारी सिंहादवापद्विपदं नृसिंहः ॥

उपेन्द्रवज्रा, इंद्रवज्रा, उपेन्द्रवज्रा, इंद्रवज्रा उपजाति छंद

सुतेशि	शावेव	सुदर्श	नाख्ये	
। ऽ ।	ऽ ऽ ।	। ऽ ।	ऽ ऽ	उपेन्द्रवज्रा
दर्शात्य	येन्दुप्रि	यदर्श	नेसः	
ऽ ऽ ।	ऽ ऽ ।	। ऽ ।	ऽ ऽ	इंद्रवज्रा
मृगाय	ताक्षोमृ	गयावि	हारी	
। ऽ ।	ऽ ऽ ।	। ऽ ।	ऽ ऽ	उपेन्द्रवज्रा
सिंहाद	वापद्वि	पदंनृ	सिंहः	
ऽ ऽ ।	ऽ ऽ ।	। ऽ ।	ऽ ऽ	इंद्रवज्रा

18.36

स्वर्गामिनस्तस्य तमैकमत्यादमात्यवर्गः कुलतन्तुमेकम् ।
अनाथदीनाः प्रकृतीरवेक्ष्य साकेतनाथं विधिवच्चकार ॥

इंद्रवज्रा, उपेन्द्रवज्रा, उपेन्द्रवज्रा, इंद्रवज्रा उपजाति छंद

स्वर्गामि	नस्तस्य	तमैक	मत्या	
ऽ ऽ ।	ऽ ऽ ।	। ऽ ।	ऽ ऽ	इंद्रवज्रा
दमात्य	वर्गःकु	लतन्तु	मेकम्	
। ऽ ।	ऽ ऽ ।	। ऽ ।	ऽ ऽ	उपेन्द्रवज्रा
अनाथ	दीनाःप्र	कृतीर	वेक्ष्य	
। ऽ ।	ऽ ऽ ।	। ऽ ।	ऽ ऽ *	उपेन्द्रवज्रा
साकेत	नाथंवि	धिवच्च	कार	
ऽ ऽ ।	ऽ ऽ ।	। ऽ ।	ऽ ऽ *	इंद्रवज्रा

18.37

नवेन्दुना तन्नभसोपमेयं शावैकसिंहेन च काननेन ।
रघोः कुलं कुड्मलपुष्करेण तोयेन चाप्रौढनरेन्द्रमासीत् ॥

उपेन्द्रवज्रा, इंद्रवज्रा, उपेन्द्रवज्रा, इंद्रवज्रा उपजाति छंद

नवेन्दु	नातन्न	भसोप	मेयं	
। ऽ ।	ऽ ऽ ।	। ऽ ।	ऽ ऽ	उपेन्द्रवज्रा
शावैक	सिंहेन	चकान	नेन	
ऽ ऽ ।	ऽ ऽ ।	। ऽ ।	ऽ ऽ *	इंद्रवज्रा
रघोःकु	लंकुड्म	लपुष्क	रेण	
। ऽ ।	ऽ ऽ ।	। ऽ ।	ऽ ऽ *	उपेन्द्रवज्रा
तोयेन	चाप्रौढ	नरेन्द्र	मासीत्	
ऽ ऽ ।	ऽ ऽ ।	। ऽ ।	ऽ ऽ	इंद्रवज्रा

18.38

लोकेन भावी पितुरेव तुल्यः संभावितो मौलिपरिग्रहात्सः ।
दृष्टो हि वृण्वन्कलभप्रमाणोऽप्याशाः पुरोवातमवाप्य मेघः ॥

इंद्रवज्रा छंद (त त ज ग ग)

लोकेन	भावीपि	तुरेव	तुल्यः	
ऽ ऽ ।	ऽ ऽ ।	। ऽ ।	ऽ ऽ	इंद्रवज्रा
संभावि	तोमौलि	परिग्र	हात्सः	
ऽ ऽ ।	ऽ ऽ ।	। ऽ ।	ऽ ऽ	इंद्रवज्रा
दृष्टोहि	वृण्वन्क	लभप्र	माणो	
ऽ ऽ ।	ऽ ऽ ।	। ऽ ।	ऽ ऽ	इंद्रवज्रा
प्याशाःपु	रोवात	मवाप्य	मेघः	
ऽ ऽ ।	ऽ ऽ ।	। ऽ ।	ऽ ऽ	इंद्रवज्रा

18.39

तं राजवीथ्यामधिहस्ति यातमाधोरणालम्बितमग्र्यवेशम् ।
षड्वर्षदेशीयमपि प्रभुत्वात्प्रैक्षन्त पौराः पितृगौरवेण ॥

इंद्रवज्रा छंद (त त ज ग ग)

तंराज	वीथ्याम	धिहस्ति	यात	
ऽ ऽ ।	ऽ ऽ ।	। ऽ ।	ऽ ऽ *	इंद्रवज्रा
माधोर	णालम्बि	तमग्र्य	वेशम्	
ऽ ऽ ।	ऽ ऽ ।	। ऽ ।	ऽ ऽ	इंद्रवज्रा
षड्वर्ष	देशीय	मपिप्र	भुत्वा	
ऽ ऽ ।	ऽ ऽ ।	। ऽ ।	ऽ ऽ	इंद्रवज्रा
त्प्रैक्षन्त	पौराःपि	तृगौर	वेण	
ऽ ऽ ।	ऽ ऽ ।	। ऽ ।	ऽ ऽ *	इंद्रवज्रा

18.40

कामं न सोऽकल्पत पैतृकस्य सिंहासनस्य प्रतिपूरणाय ।
तेजोमहिम्ना पुनरावृतात्मा तद्व्याप चामीकरपिञ्जरेण ॥

इंद्रवज्रा छंद (त त ज ग ग)

कामंन	सोकल्प	तपैतृ	कस्य	
ऽ ऽ ।	ऽ ऽ ।	। ऽ ।	ऽ ऽ *	इंद्रवज्रा
सिंहास	नस्यप्र	तिपूर	णाय	
ऽ ऽ ।	ऽ ऽ ।	। ऽ ।	ऽ ऽ *	इंद्रवज्रा
तेजोम	हिम्नापु	नरावृ	तात्मा	
ऽ ऽ ।	ऽ ऽ ।	। ऽ ।	ऽ ऽ	इंद्रवज्रा
तद्व्याप	चामीक	रपिञ्ज	रेण	
ऽ ऽ ।	ऽ ऽ ।	। ऽ ।	ऽ ऽ *	इंद्रवज्रा

18.41

तस्मादधः किंचिदिवावतीर्णावसंस्पृशन्तौ तपनीयपीठम् ।
सालक्तकौ भूपतयः प्रसिद्धैर्ववन्दिरे मौलिभिरस्य पादौ ॥

इंद्रवज्रा, उपेन्द्रवज्रा, इंद्रवज्रा, उपेन्द्रवज्रा उपजाति छंद

तस्माद	धःकिंचि	दिवाव	तीर्णा	
ऽ ऽ ।	ऽ ऽ ।	। ऽ ।	ऽ ऽ	इंद्रवज्रा
वसंस्पृ	शन्तौत	पनीय	पीठम्	
। ऽ ।	ऽ ऽ ।	। ऽ ।	ऽ ऽ	उपेन्द्रवज्रा
सालक्त	कौभूप	तयःप्र	सिद्धै	
ऽ ऽ ।	ऽ ऽ ।	। ऽ ।	ऽ ऽ	इंद्रवज्रा
र्ववन्दि	रेमौलि	भिरस्य	पादौ	
। ऽ ।	ऽ ऽ ।	। ऽ ।	ऽ ऽ	उपेन्द्रवज्रा

18.42

मणौ महानील इति प्रभावादल्पप्रमाणेऽपि यथा न मिथ्या ।
शब्दो महाराज इति प्रतीतस्तथैव तस्मिन्युयुजेऽर्भकेऽपि ॥

उपेन्द्रवज्रा, इंद्रवज्रा, इंद्रवज्रा, उपेन्द्रवज्रा उपजाति छंद

मणौम	हानील	इतिप्र	भावा	
। ऽ ।	ऽ ऽ ।	। ऽ ।	ऽ ऽ	उपेन्द्रवज्रा
दल्पप्र	माणेपि	यथान	मिथ्या	
ऽ ऽ ।	ऽ ऽ ।	। ऽ ।	ऽ ऽ	इंद्रवज्रा
शब्दोम	हाराज	इतिप्र	तीत	
ऽ ऽ ।	ऽ ऽ ।	। ऽ ।	ऽ ऽ	इंद्रवज्रा
स्तथैव	तस्मिन्यु	युजेर्भ	केपि	
। ऽ ।	ऽ ऽ ।	। ऽ ।	ऽ ऽ *	उपेन्द्रवज्रा

18.43

पर्यन्तसंचारितचामरस्य कपोललोलोभयकाकपक्षात् ।
तस्याननादुच्चरितो विवादश्चचाल वेलास्वपि नार्णवानाम् ॥

इंद्रवज्रा, उपेन्द्रवज्रा, इंद्रवज्रा, उपेन्द्रवज्रा उपजाति छंद

पर्यन्त	संचारि	तचाम	रस्य	
ऽ ऽ ।	ऽ ऽ ।	। ऽ ।	ऽ ऽ *	इंद्रवज्रा

कपोल	लोलोभ	यकाक	पक्षात्	
।ऽ।	ऽऽ।	।ऽ।	ऽऽ	उपेन्द्रवज्रा
तस्यान	नादुच्च	रितोवि	वाद	
ऽऽ।	ऽऽ।	।ऽ।	ऽऽ	इंद्रवज्रा
श्चचाल	वेलास्व	पिनार्ण	वानाम्	
।ऽ।	ऽऽ।	।ऽ।	ऽऽ	उपेन्द्रवज्रा

18.44

निर्वृत्तजाम्बूनदपट्टशोभे न्यस्तं ललाटे तिलकं दधानः ।
तेनैव शून्यान्यरिसुन्दरीणां मुखानि स स्मेरमुखश्चकार ॥

इंद्रवज्रा, इंद्रवज्रा, इंद्रवज्रा, उपेन्द्रवज्रा उपजाति छंद

निर्वृत्त	जाम्बून	दपट्ट	शोभे	
ऽऽ।	ऽऽ।	।ऽ।	ऽऽ	इंद्रवज्रा
न्यस्तंल	लाटेति	लकंद	धानः	
ऽऽ।	ऽऽ।	।ऽ।	ऽऽ	इंद्रवज्रा
तेनैव	शून्यान्य	रिसुन्द	रीणां	
ऽऽ।	ऽऽ।	।ऽ।	ऽऽ	इंद्रवज्रा
मुखानि	सस्मेर	मुखश्च	कार	
।ऽ।	ऽऽ।	।ऽ।	ऽऽ *	उपेन्द्रवज्रा

18.45

शिरीषपुष्पाधिकसौकुमार्यः खेदं न यायादपि भूषणेन ।
नितान्तगुर्वीमपि सोऽनुभावाद्धुरं धरित्र्या बिभरांबभूव ॥

उपेन्द्रवज्रा, इंद्रवज्रा, उपेन्द्रवज्रा, उपेन्द्रवज्रा उपजाति छंद

शिरीष	पुष्पाधि	कसौकु	मार्यः	
।ऽ।	ऽऽ।	।ऽ।	ऽऽ	उपेन्द्रवज्रा
खेदंन	यायाद	पिभूष	णेन	
ऽऽ।	ऽऽ।	।ऽ।	ऽऽ *	इंद्रवज्रा

नितान्त	गुर्वीम	पिसोनु	भावा	
। ऽ ।	ऽ ऽ ।	। ऽ ।	ऽ ऽ	उपेन्द्रवज्रा
द्धुरंध	रित्र्याबि	भरांब	भूव	
। ऽ ।	ऽ ऽ ।	। ऽ ।	ऽ ऽ *	उपेन्द्रवज्रा

18.46

न्यस्ताक्षरामक्षरभूमिकायां कार्त्स्न्येन गृह्णाति लिपिं न यावद् ।
सर्वाणि तावच्छ्रुतवृद्धयोगात्फलान्युपायुङ्क्त स दण्डनीतेः ॥

इंद्रवज्रा, इंद्रवज्रा, इंद्रवज्रा, उपेन्द्रवज्रा उपजाति छंद

न्यस्ताक्ष	रामक्ष	रभूमि	कायां	
ऽ ऽ ।	ऽ ऽ ।	। ऽ ।	ऽ ऽ	इंद्रवज्रा
कार्त्स्न्येन	गृह्णाति	लिपिंन	यावद्	
ऽ ऽ ।	ऽ ऽ ।	। ऽ ।	ऽ ऽ	इंद्रवज्रा
सर्वाणि	तावच्छ्रु	तवृद्ध	योगा	
ऽ ऽ ।	ऽ ऽ ।	। ऽ ।	ऽ ऽ	इंद्रवज्रा
त्फलान्यु	पायुङ्क्त	सदण्ड	नीतेः	
। ऽ ।	ऽ ऽ ।	। ऽ ।	ऽ ऽ	उपेन्द्रवज्रा

18.47

उरस्यपर्याप्तनिवेशभागा प्रौढीभविष्यन्तमुदीक्षमाणा ।
संजातलज्जेव तमालपत्रच्छायाछलेनोपजुगूह लक्ष्मीः ॥

उपेन्द्रवज्रा, इंद्रवज्रा, इंद्रवज्रा, इंद्रवज्रा उपजाति छंद

उरस्य	पर्याप्त	निवेश	भागा	
। ऽ ।	ऽ ऽ ।	। ऽ ।	ऽ ऽ	उपेन्द्रवज्रा
प्रौढीभ	विष्यन्त	मुदीक्ष	माणा	
ऽ ऽ ।	ऽ ऽ ।	। ऽ ।	ऽ ऽ	इंद्रवज्रा
संजात	लज्जेव	तमाल	पत्र	
ऽ ऽ ।	ऽ ऽ ।	। ऽ ।	ऽ ऽ	इंद्रवज्रा

च्छायाछ	लेनोप	जुगूह	लक्ष्मीः	
ऽ ऽ ।	ऽ ऽ ।	। ऽ ।	ऽ ऽ	इंद्रवज्रा

18.48

अनश्रुवानेन युगोपमानमबद्धमौर्वीकिणलाञ्छनेन ।
अस्पृष्टखड्गत्सरुणापि चासीद्रक्षावती तस्य भुजेन भूमिः ॥

उपेन्द्रवज्रा, उपेन्द्रवज्रा, इंद्रवज्रा, इंद्रवज्रा उपजाति छंद

अनश्रु	वानेन	युगोप	मान	
। ऽ ।	ऽ ऽ ।	। ऽ ।	ऽ ऽ *	उपेन्द्रवज्रा
मबद्ध	मौर्वीकि	णलाञ्छ	नेन	
। ऽ ।	ऽ ऽ ।	। ऽ ।	ऽ ऽ *	उपेन्द्रवज्रा
अस्पृष्ट	खड्गत्स	रुणापि	चासी	
ऽ ऽ ।	ऽ ऽ ।	। ऽ ।	ऽ ऽ	इंद्रवज्रा
द्रक्षाव	तीतस्य	भुजेन	भूमिः	
ऽ ऽ ।	ऽ ऽ ।	। ऽ ।	ऽ ऽ	इंद्रवज्रा

18.49

न केवलं गच्छति तस्य काले ययुः शरीरावयवा विवृद्धिम् ।
वंश्या गुणाः खल्वपि लोककान्ताः प्रारम्भसूक्ष्माः प्रथिमानमापुः ॥

उपेन्द्रवज्रा, उपेन्द्रवज्रा, इंद्रवज्रा, इंद्रवज्रा उपजाति छंद

नकेव	लंगच्छ	तितस्य	काले	
। ऽ ।	ऽ ऽ ।	। ऽ ।	ऽ ऽ	उपेन्द्रवज्रा
ययुःश	रीराव	यवावि	वृद्धिम्	
। ऽ ।	ऽ ऽ ।	। ऽ ।	ऽ ऽ	उपेन्द्रवज्रा
वंश्यागु	णाःखल्व	पिलोक	कान्ताः	
ऽ ऽ ।	ऽ ऽ ।	। ऽ ।	ऽ ऽ	इंद्रवज्रा
प्रारम्भ	सूक्ष्माःप्र	थिमान	मापुः	
ऽ ऽ ।	ऽ ऽ ।	। ऽ ।	ऽ ऽ	इंद्रवज्रा

18.50

स पूर्वजन्मान्तरदृष्टपाराः स्मरन्निवाक्लेशकरो गुरूणाम् ।
तिस्रस्त्रिवर्गाधिगमस्य मूलं जग्राह विद्याः प्रकृतीश्च पित्र्याः ॥

उपेन्द्रवज्रा, उपेन्द्रवज्रा, इंद्रवज्रा, इंद्रवज्रा उपजाति छंद

सपूर्व	जन्मान्त	रदृष्ट	पाराः	
। ऽ ।	ऽ ऽ ।	। ऽ ।	ऽ ऽ	उपेन्द्रवज्रा
स्मरन्नि	वाक्लेश	करोगु	रूणाम्	
। ऽ ।	ऽ ऽ ।	। ऽ ।	ऽ ऽ	उपेन्द्रवज्रा
तिस्रस्त्रि	वर्गाधि	गमस्य	मूलं	
ऽ ऽ ।	ऽ ऽ ।	। ऽ ।	ऽ ऽ	इंद्रवज्रा
जग्राह	विद्याःप्र	कृतीश्च	पित्र्याः	
ऽ ऽ ।	ऽ ऽ ।	। ऽ ।	ऽ ऽ	इंद्रवज्रा

18.51

व्यूह्यः स्थितः किंचिदिवोत्तरार्धमुन्नद्धचूडोऽञ्चितसव्यजानुः ।
आकर्णमाकृष्टसबाणधन्वा व्यरोचतास्त्रे स विनीयमानः ॥

इंद्रवज्रा, इंद्रवज्रा, इंद्रवज्रा, उपेन्द्रवज्रा उपजाति छंद

व्यूह्यःस्थि	तःकिंचि	दिवोत्त	रार्ध	
ऽ ऽ ।	ऽ ऽ ।	। ऽ ।	ऽ ऽ	इंद्रवज्रा
मुन्नद्ध	चूडोञ्चि	तसव्य	जानुः	
ऽ ऽ ।	ऽ ऽ ।	। ऽ ।	ऽ ऽ	इंद्रवज्रा
आकर्ण	माकृष्ट	सबाण	धन्वा	
ऽ ऽ ।	ऽ ऽ ।	। ऽ ।	ऽ ऽ	इंद्रवज्रा
व्यरोच	तास्त्रे स	विनीय	मानः	
। ऽ ।	ऽ ऽ ।	। ऽ ।	ऽ ऽ	उपेन्द्रवज्रा

18.52

अथ मधु वनितानां नेत्रनिर्वेशनीय-मनसिजतरुपुष्पं रागबन्धप्रवालम् ।
अकृतकविधि सङ्गीणमाकल्पजातं विलसितपदमाद्यं यौवनं स प्रपेदे ॥

मालिनी छंद (न न म य य)

अथम	धुवनि	तानांने	त्रनिर्वे	शनीय	
। । ।	। । ।	ऽ ऽ ऽ	। ऽ ऽ	। ऽ ऽ *	मालिनी
मनसि	जतरु	पुष्पंरा	गबन्ध	प्रवालम्	
। । ।	। । ।	ऽ ऽ ऽ	। ऽ ऽ	। ऽ ऽ	मालिनी
अकृत	कविधि	सर्वाङ्गी	णमाक	ल्पजातं	
। । ।	। । ।	ऽ ऽ ऽ	। ऽ ऽ	। ऽ ऽ	मालिनी
विलसि	तपद	माद्यंयौ	वनंस	प्रपेदे	
। । ।	। । ।	ऽ ऽ ऽ	। ऽ ऽ	। ऽ ऽ	मालिनी

18.53

प्रतिकृतिरचनाभ्यो दूतिसंदर्शिताभ्यः समकतररूपाः शुद्धसंतानकामैः ।
अधिविविदुरमात्यैराहृतास्तस्य यूनः प्रथमपरिगृहीते श्रीभुवौ राजकन्याः ॥

मालिनी छंद (न न म य य)

प्रतिकृ	तिरच	नाभ्योदू	तिसंद	र्शिताभ्यः	
। । ।	। । ।	ऽ ऽ ऽ	। ऽ ऽ	। ऽ ऽ	
समधि	कतर	रूपाःशु	द्धसंता	नकामैः	
। । ।	। । ।	ऽ ऽ ऽ	। ऽ ऽ	। ऽ ऽ	
अधिवि	विदुर	मात्यैरा	हृतास्त	स्ययूनः	
। । ।	। । ।	ऽ ऽ ऽ	। ऽ ऽ	। ऽ ऽ	
प्रथम	परिगृ	हीतेश्री	भुवौरा	जकन्याः	
। । ।	। । ।	ऽ ऽ ऽ	। ऽ ऽ	। ऽ ऽ	

इति श्रीरघुवंशे महाकाव्ये कविश्रीकालिदासकृतौ वंशानुक्रमो
नामाष्टदशः सर्गः ॥

रघुवंश सर्ग - 19

* राजा अग्निवर्ण *

19.1

अग्निवर्णमभिषिच्य राघवः स्वे पदे तनयमग्नितेजसम् ।
शिश्रिये श्रुतवतामपश्चिमः पश्चिमे वयसि नैमिषं वशी ॥

रथोद्धता छंद (र न र ल ग)

अग्निव	र्णमभि	षिच्यरा	घवः	
ऽ । ऽ	। । ।	ऽ । ऽ	। ऽ	रथोद्धता छंद
स्वेपदे	तनय	मग्निते	जसम्	
ऽ । ऽ	। । ।	ऽ । ऽ	। ऽ	रथोद्धता छंद
शिश्रिये	श्रुतव	तामप	श्चिमः	
ऽ । ऽ	। । ।	ऽ । ऽ	। ऽ	रथोद्धता छंद
पश्चिमे	वयसि	नैमिषं	वशी	
ऽ । ऽ	। । ।	ऽ । ऽ	। ऽ	रथोद्धता छंद

19.2

तत्र तीर्थसलिलेन दीर्घिकास्तल्पमन्तरितभूमिभिः कुशैः ।
सौधवासमुटजेन विस्मृतः संचिकाय फलनिःस्पृहस्तपः ॥

रथोद्धता छंद (र न र ल ग)

तत्रती	र्थसलि	लेनदी	र्घिका	
ऽ । ऽ	। । ।	ऽ । ऽ	। ऽ	रथोद्धता छंद
स्तल्पम	न्तरित	भूमिभिः	कुशैः	

ऽ । ऽ	। । ।	ऽ । ऽ	। ऽ	रथोद्धता छंद
सौधवा	समुट	जेनवि	स्मृतः	
ऽ । ऽ	। । ।	ऽ । ऽ	। ऽ	रथोद्धता छंद
संचिका	यफल	निःस्पृह	स्तपः	
ऽ । ऽ	। । ।	ऽ । ऽ	। ऽ	रथोद्धता छंद

19.3

लब्धपालनविधौ न तत्सुतः खेदमाप गुरुणा हि मेदिनी ।
भोक्तुमेव भुजनिर्जितद्विषा न प्रसाधयितुमस्य कल्पिता ॥

रथोद्धता छंद (र न र ल ग)

लब्धपा	लनवि	धौनत	त्सुतः	
ऽ । ऽ	। । ।	ऽ । ऽ	। ऽ	रथोद्धता छंद
खेदमा	पगुरु	णाहिमे	दिनी	
ऽ । ऽ	। । ।	ऽ । ऽ	। ऽ	रथोद्धता छंद
भोक्तुमे	वभुज	निर्जित	द्विषा	
ऽ । ऽ	। । ।	ऽ । ऽ	। ऽ	रथोद्धता छंद
नप्रसा	धयितु	मस्यक	ल्पिता	
ऽ । ऽ	। । ।	ऽ । ऽ	। ऽ	रथोद्धता छंद

19.4

सोऽधिकारमभिकः कुलोचितं काश्चन स्वयमवर्तयत्समाः ।
संनिवेश्य सचिवेष्वतःपरं स्त्रीविधेयनवयौवनोऽभवत् ॥

रथोद्धता छंद (र न र ल ग)

सोधिका	रमभि	कःकुलो	चितं	
ऽ । ऽ	। । ।	ऽ । ऽ	। ऽ	रथोद्धता छंद
काश्चन	स्वयम	वर्तय	त्समाः	
ऽ । ऽ	। । ।	ऽ । ऽ	। ऽ	रथोद्धता छंद
संनिवे	श्यसचि	वेष्वतः	परं	

ऽ । ऽ	। । ।	ऽ । ऽ	। ऽ	रथोद्धता छंद
स्त्रीविधे	यनव	यौवनो	भवत्	
ऽ । ऽ	। । ।	ऽ । ऽ	। ऽ	रथोद्धता छंद

19.5

कामिनीसहचरस्य कामिनस्तस्य वेश्मसु मृदङ्गनादिषु ।
ऋद्धिमन्तमधिकर्द्धिरुत्तरः पूर्वमुत्सवमपोहदुत्सवः ॥

रथोद्धता छंद (र न र ल ग)

कामिनी	सहच	रस्यका	मिन	
ऽ । ऽ	। । ।	ऽ । ऽ	। ऽ	रथोद्धता छंद
स्तस्यवे	श्मसुमृ	दङ्गना	दिषु	
ऽ । ऽ	। । ।	ऽ । ऽ	। ऽ *	रथोद्धता छंद
ऋद्धिम	न्तमधि	कर्द्धिरु	त्तरः	
ऽ । ऽ	। । ।	ऽ । ऽ	। ऽ	रथोद्धता छंद
पूर्वमु	त्सवम	पोहदु	त्सवः	
ऽ । ऽ	। । ।	ऽ । ऽ	। ऽ	रथोद्धता छंद

19.6

इन्द्रियार्थपरिशून्यमक्षमः सोढुमेकमपि स क्षणान्तरम् ।
अन्तरेव विहरन्दिवानिशं न व्यपैक्षत समुत्सुकाः प्रजाः ॥

रथोद्धता छंद (र न र ल ग)

इन्द्रिया	र्थपरि	शून्यम	क्षमः
ऽ । ऽ	। । ।	ऽ । ऽ	। ऽ
सोढुमे	कमपि	सक्षणा	न्तरम्
ऽ । ऽ	। । ।	ऽ । ऽ	। ऽ
अन्तरे	वविह	रन्दिवा	निशं
ऽ । ऽ	। । ।	ऽ । ऽ	। ऽ
नव्यपै	क्षतस	मुत्सुकाः	प्रजाः

ऽ । ऽ	। । ।	ऽ । ऽ	। ऽ

19.7

गौरवाद्यदपि जातु मन्त्रिणां दर्शनं प्रकृतिकाङ्क्षितं ददौ ।
तद्गवाक्षविवरावलम्बिना केवलेन चरणेन कल्पितम् ॥

रथोद्धता छंद (र न र ल ग)

गौरवा	द्यदपि	जातुम	न्त्रिणां	
ऽ । ऽ	। । ।	ऽ । ऽ	। ऽ	रथोद्धता छंद
दर्शनं	प्रकृति	काङ्क्षितं	ददौ	
ऽ । ऽ	। । ।	ऽ । ऽ	। ऽ	रथोद्धता छंद
तद्गवा	क्षविव	रावल	म्बिना	
ऽ । ऽ	। । ।	ऽ । ऽ	। ऽ	रथोद्धता छंद
केवले	नचर	णेनक	ल्पितम्	
ऽ । ऽ	। । ।	ऽ । ऽ	। ऽ	रथोद्धता छंद

19.8

तं कृतप्रणतयोऽनुजीविनः कोमलात्मनखरागरूषितम् ।
भेजिरे नवदिवाकरातपस्पृष्टपङ्कजतुलाधिरोहणम् ॥

रथोद्धता छंद (र न र ल ग)

तंकृत	प्रणत	योनुजी	विनः	
ऽ । ऽ	। । ।	ऽ । ऽ	। ऽ	रथोद्धता छंद
कोमला	त्मनख	रागरू	षितम्	
ऽ । ऽ	। । ।	ऽ । ऽ	। ऽ	रथोद्धता छंद
भेजिरे	नवदि	वाकरा	तप	
ऽ । ऽ	। । ।	ऽ । ऽ	। ऽ	रथोद्धता छंद
स्पृष्टप	ङ्कजतु	लाधिरो	हणम्	
ऽ । ऽ	। । ।	ऽ । ऽ	। ऽ	रथोद्धता छंद

19.9

यौवनोन्नतविलासिनीस्तनक्षोभलोलकमलाश्च दीर्घिकाः ।
गूढमोहनगृहास्तदम्बुभिः स व्यगाहत विगाढमन्मथः ॥

रथोद्धता छंद (र न र ल ग)

यौवनो	न्नतवि	लासिनी	स्तन	
ऽ । ऽ	। । ।	ऽ । ऽ	। ऽ	रथोद्धता छंद
क्षोभलो	लकम	लाश्चदी	र्घिकाः	
ऽ । ऽ	। । ।	ऽ । ऽ	। ऽ	रथोद्धता छंद
गूढमो	हनगृ	हास्तद	म्बुभिः	
ऽ । ऽ	। । ।	ऽ । ऽ	। ऽ	रथोद्धता छंद
सव्यगा	हतवि	गाढम	न्मथः	
ऽ । ऽ	। । ।	ऽ । ऽ	। ऽ	रथोद्धता छंद

19.10

तत्र सेकहृतलोचनाञ्जनैर्धौतरागपरिपाटलाधरैः ।
अङ्गनास्तमधिकं व्यलोभयन्नर्पितप्रकृतकान्तिभिर्मुखैः ॥

रथोद्धता छंद (र न र ल ग)

तत्रसे	कहृत	लोचना	ञ्जनै	
ऽ । ऽ	। । ।	ऽ । ऽ	। ऽ	रथोद्धता छंद
धौंतरा	गपरि	पाटला	धरैः	
ऽ । ऽ	। । ।	ऽ । ऽ	। ऽ	रथोद्धता छंद
अङ्गना	स्तमधि	कंव्यलो	भय	
ऽ । ऽ	। । ।	ऽ । ऽ	। ऽ	रथोद्धता छंद
न्नर्पित	प्रकृत	कान्तिभि	र्मुखैः	
ऽ । ऽ	। । ।	ऽ । ऽ	। ऽ	रथोद्धता छंद

19.11

घ्राणकान्तमधुगन्धकर्षिणीः पानभूमिरचनाः प्रियासखः ।
अभ्यपद्यत स वासितासखः पुष्पिताः कमलिनीरिव द्विपः ॥

रथोद्धता छंद (र न र ल ग)

घ्राणका	न्तमधु	गन्धक	र्षिणीः	
ऽ । ऽ	। । ।	ऽ । ऽ	। ऽ	रथोद्धता छंद
पानभू	मिरच	नाःप्रिया	सखः	
ऽ । ऽ	। । ।	ऽ । ऽ	। ऽ	रथोद्धता छंद
अभ्यप	द्यतस	वासिता	सखः	
ऽ । ऽ	। । ।	ऽ । ऽ	। ऽ	रथोद्धता छंद
पुष्पिताः	कमलि	नीरिव	द्विपः	
ऽ । ऽ	। । ।	ऽ । ऽ	। ऽ	रथोद्धता छंद

19.12

सातिरेकमदकारणं रहस्तेन दत्तमभिलेषुरङ्गनाः ।
ताभिरप्युपहृतं मुखासवं सोऽपिबद्बकुलतुल्यदोहदः ॥

रथोद्धता छंद (र न र ल ग)

सातिरे	कमद	कारणं	रह	
ऽ । ऽ	। । ।	ऽ । ऽ	। ऽ	रथोद्धता छंद
स्तेनद	त्तमभि	लेषुर	ङ्गनाः	
ऽ । ऽ	। । ।	ऽ । ऽ	। ऽ	रथोद्धता छंद
ताभिर	प्युपहृ	तंमुखा	सवं	
ऽ । ऽ	। । ।	ऽ । ऽ	। ऽ	रथोद्धता छंद
सोपिब	द्बकुल	तुल्यदो	हृदः	
ऽ । ऽ	। । ।	ऽ । ऽ	। ऽ	रथोद्धता छंद

19.13

अङ्कमङ्कपरिवर्तनोचिते तस्य निन्यतुरशून्यतामुभे ।

वल्लकी च हृदयंगमक्षमा वल्गुवागपि च वामलोचना ॥

रथोद्धता छंद (र न र ल ग)

अङ्कम	ङ्कपरि	वर्तनो	चिते	
ऽ । ऽ	। । ।	ऽ । ऽ	। ऽ	
तस्यनि	न्यतुर	शून्यता	मुभे	
ऽ । ऽ	। । ।	ऽ । ऽ	। ऽ	
वल्लकी	चहृद	यंगम	क्षमा	
ऽ । ऽ	। । ।	ऽ । ऽ	। ऽ	
वल्गुवा	गपिच	वामलो	चना	
ऽ । ऽ	। । ।	ऽ । ऽ	। ऽ	

19.14

स स्वयं प्रहतपुष्करः कृती लोलमाल्यवलयो हरन्मनः ।
नर्तकीरभिनयातिलङ्घिनीः पार्श्ववर्तिषु गुरुष्वलज्जयत् ॥

रथोद्धता छंद (र न र ल ग)

सस्वयं	प्रहत	पुष्करः	कृती	
ऽ । ऽ	। । ।	ऽ । ऽ	। ऽ	रथोद्धता छंद
लोलमा	ल्यवल	योहर	न्मनः	
ऽ । ऽ	। । ।	ऽ । ऽ	। ऽ	रथोद्धता छंद
नर्तकी	रभिन	यातिल	ङ्घिनीः	
ऽ । ऽ	। । ।	ऽ । ऽ	। ऽ	रथोद्धता छंद
पार्श्वव	र्तिषुगु	रुष्वल	ज्जयत्	
ऽ । ऽ	। । ।	ऽ । ऽ	। ऽ	रथोद्धता छंद

19.15

चारु नृत्यविगमे स तन्मुखं स्वेदभिन्नतिलकं परिश्रमात् ।
प्रेमदत्तवदनानिलः पिबन्नत्यजीवदमरालकेश्वरौ ॥

रथोद्धता छंद (र न र ल ग)

चारुनृ	त्यविग	मेसत	न्मुखं	
ऽ । ऽ	। । ।	ऽ । ऽ	। ऽ	रथोद्धता छंद
स्वेदभि	न्नतिल	कंपरि	श्रमात्	
ऽ । ऽ	। । ।	ऽ । ऽ	। ऽ	रथोद्धता छंद
प्रेमद	त्तवद	नानिलः	पिब	
ऽ । ऽ	। । ।	ऽ । ऽ	। ऽ	रथोद्धता छंद
न्नत्यजी	वदम	रालके	श्वरौ	
ऽ । ऽ	। । ।	ऽ । ऽ	। ऽ	रथोद्धता छंद

19.16

तस्य सावरणदृष्टसंधयः काम्यवस्तुषु नवेषु सङ्गिनः ।
वल्लभाभिरुपसृत्य चक्रिरे सामिभुक्तविषयाः समागमा ॥

रथोद्धता छंद (र न र ल ग)

तस्यसा	वरण	दृष्टसं	धयः	
ऽ । ऽ	। । ।	ऽ । ऽ	। ऽ	रथोद्धता छंद
काम्यव	स्तुषुन	वेषुस	ङ्गिनः	
ऽ । ऽ	। । ।	ऽ । ऽ	। ऽ	रथोद्धता छंद
वल्लभा	भिरुप	सृत्यच	क्रिरे	
ऽ । ऽ	। । ।	ऽ । ऽ	। ऽ	रथोद्धता छंद
सामिभु	क्तविष	याःसमा	गमा	
ऽ । ऽ	। । ।	ऽ । ऽ	। ऽ	रथोद्धता छंद

19.17

अङ्गुलीकिसलयाग्रतर्जनं भ्रूविभङ्गकुटिलं च वीक्षितम् ।
मेखलाभिरसकृच्च बन्धनं वञ्चयन्प्रणयिनीरवाप सः ॥

रथोद्धता छंद (र न र ल ग)

अङ्गुली	किसल	याग्रत	र्जनं	
ऽ । ऽ	। । ।	ऽ । ऽ	। ऽ	रथोद्धता छंद
भ्रूविभ	ङ्गकुटि	लंचवी	क्षितम्	
ऽ । ऽ	। । ।	ऽ । ऽ	। ऽ	रथोद्धता छंद
मेखला	भिरस	कृच्चब	न्धनं	
ऽ । ऽ	। । ।	ऽ । ऽ	। ऽ	रथोद्धता छंद
वञ्चय	न्प्रणयि	नीरवा	पसः	
ऽ । ऽ	। । ।	ऽ । ऽ	। ऽ	रथोद्धता छंद

19.18

तेन दूतिविदितं निषेदुषा पृष्ठतः सुरतवाररात्रिषु ।
शुश्रुवे प्रियजनस्य कातरं विप्रलम्भपरिशङ्किनो वचः ॥

रथोद्धता छंद (र न र ल ग)

तेनदू	तिविदि	तंनिषे	दुषा	
ऽ । ऽ	। । ।	ऽ । ऽ	। ऽ	रथोद्धता छंद
पृष्ठतः	सुरत	वाररा	त्रिषु	
ऽ । ऽ	। । ।	ऽ । ऽ	। ऽ *	रथोद्धता छंद
शुश्रुवे	प्रियज	नस्यका	तरं	
ऽ । ऽ	। । ।	ऽ । ऽ	। ऽ	रथोद्धता छंद
विप्रल	म्भपरि	शङ्किनो	वचः	
ऽ । ऽ	। । ।	ऽ । ऽ	। ऽ	रथोद्धता छंद

19.19

लौल्यमेत्य गृहिणीपरिग्रहान्नर्तकीष्वसुलभासु तद्वपुः ।
वर्तते स्म स कथंचिदालिखन्नङ्गुलीक्षरणसन्नवर्तिकः ॥

रथोद्धता छंद (र न र ल ग)

लौल्यमे	त्यगृहि	णीपरि	ग्रहा	

ऽ । ऽ	। । ।	ऽ । ऽ	। ऽ	रथोद्धता छंद
न्नर्तकी	ष्वसुल	भासुत	द्वपुः	
ऽ । ऽ	। । ।	ऽ । ऽ	। ऽ	रथोद्धता छंद
वर्तते	स्मसक	थंचिदा	लिख	
ऽ । ऽ	। । ।	ऽ । ऽ	। ऽ	रथोद्धता छंद
न्नङ्गुली	क्षरण	सन्नव	र्तिकः	
ऽ । ऽ	। । ।	ऽ । ऽ	। ऽ	रथोद्धता छंद

19.20

प्रेमगर्वितविपक्षमत्सरादायताश्च मदनान्महीक्षितम् ।
निन्युरुत्सवविधिच्छलेन तं देव्य उज्झितरुषः कृतार्थताम् ॥

रथोद्धता छंद (र न र ल ग)

प्रेमग	र्वितवि	पक्षम	त्सरा	
ऽ । ऽ	। । ।	ऽ । ऽ	। ऽ	रथोद्धता छंद
दायता	श्चमद	नान्मही	क्षितम्	
ऽ । ऽ	। । ।	ऽ । ऽ	। ऽ	रथोद्धता छंद
निन्युरु	त्सववि	धिच्छले	नतं	
ऽ । ऽ	। । ।	ऽ । ऽ	। ऽ	रथोद्धता छंद
देव्यउ	ज्झितरु	षःकृता	र्थताम्	
ऽ । ऽ	। । ।	ऽ । ऽ	। ऽ	रथोद्धता छंद

19.21

प्रातरेत्य परिभोगशोभिना दर्शनेन कृतखण्डनव्यथाः ।
प्राञ्जलिः प्रणयिनीः प्रसादयन्सोऽदुनोत्प्रणयमन्थरः पुनः ॥

रथोद्धता छंद (र न र ल ग)

प्रातरे	त्यपरि	भोगशो	भिना	
ऽ । ऽ	। । ।	ऽ । ऽ	। ऽ	रथोद्धता छंद

दर्शने	नकृत	खण्डन	व्यथाः	
ऽ । ऽ	। । ।	ऽ । ऽ	। ऽ	रथोद्धता छंद
प्राञ्जलिः	प्रणयि	नीःप्रसा	दय	
ऽ । ऽ	। । ।	ऽ । ऽ	। ऽ	रथोद्धता छंद
न्सोदुनो	त्प्रणय	मन्थरः	पुनः	
ऽ । ऽ	। । ।	ऽ । ऽ	। ऽ	रथोद्धता छंद

19.22

स्वप्नकीर्तितविपक्षमङ्गनाः प्रत्यभैत्सुरवदन्त्य एव तम् ।
प्रच्छदान्तगलिताश्रुबिन्दुभिः क्रोधभिन्नवलयैर्विवर्तनैः ॥

रथोद्धता छंद (र न र ल ग)

स्वप्नकी	र्तितवि	पक्षम	ङ्गनाः	
ऽ । ऽ	। । ।	ऽ । ऽ	। ऽ	रथोद्धता छंद
प्रत्यभै	त्सुरव	दन्त्यए	वतम्	
ऽ । ऽ	। । ।	ऽ । ऽ	। ऽ	रथोद्धता छंद
प्रच्छदा	न्तगलि	ताश्रुबि	न्दुभिः	
ऽ । ऽ	। । ।	ऽ । ऽ	। ऽ	रथोद्धता छंद
क्रोधभि	न्नवल	यैर्विव	र्तनैः	
ऽ । ऽ	। । ।	ऽ । ऽ	। ऽ	रथोद्धता छंद

19.23

क्लृप्तपुष्पशयनाँल्लतागृहानेत्य दूतिकृतमार्गदर्शनः ।
अन्वभूत्परिजनाङ्गनारतं सोऽवरोधभयवेपथूत्तरम् ॥

रथोद्धता छंद (र न र ल ग)

क्लृप्तपु	ष्पशय	नाँल्लता	गृहा	
ऽ । ऽ	। । ।	ऽ । ऽ	। ऽ	रथोद्धता छंद
नेत्यदू	तिकृत	मार्गद	र्शनः	

ऽ। ऽ	।।।	ऽ। ऽ	। ऽ	रथोद्धता छंद
अन्वभू	त्परिज	नाङ्गना	रतं	
ऽ। ऽ	।।।	ऽ। ऽ	। ऽ	रथोद्धता छंद
सोवरो	धभय	वेपथू	त्तरम्	
ऽ। ऽ	।।।	ऽ। ऽ	। ऽ	रथोद्धता छंद

19.24

नाम वल्लभजनस्य ते मया प्राप्य भाग्यमपि तस्य काङ्क्ष्यते ।
लोलुपं ननु मनो ममेति तं गोत्रविस्खलितमूचुरङ्गनाः ॥

रथोद्धता छंद (र न र ल ग)

नामव	ल्लभज	नस्यते	मया	
ऽ। ऽ	।।।	ऽ। ऽ	। ऽ	रथोद्धता छंद
प्राप्यभा	ग्यमपि	तस्यका	ङ्क्ष्यते	
ऽ। ऽ	।।।	ऽ। ऽ	। ऽ	रथोद्धता छंद
लोलुपं	ननुम	नोममे	तितं	
ऽ। ऽ	।।।	ऽ। ऽ	। ऽ	रथोद्धता छंद
गोत्रवि	स्खलित	मूचुर	ङ्गनाः	
ऽ। ऽ	।।।	ऽ। ऽ	। ऽ	रथोद्धता छंद

19.25

चूर्णबभ्रु लुलितस्रगाकुलं छिन्नमेखलमलक्तकाङ्कितम् ।
उत्थितस्य शयनं विलासिनस्तस्य विभ्रमरतान्यपावृणोत् ॥

रथोद्धता छंद (र न र ल ग)

चूर्णब	भ्रुलुलि	तस्रगा	कुलं	
ऽ। ऽ	।।।	ऽ। ऽ	। ऽ	रथोद्धता छंद
छिन्नमे	खलम	लक्तका	ङ्कितम्	
ऽ। ऽ	।।।	ऽ। ऽ	। ऽ	रथोद्धता छंद

उत्थित	स्यशय	नंविला	सिन	
ऽ । ऽ	। । ।	ऽ । ऽ	। ऽ	रथोद्धता छंद
स्तस्यवि	भ्रमर	तान्यपा	वृणोत्	
ऽ । ऽ	। । ।	ऽ । ऽ	। ऽ	रथोद्धता छंद

19.26

स स्वयं चरणरागमादधे योषितां न च तथा समाहितः ।
लोभ्यमाननयनः श्लथांशुकैर्मेखलागुणपदैर्नितम्बिभिः ॥

रथोद्धता छंद (र न र ल ग)

सस्वयं	चरण	रागमा	दधे	
ऽ । ऽ	। । ।	ऽ । ऽ	। ऽ	रथोद्धता छंद
योषितां	नचत	थासमा	हितः	
ऽ । ऽ	। । ।	ऽ । ऽ	। ऽ	रथोद्धता छंद
लोभ्यमा	ननय	नःश्लथां	शुकै	
ऽ । ऽ	। । ।	ऽ । ऽ	। ऽ	रथोद्धता छंद
र्मेखला	गुणप	दैर्नित	म्बिभिः	
ऽ । ऽ	। । ।	ऽ । ऽ	। ऽ	रथोद्धता छंद

19.27

चुम्बने विपरिवर्तिताधरं हस्तरोधि रशनाविघट्टने ।
विघ्नितेच्छमपि तस्य सर्वतो मन्मथेन्धनमभूद्वधूरतम् ॥

रथोद्धता छंद (र न र ल ग)

चुम्बने	विपरि	वर्तिता	धरं	
ऽ । ऽ	। । ।	ऽ । ऽ	। ऽ	रथोद्धता छंद
हस्तरो	धिरश	नाविघ	ट्टने	
ऽ । ऽ	। । ।	ऽ । ऽ	। ऽ	रथोद्धता छंद
विघ्निते	च्छमपि	तस्यस	र्वतो	

ऽ । ऽ	। । ।	ऽ । ऽ	। ऽ	रथोद्धता छंद
मन्मथे	न्धनम	भूद्वधू	रतम्	
ऽ । ऽ	। । ।	ऽ । ऽ	। ऽ	रथोद्धता छंद

19.28

दर्पणेषु परिभोगदर्शिनीर्नर्मपूर्वमनुपृष्ठसंस्थितः ।
छायया स्मितमनोज्ञया वधूर्ह्रीनिमीलितमुखीश्चकार सः ॥

रथोद्धता छंद (र न र ल ग)

दर्पणे	षुपरि	भोगद	र्शिनी	
ऽ । ऽ	। । ।	ऽ । ऽ	। ऽ	रथोद्धता छंद
नर्मपू	र्वमनु	पृष्ठसं	स्थितः	
ऽ । ऽ	। । ।	ऽ । ऽ	। ऽ	रथोद्धता छंद
छायया	स्मितम	नोज्ञया	वधू	
ऽ । ऽ	। । ।	ऽ । ऽ	। ऽ	रथोद्धता छंद
र्ह्रीनिमी	लितमु	खीश्चका	रसः	
ऽ । ऽ	। । ।	ऽ । ऽ	। ऽ	रथोद्धता छंद

19.29

कण्ठसक्तमृदुबाहुबन्धनं न्यस्तपादतलमग्रपादयोः ।
प्रार्थयन्त शयनोत्थितं प्रियास्तं निशात्ययविसर्गचुम्बनम् ॥

रथोद्धता छंद (र न र ल ग)

कण्ठस	क्तमृदु	बाहुब	न्धनं	
ऽ । ऽ	। । ।	ऽ । ऽ	। ऽ	रथोद्धता छंद
न्यस्तपा	दतल	मग्रपा	दयोः	
ऽ । ऽ	। । ।	ऽ । ऽ	। ऽ	रथोद्धता छंद
प्रार्थय	न्तशय	नोत्थितं	प्रिया	
ऽ । ऽ	। । ।	ऽ । ऽ	। ऽ	रथोद्धता छंद

स्तंनिशा	त्ययवि	सर्गचु	म्बनम्	
ऽ । ऽ	। । ।	ऽ । ऽ	। ऽ	रथोद्धता छंद

19.30

प्रेक्ष्य दर्पणतलस्थमात्मनो राजवेषमतिशक्रशोभिनम् ।
पिप्रिये न स तथा यथा युवा व्यक्तलक्ष्मपरिभोगमण्डनम् ॥

रथोद्धता छंद (र न र ल ग)

प्रेक्ष्यद	र्पणत	लस्थमा	त्मनो	
ऽ । ऽ	। । ।	ऽ । ऽ	। ऽ	रथोद्धता छंद
राजवे	षमति	शक्रशो	भिनम्	
ऽ । ऽ	। । ।	ऽ । ऽ	। ऽ	रथोद्धता छंद
पिप्रिये	नसत	थायथा	युवा	
ऽ । ऽ	। । ।	ऽ । ऽ	। ऽ	रथोद्धता छंद
व्यक्तल	क्ष्मपरि	भोगम	ण्डनम्	
ऽ । ऽ	। । ।	ऽ । ऽ	। ऽ	रथोद्धता छंद

19.31

मित्रकृत्यमपदिश्य पार्श्वतः प्रस्थितं तमनवस्थितं प्रियाः ।
विद्म हे शठ पलायनच्छलान्यञ्जसेति रुरुधुः कचग्रहैः ॥

रथोद्धता छंद (र न र ल ग)

मित्रकृ	त्यमप	दिश्यपा	र्श्वतः	
ऽ । ऽ	। । ।	ऽ । ऽ	। ऽ	रथोद्धता छंद
प्रस्थितं	तमन	वस्थितं	प्रियाः	
ऽ । ऽ	। । ।	ऽ । ऽ	। ऽ	रथोद्धता छंद
विद्महे	शठप	लायन	च्छला	
ऽ । ऽ	। । ।	ऽ । ऽ	। ऽ	रथोद्धता छंद
न्यञ्जसे	तिरुरु	धुःकच	ग्रहैः	

ऽ । ऽ	। । ।	ऽ । ऽ	। ऽ	रथोद्धता छंद

19.32

तस्य निर्दयरतिश्रमालसाः कण्ठसूत्रमपदिश्य योषितः ।
अध्यशेरत बृहद्भुजान्तरं पीवरस्तनविलुप्तचन्दनम् ॥

रथोद्धता छंद (र न र ल ग)

तस्यनि	र्दयर	तिश्रमा	लसाः	
ऽ । ऽ	। । ।	ऽ । ऽ	। ऽ	रथोद्धता छंद
कण्ठसू	त्रमप	दिश्ययो	षितः	
ऽ । ऽ	। । ।	ऽ । ऽ	। ऽ	रथोद्धता छंद
अध्यशे	रतबृ	हद्भुजा	न्तरं	
ऽ । ऽ	। । ।	ऽ । ऽ	। ऽ	रथोद्धता छंद
पीवर	स्तनवि	लुप्तच	न्दनम्	
ऽ । ऽ	। । ।	ऽ । ऽ	। ऽ	रथोद्धता छंद

19.33

संगमाय निशि गूढचारिणं चारदूतिकथितं पुरोगताः ।
वञ्चयिष्यसि कुतस्तमोवृतः कामुकेति चकृषुस्तमङ्गनाः ॥

रथोद्धता छंद (र न र ल ग)

संगमा	यनिशि	गूढचा	रिणं	
ऽ । ऽ	। । ।	ऽ । ऽ	। ऽ	रथोद्धता छंद
चारदू	तिकथि	तंपुरो	गताः	
ऽ । ऽ	। । ।	ऽ । ऽ	। ऽ	रथोद्धता छंद
वञ्चयि	ष्यसिकु	तस्तमो	वृतः	
ऽ । ऽ	। । ।	ऽ । ऽ	। ऽ	रथोद्धता छंद
कामुके	तिचकृ	षुस्तम	ङ्गनाः	
ऽ । ऽ	। । ।	ऽ । ऽ	। ऽ	रथोद्धता छंद

19.34

योषितामुडुपतेरिवार्चिषां स्पर्शनिवृतिमसाववाप्नुवन् ।
आरुरोह कुमुदाकरोपमां रात्रिजागरपरो दिवाशयः ॥

रथोद्धता छंद (र न र ल ग)

योषिता	मुडुप	तेरिवा	र्चिषां	
ऽ । ऽ	। । ।	ऽ । ऽ	। ऽ	रथोद्धता छंद
स्पर्शनि	वृतिम	साववा	प्नुवन्	
ऽ । ऽ	। । ।	ऽ । ऽ	। ऽ	रथोद्धता छंद
आरुरो	हकुमु	दाकरो	पमां	
ऽ । ऽ	। । ।	ऽ । ऽ	। ऽ	रथोद्धता छंद
रात्रिजा	गरप	रोदिवा	शयः	
ऽ । ऽ	। । ।	ऽ । ऽ	। ऽ	रथोद्धता छंद

19.35

वेणुना दशनपीडिताधरा वीणया नखपदाङ्कितोरवः ।
शिल्पकार्य उभयेन वेजितास्तं विजिह्मनयना व्यलोभयन् ॥

रथोद्धता छंद (र न र ल ग)

वेणुना	दशन	पीडिता	धरा	
ऽ । ऽ	। । ।	ऽ । ऽ	। ऽ	रथोद्धता छंद
वीणया	नखप	दाङ्कितो	रवः	
ऽ । ऽ	। । ।	ऽ । ऽ	। ऽ	रथोद्धता छंद
शिल्पका	र्यउभ	येनवे	जिता	
ऽ । ऽ	। । ।	ऽ । ऽ	। ऽ	रथोद्धता छंद
स्तंविजि	ह्मनय	नाव्यलो	भयन्	
ऽ । ऽ	। । ।	ऽ । ऽ	। ऽ	रथोद्धता छंद

19.36

अङ्गसत्त्ववचनाश्रयं मिथः स्त्रीषु नृत्यमुपधाय दर्शयन् ।
स प्रयोगनिपुणैः प्रयोक्तृभिः संजघर्ष सह मित्रसंनिधौ ॥

रथोद्धता छंद (र न र ल ग)

अङ्गस	त्त्ववच	नाश्रयं	मिथः	
ऽ । ऽ	। । ।	ऽ । ऽ	। ऽ	रथोद्धता छंद
स्त्रीषुनृ	त्यमुप	धायद	र्शयन्	
ऽ । ऽ	। । ।	ऽ । ऽ	। ऽ	रथोद्धता छंद
सप्रयो	गनिपु	णैःप्रयो	क्तृभिः	
ऽ । ऽ	। । ।	ऽ । ऽ	। ऽ	रथोद्धता छंद
संजघ	र्षसह	मित्रसं	निधौ	
ऽ । ऽ	। । ।	ऽ । ऽ	। ऽ	रथोद्धता छंद

19.37

अंसलम्बिकुटजार्जुनस्रजस्तस्य नीपरजसाङ्गरागिणः ।
प्रावृषि प्रमदबर्हिणेष्वभूत्कृत्रिमाद्रिषु विहारविभ्रमः ॥

रथोद्धता छंद (र न र ल ग)

अंसल	म्बिकुट	जार्जुन	स्रज	
ऽ । ऽ	। । ।	ऽ । ऽ	। ऽ	रथोद्धता छंद
स्तस्यनी	परज	साङ्गरा	गिणः	
ऽ । ऽ	। । ।	ऽ । ऽ	। ऽ	रथोद्धता छंद
प्रावृषि	प्रमद	बर्हिणे	ष्वभू	
ऽ । ऽ	। । ।	ऽ । ऽ	। ऽ	रथोद्धता छंद
त्कृत्रिमा	द्रिषुवि	हारवि	भ्रमः	
ऽ । ऽ	। । ।	ऽ । ऽ	। ऽ	रथोद्धता छंद

19.38

विग्रहाच्च शयने पराङ्मुखीर्नानुनेतुमबलाः स तत्वरे ।

आचकाङ्क्ष घनशब्दविक्लवास्ता विवृत्य विशतीर्भुजान्तरम् ॥

रथोद्धता छंद (र न र ल ग)

विग्रहा	च्चशय	नेपरा	ङ्मुखी	
ऽ । ऽ	। । ।	ऽ । ऽ	। ऽ	रथोद्धता छंद
र्नानुने	तुमब	लाःसत	त्वरे	
ऽ । ऽ	। । ।	ऽ । ऽ	। ऽ	रथोद्धता छंद
आचका	ङ्क्षघन	शब्दवि	क्लवा	
ऽ । ऽ	। । ।	ऽ । ऽ	। ऽ	रथोद्धता छंद
स्ताविवृ	त्यविश	तीर्भुजा	न्तरम्	
ऽ । ऽ	। । ।	ऽ । ऽ	। ऽ	रथोद्धता छंद

19.39

कार्तिकीषु सवितानहर्म्यभाग्यामिनीषु ललिताङ्गनासखः ।
अन्वभुङ्क्त सुरतश्रमापहां मेघमुक्तविशदां स चन्द्रिकाम् ॥

रथोद्धता छंद (र न र ल ग)

कार्तिकी	षुसवि	तानह	र्म्यभा	
ऽ । ऽ	। । ।	ऽ । ऽ	। ऽ	रथोद्धता छंद
ग्यामिनी	षुललि	ताङ्गना	सखः	
ऽ । ऽ	। । ।	ऽ । ऽ	। ऽ	रथोद्धता छंद
अन्वभु	ङ्क्तसुर	तश्रमा	पहां	
ऽ । ऽ	। । ।	ऽ । ऽ	। ऽ	रथोद्धता छंद
मेघमु	क्तविश	दांसच	न्द्रिकाम्	
ऽ । ऽ	। । ।	ऽ । ऽ	। ऽ	रथोद्धता छंद

19.40

सैकतं स सरयूं विवृण्वतीं श्रोणिबिम्बमिव हंसमेखलम् ।
स्वप्रियाविलसितानुकारिणीं सौधजालविवरैर्व्यलोकयत् ॥

रथोद्धता छंद (र न र ल ग)

सैकतं	ससर	यूंविवृ	ण्वतीं	
ऽ । ऽ	। । ।	ऽ । ऽ	। ऽ	रथोद्धता छंद
श्रोणिबि	म्बमिव	हंसमे	खलम्	
ऽ । ऽ	। । ।	ऽ । ऽ	। ऽ	रथोद्धता छंद
स्वप्रिया	विलसि	तानुका	रिणीं	
ऽ । ऽ	। । ।	ऽ । ऽ	। ऽ	रथोद्धता छंद
सौधजा	लविव	रैर्व्यलो	कयत्	
ऽ । ऽ	। । ।	ऽ । ऽ	। ऽ	रथोद्धता छंद

19.41

मर्मरैरगुरुधूपगन्धिभिर्व्यक्तहेमरशनैस्तमेकतः ।
जह्रुराग्रथनमोक्षलोलुपं हैमनैर्निवसनैः सुमध्यमाः ॥

रथोद्धता छंद (र न र ल ग)

मर्मरै	रगुरु	धूपग	न्धिभि	
ऽ । ऽ	। । ।	ऽ । ऽ	। ऽ	रथोद्धता छंद
व्यक्तहे	मरश	नैस्तमे	कतः	
ऽ । ऽ	। । ।	ऽ । ऽ	। ऽ	रथोद्धता छंद
जह्रुरा	ग्रथन	मोक्षलो	लुपं	
ऽ । ऽ	। । ।	ऽ । ऽ	। ऽ	रथोद्धता छंद
हैमनै	र्निवस	नैःसुम	ध्यमाः	
ऽ । ऽ	। । ।	ऽ । ऽ	। ऽ	रथोद्धता छंद

19.42

अर्पितस्तिमितदीपदृष्टयो गर्भवेश्मसु निवातकुक्षिषु ।
तस्य सर्वसुरतान्तरक्षमाः साक्षितां शिशिररात्रयो ययुः ॥

रथोद्धता छंद (र न र ल ग)

अर्पित	स्तिमित	दीपदृ	ष्टयो	
ऽ । ऽ	। । ।	ऽ । ऽ	। ऽ	रथोद्धता छंद
गर्भवे	श्मसुनि	वातकु	क्षिष	
ऽ । ऽ	। । ।	ऽ । ऽ	। ऽ *	रथोद्धता छंद
तस्यस	र्वसुर	तान्तर	क्षमाः	
ऽ । ऽ	। । ।	ऽ । ऽ	। ऽ	रथोद्धता छंद
साक्षितां	शिशिर	रात्रयो	ययु	
ऽ । ऽ	। । ।	ऽ । ऽ	। ऽ *	रथोद्धता छंद

19.43

दक्षिणेन पवनेन संभृतं प्रेक्ष्य चूतकुसुमं सपल्लवम् ।
अन्वनैषुरवधूतविग्रहास्तं दुरुत्सहवियोगमङ्गनाः ॥

रथोद्धता छंद (र न र ल ग)

दक्षिणे	नपव	नेनसं	भृतं	
ऽ । ऽ	। । ।	ऽ । ऽ	। ऽ	रथोद्धता छंद
प्रेक्ष्यचू	तकुसु	मंसप	ल्लवम्	
ऽ । ऽ	। । ।	ऽ । ऽ	। ऽ	रथोद्धता छंद
अन्वनै	षुरव	धूतवि	ग्रहा	
ऽ । ऽ	। । ।	ऽ । ऽ	। ऽ	रथोद्धता छंद
स्तंदुरु	त्सहवि	योगम	ङ्गनाः	
ऽ । ऽ	। । ।	ऽ । ऽ	। ऽ	रथोद्धता छंद

19.44

ताः स्वमङ्कमधिरोप्य दोलया प्रेङ्खयन्परिजनापविद्धया ।
मुक्तरज्जु निबिडं भयच्छलात्कण्ठबन्धनमवाप बाहुभिः ॥

रथोद्धता छंद (र न र ल ग)

ताःस्वम	ङ्कमधि	रोप्यदो	लया	

ऽ । ऽ	। । ।	ऽ । ऽ	। ऽ	रथोद्धता छंद
प्रेङ्खय	न्परिज	नापवि	द्धया	
ऽ । ऽ	। । ।	ऽ । ऽ	। ऽ	रथोद्धता छंद
मुक्तर	ज्जुनिबि	डंभय	च्छ्ला	
ऽ । ऽ	। । ।	ऽ । ऽ	। ऽ	रथोद्धता छंद
त्कण्ठब	न्धनम	वापबा	हुभिः	
ऽ । ऽ	। । ।	ऽ । ऽ	। ऽ	रथोद्धता छंद

19.45

तं पयोधरनिषिक्तचन्दनैर्मौक्तिकग्रथितचारुभूषणैः ।
ग्रीष्मवेषविधिभिः सिषेविरे श्रोणिलम्बिमणिमेखलैः प्रियाः ॥

रथोद्धता छंद (र न र ल ग)

तंपयो	धरनि	षिक्तच	न्दनै	
ऽ । ऽ	। । ।	ऽ । ऽ	। ऽ	रथोद्धता छंद
मौक्तिक	ग्रथित	चारुभू	षणैः	
ऽ । ऽ	। । ।	ऽ । ऽ	। ऽ	रथोद्धता छंद
ग्रीष्मवे	षविधि	भिःसिषे	विरे	
ऽ । ऽ	। । ।	ऽ । ऽ	। ऽ	रथोद्धता छंद
श्रोणिल	म्बिमणि	मेखलैः	प्रियाः	
ऽ । ऽ	। । ।	ऽ । ऽ	। ऽ	रथोद्धता छंद

19.46

यत्स लग्नसहकारमासवं रक्तपाटलसमागमं पपौ ।
तेन तस्य मधुनिर्गमात्कृशश्चित्तयोनिरभवत्पुनर्नवः ॥

रथोद्धता छंद (र न र ल ग)

यत्सल	ग्नसह	कारमा	सवं	
ऽ । ऽ	। । ।	ऽ । ऽ	। ऽ	रथोद्धता छंद

रक्तपा	टलस	मागमं	पपौ	
ऽ । ऽ	। । ।	ऽ । ऽ	। ऽ	रथोद्धता छंद
तेनत	स्यमधु	निर्गमा	त्कृश	
ऽ । ऽ	। । ।	ऽ । ऽ	। ऽ	रथोद्धता छंद
श्चित्तयो	निरभ	वत्पुन	र्नवः	
ऽ । ऽ	। । ।	ऽ । ऽ	। ऽ	रथोद्धता छंद

19.47

एवमिन्द्रियसुखानि निर्विशन्नन्यकार्यविमुखः स पार्थिवः ।
आत्मलक्षणनिवेदितानृतूनत्यवाहयदनङ्गवाहितः ॥

रथोद्धता छंद (र न र ल ग)

एवमि	न्द्रियसु	खानिनि	र्विश	
ऽ । ऽ	। । ।	ऽ । ऽ	। ऽ	रथोद्धता छंद
न्नन्यका	र्यविमु	खःसपा	र्थिवः	
ऽ । ऽ	। । ।	ऽ । ऽ	। ऽ	रथोद्धता छंद
आत्मल	क्षणनि	वेदिता	नृतू	
ऽ । ऽ	। । ।	ऽ । ऽ	। ऽ	रथोद्धता छंद
नत्यवा	हयद	नङ्गवा	हितः	
ऽ । ऽ	। । ।	ऽ । ऽ	। ऽ	रथोद्धता छंद

19.48

तं प्रमत्तमपि न प्रभावतः शेकुराक्रमितुमन्यपार्थिवाः ।
आमयस्तु रतिरागसंभवो दक्षशाप इव चन्द्रमक्षिणोत् ॥

रथोद्धता छंद (र न र ल ग)

तंप्रम	त्तमपि	नप्रभा	वतः	
ऽ । ऽ	। । ।	ऽ । ऽ	। ऽ	रथोद्धता छंद
शेकुरा	क्रमितु	मन्यपा	र्थिवाः	

ऽ । ऽ	। । ।	ऽ । ऽ	। ऽ	रथोद्धता छंद
आमय	स्तुरति	रागसं	भवो	
ऽ । ऽ	। । ।	ऽ । ऽ	। ऽ	रथोद्धता छंद
दक्षशा	पइव	चन्द्रम	क्षिणोत्	
ऽ । ऽ	। । ।	ऽ । ऽ	। ऽ	रथोद्धता छंद

19.49

दृष्टदोषमपि तन्न सोऽत्यजत्सङ्गवस्तु भिषजामनाश्रवः ।
स्वादुभिस्तु विषयैर्हृतस्ततो दुःखमिन्द्रियगणो निवार्यते ॥

रथोद्धता छंद (र न र ल ग)

दृष्टदो	षमपि	तन्नसो	त्यज	
ऽ । ऽ	। । ।	ऽ । ऽ	। ऽ	रथोद्धता छंद
त्सङ्गव	स्तुभिष	जामना	श्रवः	
ऽ । ऽ	। । ।	ऽ । ऽ	। ऽ	रथोद्धता छंद
स्वादुभि	स्तुविष	यैर्हृत	स्ततो	
ऽ । ऽ	। । ।	ऽ । ऽ	। ऽ	रथोद्धता छंद
दुःखमि	न्द्रियग	णोनिवा	र्यते	
ऽ । ऽ	। । ।	ऽ । ऽ	। ऽ	रथोद्धता छंद

19.50

तस्य पाण्डुवदनाल्पभूषणा सावलम्बगमना मृदुस्वना ।
राजयक्ष्मपरिहानिराययौ कामयानसमवस्थया तुलाम् ॥

रथोद्धता छंद (र न र ल ग)

तस्यपा	ण्डुवद	नाल्पभू	षणा	
ऽ । ऽ	। । ।	ऽ । ऽ	। ऽ	रथोद्धता छंद
सावल	म्बगम	नामृदु	स्वना	
ऽ । ऽ	। । ।	ऽ । ऽ	। ऽ	रथोद्धता छंद

कालिदास के बृहत् महाकाव्य रघुवंश की छंद मीमांसा

राजय	क्ष्मपरि	हानिरा	ययौ	
ऽ । ऽ	। । ।	ऽ । ऽ	। ऽ	रथोद्धता छंद
कामया	नसम	वस्थया	तुलाम्	
ऽ । ऽ	। । ।	ऽ । ऽ	। ऽ	रथोद्धता छंद

19.51

व्योम पश्चिमकलास्थितेन्दु वा पङ्कशेषमिव घर्मपल्वलम् ।
राज्ञि तत्कुलमभूत्क्षयातुरे वामनार्चिरिव दीपभाजनम् ॥

रथोद्धता छंद (र न र ल ग)

व्योमप	श्चिमक	लास्थिते	न्दुवा	
ऽ । ऽ	। । ।	ऽ । ऽ	। ऽ	रथोद्धता छंद
पङ्कशे	षमिव	घर्मप	ल्वलम्	
ऽ । ऽ	। । ।	ऽ । ऽ	। ऽ	रथोद्धता छंद
राज्ञित	त्कुलम	भूत्क्षया	तुरे	
ऽ । ऽ	। । ।	ऽ । ऽ	। ऽ	रथोद्धता छंद
वामना	र्चिरिव	दीपभा	जनम्	
ऽ । ऽ	। । ।	ऽ । ऽ	। ऽ	रथोद्धता छंद

19.52

बाढमेष दिवसेषु पार्थिवः कर्म साधयति पुत्रजन्मने ।
इत्यदर्शितरुजोऽस्य मन्त्रिणः शश्वदूचुरघशङ्किनीः प्रजाः ॥

रथोद्धता छंद (र न र ल ग)

बाढमे	षदिव	सेषुपा	र्थिवः	
ऽ । ऽ	। । ।	ऽ । ऽ	। ऽ	रथोद्धता छंद
कर्मसा	धयति	पुत्रज	न्मने	
ऽ । ऽ	। । ।	ऽ । ऽ	। ऽ	रथोद्धता छंद
इत्यद	र्शितरु	जोस्यम	न्त्रिणः	

कालिदास के बृहत् महाकाव्य रघुवंश की छंद मीमांसा

ऽ । ऽ	। । ।	ऽ । ऽ	। ऽ	रथोद्धता छंद
शश्वदू	चुरघ	शङ्किनीः	प्रजाः	
ऽ । ऽ	। । ।	ऽ । ऽ	। ऽ	रथोद्धता छंद

19.53

स त्वनेकवनितासखोऽपि सन्पावनीमनवलोक्य संततिम् ।
वैद्ययत्नपरिभाविनं गदं न प्रदीप इव वायुमत्यगात् ॥

रथोद्धता छंद (र न र ल ग)

सत्वने	कवनि	तासखो	पिस	
ऽ । ऽ	। । ।	ऽ । ऽ	। ऽ	रथोद्धता छंद
न्पावनी	मनव	लोक्यसं	ततिम्	
ऽ । ऽ	। । ।	ऽ । ऽ	। ऽ	रथोद्धता छंद
वैद्यय	त्नपरि	भाविनं	गदं	
ऽ । ऽ	। । ।	ऽ । ऽ	। ऽ	रथोद्धता छंद
नप्रदी	पइव	वायुम	त्यगात्	
ऽ । ऽ	। । ।	ऽ । ऽ	। ऽ	रथोद्धता छंद

19.54

तं गृहोपवनएव संगताः पश्चिमक्रतुविदा पुरोधसा ।
रोगशान्तिमपदिश्य मन्त्रिणः संभृते शिखिनि गूढमादधुः ॥

रथोद्धता छंद (र न र ल ग)

तंगृहो	पवन	एवसं	गताः	
ऽ । ऽ	। । ।	ऽ । ऽ	। ऽ	रथोद्धता छंद
पश्चिम	क्रतुवि	दापुरो	धसा	
ऽ । ऽ	। । ।	ऽ । ऽ	। ऽ	रथोद्धता छंद
रोगशा	न्तिमप	दिश्यम	न्त्रिणः	
ऽ । ऽ	। । ।	ऽ । ऽ	। ऽ	रथोद्धता छंद

संभृते	शिखिनि	गूढमा	दधुः	
ऽ । ऽ	। । ।	ऽ । ऽ	। ऽ	रथोद्धता छंद

19.55

तैः कृतप्रकृतिमुख्यसंग्रहैराशु तस्य सहधर्मचारिणी ।
साधु दृष्टशुभगर्भलक्षणा प्रत्यपद्यत नराधिपश्रियम् ॥

रथोद्धता छंद (र न र ल ग)

तैःकृत	प्रकृति	मुख्यसं	ग्रहै	
ऽ । ऽ	। । ।	ऽ । ऽ	। ऽ	रथोद्धता छंद
राशुत	स्यसह	धर्मचा	रिणी	
ऽ । ऽ	। । ।	ऽ । ऽ	। ऽ	रथोद्धता छंद
साधुदृ	ष्टशुभ	गर्भल	क्षणा	
ऽ । ऽ	। । ।	ऽ । ऽ	। ऽ	रथोद्धता छंद
प्रत्यप	द्यतन	राधिप	श्रियम्	
ऽ । ऽ	। । ।	ऽ । ऽ	। ऽ	रथोद्धता छंद

19.56

तस्यास्तथाविधनरेन्द्रविपत्तिशोका-
दुष्णैर्विलोचनजलैः प्रथमाभितप्तः ।
निर्वापितः कनककुम्भमुखोज्झितेन
वंशाभिषेकविधिना शिशिरेण गर्भः ॥

वसंततिलका छंद (त भ ज ज ग ग)

तस्यास्त	थाविध	नरेन्द्र	विपत्ति	शोका
ऽ ऽ ।	ऽ । ।	। ऽ ।	। ऽ ।	ऽ ऽ
दुष्णैर्वि	लोचन	जलैःप्र	थमाभि	तप्तः
ऽ ऽ ।	ऽ । ।	। ऽ ।	। ऽ ।	ऽ ऽ
निर्वापि	तःकन	ककुम्भ	मुखोज्झि	तेन
ऽ ऽ ।	ऽ । ।	। ऽ ।	। ऽ ।	ऽ ऽ *

वंशाभि	षेकवि	धिनाशि	शिरेण	गर्भः
ऽ ऽ ।	ऽ । ।	। ऽ ।	। ऽ ।	ऽ ऽ

19.57

तं भावार्थं प्रसवसमयाकाङ्क्षिणीनां प्रजाना-
मन्तर्गूढं क्षितिरिव नभोबीजमुष्टिं दधाना ।
मौलैः सार्धं स्थविरसचिवैर्हेमसिंहासनस्था
राज्ञी राज्यं विधिवदशिषद्भर्तुरव्याहताज्ञा ॥

मंदाक्रांता छंद (म भ न त त ग ग)

तंभावा	र्थंप्रस	वसम	याकाङ्क्षि	णीनांप्र	जाना
ऽ ऽ ।	ऽ । ।	। । ।	ऽ ऽ ।	ऽ ऽ ।	ऽ ऽ
मन्तर्गू	ढंक्षिति	रिवन	भोबीज	मुष्टिंद	धाना
ऽ ऽ ।	ऽ । ।	। । ।	ऽ ऽ ।	ऽ ऽ ।	ऽ ऽ
मौलैःसा	र्धंस्थवि	रसचि	वैर्हेम	सिंहास	नस्था
ऽ ऽ ।	ऽ । ।	। । ।	ऽ ऽ ।	ऽ ऽ ।	ऽ ऽ
राज्ञीरा	ज्यंविधि	वदशि	षद्भर्तु	रव्याह	ताज्ञा
ऽ ऽ ।	ऽ । ।	। । ।	ऽ ऽ ।	ऽ ऽ ।	ऽ ऽ

Total **1569**

इति श्रीरघुवंशे महाकाव्ये कविश्रीकालिदासकृतावग्निवर्णशृङ्गारो नामैकोनविंशः सर्गः ॥

REFERENCES

1. रघुवंश, नरेंद्र कोह्ली, Rajpal & Sons, **2006**

2. रघुवंशम्, श्रीकृष्णमणि त्रिपाठी, चौखंबा प्रकाशन, **2012**

3. रघुवंश, रामचन्द्र वर्मा शास्त्री, Manoj Publications, **2013**

4. Sanskrit Grammar nd Reference Book, Pustak Bharati, 2008

5. वृत्तरत्नाकरम्, धरानन्द शास्त्री, MLBD, 1982

6. शकराचार्य के विवेकचूडामणि की छंद मीमांसा, पुस्तक भारती, 2022